LA LEGISTIQUE

TECHNIQUES
DE CONCEPTION ET DE REDACTION
DES LOIS ET DES ACTES
ADMINISTRATIFS :

une tradition de gouvernance normative

Papa Assane TOURÉ

LA LEGISTIQUE

TECHNIQUES DE CONCEPTION ET DE REDACTION DES LOIS ET DES ACTES ADMINISTRATIFS :

une tradition de gouvernance normative

Préface de

Mahammed Boun Abdallah DIONNE

Premier Ministre du Sénégal

L'Harmattan Sénégal

10 VDN, Sicap Amitié 3, Lotissement Cité Police, DAKAR

http://www.harmattansenegal.com
senharmattan@gmail.com
senlibrairie@gmail.com

ISBN: 978-2-343-12621-0
EAN: 9782343126210

SOMMAIRE

SIGLES ET ABREVIATIONS

Act. jur. pén. : Actualité juridique pénal
AJDA : Actualité juridique de droit administratif
Al. : Alinéa
Art. : Article
ASERJ : Association sénégalaise d'études et de recherches juridiques
Bull. civ. : Bulletin des arrêts de la chambre civile de la Cour de cassation
Bull. crim. : Bulletin des arrêts de la chambre criminelle de la Cour de cassation
CA : Cour d'appel
CAFORD : Centre africain de formation de recherche et de documentation
CE : Conseil d'État
CEDH : Cour européenne des Droits de l'Homme
CREDILA : Centre de recherches sur le développement des institutions et législations africaines
CS : Cour suprême
Cah. dr. entr. : Cahier de droit de l'entreprise
Cass. Ass. plén. : Assemblée plénière de la Cour de cassation
Cass. Req. : Chambre des Requêtes de la Cour de cassation
Cass.crim. : Chambre criminelle de la Cour de cassation
Ch. : Chambre
Ch. réun. : Chambres réunies
Chr. : Chronique
Coll. : Collection
Concl. : Conclusions
Cons. const. : Conseil constitutionnel
R.D. : Recueil Dalloz
D. Aff. : Recueil Dalloz affaires
Délib. : Délibération
Dir. : Sous la direction de
Doc. fr. : La documentation française
Doct. : Doctrine
Dr. et patr. : Droit et patrimoine
EDJA : Éditions Juridiques Africaines
Fasc. : Fascicule
GDJAS : Les grandes décisions de la jurisprudence administrative sénégalaise
Gaz. pal. : Gazette du Palais
I.D.E.F : Institut international de droit d'expression française
Ibid : Ibidem
IR : Informations rapides (Dalloz)
J. Cl. Pén : Juris-classeur pénal
JCP, éd. E. : Semaine juridique édition entreprise
JCP, éd. G. : Semaine juridique édition générale

JOAN : Journal officiel de l'Assemblée nationale
JOCE : Journal officiel des communautés européennes
JORS : Journal officiel de la République du Sénégal
JT : Journal des tribunaux
Juris-data : Bases de données juridiques
LGDJ : Librairie générale de droit et de jurisprudence
Litec : Librairie technique
NEA : Nouvelles éditions Africaines
Obs. : Observations
Ord. : Ordonnance
Op. cit. : Opere citato
p. pp. : Page, pages
PA : Les petites affiches
Penant : Recueil Penant
PUAM : Presses universitaires d'Aix-Marseille
PUF : Presse universitaire de France
Pouvoirs : La revue Pouvoirs
RDP : Revue de droit public
RIPAS : Revue des institutions politiques et administratives du Sénégal
RSC : Revue de sciences criminelles et de droit pénal comparé
RTD civ. : Revue trimestrielle de droit civil
RTD com. : Revue trimestrielle de droit commercial
RTDH : Revue trimestrielle de droits de l'homme
Rec. lég. et de jurisp. : Recueil de législation et de jurisprudence
RJEP : Revue juridique de l'économie politique
RJS : Répertoire de jurisprudence sénégalaise
Rép. pén. et proc. pén. : Répertoire pénal et procédure pénale
Rev. adm. : Revue administrative
Rev. ass. sén.dr. pén. : Revue de l'association sénégalaise de droit pénal
RFDA : Revue française de droit administratif
RIDC : Revue internationale de droit comparé
Rev. jur. pol. ind. coop. : Revue juridique et politique indépendance coopération
Rev. sén. dr.: Revue sénégalaise de droit
Rev. sén.dr. aff. : Revue sénégalaise de droit des affaires
S. : Sirey (périodique)
Sem. Jur. : Semaine juridique
Somm. : Sommaires commentés (Dalloz)

PREFACE

Le Sénégal a hérité d'une très vieille tradition normative. Ainsi, dès 1959, à la suite de la mise en place des nouvelles institutions publiques, le Président du Conseil des Ministres M. Mamadou DIA, par une circulaire n° 23/SG du 17 avril 1959, invitait les ministres à entreprendre un travail de révision et de codification de la réglementation.

Au lendemain des indépendances, le Président Léopold Sédar SENGHOR, par une véritable approche légistique, avait pensé uniformiser certaines méthodes liées à la présentation formelle, à l'emploi des majuscules et des virgules dans les textes. Les pouvoirs publics de l'époque ont même adopté certains mots et fixé les règles de transcription de mots sénégalais et français.

L'attachement du Gouvernement de l'époque à la qualité rédactionnelle des textes l'avait même conduit, par une circulaire primatorale n° 00017 PM/SGG/SAGE du 03 février 1976, à demander aux agents de l'État de se doter de l'ouvrage de grammaire intitulé Le Bon usage de Maurice GREVISSE.

Ainsi, notre pays est l'un des rares États africains où les techniques et méthodes de rédaction des textes législatifs et réglementaires ont été, très tôt, fixées par des lois, des décrets, des instructions, des circulaires et des notes de service.

Cependant, ces textes, qui n'ont pas souvent été publiés au Journal officiel, sont d'un accès très difficile.

Fort de ce constat, M. Papa Assane TOURE, Magistrat et Docteur en Droit, a engagé un vaste travail de recherche et de collecte des textes relatifs au travail législatif et réglementaire du Gouvernement aux Archives nationales, à l'Assemblée nationale, à l'Inspection générale d'État et à la Cour suprême. Ce travail scientifique lui a donné l'idée de rédiger un manuel de légistique en vue de rendre compte de notre tradition de gouvernance normative. L'ouvrage que vous tenez entre les mains est le fruit de ces travaux de recherche.

Il constitue le premier consacré à la légistique au Sénégal, voire en Afrique. La légistique ou l'art de penser et de rédiger les textes législatifs et réglementaires est une technique qui présente de grands enjeux dans les options actuelles de gouvernance publique. En effet, l'activité normative est l'épine dorsale de l'action gouvernementale. Les chantiers structurants des départements ministériels s'adossent à des textes (lois, décrets et arrêtés) censés traduire juridiquement les options majeures du Gouvernement. Ces actes normatifs constituent de puissants outils au service de la mise en œuvre des politiques publiques.

L'ouvrage de Papa Assane TOURE suit, de façon très pédagogique et pratique, les différentes étapes du travail normatif, de la préparation du projet de texte à son entrée en vigueur, en passant par son adoption.

La première partie de l'ouvrage, consacrée à la conception des textes législatifs et réglementaires, passe en revue les travaux de préparation de la rédaction des textes (méthodologie d'élaboration et études d'impact et d'opportunité) et les techniques de rédaction de ces normes.

L'auteur y met en lumière les techniques d'élaboration des lois, décrets, arrêtés et délibérations des conseils et assemblées élus ainsi que les méthodes spécifiques de transposition des directives et de rédaction des amendements.

Dans la deuxième partie, l'auteur met l'accent sur l'applicabilité des textes législatifs et réglementaires, à travers l'analyse des formalités préalables à leur entrée en vigueur (signature, enregistrement, promulgation et publication) et l'étude des modalités de leur applicabilité.

Il clôt son analyse par la préconisation d'une véritable politique législative et réglementaire au Sénégal, articulée autour du triptyque : qualité, efficacité et accessibilité normative.

Je trouve ici l'occasion de féliciter vivement Papa Assane TOURE pour le travail de recherche et de conception qu'il réalise à la Primature, sous la supervision du Secrétaire général du Gouvernement.

Depuis sa nomination, par décret présidentiel n° 2014-1461 du 12 novembre 2014, au poste de Secrétaire général Adjoint du Gouvernement chargé des Affaires législatives et réglementaires, Papa Assane TOURE a contribué à insuffler une nouvelle dynamique à la gouvernance normative, à travers les nombreuses circulaires soumises à ma signature et un contrôle plus soutenu de la production normative du Gouvernement. Il s'en est suivi une amélioration notable de la qualité et de l'intelligibilité des textes soumis au Conseil des Ministres, constatée par le rapport de l'Inspection générale d'État sur l'état de la gouvernance et de la réédition des comptes publié en 2015.

Ce manuel, unique dans l'Administration sénégalaise, s'inscrit harmonieusement dans le cadre de la nouvelle gouvernance normative définie par Monsieur le Président de la République et mise en œuvre par le Secrétariat général du Gouvernement. Cet outil scientifique constituera, sans nul doute, un bréviaire pour tous les départements ministériels, les services de l'État, les étudiants et les citoyens désireux de s'initier à la technique légistique. Il est une source inépuisable d'informations indispensables à l'amélioration de notre production normative.

Je recommande à tous les ministères, les agences, les sociétés nationales et autres services de l'État de se le procurer et d'en faire un bon usage.

Mahammed Boun Abdallah DIONNE

Premier Ministre du Sénégal

INTRODUCTION

1. L'activité normative : un enjeu de gouvernance publique. L'activité normative constitue un des piliers de l'action du Gouvernement. En effet, les chantiers structurants des départements ministériels s'adossent à des projets de loi ou de décret censés traduire juridiquement les options majeures du Gouvernement. Les textes normatifs (lois, décrets et arrêtés réglementaires, etc.) constituent de puissants outils au service de la mise en œuvre des politiques publiques. La qualité de la production normative constitue un enjeu de bonne gouvernance politique et économique.

2. La tradition normative sénégalaise. Le Sénégal a hérité d'une très vieille tradition normative. Il faudra remonter à une période bien antérieure à l'indépendance pour assister à l'élaboration des premiers textes juridiques.

Déjà en 1776, après avoir « chassé » les maures du territoire du Fouta et renversé la dynastie « deeniyanke », Thierno Souleymane BAAL convoqua à Cilony (Horofondé) une assemblée générale des oulémas et notables du Fouta et formula des recommandations consignées dans un texte appelé « Constitution de l'Almaamiyat »[1]. Ce texte majeur, élaboré bien avant la révolution française, fixait les principes constitutionnels d'organisation des affaires de la cité ainsi que les droits et garanties reconnus au peuple[2].

---

[1] La Constitution de l'Almaamiyat comporte les prescriptions suivantes : 1- le Fouta est un et indivisible, le fleuve n'est pas une frontière, car c'est la même population peule qui habite sur les deux rives. Il va de Dagana à Njorol, de Hayré Ngal au Ferlo ; 2- l'égalité de tous devant la justice ; 3- les chefs de village et de province, assisté des qaadis, connaîtront les affaires locales, conformément aux prescriptions islamiques, 4- les conflits entre les collectivités voisines sont soumis à l'arbitrage de l'Almamy qui prononce le jugement ou indique la marche à suivre pour régler le différend ; 5- tout individu a droit d'appel auprès de l'Almamy s'il se sent lésé par un chef ou par un jugement ; 6- l'impôt, le produit des amendes et tous les revenus doivent être utilisés à des actions d'intérêt général ; 7- l'Almamy, responsable de la défense, peut requérir les services de tous les hommes valides à cette fin ; 8- orphelins, enfants et vieillards doivent être protégés ; 9- le titre royal de Satigi est banni, le nouveau chef portera désormais le titre d'Almamy ; 10- l'Almamy doit être désigné par le collège des grands électeurs venant des six provinces du Fouta. Cette décision doit être entérinée par le congrès des Foutankobés.

[2] B. WANE, « Le Fuuta Tooro de ceerno Suleymaan Baal à la fin de l'Almamiyat (1770-1880», *Revue sénégalaise d'histoire*, 1981, v.2, n° 01, janvier-juin, Dakar, p. 38-50 ; O. KANE, *La première hégémonie peule. Le Fuuta Tooro de Koli Tengella à Almaami Abdul*, Dakar, Karthala, PUF de Dakar, 2004 ; M. Y. SALL, « Les recommandations de Ceerno Suleymaan Baal, fondateur de l'Almaamiyat (1770-1880) », communication présentée au Colloque international des Musulmans de l'Espace Francophone (CIMEF) tenu à Dakar, Sénégal, du 23-26 août 2013 ; M. Y. SALL, *Ceerno Sileymaani Baal. Fondateur de l'Almaamiyat (1776-1890)*, Dakar, Presses universitaires de Dakar, 2014.

En outre, le mardi 1er janvier 1884, le *Moniteur du Sénégal et dépendances (Journal officiel),* qui paraissait le mardi de chaque semaine, publiait, sous le numéro 1465, un arrêté du Directeur de l'Intérieur du 31 décembre 1883 prolongeant la durée de la session du Conseil général[3].

Le Sénégal est l'un des rares pays africains où les techniques et méthodes de rédaction des textes législatifs et réglementaires ont été, au lendemain de l'indépendance, fixées par des décrets, des instructions et des circulaires[4]. Dès 1959, à la suite de la mise en place des nouvelles institutions publiques, la circulaire du Président du Conseil n° 23/SG du 17 avril 1959 invitait les ministres à entreprendre un travail de révision et de codification de la réglementation. Par ailleurs, par une autre circulaire n° 66/SG du 26 août 1960, le Président Mamadou DIA fixait un modèle de libellé des actes réglementaires prenant en compte, dans les visas, les mutations constitutionnelles résultant de la proclamation de l'indépendance.

3. L'inflation législative. Notre pays a également une intense activité législative et réglementaire[5].

L'augmentation quantitative de la production normative, symptomatique de « l'inflation législative », est souvent liée à l'accélération du rythme de production des normes[6]. Le Gouvernement n'hésite pas à recourir, surtout à la suite de l'accession d'un nouveau régime au pouvoir, à des mécanismes d'accélération de la procédure d'élaboration et d'adoption des textes pour atteindre des objectifs de politique publique ; ce qui aggrave l'empilement des textes sans toujours garantir leur qualité[7]. On peut lire dans les Évangiles : « A vous aussi, légistes, malheur, parce que vous chargez les gens de fardeaux

---

3 *Moniteur du Sénégal et dépendances* (Journal officiel), n° 1463 du mardi 1er janvier 1884.

4 D. G. LAVROFF, *La République du Sénégal*, Paris, LGDJ, 1966 ; P.F. GONIDEC, *La République du Sénégal*, Paris, édition Berger-Levrault, 1968.

5 D'après le rapport sur l'activité normative du Gouvernement de l'année 2017 publié par le Secrétariat général du Gouvernement au cours de cette année trente-six (36) lois ont été votées par l'Assemblé nationale, promulguées par le Président de la République et publiées au Journal officiel. En outre, deux mille trois cent vingt et un (2.321) décrets ont été validés. Par ailleurs, vingt-deux mille neuf cent soixante-trois (22.963) arrêtés ont fait l'objet d'une numérotation au Secrétariat général du Gouvernement. Les arrêtés sont pour l'essentiel constitués d'actes de la fonction publique (nomination dans des corps, titularisation, avancement, retraite, etc.). En effet, ces derniers types d'arrêtés constituent environ 45% du nombre d'arrêtés numérotés, V. Secrétariat général du Gouvernement, *Rapport sur l'activité normative de l'année 2017*, p. 16.

6 R. SAVATIER, « L'inflation législative et l'indigestion du corps social », *D.* 1977, chr., p. 43. L'auteur relève que « la natalité des lois n'est nullement balancée par leur mortalité. Le législateur abolit beaucoup moins qu'il ne légifère »; J-R. TANCREDE, «Boulimie normative ! », *Les Annonces de la Seine*, n° 13, 28 février 2002, p. 1 ; J. C. ZARKA, « A propos de l'inflation législative », *D.* 2005, point de vue, p. 660 s., spéc. p. 660 ; G. HISPALIS, « Pourquoi tant de loi (s) ? », *Pouvoirs* 2005, n° 114, p. 115.

7 CH. TOUBOUL, « La légistique et le temps », in *La légistique ou l'art de rédiger le droit*, CJFI, numéro spécial, juin 2008, p. 87 et s.

insupportables, alors que vous-mêmes ne touchez pas à ces fardeaux d'un seul de vos doigts ! »[8].

D'ailleurs, l'acte normatif n'est pas toujours considéré comme un véritable instrument juridique au service de la mise en œuvre des politiques de développement. Il est parfois perçu comme un simple outil de communication ou de « marketing politique » sans aucun impact sur la gouvernance publique. Sous l'effet d'une forte médiatisation des phénomènes sociaux, la loi a bien souvent plus une fonction déclarative, voire incantatoire qu'une mission de régulation sociale et économique[9].

4. La crise de la technique législative. L'inflation normative ainsi que l'accélération du processus de production des textes entraînent souvent une dégradation de la qualité de la norme. Malgré le prestige de l'héritage légistique du Sénégal, la pratique a permis de constater des manquements persistants aux règles relatives à la rédaction des textes ainsi qu'une détérioration progressive de la qualité de la production normative préjudiciables à la sécurité juridique.

Il n'est pas rare de relever dans les textes publiés au Journal officiel des malfaçons et des maladresses rédactionnelles, des faux renvois ainsi que des problèmes d'articulation entre des normes voisines[10].

Or, la publication de textes à la ponctuation défectueuse ou comportant des erreurs typographiques peut susciter des hésitations sur le sens à leur donner et engendrer par la même occasion des contentieux inutiles[11].

Aussi, les rapports publics de l'Inspection générale d'État sur l'état de la gouvernance et de la reddition des comptes[12] récemment publiés ont-ils beaucoup insisté sur la dégradation progressive de la qualité du travail normatif au Sénégal. Un auteur, évoquant des techniques de rédaction des textes législatifs au Sénégal, a parlé de « l'art de mal légiférer »[13].

---

[8] *Les Évangiles*, LUC XI, 46.

[9] CH. LAZERGES, « De la fonction déclarative de la loi pénale », *RSC*, 2004, p. 194 et s.

[10] A. L. COULIBALY, « De l'art de mal légiférer au paradigme du mieux légiférer : contribution à la recherche d'une nouvelle gouvernance normative au Sénégal », in A. SALL et I. M. FALL (dir.), *Actualités du droit public et de la science politique en Afrique, Mélanges en l'honneur de Babacar KANTE*, Dakar, l'Harmattan, 2017, p. 664.

[11] En ce sens, J. GANDOUIN et J.-M. ROUSSIGNOL, *Rédaction administrative Afrique. Maghreb-Afrique subsaharienne,* Armand Colin, 4eme édition mise à jour, 2013, p. 179.

[12] IGE, *Le rapport public sur l'état de la gouvernance et de la réédition des comptes*, juin 2014, p. 38 et s. : http://www.ige.sn.

[13] I. Y. NDIAYE, « L'art de mal légiférer (propos irrévérencieux sur certains textes de lois) », *Rev.Ass. sén. dr. pén.*, n° 02, juillet-décembre 1995, p. 53 ; également, P. A. TOURE, « Les manquements constatés dans la rédaction des textes législatifs et réglementaires », in *la procédure d'adoption des textes législatifs et réglementaires au Sénégal*, atelier ENA, 28 et 29 avril 2015 ; P. ALBERTINI, *La crise de la loi. Déclin ou mutation ?,* Paris, coll. Essais, Lexisnexis, 2015; A. VIANDER, « La crise de la technique législative », *Droits*, n° 04, p. 75 ; P. DE MONTALIVET « La dégradation de la qualité de la norme constitutionnelle sous la Veme République », *RDP,* 01/07/2012, n° 4, p. 925 ; P. LAVIGNE, « Comment la loi est mal écrite »,

Cette crise de la technique législative n'est pas sans incidence sur les interventions du Gouvernement, puisqu'elle est source de difficultés d'interprétations porteuses d'insécurité juridique. En outre, elle méconnait le principe d'intelligibilité de la loi[14] et entraîne une perte de légitimité de celle-ci.

5. L'absence d'un cadre légistique de référence. Cette situation préoccupante de notre pratique normative tient en partie à l'absence d'un dispositif légistique de référence au Sénégal. En effet, seules quelques règles de rédaction des textes législatifs et réglementaires ont fait l'objet d'un encadrement juridique parcellaire. Dès le lendemain de l'indépendance, le Président Léopold Sédar SENGHOR[15], par une véritable approche légistique, avait pensé uniformiser certaines méthodes liées à la présentation formelle des lois et règlements ainsi qu'à l'emploi des majuscules et des virgules dans les textes[16]. Les pouvoirs publics ont même adopté certains mots[17] et fixé les règles de transcription de mots sénégalais et français[18].

D. 1982, chr., p. 299 ; C. BERGEAL, *Manuel de légistique*, 8 eme édition, Paris, Berger-Levrault, 2018, p. 27, n° 7.

14 M. A. FRISON-ROCHE et BARANES, « Le principe constitutionnel d'accessibilité et d'intelligibilité de la loi », *D.* 2000, chron. 361 ; H. MOYSAN, « L'accessibilité et l'intelligibilité de la loi. Des objectifs à l'épreuve de la pratique normative », *AJDA,* 2001, p. 428.

15 Le Président Léopold Sédar SENGHOR a joué un rôle décisif dans la vérification grammaticale de la Constitution française de 1946. En ce sens, V. *La confection de la loi*, Groupe de travail présidé par Roland DRAGO, membre de l'Académie, Rapport d'étape, mars 2003, p. 132.

16 V. le décret n°75-1027 du 10 octobre 1975 relatif l'emploi des majuscules dans les textes administratifs (JORS n° 4454 du 08 novembre 1975, p. 1524-1526), modifié par le décret n°80-770 du 24 juillet 1980 abrogeant et remplaçant les articles 3 et 17 du décret n°75-1027 du 10 octobre 1975 relatif l'emploi des majuscules dans les textes administratifs (JORS, n° 4785 du 28 août 1980, p. 1022-1023) et la circulaire présidentielle n° 1596 PR/SG/JUR du 17 juillet 1980 relative l'emploi des majuscules et des virgules (JORS, n° 4785, numéro spécial du 28 août 1980, p. 1021).

17 V. le décret n° 73-955 du 17 octobre 1973 relatif à l'enrichissement de la langue française modifié notamment par le décret n° 74-430 du 08 mai 1974 complétant le décret n° 73-955 du 17 octobre 1973 relatif à l'enrichissement de la langue française (JORS numéro spécial du lundi 27 mai 1974, p. 811) et par le décret n° 75-311 du 18 mars 1975 (JORS du 12 avril 1975, p. 383). On peut citer également le décret n° 71-481 du 29 avril 1971 relatif à la désignation des services du Premier Ministre et des services du gouverneur de région et le décret n° 76-154 du 06 février 1976 relatif à l'usage des mots «*gubernatoral*» et « *médiat* » (JORS du 28 février 1076, p. 305).

18 Le décret n° 63-448 MJ du 03 juillet 1963 portant obligation de placer le prénom avant le nom sur tous actes et documents administratifs (JORS, n° 3616 du 20 juillet 1963, p. 984) ; la loi n° 74-57 du 28 novembre 1974 relative à la transcription des noms propres sénégalais en français (JORS du 09 décembre 1974, p. 1960) et le décret n° 75-262 du 10 mars 1975 relatif à la transcription des mots français en langue nationale et des mots sénégalais dans un texte en français (JORS du 05 avril 1975, p. 365) ; la circulaire présidentielle n° 76 PR/DIR/CAB du 31 juillet 1963 relative aux places respectives des prénoms et noms.

L'attachement du Gouvernement de l'époque à la qualité rédactionnelle des textes l'avait même conduit à demander aux agents de l'État de se procurer l'ouvrage de grammaire intitulé *Le Bon usage* de Maurice GREVISSE[19].

Au Sénégal, plusieurs instructions et circulaires ont pris en compte, de façon ponctuelle, certaines méthodes de rédaction des textes normatifs.

Mais ces circulaires qui, pour l'essentiel n'ont pas été publiées au Journal officiel, sont d'un accès très difficile[20].

L'inspection générale d'État (IGE) a publié un *Manuel pratique de Secrétariat* destiné aux agents de l'État. Ce document rappelle les règles relatives aux abréviations, aux accents, aux symboles et à la ponctuation, etc.

Cependant, il a un champ limité puisqu'il renvoie pour l'essentiel, s'agissant des méthodes de rédaction et la présentation des textes législatifs et réglementaires, à la circulaire présidentielle n° 1596 PR/SG/JUR du 17 juillet 1980 relative l'emploi des majuscules et des virgules[21].

La circulaire n° 00041 PM/SGG/SGA/PAT du 06 octobre 2015 sur les règles de présentation et de rédaction des textes a fixé des règles uniformes de présentation et a rappelé certaines normes de rédaction des textes en vue de faciliter leur intelligibilité et d'assurer la cohésion de l'action administrative[22].

Mais cette circulaire, qui constitue actuellement une référence légistique sûre pour les départements ministériels, ne prend pas en compte toutes les techniques de rédaction des actes normatifs[23].

Force est donc de constater que le Sénégal ne dispose pas encore d'un document de référence en matière de légistique, même sous la forme d'un guide[24].

---

19 V. la circulaire n° 00017 PM/SGG/SAGE du 03 février 1976 relative à l'achat d'ouvrage *Le Bon usage* de Maurice GREVISSE.

20 Certaines de ces circulaires ne sont disponibles qu'au niveau des Archives nationales, de la Cour suprême, à l'Assemblée nationale et de l'Inspection générale d'État (IGE).

21 V. *Manuel pratique de Secrétariat*, Dakar, Présidence de la République-Inspection générale d'État, 1980, p. 157 et 158.

22 Sur cette question, A. L. COULIBALY, « Gouvernance normative. Nouvelle dynamique, nouvelle approche ! », in *Le Soleil* du mercredi 21 septembre 2015, p. 12.

23 Sur cette circulaire, P. A. TOURE, « La circulaire primatorale du 06 octobre 2015 : l'art de mieux légiférer », www.sudonline.sn

24 Sur les guides de légistique, A. FLUCKIGER et Ch. GUY-ECABERT, *Guider les parlements et les gouvernements pour mieux légiférer ? Le rôle des guides de légistique*, Schulthess Medias Juridiques SA (Genève), 2008 ; V. *Guide de la rédaction des lois et amendements,* Assemblée nationale, juillet, 2007, p. 26 et s. ; *La rédaction des amendements, sous-amendements et motions de procédure*, Sénat, service de la séance, octobre 2009, p. 19 et s. ; *Rédiger la loi. Guide de rédaction des propositions de loi et des amendements,* Sénat, édition septembre 2007, p. 64 et s. ; *Guide de légistique, Paris, La documentation française,* 3 eme édition, mise à jour 2017 ; CE, *Principes de technique législative. Guide de rédaction des textes législatifs et réglementaires*, 2008. En Afrique, V. *Guide pratique d'élaboration des textes législatifs et réglementaires,* Secrétariat général du Gouvernement du Niger, édition 2016 ; *Guide de rédaction de la loi et de ses amendements,* Secrétariat général du

6. La notion de légistique. Si le terme « légistique » est récent, l'idée d'une science de la législation ou d'une méthode législative est très ancienne[25].

Selon CHEVALLIER, elle constitue une science appliquée de la législation qui cherche à déterminer les meilleures modalités d'élaboration de rédaction et d'application des normes[26].

A la lumière de l'expérience normative du Sénégal, il est possible de définir la légistique comme l'ensemble des techniques, des normes et principes relatifs à la préparation, à la rédaction, à l'adoption, à l'entrée en vigueur et à l'évaluation des textes législatifs et réglementaires.

La légistique couvre un champ très large qui concerne en réalité toutes les règles de droit ; c'est-à-dire tous les textes normatifs (Constitution, lois, décrets, arrêtés)[27]. Elle s'intéresse également aux techniques de rédaction des normes communautaires (règlements, actes additionnels, actes uniformes, etc.) ainsi qu'à la transposition des traités internationaux et des directives communautaires. Elle traite également des méthodes de rédaction des amendements aux projets et propositions de loi en discussion, puisqu'une fois adopté l'amendement est intégré au texte définitif. La légistique s'intéresse ainsi au phénomène normatif en général[28].

Les méthodes de rédaction et de montage des contrats encore appelées « techniques contractuelles » déborde le cadre réduit des techniques légistiques. Il en est de même des règles de rédaction des mesures d'ordre intérieur (instructions, directives et circulaires) et des courriers et autres documents administratifs (rapports, procès-verbaux, notes de service, etc.) qui relèvent de la rédaction administrative[29]. La légistique (rédaction normative)

Gouvernement de Guinée, mars 2016 ; *Guide pour l'élaboration des textes législatifs et réglementaires*, Mali, août 2016.

25 La question de la qualité des textes normatifs, appréciée indépendamment de leur contenu, était déjà présente dès l'Antiquité dans la pensée de CICERON dans son *Traité des lois*. En outre, on parlait à l'époque du roi Louis XI (1423-1483) des légistes du roi qui l'ont puissamment aidé de leurs arguments dans sa lutte contre les grands féodaux. En France, il a fallu attendre la publication de l'ouvrage de Luzius MADER sur l'évaluation législative pour que le concept de légistique fasse un retour en grâce (L. MADER, *L'évaluation législative. Pour une analyse empirique des effets de la législation*, Lausanne, Payot, 1985).

26 J. CHEVALLIER, « L'évaluation législative: un enjeu politique », in A. DELCAMP ET AL., *Contrôle parlementaire et évaluation*, Paris, 1995, p. 15 ; également, A-M. LEROYER, « Légistique », in D. ALLAND et S. RIALS (dir) , *Dictionnaire de la culture juridique*, Paris, Lamy PUF, 2003, p. 922 et s.

27 Sur la notion de norme, V. E. MAILLARD, « Qu'est qu'une norme juridique ? », *Les cahiers du Conseil constitutionnel,* n°21, 2006, pp. 87-92 ; D. SY, « Normativité et juridicité (Brèves réflexions sur la normativité juridique) », *Nouvelles annales africaines,* n°1 2009, p.11-47.

28 En ce sens, J. GANDOUIN et J.-M. ROUSSIGNOL, *Rédaction administrative Afrique. Maghreb-Afrique subsaharienne,* Armand Colin, 4eme édition mise à jour, 2013, p. 183.

29 M. DIAKHATE, *Rédaction administrative*, Dakar, CREDILA, 2016.

se distingue également des méthodes de recherche et de rédaction des travaux académiques ou universitaires (ouvrages, thèses, mémoires, etc.)[30].

7. Légistique et droit. La légistique n'est ni un art, ni une science[31].

Elle n'est pas un art, puisqu'elle n'est pas une activité créatrice ; elle n'exprime pas un idéal.

La légistique n'est pas aussi une science, pour n'être pas fondée sur un ensemble de « lois » et de connaissances de valeur universelle. Les règles légistiques peuvent varier d'un État à un autre.

Elle ne constitue pas ainsi une discipline juridique (science juridique) ; la légistique est plutôt une technique et une méthode (technique légistique) qui a pour objet de fixer les principes de rédaction, d'adoption et d'évaluation des actes législatifs et réglementaires[32]. La légistique renvoie à un ensemble de méthodes et de techniques à respecter lors de l'élaboration des textes législatifs et réglementaires en vue d'assurer leur intelligibilité et la sécurité juridique. Elle est au droit ce que la grammaire est au français[33]. Les règles de droit et les règles de légistique procèdent de rationalités différentes.

Le droit dans son aspect objectif vise l'ensemble des règles juridiques applicables aux individus vivant en société et aux rapports entre ces individus et la puissance publique. Il est un mode de régulation des rapports sociaux[34].

La légistique a pour objet de régir les principes et techniques de rédaction et d'adoption des textes normatifs en tant que sources du droit. Elle constitue une technique pour penser et construire le droit.

La situation se complique cependant dans la mesure où le droit lui-même peut prescrire le respect de règles de légistique. On assiste alors à une « juridicisation » des règles légistiques[35]. A titre d'exemple, au Sénégal, certaines règles de légistique formelle relatives à l'emploi des majuscules, celles liées à la présentation formelle des subdivisions des textes et celles

---

30 Sur cette question, D. SAMB, *Manuel de méthodologie et de normalisation à l'usage des étudiants, des auteurs, des rédacteurs, des éditeurs et des secrétaires*, Dakar, IFAN, CH. A. DIOP, 1999.

31 V. D. BATSELE, *Initiation à la rédaction des textes législatifs, réglementaires et administratifs*, Bruxelles, Bruyant, 3eme édition, 2013, n° 08 ; *contra*, Ch. A. MORAND, «Éléments de légistique formelle et matérielle », in Ch. A. MORAND, dir., *Légistique formelle et matérielle*, Aix-en-Provence, PUAM 1999, p. 31 et s. ; C. KLEITZ, « L'art de la légistique », *Gaz. pal.* 07 janvier 2010, n° 07, p. 08.

32 C. KLEITZ, « L'art de la légistique, », *Gaz. pal.*, 07/01/2010, n° 07, p. 08. Selon cet auteur, la légistique est une « discipline mystérieuse pour la communauté des juristes ».

33 En ce sens, D. BATSELE, *Initiation à la rédaction des textes législatifs, réglementaires et administratifs*, *op. cit.*, n° 08.

34 En ce sens, A. S. SIDIBE, *Droit civil. Droit sénégalais. Introduction à l'étude du droit. Etat des personnes. Famille,* Dakar, CREDILA, 2014, p. 11.

35 P. DE MONTALIVET, « La juridicisation de la légistique. À propos de l'objectif de valeur constitutionnelle d'accessibilité et d'intelligibilité de la loi », *Cahiers des sciences morales et politiques* 2005, n° 23, p. 99 s. ; P. MALAURIE, « L'intelligibilité des lois », *Pouvoirs* n°114, *La loi*, 2005, pp.131- 137.

concernant les textes modificatifs ont été codifiées par le décret n°75-1027 du 10 octobre 1975 relatif à l'emploi des majuscules dans les textes administratifs modifié par le décret n° 80-770 du 24 juillet 1980 ainsi que par la circulaire présidentielle n° 1596 PR/SG/JUR du 17 juillet 1980 relative l'emploi des majuscules et des virgules.

8. Légistique matérielle et légistique formelle. La légistique se décline autour de deux disciplines distinctes. Il s'agit de la légistique matérielle ou substantielle et de la légistique formelle ou communicationnelle[36].

La légistique matérielle (ou « nomologie ») [37] étudie les règles relatives au contenu de la matière à réglementer, en vue d'assurer la cohérence et la bonne articulation de l'ensemble normatif. Elle détermine la manière avec laquelle un problème est ou doit être réglementé. Il s'agit de l'étude de l'ensemble des procédés permettant de renforcer l'efficacité des textes[38] (réalisation d'une étude d'impact, bonne articulation normative, évaluation rétrospective de la loi, etc.). Cette branche de la légistique permet de répondre à la question de savoir comment penser l'acte normatif.

Quant à la légistique formelle (ou « nomographie »), elle vise l'ensemble des techniques et bonnes pratiques de rédaction et de présentation formelle des textes, c'est-à-dire les règles de mise en forme destinées à assurer leur qualité rédactionnelle[39]. Elle tend à améliorer la communication législative (présentation formelle des textes, vocabulaire, style, grammaire, ponctuation, etc.). La légistique formelle s'intéresse à la question de savoir comment rédiger le texte normatif.

Autrement dit, la légistique matérielle concerne la manière de rechercher la matière de la norme, alors que la légistique formelle se rapporte à la manière d'exprimer la matière[40].

Ces deux branches de la légistique ont des objets différents mais elles sont en relation étroite. En effet, l'efficacité substantielle du texte normatif (légistique matérielle) dépend de sa qualité rédactionnelle (légistique formelle). Le texte véhicule une pensée que scrute le juge ; il est porteur d'une « intention ». La phase de conception de la législation ou de la réglementation consiste à traduire des solutions qui ont été conceptualisées en un message normatif susceptible d'être communiqué. Or, une formulation juridique de

---

36 M. CHARLES-ALBERT (dir.), « Légistique formelle et matérielle », in *Droit et société*, 1999, n° 46, 2000, pp. 731-733; Ch. A. MORAND, « Éléments de légistique formelle et matérielle », in Ch. A. MORAND, dir., *Légistique formelle et matérielle*, Aix-en-Provence, PUAM 1999, p. 37.

37 G. CORNU, *Linguistique juridique*, 3ème éd., Paris, Montchrestien, coll. Domat droit privé, 2005.

38 A-M. LEROYER, « Légistique », in D. ALLAND et S. RIALS (dir), *Dictionnaire de la culture juridique*, Paris, Lamy PUF, 2003, p. 924.

39 A-M. LEROYER, *Ibid.*

40 B. BARRAUD, « La légistique », in *La recherche juridique (les branches de la recherche juridique)*, Paris, L'Harmattan, coll. Logiques juridiques, 2016, p. 213 et s.

piètre qualité envoie aux citoyens un message de mauvaise qualité voire une absence de message et engendrer des difficultés d'application.

9. L'objet de l'ouvrage. Face à l'absence d'un document de référence en matière de légistique au Sénégal, le présent ouvrage a pour objet d'étudier les principes et méthodes relatifs à la préparation, à la confection, à l'adoption et à l'entrée en vigueur des actes législatifs et réglementaires.

Il n'emprunte pas la distinction académique entre les règles de légistique formelle et celles relatives à la légistique matérielle. La présente étude s'est nourrie de plusieurs années de pratiques du contrôle de l'activité normative du Gouvernement acquises au Secrétariat général du Gouvernement, haut lieu de passage obligatoire de l'ensemble des textes législatifs et réglementaires. Aussi, retient-elle une approche pragmatique et empirique orientée vers la pratique de la rédaction des textes normatifs, illustrée par des conseils pratiques et des exemples précis. Elle suit les différentes étapes du travail normatif et tente de répondre aux questions que se pose le rédacteur avant de prendre la plume, pendant la conception de l'acte normatif et même après son entrée en vigueur.

En effet, la réalisation d'un projet normatif suppose le recours à des méthodes et techniques assez complexes de conception des textes législatifs et réglementaires. Par ailleurs, une fois le projet de texte conçu et rédigé, son auteur doit se conformer à une procédure et accomplir des formalités nécessaires à son applicabilité.

Ainsi, l'analyse des techniques d'élaboration des normes juridiques s'articulera autour d'une part, de la conception des textes législatifs et réglementaires (**première partie**) et d'autre part, de l'applicabilité de ces textes (**deuxième partie**).

PREMIERE PARTIE

LA CONCEPTION DES TEXTES LEGISLATIFS ET REGLEMENTAIRES

« La forme d'un texte, le soin apporté à sa présentation, à la ponctuation et à la rédaction sont révélateurs, le plus souvent, de la conscience avec laquelle ce texte a été élaboré, de son degré de maturité, de la rigueur de la méthode suivie, de la cohérence et de la logique de la pensée de ses rédacteurs »
(**Léopold Sédar SENGHOR**, in *La circulaire présidentielle n° 1596 PR/SG/JUR du 17 juillet 1980 relative à l'emploi des majuscules et des virgules*)

10. La complexité de la technique légistique. Les techniques légistiques ont une réputation d'exotérisme. La conception d'un texte normatif exige un appareillage technique et un outillage conceptuel spécifiques dont les arcanes échappent bien souvent aux hauts fonctionnaires de la technostructure administrative sénégalaise[41]. En effet, on ne rédige pas un texte normatif comme on rédigerait une missive adressée à un ami d'enfance.

En outre, l'acte de légiférer ou de réglementer constitue une opération délicate et grave puisque dès que le texte élaboré entre dans la vie juridique, il accède au patrimoine normatif et devient une règle de droit ayant une force obligatoire à l'égard des particuliers. L'activité normative est même susceptible, dans certains cas, d'engager la responsabilité de l'Etat pour risque[42].

Le rédacteur doit apporter le plus grand soin à la conception des textes législatifs et réglementaires.

En tout état de cause, la rédaction des textes législatifs et réglementaires (**chapitre II**) doit être précédée d'une étape de préparation indispensable à l'efficacité du projet normatif (**chapitre premier**).

---

41 V. J-C. GAUTRON, *L'administration sénégalaise*, Paris, Berger-Levrault IIAP, 1971 ; F. SOW, *Les fonctionnaires de l'administration sénégalaise*, Dakar, IFAN, *initiations et Etudes africaines,* 28, 1972.

42 V. art. 142, al. 2 du Code des Obligations de l'Administration ; CS 02 décembre 1987, Etat du Sénégal c/ Seybatou NDOUR, *Annales africaines,* 1989-1990-1991, p. 198. Dans cet arrêt, la Cour suprême a admis la responsabilité sans faute de l'Etat du fait d'une détention provisoire suivie d'une décision de relaxe. Selon la Cour régulatrice, l'article 140 du Code de Procédure pénale, qui institue en cas de détournement de deniers publics une détention provisoire obligatoire, créé un risque pour les citoyens.

CHAPITRE PREMIER

LES TRAVAUX DE PREPARATION DES TEXTES LEGISLATIFS ET REGLEMENTAIRES

« La mise en place des nouvelles structures gouvernementales du Sénégal oblige à entreprendre, à bref délai, un important travail de révision et de codification de la réglementation actuellement en vigueur (…)

Mamadou DIA, le 17 avril 1959

11. L'identification du problème à résoudre. Le texte normatif n'est que la traduction juridique d'une solution à un problème de société.

Tout texte normatif a pour objectif de résoudre un problème social, politique ou économique identifié, en vue d'atteindre un résultat défini. Par exemple, l'adoption d'un texte aggravant les sanctions pénales prévues en cas d'atteintes dirigées contre un groupe vulnérable (handicapés, femmes, enfants, etc.) tend au renforcement de la protection de ce groupe.

12. La nécessité de l'intervention normative. Par ailleurs, pour justifier l'intervention normative, le recours à des solutions non normatives, à savoir des mesures opérationnelles, techniques, sociales ou des mécanismes contractuels, etc. doit apparaître comme manifestement inapproprié pour apporter une solution au problème à résoudre. MONTESQUIEU n'écrivait-il pas qu'« il ne faut pas faire par les lois ce qu'on peut faire par les mœurs » ? Une intervention législative ou réglementaire doit se révéler nécessaire et incontournable.

13. Les préalables normatifs. Une fois le problème à résoudre identifié et l'intervention normative jugée nécessaire, le concepteur du texte doit résister à la tentation ou au « réflexe normatif » consistant à prendre sa plume pour procéder à la rédaction dudit texte. L'élaboration des textes doit être précédée d'une étape importante, mais bien souvent négligée, de préparation indispensable à leur efficacité et à leur intelligibilité. Ces préalables normatifs se déclinent autour de la réalisation des études préalables (**section première**) et du respect des concertations préalables (**section II**).

SECTION PREMIÈRE

LES ETUDES PREALABLES

« Avant donc que d'écrire apprenez à penser »
BOILEAU, *L'art poétique.*

14. Les outils de légitimation scientifique de la norme. De façon classique, la loi votée par les représentants du peuple est considérée comme l'expression de la volonté générale. Son contenu est censé traduire les besoins et aspirations de la communauté[43].

Mais de nos jours, les interventions normatives sont devenues de plus en plus techniques et délicates. La seule onction du vote des représentants du peuple ou l'adoption gouvernementale des textes ne suffit plus à leur conférer un « brevet d'intérêt général ». Il est désormais important qu'ils se parent d'une valeur scientifique[44].

La rédaction d'un texte normatif doit, par souci d'efficacité, être précédée d'études approfondies destinées à examiner sa faisabilité. Le rédacteur doit intégrer les études préalables dans sa démarche. Il s'agit de s'assurer de l'efficience et de la pérennité des solutions proposées.

Les études précédant la rédaction du projet normatif s'articulent essentiellement autour de son évaluation préalable à travers la réalisation d'une étude d'impact et d'opportunité (**paragraphe premier**). En outre, l'entreprise normative doit, pour être efficace, être assise sur une méthodologie appropriée (**paragraphe II**).

---

[43] R. CARRÉ de MALBERG, *La loi expression de la volonté générale*, 1931, rééd., Paris, Économica,1984.

[44] K. GILBERG, « Une production du droit mieux raisonnée ? La diffusion de la légistique en droit français », CJFI, n° spécial, juin 2008, p. 50.

PARAGRAPHE PREMIER

L'EVALUATION PREALABLE DES TEXTES LEGISLATIFS ET REGLEMENTAIRES : LES ETUDES D'IMPACT ET D'OPPORTUNITE

15. L'évaluation normative préalable. L'idée d'une évaluation ex ante de la norme témoigne du besoin ressenti de légitimation des interventions législatives et réglementaires. La réalisation des études d'impact et d'opportunité constitue l'un des outils majeurs des politiques mises en œuvre pour améliorer la qualité de la production normative[45].

Il s'agit d'un mécanisme d'évaluation ex ante permettant d'analyser les retombées potentielles de l'activité normative[46].

Face à l'affaiblissement de la qualité des textes, le recours à une évaluation préalable de leurs effets paraît constituer une solution. Le travail préalable d'expertise autour du projet normatif doit permettre de lutter contre « l'activisme normatif »[47].

C'est la raison pour laquelle, lorsque la réforme envisagée présente une certaine importance, la réalisation d'une étude d'impact devant l'accompagner constitue un préalable souvent nécessaire.

Pour mieux appréhender l'importance que revêt l'évaluation normative préalable, il importe d'analyser d'une part, l'objet de l'étude d'impact et d'opportunité (**A**) avant d'étudier d'autre part, le régime qui lui est applicable (**B**).

---

45 *Guide de légistique, Paris, La documentation française,* 3 ème édition, mise à jour 2017, p. 14 ; S. BRACONNIER, « La technique de l'étude d'impact et le renouveau de l'action publique », *RDP,* 1998, p. 817.

46 V. notamment, A. NOURY, « L'étude d'impact des projets de loi et de décret en Conseil d'État : une tentative de rationalisation du travail gouvernemental », *RRJ*, 2000, p. 599 ; A. HAQUET, « Les études d'impact des projets de loi : espérances, scepticisme et compromis », *AJDA*, 2009, p. 1986 ; I. LIANOS et M. KARLIUK, « L'émergence de l'étude d'impact comme norme de gouvernance en Europe : genèse, diffusion et acteurs», *RFAP,* 2014, n° 149, p. 5-27.

47 J. SIRINELLI, « La justiciabilité des études d'impact des projets de loi », *RDP* du 1er janvier 2010, n° 05, p. 1367.

A. - L'OBJET DE L'ÉTUDE D'IMPACT ET D'OPPORTUNITÉ

16. La notion d'étude d'impact ou d'opportunité. Les études d'impact et d'opportunité constituent « un outil d'évaluation et d'aide à la décision »[48]. Elles doivent être réalisées le plus précocement possible dans le processus normatif.

Les études d'impact et d'opportunité peuvent être définies comme des études préalables à l'élaboration d'un texte législatif ou réglementaire ayant pour objet d'identifier les problèmes auxquels le projet normatif entend remédier, de fixer ses objectifs, de déterminer les options envisageables en vue de répondre à l'objectif qui lui est assigné ainsi que les impacts potentiels de l'intervention normative (incidences économiques, sociales, budgétaires, environnementales, institutionnelles, etc.)[49].

Le degré d'approfondissement de l'évaluation préalable varie suivant la nature et l'importance de la réforme envisagée, la diversité des questions posées et les difficultés techniques ou juridiques de la matière concernée[50].

Dans certains cas, il pourrait s'avérer nécessaire de mener en parallèle plusieurs études sur des volets particuliers du projet de texte. Dans d'autres cas, une seule étude suffit. Quoi qu'il en soit, l'étude d'impact et d'opportunité doit au moins comporter des éléments essentiels de l'évaluation préalable.

17. Les objectifs du projet de texte. La formulation d'un ou plusieurs objectifs généraux de la réforme doit être aussi concise que possible.

Cette formulation peut être éventuellement complétée par l'énoncé d'objectifs spécifiques. Il est également utile de préciser les indicateurs utilisés pour évaluer l'atteinte de l'objectif poursuivi ou le type d'évaluation ex post envisagé.

Lorsque la réforme envisagée comprend plusieurs volets distincts, il est recommandé de présenter les objectifs pour chacun d'entre eux tout en faisant apparaître la cohérence d'ensemble du projet normatif.

Par exemple, un meilleur financement d'un secteur d'activité peut être un objectif visé par le rédacteur.

18. Les options retenues. Cette partie de l'étude permet d'identifier les options envisageables en vue de répondre à l'objectif assigné au projet de texte. A cette étape de l'étude, il peut s'avérer nécessaire d'écarter certaines options soit qu'elles ne permettent pas véritablement de répondre à l'objectif assigné, soit qu'elles sont incompatibles avec certaines règles supérieures ou

---

[48] V. en France la circulaire Premier Ministre du 15 avril 2009 relative à la mise en œuvre de la révision constitutionnelle, Journal officiel 16 avril 2009.

[49] Sur l'ensemble de la question, M. PHILIP-GAY (dir.), *Les études d'impact accompagnant les projets de loi*, Paris, *LGDJ*, 2012.

[50] *Guide de légistique,* Paris, La documentation française, 3 ^{eme} édition, mise à jour 2017, p. 18.

avec d'autres objectifs d'intérêt général ou qu'elles apparaissent manifestement impossibles à mettre en œuvre.

Par exemple, la mise en place d'un fonds d'appui à un secteur d'activité peut être une option retenue pour atteindre l'objectif de financement de ce secteur.

19. Les impacts prévisibles. L'évaluation consiste non seulement à apprécier les bénéfices escomptés par le projet de texte envisagé au regard de ses objectifs, mais aussi l'ensemble des conséquences directes ou indirectes qui en résultent.

Les effets positifs et négatifs sont à apprécier dans les différents champs d'analyse pertinents : impacts économiques, budgétaires, environnementaux, institutionnels, etc.

Les effets juridiques et administratifs sont à prendre en considération. Les options sont analysées au regard de l'exigence de la sécurité juridique, de la stabilité des situations juridiques ainsi que de l'intelligibilité et de l'effectivité du droit. A cet égard, la liste prévisionnelle des textes d'application nécessaires doit être prise en compte dans la perspective de la mise en œuvre effective du projet normatif.

Par exemple, une nouvelle politique minière favorisant l'installation de sociétés minières dans des villages peut avoir des incidences au niveau social (orpaillage, déplacement de villages, de cimetières, etc.), culturel (destruction de totems, perturbation de pratiques cultuelles, etc.) et environnemental (pollution minière, etc.).

B. - LE RÉGIME DE L'ÉTUDE D'IMPACT ET D'OPPORTUNITÉ

20. France : constitutionnalisation des études d'impact. En France, la réforme constitutionnelle du 23 juillet 2008 a procédé à la constitutionnalisation de l'évaluation normative préalable. La loi organique n° 2009-403 du 15 avril 2009[51], prise en application de l'article 39 de la Constitution modifiée, impose la présentation d'une étude d'impact jointe au projet de loi dès sa présentation devant le Conseil d'État[52]. Toutes les lois sont, en principe, concernées par l'obligation de réalisation d'une étude d'impact (les lois ordinaires, les lois organiques, les lois d'habilitation, etc.).

---

[51] Journal officiel du 16 avril 2009.

[52] J. SIRINELLI, « La justiciabilité des études d'impact des projets de loi », *RDP* du 1er janvier 2010, n° 05, p. 1367.

Mais certaines lois ne sont pas soumises à cette obligation ; il en est ainsi des lois de finances, des lois de financement de la sécurité sociale et des lois portant autorisation de ratification d'un traité international[53].

Le but de cette solution constitutionnelle est de lutter contre l'inflation normative ; il s'agit d'améliorer sensiblement l'information du Parlement[54].

La violation de l'obligation de réalisation de l'étude d'impact, résultant d'une absence ou d'une insuffisance de l'étude, n'est pas sanctionnée par l'inconstitutionnalité de la loi, mais par la possibilité, pour la première assemblée saisie, de refuser d'inscrire le projet de loi à son ordre du jour. Si le désaccord entre l'Assemblée et le Premier Ministre perdure, le Conseil constitutionnel français peut être saisi pour trancher la question dans les huit (8) jours[55].

21. Le droit positif sénégalais. Au Sénégal, les études d'impact et d'opportunité ne sont pas soumises au même régime juridique. En effet, le législateur n'a pas procédé à une systématisation de l'obligation de confection des études d'impact et d'opportunité pour tout projet de texte.

22. L'étude d'impact et d'opportunité : une obligation. Toutefois, la conception d'une étude d'opportunité et d'impact n'est une obligation juridique que dans des cas limitativement prévus par la loi ou le règlement. Ainsi, dans le cadre de la création des agences d'exécution, l'article 2, alinéa 3 de la loi d'orientation n° 2009-20 du 04 mai 2009 sur les agences d'exécution dispose que : « Le décret de création est accompagné d'une étude d'opportunité et d'impact démontrant la valeur ajoutée du recours à la formule de l'agence ».

L'agence d'exécution est une entité administrative autonome, investie d'une mission de service public. Elle est une personne morale de droit public dotée d'un patrimoine et de moyens de gestion propres[56].

D'abord, la création d'une agence doit être justifiée par des nécessités fonctionnelles relevant d'une volonté politique de donner plus d'impulsion, d'autorité et d'autonomie à un ensemble d'activités nouvelles ou insuffisamment prises en charge par les services administratifs.

Ensuite, elle doit aussi participer du souci de rendre un service de qualité aux usagers en apportant des solutions appropriées fondées sur la proximité, la participation et l'adaptabilité que des services centraux ne peuvent pas assurer.

---

53 P. MBONGO, « La constitutionnalisation des études d'impact préalables à la loi. Un mirage légistique », *D.* 2009, p. 108 ; C. BERGEAL, *Manuel de légistique*, 8 [eme] édition, Paris, Berger-Levrault, 2018, p. 55, n° 33.

54 C. BERGEAL, *Rédiger un texte normatif. Manuel de légistique*, 7eme édition, Paris, Berger-Levrault, octobre 2012, p. 57.

55 V. art. 39, al. 4 de la Constitution française.

56 V. art 1er de la loi d'orientation n° 2009-20 du 04 mai 2009 sur les agences d'exécution ; sur les agences d'exécution, V. M. NIANG, *Les agences d'exécution et la modernisation de l'Etat*, Dakar, l'Harmattan, 2017, p. 44 et s.

Enfin, le recours à la formule agence doit être justifié par la nécessité de rendre l'administration plus attentive à la notion de performance et de résultats[57].

23. Des précisions primatorales. D'après la circulaire n° 4006/ PM du 17 septembre 2014 sur l'étude d'opportunité et d'impact préalable à la création d'une agence d'exécution, cette étude est préparée par l'autorité de tutelle et doit recueillir l'avis de la Commission d'Evaluation des Agences d'Exécution (CEAE), conformément à l'article 2 du décret n° 2010-1811 du 31 décembre 2010 portant création et fixant les règles d'organisation et de fonctionnement de la Commission d'Evaluation des Agences d'Exécution. En vertu de l'article 2 du décret n° 2010-1811 du 31 décembre 2010, la Commission d'évaluation des agences d'exécution a pour mission notamment de donner un avis sur l'opportunité de la création d'une agence sur la base du rapport présenté par son autorité de tutelle.

Selon les articles 3 et 4 du décret n° 2010-1811 en date du 31 décembre 2010, la Commission d'Evaluation des Agences d'Exécution, placée sous l'autorité du Premier Ministre, comprend un représentant de la Présidence de la République, un représentant de la Primature, deux représentants du Bureau Organisation et Méthodes (BOM), un représentant du Contrôle financier, deux représentants du Ministère de l'Économie et des Finances et un représentant de la Plateforme des acteurs non étatiques.

Elle présidée par le Secrétaire général du Gouvernement. Son secrétariat permanent est assuré par le BOM.

24. L'extension aux structures administratives similaires. D'après la circulaire du Premier Ministre du 17 septembre 2014, l'obligation de réalisation d'une étude d'impact et d'opportunité a vocation à s'appliquer aussi bien aux agences d'exécution qu'aux structures administratives similaires. Le cadre juridique des agences ne définit pas la notion de « structures administratives similaires ». Il s'agit en réalité de personnes morales de droit public dont les modalités d'organisation et de fonctionnement s'apparentent à celles des agences sans en prendre la dénomination. Il en est ainsi de certains fonds et délégations ainsi que de certains offices créés comportant souvent un administrateur général et un conseil d'administration.

Cette interprétation de la circulaire primatorale du 17 septembre 2014 doit être approuvée. En effet, le dispositif juridique prévu pour encadrer l'organisation et le fonctionnement des agences d'exécution s'applique aux agences et aux « autres structures administratives similaires ». C'est ce qui ressort de l'article 16 de la loi d'orientation n° 2009-20 du 04 mai 2009 sur les agences d'exécution. Selon ce texte, les agences et les autres structures administratives similaires existantes sont tenues de se conformer à ses

[57] V. art. 2 de la loi d'orientation n° 2009-20 du 04 mai 2009 sur les agences d'exécution.

dispositions dans un délai de douze (12) mois, à compter de la date de son entrée en vigueur.

25. L'étude d'impact et d'opportunité : une faculté. En dehors de la création des agences, la réalisation des études d'impact et d'opportunité ne constitue pas en principe une obligation juridique avant l'adoption d'un projet de texte.

Cependant, le recours au mécanisme de l'évaluation préalable est recommandé si la réforme envisagée présente une certaine ampleur ou lorsqu'elle a des conséquences financières prévisibles pour l'État, les collectivités territoriales ou les établissements publics. Il en est de même lorsque le projet normatif vient modifier profondément les droits et obligations d'une catégorie sociale déterminée ou le régime applicable à l'ensemble d'une profession. La circulaire n° 02937 PM/CAB/CS/GOUV. SD du 24 octobre 2013 sur le respect de la procédure d'adoption des textes législatifs et réglementaires énonce que les projets de texte devront, être accompagnés par une évaluation de leur incidence budgétaire « et, le cas échéant, d'une étude d'impact sur le plan organisationnel, social et économique ».

De façon générale, une étude d'impact et d'opportunité se révèle nécessaire lorsque l'intervention normative est susceptible d'affecter de manière significative la situation des personnes ou des institutions publiques.

A contrario, la réalisation d'une étude d'impact et d'opportunité n'est pas généralement utile lorsque l'autorité normative compétente (législateur, Président de la République, Premier Ministre ou ministre, etc.) ne dispose que d'une marge d'appréciation très limitée[58]. Il en est ainsi notamment lorsqu'il s'agit de prendre les dispositions requises pour l'application d'une loi ou la transposition d'une directive communautaire. En effet, dans ces cas, le texte à transposer ou l'acte législatif a bien souvent tranché les principales questions posées par l'intervention normative en renvoyant à un acte de transposition ou d'application pour en fixer les modalités d'internalisation ou de mise en œuvre.

26. L'auteur de l'étude d'impact et d'opportunité. La réalisation de l'étude d'impact et d'opportunité incombe en premier lieu au rédacteur du texte, c'est-à-dire au ministère ayant pris son initiative, en relation avec les autres départements directement concernés. Selon la circulaire du 17 septembre 2014, l'étude d'impact et d'opportunité est préparée par « l'autorité de tutelle technique ». Il s'agit notamment du département ministériel dont les attributions rentrent dans le cadre du texte.

Plusieurs méthodes sont envisageables en vue de la confection de l'étude d'impact. Le rédacteur peut procéder à la constitution d'un groupe de travail

---

[58] *Guide pour l'élaboration des textes législatifs et réglementaires*, Paris, La documentation française, version du 25 septembre 2015 , p. 12.

ministériel ou interministériel ou même recourir à une personnalité qualifiée indépendante ou à une équipe de recherche universitaire.

Lorsque le projet de texte intéresse plusieurs ministères, il peut être opportun qu'un échange puisse intervenir avec eux ainsi qu'avec les services de la Primature avant de retenir définitivement l'une de ces méthodes.

27. Problème de la généralisation des études d'impact et d'opportunité. La réalisation des études d'impact et d'opportunité peut présenter une grande importance surtout au Sénégal où les parlementaires n'ont pas toujours le niveau intellectuel nécessaire pour appréhender les enjeux qui s'attachent aux interventions normatives.

Sans nier l'importance que revêt l'étude d'impact et d'opportunité, sa systématisation dans le processus normatif ne semble pas opportune. En effet, la généralisation des études d'impact à tous les projets de loi et de décret, outre le fait qu'elle contribuerait à alourdir inutilement la procédure d'adoption gouvernementale des textes, ne serait pas nécessairement une solution efficace. Il n'est pas évident que l'étude d'impact et d'opportunité constitue un outil de renforcement de la qualité intrinsèque de l'œuvre législative et d'amélioration de l'information des décideurs[59].

En France, dans la pratique, l'étude d'impact s'est plus révélée comme un instrument servant plus à justifier qu'à évaluer la production normative. Aussi, est-elle souvent confectionnée après la rédaction du projet de loi qu'elle est pourtant censée analyser les retombées potentielles et dans tous les cas, bien après la décision de légiférer ou de réglementer[60].

---

59 M. PHILIP-GAY (dir.), *Les études d'impact accompagnant les projets de loi*, Paris, LGDJ, 2012.

60 C. BERGEAL, *Rédiger un texte normatif. Manuel de légistique*, 7eme édition, Paris, Berger-Levrault, octobre 2012, p. 57.

DOCUMENT N° 01
LES ETUDES D'IMPACT ET D'OPPORTUNITE

La circulaire n° 4006/ PM du 17 septembre 2014 sur l'étude d'opportunité et d'impact préalable à la création d'une agence d'exécution

REPUBLIQUE DU SENEGAL

......

PRIMATURE

N°4006 /PM

CIRCULAIRE

LE PREMIER MINISTRE

A

Mesdames, Messieurs les :

Ministres, Ministres délégués
et, Ministres, Secrétaires généraux de la Présidence
de la République et du Gouvernement

Objet : Étude d'opportunité et d'impact préalable à la création des agences d'exécution

Les dispositions du dernier alinéa de l'article 2 de la loi n° 2009-20 du 04 mai 2009 portant loi d'orientation sur les agences d'exécution rappellent la nécessité de procéder avant leur création à une étude l'opportunité et d'impact qui doit conclure à une amélioration de la situation présente au travers de la création de l'agence.

Cette étude préparée par l'autorité de tutelle technique doit ensuite recueillir l'avis de la Commission d'Évaluation des Agences d'exécution conformément aux dispositions du premier tiret de l'article 2 du décret n° 2010-1811 du 31 décembre 2010 portant création de cette Commission. Au sens des dispositions de cette circulaire et conformément à l'article premier de la loi supra mentionnée, il convient d'entendre par agence d'exécution ou structure assimilée toute personne morale de droit public autre que les différentes catégories d'établissement public investie d'une mission de service public et dotée de l'autonomie financière et de la personnalité juridique.

En outre, les projets de texte à incidence financière à l'image des projets de décret de création d'agences d'exécution doivent être soumis à l'avis du Ministre chargé des Finances en référence aux dispositions du dernier alinéa de l'article 4 de la Directive n° 06/2009/CM/UEMOA du 26 juin 2009 portant lois de Finances au sein de l'UEMOA.

Dans la pratique, il est constaté l'absence systématique d'étude d'opportunité qui accompagne les décrets de création ou, les rares fois où elle est jointe, son caractère sommaire ne permet pas la justification de la prise de décision de l'autorité.

Face à ces manquements et pour éviter les dysfonctionnements constatés de par le passé, je vous demande de veiller désormais dans le cadre de la création des agences ou structures assimilées au strict respect de la réglementation sur la question.

Le canevas de l'étude d'opportunité et d'impact, joint à la présente circulaire, doit servir de référentiel sans toutefois empêcher la prise en compte par les acteurs des spécificités de leur secteur d'intervention.

J'attache du prix à l'exécution de cette instruction.

Le Premier Ministre

Mahammed Boun Abdallah DIONNE

ANNEXE A LA CIRCULAIRE N° 4006
CANEVAS DE L'ETUDE D'OPPORTUNITE

L'étude d'opportunité et d'impact est un principe posé par le décret n° 2010-1811 du 31 décembre 2010 portant création de la Commission d'Évaluation des Agences en son article 2 premiers tirets. Elle justifie essentiellement l'externalisation d'une mission de service public avant la mise en œuvre du cadre légal et règlementaire. Son application réelle peut être un outil de conseil à la disposition de l'autorité dont le pouvoir discrétionnaire n'est pas remis en cause. Le respect strict de ce mécanisme de création d'agences ou de structures assimilées permet à terme une rationalisation à la fois organisationnelle et budgétaire du secteur public. Ainsi, la transmission à la Commission d'Évaluation des Agences et au Ministère chargé des Finances de tout projet de décret de création d'agence ou de structure assimilée accompagné de l'étude d'opportunité y relative est une obligation avant toute validation proposée à l'autorité.

Relativement au canevas, il n'existe pas de modèle universel. Toutefois, le contenu suivant adaptable en fonction du secteur est proposé.

1. Identification des missions pré-existantes et/ou nouvelles dont l'externalisation est proposée ;

2. justification de l'articulation de ces missions avec le document de planification stratégique et opérationnelle définie par le Ministère assurant la tutelle du ou des secteurs concerné (s) ;

3. analyse comparée des modèles actuels et futurs de prise en charge des mission et gestion du ou des secteur (s) :

3.1. diagnostic détaillé du secteur appuyé sur des données chiffrées et des observations soigneusement étudiées et vérifiées afin de permettre une meilleure appréciation des inefficacités et inefficiences. Cette démarche permet de montrer l'existence réelle du problème, sa nature et son ampleur par l'analyse de facteurs socio-économique actuels et futurs. Cet exercice permet de faire ressortir pour chaque problème identifié, notamment :

- ses caractéristiques (son ampleur, sa gravité, etc.) ;
- ses causes et ses conséquences ;
- et le niveau ou l'absence de prise en charge du problème par l'administration centrale.

3.2. Démonstration après ce diagnostic détaillé, des avantages offerts par le nouveau mode de gestion relativement à l'efficience organisationnelle et budgétaire ;

3.3. précision du caractère inéluctable de la décentralisation technique pour la gestion du service ou secteur public considéré en :

- indiquant la nécessité d'impulsion, de développement plus approprié d'un ensemble d'activités (nouvelles ou anciennes), d'un ou de plusieurs secteurs de l'administration publique ;
- démontant l'insuffisance, l'absence ou l'incapacité technique ou managériale de prise en charge par les services centraux d'un ensemble d'activités (nouvelles ou anciennes) ;
- relevant les spécificités de gestion (souplesse, célérité, proximité, etc.) que l'administration centrale ne garantit pas forcément.

4. Présentation synthétique de la structure proposée comme solution alternative, des objectifs assignés à la nouvelle structure, des résultats attendus et de l'estimation des moyens nécessaires à son fonctionnement.

PARAGRAPHE II

LA METHODOLOGIE D'ELABORATION DES TEXTES LEGISLATIFS ET REGLEMENTAIRES

28. La nécessité d'une bonne approche méthodologique. La rédaction d'un texte législatif ou réglementaire constitue une entreprise très complexe. Elle ne saurait être réalisée au mépris d'une approche méthodologique appropriée. Une réforme, qui n'est pas fondée sur une bonne méthodologie, pourrait être vouée à l'échec. La mise en œuvre d'une méthodologie pertinente permet d'élaborer les textes juridiques les plus pertinents devant accompagner la réforme envisagée.

29. Les auteurs du projet de texte. Dans la pratique légistique, les projets de texte législatif et réglementaire sont préparés par une direction technique du département ministériel, parfois au niveau du cabinet du ministre par des conseillers techniques ou même par un service rattaché au ministère maître d'œuvre, voire par une agence d'exécution placée sous sa tutelle.

A titre d'exemple, un texte portant modification du Code pénal peut être élaboré par la Direction des Affaires criminelles et des Grâces du Ministère de la Justice. Un projet de décret portant application du Code de la Marine marchande peut être préparé par l'Agence nationale des Affaires maritimes (ANAM) placée sous la tutelle technique du Ministre de la Pêche et de l'Économie maritime.

Les rédacteurs des textes ont de plus en plus tendance, par une démarche du « faire faire », à recruter un cabinet spécialisé chargé de l'élaboration du texte.

Mais si le recours à une expertise extérieure est possible, il est fortement recommandé que les initiateurs s'approprient la philosophie et les options majeures du projet normatif. En effet, il leur appartiendra de le défendre devant les institutions consultatives et les instances d'adoption des textes législatifs et réglementaires (Secrétariat général du Gouvernement, Assemblée générale consultative de la Cour suprême, Conseil des Ministres, Parlement).

Un groupe de travail ou une commission de rédaction ou de codification, composée notamment de techniciens du secteur en question, de juristes et de praticiens, peut être créé à cet effet par décret ou par arrêté du ministre maître d'oeuvre. Mais l'expérience a montré que le groupe de travail peut difficilement effectuer un travail de rédaction d'un projet normatif. Il est souvent préférable que le groupe travaille à partir d'un « avant-projet » qui pourra être amélioré[61].

Au Sénégal, pour les besoins de l'élaboration du Code de la Famille, le Gouvernement avait mis en place par décret n° 61-145 du 12 avril 1961[62], une Commission de Codification composée notamment de professeurs d'université, de magistrats, d'avocats et de personnalités choisies en raison de leurs connaissances en matière coutumière. Cette commission était chargée d'étudier, de rédiger et de soumettre au Gouvernement un projet de Code de la Famille.

Il a été également institué un Comité des Options par décret du 23 décembre 1965[63] composé d'une cinquantaine de personnalités de toutes les coutumes et de toutes les tendances. Il était chargé de fixer les grandes orientations du futur Code de la Famille, en proposant notamment aux pouvoirs publics une règle unique pour chacune des questions posées par le Gouvernement[64].

30. La mise en place des cellules juridiques. Compte tenu de la complexité de la technique légistique, il est nécessaire pour les départements ministériels, faute de disposer d'une direction de la législation, de mettre en place un service chargé de la rédaction et de la coordination des activités normatives du département. D'ailleurs, par une circulaire n° 0030 CAB/PM.SGG/DSL du 18 décembre 2014 sur la mise en place de l'Agenda législatif et réglementaire du Gouvernement pour l'année 2015, le Premier Ministre a exhorté les ministères à créer des cellules juridiques rattachées au Secrétariat général du ministère ou au Cabinet, selon les cas. Cette prescription a été récemment rappelée par la circulaire n° 000260 PM/SGG/DSL/db du 27 mars 2017 relative à la création des cellules juridiques. Ces cellules sont chargées de suivre l'état de mise en œuvre de l'agenda législatif et réglementaire, de participer aux réunions d'évaluation trimestrielles de cet agenda et de veiller à la qualité des projets de loi et de décret avant leur transmission au Secrétariat général du Gouvernement.

Elles ont aussi pour mission d'élaborer, en rapport avec les directions techniques, services et organismes relevant de la tutelle du département, les projets de texte législatif et réglementaire du ministère.

Les cellules juridiques sont également chargées d'une mission de contrôle de la production normative du département ministériel. Elles veillent, en effet,

---

[61] En ce sens, V. l'instruction générale n° 15 PR du 1er mars 1968 sur l'organisation du travail gouvernemental.

[62] JORS du 29 avril 1961, p. 610.

[63] JORS du 08 janvier 1966, p. 22.

[64] Sur l'ensemble de cette question, A. S. SIDIBE, *Le pluralisme juridique de l'Afrique (l'exemple du droit successoral sénégalais)*, Paris, LGDJ 1991, p. 43 et s.

à la bonne articulation entre les textes du département ainsi qu'à leur conformité avec la politique normative du Gouvernement.

Chaque cellule est dirigée par un coordonnateur, de préférence un juriste, qui sera le point focal au sein du Comité technique de validation des textes législatifs et réglementaires. Il assiste, à ce titre, aux réunions de cette instance, chaque fois que les points inscrits à l'ordre du jour intéressent le département.

31. La méthodologie normative. La méthodologie de rédaction des textes doit se fonder sur un diagnostic de la situation de fait et de droit, à travers la réalisation de la situation de référence normative (**A**). Ce diagnostic préalable permettra la conception d'une stratégie normative à même de permettre d'atteindre l'objectif visé par le projet normatif (**B**).

A. - LA SITUATION DE RÉFÉRENCE NORMATIVE

32. Le diagnostic de la situation de fait et de droit. Une fois le ou les problèmes à résoudre identifié (s), toute réforme doit être précédée de l'établissement de la situation de référence normative. Il s'agit du diagnostic de l'état du droit (**1**) et de la situation de fait (**2**).

1. - Le diagnostic de l'état du droit

33. La revue normative. Une connaissance précise de l'état du droit relatif au projet de texte constitue un préalable indispensable au choix de la solution à apporter. Il s'agit de ce que l'on appelle la revue normative.

Il est indispensable, avant les travaux de rédaction du texte, de procéder au recensement minutieux de l'état du droit existant, à savoir les règles constitutionnelles, la législation en vigueur (lois organiques, lois ordinaires, etc.) et la réglementation (décrets, arrêtés), voire les actes non réglementaires (instructions, circulaires, directives, notes de services, etc.).

Si le rédacteur intervient dans un domaine encore vierge d'une législation ou d'une réglementation, la revue normative pourrait consister à faire le bilan de l'état du droit international (traités internationaux) et des normes communautaires (directives, réglements, décisions, Actes uniformes, actes additionnels, etc.).

Dans le cadre d'une démarche de « benchmarking », les concepteurs du projet normatif gagneraient à s'inspirer des cadres juridiques existants dans la sous région ou dans d'autres États.

Dans le cadre de l'élaboration du Code de la Famille, la Commission de Codification mise en place avait procédé au recensement de toutes les coutumes par la diffusion d'un questionnaire détaillé à l'intention des autorités locales[65]. En outre, elle avait rassemblé toute la documentation législative et

[65] En ce sens, V. la circulaire du Président du Conseil n° 51 du 11 juillet 1961.

jurisprudentielle, notamment les textes les plus récents élaborés en matière de statut personnel par des pays musulmans, la législation française de l'époque ainsi que les décisions de justice tant sénégalaises qu'étrangères.

34. Les outils de collecte. Les codes et autres textes publiés par les éditeurs privés, notamment par les Éditions Juridiques Africaines (EDJA) sont de précieux outils de travail pour le rédacteur, en raison des commentaires et annotations qu'ils comportent. En outre, le site officiel du Gouvernement[66] constitue également une source importante d'informations.

La Direction des Relations avec les Institutions (DRI) du Ministère du Travail, du Dialogue social, des Organisations professionnelles et des Relations avec les Institutions a conçu un site web[67] dans lequel sont publié plusieurs textes adoptés par le Parlement. Ce site, géré par le Centre d'Information et de Documentation sur les Institutions et la Gouvernance, met à la disposition des citoyens des informations authentiques contenues dans des documents officiels produits par des institutions de la République (Assemblée nationale, Conseil économique social et environnemental, etc.). Il publie également des textes adoptés par l'Assemblée nationale ainsi que les rapports officiels des commissions.

Mais ces sources ne sont pas à l'abri d'erreurs. Il peut arriver par exemple qu'une saisie inexacte sur le site web d'un éditeur compacte deux aliénas en un seul ou, au contraire, créé deux aliénas alors que la loi n'en prévoyait qu'un seul.

Il est fortement recommandé de se reporter aux textes publiés au Journal officiel ainsi qu'aux errata qui font également l'objet d'une publication sur le même support, en cas de divergence entre les différentes sources de publication.

Même s'il est souhaitable, le diagnostic de la situation de droit n'est pas toujours aisé. Il nécessite parfois des recherches quasi archéologiques dans un contexte marqué par des difficultés d'accès aux anciennes versions du Journal officiel et par l'indisponibilité de tous les numéros du Journal officiel sur support électronique.

2. - Le diagnostic de la situation de fait

35. L'état des lieux. Le concepteur du texte doit également établir un diagnostic de l'application des textes en vigueur. Il s'agit d'identifier les lacunes, les contraintes, les vides et les difficultés de mise en œuvre du cadre juridique et institutionnel traditionnel. Cet état des lieux doit également faire ressortir les opportunités et les atouts de l'application des textes juridiques classiques.

---

[66] http://www.gouv.sn

[67] http://www.dri.gouv.sn

Les insuffisances normatives peuvent trouver leur source dans une inadaptation des règles en vigueur, notamment en cas de divergences d'interprétation judiciaire, de malfaçons de rédaction, de lourdeurs d'une procédure ou d'une complexité excessive des règles applicables. Il s'agit en réalité d'apprécier les nombreux autres facteurs explicatifs des problèmes d'application recensés.

Le diagnostic de fait est souvent réalisé à l'aide d'enquêtes faites auprès des différents acteurs du secteur concerné (administrations, citoyens, collectivités territoriales, secteur privé, société civile, médias, chefs traditionnels, religieux, etc.) ou d'études d'évaluation réalisées par des experts faisant l'objet de rapports.

36. Les normes de l'audit qualité. Le diagnostic de la situation de fait doit se faire conformément aux règles de l'audit qualité, à partir des axes suivants : l'environnement, les acteurs, les méthodes, les moyens et les normes.

A titre, d'exemple, la situation de référence normative, réalisée dans le cadre d'une réforme du cadre juridique des technologies de l'information et de la communication, peut permettre de faire les constats suivants :

- l'environnement : une absence de volonté politique, un contexte économique et social inadapté à l'éclosion d'une économie numérique, etc.
- les acteurs : une insuffisante formation des magistrats dans les techniques d'investigation en ligne, un manque de spécialisation des officiers de police judiciaire, etc.
- les méthodes : l'inadaptation des techniques d'investigation classiques à l'environnement électronique, l'inadéquation des méthodes de coopération internationale, etc.
- les moyens : l'existence d'une fracture numérique, une insuffisance des moyens de lutte contre la cybercriminalité, etc.
- les normes : l'inadaptation des infractions classiques aux TIC, l'inadéquation du cadre de protection des données à caractère personnel, etc.

37. Les intérêts de la situation de référence normative. Le diagnostic de la situation de fait et de droit présente un grand intérêt au plan légistique.

D'une part, la revue normative permet d'avoir une plus grande visibilité et une meilleure lisibilité sur l'état du droit. Elle évite au rédacteur d'avoir à légiférer ou réglementer des questions déjà prises en charge juridiquement, ce qui pourrait être une source de difficultés d'interprétation et d'application.

D'autre part, le diagnostic de la mise en œuvre de la législation classique constitue le socle à partir duquel s'articuleront les innovations majeures du projet de texte. Ces éléments factuels de diagnostic constituent d'ailleurs une partie importante du document de présentation (exposé des motifs, rapport ou note de présentation) du texte proposé. En effet, le document de présentation doit mettre l'accent sur les limites de l'ancien dispositif juridique[68].

L'établissement de la situation de référence normative permet au rédacteur de s'assurer de la nécessité du projet normatif. L'intervention normative ne doit pas seulement avoir une valeur décorative voire cosmétique. L'acte normatif doit être utile, c'est-à-dire qu'il doit permettre d'atteindre un objectif d'intérêt général, de résoudre un problème d'importance sociale, politique ou économique. A cet égard, les rédacteurs doivent résister au moins à deux reflexes normatifs : l'effet Assiduis et l'effet « mimétiste ».

38. L'effet Assiduis. L'influence des groupes de pression sur le processus normatif est de plus en plus prégnante. L'effet Assiduis est le phénomène par lequel le législateur est porté à légiférer sous la pression des réclamations de catégories sociales, de lobbies[69] ou de divers groupes (syndicats, organisations non gouvernementales, industrie du tabac, institutions internationales, chefs religieux, groupes de hauts fonctionnaires, etc.)[70]. Il n'est pas rare de constater, dans le circuit d'adoption des textes, des projets préparés et conçus par des fonctionnaires, profitant de leurs positions privilégiées dans le seul but d'obtenir des avantages statutaires. C'est la raison pour laquelle les pouvoirs publics ne sont pas très favorables à la création d'agences d'exécution. Tout projet de texte relatif à la création d'une agence d'exécution est subordonné à la réalisation d'une étude d'impact accompagné de l'avis de la Commission d'Evaluation des Agences d'Exécution[71].

Dans les sociétés démocratiques, l'effet *Assiduis* détourne la norme juridique de sa fonction spécifique qui réside dans la régulation des rapports sociaux pour la satisfaction de besoins d'intérêt général.

Les législations modernes tendent de plus en plus à ériger en principe la non immixtion des groupes de pression dans la définition des politiques publiques en général. Ainsi, dans le cadre de la lutte contre le tabagisme, le législateur sénégalais a récemment consacré le principe de non ingérence de l'industrie du tabac dans les politiques nationales de santé. Aux termes de l'article 1er de la loi n° 2014-14 du 28 mars 2014 relative à la fabrication, au conditionnement, à l'étiquetage, à la vente et à l'usage du tabac[72] : « L'État s'interdit formellement toute ingérence de l'industrie du tabac dans les politiques nationales de santé ». Ce principe emporte prohibition de toute immixtion de l'industrie du tabac dans les politiques normatives en matière de santé.

---

68 V. *infra*, n° 241.

69 C. BERGEAL, *Manuel de légistique*, 8 eme édition, Paris, Berger-Levrault, 2018, p. 25, n° 6 ; G. COURTY, « Les lobbies font-ils la loi ? », in *Quelle éthique pour notre temps*, *Sciences Humaines*, hors-série, n° 22, mai-juin 2017, p. 68.

70 J. CARBONNIER, *Flexible droit*, Paris, LGDJ, 7eme édition, 1992, p. 220.

71 V. art. 2 de la loi d'orientation n° 2009-20 du 04 mai 2009 sur les agences d'exécution.

72 JORS du 26 avril 2014, p. 570.

39. L'effet « mimétiste ». Le processus de conception des normes juridiques est souvent marqué en Afrique par une propension au mimétisme juridique[73]. Plusieurs lois adoptées au lendemain de l'indépendance apparaissent comme des textes miroirs de Constitutions et d'autres textes en vigueur dans les anciennes métropoles[74]. Le mimétisme juridique a fini par être érigé en véritable méthode de construction du droit en Afrique[75]. Les ressemblances textuelles, les reproductions d'articles, la reprise d'institutions forgées ailleurs, aboutissent souvent à la généralisation du système du « copier-coller ».

Au Sénégal, ce « transfert des technologies juridiques et institutionnelles des colonisateurs » s'est accompagné de leur adaptation aux réalités locales[76].

La construction mimétique des normes juridiques présente de grands risques pour le système juridique surtout en ce qui concerne certaines matières juridiques (droit de la famille, droit des successions, statut personnel, droit pénal, etc.). Devant le pluralisme des droits africains[77], le mimétisme des textes juridiques européens a pour effet de détruire les institutions et valeurs traditionnelles positives de l'Afrique, en entraînant des phénomènes de « rejet de greffe »[78] et des difficultés d'application liées à l'inadaptation des mécanismes juridiques importés du droit de l'ex colonisateur[79].

Dans son *Discours préliminaire du premier projet de Code civil*, PORTALIS écrivait que le législateur « ne doit point perdre de vue que les lois sont faites pour les hommes, et non les hommes pour les lois ; qu'elles doivent être adaptées au caractère, aux habitudes, à la situation du peuple pour lequel elles sont faites ».

---

[73] D. DARBON et J. DU BOIS DE GAUDUSSON (dir.), *La création du droit en Afrique*, Paris, Karthala, 1996, p. 38.

[74] D. ABARCHI, « Problématique des réformes législatives en Afrique : le mimétisme juridique comme méthode de construction du droit », *Penant,* n° 842, janvier-mars 2003, pages 88 à 105 ; J. DU BOIS DE GAUDUSSON, « Le mimétisme postcolonial, et après ?», *Pouvoirs,* 2009/2 (n° 129), p. 47 ; R. DECOTTIGNIES, « L'apport européen dans l'élaboration du droit privé sénégalais », *Annales africaines*, 1964, p. 79 et s.

[75] D. ABRACHI, « Problématique des réformes législatives en Afrique : le mimétisme juridique comme méthode de construction », *Penant*, 2003, p. 88-105.

[76] En ce sens, K. MBAYE, « L'expérience sénégalaise de la réforme du droit », in *RIDP*, vol. 22 n° 01, janvier- mars 1970, p. 35-42 ; J-C. GAUTRON, « Réflexions sur l'autonomie du droit public sénégalais », *Annales africaines*, 1969, p. 29-41 ; M. THIOYE, « Le COCC, un Code civil des Français sous les Tropiques », in I. Y. NDIAYE, J.J. L. CORREA et A.A. DIOUF (dir.), *Code des obligations civiles et commerciales du Sénégal (COCC) : cinquante ans après*, Vol 2, Dakar, CREDILA, l'Harmattan, 2018, p. 595 et s.

[77] Sur cette question, P. LAMPUE, « La diversité des statuts de droit privé dans les États d'Afrique noire », *Penant* 1961, p. 1 et s. ; A. S. SIDIBE, *Le pluralisme juridique de l'Afrique (l'exemple du droit successoral sénégalais)*, Paris, LGDJ, 1991.

[78] Y. MENY (dir.), *Les politiques du mimétisme institutionnel. La greffe et le rejet*, Paris, L'Harmattan, 1993.

[79] En ce sens, Guy A. KOUASSIGNAN, *Quelle est ma loi ? Tradition et modernisme dans le droit privé de la famille en Afrique noire francophone*, Paris, Pédone, 1974.

Le droit coutumier a ses faiblesses. Mais il ne doit pas être considéré comme un facteur de régression. Il faut sans doute l'adapter en conservant ses valeurs positives et en le combinant avec l'apport extérieur. Ce n'est qu'à cette condition que la coutume peut constituer un facteur propice au développement des pays comme le Sénégal[80].

Dans son allocution lors de l'installation du Comité des Options du Code de la Famille, M. Alioune Badara MBENGUE, Ministre de la Justice de l'époque, déclarait que : « La défense des valeurs traditionnelles ne saurait être une fin en soi et qu'il paraît souhaitable de se débarrasser du boulet des habitudes anachroniques ou mal adaptées à notre politique de développement socio-économique »[81].

Ce sont les résultats de la situation de référence normative qui permettront l'élaboration d'une stratégie normative appropriée.

B. - LA STRATÉGIE NORMATIVE

40. Les axes stratégiques du projet normatif. La stratégie normative, axée sur une vision claire, a pour objet de décliner les axes majeurs permettant la réalisation des objectifs du projet de texte.

A titre d'exemple, face au constat de l'inexistence d'infractions spécifiques aux TIC, révélé par la situation de référence normative, il peut paraitre nécessaire d'envisager la création d'infractions nouvelles spécifiques aux TIC. Il s'agira de pénaliser des comportements comme l'accès frauduleux au système informatique, l'entrave au fonctionnement du système informatique, l'usurpation d'identité numérique, etc.

La stratégie normative envisagée permet d'alimenter la matière devant constituer l'ossature du projet normatif. C'est justement sur la base des grands axes de la stratégie normative que le rédacteur pourra déterminer le support normatif devant « héberger » le projet de texte (**1**) ainsi que la technique normative appropriée (**2**).

---

80 M. ALLIOT, « Les résistances traditionnelles au droit moderne dans les Etats d'Afrique francophone et à Madagascar, in *Études de droit africain et de droit malgache*, Paris, Cujas, 1965 ; P. LAMPUE, « Droit écrit et droit coutumier en Afrique francophone », *Penant*, 1979, p. 247 ; K. MBAYE, « Le droit africain. Ses voies et ses vertus », *Rev. sén. dr.*, juin 1968, n° 03, p. 5 et s. ; M. ALLIOT, « Un droit nouveau est-il entrain de naître en Afrique ?», in *Dynamiques et finalités des droits africains,* Paris, Economica, 1980, p. 489.

81 V. *Travaux du Comité des options du droit de la famille* multigraphiés, Tome I, p. 1 et s.

1. - Le choix du support normatif approprié

41. Le vecteur normatif. L'identification du vecteur normatif adapté constitue un élément important de la stratégie normative[82]. A cet effet, l'auteur du projet de texte doit d'une part, intégrer dans sa démarche les exigences constitutionnelles liées au respect du domaine de partage entre la loi et le règlement (**a**) avant de déterminer d'autre part, précisément le vecteur normatif approprié (**b**).

a. - Le respect du domaine de partage entre la loi et le règlement

42. La délimitation des compétences. La Constitution du 22 janvier 2001 a fixé des principes de répartition des domaines législatif et réglementaire en assortissant cette répartition de mécanismes de protection.

- **Les principes de répartition des domaines respectifs de la loi et du règlement**

43. Les principes directeurs. La répartition des domaines de la loi et du règlement est fixée par les articles 67 et 76 de la Constitution sénégalaise qui s'est inspirée de la Constitution française de 1958[83]. Il résulte de ces textes constitutionnels que le pouvoir législatif a une compétence d'exception confinée aux matières déterminées par la Constitution, tandis que le pouvoir réglementaire dispose d'une compétence de droit commun.

- **La compétence d'exception du pouvoir législatif**

44. Le domaine de la compétence législative. En vertu des dispositions de l'article 67 de la Constitution, il appartient au Parlement de fixer les règles concernant certaines matières d'une part et de déterminer les principes fondamentaux concernant d'autres matières d'autre part.

- **La fixation des règles concernant certaines matières**

45. Le domaine entièrement législatif. L'article 67 de la Constitution a énuméré des matières « entièrement législatives » dans lesquelles la loi fixe les

---

[82] C. BERGEAL, *Rédiger un texte normatif. Manuel de légistique*, 7ème édition, Paris, Berger-Levrault, octobre 2012, p. 85.

[83] J. L'HUILLIER, « La délimitation des domaines de la loi et du règlement dans la Constitution du 04 octobre 1958 », *D.* 1959, p. 278 ; L. FAVOREU, *Le domaine de la loi et du règlement.* Actes du colloque d'Aix-en-Provence, Paris, Economica, 2ème éd., 1982 ; A. HAQUET, *La loi et le règlement, Paris,* LGDJ, Système, 2007 ; P. LE MIRE, *La loi et le règlement*, Doc. fr., coll. « Documents d'études », n° 108, 1994 ; J. BASTIDE, « De la délimitation des domaines législatif et réglementaire en matière militaire », *Rev. adm.*, 1969, p. 481 ; A-H. MESNARD, « Dix années de jurisprudence du Conseil constitutionnel en matière de répartition des compétences législatives et réglementaires », *AJDA,* 1970, p. 259 ; P. LE MIRE, « Acte administratif. Domaines respectifs de la loi et du règlement », *Juris-class., Dr. adm.*, 1993, fasc. 106.

règles en posant les principes généraux et en fixant les modalités d'application[84]. Ces matières sont assez nombreuses.

46. Les droits civiques et les garanties fondamentales accordées aux citoyens pour l'exercice des libertés publiques. Cette catégorie très large comprend notamment les libertés essentielles telles que la liberté d'association, la liberté du commerce et d'industrie, la liberté du culte, etc. La Cour suprême a eu l'occasion de préciser cette catégorie dans un arrêt rendu le 29 mai 1965[85]. Dans cette décision, il a été jugé que les dispositions subordonnant l'existence d'une société à un agrément de l'autorité publique affectent les garanties fondamentales accordées aux citoyens pour l'exercice de la liberté de s'associer reconnue par l'article 9 de la Constitution du 07 mars 1963.

Appartiennent aux règles concernant les droits civiques celles qui sont relatives à l'attribution du droit de suffrage, à l'éligibilité, au mode de scrutin, à la répartition des sièges et au recours éventuellement exercés contre les élections[86].

Au nombre des libertés publiques dont les garanties fondamentales relèvent de la loi figurent le libre exercice du droit d'agir en justice[87], l'institution d'une autorité administrative indépendante chargée de veiller au plein exercice d'une liberté[88] et la liberté d'association[89].

47. Les sujétions imposées par la Défense nationale aux citoyens en leur personnes et en leurs biens. Relèvent des sujétions imposées par la Défense nationale aux citoyens, non seulement les règles qui déterminent leurs obligations, mais également celles qui fixent les droits que leur ouvrent ces obligations et notamment le droit aux pensions d'invalidité[90].

---

84 Il faut préciser que les matières listées par l'article 67 de la Constitution, comme relevant du domaine législatif, n'épuisent par les compétences du Parlement. D'autres textes de la Constitution énumèrent de façon spécifique d'autres matières qui relèvent du domaine de la loi. Ainsi, la loi détermine le sceau et l'hymne national (art. 1er de la Constitution). Les conditions dans lesquelles les partis politiques et les coalitions de partis politiques sont formés, exercent et cessent leurs activités, sont déterminées par la loi (art. 4 de la Constitution). Le régime de la presse est fixé par la loi (art. 11 de la Constitution). La loi définit également le statut et fixe les droits et devoirs des partis politiques (art. 58 de la Constitution) ; en ce sens, V. la circulaire du Président du Conseil n° 78 du 27 septembre 1960 relative aux incidences de l'entrée en vigueur de la Constitution sur les conditions d'exercice du pouvoir législatif, du pouvoir réglementaire et du pouvoir de prendre des décisions individuelles.

85 CS sections réunies du 29 mai 1965, Statut de la coopération dans les territoires relevant du Ministère de la France d'Outre-Mer, in *RIPAS,* n° 11, octobre-décembre 1984, p. 938.

86 Cons. const. 04 décembre 1962, n° 62-20 L. *Rec. cons. const.*, p. 34.

87 Cons. const. 02 décembre 1980, n° 80-119 L *Rec. cons. const.*, p. 7.

88 Cons. const. 26 juillet 1984, n° 84-174 DC, JO 28 juillet 1984, p. 2496, Haute autorité de la communication audiovisuelle.

89 CE 25 mars 1988, Sté centrale carine pour l'amélioration des races de chiens en France, Req. n° 65175, *Dr. adm.*, 1988, n° 224.

90 CE 29 janvier 1965, Ass. Républicaine des anciens combattants et victimes de guerre et sieur Lesage, *Rec. CE*, p. 68.

En revanche, ne constituent pas des règles concernant les sujétions imposées par la défense nationale, les dispositions relatives à l'ancienneté de grade et les conditions d'avancement des officiers de réserve, mais ne fixant pas les limites d'âge qui leur sont applicables[91].

48. Le statut de l'opposition. L'énumération du statut de l'opposition dans les matières relevant du domaine exclusif de la loi est une innovation de la Constitution du 22 janvier 2001 dont le préambule reconnaît l'opposition « comme un pilier fondamental de la démocratie et un rouage indispensable au bon fonctionnement du mécanisme démocratique ». Le titre V de la Constitution intitulé « De l'opposition » comporte un article 58 qui dispose que la Constitution garantit aux partis politiques qui s'opposent à la politique du Gouvernement le droit de s'opposer. Ce texte ajoute que « la loi définit leur statut et fixe leurs droits et devoirs ».

49. La nationalité, l'état et la capacité des personnes, les régimes matrimoniaux, les successions et libéralités. Au Sénégal, les conditions d'acquisition de la nationalité ont été fixées par la loi n° 61-10 du 07 mars 1961 déterminant la nationalité modifiée[92]. Les dispositions relatives à l'état, à la capacité des personnes, aux régimes matrimoniaux, aux successions et aux libéralités sont prévues dans la loi n° 72-61 du 12 juin 1972 portant Code de la Famille modifiée[93]

Le législateur sénégalais estime que la fixation de l'orthographe des noms des personnes relève du domaine exclusif de la loi qui fixe les règles concernant l'état des personnes. C'est pourquoi, les règles relatives à la transcription des noms propres sénégalais en français ont été fixées par la loi n° 74-57 du 28 novembre 1974 relative à la transcription des noms propres sénégalais en français[94]. Selon l'exposé des motifs de ce texte, « l'orthographe du nom patronymique fait partie de l'état des personnes ». En vertu de l'article 2 du Code de la Famille, la personne s'identifie par son ou ses prénoms ainsi que par son nom patronymique et que le nom est attribué dans les conditions fixées par la loi.

Une décision du Conseil constitutionnel français du 17 septembre 1964 a énoncé qu'il appartient au législateur de fixer les règles relatives à l'adoption des personnes nées à l'étranger[95].

Mais « la détermination du format et les différents modèles de livret de famille ne fait pas partie des règles concernant l'état des personnes »[96].

---

91 Contra Cons. const. 17 novembre 1966, n° 69-58 L. *Rec. cons. const.*, p. 34.

92 JORS n° 3439 du 15 mars 1961, p. 351.

93 JORS, n° 4243 du 12 août 1972.

94 JORS du 09 décembre 1974, p. 1960.

95 Cons. const. 17 septembre 1964, n° 64-30, *Rec. cons. const.*, p. 41.

96 CE 25 juillet 1975, Sté « les éditions des Mairies », *Rec. CE*, tables, p. 819.

50. La détermination des crimes et délits ainsi que les peines qui leur sont applicables. Il appartient au législateur de déterminer les éléments constitutifs des crimes et des délits. La définition d'une infraction punie d'une peine criminelle ou correctionnelle ressortit de la compétence de la loi[97].

La jurisprudence française refuse même à l'exécutif le pouvoir de modifier les dispositions d'un texte, même réglementaire, sanctionnées par une peine correctionnelle[98], considérant qu'une disposition définissant un crime ou un délit et une disposition la réprimant relèvent de la même compétence (législative).

La détermination des peines attachées aux crimes et aux délits relève également de la compétence législative. Il a été jugé que les dispositions concernant les sanctions disciplinaires qui sont des mesures d'ordre intérieur destinées à assurer la discipline dans les établissements pénitentiaires ne sont pas relatives au régime des peines au sens de l'article 34 de la Constitution française[99].

Relève aussi du domaine réglementaire la détermination des contraventions et des sanctions y attachées. Tout le droit pénal spécial des contraventions dépend exclusivement du pouvoir exécutif. Ainsi, le législateur n'est pas compétent pour créer des peines contraventionnelles, cette matière relèvant du domaine réglementaire. L'exécutif peut donc seul déterminer les faits qui constituent des contraventions et fixer les peines qui leur sont applicables. Au Sénégal, le Code des Contraventions a été institué par le décret n° 65-557 du 21 juillet 1965[100].

D'ailleurs, c'est pour prendre en compte le domaine réglementaire des contraventions que la loi n° 99-05 du 29 janvier 1999 modifiant certaines dispositions du Code de Procédure pénale[101] a apporté une modification à l'article 4 du Code pénal, en consacrant ce qu'un auteur a appelé « la réglementalité des contraventions »[102]. Ce texte énonce que nul crime, nul délit, nulle contravention ne peuvent être punis de peines qui n'étaient prévues par la loi « ou le règlement » avant qu'ils fussent commis. Il consacre ainsi un véritable doublement des sources de la légalité pénale.

Dans l'arrêt du 29 mai 1965 précité, la Cour suprême du Sénégal a jugé que les contraventions de simple police relèvent du domaine réglementaire, tandis que relève de la loi, la détermination des infractions dont les plus élevées dépassent le montant maximum des contraventions de simple police.

---

97 Cons. const. 26 juin 1969, n° 69-55 DC.

98 CE 02 février 1967, Confédération gén. des vignerons du midi, *Rec. CE*, p. 55.

99 CE 04 mai 1979, Comité d'action des prisonniers, *Rec. CE*, p. 182.

100 JORS du 23 août 1975, p. 954 et s.

101 JORS, n° 5847 du 27 février 1999, p. 836.

102 D. NDOYE, *Code pénal du Sénégal annoté*, Dakar, *EDJA*, 2009, note sous art. 4, p. 12.

Le principe de la compétence réglementaire en matière de contravention peut être étendu au droit pénal général des contraventions, c'est-à-dire aux principes généraux du droit pénal des contraventions (principe de légalité, faits justificatifs, causes de non imputabilité, circonstances atténuantes, etc.). Cet élargissement du domaine du règlement n'est pas exclu par l'article 67 de la Constitution[103].

51. La détermination des règles de procédure pénale. En vertu de l'article 67 de la Constitution, la procédure pénale relève du domaine exclusif de la loi. Il s'agit de « l'ensemble des règles relatives à la constatation des infractions ainsi qu'à l'identification, l'appréhension, la poursuite et le jugement de leurs auteurs »[104]. Parce qu'elle met en jeu les droits et libertés fondamentaux des citoyens, la procédure pénale fait partie des matières relevant intégralement de la compétence législative[105].

Cette compétence concerne également la procédure de simple police prévue par la loi n°65-61 du 21 juillet 1965 portant Code de Procédure pénale. Au Sénégal, la procédure de jugement des contraventions est encadrée par le titre III du Code de Procédure pénale comportant les articles 509 à 537.

La Cour d'appel de Dakar a eu l'occasion de repréciser la compétence législative en matière de procédure pénale dans l'arrêt Aïssatou Guèye DIAGNE rendu le 22 août 2012[106]. Dans cette espèce, la cour a jugé que l'article 27, alinéa 3 du décret n° 2009-328 du 08 avril 2009 fixant le statut des notaires, qui subordonne les poursuites contre les notaires à l'autorisation du Garde des Sceaux, Ministre de la Justice, après avis de la chambre disciplinaire, intervient dans le domaine de la loi et méconnait l'article 67 de la Constitution.

Selon la cour, « ce texte aménage une procédure pénale spéciale dérogatoire aux règles édictées par la loi n° 65-61 du 21 juillet 1965 portant Code de Procédure pénale et constitue une garantie supplémentaire pour le notaire ; il viole manifestement ladite loi ainsi que l'article 67 de la Constitution, en s'immisçant subrepticement dans les attributions relevant exclusivement du domaine du pouvoir législatif ».

---

103 Sur cette question, G. ROUJOU DE BOUBEE, « Les deux sources du droit pénal d'après la Constitution du 04 octobre 1958 », *JCP*, 1961, I, 1638 ; également G. RIVES, « La classification des infractions selon leur gravité en droit sénégalais », *Annales africaines*, 1974, p. 185.

104 F. DESPORTES et L. LAZERGES-COUSQUER, *Procédure pénale*, Paris, Economica, 3eme édition, 2013, p. 1.

105 R. GASSIN, « La règle de procédure pénale au sens de l'article 34 de la Constitution », in *Les droits et le Droit, Mélanges B. Bouloc*, Paris, Dalloz, p. 363 ; F. DESPORTES et L. LAZERGES-COUSQUER, *op. cit.*, p. 104.

106 CA Dakar n° 890 du 22 août 2012, Ministère public c/ Aïssatou Guèye DIAGNE, in *Bulletin des arrêts rendus par la Cour d'Appel de Dakar en matière pénale*, année 2014, p. 134 ; dans le même sens, CA Dakar, n° 635 du 12 juillet 2010, Ministère Public et la Société Nationale d'Assurances Mutuelles dite SONAM c/ Serigne MBAYE BADIANE, *inédit*.

Mais les dispositions qui déterminent le nombre, le siège, le ressort des tribunaux, même si elles entraînent des modifications d'autres juridictions du même ordre et du même degré, ne font pas partie des règles concernant la procédure pénale[107].

52. Le caractère réglementaire de la procédure civile. Les règles de procédure civile ne sont pas au nombre de celles qui doivent être fixées par la loi. En droit sénégalais, le Code de Procédure civile a été institué par le décret n° 64-572 du 30 juillet 1964 portant Code de Procédure civile[108]. Relèvent ainsi du domaine réglementaire, la détermination de la compétence territoriale des juridictions civiles[109], celles relatives au greffe[110] ainsi que l'attribution de l'initiative d'une action en justice à la partie la plus diligente, en lui impartissant un délai à cet effet[111].

Dans un arrêt rendu le 20 juin 1964[112], les sections réunies de la Cour suprême du Sénégal ont jugé que les dispositions des articles 642, 643 et 648 du Code de Commerce français déclarées exécutoires au Sénégal par la loi du 07 décembre 1850, qui règlent la procédure applicable à l'instruction des causes commerciales en première instance et en appel, ont un caractère réglementaire. La cour a jugé, dans la même décision, que les dispositions relatives à la surenchère du sixième dans les ventes par adjudication des immeubles appartenant à des mineurs ainsi qu'à la procédure d'homologation du procès-verbal de partage constituent des règles de procédure civile ; elles ont, dès lors, un caractère réglementaire.

53. Le caractère réglementaire de la procédure administrative et fiscale. Les règles de la procédure administrative contentieuse relèvent également de la compétence réglementaire[113]. Il en est ainsi des dispositions relatives à la fixation des délais de recours en matière de contentieux administratif[114] et à la fixation de la procédure à suivre devant les tribunaux administratifs, dès lors qu'elles ne concernent, ni les modalités de

---

[107] Cons. const. 18 juillet 1961, n° 61-64 L. *Rec. cons. const.*, p. 38.

[108] Sur cette question, A. CISSE, « Nouvelles dispositions du Code de Procédure civile. Décret n° 2013-1071 du 06 août 2013. L'appel des jugements des tribunaux régionaux », *Lex Hebdo*, n° 1216 du lundi 16 septembre 2013, p. 1 ; J. HERON, *Droit judiciaire privé*, Paris, Montchrestien, 1991, p. 17, n° 13 ; P. A. TOURE, « Le décret n° 2013-1071 du 06 août 2013 modifiant le Code de Procédure civile : entre l'accélération de la cadence judiciaire et la préservation des droits des parties au procès », *EDJA*, n° 102, juillet-août-septembre 2014, p. 49 et s.

[109] V. le décret n° 2015-1145 du 03 août 2015 fixant la composition et la compétence des cours d'appel, des tribunaux de grande instance et des tribunaux d'instance.

[110] Cons. const. 10 mars 1966, n° 66-37 *L. Rec. cons. const.*, p. 25.

[111] Cons. const. 27 avril 1977, n° 77697 *L. Rec. cons. const.*, p. 55.

[112] CS n° 02 C du 20 juin 1964, *RLJ*, arrêts de la Cour suprême, 1967, p. 68 ; *Penant,* n° 705, janvier-février-mars 1965, p. 81.

[113] J. MOREAU, « Le caractère réglementaire ou législatif de la procédure administrative contentieuse », in *Mélanges M. Waline,* 1974, p. 635.

[114] CE 15 mars 1971, *Rec. CE,* p. 208.

recouvrement d'une imposition, ni le principe général relatif aux droits de la défense[115].

En droit sénégalais, la procédure administrative contentieuse est prévue par les articles 729 à 733 du Code de Procédure civile.

En outre, les règles de la procédure contentieuse en matière fiscale devant les juridictions civiles ont un caractère réglementaire, dès lors qu'elles ne mettent pas en cause une règle ou un principe fondamental visé par l'article 34 de la Constitution française.

54. Les règles relatives à l'amnistie. Le législateur fixe les règles relatives à l'amnistie[116]. Il s'agit d'une mesure qui ôte rétroactivement à certains faits commis à une période déterminée leur caractère délictueux[117]. Dans l'affaire dite EZZAN du 07 janvier 2005 portant loi d'amnistie jugée le 12 février 2005[118], le Conseil constitutionnel sénégalais a précisé les contours de la compétence législative en matière d'amnistie.

Dans cette affaire, suite à l'adoption de la loi précitée qui a amnistié de plein droit, toutes les infractions criminelles ou correctionnelles en relation avec les élections générales ou locales perpétrées entre le 1er janvier 1983 et le 31 décembre 2004 ainsi que celles commises en relation avec le décès de l'ex-vice-président du Conseil constitutionnel, un groupe de députés a saisi le juge constitutionnel d'un recours en inconstitutionnalité dirigé contre la loi dite EZZAN.

Le Conseil constitutionnel a jugé, sur le fondement de l'article 67 de la Constitution, que : « le législateur peut faire disparaitre pour l'avenir tout caractère délictueux à certains faits pénalement répréhensibles, en interdisant toute poursuite à leur égard et en effaçant les condamnations qui les ont frappées ; qu'il lui appartient de déterminer les infractions amnistiées en fonction de critères objectifs et, au besoin, les personnes auxquelles doit s'appliquer le bénéfice de l'amnistie ; que ni la Constitution, ni aucune norme de valeur constitutionnelle ne limitent le pouvoir du législateur d'amnistier des catégories quelconques d'infractions qu'elles soient punies de peines criminelles, correctionnelles, ni des faits déjà amnistiés sous réserve du respect de l'intangibilité des droits acquis ».

La haute juridiction constitutionnelle a ajouté qu'il est de la nature de la loi d'amnistie de faire disparaître pour l'avenir tout caractère délictueux de certains faits pénalement répréhensibles. Ainsi, « la dérogation apportée au principe de la séparation des pouvoirs trouve son fondement dans les

---

115 Cons. const. 21 décembre 1972, n° 72-75 *L. Rec. cons. const.*, p. 36.

116 Cons. const. 07 juin 2013, déc. n° 2013-319 QPC, consid. 5.

117 G. CORNU, *Vocabulaire juridique*, Paris, PUF, 2004, p. 63.

118 Cons. const. n° 91/2005 1/C/2005 du 12 février 2005, affaire de la loi n° 2005-01 du 07 janvier 2005 portant loi d'amnistie dite loi EZZAN, in I. M. FALL, *Les décisions et avis du Conseil constitutionnel du Sénégal*, Dakar, CREDILA, 2008, p. 473, obs. A. DIEYE.

dispositions de l'article 67 de la Constitution qui font figurer au nombre des matières qui relèvent de la loi la fixation des règles concernant l'amnistie ». Pour le Conseil constitutionnel, la compétence reconnue par l'article 67 de la Constitution au législateur pour fixer les règles relatives à l'amnistie lui confère un large domaine de compétence dans la détermination des infractions amnistiées.

55. La création de nouveaux ordres de juridictions. En droit constitutionnel sénégalais, la loi fixe les règles concernant « la création de nouveaux ordres de juridictions »[119]. Dans le langage juridique, l'ordre de juridiction renvoie à un « ensemble distinct et hiérarchisé de juridictions de même nature »[120]. La notion « d'ordres de juridiction » vise l'existence de hiérarchies de tribunaux ayant à leur tête une juridiction souveraine. Il en est ainsi des juridictions de l'ordre administratif et des juridictions de l'ordre judiciaire.

Au Sénégal, dès le lendemain de l'indépendance, l'option a été prise de passer d'une organisation judiciaire dualiste à une organisation judiciaire unitaire[121].

Le législateur a mis en place un système judiciaire fondé sur l'unification de l'ordre juridictionnel, qui est la conséquence de la suppression des juridictions administratives[122]. Malgré l'introduction de la spécialisation au sommet de la hiérarchie judiciaire par la réforme de 1992, suivie de la restauration de la Cour suprême en 2008, le système judiciaire s'est toujours accommodé de l'unité de juridiction.

En tout état de cause, toute remise en cause du système d'unification juridictionnelle, par la création de nouveaux ordres de juridictions (juridictions administratives, judiciaires, coutumières) exige l'intervention d'un texte de nature législative.

56. Le principe de la création de nouvelles juridictions par décret. Toutefois, la création de nouvelles juridictions n'est pas visée dans la liste des matières relevant du domaine de la loi. Or, l'article 76 de la Constitution

---

[119] V. art. 67 de la Constitution.

[120] G. CORNU, *Vocabulaire juridique*, Paris, PUF, 2014, V° ordre de juridiction, p. 716.

[121] V. K. MBAYE, « L'organisation judiciaire », *Penant*, n° 705, janvier-février-mars, 1965, p. 27 ; M. M. TOURE, « Histoire de l'organisation judiciaire du Sénégal : l'unification des juridictions et l'unicité de la juridiction suprême », *Rev. sén. dr.*, n° 17 juin 1975, p. 51 ; A. KANTE, « Réflexions sur l'organisation judiciaire au Sénégal (1830-1992) », in M. BADJI et O. DEVAUX, *Droit sénégalais*, n°05, De la justice coloniale aux systèmes judiciaires africains contemporains, Toulouse, Presses de l'Université des Sciences sociales de Toulouse, 2006, p. 199-221 ; plus récemment, P. A. TOURE, *La réforme de l'organisation judiciaire commentée et annotée*, Paris, l'Harmattan, 2016, p. 24 et s.

[122] A. DIOP, « L'organisation judiciaire sénégalaise en matière administrative », *Rev. jur. ind. et coop.*, n° 04, 1969, p. 944 ; K. MBAYE, « L'organisation judiciaire actuelle », in *Encyclopédie juridique de l'Afrique*, Tome IV, Dakar-Abidjan-Lomé, NEA, 1982, tome 4, p. 38 et s.

énonce que les matières qui ne sont pas du domaine législatif ont un caractère réglementaire.

En conséquence, du moins en principe, la création de nouvelles entités juridictionnelles relève du domaine réglementaire.

Au Sénégal, les juridictions de base (cours d'appel, tribunal de grande instance, tribunal d'instance, tribunal du travail) ont été créées à la suite de modifications du décret portant aménagement de l'organisation judiciaire. Les tribunaux régionaux et les tribunaux départementaux, remplaçant les anciens tribunaux de première instance et les justices de paix, ont été créés par le décret n° 84-1195 du 22 octobre 1984 portant aménagement de l'organisation judiciaire.

Dans le cadre de la nouvelle réforme de l'organisation judiciaire, la création des tribunaux de grande instance de Pikine-Guédiawaye, Mbour, Mbacké, Rufisque, Tivaoune, Kaffrine et Kédougou et des tribunaux d'instance de Kanel, Ranérou, Goudiry, Koumpentoum, Guinguinéo, Nioro, Médian Yoro Foulah, Goudomp, Bounkiling, Saraya, Salémata, Kédougou, Birkélane, Koungheul et Malem Hoddar, résulte du décret n° 2015-1039 du 20 juillet 2015 portant aménagement de l'organisation judiciaire. En outre, la Cour d'appel de Tambacounda a été intégrée dans l'édifice judiciaire par le décret n° 2014-126 du 03 février 2014 abrogeant et remplaçant l'article 1er et le tableau 1 y annexé du décret n° 84-1195 du 22 octobre 1984 portant aménagement de l'organisation judiciaire modifié.

Le décret du 20 juillet 2015 détermine également le siège, le ressort, la composition et le classement des cours et tribunaux.

57. Les limites de la compétence réglementaire. Le législateur déroge bien souvent au principe de la création des nouvelles juridictions par décret.

D'une part, il faut réserver le cas des hautes juridictions que sont le Conseil constitutionnel, la Cour suprême, la Cour des Comptes et la Haute Cour de Justice. Ces juridictions sont, en effet, instituées par la Constitution, qui renvoie expressément à des lois organiques pour fixer leurs règles de compétence d'organisation et de fonctionnement.

D'autre part, il est également dérogé au principe de la création des juridictions par décret, en ce qui concerne les juridictions d'exception. Ces entités juridictionnelles spéciales ont été souvent instituées par des lois ordinaires. Il en est ainsi du tribunal de commerce et des chambres commerciales d'appel. En effet, ces juridictions spécialisées ont été créées par la loi n° 2017-24 du 28 juin 2017 portant création, organisation et fonctionnement des tribunaux de commerce et des chambres commerciales d'appel[123].

---

[123] JORS n°7023 du samedi 1er juillet 2017.

Il en est de même de la Cour de Répression de l'Enrichissement illicite créée par la loi n° 81-54 du 10 juillet 1981, du Tribunal militaire institué par la loi n° 94-44 du 27 mai 1994 portant Code de Justice militaire et du tribunal pour enfants créé par la loi n° 65-61 du 21 juillet 1965 portant Code de Procédure pénale[124]. La Cour de Sûreté de l'État, supprimée de l'architecture judiciaire par la loi n° 92-31 du 04 juin 1992[125], avait également été instituée par la loi n° 73-47 du 04 décembre 1973, en remplacement du Tribunal spécial[126].

Dans l'arrêt Karim Meissa WADE rendu le 18 août 2014, la Cour de Répression de l'Enrichissement illicite a jugé que : « Toutes les juridictions à compétence nationale ont été créées par une loi spéciale distincte de la loi n°84-19 du 02 février 1984 fixant l'organisation judiciaire du Sénégal. Il en est ainsi, sans que l'énumération ne soit exhaustive, du Tribunal militaire, de la Haute Cour de Justice et de la Cour de Répression de l'Enrichissement illicite»[127].

La création des juridictions pénales d'exception par voie législative ne saurait étonner. En effet, les textes particuliers portant création de ces juridictions aménagent en même temps des règles relatives à leur compétence ainsi que la procédure pénale à suivre devant elles. Or, il résulte des dispositions de l'article 67 de la Constitution que la procédure pénale relève du domaine exclusif de la loi. En conséquence, les textes portant création et fixant les règles d'organisation et de fonctionnement des juridictions pénales d'exception ne peuvent avoir pour support normatif que la loi.

Le Conseil constitutionnel français a considéré que constitue un nouvel ordre de juridiction, tout type de tribunal, original par la compétence qui lui est attribué ou par la composition qui lui est donnée, alors même qu'il relève en appel ou en cassation de juridictions existantes[128]. Dès lors, la création d'une juridiction à compétence exclusive en matière pénale[129] ou d'un tribunal militaire à compétence spéciale[130] relève de la compétence législative.

58. L'installation des juridictions par arrêté. Si la création de nouvelles juridictions relève en principe du domaine réglementaire, un arrêté du Ministre de la Justice fixe leur date d'installation. C'est ce qui résulte de l'article 2 du

---

124 H. DEME, « Le mineur délinquant de moins de 13 ans devant la Justice : entre théorie et pratique », *Revue EDJA*, n° 77, avril-mai-juin 2008, p. 23.

125 JORS, n° 5470 du 04 juin 1992, p. 267.

126 Sur la Cour de sûreté de l'État, M. M. TOURE, « Histoire de l'organisation judiciaire du Sénégal : l'unification des juridictions et l'unicité de la juridiction suprême », *Rev. sén. dr.*, n° 17, juin 1975, p. 62 ; G. RIVES, « Le droit criminel sénégalais », *Rev. sén. dr.*, juin 1974, n° 15, 7 eme année, p. 45.

127 CREI, n°03/2014 du 18 août 2014, MP et État du Sénégal (AJE) c/ Karim WADE et autres, *inédit*.

128 Cons. const., 18 juillet 1961, déc. n° 61-14 *L, Rec. Cons. const.*, 1961, p. 38.

129 Cons. const., 18 juillet 1961, *précité*.

130 CE Ass. 02 mars 1962, Rubin de Servens, *Rec. CE*, p. 143.

décret du 20 juillet 2015 portant aménagement de l'organisation judiciaire. Aux termes de ce texte : « Un arrêté du Ministre de la Justice fixe la date d'installation de chacun des tribunaux de grande instance et tribunaux d'instance ».

A titre d'exemple, l'arrêté ministériel n° 2266 MJ/DSL en date du 15 février 2000[131] a procédé à l'installation des tribunaux départementaux de Bambey, Bignona, Foundiougne, Nioro et Oussouye.

Seules les nouvelles juridictions créées (tribunaux de grande instance de Mbour, Mbacké, Pikine Guédiawaye, Rufisque) sont concernées par l'arrêté d'installation du Ministre de la Justice, à l'exclusion des anciennes juridictions. En effet, par l'effet de l'automaticité du remplacement des tribunaux départementaux et des tribunaux régionaux par les tribunaux d'instance et les tribunaux de grande instance posé par l'article 4 de la loi n° 2014-26 du 03 novembre 2014 fixant l'organisation judiciaire, il n'est pas nécessaire de procéder à l'installation des anciens tribunaux régionaux et départementaux[132].

59. Le statut des magistrats. La loi fixe les règles relatives au statut des magistrats ; qu'il s'agisse des magistrats du siège ou des magistrats du parquet[133]. Le législateur organique doit notamment fixer des garanties d'impartialité et d'indépendance des magistrats (inamovibilité des magistrats du siège, institution du Conseil supérieur de la Magistrature, etc.) et définir les conditions d'accès aux fonctions de magistrat, le déroulement de la carrière, les positions des magistrats ainsi que leur régime disciplinaire[134].

La Constitution précise d'ailleurs en son article 90 que la compétence, l'organisation et le fonctionnement du Conseil supérieur de la Magistrature ainsi que le statut des magistrats, y compris les magistrats de la Cour des Comptes sont fixés par une loi organique. Le statut des magistrats est prévu par la loi organique n° 2017-10 du 17 janvier 2017 portant statut des magistrats[135]. La loi organique n° 2016-26 du 05 août 2016 abrogeant et remplaçant la loi organique n° 99-13 du 17 février 1999 portant statut des magistrats de la Cour des Comptes[136], encadre le statut des magistrats de la Cour des Comptes.

---

131 JORS du 18 mars 2000, p. 294.

132 P. A. TOURE, *La réforme de l'organisation judiciaire du Sénégal commentée et annotée*, Dakar, l'Harmattan, 2016, n° 134, p. 160 et s. ; également, P. A TOURE, « La réforme de l'organisation judiciaire du Sénégal : évolution ou révolution judiciaire ? », *La Balance, Revue semestrielle de L'Union des Magistrats Sénégalais*, n° 01, janvier-juin 2017, p. 34 et s.

133 Sur l'inclusion des magistrats du parquet, Cons. const., 11 août 1993, déc. n° 93-326 DC, *Rec. Cons.* const., 1993, p. 217.

134 Cons. const., 19 juillet 2010, déc. n° 2010-611 DC.

135 JORS n° 6986 spécial du 18 janvier 2017, p. 75.

136 JORS n° 6958 du samedi 20 août 2016.

La compétence du pouvoir réglementaire dans cette matière est assez limitée. La loi organique ne saurait confier à un règlement le soin de fixer les conditions d'affectation de magistrats du siège sans avoir déterminé au préalable les garanties qui assurent le respect du principe d'inamovibilité[137].

Le Conseil constitutionnel sénégalais a rappelé cette règle dans sa décision rendue le 09 janvier 2017[138] à l'occasion du contrôle de la constitutionnalité de la loi organique abrogeant et remplaçant l'ordonnance n° 60-16 du 03 septembre 1960 portant loi organique sur l'organisation et le fonctionnement du Conseil supérieur de la Magistrature (CSM). Le juge constitutionnel a considéré que l'article 5 de ladite loi organique, qui dispose que les modalités de fonctionnement du CSM ainsi que l'organisation de son secrétariat sont fixées par décret, n'est pas conforme à l'article 90 de la Constitution. Selon ce texte, les règles de fonctionnement du CSM sont fixées par une loi organique. Le Conseil constitutionnel a indiqué que :« La compétence dévolue au législateur organique, fondée sur la nécessité d'assurer le respect des garanties dues aux magistrats, s'oppose au renvoi à un texte de caractère réglementaire pour la détermination des principes fondamentaux de fonctionnement du Conseil supérieur de la Magistrature, notamment ceux relatifs aux conditions du quorum requises pour la régularité des délibérations ou la majorité exigée pour l'adoption des décisions ; que le renvoi à un décret pour la détermination des modalités de fonctionnement du Conseil supérieur de la Magistrature ne saurait, sans violer l'article 90 de la Constitution, viser d'autres règles que celles ayant pour objet de fixer les modalités techniques de fonctionnement relatives, notamment, à l'élection des membres, à la proclamation des résultats des élections, à la convocation des réunions ou à la tenue des procès-verbaux des délibérations ».

Selon le juge constitutionnel sénégalais, les modalités de fonctionnement du Conseil supérieur de la Magistrature, pour lesquelles le législateur organique renvoie à un décret, devraient concerner seulement les règles techniques de son fonctionnement relatives, notamment, à l'élection des membres, à la proclamation des résultats des élections, à la convocation des réunions ou à la tenue des procès-verbaux des délibérations. Elles ne sauraient renvoyer aux conditions relatives au quorum requis pour la régularité des délibérations ou la majorité exigée pour l'adoption des décisions du CSM.

60. L'assiette, le taux et les modalités de recouvrement des impositions de toutes natures. Il appartient au législateur de fixer les règles relatives à l'assiette et au taux des impositions. Le régime des impositions est entièrement fixé par la loi. Il revient au pouvoir législatif de déterminer les modalités de l'impôt[139]. L'assiette des impositions vise la détermination de la matière

---

[137] Cons. const. 26 janvier 1967, n° 67-31 DC, *Rec. Cons. const.*, p. 19.

[138] Cons. const. n° 01/C/2017 du 09 janvier 2017, *inédit*.

[139] E. H. D. BA, *Droit fiscal*, Paris, l'Harmattan, 2015, p. 22 ; E. DIARRA, « Le pouvoir règlementaire en matière fiscale au Sénégal », *RIPAS* n° 23-24, janvier-décembre 1990, *Actes*

imposable. Il s'agit de la base sur laquelle le législateur assoit l'impôt, c'est-à-dire la matière imposable et ses méthodes d'évaluation.

Quant au taux, il constitue le pourcentage prélevé sur la matière imposable.

Les modalités comprennent les règles régissant le contrôle, le recouvrement, le contentieux, les garanties et les sanctions applicables à une imposition.

Le recouvrement de l'impôt désigne l'opération par laquelle l'administration fiscale procède à la perception de l'impôt dû par le contribuable et le fait entrer dans les caisses du Trésor public[140].

61. Les impôts (notion). L'impôt est défini comme une prestation pécuniaire requise régulièrement des particuliers par voie d'autorité, sans contrepartie déterminée, en vue de la couverture des dépenses publiques et de la réalisation de la politique économique et sociale de l'État[141]. L'impôt a un caractère pécuniaire, obligatoire, définitif et n'implique aucune contrepartie ; il s'agit de prélèvements qui ne répondent pas au critère de la redevance pour service rendu, ni à celui de la cotisation sociale[142].

Dans l'affaire dite des appels entrants jugée le 08 novembre 2012[143], la Chambre administrative de la Cour suprême a annulé le décret n° 2011-1271 du 24 août 2011 abrogeant et remplaçant le décret n°2010-632 du 28 mai 2010 instituant un système de contrôle et de taxation des communications téléphoniques internationales entrant en République du Sénégal. Selon la haute juridiction, la quote-part prélevée en vertu de ce décret sur le coût des appels téléphoniques internationaux entrant au Sénégal, constitue un impôt donc une ressource de l'État qui ne peut être créée par voie réglementaire.

62. Les redevances pour services rendus. La redevance, contrairement à l'impôt, n'est pas un prélèvement obligatoire. Elle est payée en contrepartie d'un service rendu ; c'est le prix payé par les usagers d'un service public. La redevance admet une contrepartie, mais contrairement à la taxe, elle doit être proportionnelle au service reçue en échange[144]. En vertu de l'article 10 de la loi organique n° 2011-15 du 08 juillet 2011 relative aux lois de finances modifiée par la loi organique n° 2016-34 du 23 décembre 2016, la

---

du 5 eme colloque de la RIPAS, Dakar du 11 au 15 décembre 1989, pp. 217-235 ; G. MORANGE, « L'exercice du pouvoir règlementaire en matière fiscale », *RSLF*, 1953, pp. 667-680 ; G. TIXIER, « Les prérogatives de l'autorité administrative en matière fiscale », *RSF* 1958, pp. 112-129.

140 Sur l'ensemble de la question, V. A.A. D. KEBE, *La répartition des compétences entre la loi et le règlement en droit fiscal sénégalais,* Université de Dakar, Thèse de Doctorat, 2012, p. 33

141 E. H. D. BA, *op.cit,* p. 13.

142 J.P. CAMBY, « Les impositions de toutes natures, une catégorie sans critère ? » *AJDA*, mai 1991, p. 339.

143 CS ch. adm. n° 59 du 08 novembre 2012, SONATEL c/ Etat du Sénégal, *inédit*.

144 E. H. D. BA, *Droit fiscal*, Paris, l'Harmattan, 2015, p. 18.

rémunération des services rendus par l'État ne peut être établie et perçue que si elle est instituée par décret pris sur rapport conjoint du Ministre chargé des Finances et du ministre intéressé.

La Cour suprême du Sénégal a confirmé l'appartenance des redevances au domaine réglementaire. Dans un arrêt du 27 juillet 1967, les hauts magistrats de la Cour suprême ont énoncé que les redevances minières, perçues en contrepartie du droit concédé à un particulier d'exploiter une mine n'ont pas le caractère d'imposition de toutes natures. Leur établissement et la fixation de leur taux relèvent de la compétence réglementaire[145].

La Chambre administrative de la Cour suprême, dans un arrêt du 09 mars 2017[146], a eu l'occasion de faire une nette distinction entre la redevance et la taxe. Selon la haute juridiction : « les sommes contestées par la SONATEL, improprement qualifiées de taxes, s'analysent plutôt en des redevances qui sont la contrepartie de l'occupation du domaine public au sens de l'article 15 du décret n° 2005-1185 du 06 décembre 2005 relatif aux prérogatives et servitudes des exploitants des réseaux de télécommunications ouverts au public ». La cour a estimé que la délibération du Conseil municipal de Podor, ayant créé cette redevance, qui ne fait pas partie des impositions de toutes natures prévues par la Constitution en ce qu'elle est la rémunération d'un service rendu, n'est pas entachée d'illégalité.

63. Les cotisations sociales. Les cotisations sociales sont, comme les impôts, des prélèvements forcés ; elles comprennent l'ensemble des charges sociales supportées par l'employeur ou par le salarié et servant à financer les dispositifs ou organismes publics chargés de la protection sociale (sécurité, accidents de travail, allocations familiales, retraite complémentaire, etc.)[147].

Contrairement à l'impôt, les prélèvements de sécurité sociale donnent droit à une contrepartie directe telle que le remboursement de soins ou le versement d'une pension de retraite. En outre, l'imposition institue une solidarité plus large que la solidarité professionnelle.

Il appartient également au pouvoir réglementaire de fixer les règles relatives aux cotisations sociales.

64. Les taxes et les taxes parafiscales. La taxe est une prestation pécuniaire obligatoire comme l'impôt. Mais contrairement à l'impôt, elle est

---

[145] CS n° 03 du 25 juillet 1967, Taux de la redevance pour certains produits miniers, *RLJ*, 2ème partie arrêts de la Cour suprême, année 1967, 8ème volume, p. 04.

[146] CS ch. adm., n° 18 du 09 mars 2017, la SONATEL c/ la Commune de Podor-État du Sénégal, *inédit* ; CS ch. adm. n° 09 du 09 février 2017, la SONATEL c/ Commune de Mboumba-Etat du Sénégal, *inédit* : « La délibération attaquée porte sur une redevance qui, ne faisant pas partie des impositions de toutes natures en ce qu'elle est la rémunération d'un service rendu, peut être fixée par voie réglementaire ; Qu'il s'ensuit que le Conseil municipal de Mboumba est compétent pour fixer les montants et modalités de recouvrement d'une redevance pour l'utilisation du domaine public situé sur son périmètre communal ».

[147] E. H. D. BA, *op.cit.* p. 18.

requise des particuliers à l'occasion d'un service rendu. En vertu de l'article 9 de la loi organique n° 2011-15 du 08 juillet 2011 relative aux lois de finances modifiée par la loi organique n° 2016-34 du 23 décembre 2016, les taxes parafiscales sont perçues dans un intérêt économique ou social au profit d'une personne morale de droit public ou privé autre que l'État, les collectivités territoriales et leurs établissements publics à caractère administratif.

Toutefois, la taxe ne constitue pas une contrepartie monétaire à ce service. Par exemple, la taxe d'enlèvement des ordures ménagères.

Un arrêt de la Chambre administrative de la Cour suprême du 24 mars 2016 a déjà jugé que la délibération du conseil municipal, qui a fixé les modalités d'assiette et de perception ainsi que les taux maxima de la taxe sur la publicité, empiète sur le domaine de la loi et est entachée d'illégalité[148].

Dans la pratique, la distinction entre la taxe et l'impôt est souvent difficile en raison notamment des fluctuations terminologiques. Ainsi, la taxe sur la valeur ajoutée (TVA) est un impôt et non une taxe.

La taxe parafiscale est un prélèvement perçu dans un intérêt économique ou social au profit d'une personne morale de droit public ou privé autre que l'État et ses démembrements. Contrairement à l'impôt et à la taxe, qui sont perçus dans un intérêt purement budgétaire au profit de l'État et des collectivités territoriales, la taxe parafiscale est perçue pour un intérêt économique ou social.

Conformément à l'article 9 de la loi organique relative aux lois de finances, les taxes parafiscales sont établies par décret pris sur le rapport du Ministre chargé des Finances et du ministre intéressé[149].

65. Le régime d'émission de la monnaie. La compétence du législateur s'étend traditionnellement aux conditions dans lesquelles l'institut d'émission exerce son monopole[150] et met en œuvre sa politique monétaire[151].

Toutefois, l'aménagement des conditions dans lesquelles les instituts d'émission sont contrôlés ne relève pas de la compétence législative[152].

66. Le régime électoral de l'Assemblée nationale et des assemblées locales. Au nombre des règles relatives au régime électoral de l'Assemblée nationale et des assemblées, figurent notamment celles qui sont relatives à l'attribution du droit de suffrage, à l'éligibilité, au mode de scrutin et à la répartition des sièges des assemblées. Il en est de même de celles qui concernent l'ouverture des recours pouvant être éventuellement exercés contre

---

148 CS, ch. adm. n° 21 du 24 mars 2016, Régi Pub S.A., Régidak Cauris com c/ Commune de Mermoz-Sacré Cœur, *inédit*.

149 E. H. D. BA, *op. cit.*, p. 17.

150 Cons. const., 03 août 1993, déc. n° 93-324 DC, *Rec. Cons. const.*, 1993, p. 208.

151 Cons. const., 17 mars 1964, déc. n° 64-27 DC.

152 Cons. const., 17 mars 1964, *précité*.

les élections et les effets des décisions juridictionnelles par lesquelles il est statué sur ces recours[153].

Mais il appartient au pouvoir réglementaire d'édicter les mesures d'application qui sont nécessaires à la mise en œuvre de ces règles.

Le Conseil d'État français a jugé que la fixation des règles relatives à l'organisation des référendums relève également du pouvoir réglementaire[154].

Dans l'arrêt Parti démocratique sénégalais rendu par la Cour suprême le 21 février 1978, la haute juridiction a jugé que l'ancien article 56 de la Constitution a expressément prévu que le régime électoral de l'Assemblée nationale ainsi que celui des assemblées locales sont fixés par la loi ordinaire et non par la loi organique. Dès lors, l'ancien article L 50 du Code électoral, issu de la loi n° 77-57 du 26 mai 1977, qui a fait du passage à l'isoloir une faculté, n'est pas contraire à la Constitution[155].

67. Les garanties fondamentales accordées aux fonctionnaires civils et militaires de l'État. En France, il a été jugé que des garanties effectivement acquises par des fonctionnaires, même sous la législation antérieure à la Constitution de 1958, ne peuvent être supprimées ou dénaturées par le pouvoir réglementaire[156].

Les garanties fondamentales accordées aux fonctionnaires comprennent le principe du recrutement par concours. Constituent également des garanties fondamentales accordées aux fonctionnaires, le droit à pension[157], la fixation de l'âge de la retraite des fonctionnaires[158] et le droit au traitement après service fait[159], même s'il appartient au pouvoir réglementaire de fixer les modalités de revalorisation des rémunérations[160].

Mais les conditions d'admission aux concours[161] et les modalités de consultation des dossiers individuels par un jury et celles relatives au choix du jury ne relèvent pas des garanties fondamentales accordées aux fonctionnaires[162].

---

153 Cons. const. 04 décembre 1962, n° 62-20 *L. Rec. Cons. const.* , p. 34.

154 CE 10 septembre 1992, Meyet, *Dr. adm.*, 1992, n° 477.

155 CS 21 février 1978, Parti démocratique sénégalais, *GDJAS*, tome I, *RIPAS*, 1984, obs. J.M. NZOUANKEU, p. 161.

156 CE 04 novembre 1960, Syndicat du personnel de l'Assemblée de l'UF, *Rec. CE*, p. 596 ; concl. Bernard.

157 Cons. const. 16 janvier 1986, n° 85-200 DC.

158 Cons. const. 12 septembre 1984, n° 84-179 DC.

159 CE Ass. 07 décembre 1962, Féd. gén. des fonctionnaires CGT-FO, *AJDA* 1963, p. 165.

160 CE 16 décembre 1985, M. Saint Germain, Req. n° 57103.

161 Cons. const. 19 février 1963, n° 63-23 L. Rec. Cons. const., p. 29.

162 Cons. const. 15 juillet 1976, n° 76-67 DC Rec. Cons. const., p. 35.

68. Les nationalisations d'entreprises et les transferts de propriété d'entreprises du secteur public au secteur privé. Le législateur est seul compétent pour décider d'une nationalisation[163] et de son champ d'application[164]. Les règles concernant les nationalisations d'entreprises comprennent la fixation des critères devant présider à la nationalisation, les conditions de l'indemnisation juste et préalable[165] et la détermination des sociétés devant être nationalisées conformément aux critères retenus[166].

Le régime d'indemnisation consécutive à une spoliation doit être défini par une loi. Il comprend notamment les modalités d'intervention de l'autorité judiciaire[167], les conditions d'obtention des indemnités principales et accessoires[168] ainsi que les sanctions applicables aux personnes qui ont mis le bénéficiaire du droit de préemption dans l'impossibilité d'exercer ce droit[169].

Mais les modalités pratiques de l'expropriation sont fixées par voie réglementaire[170].

S'agissant du transfert de propriété d'entreprises du secteur public au secteur privé, le Conseil d'État français a jugé que le critère unique de l'appartenance d'une entreprise au secteur public résulte du contrôle de la majorité de son capital social, ensemble ou séparément, par l'État et tout organisme ou entreprise publique[171].

- **La fixation des principes fondamentaux concernant certaines matières**

69. Les principes fondamentaux. L'article 67 de la Constitution a déterminé un domaine « semi-législatif » dans lequel la loi ne détermine que les principes fondamentaux[172].

La Constitution ne définit pas la notion de « principes fondamentaux ». On admet qu'il s'agit de normes posées par le législateur dans une branche juridique pour créer un droit, imposer une obligation ou prévoir une

---

163 Sur cette question, A. K. BOYE, *L'acte de nationalisation*, Dakar-Abidjan-Lomé, Berger-Levrault, NEA, 1979.

164 Cons. const. 16 janvier 1982, n° 82-132 ; Cons. const. 11 février 1982, n° 82-139 DC.

165 Cons. const. 21 décembre 1981, n° 81-132 DC, *Rec. const* . 1982, p. 18.

166 Cons. const., 16 janvier 1982, déc. n° 81-132 DC, *Rec. cons. const.*, 1982, p. 18.

167 Cons. const., 09 février 1965, déc. n° 65-39 L. *Rec. Cons. const.*, 1965, p. 73.

168 Cons. const., 03 novembre 1977, déc. n° 77-101 L. *Rec.cons. const.*, 1977, p. 70.

169 CE, 04 juin 1965, Haudy, *Rec. CE,* 1965, p. 336.

170 Cons. const., 24 octobre 1969, déc. n° 69-58 *L Rec. cons. const.*, 1969, p. 34, modalités de la déclaration d'utilité publique.

171 CE 22 décembre 1982, Comité central d'entreprise de la société française d'équipement de la navigation aérienne, *Rec. CE*, p. 436.

172 Sur cette question, J. M. NZOUANKEU, « Les domaines respectifs de la loi et du règlement en droit sénégalais », *RIPAS* n° 11, octobre-décembre 1984, p. 889 et s.

institution[173]. Relève ainsi des principes fondamentaux, une règle qui pose le principe de l'extinction d'un droit ou d'une obligation[174].

Une fois ces principes posés, il revient au pouvoir réglementaire d'en fixer les modalités d'application.

Les principes fondamentaux devant être fixés par le législateur sont assez nombreux.

70. L'organisation générale de la Défense nationale. Rentre dans le cadre de l'organisation générale de la Défense nationale, le principe selon lequel c'est l'autorité civile qui détient l'ensemble des pouvoirs en vue de la défense civile et de la sécurité intérieure du territoire[175]. Au Sénégal, la défense nationale est organisée par la loi n° 70-23 du 06 juin 1970 portant organisation générale de la défense nationale modifiée.

Il appartient en revanche au pouvoir réglementaire de prendre des mesures qui ne sont que les modalités d'application de ces principes[176]. Par exemple, le décret n° 96-177 du 29 février 1996 modifié fixe l'organisation et les attributions du Conseil supérieur de la Défense nationale[177].

71. La libre administration des collectivités territoriales, de leurs compétences et de leurs ressources. En vertu de l'article 104 de la Constitution, les collectivités territoriales constituent le cadre institutionnel de la participation des citoyens à la gestion des affaires publiques. Elles s'administrent librement par des assemblées élues[178]. Leur organisation, leur composition et leur fonctionnement sont déterminés par la loi.

Relève du domaine législatif, les dispositions constituant des garanties de libre administration des collectivités territoriales, mais aussi des établissements publics qui leur sont rattachés ou des organismes regroupant des collectivités territoriales[179]. Il en est de même de la détermination du domaine de la tutelle administrative s'exerçant sur les collectivités territoriales et les établissements publics qui leurs sont rattachés[180].

---

173 J. I. SAYEG, « Le pouvoir réglementaire en droit social », in *Le pouvoir réglementaire des autorités administratives au Sénégal,* Actes du 5ème colloque de la RIPAS, Dakar, 11-15 décembre 1989, *RIPAS*, janvier-décembre 1990, n° 23-24, p. 187.

174 A. KANTE, *Droit social sénégalais. Droit du travail. Droit de la protection sociale*, Dakar, l'Harmattan, 2017, p. 24.

175 Cons. const. 09 mai 1967, n° 67-45 *L. Rec. cons. const.*, p. 29

176 Cons. const. 09 mai 1967, *précité.*

177 JORS n° 6111 du samedi 13 octobre 2001.

178 A. DIOUKHANE, « Le principe de la libre administration des collectivités locales » in *La régionalisation : approche sénégalaise et expérience française,* Dakar, CREDILA, 1998, p. 95-115.

179 CE sect. 25 février 1992, n° 351539.

180 Cons. const. 12 mai 1964, n° 64-29 *L.,Rec. Cons. const.*, p. 37

Le législateur est seul compétent pour décider d'un transfert de compétence d'une collectivité territoriale à l'État. Toute nouvelle attribution, toute nouvelle charge donnée auxdites collectivités ressort du domaine législatif.

Dans un arrêt rendu le 22 mai 1968[181], la Cour suprême du Sénégal a jugé que la fixation des limites d'une commune ne relève pas des principes fondamentaux de la libre administration des collectivités territoriales au sens de l'article 56 de la Constitution du 07 mars 1963. La Cour régulatrice a estimé en conséquence que l'ordonnance n° 60-39 du 22 octobre 1960 ratifiée par la loi n° 61-53 du 23 juin 1961, qui a fixé les limites territoriales de la commune de Kaolack, est intervenue dans une matière réglementaire.

Le Conseil constitutionnel sénégalais, dans sa décision rendue le 11 décembre 2001[182], a estimé que ne viole pas le principe de la libre administration des collectivités territoriales ainsi que l'article 67 de la Constitution, la loi n° 2001-09 du 21 novembre 2001 qui a institué en lieu et place des assemblées élues des collectivités territoriales et, à titre transitoire, pour une période de six (6) mois, des délégations spéciales constituées par arrêté du Ministre chargé des Collectivités territoriales. Selon le juge constitutionnel, la délégation spéciale a pour objet d'assurer la continuité de l'activité des collectivités territoriales.

72. L'enseignement. La jurisprudence reconnait une large compétence au législateur pour encadrer l'accès à l'enseignement et son organisation, spécialement en ce qui concerne l'enseignement public[183]. Concernent ainsi le principe fondamental de l'enseignement et relèvent donc de la compétence législative, le principe de la liberté des candidatures au baccalauréat[184] et l'indépendance des personnels enseignants par rapport aux étudiants[185]. Il en est de même de la compétence exclusive des enseignants concernant l'appréciation, la notation[186] et de la détermination des objectifs de l'enseignement[187].

---

181 CS n° 8/C/68 du 22 mai 1968, Commune de Kaolack, *RIPAS*, janvier-décembre 1990, n° 23-24, p. 943.

182 Cons. const. n° 84/2001 du 11 décembre 2001, affaire des délégations spéciales, in I. M. FALL, *Les décisions et avis du Conseil constitutionnel du Sénégal*, Dakar, CREDILA, 2008, p. 437, obs. A. SALL ; sur cette décision, V. M. ZAKI, « Droit d'amendement des députés et le principe de libre administration des collectivités locales : observations sous Décision 4/C/2001 du Conseil constitutionnel sénégalais, 11 décembre 2001 » : http://afrilex.u-bordeaux4.fr/droit-d-amendement-des-deputes-et.html

183 J.Y. PLOUVIN, « La notion de principes fondamentaux de l'enseignement », *RDP,* 1979, p. 59.

184 CE 04 novembre 1977, Syndicat nat. des lycées et collègues et sté des agrégés, *Rec. CE*, p. 419.

185 CE 05 avril 1974, Leroy, *Rec. CE*, p. 214.

186 CE 14 novembre 1975, Min. c/ Simon, *Rec. CE*, p. 569.

187 Cons. const., 21 avril 2005, déc. n° 2005-512 DC.

Le Conseil constitutionnel français a jugé que la limitation du nombre d'étudiants pouvant avoir accès à certaines études et l'institution en ces domaines d'un concours de recrutement relèvent du domaine de la loi[188].

Toutefois, la création d'un diplôme nouveau, les modalités de validation d'études par un diplôme n'ayant pas de valeur universitaire[189] et la durée d'une formation conduisant à la délivrance d'un diplôme[190] ne touchent pas aux principes fondamentaux de l'enseignement[191].

73. Le régime de la propriété, des droits réels et des obligations civiles et commerciales. La protection du droit de propriété ne concerne pas seulement les particuliers mais également les personnes publiques[192]. Concernent les principes fondamentaux du régime de la propriété, la privation des droits d'un propriétaire ou d'un titulaire de droits réels[193] et la détermination des biens soumis à une servitude d'occupation temporaire[194].

La notion d'« obligations civiles et commerciales » renvoie au lien qui unit un créancier à son débiteur en donnant au premier le droit d'exiger du second une prestation ou une abstention[195].

Il appartient au pouvoir législatif d'instituer une prescription entraînant à terme l'extinction d'une obligation[196], de soumettre des contrats à des conditions spéciales[197].

Le législateur doit préciser les règles constitutives des sociétés commerciales. Il en est ainsi des modalités de création d'un nouveau type de société civile[198], de la possibilité pour une entreprise de déroger au droit commun des sociétés anonymes[199].

L'exécutif peut définir le cadre d'application du droit des sociétés. À ce titre, il peut imposer l'obligation de publier des documents utiles à l'information des actionnaires et des tiers[200], de fixer le lieu où doivent être

---

188 Cons. const. , 19 décembre 1991, n° 91-167 DC.

189 CE, 09 juillet 2010, n° 327663, Féd. nat. Libre Pensée et a., *JurisData,* n° 2010-011134.

190 Cons. const., 03 février 2011, déc. n° 2011-223 L.

191 CE 10 mars 1993, Fédération des établissements hospitaliers d'assistance privée à but non lucratif, Req. n ° 111-264.

192 Cons. const., 21 juillet 1994, déc. n° 94-346 DC : *Rec. Cons. const.*, 1994, p. 96. ; Cons. const., 22 août 2002, déc. n° 2002-460 DC, consid. 10 à 13 : *Rec. Cons. const.*, 2002, p. 198 ; Cons. const., 26 juin 2003, déc. n° 2003-473 DC, consid. 26 à 28 : *Rec. Cons. const.*, 2003, p. 382.

193 Cons. const., 04 décembre 1962, déc. n° 62-61 L : *Rec. Cons. const.*, 1962, p. 36.

194 Cons. const., 29 février 1972, déc. n° 72-71 L . *Rec. Cons. const.*, 1972, p. 27.

195 V. art. 1er du Code des obligations civiles et commerciales.

196 CE, 04 juillet 1969, Ordre avocats cour d'appel Paris et a., *Rec. CE,* 1969, p. 358.

197 Cons. const., 04 juin 1984, déc. n° 84-137 L : *Rec. Cons. const.*, 1984, p. 113.

198 CE, 18 décembre 1989, n° 87584, Desaunay ; Cons. const., 02 juillet 1965, déc. n° 65-35 L : *Rec. Cons. const.*, 1965, p. 79.

199 Cons. const., 14 octobre 1960, déc. n° 60-9 L, *Rec. Cons. const.*, 1960, p. 38.

200 Cons. const.,02 juillet 1965, déc. n° 65-35 L.

accomplies les formalités nécessaires à la constitution d'une société[201] et de définir le statut des sociétés à responsabilité limitée sans modifier les rapports entre les associés et altérer les caractéristiques fondamentales de ce type de société[202].

La Cour suprême du Sénégal, dans un arrêt du 29 mai 1965, a eu l'occasion de préciser l'appartenance des principes fondamentaux relatifs au régime des obligations civiles et commerciales au domaine législatif. Elle a jugé que les règles relatives aux différentes catégories de sociétés civiles ou commerciales, aux conditions d'adhésion à ces sociétés, à la constitution du capital, aux modalités essentielles de désignation des organes de ces sociétés et à la responsabilité encourues par les sociétaires, à la dissolution des sociétés, « touchent aux principes fondamentaux du régime de la propriété et des obligations civiles et commerciales et relèvent en conséquence du domaine de la loi »[203].

74. Le régime du droit du travail. C'est au législateur qu'il appartient de déterminer les principes fondamentaux du droit du travail, du droit syndical et de la sécurité sociale.

Le droit du travail est le droit qui régit les rapports individuels et collectifs entre employeurs et travailleurs, aussi bien dans le secteur privé que dans le secteur public, à l'exception des fonctionnaires et des stagiaires ainsi que les institutions destinées à mettre en œuvre ces règles[204]. Relève de la notion de principe fondamental, la règle qui crée ou éteint un droit ou une obligation (droits aux congés payés, obligation pour l'employeur de motiver une décision de licenciement, prescription extinctive, présomption irréfragable de non-paiement, etc.).

Toute disposition relative au principe d'une obligation imposée aux employeurs ou aux employés relève de la compétence législative. Une disposition ayant pour effet de modifier les obligations relatives aux conditions de travail et de rémunération relève de la compétence législative[205].

Les dispositions mettant en cause le principe de la liberté contractuelle d'embauche, de rémunération ou de fixation des conditions de travail sont relatives au principe fondamental du droit du travail. La détermination de la durée du travail ou des rémunérations salariales par des contrats librement

---

201 Cons. const., 13 septembre 1979, déc. n° 79-110 L, *Rec. Cons. const.*, 1979, p. 49.

202 CE, 29 novembre 1985, n° 56697, SARL Verrerie cristallerie d'Arques, J.G. Durand et Cie.

203 CS n° 3/C65 du 29 mai 1965, Statut de la coopérative dans les territoires relevant du ministère de la France d'outre-Mer, *RIPAS*, janvier-décembre 1990, n° 23-24, p. 95.

204 J. I. SAYEG, « Le pouvoir réglementaire en droit social », in *Le pouvoir réglementaire des autorités administratives au Sénégal*, Actes du 5eme colloque de la RIPAS, Dakar, 11-15 décembre 1989, *RIPAS*, janvier-décembre 1990, n° 23-24, p. 186 ; H-J. TAGUM FOMBENO, *Droit du travail sénégalais*, Dakar, l'Harmattan, 2017, p. 16-17 ; A. KANTE, *Droit social sénégalais. Droit du travail. Droit de la protection sociale*, Dakar, l'Harmattan, 2017, p. 17.

205 Cons. const. 29 mai 1979, n° 79-11 FNR, *Rec. cons const.*, p. 57.

débattus entre les parties concerne également les principes fondamentaux du droit du travail[206].

Tandis que relève du domaine réglementaire, comme constituant des modalités d'application, la règle qui détermine les conditions d'acquisition, d'exercice d'un droit ou d'extinction d'une obligation (durée des services effectifs ouvrant droit aux congés payés annuels, détermination du nombre de jours de congés acquis, etc.)[207].

Dans un arrêt rendu le 05 mai 1969, la Cour suprême du Sénégal a énoncé que les dispositions de la loi n° 66-68 du 04 juillet 1966 fixant le statut général du personnel des cadres moyens et supérieurs des établissements publics à caractère industriel ou commercial, ne rentrent pas dans la définition de l'ancien article 56 de la Constitution et ont en conséquence un caractère réglementaire. Ces dispositions concernent notamment les modalités de classement, d'avancement et d'évaluation à l'échelle supérieure des agents statutaires, les conditions de recrutement, de rémunération des heures supplémentaires, la fixation des échelles indiciaires et l'octroi d'une indemnité d'intérim.

Les hauts magistrats ont cependant estimé que les dispositions qui ont pour effet de soustraire le directeur général, le directeur ou le chef de l'établissement employeur à l'application du Code du Travail relève du domaine législatif pour concerner les principes fondamentaux relatifs au régime du droit du travail[208].

75. Le régime du droit syndical et de la sécurité sociale. Relève du droit syndical les règles relatives à la constitution au fonctionnement, au regroupement et à la dissolution des syndicats.

La sécurité sociale est l'ensemble des règles et institutions d'assistance et de protection collective des travailleurs et des fonctionnaires contre les risques sociaux[209].

La jurisprudence française a interprété très largement la notion de « sécurité sociale », en y rattachant l'ensemble des régimes sociaux[210], même quand ils relèvent d'un autre code que celui de la sécurité sociale. Il en est ainsi notamment du régime des accidents du travail et des prestations familiales[211], celui de la sécurité sociale dans les mines[212] et des pensions[213].

---

206 Cons. const. 12 juillet 1967, n° 67-46 L., *Rec. cons const.*, p. 31.

207 J. I. SAYEGH, *Droit du travail sénégalais,* Paris, LGDJ, NEA, 1987, p. 80.

208 CS n° 01/C/69 du 05 mai 1969, Statut général du personnel des cadres moyens et supérieurs des établissements publics à caractère industriel ou commercial, *Rev. sén. dr.*, n° 6, p. 75.

209 J. I. SAYEG, « Le pouvoir réglementaire en droit social », in *Le pouvoir réglementaire des autorités administratives au Sénégal,* Actes du 5eme colloque de la RIPAS, Dakar, 11-15 décembre 1989, *RIPAS*, janvier-décembre 1990, n° 23-24, p. 186 ; A. KANTE, *Droit social sénégalais. Droit du travail. Droit de la protection sociale*, Dakar, l'Harmattan, 2017, p. 27.

210 Cons. const. 07 avril 1960, n° 60-04 L., *Rec. cons const.*, p. 31.

211 Cons. const. 17 décembre 1970, n° 70-66 L., *Rec. cons const.*, p. 47.

Constituent des principes fondamentaux de la sécurité sociale, la mise en place d'allocations prénatales[214], d'allocations temporaires d'invalidité[215] ou d'allocation spéciales en faveur de certaines catégories de travailleurs[216].

Dans un arrêt du 09 février 1965[217], la Cour suprême du Sénégal a jugé que les dispositions de l'ancien article 144, alinéa 2 du Code du Travail « ne sont relatives ni aux principes fondamentaux du droit de travail, ni à ceux du droit syndical ou de la sécurité sociale ». Selon ces dispositions, les permissions exceptionnelles accordées aux travailleurs à l'occasion d'événements familiaux ne peuvent être déduites de la durée du congé acquis ; elles indiquent notamment la limite annuelle dans laquelle les autorisations d'absence peuvent être accordées aux travailleurs et fixent les conditions dans lesquelles les autorisations peuvent être accordées et leurs effets sur le cours du contrat.

76. Le régime de rémunération des agents de l'État. L'expression « régime de rémunération des agents de l'État » désigne les règles fixant les éléments de rémunération selon les catégories professionnelles, grades et indices des agents fonctionnaires et des agents non fonctionnaires de l'État[218].

La Cour suprême du Sénégal a déjà jugé que l'indemnité spéciale de 20% en faveur du personnel de l'enseignement du premier degré ne constitue pas un principe fondamental du régime de rémunération des agents de l'État[219].

Il en est de même de la fixation du groupe dans lequel sont classés les membres des cabinets ministériels pour le remboursement de leurs frais de transport et de déplacement ainsi que le taux des indemnités mensuelles de cabinet et de la fixation des indemnités de logement et des avantages en nature des membres du Gouvernement et des membres des cabinets ministériels[220].

---

212 Cons. const. 07 juin 1977, n° 77-09 FNR, *Rec. cons const.*, p. 75.

213 Cons. const. 12 mai 1964, n° 64-29 L., *Rec. cons const.*, p. 37.

214 Cons. const. 22 décembre 1961, n° 61-17 L., *Rec. cons const.*, p. 43.

215 Cons. const. 06 octobre 1976, n° 76-93 L., *Rec. cons const.*, p. 63.

216 Cons. const. 22 février 1979, n° 79-106 L., *Rec. cons const.*, p. 43.

217 CS n° 1/C/65 du 09 février 1965, Code du Travail, *TPOM* n° 177, p. 3829 ; *Annales Africaines* 1978, p. 105.

218 V. Sur cette question, EL. B. GAYE, « La rémunération des agents de l'administration », in *La fonction publique sénégalaise*, Actes du 1er colloque sur les institutions du Sénégal, *RIPAS*, n° 14, octobre-décembre 1985, p.269-278 ; J. I. SAYEG, « Le pouvoir réglementaire en droit social », in *Le pouvoir réglementaire des autorités administratives au Sénégal*, Actes du 5eme colloque de la RIPAS, Dakar, 11-15 décembre 1989, *RIPAS*, janvier-décembre 1990, n° 23-24, p. 186.

219 CS 10 février 1961, *inédit.*

220 CS n° 03/C/63 du 25 mai 1963, *inédit.*

- **La compétence de droit commun du pouvoir réglementaire**

77. Le pouvoir réglementaire. Le pouvoir réglementaire est le pouvoir d'édicter des règlements qui sont des actes exécutoires de portée générale et impersonnelle.

Selon les principes de répartition des compétences entre la loi et le règlement, l'exécutif dispose d'une compétence normative de droit commun, qu'il exerce par le biais du pouvoir réglementaire autonome.

Cependant, il faut prendre en compte les situations dans lesquelles le Gouvernement exerce un pouvoir réglementaire subordonné ou même exceptionnel.

- **Le pouvoir réglementaire autonome**

78. Les hypothèses de compétence réglementaire autonome. Le pouvoir réglementaire autonome ou initial est le pouvoir réglementaire que le Gouvernement tient, non pas de la loi, mais directement de la Constitution[221].

79. Le domaine réglementaire exclusif. Le pouvoir réglementaire autonome renvoie d'abord aux matières autres que celles qui sont fixées par le pouvoir législatif énumérées par l'article 67 de la Constitution. L'article 76 de la Constitution énonce que les matières qui ne sont pas du domaine législatif ont un caractère réglementaire. Le pouvoir exécutif dispose, à ce titre, d'une compétence de droit commun[222].

80. Le support normatif de la création des établissements publics. Au Sénégal, la question du vecteur normatif approprié pour créer un établissement public a connu de profondes mutations au gré de l'évolution du système constitutionnel.

Sous l'empire de la Constitution du 07 mars 1963, « la création des établissements publics » relevait du domaine exclusif de la loi[223]. Dans l'arrêt Office national des anciens combattants du 26 juin 1968[224], la Cour suprême a décidé que constituent des règles de création des établissements publics, celles qui octroient la personnalité civile et l'autonomie financière à ces organismes, prévoient l'existence d'un patrimoine propre et fixent le principe de la participation à leurs conseils d'administration de représentants désignés.

[221] R. CHAPUS, « De la soumission au droit des règlements autonomes », *D.* 1960, chon, p. 119 ; L. FAVOREU, « Les règlements autonomes existent-ils ? », in *Mélanges Burdeau*, 1976, p. 405 ; du même auteur, « Les règlements autonomes n'existent pas », *RFDA*, 1987, p. 871.

[222] P. LE MIRE, « Acte administratif. Domaines respectifs de la loi et du règlement », *Juris-class., dr. adm.*, 1993, fasc. 106, n° 02.

[223] L'article 39 de la Constitution du 29 août 1960 disposait que la loi fixe les règles concernant « la création de catégories d'établissements publics » ; V. HAMON, « La notion de catégorie d'établissement public », *D. S.*, p. 201.

[224] CS, sect. réun. du 26 juin 1968, Office national des anciens combattants, in *RIPAS*, n° 11, octobre-décembre 1984, p. 944.

S'agissant spécifiquement des établissements publics à caractère industriel et commercial, l'article 3 de la loi n° 90-07 du 26 juin 1990 relative à l'organisation et au contrôle des entreprises du secteur parapublic et au contrôle des personnes morales de droit privé bénéficiant du concours financier de la puissance publique dispose que leur création est autorisée par la loi.

C'est pourquoi sous l'empire de la Constitution de 1963, les établissements publics étaient institués par voie législative. Par exemple, l'Office national de l'Assainissement du Sénégal (ONAS) a été créé par la loi n° 96-23 du 22 février 1996 autorisant la création de l'ONAS. Ses règles d'organisation et de fonctionnement sont fixées par le décret n° 96-662 du 07 août 1996.

Mais la Constitution du 22 janvier 2001 n'énumère plus la création des établissements publics comme appartenant au domaine législatif. Il résulte de l'article 67 de la Constitution de 2001 que la loi ne fixe ni les règles, ni les principes fondamentaux concernant cette catégorie.

Dans la pratique légistique l'identification du support normatif approprié pour créer un établissement public a donné lieu à des controverses. Certains départements ministériels introduisaient dans le circuit d'adoption des textes des projets de loi ayant pour objet la création d'établissements publics[225] alors que d'autres ministères proposaient à la place des projets de décret[226].

Face à cette situation, le Premier Ministre a saisi l'Assemblée générale consultative de la Cour suprême d'une demande d'avis à l'effet de savoir si la création des établissements publics relève du domaine législatif ou de la compétence réglementaire.

Par un avis n° 04-A-2017 du 19 avril 2017, la Commission spéciale de l'Assemblée générale consultative de la Cour suprême a distingué suivant qu'il s'agisse d'un établissement public à caractère industriel et commercial (EPIC) ou d'une autre catégorie d'établissement public.

S'agissant des EPIC, elle a soutenu qu'ils ne peuvent être crées que par voie législative en vertu de l'article 3 de la loi n° 90-07 du 26 juin 1990 précitée. Selon ce texte, la création des EPIC est autorisée par la loi.

En ce qui concerne les autres catégories d'établissements publics, en l'absence d'une disposition constitutionnelle ou légale prévoyant leur création par voie législative, la cour estime que le Gouvernement est autorisé, en

[225] V. notamment, la loi n° 2014-13 du 28 février 2014 portant création de l'Office de Gestion des Forages ruraux (OFOR). L'OFOR est un établissement public à caractère industriel et commercial.

[226] V. notamment, le décret n° 2017-1106 du 29 mai 2017 portant création et fixant les règles d'organisation et de fonctionnement de la Maison de la Presse (MP) et le décret n°2017-1107 du 29 mai 2017 portant création et fixant les règles d'organisation et de fonctionnement du Grand Théâtre national. La Maison de la Presse et le Grand Théâtre national ont le statut d'établissements publics à caractère industriel et commercial.

application de l'article 76, alinéa 2 de la Constitution, à utiliser le support règlementaire.

Cet avis doit être approuvé. En effet, l'article 3 de la loi n° 90-07 du 26 juin 1990, adopté sous l'empire de la Constitution de 1963, n'est pas conforme aux dispositions de l'article 67 de la Constitution qui ne vise plus la création des établissements publics dans les matières relevant du domaine législatif. Malgré son inconstitutionnalité, cette disposition n'a fait l'objet d'aucune abrogation expresse et en l'absence d'une décision du Conseil constitutionnel la déclarant inconstitutionnelle, elle est encore dans l'ordonnancement juridique[227].

En outre, conformément à l'article 76 de la Constitution, la création d'un établissement public, autre qu'un EPIC, relève, en principe, du pouvoir réglementaire autonome et n'est plus subordonnée à une intervention législative. Ainsi, les établissements publics à caractère administratif, les établissements publics de santé, à caractère scientifique et technologique, à statut spécial, etc.) devraient être instituées par un décret qui en fixera également les modalités d'organisation et de fonctionnement.

Toutefois, si le principe de la création des établissements publics autres que les EPIC par voie décrétale est acquis, il se heurte à certaines limites.

En premier lieu, lorsque dans les règles d'organisation et de fonctionnement de l'établissement public, il y a des matières qui relèvent du domaine exclusif de la loi (procédure pénale, impôts, nationalisation d'entreprises, etc.), le recours au support législatif s'impose[228].

Par exemple, la loi n° 2017-14 du 20 janvier 2017 relative à l'exercice de la profession de sage-femme au Sénégal et portant création de l'Ordre des sages-femmes et des maïeuticiens a créé un établissement public professionnel dénommé « Ordre des sages-femmes et des maïeuticiens ». Mais elle contient des dispositions pénales incriminant et réprimant l'exercice illégal de la profession de sage-femme et de maïeuticien ; c'est pourquoi le recours au support législatif était nécessaire. Il en est de même, lorsque le texte créateur de l'établissement public accorde des garanties à des fonctionnaires ou implique un transfert de propriété d'entreprises du secteur public au secteur privé, matières relevant du domaine législatif.

En deuxième lieu, la voie réglementaire est exclue lorsque le texte portant création et organisation de l'établissement public est contraire ou déroge à une loi en vigueur. En vertu du principe de la hiérarchie des normes, un texte réglementaire ne peut déroger à un autre texte de valeur législative.

---

227 En ce sens, V. l'avis de l'Assemblée générale consultative de la Cour suprême n° 04-A-2017 du 19 avril 2017.

228 V. l'avis de l'Assemblée générale consultative n° 04-A-2017 du 19 avril 2017, précité.

En troisième lieu, le recours à la loi est inévitable lorsque les règles de création et d'organisation de l'établissement public remettent en cause un principe général du droit. En effet, comme l'a énoncé l'avis de l'Assemblée générale consultative précité, seule une loi peut déroger à un principe général du droit. Constituent, par exemple, des principes généraux du droit, le principe de la non-rétroactivité des actes administratifs et le principe selon lequel le silence gardé par l'administration vaut décision de rejet[229].

81. Les caractères du pouvoir réglementaire autonome. Lorsqu'il exerce un pouvoir réglementaire autonome, le Gouvernement peut intervenir souverainement sans être tenu de respecter des lois existantes, qui d'ailleurs, sont absentes, le Parlement n'étant pas compétent pour intervenir.

Le pouvoir réglementaire autonome est un pouvoir initial, puisqu'il trouve sa source non pas de la loi, mais directement de la Constitution. Il s'agit d'un pouvoir inconditionné, qui n'est pas subordonné au respect de lois existantes.

Enfin, il constitue un pouvoir illimité, ayant une compétence de droit commun ; son champ d'application n'est pas enfermé dans une liste[230]. Le Gouvernement est le « législateur de droit commun » alors que le parlement est le « législateur d'exception ».

- Le pouvoir réglementaire subordonné

82. La notion de pouvoir réglementaire d'exécution. Le pouvoir réglementaire subordonné est un pouvoir réglementaire dérivé qui signifie qu'il est subordonné à la loi ou qu'il dérive d'elle ; c'est-à-dire qu'il intervient en vertu d'une loi et en vue de son application[231]. Quelle qu'en soit la matière, le pouvoir réglementaire est, sur le fondement de l'exécution des lois, toujours compétent pour mettre en œuvre les règles posées par le pouvoir législatif[232] ; c'est pourquoi ce pouvoir est appelé « pouvoir réglementaire d'exécution ».

83. Le domaine du pouvoir réglementaire d'exécution. Les actes réglementaires d'exécution (règlements d'administration publique) ont un domaine très précis.

En premier lieu, le pouvoir réglementaire d'exécution vise des matières énumérées par l'article 67 de la Constitution pour lesquelles la loi ne détermine que les « principes fondamentaux ». Dans ces cas, il revient au

---

229 En ce sens, Cons. const. du 26 juin 1969, n° 69-55 *L. Rec. Cons. const.*, p. 27 ; *AJDA* 1969, p. 569.

230 A. BOCKEL, *Droit administratif*, Dakar-Abidjan NEA, 1978, p. 106.

231 J-C. VENEZIA, « Les règlements d'application, in *Mélanges R. CHAPUS*, 1992, p. 673 ; R. LIBCHEBER, « Le décret d'application, norme paradoxale », *RTD.civ.*, 1998, p. 788 ; J. M. AUBY, « L'obligation gouvernementale d'assurer l'exécution des lois », *JCP*, 1953, I, n° 1080 ; J-M. BRETON, « L'obligation pour l'administration d'exercer son pouvoir réglementaire d'exécution des lois. A propos de quelques décisions récentes du juge administratif », *RDP*, 1993,159, p. 1749.

232 Cons. const., 03 mai 1961, déc. n° 61-13 L ; Cons. Const. 25 juillet 1979, n° 105 DC.

pouvoir réglementaire de fixer les modalités d'application des lois dans le respect des principes fondamentaux posés le législateur.

En deuxième lieu, le législateur n'est pas toujours en mesure de fixer les modalités précises d'application de la loi. Il se borne bien souvent à poser les normes générales, les principes généraux de la législation. PORTALIS disait que les lois sont des « actes de souveraineté » alors que les règlements constituent des « actes de magistrature ». Selon l'auteur : « C'est aux lois à poser, dans chaque matière, les règles fondamentales et à déterminer les formes essentielles. Les détails d'exécution, les précautions provisoires ou accidentelles, les objets instantanés ou variables en un mot, toutes les choses qui sollicitent bien plus la surveillance de l'autorité qui administre que l'intervention de la puissance qui institue ou qui crée, sont du ressort des règlements »[233].

La compétence réglementaire peut résulter d'une habilitation législative explicite. A cet égard, la loi peut prévoir que certaines de ses dispositions seront fixées par décret ou par arrêté. Il revient au pouvoir exécutif de compléter l'œuvre législative. C'est au Gouvernement de prendre les mesures d'application nécessaires, par voie de décrets, pouvant être complétés eux-mêmes par des arrêtés ministériels, conjoints ou émanant des autorités décentralisées ou déconcentrées (chefs de circonscriptions administratives)[234], voire par des mesures d'ordre intérieur (instructions, circulaires, directives).

L'intervention réglementaire peut être spontanée, c'est-à-dire sans invitation expresse du législateur, en vertu des pouvoirs propres dévolus au pouvoir exécutif. Il résulte de l'article 57, alinéa 2 de la Constitution que le Premier Ministre « assure l'exécution des lois et dispose du pouvoir réglementaire sous réserve des dispositions de l'article 43 de la Constitution ». En dehors de toute habilitation législative, le Premier Ministre est toujours compétent pour édicter des actes réglementaires d'exécution de lois.

84. Les caractéristiques du pouvoir réglementaire dérivé. Le pouvoir réglementaire subordonné trouve son fondement et ses limites dans la norme supérieure (la loi) dont il assure l'exécution. Sa légalité est donc conditionnée par le respect de la norme législative[235]. Il s'agit de la manifestation la plus éloquente de la subordination hiérarchique de l'acte réglementaire à l'acte législatif.

---

233 Selon PORTALIS : « Dans les matières même qui fixent particulièrement son attention, il est une foule de détails qui lui (législateur) échappent, ou qui sont trop contentieux, trop mobiles pour pouvoir devenir l'objet d'un texte de loi », Projet de Code civil présenté par la commission nommé par le Gouvernement le 24 thermidor an 8.

234 A. BOCKEL, *Droit administratif*, Dakar-Abidjan NEA, 1978, p. 105 ; A. HAQUET, *La loi et le règlement*, Paris, LGDJ, Système, 2007, p. 107.

235 En ce sens, C. GAUTRON et M. ROUGEVIN BAVILLE, *Droit public du Sénégal*, Paris, éd. Pédone, 2 eme éd., 1977, p. 80.

D'abord, le règlement subordonné doit être pris dans le cadre du champ d'application de la loi[236].

Ensuite, il ne doit ni ajouter de nouvelles dispositions au texte législatif de base, ni en restreindre l'application, sauf si l'acte législatif en prévoit expressément la possibilité.

Enfin, le règlement subordonné ne doit comprendre que des mesures nécessaires à l'application de la loi[237].

D'ailleurs, la circulaire n° 0008 PM/SGG/SGA/PAT du 08 juin 2017 relative à la rédaction des textes d'application des projets de loi ou de décret énonce que les décrets d'application pris en méconnaissance des dispositions du texte législatif de base, sont entachés d'illégalité et peuvent, dès lors, faire l'objet d'une annulation devant le juge de l'excès de pouvoir.

85. La nécessité des actes réglementaires d'exécution. L'intervention des textes d'exécution est bien souvent une condition de l'application effective du texte législatif[238].

Dans l'arrêt rendu par la Cour suprême le 13 février 1985[239], un assistant à la Faculté des Sciences juridiques et politiques de l'Université de Dakar avait fait grief au décret n° 82-844 du 19 octobre 1982 accordant une indemnité de logement aux enseignants des universités d'avoir fixé au 1er juillet 1982 la date à laquelle est accordée l'indemnité de logement alors que la loi n° 81-59 du 09 novembre 1981 portant statut du personnel enseignant des universités n'a pas prévu un différé quant à son application, qui est dès lors immédiate[240].

La Cour suprême a jugé « qu'une loi ne peut entrer en vigueur que si son application est possible sans l'intervention d'autres textes » ; ce qui est bien le cas de l'article 49 de la loi n° 81-59 du 09 novembre 1981 qui renvoyait à un décret le soin de fixer le montant de l'indemnité de logement à allouer aux enseignants. Les hauts magistrats ont ajouté qu'en l'espèce, l'intervention du décret attaqué dépendait du vote de la loi de finances n° 82-08 du 30 juin 1982 prévoyant dans le budget les crédits afférents au paiement de l'indemnité de logement, à compter du 1er juillet 1982.

---

[236] V. en ce sens, la circulaire n° 0008 PM/SGG/SGA/PAT du 08 juin 2017 relative à la rédaction des textes d'application des projets de loi ou de décret.

[237] A. BOCKEL, *Ibid*.

[238] M. GUIBAL, « Le retard des textes d'application des lois », *RDP*, 1974, p. 1039; R. LIBCHABER, « Le décret d'application, norme paradoxale », *RTD civ*., 1998, p. 788 ; H. MOYSAN, « De la mise en application de la loi à la qualité de sa rédaction », *JCP* éd. G, février 2010, p. 208 et s.

[239] CS, n° 14 du 13 février 1985, Alioune SENGHOR c/ Etat du Sénégal, *inédit*.

[240] Sur cette question, C. T. THIAM, « Le statut des enseignants des universités », in *La fonction publique sénégalaise*, Actes du 1er colloque sur les institutions du Sénégal, *RIPAS*, n° 14, octobre-décembre 1985, p.157-168.

DOCUMENT N° 02
LE SUIVI DES DÉCRETS D'APPLICATION

La circulaire n° 01/PM/SGG/SGA du 29 janvier 1996 relative au suivi des décrets d'application des lois

N° 01/PM/SGG/SGA

Dakar, le 29 janvier 1996

CIRCULAIRE

LE PREMIER MINISTRE

A

Messieurs les Ministres d'État ;

Mesdames et Messieurs les Ministres ;

Madame et Messieurs les Ministres délégués

Objet : Suivi des décrets d'application des lois

J'ai constaté que certaines lois votées, promulguées et publiées au Journal officiel n'ont pas connu de début d'exécution au motif que les décrets d'application pourtant prévus par lesdites lois n'ont pas été préparés.

Les lois doivent être appliquées rapidement. Les décrets d'application qu'elles prévoient doivent être adoptés dans les meilleurs délais.

Désormais, je vous demande de veiller à ce que les projets de loi qui prévoient dans leurs dispositions des décrets d'application soient transmis au Secrétariat général du Gouvernement en même temps que lesdits décrets d'application.

Le non-respect de cette obligation entraîne le retour desdits projets aux ministères initiateurs.

J'attache une importance particulière à l'application rigoureuse de cette circulaire.

Habib THIAM

DOCUMENT N° 03
LA RÉDACTION DES TEXTES D'APPLICATION

La circulaire n° 0008 PM/SGG/SGA/PAT du 08 juin 2017 relative à la rédaction des textes d'application des projets de loi ou de décret les textes d'application

N° 0008 PM/SGG/SGA/PAT

Dakar, le 08 juin 2017

CIRCULAIRE

A

Mesdames et Messieurs les Ministres,
Messieurs les Ministres délégués

Objet : Rédaction des textes d'application des projets de loi ou de décret

Références : La circulaire primatorale n° 01/PM/SGG/SGA du 29 janvier 1996 relative au suivi des décrets d'application des lois

Le texte normatif n'est pas toujours en mesure de déterminer les modalités précises de son application. Il se borne bien souvent à fixer les principes généraux de la législation ou de la réglementation en renvoyant à d'autres textes subordonnés (décrets ou arrêtés) les modalités d'application.

Cependant, il m'a été donné de constater que certains textes (loi ou décret), entrés en vigueur depuis plusieurs années, ont annoncé des actes d'application, qui tardent à être édictés par les services des départements ministériels concernés.

Il arrive aussi que des textes d'application transmis à la Primature contiennent des dispositions qui ne trouvent pas leur fondement dans le texte dont ils sont censés fixer les modalités d'application.

Cette situation particulièrement préoccupante impacte très négativement la gouvernance normative. En effet, les principes généraux fixés par les textes législatifs ou réglementaires, même s'ils sont en principe applicables et opposables aux particuliers ainsi qu'à l'Administration, ne peuvent, de fait, faire l'objet de mesures d'exécution, faute d'actes d'application.

En outre, les textes d'application, pris en méconnaissance des dispositions du texte de base, sont entachés d'illégalité et peuvent, dès lors, faire l'objet d'une annulation devant le juge de l'excès de pouvoir.

Pour remédier à cette situation et précisant les prescriptions de la circulaire citée en référence, je vous recommande désormais d'inscrire dans votre agenda législatif et réglementaire et de transmettre au Secrétariat général du Gouvernement, les projets de texte d'application (projets de décret ou d'arrêté) en même temps que les projets de loi ou de décret qui les prévoient.

A cet effet, j'appelle votre attention sur la nécessité de préparer et de rédiger les textes d'application dès la finalisation des travaux de conception du texte de base, tout en veillant à la bonne articulation et à la cohérence d'ensemble du dispositif juridique.

Par ailleurs, relevant du pouvoir réglementaire subordonné, la légalité du texte d'application est conditionnée par le respect de la norme de base. En effet, le texte d'application ne doit, en principe, ni ajouter de nouvelles dispositions au texte de base, ni en restreindre l'application. Il doit, en outre, respecter le champ d'application délimité par ledit texte.

En conséquence, tout projet normatif introduit dans le circuit d'adoption des textes sans se conformer aux prescriptions de la présente circulaire ne sera pas instruit par les services du Secrétariat général du Gouvernement.

J'attache du prix à la bonne application de la présente circulaire dont vous m'accuserez réception.

Ampliation :

Son Excellence Monsieur le Président de la République (ATCR)

- Le pouvoir réglementaire exceptionnel

86. La perméabilité de la frontière entre la loi et le règlement. La frontière entre les domaines de la loi et du règlement n'est pas imperméable. Dans certaines circonstances particulières, la Constitution accorde aux autorités exécutives un pouvoir réglementaire exceptionnel qu'elles exercent par ordonnance.

87. Le pouvoir réglementaire sur habilitation. Les ordonnances sont des actes pris par le pouvoir exécutif sur habilitation du Parlement[241]. Aux termes de l'article 77 de la Constitution : « Le Parlement peut habiliter par une loi le Président de la République à prendre des mesures qui sont normalement du domaine de la loi ». Il s'agit d'une extension occasionnelle des pouvoirs du Gouvernement, habilité à modifier éventuellement les lois existantes[242].

Mais l'habilitation prévue par l'article 77 de la Constitution est exclue s'agissant des lois constitutionnelles et les lois organiques. Il résulte des articles 78 et 103 de la Constitution que la procédure d'habilitation législative n'est pas applicable aux lois constitutionnelles et aux lois organiques. Ainsi, le parlement ne saurait habiliter le Président de la République à prendre, par ordonnance, des mesures qui relèvent du domaine des lois constitutionnelles (modification de la Constitution) ou des lois organiques (par exemple, le statut des magistrats).

Contrairement aux lois et autres actes réglementaires dont l'entrée en vigueur est subordonnée au dépôt au Secrétariat général du Gouvernement du Journal officiel dans lequel ils sont publiés[243], l'ordonnance entre en vigueur dès sa publication.

88. Les pouvoirs exceptionnels du Président de la République. Le Président de la République dispose de pouvoirs exceptionnels[244]. En vertu de l'article 52 de la Constitution, lorsque les institutions de la République, l'indépendance de la Nation, l'intégrité du territoire national ou l'exécution des engagements internationaux sont menacées d'une manière grave et immédiate et que le fonctionnement régulier des pouvoirs publics ou des institutions est interrompu, le Président de la République dispose de pouvoirs exceptionnels.

---

241 S. N. TALL, « Les ordonnances en Afrique noire francophone », *Revue EDJA*, n° 64, janvier-février-mars 2005, p. 47 et s. ; M. VERPEAUX, « Les ordonnances de l'article 38 ou les fluctuations contrôlées de la répartition des compétences entre la loi et le règlement », *Cah. Cons. const.* 2005, n° 19 ; C. BOYER-MERENTIER, *Les ordonnances de l'article 38 de la Constitution du 04 octobre 1958*, Paris, Economica-PUAM, 1996 ; C. BOYER-MERENTIER, « Les ordonnances de l'article 38 de la Constitution. Une place ambiguë dans la hiérarchie des normes », *RFDA,* 1998, p. 924-941 ; M. HEINIS, « Les limites du pouvoir réglementaire sur habilitation législative », *Gaz. pal,*. 1999, 1, doctr. p. 466.

242 A. BOCKEL, *op.cit*, p. 109.

243 V. art. 3 de la loi n° 70-14 du 06 février 1970 fixant les règles d'applicabilité des lois, des actes administratifs à caractère réglementaire et des actes administratifs à caractère individuel.

244 J. LAMARQUE, « La théorie de la nécessité et l'article 16 de la Constitution », *RDP,* 1961, p. 558.

Il peut, après en avoir informé la Nation par un message, prendre toute mesure tendant à rétablir le fonctionnement régulier des pouvoirs publics et des institutions et à assurer la sauvegarde de la Nation.

Au titre des mesures prises en application de l'article 52 de la Constitution, le Président de la République peut prendre des « *mesures de nature législative* » mises en vigueur par lui-même. L'Assemblée nationale peut les amender ou les rejeter à l'occasion du vote de la loi de ratification. Le Parlement se réunit de plein droit. Il est saisi pour ratification, dans les quinze (15) jours de leur promulgation. Ces mesures deviennent caduques si le projet de loi de ratification n'est pas déposé sur le bureau de l'Assemblée nationale dans ledit délai.

Les mesures présidentielles « de nature législative » sont soumises à une procédure de ratification analogue à celle prévue en matière d'habilitation législative conformément à l'article 77 de la Constitution.

• La protection de la répartition du domaine de la loi et du règlement

89. Les techniques de protection. Plusieurs techniques juridiques ont été prévues pour garantir le respect des principes de répartition des compétences entre la loi et le règlement.

- La protection du domaine législatif

90. Les mécanismes de protection. La compétence législative est protégée par deux mécanismes juridiques. Il s'agit du recours pour excès de pouvoir et de l'exception d'illégalité.

91. Le recours pour excès de pouvoir. L'acte réglementaire pris en violation du domaine de partage entre la loi et le règlement est entaché d'illégalité et est susceptible d'être attaqué par la voie du recours pour excès de pouvoir. Le recours pour excès de pouvoir est une action par laquelle toute personne y ayant intérêt peut provoquer l'annulation d'une décision administrative exécutoire par le juge compétent en raison de l'illégalité de cette décision[245]. Selon l'article 1er de la loi organique n° 2017-09 du 17 janvier 2017 sur la Cour suprême, la Cour suprême est juge, en premier et dernier ressort, de l'excès de pouvoir des autorités administratives[246].

---

[245] D. SY, *Droit adminisitratif*, Dakar, l'Harmattan, CREDILA, 2014, p. 113.

[246] O. GAYE et M. S. DIOUF, *Le Conseil d'État et la pratique du recours en annulation*, Dakar, éd. 2001 ; M. M. MBACKE, « Le contrôle juridictionnel de l'administration. Le recours pour excès de pouvoir », *EDJA*, juin 1987, p. 09 et s. ; P. M. SY, « Quelques remarques sur l'institution du recours pour excès de pouvoir au Sénégal depuis la création du Conseil d'État », *EDJA*, n° 53, avril-mai-juin 2002, p. 57 et s. ; M. M. MBACKE, « Le Conseil d'Etat », *Revue EDJA*, n° 20, p. 02 ; D. SY, « Le contrôle de l'exécutif par le Conseil d'Etat », in *L'Etat de droit et le contrôle de l'exécutif au Sénégal,* Dakar, p. 103.

Le recours pour excès de pouvoir n'est recevable que contre une décision explicite ou implicite d'une autorité administrative[247].

En vertu de l'article 74-1 de la loi organique sur la Cour suprême, le délai de recours contre une décision administrative est de deux mois ; ce délai court à compter de la publication ou de la notification de la décision attaquée, à moins qu'elle ne doive être signifiée, auquel cas, il court à compter de la date de la signification. Le silence gardé plus de deux mois sur une réclamation par l'autorité compétente vaut décision de rejet.

Toutefois, avant d'attaquer une décision administrative, les intéressés peuvent présenter, dans le délai du recours pour excès de pouvoir, un recours administratif hiérarchique ou gracieux tendant à faire rapporter ladite décision.

Le silence gardé plus de quatre mois par l'autorité compétente sur le recours administratif vaut décision de rejet. Le délai de deux mois ne commence à courir qu'à compter de la notification ou de la signification de la décision de rejet du recours administratif et, au plus tard, de l'expiration de la période de quatre mois prévue par la loi.

Plusieurs moyens sont susceptibles d'être invoqués devant la juridiction administrative pour obtenir l'annulation d'un acte administratif. Peuvent être soulevés, notamment, l'incompétence de l'autorité qui a édicté l'acte, la violation de la loi, le défaut de motif, l'erreur de droit, l'erreur de fait et le détournement de pouvoir.

Le juge de l'excès de pouvoir peut rendre trois types de décisions.

Il peut dire n'y avoir lieu à statuer lorsque notamment l'objet de la demande disparaît (cas de satisfaction du requérant après l'introduction du recours). Il en est de même en cas de validation législative de l'acte administratif.

En outre, la Cour suprême peut rendre une décision d'irrecevabilité lorsque le recours est irrecevable. Par exemple lorsque le recours a été formé hors délai.

Le juge administratif rend une décision de rejet lorsque l'acte attaqué n'est pas entaché d'illégalité.

Enfin, une décision d'annulation de l'acte administratif peut être rendue lorsque cet acte est illégal. L'annulation peut être partielle, c'est-à-dire qu'elle peut porter seulement sur certaines dispositions de l'acte attaqué. Elle peut être aussi être totale lorsque l'illégalité affecte toutes les dispositions de l'acte administratif.

---

[247] V. art. 74 de la loi organique n° 2017-09 du 17 janvier 2017 sur la Cour suprême.

- L'exception d'illégalité

92. La notion. L'exception d'illégalité est une contestation incidente de la légalité d'un acte administratif soulevée au cours d'un procès en vue d'obtenir sa neutralisation[248]. Le mécanisme de l'exception d'illégalité permet d'écarter au cours d'un procès l'application d'un acte administratif qui s'est immiscé dans le domaine du pouvoir législatif[249].

La loi n° 2014-26 du 03 novembre 2014 fixant l'organisation judiciaire a réaffirmé la compétence des juridictions pour connaître du contentieux de l'interprétation et de l'appréciation de la légalité des décisions administratives. L'article 8 de cette loi énonce que : « Les juridictions ont, au cours des instances dont elles sont saisies, compétence pour interpréter et apprécier la légalité des décisions des diverses autorités administratives »[250].

Le mécanisme de l'exception d'illégalité est une application de la règle « le juge de l'action (du fond) est le juge de l'exception ».

La question de l'appréciation de la légalité d'un acte administratif pose, à l'image du recours pour excès de pouvoir, un problème de contentieux objectif relatif à la légalité d'une décision administrative.

Toutefois, l'exception d'illégalité se différencie du recours pour excès de pouvoir.

En premier lieu, elle constitue un recours incident (un procès dans un procès) et non une voie d'action principale (un procès contre un acte administratif) ; c'est-à-dire qu'elle dérive d'une instance en cours devant le juge. L'exception d'illégalité constitue un mécanisme de contrôle de la légalité par voie d'exception.

En deuxième lieu, contrairement au recours pour excès de pouvoir, l'exception d'illégalité n'est pas enfermée dans des délais. Elle permet de

---

[248] A. FAYE, « État de droit et contrôle de l'exécutif : réflexions d'un privatiste sur l'exception d'illégalité en droit sénégalais », *EDJA*, n° 33, avril-mai-juin 1997, p. 36; A. FAYE, « Le contrôle de l'exécutif par les juridictions de droit commun », in *L'Etat de droit et le contrôle de l'exécutif au Sénégal,* p. 119 et s. ; A.A. BA, « L'exception d'illégalité dans le système sénégalais d'organisation judiciaire », *EDJA*, n° 33, avril-mai-juin 1997, p. 41 ; I. DIALLO, « L'exception d'illégalité dans le système judiciaire sénégalais », *Nouvelles Annales africaines*, n° 1, 2010, p. 152; plus récemment, P. A. TOURE, *La réforme de l'organisation judiciaire commentée et annotée*, Paris, l'Harmattan 2016, n° 249 et s. ; B. SENE, « Le traitement de l'exception d'illégalité en droit sénégalais », *La Balance, Revue semestrielle de L'union des Magistrats Sénégalais*, n° 01, janvier-juin 2017, p. 53 et s.

[249] Pour des applications judiciaires, V. notamment, CS du 05 juillet 1961, Waly SARR c/ Commune de Saint-Louis, *Annales africaines* 1973, p. 257 ; *RLJ* 1961, I, 33 ; *GDJAS*, n° 04, tome 01, p.28 et s., *Rec. Législ. Jursip.* 1962, n° 741, p. 33 ; Trib. 1ère inst. Dakar du 07 avril 1981, MP c/ Cheikh Anta DIOP, *GDJAS*, n° 04, tome 1, p.29 et s. ; CS, n° 106 du 16 décembre 2010, Abdoul Aziz NDAO c/ Ibrahima NDIAYE, *Cour suprême. Bulletin des arrêts*, n° 02-03, année judiciaire 2010-2011, décembre 2012, p. 125.

[250] B. SENE, « Le traitement de l'exception d'illégalité en droit sénégalais », *La Balance, Revue semestrielle de L'union des Magistrats Sénégalais*, n° 01, janvier-juin 2017, p. 53 et s.

contester la légalité d'un acte administratif qui n'aurait pas été déféré en temps utile à la juridiction administrative ; elle est perpétuelle[251].

En troisième lieu, l'exception d'illégalité n'a pas pour objet d'obtenir l'annulation de l'acte administratif mais simplement le prononcé d'une décision relative à la légalité de cet acte. S'il s'avère qu'il est illégal, le juge se contente d'écarter son application du litige qui lui est soumis ; l'acte administratif est simplement neutralisé ; mais il reste en vigueur.

93. Le régime juridique. Le droit sénégalais a consacré le modèle de l'unité de juridiction. La légalité des actes administratifs constitue une question préalable de la compétence de toutes les juridictions. L'essentiel est que le contrôle par voie d'exception soit exercé à l'occasion d'un litige relevant au principal de la compétence de la juridiction saisie, qu'il s'agisse d'un litige entre un particulier et l'administration ou entre deux particuliers[252]. Toutes les juridictions sont compétentes pour connaître de l'exception d'illégalité (tribunal d'instance, tribunal de grande instance, tribunal du travail et cours d'appel)[253].

La « résurrection » de la Cour suprême, opérée par la loi constitutionnelle n° 2008-34 du 07 août 2008, récemment abrogée et remplacée par la loi organique n° 2017-09 du 17 janvier 2017[254], a eu pour effet d'uniformiser le traitement juridictionnel de l'exception d'illégalité en droit sénégalais. Devant les juridictions de base, comme devant la Cour suprême, le contentieux de l'appréciation de la légalité des décisions administratives est devenu une question préalable de la compétence de toutes les juridictions[255].

Dans le système judiciaire sénégalais, l'exception d'illégalité peut être invoquée contre tous les actes administratifs, qu'il s'agisse d'actes individuels ou d'actes réglementaires. L'essentiel est que la décision en question revête la nature d'un acte administratif. Le droit sénégalais ne fait aucune distinction entre les actes administratifs réglementaires et les actes administratifs individuels, l'article 8 de la loi n° 2014-26 du 03 novembre 2014 fixant

---

[251] A. FAYE, « Etat de droit et contrôle de l'exécutif : réflexions d'un privatiste sur l'exception d'illégalité en droit sénégalais», *EDJA*, n° 33, avril-mai-juin 1997, p. 31 ; A. FAYE, « Le contrôle de l'exécutif par les juridictions de droit commun », in *L'Etat de droit et le contrôle de l'exécutif au Sénégal*, p. 119 et s. ; A.A. BA, « L'exception d'illégalité dans le système sénégalais d'organisation judiciaire », *EDJA*, n° 33, avril-mai-juin 1997, p. 39.

[252] J.C GAUTRON et M. ROUGEVIN BAVILLE, *Droit public du Sénégal*, Paris, éd. Pédone, 2eme éd., 1977, p. 341 ; A BOCKEL, *Droit administratif*, Dakar-Abidjan, NEA, 1978, p. 450 ; J.M. NZOUANKEU, *Les grandes décisions de la jurisprudence administrative sénégalaise*, Tome I, *Contentieux général de la légalité*, 2 emeéd., publication, Dakar, RIPAS, 1984, p. 30 et s.

[253] En ce sens, P. A. TOURE, *La réforme de la composition et de la compétence des juridictions du Sénégal commentée et annotée*, Dakar, Abis éditions, 2017, p. 208.

[254] JORS n° 6986 du 18 janvier 2017, p. 47.

[255] P. A. TOURE, *op. cit.*, p. 211 ; *contra*, I. DIALLO, « L'exception d'illégalité dans le système judiciaire sénégalais », *Nouvelles Annales africaines*, n° 1, 2010, p. 167.

l'organisation judiciaire se contentant de viser « les décisions des diverses autorités administratives ».

L'exception d'illégalité obéit à un régime procédural assez original. Elle ne constitue pas une exception au sens processuel du terme. Il ne s'agit pas d'un moyen de défense par lequel le défendeur conteste la régularité de la procédure initiée par le demandeur. L'exception d'illégalité peut être invoquée aussi bien par le demandeur à l'appui de son action que par le défendeur pour s'opposer à celle-ci[256].

Lorsqu'elle est invoquée par le défendeur, elle constitue une défense au fond par laquelle ce dernier conteste la légalité d'un acte administratif susceptible de lui être appliqué par le juge.

En procédure pénale, l'exception d'illégalité ne s'analyse pas en une question préjudicielle au jugement au sens de l'article 374 du Code de Procédure pénale, laquelle doit être soulevée avant toute défense au fond. Dans l'affaire Fadel SECK, la Cour d'appel de Dakar a rappelé que l'exception d'illégalité ne constitue pas une exception au sens procédural du terme mais un moyen de défense. D'après les juges d'appel, « l'exception d'illégalité, en tant que moyen de défense, peut être soulevée à tout moment de la procédure, même pour la première fois en cause d'appel »[257].

En procédure civile, l'exception d'illégalité n'est pas soumise aux rigueurs de l'article 129 du Code de Procédure civile relatif au moment de présentation des exceptions de procédure et fins de non-recevoir formelles. Elle peut être présentée à toute hauteur de la procédure, même après conclusion au fond.

Pour que l'exception d'illégalité soit recevable, la solution du litige doit dépendre de l'examen de la légalité de la décision administrative. En matière pénale, on admet que la décision administrative doit servir de fondement aux poursuites. L'exception d'illégalité doit tendre à contester la légalité de l'acte même qui a servi de base aux poursuites pénales. L'acte administratif à l'encontre duquel l'exception d'illégalité est soulevée doit constituer le fondement même de la décision faisant grief[258].

Dans l'arrêt Aïssatou Guèye DIAGNE rendu le 22 août 2012, la Cour d'appel de Dakar a eu l'occasion d'apprécier, de façon incidente, la conformité de l'article 27 du décret n° 2009-328 du 08 avril 2009 relatif au statut des notaires par rapport à l'article 67 de la Constitution[259].

---

[256] En ce sens, C. GAUTRON et M. ROUGEVIN BAVILLE, *Droit public du Sénégal*, Paris, éd. Pédone, 2 eme éd., 1977, p. 341.

[257] CA Dakar, n° 454 du 25 juin 1986, Ministère public et Fadel SECK c/ Bara DIENG, *inédit*.

[258] J.M. NZOUANKEU, *Les grandes décisions de la jurisprudence administrative sénégalaise*, Tome I, *Contentieux général de la légalité,* Dakar, 2 eme éd., publication RIPAS, 1984, p. 36.

[259] C A Dakar, n° 890 du 22 août 2012, Ministère public c/ Aïssatou Guèye DIAGNE, in *Bulletin des arrêts rendus par la Cour d'appel de Dakar en matière pénale*, année 2014, p. 134 ; dans le même sens, CA Dakar, n° 635 du 12 juillet 2010, Ministère public et la Société nationale d'Assurances Mutuelles dite SONAM c/ Serigne MBAYE BADIANE, *inédit*.

Elle a jugé que l'article 27 du décret fixant le statut des notaires, qui subordonne les poursuites contre les notaires à l'autorisation du Garde des Sceaux, Ministre de la Justice après avis de la chambre disciplinaire, intervient dans le domaine de la loi et méconnait l'article 67 de la Constitution. Les juges de la cour d'appel ont estimé que : « ce texte aménage une procédure pénale spéciale dérogatoire aux règles édictées par la loi n° 65-61 du 21 juillet 1965 portant Code de Procédure pénale et constituant une garantie supplémentaire pour le notaire ; il viole manifestement ladite loi ainsi que l'article 67 de la Constitution, en s'immisçant subrepticement dans les attributions relevant exclusivement du domaine du pouvoir législatif ».

Le juge a ainsi écarté l'article 27 du décret fixant le statut des notaires du procès avant de condamner la prévenue à six (6) mois d'emprisonnement ferme.

- La protection du domaine réglementaire

94. Les mécanismes de protection. La compétence réglementaire est protégée par deux mécanismes constitutionnels. Il s'agit de l'irrecevabilité de l'article 83 de la Constitution et de la procédure de déclassement.

o *L'irrecevabilité de l'article 83 de la Constitution*

95. Le mécanisme. Avant la promulgation de la loi, l'article 83 de la Constitution permet au Gouvernement d'opposer l'irrecevabilité d'une proposition de loi ou d'un amendement qui lui paraît relever du domaine du règlement. Aux termes de ce texte : « S'il apparaît, au cours de la procédure législative qu'une proposition ou un amendement n'est pas du domaine de la loi, le Premier Ministre et les autres membres du Gouvernement peuvent opposer l'irrecevabilité »[260].

En cas de désaccord, le Conseil constitutionnel, à la demande du Président de la République, de l'Assemblée nationale ou du Premier Ministre, statue dans les huit (8) jours[261].

S'il est saisi, en toute hypothèse avant la fin de la discussion parlementaire, le Conseil ne statue que sur la nature législative ou réglementaire de la proposition ou de l'amendement. Il ne se prononce pas sur sa constitutionnalité.

---

260 En droit français, E. OLIVA, *L'article 41 de la Constitution du 4 octobre 1958*, Paris, Economica, 1997.

261 Sur cette procédure, PH. GEORGES, « La procédure législative au Sénégal, *Annales africaines*, 1965, p. 177 ; E. DIARRA, « La procédure législative au Sénégal », *RIPAS*, n° 11, octobre-décembre 1984, p. 722-723.

o *La procédure de délégalisation ou de déclassement*

96. La procédure de déclassement. Après la promulgation d'une loi qui est intervenue dans le domaine du règlement, une puissante garantie est reconnue par la Constitution au Gouvernement pour faire respecter la compétence réglementaire, il s'agit de la procédure de délégalisation encore appelée déclassement[262]. Cette procédure est instituée par l'article 76, alinéa 2 de la Constitution.

Selon cette disposition, les textes de forme législative intervenus dans le domaine réglementaire « peuvent être modifiés par décret si le Conseil constitutionnel, à la demande du Président de la République ou du Premier Ministre, a déclaré qu'ils ont un caractère réglementaire » en vertu de l'alinéa 1er de l'article 76 de la Constitution[263].

97. L'exploration de la délégalisation. Au Sénégal, la plupart des textes de forme législative ont été pris soit avant l'indépendance, soit pendant les périodes de transition constitutionnelle (1960-1963). Pendant ces périodes, le Gouvernement a souvent bénéficié d'habilitations législatives lui permettant de prendre des ordonnances intervenant dans le domaine législatif[264]. C'est pourquoi plusieurs textes de forme législative ont été par la suite délégalisés, sur la demande des autorités exécutives[265].

---

262 C. CANS, « La délégalisation. Un encouragement au désordre », *RDP,* 1999, p. 1419 ; Y. GAUDEMET, « Le mécanisme de déclassement des lois (art. 37, al. 2) », *D.* 1980, p. 121 ; J.-L. MESTRE, « De l'ancien sur l'article 37, alinéa 2, de la Constitution », *RFDA,* 2001, p. 301 ; L. FAVOREU, « La procédure de l'article 37, alinéa 2 », *RDP,* 1976, p. 225 ; L. FAVOREU, « La délégalisation des textes de forme législative par le Conseil constitutionnel », *Mélanges offerts à Marcel Waline*, Paris, LGDJ, 1974, TII, p. 429-450.

263 Sur cette procédure en droit sénégalais, E. DIARRA, « La procédure législative au Sénégal », *RIPAS*, n° 11, octobre-décembre 1984, p. 702-816 ; S. SYLLA, « Le contrôle de constitutionnalité des lois au Sénégal », *RIPAS*, n° 11, octobre-décembre 1984, p. 817-888.

264 A.A. D. KEBE, *La répartition des compétences entre la loi et le règlement en droit fiscal sénégalais,* Université de Dakar, Thèse de Doctorat, 2012, p. 34 ; EL. H. O. DIOP, *La justice constitutionnelle au Sénégal. Essai sur l'évolution, les enjeux et les réformes d'un contre-pouvoir juridictionnel*, Dakar, CREDILA-OVIPA, 2013, p. 184.

265 CS, sect. réun. du 25 novembre 1961, Ordre des médecins et ordre des pharmaciens, in *RIPAS*, n° 11, octobre-décembre 1984, p. 926 ; CS, sect. réun. du 15 novembre 1962, Création des camps de jeunesse, in *RIPAS*, n° 11, octobre-décembre 1984, p. 927 ; CS, sect. réun. du 10 janvier 1962, Personnel de l'enseignement du premier degré, in *RIPAS*, n° 11, octobre-décembre 1984, p. 929 ; CS, sect. réun. du 17 novembre 1962, Secrétariat général du Gouvernement, in *RIPAS*, n° 11, octobre-décembre 1984, p. 930 ; CS sect. réun. du 5 mars 1963, Commissariat à l'Urbanisme et à l'Habitat, *Ibid.* p.89 ; CS sect. réun. du 25 mai 1963, Traitement et indemnités des membres du Gouvernement et des cabinets ministériels, *Ibid* , p. 91 ; CS, sect. réun. du 26 juin 1968, Office national des anciens combattants, in *RIPAS*, n° 11, octobre-décembre 1984, p. 944 ; CS, sect. réun. du 08 juin 1969, Statut général du personnel des cadres moyens et supérieurs des établissements publics à caractère industriel et commercial, in *RIPAS*, n° 11, octobre-décembre 1984, p. 946 ; CS, sect. réun. du 18 août 1971, Direction de l'enseignement technique et de la formation professionnelle, in *RIPAS*, n° 11, octobre-décembre 1984, p. 948.

La doctrine trouve l'explication de la fréquence du recours à la procédure de délégalisation dans le caractère flou de la frontière entre les domaines législatif et réglementaire[266].

98. Le régime de la délégalisation. En France, il a été jugé que la Constitution visant des « dispositions » et non des textes, le Premier Ministre peut ne déférer à l'examen du Conseil constitutionnel qu'une partie d'un texte de loi et que celui-ci peut déclarer législatif tel article, tel alinéa, tel membre de phrase tout en donnant un caractère réglementaire au reste du texte[267].

Toutefois, la divisibilité ou l'indivisibilité d'un texte est souvent difficile à apprécier.

Pour décider d'une procédure de délégalisation, le Premier Ministre dispose d'un large pouvoir d'appréciation quant à la détermination de la date et de la procédure appropriée pour parvenir à cette fin[268].

99. La question de la constitutionnalité de l'empiétement du pouvoir législatif dans le domaine du pouvoir réglementaire. S'il est indiscutable que l'immixtion du pouvoir réglementaire dans le domaine du pouvoir législatif constitue une méconnaissance de la Constitution qui fixe les principes de répartition des compétences entre la loi et le règlement[269] , qu'en est-il lorsqu'une loi contient des dispositions de nature réglementaire ? Faudrait-il considérer que cette loi est contraire à la Constitution ?

Le Conseil constitutionnel français, saisi dans le cadre de la procédure de contrôle de constitutionnalité des lois, a refusé de censurer une loi au motif qu'elle contient des dispositions de nature réglementaire.

Dans sa décision rendue le 30 juillet 1982, la haute juridiction a énoncé que la Constitution n'a pas entendu frapper d'inconstitutionnalité une disposition de nature réglementaire contenue dans une loi, mais a voulu, à côté du domaine réservé à la loi, reconnaître à l'autorité réglementaire un domaine propre et conférer au Gouvernement le pouvoir d'en assurer la protection contre d'éventuels empiétements de la loi[270].

---

[266] J. M. NZOUANKEU, « Les domaines respectifs de la loi et du règlement en droit sénégalais», *RIPAS* n° 11, octobre-décembre 1984, p. 893 ; PH. GEORGES, « La procédure législative au Sénégal », *Annales africaines*, 1965, p. 177.

[267] CE 12 décembre 1969, Cons. nat. Ordre des pharmaciens, *Rec. CE*, p. 57, *AJDA*, 1970, p. 103.

[268] CE, sect., 03 décembre 1999, n° 164789 et n° 165622, Assoc. ornithologique et mammalogique Saône-et-Loire et Rassemblement des opposants à la chasse, *Jurisdata* n° 1999-051400 ; L. FAVOREU, « L'interprétation de l'article 37, alinéa 2 de la Constitution par le Conseil d'État », *RFDA*, 2000, p. 664.

[269] J. M. NZOUANKEU, « Les domaines respectifs de la loi et du règlement en droit sénégalais », *RIPAS* n° 11, octobre-décembre 1984, p. 892.

[270] Cons. const., 30 juillet 1982, loi sur les prix et les revenus, déc. n° 82-143 DC, *Rec. Cons. const.*, 1982, p. 57 ; dans le même sens, Cons. const., 15 mars 2012, déc. n° 2012-649 DC: Journal officiel du 23 mars 2012 ; également, Cons. const., 21 avril 2005, déc. n° 2005-512 DC ; CE, 15 avril 2011, n° 345141, Teissier; V. aussi CE, 15 mars 2006, n° 288391.

Selon le juge constitutionnel français, la Constitution permet au Gouvernement de s'opposer au cours de la procédure parlementaire, et par la voie d'une irrecevabilité, à l'insertion d'une disposition réglementaire dans une proposition de loi. En outre, la procédure de déclassement a pour effet, après la promulgation de la loi, de restituer l'exercice de son pouvoir réglementaire au Gouvernement et de lui conférer le pouvoir de modifier cette loi par décret ; ces deux procédures ayant un caractère facultatif.

b. - Le vecteur de l'acte normatif

100. Les typologies normatives. Une fois que le rédacteur aura déterminé si le projet de texte relève de la compétence du législateur ou de l'exécutif, il sera amené à identifier avec précision la catégorie normative adaptée audit projet.

De nos jours, le paysage normatif a connu de profondes mutations avec l'essor croissant du droit international et du droit communautaire. Conformément au principe de la hiérarchie des normes, la typologie des textes normatifs retenue mettra l'accent sur la Constitution, les traités internationaux, les actes communautaires, les actes législatifs, les ordonnances et les actes administratifs.

✓ La Constitution

101. Le concept. La Constitution est la loi fondamentale de l'État[271]. Il s'agit de l'ensemble des règles fondamentales qui, dans le cadre de l'État, sont relatives à l'organisation et au fonctionnement des institutions politiques et aux rapports entre gouvernants et gouvernés. La Constitution établit les règles relatives à la dévolution et à l'exercice du pouvoir politique (« le Code du pouvoir politique »)[272].

102. Le pouvoir constituant originaire. La Constitution peut avoir pour objet de poser les règles constitutionnelles initiales qui sont à la base de la fondation de l'Etat ou du régime ayant accédé au pouvoir. C'est la

---

[271] M. A. GLELE, « La Constitution ou la loi fondamentale », *Encyclopédie juridique africaine*, Tome 1, Dakar-Abidjan, NEA, 1982, p. 38 ; M. BADJI, « Variations sur le concept de Constitution en histoire des idées politiques. L'exemple de Montesquieu », *Nouvelles Annales africaines*, n° 01, 2007, p. 267 et s.

[272] S. RIALS, « Les incertitudes de la notion de Constitution sous la Veme République », *RDP,* 1984, p. 587 ; D. ROUSSEAU, « Une résurrection. La notion de Constitution », *RDP,* 1990, p. 5 ; G. BURDEAU, « Une survivance : la notion de Constitution », *S.* 1956, p. 53 et s. ; P. BASTID, *L'idée de Constitution*, Paris, Economica, 1985, plus récemment, M. M. SY, « L'insoutenable arythmie de la notion de Constitution. Analyse autour de la philosophie de Derrida et Habermas », in A. SALL et I. M. FALL (dir.), *Actualités du droit public et de la science politique en Afrique*, *Mélanges en l'honneur de Babacar KANTE*, Dakar, l'Harmattan, 2017, p. 347 et s.

manifestation du pouvoir constituant originaire ; il s'agit d'un « acte juridique fondateur suprême »[273].

Dans l'histoire constitutionnelle du Sénégal, le pouvoir constituant originaire s'est exprimé à quatre reprises : en 1959, 1960, 1963 et 2001.

La Constitution du 24 janvier 1959 est historiquement la première Constitution fondatrice de la République du Sénégal. Elle a été instituée par la loi n° 59-003 du 24 janvier 1959 portant Constitution de la République du Sénégal[274]. Ce texte amorce les bases de la naissance de l'Etat du Sénégal[275]. Cette Constitution fut l'œuvre d'une Assemblée constituante qui l'a adoptée.

A la suite de l'accession du Sénégal à l'indépendance[276] et de l'éclatement de la Fédération du Mali, le Sénégal a réorganisé son régime politique par la loi n° 60-045 AN du 26 août 1960, loi sénégalaise portant révision de la Constitution de la République du Sénégal. Cette Constitution a été rédigée par le Gouvernement et soumise à la Commission des lois et de la législation de l'Assemblée nationale qui l'a votée sans débat[277].

Contrairement à ce que pourrait laisser croire son intitulé, la loi constitutionnelle du 26 août 1960 a institué une nouvelle Constitution. Le décret de promulgation de ce texte n° 60-295 du 29 août 1960 indique clairement que « la loi constitutionnelle est promulguée et sera exécutée comme Constitution de la République du Sénégal ».

Après le traumatisme causé par la crise de décembre 1962, la loi constitutionnelle n° 63-22 du 07 mars 1963 portant révision de la Constitution de la République du Sénégal a été adoptée par l'Assemblée nationale, soumise pour approbation au référendum le 03 mars 1963 et promulguée le 07 mars 1963[278]. La loi constitutionnelle n° 62-62 du 18 décembre 1962 portant

---

[273] I. M. FALL, *Évolution constitutionnelle du Sénégal de la veille de l'indépendance aux élections de 2007*, Dakar, CREDILA-CREPOS, 2007, p. 10.

[274] P-F. GONIDEC, *Les Constitutions des États de la Communauté*, Paris, 1959 ; E. I. NDAO, *Sénégal, Histoire des conquêtes démocratiques*, Dakar, NEAS, 2003, p. 231.

[275] Une question se pose : comment une entité juridique non dotée de la souveraineté pleine et entière a-t-elle pu se doter d'une Constitution ? Comme l'écrit Elisabeth ZOLLER « *une Constitution est la loi fondamentale et suprême que se donne un peuple libre* » (E. ZOLLER, *Les grands arrêts de la Cour suprême des États-Unis*, Paris, PUF, « Droit fondamental », 2000, p. 31). Quoi qu'il en soit, l'article 76 de la Constitution française, qui permettait aux territoires d'outre-mer de choisir de devenir un État membre de la communauté franco-africaine, a posé les premières fondations juridiques et idéologiques de l'État du Sénégal ; sur l'ensemble de cette question, I. M. FALL, *Évolution constitutionnelle du Sénégal de la veille de l'indépendance aux élections de 2007*, CREDILA-CREPOS, 2007, p. 16 et s.

[276] La loi constitutionnelle n° 60-041 du 20 août 1960 a proclamé l'indépendance de la République du Sénégal.

[277] G. HESSELING, *Histoire politique du Sénégal. Institutions, droit et société*, Paris, Karthala et ASC Leiden, 1985, p. 192.

[278] Sur cette Constitution, G. D. LAVROFF, « Sénégal, la Constitution du 3 mai 1963 », *RDP*, n° 02, mars-avril 1963, p. 207-228 ; L. MURACCIOLE, « La Constitution de la République du Sénégal du 07 mars 1963 », *Rev. jur. et pol. d'outre-mer*, n° 01, 1963, p. 138-160.

modification de la Constitution accordant au Président de la République le pouvoir « de soumettre un projet de révision constitutionnelle » ainsi que l'intitulé de la loi constitutionnelle n° 63-22 du 07 mars 1963 portant révision de la Constitution de la République du Sénégal, pourraient laisser penser qu'il s'agissait simplement d'une révision de la Constitution et non d'une nouvelle Constitution.

Mais la révision a donné naissance à une nouvelle Constitution au regard de l'article 91 de la loi constitutionnelle du 07 mars 1963 qui énonce que l'Assemblée nationale en fonction exerce, jusqu'à la fin de son mandat, les pouvoirs prévus par « la présente Constitution ».

L'alternance politique survenue le 19 mars 2000 a été marquée par le « déracinement » du parti socialiste dominant la vie politique depuis quatre décennies[279]. Dans un climat enthousiaste, le Président Abdoulaye WADE décida de faire élaborer une nouvelle Constitution. Cette Constitution a été adoptée, par réferendum, le 07 janvier 2001 et promulguée le 22 janvier 2001[280] ; elle a été plusieurs fois modifiée[281].

✓ Les traités internationaux

103. La notion de traité. Il résulte de l'article 2 de la Convention de Vienne sur le droit des traités du 23 mai 1969 que le traité s'entend d'un « accord international conclu par écrit entre États et régi par le droit international, qu'il soit consigné dans un instrument unique ou dans deux ou

---

[279] M. C. DIOP, M. DIOUF et A. DIAW, « Le baobab a été déraciné. L'alternance au Sénégal », *Politique africaine*, n° 78, juin 200, p. 157-179 ; S. M. SY, « L'alternance politique au Sénégal », in *Mélanges en l'honneur de Dimitri Georges Lavroff, La Constitution et les valeurs,* Paris, Dalloz, 2005, p. 593-609.

[280] P. D. SY, « Présentation de la nouvelle Constitution », *Nouvelles Annales africaines*, n° 01, 2007, p. 279 et s. ; I. M. FALL, « Constitution de 1963 et Constitution de 2001 : continuité ou rupture ? », *Nouvelles Annales africaines*, n° 01, 2007, p. 311 et s. ; J-M. NZOUANKEU, *Constitution de la République du Sénégal. Texte consolidé, Nzouankeu Alternatives. L'encrier et le porte-plume,* Dakar, édition mai 2017.

[281] La Constitution n° 2001-03 du 22 janvier 2001 portant Constitution (JORS, numéro spécial n° 5963 du 22 janvier 2001, p. 27) a été modifiée par plusieurs lois constitutionnelles. Il s'agit notamment de la loi n° 2006-37 du 15 novembre 2006, modifiant l'article 33 de la Constitution (JORS n° spécial du 11 décembre 2006, p. 2003 ; de la loi n° 2003-15 du 19 juin 2003 portant révision et instituant le Conseil de la République et des Affaires économiques et sociales, la loi constitutionnelle n° 2006-37 du 15 novembre 2006 (JORS numéro spécial du 11 décembre 2006, p. 2003), la loi constitutionnelle n° 2007-06 du 12 février 2007 créant le Sénat (JORS du 10 mars 2007, p. 2387), la loi n° 2007-19 du 19 février 2007, modifiant l'article 34 de la Constitution (JORS du 19 février 2007, p. 2210), la loi constitutionnelle n° 2008-33 du 07 août 2008 (JORS du 08 août 2008, p. 754), la loi constitutionnelle n° 2008-34 du 07 août 2008 (JORS du 08 août 2008, p. 755), de la loi n° 2009-22 du 19 juin 2009 instituant un poste de Vice-Président de la République (JORS numéro spécial du 19 juin 2009, p. 651), de la loi n° 2012-16 du 28 septembre 2012 portant révision de la Constitution (JORS n° 6688 du 28 septembre 2012, p. 1187), de la loi n° 2016-10 du 05 avril 2016, modifiant la Constitution (JORS n° 6926 du jeudi 07 avril 2016, p. 505) et de la loi constitutionnelle n° 2018-14 du 11 mai 2018 portant révision de la Constitution (JORS n ° 7094 du 12 mai 2018, p. 551).

plusieurs instruments connexes et quelle que soit sa dénomination particulière ». Il y a, en effet, une pluralité de dénominations des traités. Ils peuvent être appelés « conventions », « protocoles », « accords » ou « pactes », etc.

Un traité suppose un concours de volontés entre des sujets du droit international (États ou organisations internationales) ayant pour objet de créer entre les parties des engagements juridiques ayant une force obligatoire ; le traité est soumis au droit international[282].

104. La classification des traités. Il y a plusieurs classifications des traités internationaux[283].

Du point de vue formel, et plus précisément d'après la procédure de conclusion des accords, on distingue les accords en forme solennelle et les accords en forme simplifiée[284].

Le traité en forme solennelle obéit à un formalisme impliquant la négociation, la signature et la ratification ; il est conclu selon la procédure dite longue.

Quant aux traités en forme simplifiée, ils ne sont pas soumis à la ratification ; ils entrent en vigueur dès leur signature[285]. La signature remplit ici une double fonction ; elle est à la fois un procédé d'authentification du texte et un mode par lequel l'État exprime son consentement ; on dit que le traité est conclu selon une procédure courte.

Toutefois, en dehors de la procédure de conclusion, il n'existe aucune différence de nature entre l'accord en forme simplifiée et l'accord en forme solennelle ; ils ont la même valeur obligatoire à l'égard des États parties[286].

A ses débuts, l'accord en forme simplifiée était limité à certaines questions militaires ou contenait des dispositions destinées à préciser les conditions d'application d'un traité antérieur. Mais son objet s'est progressivement étendu à des problèmes techniques et administratifs voire politiques.

---

[282] M. VIRALLY, « La notion d'accord », *Mélanges R. BINDSCHEDLER*, 1980, p. 159 et s. ; J. A. BARBERIS, « Le concept de traité international et ses limites », *AFDI*, 1984, p. 239-270 ; PH. GAUTHIER, *Essai sur la définition des traités entre Etats*, Bruxelles, Bruyant ; P. DAILLIER et A. PELLET, *Droit international public*, Paris, LGDJ, 7eme édition 2002, p. 117 et s.

[283] K. BARUNATILLEKE, « Essai d'une classification des accords conclus par les organisations internationales entre elles ou avec les États », *RGDIP*, 1971, p. 12-91.

[284] Sur cette distinction, V. la circulaire n° 057/PR/SGG du 12 août 1961 relative à la conclusion des traités et accords internationaux.

[285] C. CHAYET, « Les accords en forme simplifiée », *AFDI*, 1957, p. 1-13. ; P.F. SMETS, *La conclusion des accords en forme simplifiée : étude de droit international et de droit constitutionnel belge et comparé*, Bruxelles, Bruyant, 1969, p. 105-131.

[286] P. DAILLIER et A. PELLET, *op. cit.*, p. 145.

105. La procédure d'élaboration des traités. L'élaboration des traités passe par plusieurs étapes. La négociation est réalisée par les plénipotentiaires ou les personnes détentrices des pleins pouvoirs[287].

La circulaire n° 97 PR/SG/JUR 29 décembre 1969 relative à la procédure de préparation des négociations internationales a mis l'accent sur les différentes étapes de la procédure de négociation des traités internationaux en vue de garantir une meilleure coordination entre les ministères[288].

Le cadre de la négociation des accords internationaux est fixé notamment par la circulaire n°122 PR/SG/JUR du 11 novembre 1964 sur les rôles respectifs du Ministère des Affaires étrangères et des ministères techniques dans les négociations internationales, la circulaire n° 2200 du 16 mai 2003 relative à la négociation et à la signature des accords et conventions de toutes natures auxquels notre pays est partie et la circulaire n° 0001 PM/CAB/DIPL du 08 janvier 2004 relative à la négociation et à la conclusion d'accords internationaux engageant le Sénégal et aux relations avec les missions diplomatiques.

La circulaire n°122 PR/SG/JUR du 11 novembre 1964 précitée a posé le principe selon lequel « le Ministère des Affaires étrangères est exclusivement compétent pour traiter de l'aspect politique des problèmes ». Cette règle signifie qu'il a la direction exclusive des négociations purement politiques et qu'il doit être associé aux négociations susceptibles d'avoir un aspect politique, c'est-à-dire pratiquement à toutes les négociations.

A l'exception des conventions à caractère monétaire ou financier, pour lesquelles le Ministère chargé de l'Économie et des Finances est compétent, le Ministère chargé des Affaires étrangères « est responsable, en relation avec les autres départements de la coordination, de la négociation et de la signature des accords et conventions de toutes natures auxquels notre pays est partie »[289]. A cet effet, les grandes commissions mixtes constituent le cadre institutionnel d'élaboration, d'exécution et d'évaluation de la coopération politique, économique, sociale, culturelle et scientifique avec la plupart des partenaires bilatéraux.

---

287 G. GEAMANU, « Théorie et pratique des négociations en droit international », *RCADI*, 1980, I. V°, 166, p. 369 et s.

288 Selon la circulaire n° 97 PR/SG/JUR 29 décembre 1969 précitée, la préparation des négociations internationales, de quelque nature qu'elles soient, qu'il s'agisse de négociations de nature commerciale, culturelle, technique ou autres, devra comporter obligatoirement les trois phases. D'abord, le ministère chef de file procède à une étude définissant l'objet de la future négociation, rappelant l'historique des problèmes posés et exposant les options. Ensuite, le ministre chef de file crée un groupe de travail qui impliquera les divers ministères intéressés par la négociation envisagée. Enfin, à partir du rapport final du groupe de travail, le ministre chef de file rédige une communication qu'il expose en Conseil de Cabinet (Conseil des Ministres).

289 V. circulaire n° 0001 PM/CAB/DIPL du 08 janvier 2004 relative à la négociation et à la conclusion d'accords internationaux engageant le Sénégal et aux relations avec les missions diplomatiques.

S'agissant plus spécifiquement des accords ou conventions comportant des clauses à incidence fiscale ou douanière, la circulaire n° 00001/PM/SGG/SP du 07 janvier 2011 relative à la signature des accords ou conventions avec des clauses à incidence fiscale ou douanière a rappelé les règles relatives à leur élaboration et à leur signature[290].

D'après cette circulaire, le département ministériel compétent pour négocier et signer la convention transmet d'abord le projet de texte élaboré par ses services au Ministère chargé des Finances pour avis conforme. La lettre de transmission doit motiver le choix des exonérations à accorder à l'autre partie.

Le Ministère chargé des Finances répond dans un délai de quarante-cinq (45) jours à la requête présentée. Son avis lie le département ministériel s'il porte sur des aspects du projet de convention ayant une incidence directe ou indirecte sur les plans financier, fiscal ou douanier[291].

Toutefois, la circulaire n° 00001/PM/SGG/SP du 07 janvier 2011 n'a pas vocation à s'appliquer lorsque des avantages fiscaux et douaniers accordés procèdent de dispositions légales ou réglementaires spécifiques. Il en est ainsi des conventions minières, pour lesquelles les dispositions du Code miner s'appliquent.

L'adoption du traité suppose son authentification c'est-à-dire la procédure qui consiste à déclarer que le texte rédigé correspond à l'intention des négociateurs et qu'ils le tiennent pour définitif.

La signature par le représentant d'un État exprime le consentement de cet État à être lié par un traité. Mais elle confère, en principe, à l'État un statut provisoire au regard du traité ; bien qu'il ne soit pas lié par le traité, l'État signataire a, du fait de sa signature, certains droits et obligations. Il doit, à ce titre, s'abstenir d'actes qui priveraient le traité de son objet et de son but[292]. L'État signataire est même libre de ne pas mener jusqu'à son terme la procédure de conclusion, nonobstant la signature du texte[293].

Toutefois, dans le cadre de la procédure de conclusion des accords en forme simplifiée, la signature constitue, en elle-même, l'expression par l'État de son consentement à être lié par le traité.

La ratification, l'acceptation, l'approbation et l'adhésion s'entendent, selon le cas, de l'acte par lequel un État établit sur le plan international son consentement à être lié par un traité[294].

---

290 V. la circulaire n° 21 PM du 30 août 1993 rappelle le monopole du Ministère des Finances en ce qui concerne les accords ou conventions contenant des dispositions prévoyant l'octroi d'avantages fiscaux et douaniers et en particulier d'exonérations des droits et taxes.

291 V. également, art. 716 du Code général des Impôts.

292 V. art. 18 de la Convention de Vienne sur le droit des traités.

293 P. DAILLIER et A. PELLET, *Droit international public*, Paris, LGDJ, 7eme édition 2002, p. 137.

294 V. art. 2 de la Convention de Vienne sur le droit des traités.

La ratification est l'acte par lequel l'autorité étatique détenant la compétence constitutionnelle de conclure les traités consent à ce que le traité devienne définitif et obligatoire et s'engage solennellement au nom de l'État à l'exécuter[295].

L'acceptation et l'approbation du traité ont la même portée juridique que la ratification[296].

La circulaire présidentielle n° 0010 PR du 16 mars 1984 relative à la procédure de ratification des accords a décrit minutieusement la procédure de ratification des accords internationaux. D'après cette circulaire, la ratification des conventions passe les étapes suivantes : leur examen par l'Assemblée générale consultative de la Cour suprême, l'adoption de la loi autorisant la ratification par le Conseil des Ministres, l'autorisation parlementaire de ratification ou d'approbation donnée par l'Assemblée nationale, le dépôt ou l'échange des instruments de ratification et la publication de l'accord au Journal officiel.

Lorsque le Ministère des Affaires étrangères a participé aux négociations d'un accord, il veille à prendre les dispositions nécessaires en vue de l'introduction de l'accord dans le circuit de ratification. Pour certains accords à caractère technique (par exemple, un accord en matière d'adoption internationale), un autre ministère (Ministère de la Justice par exemple) peut être sollicité pour la rédaction de l'exposé des motifs de la loi autorisant la ratification.

Lorsque l'accord est négocié et signé par d'autres ministères, ceux-ci enverront cet instrument au Ministère des Affaires étrangères.

Dans tous les cas, le Ministère des Affaires étrangères, en liaison avec le Secrétariat général du Gouvernement, assure le suivi de la mise en œuvre de la procédure de ratification des accords.

En vertu de l'article 95 de la Constitution, le Président de la République négocie les engagements internationaux. Il les ratifie ou les approuve éventuellement sur autorisation de l'Assemblée nationale. Ainsi, la ratification ou l'approbation de certains traités est subordonnée à une autorisation législative. Aux termes de l'article 96 de la Constitution : « Les traités de paix, les traités de commerce, les traités ou accords relatifs à l'organisation internationale, ceux qui engagent les finances de l'État, ceux qui modifient les dispositions de nature législative, ceux qui sont relatifs à l'état des personnes,

---

295 P. DAILLIER et A. PELLET, *Droit international public*, Paris, LGDJ, 7eme édition 2002, p. 138 ; F. DEHOUSSE, « La ratification des traités », *S.* 1935, p. 222 ; Ch. ROUSSEAU, « La ratification des traités en France depuis 1946 », in *Évolution du droit public, Études en l'honneur d'Achille MESTRE*, Paris 1956, p. 473-493.

296 J. VIRET, « La pratique française relative à l'approbation des accords non soumis à ratification visés à l'article 53 de la Constitution », *Annales de la Faculté de Droit et de Sciences Politiques de l'Université de Clermont I*, 1976, p. 405-436.

ceux qui comportent cession, échange ou adjonction de territoire ne peuvent être ratifiés ou approuvés qu'en vertu d'une loi »[297].

Ces traités ne prennent effet qu'après avoir été ratifiés ou approuvés[298]. L'opération d'autorisation consiste à une permission accordée par le Parlement au Président de la République aux fins d'approuver ou de ratifier le traité.

L'acte du Parlement consiste, non pas à ratifier ni même à participer à la ratification de l'accord international, mais simplement à autoriser la ratification ou l'approbation[299].

D'ailleurs, l'Assemblée nationale ne peut qu'approuver ou désapprouver, dans son ensemble et sans y apporter d'amendement, le texte du traité dont on lui demande l'autorisation de ratification. En d'autres termes, il ne prend pas part à la confection de ce traité sur le plan international. Le refus d'autorisation peut simplement inciter le Gouvernement à le négocier à nouveau, pour revenir solliciter l'autorisation parlementaire en faveur d'un traité modifié de telle sorte qu'il recueille l'approbation parlementaire[300].

L'adhésion est un mécanisme souvent prévu dans les conventions ouvertes lorsque le traité est déjà entré en vigueur. Il s'agit de l'acte par lequel un État qui n'a pas signé le texte du traité, exprime son consentement définitif être lié[301] ; elle a la même portée juridique que la signature et la ratification.

Conformément à la circulaire n° 0027 PM du 12 avril 1977, les accords ou conventions paraphés ou signés par le Sénégal doivent être détenus par les services du Ministère chargé des Affaires étrangères et non par les ministères sectoriels. En effet, la garde et le suivi des engagements internationaux relèvent de la compétence exclusive du Ministère chargé des Affaires étrangères.

106. L'entrée en vigueur des traités. La circulaire n° 02791 PM/ JUR du 07 juin 1972 sur l'entrée en vigueur des traités et conventions internationales a reprécisé les termes de la circulaire n° 02297 du 16 mai 1972 relative à l'entrée en vigueur des traités et conventions internationales. D'après, la circulaire n° 02791 PM/ JUR du 07 juin 1972, seuls sont concernés par la règle de l'entrée en vigueur après la ratification, les traités et accords

---

297 F. SUDRE, « La notion de traité international engageant les finances de l'Etat dans la Constitution de la V eme République », *RGDIP*, 1976, p. 163-193.

298 Ch. ROUSSEAU, « La ratification des traités en France depuis 1946 », in *Évolution du droit public, Études offertes à Achille Mestre*, Paris, Sirey, 1956, p. 473-493; P FREYMOND, *La ratification des traités et le problème des rapports entre le droit international et le droit interne*, Paris-Lausanne 1947.

299 D. MAUS, « L'Assemblée nationale et les lois autorisant la ratification des traités », *RDP*, 1978, p. 1075-1088.

300 J. DEHAUSSY, « Sources du droit international-Les traités (Conclusion et conditions de validité formelle) », *Jurisclass. dr. intern.*, 1993, fasc. 11, n° 33.

301 P. DAILLIER et A. PELLET, *op. cit.*, p. 177.

internationaux dont la ratification et l'approbation nécessitent l'intervention d'une autorisation législative (accords en forme solennelle). Il s'agit des catégories de traités énumérées à l'article 95 de la Constitution de 2001 (ancien 77 de la Constitution du 07 mars 1963) ; c'est-à-dire les traités de paix, les traités de commerce, les traités ou accords relatifs à l'organisation internationale, les traités ou accords qui engagent les finances de l'État, les traités ou accords qui modifient des dispositions de nature législative, les traités ou accords qui sont relatifs à l'état des personnes et les traités ou accords qui comportent cession, échange ou adjonction de territoire.

Par contre, les traités ou accords internationaux, qui ne relèvent pas des catégories précitées et ne nécessitent pas l'intervention d'une loi pour être ratifiés ou autorisés (accords en forme simplifiée), pourront stipuler qu'ils entrent en vigueur provisoirement dès leur signature.

L'entrée en vigueur internationale des traités est généralement subordonnée au dépôt des instruments de ratification ou d'adhésion auprès de son dépositaire (Etat, organisme international) et des conditions supplémentaires exigées par le traité (minimum de ratification, etc.).

L'opposabilité des traités aux particuliers suppose l'accomplissement d'une formalité supplémentaire. L'article 4, alinéa 2 de la loi n°70-14 du 06 février 1970 fixant les règles d'applicabilité des lois, des actes administratifs à caractère réglementaire et des actes administratifs à caractère individuel énonce que les dispositions des conventions internationales ne sont opposables aux particuliers que le lendemain du dépôt au Secrétariat général du Journal officiel où elles ont été publiées.

Mais, dans l'hypothèse où leur publication au Journal officiel est intervenue avant leur entrée en vigueur internationale, elles ne seront opposables aux particuliers qu'à compter de la date de cette dernière.

✓ Les actes communautaires

107. La nomenclature des actes communautaires. Le développement des organisations d'intégration est un phénomène majeur des systèmes juridiques contemporains[302]. Ces espaces d'intégration (Communauté économique des États d'Afrique de l'ouest, Union économique et monétaire ouest africaine, Organisation africaine de la propriété intellectuelle, Conférence interafricaine de la prévoyance sociale, etc.) produisent bien souvent des normes qui constituent le « droit communautaire » ou « droit de l'intégration ».

Les normes communautaires comprennent les normes du droit primaire ou originaire constituées pour l'essentiel des traités constitutifs des organisations

[302] T. ZOGBELEMOU, *Droit des organisations d'intégration économique en Afrique (CEDEAO-CEMAC-UEMOA-ZMAO)*, Paris, l'Harmattan, 2014, p. 14 et s.

d'intégration (traité de l'UEMOA, traité de la CEDEAO, traité de la CIPRES, etc.), des traités modificatifs et des protocoles annexés aux traités.

Il y a également les normes du droit dérivé qui sont issues des règles du droit primaire ; il en est ainsi des règlements, des directives, des avis, des actes additionnels, etc.[303].

Depuis l'adoption du protocole A SP/06/06 du 14 juin 2006 portant amendement du traité révisé de la Communauté économique des Etats de l'Afrique de l'ouest (CEDEAO), la nomenclature des actes de la CEDEAO et celle de l'UEMOA sont devenues identiques[304].

Dans la typologie des normes du droit communautaire, on retrouve des actes non obligatoires. Il s'agit des avis, des recommandations, des déclarations et des lois types (lois-modèle) qui n'ont pas de force contraignante[305].

L'accent sera mis sur les actes les plus courants, à savoir les règlements, les directives, les actes additionnels, les décisions, les actes uniformes, les projets de loi uniforme et les lois type.

- **Les règlements**

108. Les caractères du règlement. Le règlement est la principale source du droit dérivé. C'est à travers lui que s'exprime le pouvoir normatif des organisations communautaires. D'après les textes fondateurs de l'UEMOA, de la CEDEAO et de la CIPRES, les règlements sont des actes de portée générale obligatoires en toutes leurs dispositions et qui sont directement applicables dans les États membres[306].

En premier lieu, la portée générale des règlements signifie qu'elles contiennent des prescriptions générales et impersonnelles[307] ; il s'agit de la principale condition de la fonction normative. La Cour de Justice des communautés européennes évoque « la fonction législative du règlement »[308].

A cet égard, le règlement s'oppose à la décision qui est un acte à caractère particulier ; il est « de caractère essentiellement normatif et est applicable non

---

303 A. SALL, « Les systèmes normatifs de la CEDEAO et de l'UEMOA : considérations historiques et critiques », *Nouvelles Annales africaines*, n° 01, 2007, p. 117 et s.

304 En ce sens, M. DIAKHATE, *Rédaction administrative au Sénégal*, Dakar, CREDILA, 2016, p. 173.

305 A. Y. SARR, *L'intégration juridique dans l'Union économique et monétaire ouest africaine et dans l'Organisation pour l'Harmonisation en Afrique du Droit des Affaires*, PUAM, 2008, n° 68.

306 V. art. 43 du Traité de l'UEMOA et art. 9 du Traité de la CEDEAO issu de l'Acte additionnel A.SA.3/01/10 du 16 février 2010 ; art. 32 du Traité de la CIPRES du 21 septembre 1993.

307 J-C. MASCLET, « Règlement », *Rép.dr.eur.*, juin 2011, n° 1 ; G. ISAAC, *Droit communautaire général,* 5eme éd., 1996, p. 172 ; T. ZOGBELEMOU, Droit des *organisations d'intégration économique en Afrique (CEDEAO-CEMAC-UEMOA-ZMAO),* Paris, l'Harmattan, 2014, p. 193.

308 CJCE 21 janvier 1999, France c/ Comafrica, aff. C-73/97, *Rec.*, I-185.

à des destinataires limités, désignés et identifiables, mais à des catégories envisagées abstraitement et dans leur ensemble »[309].

En deuxième lieu, alors que la directive ne lie les États que quant au résultat à atteindre, le règlement est « obligatoire en tous ses éléments »[310]. A travers cette norme de droit dérivé, le législateur communautaire dispose d'un pouvoir normatif complet puisqu'il peut non seulement prescrire un résultat mais aussi imposer toutes les modalités d'application et d'exécution du texte communautaire. Le règlement se suffit à lui-même[311].

En troisième lieu, il est directement applicable dans tout Etat membre. L'applicabilité directe s'oppose à toute formalité nationale d'insertion ou de transposition dans l'ordre interne[312]. Il n'est donc nul besoin d'un acte national qui aurait pour objet d'introduire dans l'ordre interne le règlement en cause et qui conditionnerait son entrée en vigueur[313] ; un tel acte serait superfétatoire et inopportun[314].

- **Les directives**

109. La notion. La directive est une norme qui lie tout État membre destinataire quant au résultat à atteindre tout en laissant aux instances nationales la compétence quant à la forme et aux moyens[315]. Elle n'a pas en principe de portée générale ; elle ne lie que ses destinataires, c'est-à-dire les États.

La directive impose une obligation de résultat aux États membres ; bien souvent une échéance est fixée aux membres pour atteindre le résultat visé.

---

309 CJCE 14 décembre 1962, Fédération nationale de la boucherie, aff.Jtes 19-22/62, *Rec.*, 043

310 M. BLANQUET, « Effet direct du droit communautaire », *Rép. comm,* Dalloz, août 2008, n° 1 ; R. MEHDI, « Ordre juridique communautaire. Effet direct », *J.-class.eur.*, fasc. 195, 2008 ; R. KOVAR, « L'intégrité de l'effet direct du droit communautaire selon la jurisprudence de la Cour de justice de la Communauté », in Der Europa des zweiten Generation, *Mélanges Sasse*, Baden-Baden, Nomos, 1981, p. 151 s. ; R. KOVAR, « L'applicabilité directe du droit communautaire », *JDI* 1973, p. 279.

311 T. ZOGBELEMOU, *Droit des organisations d'intégration économique en Afrique (CEDEAO-CEMAC-UEMOA-ZMAO),* Paris, l'Harmattan, 2014, p. 14 et s.

312 CJCE, 10 octobre 1973, Variola c/Administration des finances italienne, affaire 34/73, *Rec.*, 981 ; V. CJCE, 02 février 1977, Amsterdam Bulb c/Produktschapvoor Siergewassen, aff. 50/76, *Rec.*, 137.

313 S. N. TALL, *Droit des organisations internationales africaines. Théorie générale. Droit communautaire comparé. Droit de l'homme, paix et sécurité,* Paris, l'Harmattan, 2015, p. 250-251.

314 Y. GALMOT, « Directives et règlements en droit communautaire », *CJEG* 1990, p. 73.

315 V. art. 43 du Traité de l'UEMOA et art. 9 du Traité de la CEDEAO issu de l'Acte additionnel A.SA.3/01/10 du 16 février 2010.

Contrairement à d'autres normes de droit dérivé (Acte uniforme, Acte additionnel, Règlement, etc.), la directive ne constitue pas une norme directement applicable ; elle n'est pas d'application immédiate[316].

L'introduction de cette norme dans l'ordre normatif national suppose sa transposition. Il s'agit de l'opération par laquelle un État membre destinataire de la directive procède à l'adoption de toutes les mesures nécessaires à son incorporation effective dans l'ordre juridique national par les véhicules normatifs appropriés[317].

La directive offre une liberté aux États membres quant à la forme et aux moyens, notamment quant au choix de l'acte juridique de transposition (loi, décret, arrêté, etc.) et quant à la désignation des services chargés de son application. La directive contient une obligation de résultat et non une obligation de moyens[318].

- **Les actes additionnels**

110. L'objet. Les actes additionnels sont des actes adoptés par la Conférence des Chefs d'État et de Gouvernement qui ont pour objet de compléter le traité et y sont annexés[319]. Le respect des actes additionnels s'impose aux États membres et aux institutions des organisations communautaires[320]. Ils sont souvent publiés au Bulletin officiel de l'Union. Ils entrent en vigueur après leur publication à la date qu'ils fixent[321].

- **Les décisions**

111. Les caractères. Les décisions sont des actes de portée individuelle en faveur des destinataires qu'elles désignent[322]. Elles peuvent également être prises dans le cadre du contrôle du fonctionnement des institutions de la communauté ou de la réalisation des objectifs de l'organisation communautaire. Elles ne sont obligatoires que pour leurs destinataires. Les

---

316 T. ZOGBELEMOU, *Droit des organisations d'intégration économique en Afrique (CEDEAO-CEMAC-UEMOA-ZMAO)*, Paris, l'Harmattan, 2014, p. 193.

317 Sur la technique de la transposition, V. *infra*, n° 390 et s.

318 G. ISAAC et M. BLANQUET, *Droit général de l'Union européenne*, Paris, Sirey, 10ème édition, 2012, p 310.

319 V. art. 19 du Traité de l'UEMOA ; art. 9 du Traité de la CEDEAO issu de l'Acte additionnel A.SA.3/01/10 du 16 février 2010.

320 R. YOUGBARE, « La nature juridique de l'Acte additionnel dans le système juridique de l'UEMOA à la lumière de l'affaire YAI », *Penant*, n° 864, juillet - septembre 2008, p. 340 et s. ; R. YOUGBARE et Y. BATCHASSI, « Les Actes additionnels de l'UEMOA : analyse juridique », in *les cahiers du CEEI*, 1999, n° 01.

321 V. art. 45 du Traité de l'UEMOA ; A. Y. SARR, *L'intégration juridique dans l'Union économique et monétaire ouest africaine et dans l'Organisation pour l'Harmonisation en Afrique du Droit des Affaires*, PUAM, 2008, n° 24.

322 V. art. 43 du Traité de l'UEMOA ; art. 9 du Traité de la CEDEAO issu de l'Acte additionnel A.SA.3/01/10 du 16 février 2010.

décisions du droit communautaire sont assimilables aux actes administratifs à caractère individuel du droit administratif interne[323].

Contrairement à la directive qui n'est obligatoire que quant au résultat à atteindre, la décision est obligatoire dans tous ses éléments ; elle peut même prescrire les moyens d'atteindre le résultat escompté. Les États ne conservent que le choix des formes juridiques de sa mise en œuvre dans l'ordre juridique national.

La décision a un effet direct si son destinataire est un particulier ou une entreprise, lorsqu'elle modifie sa situation juridique. Il n'en est pas de même en principe lorsque le destinataire est un État[324].

- **Les Actes uniformes**

112. La nature normative. Les Actes uniformes constituent une particularité du paysage normatif de l'Organisation pour l'Harmonisation en Afrique du Droit des Affaires (OHADA). La nature juridique des Actes uniformes est assez discutée[325] ; mais, il ne fait pas l'ombre d'un doute qu'il s'agit d'actes pris pour l'adoption des règles communes ayant pour objet l'harmonisation du droit des affaires dans les États-Parties[326].

Les Actes uniformes peuvent intervenir dans le domaine du droit des affaires ; c'est-à-dire l'ensemble des règles relatives au droit des sociétés et au statut juridique des commerçants, au recouvrement des créances, aux sûretés et aux voies d'exécution, au régime du redressement des entreprises et de la liquidation judiciaire, au droit de l'arbitrage, au droit du travail, au droit comptable, au droit de la vente et des transports, et toute autre matière que le Conseil des Ministres déciderait, à l'unanimité, d'inclure dans le champ du droit des affaires[327].

Les Actes uniformes ont instauré un système de répression assez spécifique, postulant un éclatement de l'élément infractionnel, par un doublement des sources du droit pénal uniforme de l'OHADA[328]. En effet,

---

323 A. Y. SARR, *op. cit.*, n° 61.

324 G. ISAAC et M. BLANQUET, *Droit général de l'Union européenne*, Paris, Sirey, 10ème édition, 2012, p. 312.

325 Sur cette question, A. OUATTARA, « De la nature juridique des Actes uniformes de l'OHADA », ohadata D-02-08.

326 J. I. SAYEGH, « Quelques aspects techniques de l'intégration juridique : l'exemple des Actes uniformes de l'OHADA », *Revue de droit uniforme*, 1999, p. 6 ; R. MASAMBA, « Avantages comparatifs des Actes uniformes de l'OHADA », *Penant*, 2010, n° 869, p. 489 ; F. M. SAWADOGO, « Les Actes uniformes : aspects techniques généraux », ohadata D 05-40.

327 V. art. 2 du Traité du 17 octobre 1993 relatif à l'OHADA, révisé au Québec le 17 octobre 2008.

328 S. YAWAGA, « Politique criminelle de l'OHADA », in P-G. POUGOUE, *Encyclopédie du droit OHADA*, Paris, Lamy, 2011, p. 1389 ; également, J. A. NDIAYE, « L'OHADA et la problématique de l'harmonisation du droit pénal des affaires : bilan et perspectives d'un modèle de politique criminelle communautaire », in *Bulletin d'information (Cour suprême)*, n° 03, décembre 2011, p. 82.

elles peuvent inclure des dispositions d'incrimination pénale. Les États Parties s'engagent à déterminer les sanctions pénales encourues[329].

113. La procédure d'adoption. En vertu de l'article 6 du Traité de l'OHADA, les Actes uniformes sont préparés par le Secrétariat permanent de l'OHADA en concertation avec les Gouvernements des États Parties. Ils sont délibérés et adoptés par le Conseil des Ministres après avis de la Cour Commune de Justice et d'Arbitrage[330].

L'adoption des Actes uniformes par le Conseil des Ministres requiert l'unanimité des représentants des États Parties présents et votants et n'est valable que si les deux tiers (2/3) au moins des États Parties sont représentés. L'abstention ne fait pas obstacle à leur adoption.

Ainsi, le processus d'adoption des Actes uniformes ne fait pas intervenir les parlements des États Parties ; ce qui traduit une véritable limitation de souveraineté[331].

Mais du point de vue de la technique législative, les critiques dirigées contre l'OHADA ne sont pas toujours justifiées. En effet, les États, en ratifiant le traité de l'OHADA n'ont-ils pas approuvé le mode d'adoption des Actes uniformes « court-circuitant » les législateurs nationaux ? Il est légitime de le penser[332].

Le Conseil constitutionnel sénégalais a eu l'occasion d'apprécier la conformité du traité de Port-Louis relatif à l'OHADA aux dispositions de la Constitution. Dans une décision rendue le 16 décembre 1993, la haute juridiction constitutionnelle a jugé que le transfert de compétence, préconisé par l'article 14 du Traité de l'OHADA, n'emporte pas changement de statut international du Sénégal en tant qu'État souverain et indépendant. Il s'agit en l'espèce, « non d'un abandon de souveraineté, mais d'une limitation de compétence qu'implique tout engagement international »[333].

---

329 V. art. 5 du Traité du 17 octobre 1993 relatif à l'OHADA, révisé au Québec le 17 octobre 2008.

330 I. K. DIALLO, « Les mécanismes d'élaboration des normes de droit communautaire : l'équation de la méthode », *Nouvelles Annales africaines*, n° 01, 2007, p. 87 et s.

331 Sur cette question, D. NDOYE, « Le traité de l'OHADA, la Constitution sénégalaise et les principes de droit processuel », *Revue EDJA*, n° 22, juillet-septembre 1994, p. 15 ; P. BOUREL, « A propos de l'OHADA : libre propos sur l'harmonisation du droit des affaires en Afrique », *D.* 2007, n° 14, p. 969 et s. ; U. BABONGENO, « De la contrariété entre les Actes uniformes et les Constitutions des Etats membres de l'OHADA », ohadata D-09-44.

332 En ce sens, « Actes uniformes », in P. G. POUGOUE (dir), *Encyclopédie du droit OHADA*, Paris, Lamy 2011, n° 32.

333 Cons. const. n° 03/C/93 du 16 décembre 1993, in I. M. FALL (dir.), *Les décisions et avis du Conseil constitutionnel du Sénégal*, Dakar, CREDILA, 2008, p. 97 et s., obs. A. SALL; pour un commentaire de cette décision, A. SALL, « Observations sous Conseil constitutionnel 16 décembre 1993, traité portant harmonisation en Afrique du Droit des Affaires », *Penant*, n° 837, 1998, p. 223 ; D. NDOYE, «Le traité relatif à l'harmonisation du droit des affaires, la Constitution sénégalaise et les principes du droit processuel », *EDJA*, n°22, juillet-août-

Par contre, la Cour suprême du Congo, dans son avis n°37/CS/98 du 1er octobre 1998[334], a déclaré que les dispositions des articles 14, alinéas 3, 4 et 5, 15, 16, 18, 20, 25, alinéa 2 du Traité OHADA ne sont pas conformes à la Constitution congolaise du 24 octobre 1997, en ce qu'elles portent atteinte à la souveraineté et à l'indépendance nationale du Congo[335].

Les Actes uniformes sont publiés au Journal officiel de l'OHADA par le Secrétariat permanent dans les soixante (60) jours suivant leur adoption. Ils sont applicables quatre-vingt-dix (90) jours après cette publication, sauf modalités particulières d'entrée en vigueur prévues par ces Actes uniformes. Ils sont également publiés dans les Etats parties, au Journal officiel ou par tout autre moyen approprié ; mais cette formalité n'a aucune incidence sur leur entrée en vigueur.

- **Les projets de loi uniforme**

114. Une catégorie innomée ? Les projets de loi uniforme constituent une spécificité de l'espace communautaire de l'Union Monétaire Ouest Africaine (UMOA). La notion de « loi uniforme » n'est répertoriée, ni dans la nomenclature des actes communautaires (Directive, règlement, recommandation, avis, etc.), ni dans celle des normes du droit national (loi constitutionnelle, loi organique, loi référendaire, loi ordinaire, etc.).

On peut citer par exemple, le projet de loi uniforme relatif à la définition de l'usure.

115. La politique d'uniformisation normative. Les projets de loi uniforme s'inscrivent dans le cadre de la politique d'uniformisation élaborée par l'UMOA[336]. Il résulte des articles 17 et 34 du Traité de l'Union Monétaire Ouest Africaine du 20 janvier 2007 que les Gouvernements des États membres de l'UMOA conviennent d'adopter une réglementation uniforme dont les dispositions sont préparées à son initiative ou à celle de la Banque centrale et arrêtées par le Conseil des Ministres, en vue de permettre la pleine application des principes d'union monétaire.

Cette réglementation uniforme concerne l'exécution et le contrôle des relations financières entre les États membres et ceux n'appartenant pas à l'UMOA, les règles générales d'exercice de la profession bancaire et

---

septembre 1994, p. 15 ; G. KENFACK DOUAJNI, « L'abandon de souveraineté dans le traité OHADA », *Penant*, 1999, n° 830, p. 125 et s.

334 CS Congo, avis n° 37/CS/98 du 1er octobre 1998, note de J.M. MASSAMBA, *Penant* n°838 janv. mars 2002, p.116 ; note de P. MOUDOUDOU, *Penant* n° 838, janv.-mars 2002, p.116 ; ohadata J-02-29.

335 V. B. BOUMAKANI, « La Constitution congolaise et le Traité relatif à l'harmonisation du droit des affaires en Afrique, A propos de l'avis de la Cour suprême du 1er octobre 1998 », *Penant* n°836, 2001, p. 202 et s. ; P. MOUDOUDOU, *op.cit.*, p.9-10 ; J.-P. RAYNAL, «Intégration et souveraineté : le problème de la constitutionnalité du Traité OHADA », *op.cit.*, p.5-22.

336 M. DIAKHATE, *Rédaction administrative au Sénégal*, Dakar, CREDILA, 2016, p. 174.

financière et les activités s'y rattachant, les systèmes de paiement, la répression de la falsification des signes monétaires et de l'usage des signes falsifiés ainsi que la répression du blanchiment de capitaux.

- **Les lois type**

116. La notion de loi type. Une loi type, encore appelé « loi-modèle » s'entend d'un ensemble de dispositions incorporant les normes internationales, régionales ou sous régionales sur un sujet, qui vise à favoriser l'adoption de lois nationales en la matière. Comme son nom l'indique, une « loi type » n'a pas vocation à être adoptée telle quelle dans les droits internes des États, ceux-ci pouvant, au contraire, en adapter le contenu en fonction du contexte qui leur est propre. En conséquence, une loi type n'a pas de force obligatoire, son objet étant de guider les législateurs qui cherchent à transposer dans la législation nationale les obligations découlant de traités internationaux.

117. L'expérimentation de la loi type. L'adoption par l'Union africaine de lois type portant sur des sujets d'intérêt commun pour le continent n'est pas un phénomène récent. On peut citer la loi type de l'Union africaine sur la biosécurité en Afrique et la loi type pour l'Afrique sur l'accès à l'information.

La technique souple de la loi modèle est également présente dans l'espace communautaire de l'OHADA. Après que l'uniformisation ait servi de technique d'intégration juridique, la Conférence des Chefs d'États et de Gouvernement, lors de sa réunion du 17 octobre 2013, a opté pour un mécanisme complémentaire : le « cadre de référence », autrement dit la loi-modèle («Acte harmonisé »)[337]. Cette deuxième approche revêt un intérêt particulier pour les matières difficiles à unifier, comme le droit des obligations ou le droit pénal[338].

Le recours à ce mode plus flexible d'adoption des textes est recommandé toutes les fois que l'application d'un Acte uniforme exige l'édiction de mesures nationales ou pour prévenir les risques de disparité entre les États membres. On peut citer la loi-modèle sur les sanctions pénales élaborée par le Secrétariat permanent et envoyée aux États membres.

S'inspirant de cette loi-modèle, le Sénégal a récemment adopté la loi n° 2018-13 du 27 avril 2018 relative à la répression des infractions prévues par les Actes uniformes adoptés en application du Traité relatif à l'Harmonisation du Droit des Affaires en Afrique. Ce texte abroge et remplace la loi n° 98-22

---

337 Secrétariat Permanent, Note explicative des points inscrits à l'ordre du jour de la XXXIVeme réunion du Conseil des Ministres de l'OHADA (12 septembre 2013, p. 5). Le Secrétariat permanant préconise de « recourir, à côté de la technique de l'Acte uniforme utilisée jusqu'ici, à d'autres modes d'harmonisation plus souples (lois modèles, lois types, etc.) »; également, V. Rapport général de la deuxième réunion des Forces vives de l'OHADA, Cotonou 17 et 18 octobre 2012, p. 6.

338 R. MASAMBA, « Le cadre normatif de l'OHADA à la croisée des chemins », in, *L'OHADA : Un passé, un présent et un avenir*, Colloque, CNB, Lyon 24-25 avril 2014.

du 26 mars 1998 portant sur les sanctions pénales applicables aux infractions contenues dans l'Acte uniforme relatif au droit des sociétés commerciales et du groupement d'intérêt économique.

✓ Les actes législatifs

118. Les catégories législatives. L'acte législatif renvoie à la loi. Au sens formel, la loi est l'acte juridique édicté par l'organe disposant du pouvoir législatif et promulgué par le Chef de l'État. Sous réserve des possibilités de consultation du peuple (référendum), le Parlement (l'Assemblée nationale au Sénégal) vote la loi en respectant une procédure fixée par la Constitution et par le règlement intérieur de l'Assemblée nationale[339].

Suivant les diverses fonctions assignées à la loi, il existe plusieurs catégories de lois qui s'offrent au rédacteur[340].

• La loi constitutionnelle

119. La notion. Malgré sa suprématie, la Constitution n'est pas une norme immuable ; elle peut faire l'objet de modifications ou de compléments en vue de prendre en compte le contexte politique et social. La loi constitutionnelle a pour objet d'apporter des modifications à une Constitution en vigueur selon les règles posées par celle-ci.

La terminologie est souvent fluctuante. Dans la pratique normative, les lois constitutionnelles constituent les manifestations du pouvoir constituant dérivé qui est en aval de la Constitution ; c'est-à-dire qu'elles ont pour objet d'adapter le texte constitutionnel aux besoins exprimés par le régime[341].

Toutefois, l'expression « loi constitutionnelle » peut désigner également la Constitution elle-même[342] ; d'ailleurs, dans l'histoire constitutionnelle du Sénégal, le terme « loi constitutionnelle » a été utilisée pour désigner le texte qui a été conçu et présenté comme étant une nouvelle Constitution ; ce fut le cas de la loi constitutionnelle n° 60-295 du 29 août 1960 et de la loi constitutionnelle n° 63-22 du 07 mars 1963.

120. Les modifications constitutionnelles. La Constitution du 22 janvier 2001 a fait l'objet de plusieurs modifications introduites par des lois

---

339 J-E. GICQUEL, « Loi », *Jurisclass. adm.*, juin 2013, fasc. 30, n° 02.

340 Sur les catégories de lois, V. STILLMUNKES, « Classification des actes ayant force de loi en droit public français », *RDP*, 1964, p. 261.

341 I. M. FALL, *Evolution constitutionnelle du Sénégal de la veille de l'indépendance aux élections de 2007*, Dakar, CREDILA- CREPOS, 2007, p. 10.

342 En ce sens, M. DIAKHATE, *La rédaction administrative au Sénégal*, 2eme édition, Dakar, CREDILA, p. 169.

constitutionnelles. Un auteur a même pu parler, à propos du Sénégal, de continuité politique et d' « instabilité constitutionnelle »[343].

Prenant en compte la maturité institutionnelle et le renforcement du système démocratique du Sénégal, la réforme introduite par la loi constitutionnelle n° 2016-10 du 05 avril 2016 portant révision de la Constitution[344] a introduit des innovations majeures dans l'architecture institutionnelle du Sénégal. Ces innovations s'articulent notamment autour de l'élargissement des compétences du Conseil constitutionnel pour donner des avis et connaître des exceptions d'inconstitutionnalité soulevées devant la cour d'appel, du renforcement des droits de l'opposition et de son chef ainsi que de la constitutionnalisation des principes de la décentralisation et de la déconcentration[345].

La dernière modification de la Constitution a été introduite par la loi constitutionnelle n° 2018-14 du 11 mai 2018 portant révision de la Constitution[346]. Ce texte, qui a abrogé et remplacé les articles 29, 30 et 33 de la Constitution, a eu pour objet essentiel d'instaurer le système du parrainage intégral dans l'architecture constitutionnelle sénégalaise.

- **La loi organique**

121. La notion. La loi organique n'est pas définie par la Constitution. Elle a pour objet de fixer les modalités d'organisation et de fonctionnement des pouvoirs publics[347]. Les lois qualifiées « lois organiques » sont des lois auxquelles renvoient certains articles de la Constitution[348] et qui en complètent ou en précisent le contenu. Elles allègent le texte constitutionnel de lourdeurs malvenues[349].

Les lois organiques fixent notamment les modalités de remplacement d'un député qui démissionne de son parti en cours de législature, le mode de désignation des membres du Conseil économique social et environnemental,

---

343 B. KANTE, « Le Sénégal ; un exemple de de continuité et d'instabilité constitutionnelle », *Revue juridique politique et économique du Maroc*, septembre 2010, p. 309 ; I. M. FALL, *Les révisions constitutionnelles au Sénégal*, Dakar, CREDILA-CREPOS, 2007, p. 09.

344 JORS n° 6926 du jeudi 07 avril 2016, p. 505.

345 Sur cette réforme, V. I. M. FALL, *La réforme constitutionnelle du 20 mars 2016 au Sénégal. La révision consolidante record*, Dakar, l'Harmattan, 2017.

346 JORS n° 7094 du 12 mai 2018, p. 551.

347 M. VERPEAUX, « Brèves considérations sur l'actualité renouvelée des lois organiques », *AJDA* 2009, p. 1980; H. AMIEL, « Les lois organiques », *RDP*, 1984, p. 409; P. CAMBY, « la loi organique dans la Constitution de 1958 », *RDP*, 1989, p. 1401 ; « Quarante ans de lois organiques », *RDP*, 1998, p. 1686 ; J.-C. CAR, *Les lois organiques de l'article 46 de la Constitution du 04 octobre 1958*, Paris, Economica, PUAM, 1999 ; I. M. FALL, « La loi organique dans les ordonnancements juridiques des Etats d'Afrique francophone. Reflexion sur une norme particulière », *RBSJA*, n° 32, 2014, p. 188.

348 V. art. 32, 35, 54, 60, 60-1, 64, 67, 68, 70, 87, 89, 91, 93 et 100 de la Constitution du 22 janvier 2001.

349 Ch. SIRAT, « La loi organique et la Constitution de 1958 », *D.* 1960, chron. 153.

les modalités d'organisation et de fonctionnement de cette institution ainsi que les conditions à remplir pour pouvoir être nommé membre du Conseil constitutionnel. Elles déterminent aussi la compétence, l'organisation et le fonctionnement du Conseil supérieur de la Magistrature (CSM), le statut des magistrats et l'organisation et la procédure suivie devant de la Haute Cour de Justice.

122. Le régime constitutionnel. Les lois organiques ont un régime constitutionnel assez particulier.

En premier lieu, elles sont votées et modifiées selon une procédure particulière. En effet, ces lois sont votées et modifiées à la majorité absolue des membres composant l'Assemblée nationale[350] ; c'est-à-dire au moins par la moitié des membres de l'Assemblée nationale plus une voix[351].

En deuxième lieu, les lois organiques sont soumises au principe du contrôle obligatoire de constitutionnalité[352].

La Constitution du 22 janvier 2001 n'avait pas prévu un contrôle obligatoire de constitutionnalité des lois organiques. L'article 78 de ladite Constitution était sans équivoque. Aux termes de ce texte : « Les lois organiques sont votées et modifiées à la majorité absolue des membres composant l'Assemblée nationale. Les articles 65 et 77 ne sont pas applicables aux lois organiques ».

Le constituant de 2001 avait, semble-t-il, délibérément choisi de ne pas soumettre les lois organiques au contrôle obligatoire du Conseil constitutionnel[353].

La réforme introduite par la loi constitutionnelle n° 2016-10 du 05 avril 2016 portant révision de la Constitution[354] a procédé à la réintroduction du principe du contrôle obligatoire des lois organiques, par leur soumission au Conseil constitutionnel pour contrôle de constitutionnalité avant leur promulgation[355]. L'article 78, alinéa 2 de la Constitution modifiée énonce que les lois organiques « ne peuvent être promulguées si le Conseil constitutionnel

---

350 V. art. 78, alinéa 1er de la Constitution, modifiée.

351 V. en ce sens, la circulaire n° 78 du 27 septembre 1960 relative aux incidences de l'entrée en vigueur de la Constitution sur les conditions d'exercice du pouvoir législatif, du pouvoir réglementaire et du pouvoir de prendre des décisions individuelles.

352 V. art. 78, alinéa 2 de la Constitution, modifiée.

353 En ce sens, EL. H. O. DIOP, *La justice constitutionnelle au Sénégal. Essai sur l'évolution, les enjeux et les réformes d'un contre-pouvoir juridictionnel, Dakar, CREDILA-OVIPA, 2013,* p. 174 ; I. M. FALL, *Les décisions et avis du Conseil constitutionnel du Sénégal*, Dakar, CREDILA, 2008, p. 56 et 74.

354 JORS n° 6926 du jeudi 07 avril 2016, p. 505.

355 I. M. FALL, « La réforme constitutionnelle de mars 2016 : un hommage à l'œuvre du professeur Kanté » », in A. SALL et I. M. FALL (dir.), *Actualités du droit public et de la science politique en Afrique, Mélanges en l'honneur de Babacar KANTE*, Dakar, l'Harmattan, 2017, p. 154.

saisi par le Président de la République, ne les a déclarées conformes à la Constitution ».

Le règlement de chaque Assemblée détermine notamment les pouvoirs des parlementaires, la composition, le régime disciplinaire de ses membres, les règles de fonctionnement du bureau ainsi que les prérogatives du Président. De façon générale, il fixe toutes les règles ayant pour objet le fonctionnement de l'Assemblée dans le cadre de ses compétences constitutionnelles[356].

La réforme constitutionnelle de 2016 a supprimé le principe du contrôle obligatoire de constitutionnalité du règlement intérieur de l'Assemblée. Le dernier alinéa de l'article 62 de la Constitution, qui prévoyait ce type de contrôle obligatoire, a été supprimé par loi constitutionnelle n° 2016-10 du 05 avril 2016 portant révision de la Constitution. D'ailleurs, l'article 1er de la loi organique n° 2016-23 du 14 juillet 2016 relative au Conseil constitutionnel[357] n'a pas repris le chef de compétence du Conseil constitutionnel lié au contrôle de la constitutionnalité des règlements intérieurs des Assemblées.

Cette solution législative est justifiée par le fait que la loi constitutionnelle du 05 avril 2016 a mis un terme au débat sur la nature juridique du règlement intérieur de l'Assemblée nationale. Le nouvel article 62 de la Constitution énonce clairement que le règlement intérieur est institué par une loi organique. Un auteur a parlé de « l'attribution de la qualité de loi organique au règlement intérieur de l'Assemblée nationale »[358]. Dès lors, il est soumis au principe du contrôle obligatoire de constitutionnalité[359].

123. L'autorité des lois organiques. L'autorité des lois organiques est inférieure à celle de la Constitution, tout en étant supérieure à celle des lois ordinaires. Il est en conséquence inconstitutionnel d'édicter par une loi ordinaire des dispositions relevant d'une loi organique. En vertu de l'article 98 de la Constitution, la loi organique est soumise au respect des traités internationaux[360].

La restauration du contrôle obligatoire de constitutionnalité de la loi organique par la loi constitutionnelle n° 2016-10 du 05 avril 2016 portant révision de la Constitution, contribue à renforcer son autorité dans la hiérarchie des normes et à améliorer sa qualité rédactionnelle[361].

---

356 V. art. 62 de la Constitution.

357 JORS n° 6946 du vendredi 15 juillet 2016.

358 I. M. FALL, *La réforme constitutionnelle du 20 mars 2016 au Sénégal. La révision consolidante record*, Dakar, l'Harmattan, 2017, p. 126.

359 V. art. 78 de la Constitution.

360 B. MATHIEU, *La loi*, Paris, Dalloz, 1996, p. 66.

361 I. M. FALL, « La réforme constitutionnelle de mars 2016 : un hommage à l'œuvre du professeur Kanté » », in A. SALL et I. M. FALL (dir.), *Actualités du droit public et de la science politique en Afrique, Mélanges en l'honneur de Babacar KANTE*, Dakar, l'Harmattan, 2017, p. 154.

Les lois organiques sont intégrées au bloc de constitutionnalité. Le noyau du bloc de constitutionnalité est constitué du corpus constitutionnel, c'est-à-dire du texte constitutionnel mais aussi de ses textes d'application, notamment des lois organiques qui en sont le prolongement nécessaire.

Le Conseil constitutionnel français se réfère aux lois organiques pour contrôler la constitutionnalité des lois ordinaires[362].

- **La loi référendaire**

124. Le référendum. La loi référendaire est une loi votée directement par le peuple. Le référendum constitue un mécanisme de démocratie semi-directe[363]. L'article 51, alinéa 2 de la Constitution dispose que le Président de la République peut, sur proposition du Premier Ministre et après avoir recueilli l'avis du Président de l'Assemblée nationale et du Conseil constitutionnel, « soumettre tout projet de loi au référendum ».

Ce pouvoir conféré au Président de la République est conforme à l'article 3 de la Constitution qui prévoit que la souveraineté nationale appartient au peuple sénégalais qui l'exerce par ses représentants ou par la voie du référendum.

125. La procédure référendaire. L'initiative présidentielle, en ce domaine, est subordonnée à une proposition du Premier Ministre. En outre, la consultation de l'Assemblée nationale et du Conseil constitutionnel ne lie pas le Président de la République[364]. Cela signifie que, si le Président de la République ne peut organiser de référendum sans proposition du Premier Ministre, il n'a aucune obligation d'en organiser un en cas de proposition de ce dernier ; il dispose ainsi en la matière d'une compétence discrétionnaire mais non autonome[365].

126. L'objet du référendum. En droit constitutionnel sénégalais, le référendum peut porter sur « tout projet de loi ». Dès lors, une proposition de loi ne peut être soumise au référendum.

Le Constituant ne spécifie pas la nature du projet législatif pouvant être soumis au référendum. La loi référendaire peut être une loi constitutionnelle, une loi organique ou même une loi ordinaire.

Dans le silence du texte constitutionnel, il reste entendu que le projet de loi soumis au référendum doit relever du domaine de compétence de la loi tel que prévu par l'article 67 de la Constitution.

---

362 Cons. const. 11 août 1960, n° 60-8 DC, Loi de finances rectificative pour 1960.

363 M. PERNIER, « Une loi au-dessus de tout soupçon ? », *RDP* 1996, p. 39.

364 E. DIARRA, « La procédure législative au Sénégal », *RIPAS*, n° 11, octobre-décembre 1984, p. 717.

365 L. FAROREU, P. GAIA, R. GHENONTIAN, J-L. MESTRE, O. PFERSMANN, A. ROUX et G. SCOFFONI, *Droit constitutionnel*, Paris, Dalloz, 16eme édition, 2014, p. 685; J.-F. FLAUSS, « Le contrôle de la constitutionnalité des lois référendaires », *LPA*, 1997, n° 75, p. 07.

Le Conseil constitutionnel français s'est déclaré incompétent pour examiner, sur le fondement du contrôle de constitutionnalité des lois, la conformité de la loi référendaire à la Constitution[366]. La haute juridiction constitutionnelle a énoncé qu'au regard de l'équilibre des pouvoirs établi par la Constitution, les lois que celle-ci a entendu viser dans son article 61 sont uniquement les lois votées par le Parlement et non point celles qui, adoptées par le peuple français à la suite d'un référendum contrôlé par le Conseil constitutionnel au titre de l'article 60, qui constituent l'expression directe de la souveraineté nationale[367].

127. L'expérimentation du référendum. Au Sénégal, la procédure référendaire a été utilisée à plusieurs reprises. Force est de constater que les pouvoirs publics y ont souvent recours soit, pour les besoins de l'adoption d'une nouvelle Constitution soit, pour procéder à des modifications constitutionnelles (référendum constituant).

La loi constitutionnelle n° 63-22 du 07 mars 1963 portant révision de la Constitution de la République du Sénégal a été adoptée par l'Assemblée nationale, soumise pour approbation au référendum le 03 mars 1963 et promulguée le 07 mars 1963.

En outre, à la suite de l'alternance du 19 mars 2000, la Constitution du 22 janvier 2001 a été adoptée par référendum le 07 janvier 2001 et promulguée le 22 janvier 2001.

A cette occasion, et suite à la décision de l'ex Président WADE de soumettre au référendum le projet de Constitution de 2001, un groupe de députés, se fondant sur l'article 82 de la Constitution et l'article 1er de la loi organique sur le Conseil constitutionnel, a demandé au Conseil constitutionnel de dire et de juger que la procédure référendaire est inapplicable en l'espèce.

Le Conseil constitutionnel, dans une décision du 02 janvier 2001[368], s'est déclaré incompétent au motif que : « La législation sénégalaise ne contient aucune disposition constitutionnelle ou légale conférant au Conseil constitutionnel compétence pour statuer sur les recours dirigés contre les décisions prises en matière de référendum par le Président de la République ».

Plus récemment, la consultation référendaire a été utilisée pour les besoins de l'appobation de la loi constitutionnelle n° 2016-10 du 05 avril 2016 portant révision de la Constitution.

---

366 Cons. const. n° 62-20 DC du 06 novembre 1962, Loi référendaire, GDCC, n° 13 : « Il résulte de l'esprit de la Constitution qui a fait du Conseil constitutionnel un organe régulateur de l'activité des pouvoirs publics que les lois que la Constitution a entendu viser dans son article 61 sont uniquement les lois votées par le Parlement et non point celles qui, adoptées par le Peuple à la suite d'un référendum, constituent l'expression directe de la souveraineté nationale ».

367 Cons. const. n° 92-313 DC du 23 septembre 1992, Maastricht III.

368 Cons. const. 02 janvier 2001, Adja Arame DIENE et autres, in I. M. FALL (dir.), *Les décisions et avis du Conseil constitutionnel du Sénégal,* Dakar, CREDILA, 2008, p. 401, note A. DIEYE.

- **La loi de finances**

128. Le concept de loi de finances. À côté des lois ordinaires, l'article 67 de la Constitution énumère des lois particulières, appelées lois de finances qui « déterminent les ressources et les charges de l'État dans les conditions et sous les réserves prévues par une loi organique ».

Les lois de finances prévoient les recettes et les dépenses de l'État ou constatent le résultat d'exécution de cette prévision[369]. En raison de leur caractère prévisionnel, les lois de finances sont considérées non pas comme des lois impératives ou supplétives, mais comme des « actes conditions »[370].

La loi organique n° 2011-15 du 08 juillet 2011 relative aux lois de finances modifiée par la loi organique n° 2016-34 du 23 décembre 2016 a transposé la Directive n 06-2009 CM-UEMOA du 26 juin 2009 relative aux lois de finances. Par cette directive communautaire, le Conseil des Ministres de l'UEMOA a voulu imprimer un saut qualitatif dans la gestion des finances publiques en consacrant, entre autres, le passage d'une logique de moyens à une logique de résultats[371].

129. Les typologies des lois de finances. L'article 5 de la loi organique n° 2011-15 du 08 juillet 2011 distingue quatre catégories de lois de finances. Selon ce texte, ont le caractère de lois de finances : la loi de finances de l'année, la loi de finances rectificative et la loi de règlement[372].

La loi de finances de l'année prévoit et autorise, pour chaque année civile, l'ensemble des ressources et des charges de l'État. Par la loi de finances de l'année, le Parlement autorise le Gouvernement à prélever des recettes et à effectuer des dépenses. Il contient le budget de l'État pour l'année civile. Le budget décrit les recettes et les dépenses budgétaires autorisées par la loi de finances. La loi de finances de l'année comprend le texte de loi proprement-dit et les annexes qui l'accompagnent et qui en font partie intégrante[373].

La loi de finances rectificative a pour objet de modifier, en cours d'année, les dispositions de la loi de finances de l'année.

---

[369] E. DIARRA, « La procédure législative au Sénégal », *RIPAS*, n° 11, octobre-décembre 1984, p. 706 ; NG. CHANH TAM, *Finances publiques sénégalaises*, Paris, l'harmattan, 1990, p. 241.

[370] P. M. GAUDEMET, *Finances publiques : politique financière, budget et trésor*, Paris, Montchrestien, 1977, p. 262 et s.

[371] V. l'exposé des motifs de la loi organique n° 2011-15 du 08 juillet 2011 relative aux lois de finances, modifiée.

[372] Sur cette question, NG. CHANH TAM, *Finances publiques sénégalaises*, Paris, l'Harmattan, 1990, p. 91 ; plus récemment, N. MEDE, *Finances publiques. Espace UEMOA/UMOA*, Paris, l'Harmattan, 2016, p. 257 et s.

[373] V. art. 43 de la loi organique n° 2011-15 du 08 juillet 2011 relative aux lois de finances, modifiée.

La loi de règlement constate les résultats financiers de chaque année civile et rend compte de l'exécution du budget ainsi que de l'utilisation des crédits[374].

130. Le contenu de la loi de finances. Il y a des dispositions qui ne peuvent figurer que dans une loi de finances. Le domaine par excellence des lois de finances est constitué par les dispositions financières qui comprennent les opérations budgétaires et les opérations de trésorerie[375]. Déjà, l'article 67 de la Constitution énonce que les créations et transformations d'emplois publics ne peuvent être opérées que par les lois de finances.

Il en est de même des mesures relatives aux ressources et aux charges de l'État, à la détermination des plafonds de dépenses, à l'équilibre budgétaire et à la trésorerie. A été jugé inconstitutionnelle une loi ordinaire qui porte création d'une contribution sur la publicité pour l'alcool affectée au budget de l'État[376].

En France, la juridiction constitutionnelle a eu l'occasion à plusieurs reprises de répudier la pratique dite des « cavaliers budgétaires »[377] que l'on retrouve quelquefois dans les lois de finances sénégalaises. Il a été jugé que les dispositions contenues dans une loi de finances qui opèrent une modification globale des règles de droit du crédit sont étrangères au domaine des lois de finances[378].

- **Les lois ordinaires**

131. Les catégories législatives. Les lois ordinaires sont celles qui sont votées par l'Assemblée nationale selon la procédure parlementaire ordinaire et qui ont pour objet de régir la vie quotidienne et le fonctionnement des institutions[379]. Ce sont les lois habituelles intervenant sur des sujets variés.

Il y a plusieurs catégories de lois ordinaires ; certaines sont prévues par les textes, d'autres résultent de la pratique normative.

- **Les typologies juridiques**

132. La diversité des lois. La Constitution sénégalaise distingue entre les lois d'autorisation, les lois d'habilitation, les lois de ratification et les lois de

---

374 R. MUZELLEC, « Un exemple de contrôle parlementaire a posteriori : la loi de règlement », *Revue de science financière,* 1973, p. 67 ; I. M. FALL, « La loi de règlement dans le droit des finances publiques des États membres de l'UEMOA : l'exemple du Sénégal » in *Sénégal, Finances publiques, Décentralisation et transparence budgétaire,* Dakar, Aide Transparence, 2005, p. 531- 596 ; *Revue de la Faculté de Droit de Toulouse* n°4, 2005, pp. 45-67.

375 A. DIOUKHANE, *Les finances publiques dans l'UEMOA. Le budget du Sénégal*, Paris l'Harmattan, 2015, p. 87.

376 Cons. const. 08 janvier 1991, n° 90-283 DC.

377 J-P. CAMBY, « La prohibition des cavaliers législatifs : une règle constitutionnelle (Cons. const. 4 août 2011) », *LPA* 23 décembre 2011, n° 255, p. 9.

378 Cons. const. 29 décembre 2013, n° 2013-685 DC.

379 E. DIARRA, *op. cit.* p. 706.

programme[380]. Certains textes évoquent également les lois de programmation des finances publiques.

- Les lois d'autorisation

133. Les catégories. La loi d'autorisation est une loi par laquelle l'Assemblée nationale autorise le Président de la République à accomplir une opération ou un acte déterminé. La Constitution a prévu trois catégories de lois d'autorisation.

134. La ratification d'un traité. Il y a les lois d'autorisation par lesquelles le Parlement autorise la ratification d'un traité international. En effet, la ratification ou l'approbation de certains traités est subordonnée à une autorisation législative[381]. Aux termes de l'article 96 de la Constitution : « Les traités de paix, les traités de commerce, les traités ou accords relatifs à l'organisation internationale, ceux qui engagent les finances de l'État, ceux qui modifient les dispositions de nature législative, ceux qui sont relatifs à l'état des personnes, ceux qui comportent cession, échange ou adjonction de territoire ne peuvent être ratifiés ou approuvés qu'en vertu d'une loi »[382].

Ces traités ne prennent effet qu'après avoir été ratifiés ou approuvés[383]. L'opération d'autorisation consiste à une permission accordée par le Parlement au Président de la République aux fins d'approuver ou de ratifier le traité[384].

135. La déclaration de guerre. Une loi d'autorisation peut également avoir pour objet d'autoriser une déclaration de guerre. En vertu de l'article 70 de la Constitution, cette décision grave « est autorisée par l'Assemblée nationale » au moyen d'une loi ordinaire. Au Sénégal, le Parlement n'a pas encore exercé ce pouvoir d'autorisation.

136. La prolongation de l'état d'urgence ou de siège. L'adoption d'une loi d'autorisation est nécessaire à la prorogation de l'état de siège et de l'état

---

380 Le droit constitutionnel sénégalais ignore les lois d'expérimentation qui ont été prévues en France par la révision constitutionnelle du 28 mars 2003. La loi expérimentale est une loi votée en vue de son expérimentation et qui ne deviendra définitive ou générale que si l'expérimentation est concluante. La règle juridique n'est donc pas édictée ni pensée comme une norme définitive, mais comme un essai soumis à examen ; sur cette question, R. DRAGO, « Le droit de l'expérimentation », in *L'avenir du droit, Mélanges Terré*, Paris, Dalloz, PUF, 1999, *Juris-class.*, p. 229 et s.

381 Sur cette distinction, V. la circulaire n° 057/PR/SGG du 12 août 1961 relative à la conclusion des traités et accords internationaux.

382 En ce sens, V. la circulaire n° 057/PR/SGG du 12 août 1961 relative à la conclusion des traités et accords internationaux.

383 Ch. ROUSSEAU, « La ratification des traités en France depuis 1946 », in *Evolution du droit public, Etudes offertes à Achille Mestre*, Paris, Sirey, 1956, p. 473-493; P FREYMOND, *La ratification des traités et le problème des rapports entre le droit international et le droit interne*, Paris-Lausanne 1947.

384 J. DEHAUSSY, « Sources du droit international-Les traités (Conclusion et conditions de validité formelle) », *Jurisclass. dr. intern.*, 1993, fasc. 11, n° 33.

d'urgence. En vertu de l'article 69 de la Constitution, l'état de siège, comme l'état d'urgence, est décrété par le Président de la République.

Mais le décret proclamant l'état de siège ou l'état d'urgence cesse d'être en vigueur après douze (12) jours, « à moins que l'Assemblée nationale, saisie par le Président de la République, n'en ait autorisé la prorogation ». A cet effet, l'Assemblée nationale se réunit alors de plein droit, si elle n'est en session.

La sanction du défaut de prorogation par la voie législative de l'état de siège et de l'état d'urgence est la caducité. De sorte qu'en l'absence de prorogation législative dans les douze (12) jours, le régime dérogatoire est considéré comme ayant pris fin de plein droit. Les décisions administratives prises sur le fondement de l'état de siège postérieurement à cette date sont donc dépourvues de base légale[385].

- Les lois d'habilitation

137. La notion. Les lois d'habilitation sont celles par lesquelles le Parlement habilite (autorise) le Président de la République, en vertu de l'article 77 de la Constitution, à prendre par ordonnances des mesures qui relèvent du domaine législatif[386]. De telles ordonnances sont dites de législation déléguée[387]. Aux termes de l'article 77 de la Constitution : « Le Parlement peut habiliter par une loi le Président de la République à prendre des mesures qui sont normalement du domaine de la loi ». Selon le Conseil constitutionnel français, « si le Gouvernement peut seul demander au Parlement l'autorisation de prendre de telles ordonnances, il a la faculté de le faire en déposant soit un projet de loi, soit un amendement à un texte en cours d'examen»[388].

En France, il a été déjà jugé qu'une loi d'habilitation ne peut résulter d'une proposition de loi[389].

138. Les limites de l'habilitation. Toutefois, l'habilitation n'est, ni un blanc-seing accordé au Gouvernement, ni une renonciation parlementaire à

---

385 En ce sens, S. PLATON, « Régimes d'exception », *Jurisclass. adm.*, 2012, Fasc. 90, n° 74.

386 C. BOYER-MERENTIER, *Les ordonnances de l'article 38 de la Constitution du 04 octobre 1958*, Paris, Economica, 1996, p. 84 ; A. BOCKEL, *Droit administratif*, Dakar-Abidjan, NEA, LGDJ, 1978, p. 109 ; J.-C. COLLIARD, « Que reste-t-il de l'article 38 de la Constitution ? », in *Terres du droit, Mélanges Yves Jegouzo,* Paris, Dalloz, 2009, p. 121 ; P. DEVOLVE, « L'été des ordonnances », *RFDA,* 2005, p. 909.

387 G. LE CHATELIER, « Le procédé de la législation déléguée : cadrage par le Conseil constitutionnel et cadrage par la loi d'habilitation », *LPA* n° 147, 23 juillet 2004, p. 23 s. ; S. N. TALL, « Les ordonnances en Afrique noire francophone », *Revue EDJA*, n° 64, janvier-février-mars 2005, p. 63.

388 Cons. const., 16 mars 2006, déc. n° 2006-534 DC, Loi pour le retour à l'emploi et sur les droits et les devoirs des bénéficiaires de minima sociaux : *Rec. Cons. const.* 2006, p. 44.

389 Cons. const. 20 janvier 2005, n° 2004-570 DC.

des attributions conférées par la Constitution [390]; elle est enfermée dans des limites précisées dans la loi d'habilitation.

En premier lieu, il y a des limites de temps puisque l'habilitation a une durée limitée (quelques mois en général)[391]. Il appartient à la loi de prescrire la période pendant laquelle le Gouvernement sera autorisé à agir par voie d'ordonnance. A titre d'exemple, la loi sénégalaise n° 60-43 ALS du 20 août 1960[392] énonce, en son article 2, que l'habilitation est caduque si un projet de loi de ratification « n'est pas présentée au plus tard le 1er janvier 1961 ».

En deuxième lieu, l'habilitation comporte des limites de compétence, en ce que la loi d'habilitation fixe les matières législatives sur lesquelles le pouvoir exécutif peut intervenir. Il a été jugé que la loi d'habilitation doit préciser « la finalité des mesures que le Gouvernement se propose de prendre » et les « domaines d'intervention » de celle-ci[393].

Au Sénégal, les lois d'habilitation ne précisent pas toujours les domaines d'intervention des ordonnances. Elles se contentent souvent de prévoir une habilitation dans « les matières relevant de la compétence de l'Assemblée nationale ».

A titre d'exemple, la loi n° 59-006 du 26 janvier 1959 a autorisé le Gouvernement à prendre par ordonnance, jusqu'à l'entrée en fonction de la future Assemblée législative, « des mesures qui sont normalement du domaine de la loi ». C'est sur le fondement de ce texte législatif que l'ordonnance n° 59-043 SG du 31 mars 1959 créant un Contrôle financier a été signée.

En tout état de cause, l'ordonnance prise au-delà des délais prescrits ou en dehors des matières énumérées dans la loi d'habilitation, est irrégulière[394].

139. La pratique normative. Au Sénégal, plusieurs lois d'habilitation ont été votées par le Parlement pour autoriser le Président de la République à intervenir dans le domaine du pouvoir législatif par ordonnance. On peut citer la loi n° 60-43 ANS du 20 août 1960 dont l'article 1er dispose que le Gouvernement de la République du Sénégal est habilité pendant un délai de trois (3) mois à compter de sa date, et en cas de besoin, avant la promulgation, « à régler par voie d'ordonnance toutes les matières relevant de la compétence de l'Assemblée nationale ».

La loi n° 60-046 ANS du 07 septembre 1960 a habilité le Gouvernement à prendre pour une durée de trois (3) mois des mesures qui sont normalement du domaine de la loi[395].

---

390 En ce sens, S. N. TALL, « Les ordonnances en Afrique noire francophone », *Revue EDJA*, n° 64, janvier-février-mars 2005, p. 67.

391 J. THOMAS, « Les ordonnances et le temps », *RDP*, 2015, p. 913.

392 JORS du 24 août 1960, p. 857.

393 Cons. const. 25 et 26 juin 1986, n° 86-207 DC.

394 M. GUILLAUME, « Les ordonnances : tuer ou sauver la loi ? », *Pouvoirs*, n° 114, 2005, p. 117.

La loi n° 89-11 du 17 janvier 1989 portant loi d'habilitation[396] a été plus précise sur la nature des mesures que le Président de la République était habilité à prendre. Ce texte a, dans une période de turbulence économique, autorisé le Président de la République, et pendant deux (2) ans « en cas d'urgence et de nécessité impérieuse d'intérêt national, à apporter des modifications, par ordonnance aux droits d'importation et d'exportation inscrits au tarif des douanes et aux impôts, droits et taxes prévus par le Code général des Impôts ». Il s'agissait d'éviter que les entreprises ne subissent des préjudices du fait de l'intervention quelquefois tardive de la correction des distorsions[397].

- Les lois de ratification.

140. Les mesures prises par ordonnances. Les lois de ratification sont des lois par lesquelles le Parlement valide des mesures prises par le Président de la République dans le domaine du pouvoir législatif. L'opération de ratification a pour effet de confirmer a posteriori les mesures prises par le Président de la République dans le domaine législatif.

Les lois de ratification peuvent s'inscrivent dans le cadre de la procédure d'habilitation législative de l'article 77 de la Constitution.

Ce sont des lois par lesquelles le Parlement confère une nature législative à des mesures prises par le Président de la République dans le domaine du pouvoir législatif par ordonnance. En vertu de l'alinéa 2 de l'article 77 de la Constitution, les ordonnances deviennent caduques si le projet de loi de ratification n'est pas déposé sur le bureau de l'Assemblée nationale avant la date fixée par la loi d'habilitation[398]. Le Parlement peut les amender à l'occasion du vote de la loi de ratification.

Pour éviter cette situation, la circulaire du Président du Conseil n° 78 du 27 septembre 1960 relative aux incidences de l'entrée en vigueur de la Constitution sur les conditions d'exercice du pouvoir législatif, du pouvoir réglementaire et du pouvoir de prendre des décisions individuelles a recommandé au Gouvernement de veiller à ce que tout projet d'ordonnance transmis au Conseil des Ministres soit accompagné d'un projet de loi de ratification qui sera transmis à l'Assemblée nationale dès la publication de l'ordonnance.

---

395 JORS n° 3400 du 17 septembre 1960, p. 957 et s.; V. également la loi d'habilitation n° 89-62 du 17 janvier 1989 portant loi d'habilitation et la loi d'habilitation n° 99-34 du 11 février 1999 portant loi d'habilitation.

396 JORS du 25 février 1989, p. 74.

397 V. dans le même sens, la loi n° 91-04 du 11 février 1991 portant loi d'habilitation qui autorise le Président de la République, en cas d'urgence et de nécessité impérieuse d'intérêt national, à apporter des modifications par ordonnance aux droits d'importation et d'exportation, inscrits au tarif des douanes et aux impôts, droits et taxes prévus par le Code général des Impôts.

398 S. FRANÇOIS, « La caducité d'une ordonnance », *JCP* A, 11/12 2017, p. 2.

Le dépôt de la loi de ratification a pour seul effet de maintenir en vigueur l'ordonnance qui demeure un acte administratif aussi longtemps que le projet de loi n'est pas adopté par le Parlement. Seule l'adoption de la loi de ratification a pour effet de conférer à l'ordonnance une nature législative[399].

Le rejet du projet de loi de ratification par le Parlement entraîne par contre l'abrogation des ordonnances prises sur le fondement de la loi d'habilitation.

141. Les mesures exceptionnelles du Président de la République. Les lois de ratification peuvent également s'inscrire dans le cadre de la mise en œuvre des pouvoirs exceptionnels du Président de la République. Lorsque le chef de l'État décide, au titre des pouvoirs exceptionnels prévus par l'article 52 de la Constitution, de prendre des mesures de nature législative, l'Assemblée nationale est saisie pour ratification, dans les quinze (15) jours de la promulgation de telles mesures mises en vigueur par le Président de la République.

Le Parlement peut les amender ou les rejeter à l'occasion du vote de la loi de ratification. En tout état de cause, ces mesures deviennent caduques si le projet de loi de ratification n'est pas déposé sur le bureau de l'Assemblée nationale dans ledit délai.

- La loi de programme

142. Le concept de loi de programme. La loi de programme, prévue par la Constitution, doit être soigneusement distinguée de la loi d'orientation. Aux termes de l'article 67, alinéa 5 de la Constitution : « Les lois de programme déterminent les objectifs de l'action économique et sociale de l'État ».

Les lois de programme ont pour objet de définir des objectifs à moyen ou long terme en matière économique et sociale ; elles comportent, en outre, des prévisions de dépenses chiffrées pour la réalisation de ces objectifs[400].

C'est d'ailleurs la raison pour laquelle au Sénégal, les lois de programme, qui peuvent prendre la forme de lois portant Programme Triennal d'Investissements Publics (PTIP), sont votées avant l'examen du projet de loi de finances de l'année[401].

Le Conseil constitutionnel français avait déjà donné une définition claire aux lois de programme dans une décision rendue les 25 et 26 juin 1986. Selon cette décision : « On doit entendre par loi de programme à caractère économique et social, une loi qui, non seulement définit les objectifs à moyen

399 P. DE MONTALIVET, « La ratification des ordonnances (l'article 38 de la Constitution) », *LPA,* n° 254, 19 décembre 2008, p. 59.

400 J. MOLINIER, « Les lois de programme », *R.F.F.P.,* 1987, n° 17, p. 167 ; W. SABETE, « L'exception de la loi de programme », *RFDA,* 2005, p. 931 ; P. CARCELLE et G. MAS, « Les lois de programme », *RA* 1959, n°70, p. 411.

401 En ce sens, A. DIOUKHANE, *Les finances publiques dans l'UEMOA. Le budget du Sénégal*, Paris, l'Harmattan, 2015, p. 63.

et long terme en matière économique et sociale, mais comporte, en outre des prévisions de dépenses chiffrées pour la réalisation de ces objectifs »[402].

143. Le régime des lois de programme. Cette catégorie normative est dépourvue de tout caractère normatif, pour ne pas comporter des prescriptions légales. La loi de programme définit simplement des objectifs à long ou à moyen terme[403], elle est dépourvue de portée obligatoire et déroge à l'exigence de normativité des lois[404].

Les lois de programme sont en principe votées suivant la procédure ordinaire d'adoption des lois[405].

Elles sont obligatoirement soumises à l'avis du Conseil économique social et environnemental. Il résulte de l'article 2 de la loi organique n° 2012-28 du 28 décembre 2012 relative à l'organisation et au fonctionnement du Conseil économique social et environnemental que cette institution est obligatoirement saisie pour avis, par le Président de la République, des projets de loi de programme. Le Conseil peut même au préalable être associé à son élaboration.

Dans la pratique normative, les lois de programme sont d'un usage très rare.

- Les lois de programmation des finances publiques

144. Une catégorie particulière. Cette catégorie législative n'est pas prévue par la Constitution. Elle est évoquée par la loi organique n° 2012-28 du 28 décembre 2012 relative à l'organisation et au fonctionnement du Conseil économique social et environnemental. Selon l'article 2 de ce texte, le Conseil peut être saisi pour avis par le Président de la République, des « projets de loi de programmation définissant les orientations pluriannuelles des finances publiques »[406].

Les lois de programmation des finances publiques sont une catégorie particulière de lois de programmation[407], censées encadrer les lois de finances au moyen de quatre mécanismes. Il s'agit de la fixation d'un objectif budgétaire à moyen terme, de la mise en place d'une trajectoire d'ajustement de la situation budgétaire des administrations publiques, de la création d'un

---

402 Cons. const. n° 86-207 DC des 25 et 26 juin 1986.

403 Cons. const. 21 avril 2005, n° 2005-512 DC.

404 C. GROULIER, « La normativité des lois de programmation au prisme de la QPC. À propos de CE 18 juillet 2011 », req. n° 340512.

405 M. DIAKHATE, *Rédaction administrative*, Dakar, CREDILA, 2016, p. 182.

406 M. HOUSER, « L'adoption de lois de programmation des finances publiques (LPFP) par le Parlement », *RDP*, 2013, p. 911 s.

407 F. SAVONITTO, « Les lois de programmation du 20eme alinéa de l'article 34 de la Constitution : une nouveauté à abandonner », *RDP*, 2012, p. 113 et s.

mécanisme de correction lorsque les finances publiques s'éloignent des objectifs et de la mise en place d'une institution indépendante[408].

- **Les typologies issues de la pratique normative**

145. Les catégories empiriques. Il y a des typologies de lois ordinaires résultant de la pratique normative au Sénégal. On distingue, en effet, d'une part, les lois d'orientation des lois sectorielles et d'autre part, les lois rétroactives des lois interprétatives.

- **Lois d'orientation et lois sectorielles**

146. La notion de loi d'orientation. La loi d'orientation n'est pas une catégorie juridique répertoriée dans la nomenclature des normes, à l'image notamment des lois constitutionnelles, des lois organiques, des lois référendaires et des lois ordinaires, etc.

Selon la circulaire n° 0010 PM/SGG/SGA/PAT du 05 juillet 2016 sur l'objet et les techniques de rédaction des lois d'orientation, il s'agit d'une catégorie de loi ordinaire dont la dénomination traduit plus une option stratégique et politique.

La loi d'orientation fixe le cadre dans lequel doit être conduite une politique publique dans un secteur d'activité déterminé. Elle constitue le cadre juridique pertinent dans lequel doit se mouvoir les interventions étatiques dans un secteur d'activité déterminé[409].

Au Sénégal, l'une des premières lois d'orientation qui a été publiée au Journal officiel est la loi d'orientation n° 71-36 du 03 juin 1971 de l'éducation nationale. Ce texte a été abrogé et remplacé par la loi n° 91-22 du 16 février 1991 portant orientation de l'éducation nationale modifiée.

En tant qu'outil législatif au service des interventions de l'État, la norme d'orientation constitue un puissant instrument juridique au service de la définition et de la conduite rationnelle des politiques publiques. Elle contribue, par l'instauration d'un cadre juridique normalisé propre à un secteur d'activité, à la mise en cohérence des objectifs et des options stratégiques des politiques publiques.

147. L'objet de la loi d'orientation. La loi d'orientation peut avoir pour objet la normalisation d'un secteur d'activité (société de l'information, agriculture, enseignement supérieur, enseignement professionnel, etc.). Il en est ainsi notamment de la loi n° 2004-16 du 04 juin 2004 portant loi

---

[408] G. GAUBERT « Loi de programmation des finances publiques et intégration budgétaire», *Revue française de finances publiques*, 01/04/2013, n° 122 , p. 143.

[409] A-H MESNARD., « La notion de loi d'orientation sous la V ^{eme} République », *RDP*., 1977, p. 1139 et s. ; du même auteur, « Ordonnances, lois d'orientation ou lois-cadres ? », *RDP*, 1982, p. 1073.

d'orientation agro-sylvo-pastorale et de la loi n° 2008-10 du 25 janvier 2008 portant loi d'orientation relative à la société de l'information.

La loi d'orientation peut également avoir pour objet la fixation des règles uniques d'organisation et de fonctionnement d'organismes publics, à l'image des entités du secteur parapublic ou des agences d'exécution. On peut citer la loi d'orientation n° 2009-20 du 04 mai 2009 sur les agences d'exécution et la loi n° 90-07 du 26 juin 1990 relative à l'organisation et au contrôle des entreprises du secteur parapublic et au contrôle des personnes morales de droit privé bénéficiant du concours financier de la puissance publique[410].

148. Les lois sectorielles. La loi d'orientation fixe les principes et les grandes orientations d'une politique à suivre dans un secteur d'activité déterminé, tout en laissant le soin au législateur, par l'adoption de lois dites sectorielles ou au pouvoir exécutif par voie réglementaire (décrets, arrêtés) d'en fixer les modalités de mise en œuvre.

Les lois sectorielles, tout comme les lois d'orientation constituent des lois ordinaires, souvent annoncées par les lois d'orientation, ayant pour objet de déterminer les modalités d'application de la loi d'orientation.

Par exemple, constituent des lois sectorielles par rapport à la loi d'orientation sur la société de l'information :

- la loi n° 2008-08 du 25 janvier 2008 sur les transactions électroniques ;
- la loi n° 2008-09 du 25 janvier 2008 sur le droit d'auteur et les droits voisins ;
- la loi n° 2008-11 du 25 janvier 2008 portant sur la cybercriminalité ;
- la loi n° 2008-12 du 25 janvier 2008 sur la protection des données à caractère personnel.

[410] Contrairement à ce que pourrait laisser penser son intitulé la loi n° 90-07 du 26 juin 1990 relative à l'organisation et au contrôle des entreprises du secteur parapublic et au contrôle des personnes morales de droit privé bénéficiant du concours financier de la puissance publique constitue une loi d'orientation. En effet, ce texte a pour objet de définir les règles applicables à toutes les entités du secteur parapublic, à savoir les établissements publics à caractère industriel et commercial, les sociétés nationales, les sociétés anonymes à participation public majoritaire. D'ailleurs, le Gouvernement a déjà préparé un projet de loi d'orientation abrogeant et remplaçant la loi n° 90-07 du 26 juin 1990 précitée.

DOCUMENT N° 04 : LES LOIS D'ORIENTATION

La circulaire n° 0010 PM/SGG/SGGA/PAT du 05 juillet 2016 relative à l'objet et aux techniques de rédaction des lois d'orientation

REPUBLIQUE DU SENEGAL

.....

Primature

N° 0010 PM/SGG/SGGA/PAT

Dakar, le 05 juillet 2016

Le Premier Ministre

CIRCULAIRE

A

Mesdames et Messieurs les Ministres,

Mesdames et Messieurs les Ministres délégués

Objet : L'objet et les techniques de rédaction des lois d'orientation

Dans un contexte marqué par le renouveau des projets de l'État impulsé par le Plan Sénégal Émergent (PSE), mon attention a été attirée par la tendance des départements ministériels à recourir aux lois d'orientation et par une insuffisante maîtrise par les services producteurs de normes des techniques de conception des lois d'orientation.

Cette situation de la production normative tient souvent à l'incertitude conceptuelle qui affecte cette catégorie législative, préjudiciables à l'intelligibilité des normes et à l'efficacité des interventions du Gouvernement.

La présente circulaire a pour objet de rappeler l'objet de la loi d'orientation et de fixer de façon spécifique les principes régissant la conception et l'élaboration de cette catégorie de norme.

I. L'objet de la loi d'orientation

La notion de « loi d'orientation » n'est pas une catégorie juridique répertoriée dans la nomenclature des normes du droit interne, à l'image des lois constitutionnelles, des lois organiques, des lois référendaires et des lois ordinaires, etc.

En réalité, elle constitue une catégorie de loi ordinaire dont la dénomination traduit plus une option stratégique et politique. En effet, la loi d'orientation est une loi qui a pour objet de fixer les principes et les grandes orientations d'une politique à suivre dans un secteur d'activité déterminé, tout en laissant le soin au législateur, par l'adoption de lois dites sectorielles ou au pouvoir exécutif par voie réglementaire (décrets, arrêtés) d'en fixer les modalités de mise en œuvre.

La loi d'orientation fixe le cadre dans lequel doit être conduite une politique publique dans un secteur d'activité déterminé.

A cet égard, la norme d'orientation constitue un puissant instrument juridique au service de la définition et de la conduite rationnelle des politiques publiques ; elle contribue, par l'instauration d'un cadre juridique normalisé propre à un secteur d'activité, à la mise en cohérence des objectifs et des options stratégiques des politiques publiques.

Cependant, la loi d'orientation doit être soigneusement distinguée de la loi de programme prévue par la Constitution. Aux termes de l'article 67 alinéa 5 de la Constitution : « Les lois de programme déterminent les objectifs de l'action économique et sociale de l'État ». Les lois de programme ont ainsi pour objet de définir des objectifs à moyen ou long terme en matière économique et sociale ; elles comportent, en outre, des prévisions de dépenses chiffrées pour la réalisation de ces objectifs. C'est d'ailleurs la raison pour laquelle au Sénégal, les lois de programme, qui peuvent prendre la forme de lois portant Programme Triennal d'Investissements Publics (PTIP), sont votées avant l'examen du projet de loi de finances de l'année.

En tant qu'outil législatif au service des interventions de l'État, la loi d'orientation contribue notamment à la normalisation de secteurs d'activités (sécurité intérieure, pastoralisme, enseignement supérieur, formation professionnelle et technique, technologies de l'information et de la communication etc.) ou à la fixation de règles uniques d'organisation et de fonctionnement de structures étatiques (agences d'exécution, organismes du secteur parapublic etc.). Il s'agit du cadre juridique pertinent dans lequel doit se mouvoir l'action et les interventions étatiques dans un secteur d'activité déterminé.

II. Les techniques de rédaction de la loi d'orientation

Les règles ordinaires relatives à la rédaction des actes législatifs et réglementaires prescrites par la circulaire n° 0041 PM/SGG/SGA/PAT/SP du 06 octobre 2015 relative aux règles de présentation et de rédaction des textes législatifs et réglementaires, ont vocation à s'appliquer aux lois d'orientation.

Cependant, le style de rédaction ainsi que le contenu des lois d'orientation présentent quelques spécificités.

A. Le style de rédaction de la loi d'orientation

En principe, les dispositions de la loi doivent avoir une portée normative. La loi, dont la caractéristique essentielle est d'énoncer des droits et des obligations, doit ordonner, permettre, interdire ou punir. Elle ne doit pas comporter des dispositions dépourvues de portée juridique, c'est-à-dire des sortes de déclarations d'intention et des pétitions de principe sans valeur normative. Ces proclamations devraient normalement figurer dans l'exposé des motifs de la loi et non dans son dispositif.

Cependant, de par sa nature, la norme d'orientation sert à impulser, à orienter et à encadrer juridiquement une politique dans un secteur déterminé. Aussi, comporte-t-elle bien souvent des dispositions non normatives, censées orienter la politique du Gouvernement dans le secteur d'activité concerné.

A titre illustratif, l'article 2 de la loi n° 2004-16 du 04 juin 2004 portant loi d'orientation agro-sylvo-pastorale dispose que : « La présente loi tient compte de l'ensemble des activités économiques en milieu rural… »

B. Le contenu de la loi d'orientation

La substance normative de la loi d'orientation varie suivant qu'elle a pour objet la normalisation d'un secteur d'activité ou la fixation des règles uniques d'organisation et de fonctionnement de structures étatiques.

1. La normalisation d'un secteur d'activité

Les lois d'orientation visant à normaliser un secteur d'activité comportent, notamment les éléments suivants :

- **La définition des termes**

Lorsque la loi d'orientation comporte des termes techniques ou des notions ambiguës, il est recommandé d'y insérer un chapitre ou un article intitulé « définition » ou « terminologie », consacré à leur conceptualisation. La définition doit servir à clarifier les termes techniques ou ceux pouvant prêter à confusion ; elle est inutile si elle se contente de donner aux mots la signification qu'ils ont usuellement.

La définition des termes employés dans le texte contribue à circonscrire le champ d'application de la loi d'orientation.

Elle est recommandée dans une loi d'orientation puisqu'elle permet de garantir l'homogénéité des concepts employés dans un secteur d'activité donné. En effet, ces définitions vont valoir même pour les textes d'application de la loi d'orientation.

- **Les principes directeurs**

L'énoncé des principes directeurs contribue à fixer le cadre principiel de la politique envisagée dans le secteur d'activité. Il s'agit de règles juridiques établies en termes généraux destinées à inspirer diverses applications et s'imposant aux textes d'application. Par exemple, le principe de liberté.

Un grand soin doit être apporté à l'énoncé des principes directeurs qui constituent des règles générales irriguant tout le dispositif juridique mis en place par la loi d'orientation.

En bonne règle légistique, le rédacteur ne doit pas se limiter à l'énoncé de ces principes directeurs. Il doit leur affecter un contenu précis, soit en les définissant dans la partie consacrée à la terminologie, soit en précisant dans le dispositif ce qu'ils recouvrent comme suit : « Le principe de liberté signifie que… ».

- **Les objectifs et orientations**

Les objectifs constituent les finalités recherchées par la politique publique conduite dans le secteur d'activité. Il peut s'agir de la protection des personnes vulnérables ou de la maîtrise de l'eau etc.

Par exemple : « la politique de développement agro-sylvo-pastorale vise à…. » ou « la formation professionnelle et technique a pour finalité… ».

Les objectifs peuvent être déclinés autour d'un objectif général et d'objectifs spécifiques.

Les orientations de la politique sont les directions stratégiques qu'emprunte cette politique, qui permettront, à l'application, d'obtenir la réalisation d'actions prioritaires. Il peut s'agir de la réforme foncière ou de la sécurité des personnes et des biens, etc.

- **Le cadre institutionnel**

L'instauration d'un cadre institutionnel spécifique à un domaine d'activité permet d'impulser la politique conduite dans ce secteur. Il s'agit de créer des entités chargées d'assurer la mise en œuvre de la politique envisagée aussi bien au niveau national que local.

Il est recommandé d'instituer dans la loi d'orientation ces structures et de déterminer au besoin leur statut, tout en renvoyant à un texte d'application pour fixer leurs règles d'organisation et de fonctionnement.

Il peut même être nécessaire de déterminer dans le texte d'orientation les rapports entre les structures créées ainsi que les rôles et responsabilités d'autres acteurs comme les collectivités territoriales, la société civile, les organisations non gouvernementales et même l'implication des citoyens dans la mise en œuvre de la politique.

- **Les mécanismes de financement**

La mise en place d'un cadre financier incitatif et favorable à la politique définie dans le secteur s'inscrit dans le cadre des mesures d'accompagnement prévues par la loi d'orientation. La loi peut ainsi mettre en place des fonds pour financer le secteur d'activité, instituer des taxes, redevances, impôts ou prévoir des exonérations fiscales.

Les modalités de fonctionnement des fonds, taxes ou redevances crées sont fixées par décret.

Faute de pouvoir insérer ces mesures dans le Code général des impôts, il est fortement recommandé au ministère maître d'œuvre d'élaborer ces dispositions financières en rapport avec les services du Ministère chargé des Finances.

- **Les dispositifs de planification, de suivi et d'évaluation**

Les dispositifs de planification instaurés par la loi d'orientation permettent l'organisation dans le temps de la réalisation des objectifs visés dans un domaine d'activité. Ces mécanismes mettent en œuvre différents moyens, sur une durée et des étapes précises.

Le suivi est le processus systématique du recueil, de l'analyse et de l'utilisation d'informations visant à déterminer en continu les progrès d'une politique en vue de la réalisation de ses objectifs et à guider les décisions relatives à sa gestion.

La mise en place de mécanismes d'évaluation permet d'apprécier l'efficacité de la politique conduite dans le secteur d'activité concerné à l'aide de critères pertinents. Elle porte sur les avancées escomptées et réalisées et examine la chaîne des résultats.

- **Les dispositions d'exécution de la loi d'orientation**

Pour les besoins de la mise en œuvre de la politique définie, la loi d'orientation peut mettre en place un cadre d'exécution, en renvoyant à d'autres lois dites sectorielles ou à des textes réglementaires.

Elle peut même énumérer des réformes à mener par le Gouvernement en vue de l'atteinte des objectifs visés dans le secteur d'activité concerné.

A titre d'exemple, l'article 18 de la loi n° 2008-10 du 25 janvier 2008 portant loi d'orientation relative à la société de l'information a décliné des réformes à engager dans des secteurs prioritaires (santé, justice, propriété intellectuelle, état civil etc.), en vue de l'adoption de règles plus adaptées aux exigences de la société de l'information.

2. La fixation du cadre organisationnel d'entités étatiques

Les lois d'orientation ayant pour objet de fixer le cadre d'organisation d'entités étatiques comportent, notamment les éléments suivants :

- **La définition, le statut et le champ d'application**

Lorsque la loi d'orientation fixe le cadre juridique d'une entité juridique unique, par exemple, les agences d'exécution, il est recommandé que la première disposition de la loi définisse de façon claire cette entité ainsi que les structures qui lui sont assimilées.

Par exemple, l'article premier de la loi d'orientation n° 2009-20 du 4 mai 2009 sur les agences d'exécution propose une définition claire de l'agence d'exécution.

Le statut de l'entité est la condition juridique de l'entité en question (agence d'exécution, autorité administrative indépendante, établissement public, société nationale, sociétés anonymes à participation publique majoritaire etc.)

La fixation du champ d'application de la loi d'orientation est surtout nécessaire lorsqu'elle détermine le cadre d'organisation et de fonctionnement de plusieurs entités étatiques ayant des formes juridiques différentes mais relevant du même régime juridique. A titre d'exemple, l'article 2 de la loi n°90-07 du 26 juin 1990 relative à l'organisation et au contrôle des entreprises du secteur parapublic et au contrôle des personnes morales de droit privé bénéficiant du concours financier de la puissance publique, détermine les entités juridiques qui comprennent le secteur parapublic, à savoir les établissements publics à caractère industriel et commercial, les sociétés nationales et les sociétés anonymes à participation publique majoritaire.

- **Les modalités de création et la tutelle exercée sur l'entité**

Les modalités de création de l'entité renvoient à l'acte juridique créateur de cette structure (loi, décret, arrêté) et éventuellement à l'autorité sur la proposition de la quelle la création de l'entité est décidée ainsi qu'aux formalités à accomplir avant la création de l'entité, notamment les études préalables (étude d'impact, d'opportunité etc.) et les consultations préalables (avis de la Commission d'évaluation des agences d'exécution, du Conseil supérieur de la fonction publique ou du Conseil consultatif du secteur parapublic etc.).

La loi d'orientation fixe également la ou les tutelles exercées sur l'entité. Il s'agit de l'ensemble des moyens de contrôle dont dispose une autorité sur l'entité sous tutelle, en vue de la maintenir dans le respect de la loi.

En principe, ce pouvoir de contrôle est exercé par l'institution de rattachement (la Présidence, la Primature, le ministère) et non par l'autorité dirigeant cette institution (le Président de la République, le Premier Ministre, le ministre).

La tutelle technique est le contrôle exercé par l'administration de rattachement ; il peut s'agir du ministère qui a dans ses missions le service public dont il est prévu de confier à l'entité publique ou du ministère sous l'autorité duquel l'entité est rattachée.

La tutelle financière est exercée par le Ministère chargé des Finances ; il s'agit du contrôle exercé par ce ministère sur la gestion des ressources et des charges de l'entité.

- **Les règles d'organisation et de fonctionnement de l'entité**

Les règles d'organisation et de fonctionnement de l'entité fixent notamment les organes de l'entité, les modalités de gestion et d'administration, la gestion du personnel, les ressources et les charges de l'entité, la comptabilité, les règles de passation des marchés publics, les contrôles exercés sur l'entité (audit des comptes, contrôle des corps de contrôle de l'État) et celles relatives aux modes de dissolution.

La loi d'orientation fixe les principes généraux de l'organisation et du fonctionnement de l'entité en renvoyant à un texte d'application pour en fixer les modalités de fonctionnement.

- **Les dispositions transitoires**

La loi d'orientation peut prévoir des dispositions transitoires différant son applicabilité à une date postérieure à son entrée en vigueur, conformément à la loi n°70-14 du 6 février 1970 fixant les règles d'applicabilité des lois, des actes administratifs à caractère réglementaire et des actes administratifs à caractère individuel, modifiée. Il s'agit d'accorder un délai aux entités ou acteurs concernés par la loi pour se conformer au nouveau dispositif prévu par la norme d'orientation.

Par exemple, « Les établissements publics à caractère administratif se conforment aux dispositions de la présente loi d'orientation dans un délai de douze mois, à compter de sa date d'entrée en vigueur ».

J'attache du prix au strict respect et à l'application des directives contenues dans la présente circulaire dont je prescris une large diffusion.

Le Premier Ministre

Mahammed Boun Abdallah DIONNE

__**Ampliation**__ :

Monsieur le Président de la République (ATCR)

- Les lois rétroactives et les lois interprétatives

149. La loi rétroactive - Principe de la non-rétroactivité. Le législateur peut prévoir que la loi sera rétroactive, c'est-à-dire qu'elle s'applique à des situations juridiques nées avant son entrée en vigueur. Il s'agit en réalité d'un cas d'entrée en vigueur anticipée du texte normatif.

Les lois rétroactives dérogent au principe de la non-rétroactivité des lois qui semble avoir été posé par l'article 831 du Code de la Famille. Selon ce texte, la loi nouvelle a un effet immédiat au jour de sa mise en vigueur. Elle régit les actes et faits juridiques postérieurs et les conséquences que la loi tire des actes ou faits qui ont précédé sa mise en application[411].

En matière pénale, la non-rétroactivité de la loi a été érigée en principe à valeur constitutionnelle. Aux termes de l'article 9, alinéa 2 de la Constitution du Sénégal : « Nul ne peut être condamné si ce n'est en vertu d'une loi entrée en vigueur avant l'acte commis »[412].

Malgré l'affirmation de ce principe dicté par un besoin d'assurer la sécurité juridique des personnes, il comporte des exceptions impliquant la rétroactivité de la loi[413].

Dans une décision rendue le 23 juin 1993[414], le Conseil constitutionnel sénégalais s'est prononcé sur la portée du principe de la non-rétroactivité des lois. Il a jugé que ce principe « n'a de valeur constitutionnelle qu'en matière pénale, conformément aux articles 6 de la Constitution, 8 de la Déclaration des droits de l'homme et du citoyen de 1789 et 11.2 de la Déclaration universelle des droits de l'homme de 1948 ». Dans les autres matières, la non-rétroactivité de la loi est un principe général du droit auquel la loi peut déroger ; il s'ensuit que « le législateur est en droit de donner un caractère rétroactif à une loi ».

Le juge constitutionnel a précisé que la rétroactivité d'une loi nouvelle ne peut remettre en cause des situations existantes que dans le respect des droits et libertés de valeur constitutionnelle.

En matière administrative, un arrêt de la Cour suprême du 10 septembre 2015[415] a énoncé que : « les décisions administratives ne peuvent légalement

411 Pour des applications de ce principe, CA Dakar, ch. civ. comm. n° 301 du 16 avril 2007, Issam OMAIS c/ la Société Confiserie TRIKI LE, *inédit* ; CA Dakar, c. civ. n° 84, 02 juin 2014, La Compagnie d'Assurances NSIA c/ Henri VIDAL : « Aux termes d'un principe de droit, la loi ne disposant que pour l'avenir ; n'ayant point d'effet rétroactif, elle ne peut s'appliquer qu'aux conventions ou actes ou faits juridiques nés sous son empire »

412 V. également l'art. 4 du Code pénal.

413 Les lois interprétatives, qui constituent une exception au principe de la non rétroactivité des lois, feront l'objet d'une étude spécifique, V. *infra*, n° 154.

414 Cons. const. n° 11/93 du 23 juin 1993, Rabat d'arrêt, , in I. M. FALL, *Les décisions et avis du Conseil constitutionnel du Sénégal,* Dakar, CREDILA, 2008, 89, obs. A. NDIAYE. Pour commentaire de cette décision, V. EL. H. MBODJ, « La mise à mort du rabat d'arrêt ? Observations s/c Conseil constitutionnel : 23 juin 1993 », *Revue EDJA*, n° 23, octobre-novembre-décembre 1994, p. 80.

415 CS, ch. adm. n° 57 du 10 septembre 2015, Karim Meïssa WADE c/ Etat du Sénégal, *inédit*.

disposer que pour l'avenir ; que toutefois, la décision administrative peut comporter un effet rétroactif dans la mesure nécessaire pour procéder à la régularisation de la situation d'un agent ou pour tirer les conséquences d'une annulation pour excès de pouvoir ».

150. Les lois déclarées expressément rétroactives. Il arrive des cas où le législateur déclare expressément rétroactives certaines lois ; ces situations sont rares en droit sénégalais[416]. Les lois rétroactives interviennent souvent dans le cadre de la gestion de la carrière des fonctionnaires. A titre d'exemple, l'article 46 du décret n° 77-893 du 12 octobre 1977 portant statut particulier du cadre des fonctionnaires du Service géographique, qui énonce qu'il prend effet pour compter du 1er juillet 1977, constitue une disposition rétroactive.

151. Les lois instituant des mesures de sûreté. En matière pénale, la doctrine admet que les lois édictant des mesures de sûreté peuvent s'appliquer rétroactivement. Ces mesures ont pour objet de prévenir les conséquences d'un état dangereux ; elles sont donc instituées dans l'intérêt des délinquants. Les mesures de sûreté doivent être appliquées même aux délinquants dont les agissements sont antérieurs à l'entrée en vigueur des textes nouveaux[417]. Il en est ainsi des mesures de rééducation et de protection prévues en matière d'enfance délinquante[418].

152. Les lois incriminant des atteintes à des valeurs essentielles de civilisation. Les actes contraires au droit international humanitaire peuvent toujours être réprimés en tant que tels, même si à l'époque de leur commission, leur répression n'était pas expressément prévue dans la législation interne de l'État où ils ont été commis ou dans celle de l'État poursuivant[419].

C'est tout le sens qu'il faudrait donner à l'alinéa 2 de l'article 9 de la Constitution sénégalaise issu de la loi constitutionnelle n° 2008-33 du 07 août 2008. Selon ce texte : « Toutefois, les dispositions de l'alinéa précédent ne s'opposent pas à la poursuite, au jugement et à la condamnation de tout individu en raison d'actes ou omissions qui, au moment où ils ont été commis, étaient tenus pour criminels d'après les règles du droit international relatives aux faits de génocide, crimes contre l'humanité, crimes de guerre ».

153. Position de la Cour de Cassation. D'après l'interprétation qui en a été donnée par la Cour de Cassation française, la Convention européenne des droits de l'homme (art. 7) et le Pacte international relatif aux droits civils et politiques permettent l'édiction de dispositions rétroactives mais ne confèrent

---

416 A. S. SIDIBE, *Droit civil. Droit sénégalais. Introduction à l'étude du droit. Etat des personnes. Famille,* Dakar, CREDILA, 2014, p. 65.

417 R. MERLE et A. VITU, *Traité de droit criminel. Problèmes généraux de la science criminelle. Droit pénal général,* tome 1, Cujas, 7eme édition 1997, n° 223.

418 V. les art. 565 et s. du Code de Procédure pénale.

419 F. DESPORTES et L. LAZERGES-COUSQUER, *Procédure pénale*, Paris, Economica, 2009, n° 332.

pas de plein droit un caractère rétroactif aux textes réprimant les crimes entrant dans leurs prévisions. Une application rétroactive de la loi pénale aux auteurs de ces crimes n'est donc possible que si elle a été expressément prévue par un texte interne ou international. En l'absence de texte, le principe de légalité prévaut. La haute juridiction a refusé d'appliquer les dispositions du Code pénal réprimant les crimes contre l'humanité à des faits de torture commis pendant la guerre d'Algérie après avoir énoncé que les principes de légalité des délits et des peines et de non-rétroactivité de la loi pénale plus sévère « font obstacle à ce que les articles 211-1 à 212-3 de ce code réprimant les crimes contre l'humanité s'appliquent aux faits commis avant la date de leur entrée en vigueur le 1er mars 1994 »[420].

154. Lois pénales plus douces. Le principe de non-rétroactivité de la loi pénale perd sa raison d'être lorsque la loi nouvelle adoucit la répression. La loi pénale plus douce s'applique aux faits commis avant son entrée en vigueur et qui n'ont pas fait l'objet d'une condamnation définitive. Les lois pénales plus douces ont un effet rétroactif ; elles régissent les infractions commises bien avant leur entrée en vigueur.

Une loi de fond est plus douce lorsqu'elle supprime une incrimination existante par le procédé de la dépénalisation

Elle est également plus douce lorsqu'elle exclut une responsabilité pénale ou prévoit des circonstances atténuantes, un fait justificatif ou encore lorsqu'elle supprime une circonstance aggravante.

La jurisprudence pénale sénégalaise a eu l'occasion de mettre en œuvre la rétroactivité « in mitius » des lois pénales de fond plus douces à la suite de la dépénalisation de l'émission de chèque sans provision par la loi uniforme n° 2008-48 du 03 septembre 2008 relative à la répression des infractions en matière de chèque, de carte bancaire et d'autres instruments et procédés électroniques de paiement[421].

155. Les lois interprétatives. La loi interprétative est à l'origine une création jurisprudentielle ; elle a pour objet de clarifier la signification d'une loi antérieure qui est équivoque. La loi interprétative a pour vocation de préciser le sens et la portée d'une loi antérieure ambiguë. Elle fait corps avec la loi interprétée de sorte qu'elle n'est pas considérée comme une loi nouvelle[422]. C'est pourquoi les lois interprétatives sont par définition des lois

---

[420] Cass crim. 17 juin 2003, *Bull. crim.* n° 122 ; *Dr. pén.* 2003, n° 96.

[421] CA Dakar, n° 103 du 31 janvier 2011, MP et Dominique AUVRAY c/ Cathérine Geneviève LOWENSKY, *inédit* ; CA Dakar, n° 497 du 08 avril 2013 , MP c/ Moustapha TOURE, El Hadji SARR et Serigne Mor DIOP, *inédit* ; dans le même sens, CA Dakar, n° 636 du 03 mai 2013, MP et Immad Hamoud c/ Mamadou Khalifa DRAME, *inédit* ; CA Dakar, n°398 du 18 avril 2012, MP et Madina TALL LY c/ Aïssatou Guèye DIAGNE, *inédit* ; CA Dakar, n° 60 du 21 janvier 2011, MP et Sidy alpha CISSE- Mamadou Ndoye MBENGUE c/ Ndéye Maïmouna NDIAYE, *inédit* ; CA Dakar, n° 1376 du 06 septembre 2013, Ministère public et S.D.V c/ Philoméne SANCHEZ, *inédit.*

[422] Cass. civ. 27 février 2002, *Bull. civ.* 2002, n° 53.

rétroactives. Elles traduisent la volonté du législateur d'imposer une interprétation de la loi conforme à la volonté qui a été la sienne[423]. La loi interprétative fait corps avec la loi interprétée et a ainsi le même domaine d'application[424].

Cette technique est destinée à réparer les malfaçons et les obscurités de la loi, généralement mises en évidence par le juge. Elle consiste à réécrire la disposition d'une loi dont l'interprétation faite par la jurisprudence ne convient pas au législateur et à l'administration, de telle sorte que la disposition de la loi interprétée est censée avoir toujours eu la signification qui lui a été donnée par la loi interprétative[425].

On comprend le souci du législateur, qui devant des interprétations très divergentes d'une loi, de préciser son sens et sa portée.

Mais le recours à la loi interprétative devient condamnable lorsqu'elle est adoptée à l'occasion d'un procès en cours pour « forcer la main » du juge et l'obliger à statuer dans un sens déterminé. La Cour de cassation française a manifesté ses réserves à l'égard d'un tel procédé. Elle décidé que « la notion de procès équitable s'oppose sauf pour d'impérieux motifs d'intérêt général, à l'ingérence du pouvoir législatif dans l'administration de la Justice afin d'influer sur le dénouement judiciaire du litige »[426].

✓ Les ordonnances

156. Variétés. En droit sénégalais, les ordonnances constituent une catégorie normative particulière. La Constitution a prévu plusieurs variétés d'ordonnances[427].

157. Les ordonnances de législation déléguée. Ces ordonnances sont des mesures prises par le pouvoir exécutif dans le domaine du pouvoir législatif sur habilitation du Parlement[428]. Aux termes de l'article 77 de la Constitution : « Le Parlement peut habiliter, par une loi, le Président de la République à prendre des mesures qui sont normalement du domaine de la loi ». Il s'agit donc d'une extension occasionnelle des pouvoirs du Président de la République, habilité à modifier éventuellement les lois existantes[429]. Les ordonnances traduisent un procédé de législation déléguée par lequel le

---

[423] C. BERGEAL, *Rédiger un texte normatif. Manuel de légistique*, 7ème édition, Paris, Berger-Levrault, octobre 2012, p 170

[424] X. PRETOT, « Le législateur peut-il s'opposer rétroactivement à la jurisprudence ? Ou de la disparition des lois interprétatives », *RJS* 5/2004, p. 343.

[425] C. BERGEAL, *Ibid*.

[426] Cass. 09 juillet 2003, *JCP* 2004 II. 10016, note X. Perrot ; Cass. 23 janvier 2004, *D*. 2004. I. 1108, note P.Y. Gautier.

[427] J-E GICQUEL, « Ordonnances », *Jurisclass. adm*., fasc. 35, mars 2015, n° 01.

[428] A.-M. LE POURHIER, *Les ordonnances. La confusion des pouvoirs en droit public français*, Paris, LGDJ, 2011, p. 25 ; J.-C. COLLIARD, « Que reste-t-il de l'article 38 de la Constitution ? », *Mélanges Yves Jegouzo*, 2009, p. 131.

[429] A. BOCKEL, *Droit administratif*, Dakar-Abidjan, NEA, LGDJ, 1978, p. 109.

Parlement consent à l'immixtion du Gouvernement dans son domaine en l'autorisant à « légiférer »[430].

En vertu de l'article 77, alinéa 2 de la Constitution, les ordonnances deviennent caduques si le projet de loi de ratification n'est pas déposé sur le bureau de l'Assemblée nationale avant la date fixée par la loi d'habilitation. Le dépôt de la loi de ratification a pour seul effet de maintenir en vigueur l'ordonnance qui demeure un acte administratif aussi longtemps que le projet de loi n'est pas adopté par le Parlement.

A la fin de la période d'habilitation fixée par la loi, l'ordonnance demeure encore un acte administratif et peut faire l'objet d'un contrôle juridictionnel devant la Cour suprême. Le juge de l'excès de pouvoir vérifie la conformité de cet acte par rapport à la loi d'habilitation, qui ne doit pas être violée ou outrepassée[431].

Seule l'adoption de la loi de ratification a pour effet de donner à l'ordonnance une nature législative[432]. Le rejet du projet de loi de ratification par le Parlement entraîne par contre l'abrogation de l'ordonnance. A titre d'exemple, sur le fondement de la loi d'habilitation n° 60-43 ALS du 20 août 1960[433], le Président de la République a signé plusieurs ordonnances[434].

Il faut préciser que le Parlement ne peut habiliter le Président de la République à prendre, par ordonnance, des mesures appartenant à des matières relevant d'une loi constitutionnelle[435] ou d'une loi organique[436].

158. Les ordonnances de circonstances exceptionnelles. Les ordonnances peuvent s'inscrire dans le cadre de l'exercice des pouvoirs exceptionnels du Président de la République[437]. En vertu de l'article 52 de la Constitution, lorsque les institutions de la République, l'indépendance de la Nation, l'intégrité du territoire national ou l'exécution des engagements

---

430 S. N. TALL, « Les ordonnances en Afrique noire francophone », *Revue EDJA*, n° 64, janvier-février-mars 2005, p. 65.

431 CE 19 octobre 1962, Canal et autres.

432 CE, 09 mars 1951, Guiolet, *D.* 1951, jurispr. p. 474, note J.-L. Quermonne ; CE, sect., 25 janvier 1957, Sté établissements Charlionais et Cie, *Rec. CE,* 1957, p. 54 ; *RDP,* 1957, p. 220, note M. Waline ; CE, sect., 04 décembre 1964, min. Int. c/ Synd. défense des Arciveaux, *Gaz. pal.,* 1965, 02, p. 61 ; CE, 24 octobre 1973, secr. d'État chargé de la jeunesse, *RDP,* 1974, p. 1498, note J.-M. Auby.

433 JORS du 24 août 1960, p. 857.

434 V. l'ordonnance n° 60-01 MF du 20 août 1960 relative au fonctionnement du Trésor sur le territoire du Sénégal ; l'ordonnance n° 60-02 MF du 20 août 1960 portant création d'un service des Douanes de la République du Sénégal ; l'ordonnance n° 60-03 MF du 20 août 1960 portant modification de la formule exécutoire ; l'ordonnance n° 60-04 du 20 août 1960 portant deuxième remaniement du budget de la République du Sénégal (JORS du 24 août 1960, p. 859-860).

435 V. art. 103 de la Constitution.

436 V. art. 78, alinéa 2 de la Constitution.

437 J. LAMARQUE, « La théorie de la nécessité et l'article 16 de la Constitution », *RDP,* 1961, p. 558.

internationaux sont menacées d'une manière grave et immédiate et que le fonctionnement régulier des pouvoirs publics ou des institutions est interrompu, le Président de la République dispose de pouvoirs exceptionnels.

Au titre des mesures prises en application de l'article 52 de la Constitution, le Président de la République peut prendre des « mesures de nature législative » qu'il met lui-même en vigueur. Il peut les amender ou les rejeter à l'occasion du vote de la loi de ratification. Le Parlement se réunit de plein droit. Il est saisi pour ratification, dans les quinze (15) jours de leur promulgation. Ces mesures deviennent caduques si le projet de loi de ratification n'est pas déposé sur le bureau de l'Assemblée nationale dans ledit délai.

Les mesures présidentielles « de nature législative » sont soumises à une procédure de ratification analogue à celle prévue pour les ordonnances de législation déléguée de l'article 77 de la Constitution.

✓ Les actes administratifs unilatéraux

159. Les typologies. L'acte administratif unilatéral, par opposition au contrat administratif, est une décision qui émane d'une autorité administrative[438], c'est-à-dire d'un agent ou organe administratif investi de la compétence, qui a pour objet de modifier l'ordonnancement juridique existant (acte décisoire)[439].

---

438 Cependant, la jurisprudence du Conseil d'Etat sénégalais a reconnu la nature d'actes administratifs à des actes émanant d'organismes privés délégataires d'une mission de service public. En effet, dans l'arrêt ASC Dial DIOP rendu le 27 avril 1994, la haute juridiction administrative s'est déclarée compétente pour connaître d'un recours pour excès de pouvoir dirigé contre une décision du Comité Directeur de la Fédération sénégalaise de Football. Cette décision avait confirmé le verdict de la Commission centrale Statuts-Règlement et qualification appliquant à l'équipe du Dial DIOP un forfait général. Selon le Conseil d'Etat, « l'autorité administrative n'a pu déléguer que la compétence dont elle était investie et qu'il en résulte que les actes accomplis par les organismes délégataires dans les limites de la délégation sont formellement des actes administratifs et par la suite, susceptibles de recours pour excès de pouvoir » (CE n° 18/1994 du 27 avril 1994, ASC Dial DIOP c/ Fédération sénégalaise de Football, in D. SY, *Répertoire de jurisprudence : droit administratif- Recueil des arrêts du Conseil d'Etat 1993-1994-1995*, CREDILA, p. 139) ; également, V. CE, 29 novembre 2001, Oumar SECK c/ Fédération sénégalaise de football, *inédit*. Sur cette décision, F. MBODJ, « Les actes administratifs des personnes morales de droit privé à la lumière de la jurisprudence sportive Dial DIOP », in M. BADJI et O. DEVAUX (dir.), in *L'administration en Afrique francophone*, *Droit sénégalais*, n° 06, novembre 2007, Presses universitaires des sciences sociales de Toulouse, p. 119. En outre, par un arrêt du 07 avril 2011 (CS. n° 13 du 07 avril 2011, ASC Douanes c/Fédération sénégalaise de Basket-ball, *inédit*), la Chambre administrative de la Cour suprême, saisie d'un recours pour excès de pouvoir, a annulé le procès-verbal n°001 du 19 avril 2010 du bureau de la fédération sénégalaise de Basket pour n'avoir pas été signé.

439 P. DELVOLVE, « La définition des actes administratifs », *RFDA* 2016, p. 35 ; Ch. FROGER, « Notion d'acte administratif-Manifestation unilatérale de volonté. Autorité administrative », *Juris-cl. Adm.*, fasc. 106-10, décembre 2016, n° 6 et s.

Ont notamment, la qualité d'autorités administratives, le Président de la République, le Premier Ministre, les ministres, les autorités déconcentrées (gouverneur, préfet, sous-préfet) et les assemblées délibérantes des autorités décentralisées (conseil municipal, conseil départemental, assemblée de l'université), les organes exécutifs des autorités décentralisées (maire, président du conseil départemental, recteur)[440] ainsi que les autorités administratives indépendantes, qui peuvent se voir conférer le pouvoir réglementaire par le texte qui les a instituées[441].

Les actes administratifs peuvent être classés selon plusieurs critères. A cet égard, il y a une classification selon le contenu des actes administratifs et une classification selon leurs auteurs.

- **La classification des actes administratifs selon de leur contenu.**

160. La distinction. On peut distinguer les actes réglementaires des actes individuels[442].

- **L'acte administratif à caractère réglementaire**

161. Les actes réglementaires. Les actes administratifs à caractère réglementaire (règlements) sont des actes unilatéraux de caractère général et impersonnel faisant partie de l'ordonnancement juridique[443]. La Cour suprême se fonde souvent sur la généralité et l'impersonnalité de l'acte pour le qualifier d'acte réglementaire[444]. Les actes administratifs réglementaires relèvent du pouvoir réglementaire[445], c'est-à-dire le pouvoir d'édicter des règlements qui sont des actes exécutoires de portée générale et impersonnelle[446].

---

440 J. M. AUBY, « Le pouvoir réglementaire des collectivités locales », *AJDA* 1984, p. 468 ; P-L. FRIER, « Le pouvoir réglementaire local : force de frappe ou puissance symbolique?», *AJDA* 2003, p. 559.

441 En ce sens, M. DIAKHATE, *La rédaction administrative au Sénégal*, Dakar, CREDILA, 2eme édition, 2016, p. 183-184. A titre d'exemple, la Commission des Données Personnelles est habilitée à établir et à publier des normes destinées à simplifier ou à exonérer l'obligation de déclaration, pour les catégories les plus courantes de traitement des données à caractère personnel dont la mise en œuvre n'est pas susceptible de porter atteinte à la vie privée ou aux libertés. Ces normes peuvent prendre en compte les codes de conduite homologués par la Commission des Données Personnelles (V. art. 19 de la loi n° 2008-12 du 25 janvier 2008 sur la protection des données à caractère personnel).

442 J. L. DEWOST et R. DENOIX DE SAINT-MARC, « Classification actes réglementaires et actes non réglementaires», *AJDA* 1969, I, 428.

443 Sur cette notion, V. J. M. NZOUANKEU, *La notion d'acte réglementaire en droit français*, thèse, Université de Droit, d'Economie et de Sciences sociales de Paris, Faculté de droit de Paris II., 1976, 546 p.

444 V. notamment, CS. ch. adm. n° 50 du 25 août 2016, Total Sénégal c/ Etat du Sénégal, *inédit* : « *Considérant que le décret attaqué eu égard à sa portée générale et impersonnelle a un caractère réglementaire* ».

445 Sur le pouvoir réglementaire, J. M. NZOUANKEU, « Remarques sur le pouvoir réglementaire au Sénégal » in *Le pouvoir réglementaire des autorités administratives au Sénégal*, Actes du

L'acte réglementaire est permanent, il n'épuise pas ses effets en une seule fois ; les droits et obligations qu'il entraîne prévalent aussi longtemps que l'acte n'est pas abrogé[447].

L'acte réglementaire peut être un décret (décret réglementaire)[448] ou un arrêté (arrêté réglementaire). Par exemple, un arrêté municipal interdisant le stationnement dans certains lieux est un acte réglementaire.

Il peut même se présenter sous la forme d'une délibération d'un conseil local (conseil municipal ou conseil départemental) ou d'un conseil académique d'une université. En effet, ces organes délibérants exercent leur pouvoir réglementaire par voie de délibérations. Il s'agit d'actes par lesquels ils règlent les affaires de la collectivité[449] ou délibèrent sur les aspects scientifiques, académiques, pédagogiques, disciplinaires ou de recherche relatifs à l'université[450]. Ces délibérations sont même susceptibles de recours pour excès de pouvoir devant la Cour suprême[451].

- L'acte administratif à caractère individuel

162. L'acte individuel. L'acte administratif réglementaire s'oppose à l'acte administratif individuel qui est une décision ayant pour destinataire une ou plusieurs personnes nommément désignées. Il peut concerner une personne (acte administratif individuel)[452]. Il en est ainsi d'un arrêté de nomination d'un fonctionnaire à un poste. L'acte administratif non réglementaire peut concerner également plusieurs personnes individuellement identifiées et dont

---

5eme colloque de la RIPAS, Dakar, 11-15 décembre 1989, *RIPAS*, janvier-décembre 1990, n° 23-24, p. 11 et s. ; B. N. MBAYE, « A propos du pouvoir réglementaire au Sénégal » in *Le pouvoir réglementaire des autorités administratives au Sénégal*, Actes du 5eme colloque de la RIPAS, Dakar, 11-15 décembre 1989, *RIPAS*, janvier-décembre 1990, n° 23-24, p. 33 et s. ; B. FAURE, « La crise du pouvoir réglementaire : entre ordre juridique et pluralisme institutionnel », *AJDA,* 1998, p. 547.

446 V. LASSERRE, « Loi et règlement », *Rép. dr. civ.*, Dalloz, 2015, n° 21.

447 A. BOCKEL, *Droit administratif*, Dakar-Abidjan, NEA, LGDJ, 1978, p. 168-169.

448 J. MASSOT, « Les catégories des décrets réglementaires. Critère matériel et critère formel », in *Mélanges Avril* , Paris, Montchrestien, 2001, p. 363.

449 V. art. 20 et 81 du Code général des Collectivités territoriales.

450 V. art. 14 de la loi n° 2015-26 du 28 décembre 2015 relatives aux universités publiques.

451 En ce sens, V. CS ch. adm. n°16 du 23 février 2017, la société des Produits Industriels et Agricoles (S.P.I.A.) c/ le Conseil rural de Nguidilé, *inédit ;* CS ch. adm. n°22 du 09 mars 2017, Ibrahima DIOUF c/ Conseil municipal de Méouane, *inédit* ; CS ch. adm. n°67 du 22 décembre 2016, Mamadou LO & autres c/ la Commune de Diockoul Diawrigne, *inédit* ; CS ch. adm. n°15 du 23 février 2017, Aïssatou BA c/ le Conseil rural de Malicounda-Sous-Préfet de Sindia-Maire de Saly, *inédit*; CS ch. adm. n°15 du 25 février 2016, Djiby BA & autres c/ Communauté rurale de Ndiagne, *inédit*; CS ch. adm. n°45 du 14 juillet 2016, Abdoulaye Ndiaye c/ Préfecture de Mbour-Commune de Ngaparou, *inédit* ; CS ch. adm. n° 34 du 26 mai 2016, Manga Restinou LAZARE & Famille c/ Communauté rurale de Mlomp, *inédit.*

452 En ce sens, V. la circulaire n° 78 du 27 septembre 1960 relative aux incidences de l'entrée en vigueur de la Constitution sur les conditions d'exercice du pouvoir législatif, du pouvoir réglementaire et du pouvoir de prendre des décisions individuelles.

les situations sont solidaires (acte administratif collectif)[453]. Par exemple, une décision ordonnant la dispersion de manifestants sur la voie publique.

L'acte administratif individuel est non permanent puisque ses effets sont accomplis en une seule fois ; il n'est plus susceptible d'une nouvelle application. Par exemple, une nomination confère un statut préexistant à un individu et par là même épuise ses effets[454].

163. L'acte ni réglementaire ni individuel. Il existe une catégorie intermédiaire entre les actes réglementaires et les actes individuels, appelée «décisions d'espèce »[455] ou encore « actes particuliers»[456]. La décision d'espèce applique une réglementation préexistante à une situation particulière. Il s'agit en quelque sorte d'une décision intermédiaire en ce qu'elle intervient après l'acte réglementaire qu'elle ne fait qu'appliquer, mais avant l'acte individuel dont elle conditionne l'adoption[457]. Il ne vise pas tel ou tel individu précisément identifié mais, comme l'acte réglementaire, s'applique indépendamment des personnes concernées. Toutefois, à la différence de l'acte réglementaire, cet acte a pour objet de décider de l'application d'une norme générale préexistante à un cas particulier[458]. Il en est ainsi notamment d'un arrêté constituant une commission de remembrement[459] ou d'une déclaration d'utilité publique[460].

- **La classification des actes administratifs selon leurs auteurs**

164. La diversité. Le critère tiré de l'auteur de l'acte administratif permet d'identifier les actes administratifs suivants : le décret, l'arrêté, la décision et la délibération.

- **Le décret**

165. Les décrets présidentiels. Les décrets sont des actes administratifs signés par le Président de la République dans le cadre de ses compétences ou par le Premier Ministre sur autorisation du Président de la République. Le

---

[453] Sur cette question, V. J-Y. MADEC, « Le partage du pouvoir réglementaire entre les autorités administratives au Sénégal », in *Le pouvoir réglementaire des autorités administratives au Sénégal*, Actes du 5eme colloque de la RIPAS, Dakar, 11-15 décembre 1989, *RIPAS*, janvier-décembre 1990, n° 23-24, p. 108.

[454] A. BOCKEL, *Droit administratif*, Dakar-Abidjan, NEA, LGDJ, 1978, p.169 ; M-C. BERGERÈS, « Les actes non réglementaires », *AJDA*, 1980, p. 3.

[455] R. CHAPUS, *Droit administratif général*, t. 1, Paris, Montchrestien, 2001, 15 eme éd., n° 700 ; I. POIROT-MAZERES, « Les « décisions d'espèce », *RDP* 1992, p. 203.

[456] P. DEVOLVE, *Acte administratif*, Paris, Sirey, 1983.

[457] Ch. FROGER, « Notion d'acte administratif. Manifestation unilatérale de volonté. Autorité administrative », *Juris-cl. adm.*, fasc. 106-10, décembre 2016, n° 18.

[458] B. SEILLER, « Acte administratif », *Rép. cont. adm.*, 2003, n° 384.

[459] CE, sect., 19 novembre 1965, Delattre-Floury, Lebon, p. 623.

[460] CE, ass., 10 mai 1968, Cne Broves, Lebon, p. 297, concl. A. Dutheillet de Lamothe; CE, ass., 14 février 1975, Merlin , Lebon, p. 110 ; *AJDA* 1975, p. 229, chron. M. Franc et M. Boyon.

Sénégal, après être sorti du traumatisme de la crise de décembre 1962, a instauré, pour la première fois, dans la Constitution du 07 mars 1963, un régime de type présidentiel avec un exécutif de type monocéphale[461].

La Constitution du 22 janvier 2001 n'a pas bouleversé cette orientation juridique. En vertu de l'article 43 de la Constitution, le Président de la République signe les décrets[462]. Il exerce le pouvoir réglementaire surtout par voie décrétale[463]. Dans le cadre du régime présidentiel issu de la Constitution du 22 janvier 2001, le Président de la République est le détenteur par essence du pouvoir réglementaire[464].

Les décrets du Président de la République doivent, sauf dans certains cas spécifiques, être contresignés par le Premier Ministre associé à leur exécution[465].

166. Les décrets primatoraux. Les décrets peuvent aussi être édictés par le Premier Ministre. Il résulte de l'article 50, alinéa 2 de la Constitution que le Président de la République peut autoriser le Premier Ministre à prendre des décisions par décret. Le Chef de l'État exerce très rarement cette prérogative ; mais en cas d'autorisation présidentielle, le Premier Ministre peut bien édicter des décrets[466].

A titre d'exemple, on peut citer le décret primatoral n° 2006-12 du 10 janvier 2006 portant création de l'Agence nationale des Expropriations et Relogements (ANER) et le décret primatoral n° 2005-331 du 15 avril 2005 portant nomination du Président du Conseil de Surveillance de l'Agence nationale pour la Relance des Activités économiques sociales en Casamance.

Les actes réglementaires du Premier Ministre sont soumis au contreseing des ministres chargés de leur exécution. Aux termes de l'article 57, alinéa 3 de la Constitution : « Les actes réglementaires du Premier Ministre sont contresignés par les membres du Gouvernement chargés de leur exécution ».

---

461 I. M. FALL, *Evolution constitutionnelle du Sénégal de la veille de l'indépendance aux élections de 2007*, Dakar, CREDILA-CREPOS, 2007, p. 51.

462 M. TROPER, « La signature des ordonnances : fonction d'une controverse », *Pouvoirs* 1987, n° 41, p. 75 ; A.-M. LE POURHIET, *Les ordonnances*, Paris, LGDJ, coll. Systèmes, 2011.

463 A. BOCKEL, « Les administration centrales », in *Encyclopédie juridique de l'Afrique*, Tome I, Dakar-Abidjan-Lomé, NEA, 1982, p. 156 ; P. AVRIL, « Les décrets réglementaires du Président de la République non délibérés en Conseil des Ministres », *AJDA*, 1976, p. 116 ; D. POUYAUT, « Les décrets réglementaires du Président de la République », *RFDC* 1993, p. 55 ; également V. l'instruction primatorale n° 04 PM du 12 mars 2970 relative à la présentation et à la préparation des décrets.

464 M. DEBENE, « Pouvoir règlementaire et régime présidentiel », *RIPAS* n° 23-24, janvier-décembre 1990, *Actes du 5eme colloque de la RIPAS*, Dakar du 11 au 15 décembre 1989, p. 45.

465 Sur le contreseing V. *infra*, n° 538 et s.

466 P. TALBOT, « La hiérarchie des décrets réglementaires du Premier Ministre et du Président de la République », *Rev. adm.*, 1990, p. 230.

Ainsi, un décret réglementaire du Premier Ministre doit obligatoirement être contresigné par les ministres chargés d'en assurer l'exécution[467].

Le Président de la République et le Premier Ministre sont habilités à prendre des décrets réglementaires (décret d'application d'une loi, etc.) ou à signer des décrets individuels (décret de grâce, décret de nomination à un poste, etc.).

167. La particularité du droit sénégalais. Le droit sénégalais, dans son état actuel, ignore la distinction française entre les décrets pris en Conseil des Ministres, les décrets en Conseil d'État et les décrets simples[468]. Certains textes qui font encore allusion aux « décrets pris en Conseil des Ministres » remontent à une période antérieure à l'adoption de la Constitution du 07 mars 1963[469].

Dans des textes récents, il arrive que le législateur fasse référence à l'intervention de décrets pris en Conseil des Ministres[470].

Il est vrai que certains décrets font l'objet d'une délibération en Conseil des Ministres, d'autres sont seulement signés par le Président de la République et éventuellement contresignés par le Premier Ministre. Des décrets réglementaires peuvent également être soumis à l'avis de l'Assemblée générale consultative de la Cour suprême ; mais cette consultation n'est une obligation pour le Gouvernement que dans des cas limitativement énumérés[471].

Contrairement à ce qui se passe en France, il n'y a aucune hiérarchie entre le décret adopté en Conseil des Ministres et le décret simple ou celui signé après avis de l'Assemblée générale consultative de la Cour suprême. La circulaire du Président du Conseil n° 78 du 27 septembre 1960 relative aux incidences de l'entrée en vigueur de la Constitution sur les conditions d'exercice du pouvoir législatif, du pouvoir réglementaire et du pouvoir de prendre des décisions individuelles énonce d'ailleurs que « la circonstance qu'un décret ait été délibéré en Conseil des Ministres ne lui confère pas de

---

467 P. LUPPI, « L'unite du pouvoir réglementaire du Premier Ministre et son caractère ab initio», *AJDA* 2007, p. 1643.

468 J. MASSOT, « Les catégories des décrets réglementaires. Critère matériel et critère formel », *in Mélanges Avril,* Paris, Montchrestien, 2001, p. 363 ; D. LABETOULLE, « La place du décret en Conseil d'État dans l'exercice du pouvoir réglementaire gouvernemental », in *Mélanges Costa*, Paris, Dalloz, p. 353 ; D. LABETOULLE, « Décret simple ou décret en Conseil d'État ? », *RJEP,* n° 677, juillet 2010, p. 1.

469 V. par exemple, article 1er de l'ordonnance n° 59-043 SG du 31 mars 1959 créant un Contrôle financier ; art. 18, 27, 58 et 97 de la loi n° 61-33 du 15 juin 1961 portant statut général des fonctionnaires, modifiée annoncent l'intervention de « *décrets pris en Conseil des Ministres* » ; en ce sens, M. DIAKHATE, *La rédaction administrative au Sénégal*, Dakar, *CREDILA*, 2016, p. 192.

470 V. art. 4, 23, 24 et 42 de la loi organique n° 2011-15 du 08 juillet 2011 relative aux lois de finances. Ces textes évoquent l'adoption de décrets *« pris en Conseil des Ministres »*.

471 V. *infra*, n° 465.

prééminence juridique sur les décrets simples ». Ces différents actes réglementaires sont d'égale valeur juridique.

- L'arrêté

168. Notion. Il s'agit d'un acte administratif émanant des autorités administratives centrales (Président de la République, Premier Ministre, ministres), des autorités administratives déconcentrées (gouverneur, préfet, sous-préfet) ou décentralisées (maire, président du Conseil départemental, recteur d'université)[472]. Il peut revêtir la nature d'un acte réglementaire (arrêté portant interdiction d'une marche) ou d'un acte individuel (arrêté de suspension d'un fonctionnaire), voire d'un acte ni réglementaire, ni individuel.

169. Les arrêtés présidentiels et les arrêtés primatoraux. Le Président de la République et le Premier Ministre peuvent signer des arrêtés.

Cette prérogative résulte du pouvoir reconnu à tout chef de service de prendre des mesures nécessaires à l'organisation de son service.

Le Président de la République prend des arrêtés surtout pour les besoins de l'organisation et du fonctionnement de ses services. C'est ainsi qu'il organise son cabinet par voie d'arrêtés. Par exemple, les membres du Cabinet du Président de la République, les ministres d'État, les ministres conseillers, les ambassadeurs itinérants, les conseillers spéciaux, les conseillers techniques et les chargés de mission sont nommés par arrêté du Président de la République[473].

Le Premier Ministre organise également les services de la Primature par voie d'arrêtés. Le Directeur de Cabinet du Premier Ministre ainsi que les conseillers techniques et les autres membres du cabinet du Premier Ministre sont nommés par arrêté primatoral[474].

En outre, le Premier Ministre peut exercer le pouvoir réglementaire qui lui est reconnu par l'article 57 de la Constitution, par arrêté.

170. Les arrêtés ministériels, conjoints ou interministériels. Il y a plusieurs catégories d'arrêtés. Il s'agit des arrêtés ministériels, des arrêtés conjoints et des arrêtés interministériels[475]. L'arrêté ministériel est celui édicté par un ministre seul dans son domaine de compétence. Par exemple, l'arrêté du Ministre de la Justice installant un tribunal est un arrêté ministériel.

---

[472] J-Y. MADEC, « Le partage du pouvoir réglementaire entre les autorités administratives au Sénégal », in *Le pouvoir réglementaire des autorités administratives au Sénégal*, Actes du 5eme colloque de la RIPAS, Dakar, 11-15 décembre 1989, *RIPAS*, janvier-décembre 1990, n° 23-24, p. 107 et s.

[473] V. le décret n° 2007-909 du 31 juillet 2007 relatif à l'organisation de la Présidence de la République, modifié.

[474] V. art. 2 du décret n° 2014-1175 du 17 septembre 2014 relatif à l'organisation et au fonctionnement de la Primature.

[475] Sur cette question, J. GANDOUIN et J.-M. ROUSSIGNOL, *Rédaction administrative Afrique. Maghreb-Afrique subsaharienne,* Armand Colin, 4eme édition mise à jour, 2013, p. 189.

L'arrêté conjoint est pris par deux ministres[476]. Par exemple, l'arrêté du Ministre de la Justice et du Ministre de l'Économie des Finances et du Plan n° 0087661 du 14 septembre 1993 fixant le barème des provisions constitue un arrêté conjoint.

On parle d'arrêté interministériel lorsque qu'il est édicté par plus deux ministres. Par exemple, l'arrêté des Ministres chargés du Commerce, de l'Environnement et de la Santé publique réglementant la fabrication, l'importation, la détention en vue de la vente, la mise à la disposition du consommateur de produits ou matériaux générateurs de déchets, conformément à l'article L 40 du Code de l'Environnement, constitue un arrêté interministériel.

Les arrêtés conjoints ou interministériels sont co-signés par les ministres titulaires de la compétence ; ce qui signifie que ceux-ci en sont les coauteurs[477].

171. Le pouvoir réglementaire des ministres. Les ministres peuvent édicter des arrêtés individuels ou des arrêtés réglementaires.

Par exemple, un ministre peut signer un arrêté pour nommer le chef d'un service rattaché à son cabinet.

En ce qui concerne le pouvoir réglementaire, la circulaire n° 25/PM/JUR du 24 avril 1975 relative à l'exercice du pouvoir réglementaire[478] a rappelé les conditions d'exercice par les ministres du pouvoir réglementaire[479]. Les prescriptions de cette circulaire ont été récemment précisées par la circulaire n° 0013 PM/SGG/SGA/PAT du 16 novembre 2016 sur l'exercice du pouvoir réglementaire des ministres.

Selon l'instruction générale n° 15 PR du 1er mars 1968 sur l'organisation du travail gouvernemental : « la position du ministre est totalement différente de ce qu'elle était sous le régime parlementaire. Les ministres ne sont plus responsables devant l'Assemblée, mais devant le seul Président (de la République). Ils ne disposent d'aucun pouvoir propre, pas plus dans le domaine réglementaire ».

A la différence du Président de la République, les ministres ne disposent pas en principe d'un pouvoir réglementaire propre.

Mais cette règle souffre de deux exceptions majeures.

---

476 G. KOUBI, « L'acte administratif unilatéral conjoint », *RRJ* 1985, p. 297

477 CE 1er juillet 1954, Charles, *AJDA,* 1955 II. 302, concl. Laurent ; également, H. BELRHALI, *Les coauteurs en droit administratif,* coll. Bibl. Droit public, t. 231, Paris, *LGDJ*, 2003 ; P. FERRARI, « Essai sur la notion de co-auteurs d'un acte unilatéral en droit administratif français », *Mélanges Eisenmann*, Paris, Cujas, 1975, p. 215.

478 JORS du 06 octobre 1975, p. 1403.

479 C. WIENER, *Recherche sur le pouvoir réglementaire des ministres*, Paris, coll. Bibl. Droit public, t. 98, LGDJ, 1970.

172. Le pouvoir réglementaire d'organisation du service. Les ministres ont le pouvoir de fixer l'organisation interne de leur service dans le cadre du décret d'organisation de leur département. Cette première exception constitue une consécration de la jurisprudence Jamart[480]. En effet, comme tout chef de service, le ministre dispose du pouvoir réglementaire pour le bon fonctionnement de l'administration placée sous son autorité[481].

A cet effet, la circulaire n° 0013 PM/SGG/SGA/PAT du 16 novembre 2016 énonce que l'autorité ministérielle doit s'assurer que les mesures prises par arrêté rentrent dans ses attributions et dans le cadre organisationnel de son département fixé par décret. Le décret portant organisation du ministère détermine généralement les attributions des directions.

Dans ce cadre réglementaire, il reviendra à chaque ministre, sans qu'il soit besoin d'un texte spécial, de préciser, par arrêté, l'organisation et les attributions des divisions et des bureaux, dans la mesure où celles-ci n'ont pas été fixées dans le décret portant organisation du département ministériel.

Il est, à cet égard, fortement recommandé au ministre de consulter le décret fixant ses attributions ainsi que le décret portant organisation de son département ministériel.

Ces mesures d'organisation du service ne s'appliquent normalement qu'aux agents du service ; elles ne doivent pas concerner les usagers dudit service[482].

En outre, le ministre ne peut intervenir que lorsqu'il y a un vide dans l'ordonnancement juridique sauf si un texte a attribué compétence à une autre autorité. Ainsi, un ministre ne peut prendre des mesures d'organisation ou de fonctionnement pour l'adoption desquelles un texte de loi ou de décret impose une formalité particulière[483].

173. Le pouvoir réglementaire par habilitation. Les ministres disposent d'un pouvoir réglementaire par habilitation législative ou réglementaire.

Ils peuvent exercer le pouvoir réglementaire en vertu de la loi. Dans ce cas, le législateur confère de façon expresse aux ministres le pouvoir de prendre par arrêté, des dispositions réglementaires d'application. Tout se passe comme si le législateur « court-circuite » le Président de la République pourtant titulaire du pouvoir réglementaire, pour confier directement aux ministres le

---

480 CE du 07 février 1936, Jamart, Lebon 172 ; *S.* 1937. 3, p. 113, note Rivero.

481 V. l'instruction générale n° 15 PR du 1er mars 1968 sur l'organisation du travail gouvernemental. Selon cette instruction générale, le ministre a le « *pouvoir de prendre des mesures de pure organisation interne dans le cadre des décrets existants* ».

482 M. HECQUART-THÉRON, « De la mesure d'ordre intérieur », *AJDA*, p. 1981, p. 235.

483 CE 08 janvier 1982, SARL chocolat de régime Dardenne, n° 17270.

pouvoir de prendre des arrêtés réglementaires[484]. Il s'agit souvent de domaines très techniques.

A titre d'exemple, l'article L 74 du Code du Travail (loi) prévoit que l'organisme devant qui l'apprenti peut passer un examen après la fin de son temps d'apprentissage est désigné par arrêté conjoint du Ministre chargé du Travail et celui chargé de la Formation professionnelle.

En outre, les ministres peuvent également exercer un pouvoir réglementaire par habilitation du Président de la République ou même du Premier Ministre. En vertu de l'article 50, alinéa 1er de la Constitution, le Président de la République peut déléguer par décret certains pouvoirs aux autres membres du Gouvernement, à l'exception notamment des mesures relatives à la défense nationale, à l'accréditation des ambassadeurs, à l'exercice du droit de grâce, à la nomination du Premier Ministre et des ministres, à la soumission d'un projet de loi au référendum, à la promulgation des lois et à l'exercice des pouvoirs exceptionnels de l'article 52 de la Constitution[485].

De nombreux décrets renvoient à des arrêtés ministériels, conjoints ou interministériels pour fixer leurs modalités d'application.

En tout état de cause, le pouvoir réglementaire exercé par les ministres par habilitation, constituant un pouvoir réglementaire d'exception, les renvois à des arrêtés sont interprétés strictement. Il arrive qu'un décret ait été pris en lieu et place d'un arrêté ; ce décret est alors considéré juridiquement comme un arrêté qui est légal[486]. Cependant, il pourra être modifié ou abrogé par un autre arrêté.

La circulaire n° 0013 PM/SGG/SGA/PAT du 16 novembre 2016 sur l'exercice du pouvoir réglementaire des ministres précise qu'en dehors des deux cas susmentionnés (organisation du service et habilitation législative ou réglementaire), tout texte de nature réglementaire édicté par un ministre est dépourvu de base légale et encourt, dès lors, l'annulation du juge de l'excès de pouvoir.

174. Les arrêtés des autorités administratives déconcentrées. Les autorités administratives déconcentrées, à savoir les gouverneurs, les préfets et les sous-préfets (chefs de circonscriptions administratives) participent aussi à l'exercice du pouvoir réglementaire[487]. En effet, ces autorités sont les délégués du Président de la République et les représentants du Premier Ministre et de

---

484 J. Y. MADEC, « Le partage du pouvoir règlementaire entre les autorités administratives au Sénégal », *RIPAS* n° 23-24, janvier-décembre 1990, *Actes du 5 eme colloque de la RIPAS*, Dakar du 11 au 15 décembre 1989, p.112.

485 V. également, art. 57, alinéa 5 de la Constitution.

486 CE 12 juillet 1955, Olivier et Boyancé, n° 34587.

487 Sur cette question, A. BOCKEL, « L'administration territoriale et locale », in *Encyclopédie juridique de l'Afrique*, Tome I, Dakar-Abidjan-Lomé, NEA, 1982, p. 171 et s.

chacun des ministres[488]. A ce titre, même en l'absence de textes spécifiques, ils sont habilités à prendre des mesures appropriées en vue de bien administrer leurs circonscriptions administrations.

Ces autorités bénéficient aussi de délégations spécifiques de pouvoirs émanant des titulaires du pouvoir réglementaire, à savoir le Président de la République ou les ministres. Certains textes de portée générale ont confié des pouvoirs particuliers de police aux autorités déconcentrées. Il s'agit notamment de la loi n° 72-02 du 1er février 1972 relative à l'organisation de l'administration territoriale modifiée, de son décret d'application n° 72-636 du 29 mai 1972 fixant les attributions des chefs de circonscriptions administratives modifié, de la loi n° 78-02 du 29 janvier 1978 relative aux réunions et du Code général des Collectivités territoriales.

Il résulte de l'article 14 de la loi n° 78-02 du 29 janvier 1978 relative aux réunions que l'autorité administrative responsable de l'ordre public peut interdire toute réunion publique s'il existe une menace réelle de troubles à l'ordre public telle que la surexcitation des esprits à la suite d'événements politiques ou sociaux récents, la prévision de manifestations simultanées organisées par des groupements opposés et si elle ne dispose pas des forces de sécurité nécessaires pour s'y opposer. L'arrêté d'interdiction d'une réunion publique doit être motivé[489].

En vertu de l'article 123 du Code général des Collectivités territoriales, les représentants de l'État exercent les pouvoirs de réprimer les atteintes à la tranquillité (tumulte excité dans les lieux d'assemblée publique, attroupements, bruits et rassemblements nocturnes, etc.) et de maintenir le bon ordre dans les endroits où se font de grands rassemblements (les foires, marchés, réjouissances et cérémonies publiques, spectacles, jeux, cafés, lieux de culte et autres lieux publics)[490].

Une compétence spéciale est reconnue au préfet, «en cas de danger grave ou imminent » pour prendre « toutes mesures de sûreté exigées par les

---

[488] V. art. 3, 6 et 9 de la loi n° 72-02 du 1er février 1972 relative à l'organisation de l'administration territoriale ; aussi V. art. 1er, 13 et 25 du décret n° 72-636 du 29 mai 1972 relatif aux attributions des chefs de circonscription administrative et des chefs de village modifié par le décret n° 96-228 du 22 mars 1996.

[489] Selon l'article 2 du décret n° 73-703 du 25 juillet 1973 relatif à la création et à l'organisation des villages, toute création de village nouveau doit être consacrée par un arrêté du gouverneur de région sur proposition du préfet après avis du conseil rural et du comité départemental de développement. Cet arrêté ne devient exécutoire qu'après avoir reçu l'approbation du Ministre de l'Intérieur.

[490] G. A. DIOUF, « L'arrêté préfectoral », in *Le pouvoir réglementaire des autorités administratives au Sénégal*, Actes du 5eme colloque de la RIPAS, Dakar, 11-15 décembre 1989, *RIPAS*, janvier-décembre 1990, n° 23-24, p. 177 et s.

circonstances » dans le cadre des attributions de police administrative normalement confiées au maire[491].

175. Le pouvoir de substitution. Le représentant de l'État dispose d'un pouvoir de substitution vis-à-vis des pouvoirs de police du maire[492]. Selon l'article 124 du Code général des Collectivités territoriales, les pouvoirs qui appartiennent au maire, « ne font pas obstacle au droit du représentant de l'État de prendre, pour toutes les communes d'une circonscription ou pour une ou plusieurs d'entre elles, et dans tous les cas où il n'y aurait pas été pourvu par les autorités municipales, toutes mesures relatives au maintien du bon ordre, de la sécurité, de la salubrité, de la sûreté et de la tranquillité publiques ».

Ce droit de substitution ne peut être exercé par le représentant de l'État à l'égard d'une commune qu'après une mise en demeure adressée au maire restée sans résultat[493].

Dans l'arrêt Bada DIOUF rendu par le Conseil d'État le 17 août 2000[494], la haute juridiction administrative a rappelé la règle selon laquelle l'exercice par le représentant de l'État (préfet) de son pouvoir de police est subordonné à la mise en demeure du maire. Dans cette espèce, sur la base d'un rapport de la commission recensant les immeubles menaçant ruine, le Préfet de Dakar a, par arrêté du 27 août 1999, ordonné l'évaluation des immeubles dans un délai d'un an. Le Conseil d'État a annulé ledit arrêté aux motifs qu'il résulte des éléments du dossier qu'aucune mise en demeure n'a été servie au maire, alors qu'il s'agit d'une formalité substantielle.

176. Les délégations et subdélégations de pouvoirs. Les autorités déconcentrées édictent aussi des arrêtés par délégation ou subdélégation. Il s'agit en réalité de délégations ou de subdélégations de pouvoirs, par opposition aux délégations de signature. L'instruction n° 17 PM-JUR du 13 mai 1970 relative à la déconcentration des pouvoirs au sein des départements ministériels recommande d'ailleurs aux ministres de consentir des délégations aux gouverneurs et aux préfets souvent mieux à même que l'administration centrale d'apprécier sur place l'opportunité de telle ou telle décision individuelle relevant de leur département.

La délégation de pouvoirs constitue un véritable transfert de compétence par lequel le délégant se dessaisit des matières déléguées sur lesquelles il ne

---

491 V. art. 120 du Code général des Collectivités territoriales ; J.-M. PONTIER, « Le nouveau préfet », *AJDA* 2010, p. 819.

492 J.C. GAUTRON et M. ROUGEVIN-BAVILLE, *Droit public du Sénégal*, Paris, éditions A. Pédone, 1977, p. 199 ; M. DIAGNE, *Le droit des collectivités locales en Afrique. L'exemple du Sénégal*, Dakar, Panafrika. Silex/Nouvelles du sud, 2010, p. 88 et s.

493 J. CAPIAU, « La mise en demeure en droit administratif », in G. DUPUIS (dir.), *Sur la forme et la procédure de l'acte administratif*, Paris, Economica, 1979, p. 43 ; C. LAVIALLE, « Les mises en demeure administratives », *AJDA* 1980, p. 267.

494 CE n° 023 du 17 août 2000, Bada DIOUF et autres c/ Etat du Sénégal, *inédit*.

peut intervenir aussi longtemps que subsiste la délégation[495]. Cette forme de délégation constitue l'une des expressions les plus achevées de la déconcentration administrative.

Par la délégation de pouvoirs, le délégant abandonne son pouvoir de décision, de sorte qu'il serait incompétent pour prendre des actes dans les matières déléguées[496]. L'instruction n° 17 PM-JUR du 13 mai 1970 énonce que : « la délégation de pouvoirs donne compétence exclusive au délégataire, le directeur. Le délégant, le Ministre, n'a pas plus de pouvoir propre dans la matière déléguée et ne peut plus intervenir (…) il ne peut se substituer à lui pour prendre la décision en question à sa place ».

La décision prise est considérée juridiquement comme émanant du délégataire. En outre, contrairement à la délégation de signature, la délégation de pouvoirs est impersonnelle et permanente ; elle est effectuée ès-qualité. Elle n'est donc pas affectée par le changement d'un des titulaires ; elle ne cesse que par son abrogation expresse[497].

Les délégations ou subdélégations de pouvoirs, concernant souvent des actes administratifs individuels, sont prévues par des textes spécifiques. Il en est ainsi notamment du décret n° 97-347 du 02 avril 1997 portant délégation de pouvoirs du Ministre de l'Intérieur aux gouverneurs de région pour la délivrance de récépissés de déclaration d'associations[498]. Par ce texte, délégation de pouvoirs est donnée aux gouverneurs de région pour délivrer, au nom du Ministère de l'Intérieur, les récépissés de déclaration des associations à but d'éducation populaire et sportive, à caractère culturel, communautaire, socio-professionnel et de participation à l'effort de santé publique[499].

En outre, en vertu de l'article 5 du décret n° 72-636 du 29 mai 1972 relatif aux attributions des chefs de circonscriptions administratives et des chefs de village, modifié par le décret n° 96-228 du 22 mars 1996, par délégation, il est donné pouvoir au gouverneur, dans les conditions prévues par l'article 52 de la loi n° 61-33 du 15 juin 1961, de suspendre tout fonctionnaire ou agent civil de l'État, en service dans la région qui s'est rendu coupable d'une faute grave et si l'urgence commande le recours à une telle mesure.

Le gouverneur doit en rendre compte aussitôt au Ministre de l'Intérieur, au Ministre chargé de la Fonction publique et au ministre dont relève le

---

495 H. MAISL, *Recherches sur la notion de délégation de compétence en droit public*, thèse, Paris II, 1972.

496 CE, sect., 05 mai 1950, Buisson, Lebon 258 ; CE 20 mai 1966, Centre national du commerce extérieur, Lebon 341, *RD publ.* 1966., p. 765, note Waline ; CE 30 décembre 2003, req. n° 249402, Cne de Saint-Gratien.

497 En ce sens, A. BOCKEL, *Droit administratif*, Dakar-Abidjan NEA, 1978, p. 136-137.

498 Dans le même sens, V. la circulaire du Ministre de l'Intérieur n° 2919/MINT/DAGAT/DEL/AS du 12 mai 1997 relative à la déconcentration de la procédure de reconnaissance de certaines associations.

499 Cependant, l'article 2 de ce texte exclut de son champ d'application, les associations religieuses, étrangères ou celles dont les activités dépassent le cadre d'une région.

fonctionnaire ou l'agent en cause qui doit se prononcer dans le délai de huit (8) jours.

Par ailleurs, il résulte de l'article 5 du décret n° 95-264 du 10 mars 1995 portant délégation de pouvoir du Président de la République en matière d'administration et de gestion du personnel que subdélégation est donnée aux gouverneurs de région, aux préfets et aux sous-préfets, au nom des ministres, sur proposition des chefs de services régionaux intéressés et à l'égard des agents placés sous leur autorité, pour prendre un certain nombre de décisions. Il en est ainsi de la mutation, s'il s'agit d'une mutation à l'intérieur de la région, du département ou de l'arrondissement, de la notation ainsi que de la sanction disciplinaire du premier degré[500] et du deuxième degré. Il en est de même du congé pour examen, du congé de maternité, du congé de viduité et de maladie, du congé de longue durée et de la suspension de fonction.

La Cour suprême a jugé dans un arrêt du 28 novembre 2013[501] qu'en vertu des articles 3 et 5 du décret n° 95-264 du 10 mars 1995 précité, subdélégation de pouvoir est donnée à l'Inspecteur d'Académie par le Ministre utilisateur pour les actes de gestion comme la mutation à l'intérieur d'un département ministériel. Dès lors, elle a rejeté le recours formé contre la décision n°0090/IA/DK/BRHI du 06 février 2013 de l'Inspecteur d'Académie intérimaire de Dakar ordonnant la mutation d'enseignants à la Direction des ressources humaines du Ministère de l'Education nationale.

177. Les caractères du pouvoir réglementaire des autorités déconcentrées. A l'inverse du pouvoir réglementaire des ministres, celui conféré aux autorités déconcentrées est spécial quant à son aire géographique, puisqu'il est limité à la compétence territoriale de l'autorité[502].

Il est général quant à son objet en ce qu'il s'applique à tous les règlements de police nécessaires au maintien de l'ordre public[503].

---

[500] V. l'art. 1er du décret n° 68-028 du 10 janvier 1968 portant délégation du pouvoir disciplinaire en ce qui concerne les sanctions du 1er et du 2eme degré ; également, la circulaire présidentielle n° 19 PR du 10 décembre 1990 relative au rappel de la réglementation relative aux pouvoirs des gouverneurs de régions.

[501] CS ch. adm. n°60 du 28 novembre 2013, Ndéye Absa Ba et autres c/ Etat du Sénégal, *inédit*.

[502] V. ZUCCARELLI, « Le département sénégalais », *Revue juridique et politique*, 1968, p. 583.

[503] J. Y. MADEC, *op.cit.*, p. 113.

DOCUMENT N° 05 : MODELE D'ARRETE INTERMINISTERIEL

REPUBLIQUE DU SENEGAL

Un Peuple – Un But – Une Foi

Ministère de ....

Ministère de...........................

Ministère de............................

Arrêté interministériel n°... portant ...

LES MINISTRES,

VU la Constitution ;

VU le décret n° 2017-1531 du 06 septembre 2017 portant nomination du Premier Ministre ;

VU le décret n° 2017- 1533 du 07 septembre 2017 fixant la composition du Gouvernement ;

VU le décret n° 2017-1546 du 08 septembre 2017 portant répartition des services de l'État et du contrôle des établissements publics, des sociétés nationales et des sociétés à participation publique entre la Présidence de la République, la Primature et les ministères, modifié par le décret n° 2018-683 du 27 mars 2018 ;

VU le décret n°...du... relatif aux attributions du Ministre de (ministre cosignataire de l'arrêté) ;

VU le décret n° ...du... relatif aux attributions du Ministre de (ministre cosignataire de l'arrêté) ;

VU le décret n° ...du... relatif aux attributions du Ministre de (ministre cosignataire de l'arrêté) ;

Sur la note conjointe du Directeur de... du Directeur de...et du Directeur de... ,

ARRETENT :

Article premier.- ....

Article 2.- ....

Article 3.- ....

Article 4.- Le Directeur chargé de... , le Directeur chargé de ... et le Directeur chargé de... procèdent, chacun en ce qui le concerne, à l'exécution du présent arrêté qui sera publié au Journal officiel.

X...	**X...**	**X...**
Ministre de....	**Ministre de....**	**Ministre de....**
(Signature)	(Signature)	(Signature)

DOCUMENT N° 06 : MODELE DE DECRET DE DELEGATION DE POUVOIRS

REPUBLIQUE DU SENEGAL

Un Peuple – Un But – Une Foi

Ministère de l'Environnement et du développement durable

Décret n°... portant délégation de pouvoirs du Ministre de L'Environnement et du développement durable à...

LE PRESIDENT DE LA REPUBLIQUE,

VU la Constitution ;

VU le décret n° 2017-1531 du 06 septembre 2017 portant nomination du Premier Ministre ;

VU le décret n° 2017- 1533 du 07 septembre 2017 fixant la composition du Gouvernement ;

VU le décret n° 2017-1546 du 08 septembre 2017 portant répartition des services de l'État et du contrôle des établissements publics, des sociétés nationales et des sociétés à participation publique entre la Présidence de la République, la Primature et les ministères, modifié par le décret n° 2018-683 du 27 mars 2018 ;

VU le décret n° 2017-1594 du 13 septembre 2017 relatif aux attributions du Ministre de l'Environnement et du développement durable ;

Sur le rapport du Ministre de l'Environnement et du développement durable,

DECRETE :

Article premier.- Délégation de pouvoirs est donnée à…….. (déléguant) pour prendre, au nom du Ministre de l'Environnement et du développement durable……(pouvoirs délégués), les actes suivants :

…………………………………………… ;

……………………………………………... ;

Article 2.- Le Ministre chargé de l'Environnement procède à l'exécution du présent décret qui sera publié au Journal officiel.

DOCUMENT N° 07 : MODELE D'ARRETE PREFECTORAL

REPUBLIQUE DU SENEGAL
Un Peuple – Un But – Une Foi
Région de Dakar
Département de Guédiaway
Préfecture de Guédiawaye

Arrêté n°... portant............

LE PREFET,

VU la Constitution ;
VU la loi n° 72-02 du 1er février 1972 portant organisation de l'Administration territoriale, modifiée ;
VU le décret n° 65-51 du 19 juillet 1965 portant Code des Obligations de l'Administration, modifiée ;
VU le décret n° 2013-10 du 28 décembre 2013 portant Code général des Collectivités territoriales, modifiée ;
VU le décret .... ;
VU l'arrêté n°.. ;

ARRETE :

Article premier.- ....
Article 2.- ....
Article 3.- ....
Article 4.- Le présent arrêté sera enregistré et publié partout où besoin sera.

X...
Préfet du département de Guédiawaye
(signature)

DOCUMENT N° 08 :
MODELE D'ARRETE MUNICIPAL

REPUBLIQUE DU SENEGAL
Un Peuple – Un But – Une Foi
Région de Thiès
Département de Tivaoune
Arrondissement de Méouane
Commune de Taïba NDIAYE

Arrêté municipal n°... portant....................

LE MAIRE,

VU la Constitution ;
VU la loi n° 64-46 du 18 juin 1964 relative au Domaine national, modifiée ;
VU le décret n° 65-51 du 19 juillet 1965 portant Code des Obligations de l'Administration, modifiée ;
VU le décret n° 2013-10 du 28 décembre 2013 portant Code général des Collectivités territoriales, modifié ;
VU le décret .... ;
VU l'arrêté n°.. ;

ARRETE :

Article premier.- ....
Article 2.- ....
Article 3.- ....

Article 4.- Le présent arrêté sera enregistré et publié partout où besoin sera.

X...
Maire de la Commune de Taïba NDIAYE
(signature)

178. Les arrêtés des autorités décentralisées. Les autorités décentralisées (maires de ville, président du conseil départemental, recteur) sont dotées d'un pouvoir réglementaire. A partir du moment où, certaines responsabilités ont été confiées aux autorités locales, il a paru nécessaire de leur donner également les moyens juridiques de les assumer, notamment le pouvoir d'édicter une réglementation[504].

179. Les arrêtés du maire et du Président du Conseil départemental. La loi a confié aux maires des pouvoirs de police administrative. Le maire est chargé, sous le contrôle du représentant de l'État, de la police municipale et de l'exécution des actes de l'État qui y sont relatifs[505]. Il résulte de l'article 119 du Code général des Collectivités territoriales que la police municipale a pour objet d'assurer le bon ordre, la sûreté, la tranquillité, la sécurité et la salubrité publics. Il s'agit d'un pouvoir de police municipale générale[506].

Sous réserve des attributions dévolues aux représentants de l'État et aux maires, le président du conseil départemental, en tant qu'organe exécutif du département, est chargé de préparer et d'exécuter les délibérations du conseil départemental.

L'article 34 du Code général des Collectivités territoriales énonce que le président du conseil départemental gère le domaine du département. A ce titre, il exerce les pouvoirs de police afférents à cette gestion, notamment en ce qui concerne la circulation sur ce domaine, sous réserve des attributions dévolues aux représentants de l'État et aux maires.

180. Les arrêtés rectoraux. Quant au recteur, en sa qualité de représentant légal de l'université, il est le responsable du maintien de l'ordre et de la sécurité dans l'université. Il est habilité à prescrire, par arrêté, toutes les mesures nécessaires à la préservation de l'ordre et de la sécurité au sein de l'université. Le recteur est en outre chargé d'exercer le pouvoir hiérarchique sur le personnel de l'université[507]. Il peut, par arrêté, procéder à la nomination de chefs de services. L'article 15 du décret n° 70-1135 du 13 octobre 1970 portant statut de l'Université de Dakar précise que le recteur exerce le pouvoir de nomination et le pouvoir disciplinaire sur le personnel à l'égard duquel ces prérogatives n'ont pas été confiés à une autre autorité. A cet effet, l'autorité rectorale exerce ses attributions par arrêtés réglementaires ou individuels.

181. La portée du pouvoir réglementaire des autorités décentralisées. Le pouvoir réglementaire des autorités décentralisées constitue un pouvoir limité.

---

504 J.- M. AUBY « Le pouvoir réglementaire des autorités des collectivités locales », *AJDA* 1984, p. 468-477.

505 V. art. 118 du Code général des Collectivités territoriales.

506 M. DIAGNE, *Droit administratif local*, Dakar, IGS, 2003, p. 175 et s. ; M. SARR, *Le maire : la genèse et la singularité du rôle*, Dakar, l'Harmattan 2017, p. 463.

507 V. art. 17 de la loi n° 2015-26 du 28 décembre 2015 relative aux universités publiques.

En premier lieu, elles disposent d'une compétence d'attribution qui suppose un texte législatif (pas de compétence sans texte exprès).

En deuxième lieu, le pouvoir réglementaire des autorités décentralisées, à l'image de celui des autorités déconcentrées, ne peut s'exercer que dans le cadre géographique de la collectivité ou circonscription considérée.

En troisième lieu, il s'agit d'un pouvoir réglementaire secondaire ; la norme réglementaire édictée par l'autorité décentralisée doit respecter les actes réglementaires du niveau supérieur (actes du Président de la République, du Premier Ministre, des ministres, du gouverneur, du préfet, du sous-préfet). Le maire ne peut qu'ajouter aux mesures prises par les autorités étatiques ; il ne peut, ni les réduire, ni les modifier[508].

En quatrième lieu, la compétence réglementaire des autorités décentralisées est en principe soumise à un contrôle de légalité exercé par le représentant de l'État. L'article 116 du Code général des Collectivités territoriales énonce que les décisions et les arrêtés des maires sont immédiatement adressés au représentant de l'État qui en assure le contrôle dans les conditions prévues par les articles 243 et suivants du Code général des Collectivités territoriales. Ce contrôle de légalité concerne notamment les actes à caractère réglementaire pris par les collectivités territoriales dans tous les domaines qui relèvent de leur compétence, les décisions individuelles relatives à la nomination, à l'avancement de grade ou d'échelon d'agents des collectivités territoriales et les décisions individuelles relatives aux sanctions soumises à l'avis du conseil de discipline et au licenciement d'agents des collectivités territoriales.

Les pouvoirs dévolus par la loi au maire, au président du conseil départemental et au conseil municipal sont importants[509].

Dans la pratique, ces prérogatives ne sont pas effectivement exercées, pour être bien souvent mal appréhendées par les autorités décentralisées (maire, président de conseil départemental). Aussi, les autorités administratives déconcentrées (gouverneur, préfet, sous-préfet) ont tendance à se substituer aux autorités décentralisées, parfois en violation de la loi ; il en est ainsi notamment en matière de police des routes et de plan de circulation.

---

508 M. DIAGNE, *Droit administratif local*, Dakar, IGS, 2003, p. 178.

509 V. art. 81 et s. du Code général des Collectivités territoriales.

DOCUMENT N° 09 : MODELE D'ORDONNANCE
Ordonnance n° 59-043 SG créant un Contrôle financier du Sénégal

LE PRESIDENT DU CONSEIL,

VU la Constitution du 04 octobre 1958 ;

VU la délibération n° 53-098 du 25 novembre 1958 de l'Assemblée territoriale du Sénégal optant pour le statut de membre de la communauté, rendue exécutoire par arrêté n° 9.996 du 25 novembre 1958 ;

VU la loi n° 59-003 du 24 janvier 1959 portant Constitution de la République du Sénégal ;

VU la loi n° 59-006 du 26 janvier 1959 autorisant le Gouvernement à prendre par ordonnance, jusqu'à l'entrée e fonction de la future Assemblée législative, des mesures qui sont normalement du domaine de la loi ;

VU le décret n° 58-001 du 02 décembre 1958 relatif aux pouvoirs du Président du Conseil de Gouvernement ;

Le Conseil des Ministres entendu en sa séance du 31 mars 1959,

ORDONNE :

Article premier.- Il est institué un service du Contrôle des finances du Sénégal qui prend le titre de Contrôle financier de la République du Sénégal, des budgets annexes, des budgets des établissements publics, et éventuellement des autres collectivités.

Ce service exerce le contrôle de l'exécution des budgets dans les conditions qui seront fixées par un décret en Conseil des Ministres.

Article 2.- Le Contrôle financier pourra, le cas échéant, être chargé par un texte fédéral du contrôle des opérations financières de la Fédération du Mali sur le territoire de la République du Sénégal.

Des accords bilatéraux fixeront les conditions dans lesquelles le Contrôle financier pourra, éventuellement, exercer le contrôle des opérations financières de la communauté et de la République française, effectuées dans le territoire de la République du Sénégal.

Article 3.- La présente ordonnance sera enregistrée et publiée au Journal officiel de la République du Sénégal et exécutée comme loi de l'État.

Dakar, le 31 mars 1959

Le Président du Conseil

Mamadou DIA

DOCUMENT N° 10 : L'EXERCICE DU POUVOIR REGLEMENTAIRE DES MINISTRES

La circulaire n° 25 PM/JUR du 24 avril 1974 relative à l'exercice du pouvoir réglementaire (JORS du 06 octobre 1975, p. 1403)

CIRCULAIRE

A

Mesdames, Messieurs les Ministres et Secrétaires d'État,

Objet : Exercice du pouvoir réglementaire

Je vous rappelle que constituent des textes réglementaires toutes décisions de portée générale et permanente par opposition aux décisions individuelles qui en sont par définition l'application.

Or, en vertu de l'article 37 de la Constitution,

« Le Président de la République signe les ordonnances et les décrets ».

« Le Premier Ministre assure l'exécution des lois et dispose du pouvoir réglementaire sous réserve des dispositions du précédent alinéa ».

Il en résulte que toute décision de nature réglementaire doit nécessairement être prise par décret et que les ministres n'ont pas de pouvoir réglementaire autonome, sous réserve de deux exceptions :

a) le pouvoir de fixer l'organisation interne de leurs services dans le cadre du décret d'organisation de leur département. Ce décret fixe en général les attributions des directions. Dans ce cadre chacun de vous peut, sans qu'il soit besoin d'un texte spécial, préciser par arrêté l'organisation et les attributions des divisions et bureaux dans la mesure où celles-ci n'ont pas été fixées dans le décret d'organisation ;

b) les pouvoirs qui leur sont délégués de façon expresse par un texte spécial prévoyant que telle mesure sera prise par arrêté par tel ministre.

Il arrive cependant relativement et fréquemment que des arrêts ministériels soient adressés au Secrétariat général du Gouvernement pour enregistrement et publication au *Journal officiel*, qui constituent en fait des textes de nature réglementaire et qui sont donc de ce fait automatiquement illégaux. Je vous demande donc de bien vouloir respecter les principes que je viens de vous rappeler et de veiller soigneusement au respect des compétences définies par la Constitution en vous abstenant de prendre des arrêtés de nature réglementaire.

DOCUMENT N° 11 : L'EXERCICE DU POUVOIR REGLEMENTAIRE DES MINISTRES

La circulaire n° 0013 PM/SGG/SGA/PAT du 16 novembre 2016 sur l'exercice du pouvoir réglementaire des ministres

REPUBLIQUE DU SENEGAL

Primature

Le Premier Ministre

N° 0013 PM/SGG/SGGA/PAT

Dakar, le 16 novembre 2016

CIRCULAIRE

A

Mesdames et Messieurs les Ministres,
Mesdames et Messieurs les Ministres délégués

Objet : L'exercice du pouvoir réglementaire par les ministres.

A l'occasion du contrôle de l'activité normative du Gouvernement, il m'a été donné de constater que la portée du pouvoir réglementaire des ministres n'est pas toujours bien appréhendée.

La présente circulaire a pour objet de rappeler les conditions d'exercice de ce pouvoir par les ministres.

Le pouvoir réglementaire est le pouvoir d'édicter des règlements, c'est-à-dire des actes exécutoires, de portée générale et impersonnelle.

En vertu des articles 43, alinéa 1er et 57 alinéa 2 de la Constitution, le pouvoir d'édicter des règlements appartient au Président de la République et au Premier Ministre.

Ainsi, les ministres ne disposent pas en principe d'un pouvoir réglementaire propre.

Mais ce principe comporte deux exceptions majeures. En effet, ces autorités peuvent exercer ce pouvoir par voie d'arrêtés soit par habilitation (I), soit pour fixer l'organisation interne de leurs services (II).

I. Le pouvoir réglementaire par habilitation

Les ministres peuvent être habilités à édicter des règlements en vertu d'une disposition législative ou réglementaire.

En premier lieu, ils peuvent exercer un pouvoir réglementaire en vertu de la loi. Dans ce cas, le législateur confère de façon expresse aux ministres le pouvoir de prendre par arrêté, des dispositions réglementaires d'application. Il s'agit souvent de domaines d'activités assez techniques.

A titre d'exemple, l'article L 74 du Code du Travail prévoit que l'organisme devant qui l'apprenti peut passer un examen après la fin de son temps d'apprentissage est désigné par arrêté conjoint du Ministre chargé du Travail et de celui chargé de la Formation professionnelle.

En second lieu, les ministres peuvent également exercer un pouvoir réglementaire par habilitation du Président de la République ou même du Premier Ministre (art. 50 alinéa 1er et art. 57, alinéa 5 de la Constitution). De nombreux décrets renvoient à des arrêtés ministériels, conjoints ou interministériels pour fixer leurs modalités d'application.

Par exemple : « les modalités d'application du présent décret sont fixées par arrêté du Ministre chargé des Finances ».

II. Le pouvoir réglementaire d'organisation du service

Les autorités ministérielles ont le pouvoir de fixer les règles d'organisation interne de leurs administrations dans la mesure où les nécessités du service l'exigent. En effet, le ministre dispose du pouvoir réglementaire pour le bon fonctionnement de l'administration placée sous son autorité. Ce pouvoir s'exerce en dehors de toute habilitation législative ou réglementaire.

Par exemple : le ministre est habilité à édicter un arrêté pour organiser son cabinet (nomination du directeur de cabinet, des conseillers, etc.).

A cet effet, l'autorité ministérielle doit s'assurer que les mesures prises par arrêté rentrent dans ses attributions et dans le cadre organisationnel de son département fixé par décret. Le décret fixant l'organisation du ministère détermine généralement les attributions des directions.

Ainsi, dans ce cadre réglementaire, il reviendra à chaque ministre, sans qu'il soit besoin d'un texte spécial, de préciser par arrêté l'organisation et les attributions des divisions et des bureaux, dans la mesure où celles-ci n'ont pas été fixées dans le décret d'organisation du département ministériel.

Il est, à cet égard fortement recommandé au ministre de consulter le décret fixant ses attributions ainsi que le décret portant organisation de son département ministériel.

En dehors des cas susmentionnés, tout texte de nature réglementaire édicté par un département ministériel est dépourvu de base légale et encourt dès lors l'annulation du juge de l'excès de pouvoir.

J'attache du prix au respect scrupuleux des prescriptions de la présente circulaire dont vous m'accuserez réception.

Le Premier Ministre

Mahammed Boun Abdallah DIONNE

- **La décision**

182. L'objet de la décision. La décision est un acte administratif qui a généralement pour objet l'organisation et le fonctionnement interne d'un service administratif. Cette décision dite administrative[510] doit être distinguée de la décision communautaire[511]. La décision est réservée aux mesures d'ordre interne prises par les ministres et les autorités administratives déconcentrées ou décentralisées (gouverneur, préfet, maire, recteur, etc.) lorsqu'elles prennent la forme d'un acte administratif[512]. Elle est souvent employée pour prendre des mesures d'exécution. Il en est ainsi de la réorganisation de services, de mesures individuelles ou collectives concernant le personnel administratif, comme la nomination, l'affectation, la mutation, la mise en position de stage, le congé, le licenciement, etc.

Les décisions revêtent souvent la nature d'actes administratifs à caractère individuel. Elles sont édictées souvent lorsque le niveau des agents concernés n'exige pas de prendre un décret ou un arrêté ou même lorsque son auteur n'est pas compétent pour édicter un décret ou un arrêté. Il en est ainsi notamment des chefs de services régionaux ou départementaux[513].

Les mesures contenues dans les décisions ne concernent pas directement les tiers et la publicité qui leur est donnée ne dépasse pas habituellement le cadre administratif.

Il faut aussi que l'autorité soit juridiquement compétente et tienne son pouvoir de décision d'un texte législatif ou réglementaire qui en précise les contours.

- **Les délibérations**

183. La notion de délibération. Les organes délibérants de certaines assemblées, à savoir les conseils locaux (le conseil départemental et le conseil municipal), ainsi que les assemblées des universités (conseil académique) sont également investis du pouvoir normatif[514]. Ces conseils exercent leur pouvoir réglementaire par voie de délibérations. Il s'agit d'actes par lesquels les organes délibérants de ces collectivités règlent les affaires de la collectivité ou de l'université.

---

510 A. PANCHAUD, « La décision administrative, Étude comparative », *RIDC*, 1962 Vol. 14 n° 4, p. 677-697 ; B. DEFOORT, *La décision administrative*, Paris, LGDJ, coll. Biblio. droit public, 2015.

511 V. *supra*, n° 111.

512 En ce sens, J. GANDOUIN et J.-M. ROUSSIGNOL, *Rédaction administrative Afrique. Maghreb-Afrique subsaharienne,* Armand Colin, 4eme édition mise à jour, 2013, p. 187.

513 Sur cette question, M. DIAKHATE, *La rédaction administrative au Sénégal*, Dakar, CREDILA, 2eme édition, 2016, p. 187.

514 G. KOUBI, « La délibération, manifestation de volonté dans le droit des collectivités locales», *LPA* 1992, n° 71, p. 4

184. Les délibérations de conseil départemental. Le conseil départemental est chargé d'administrer le département. Il concourt, par ses délibérations, à l'administration du département.

Le département a compétence pour promouvoir le développement économique, éducatif, social, sanitaire, culturel et scientifique, pour réaliser les plans départementaux de développement et organiser l'aménagement du territoire dans le respect de l'intégrité, de l'autonomie et des attributions des autres collectivités territoriales. Il peut engager des actions complémentaires de celles de l'État et des autres collectivités territoriales situées dans la circonscription administrative dans les domaines et les conditions fixés par la loi.

185. Les délibérations de conseil municipal. Le conseil municipal assure, par ses délibérations, la gestion des affaires de la commune. Il est compétent pour statuer notamment sur le plan général d'occupation des sols ainsi que sur l'autorisation d'installation d'habitations ou de campements et l'affectation et la désaffectation des terres du domaine national. Il est compétent également pour se prononcer sur le budget de la commune, la protection de la faune et de la flore et la lutte contre les déprédateurs et braconniers, la lutte contre les incendies et la pratique des feux de culture, l'organisation de l'exploitation de tous les produits végétaux de cueillette et des coupes de bois.

186. Les délibérations des assemblées des universités. Les assemblées des universités peuvent exercer le pouvoir réglementaire par délibérations. A titre d'exemple, il résulte de l'article 8 du décret n° 70-1135 du 13 octobre 1970 portant statut de l'Université de Dakar que l'Assemblée de l'Université délibère et statue définitivement sur l'organisation des enseignements, les programmes, le régime des études et examens, la scolarité, les biens de l'université et les affaires contentieuses. Elle délibère aussi sur le budget de l'université et des institutions qui lui sont directement rattachées ainsi que sur le budget des facultés de l'Institut fondamentale d'Afrique noire (IFAN) et des écoles nationales supérieures.

L'assemblée de faculté a des attributions similaires. Elle délibère notamment sur toutes les questions concernant la vie de l'établissement, sur l'exercice de l'action en justice et sur l'acceptation des dons et legs[515]. L'article 14 de la loi n° 2015-26 du 28 décembre 2015 relative aux universités publiques énonce que le conseil académique de l'université, en tant qu'organe de délibération de toutes les questions d'ordre académique, a pour mission de se prononcer sur les questions scientifiques, académiques, pédagogiques, disciplinaires et de recherche. A ce titre, il délibère notamment sur les programmes et le contenu des programmes, le calendrier universitaire, le régime des études et des examens.

[515] V. art. 22 du décret n° 70-1135 du 13 octobre 1970 portant statut de l'Université de Dakar.

187. Le régime des délibérations des conseils locaux. Les délibérations des conseils locaux présentent certaines spécificités. En vertu de l'article 243 du Code général des Collectivités territoriales, les délibérations des conseils locaux sont transmises au représentant de l'État auprès, du département ou de la commune, qui dispose d'un délai de quinze (15) jours pour en demander une seconde lecture.

Ces actes sont exécutoires de plein droit, quinze (15) jours après la délivrance de l'accusé de réception, sauf demande de seconde lecture de la part du représentant de l'État, et après leur publication ou leur notification aux intéressés[516].

En principe, les délibérations sont exécutoires de plein droit dès qu'il est procédé à leur publication ou à leur notification aux intéressés, après transmission au représentant de l'État[517].

Les délibérations qui interviennent dans les domaines les plus importants restent soumises à l'approbation préalable du représentant de l'État[518] ; il s'agit de celles prises dans les domaines suivants : les budgets primitifs et supplémentaires, les emprunts et garanties d'emprunts, les plans de développement des collectivités territoriales, les conventions financières de coopération internationale comportant des engagements d'un montant fixé par décret, les affaires domaniales et d'urbanisme, les garanties et prises de participation dans des sociétés privées exerçant des activités d'intérêt général à participation publique, les marchés supérieurs à un montant fixé par décret et les contrats de concession d'une durée supérieure à trente (30) ans[519].

A cet effet, ces délibérations et décisions sont transmises au représentant de l'État. Son approbation est réputée tacite si elle n'a pas été notifiée à la collectivité territoriale dans le délai d'un mois à compter de la date de l'accusé de réception par le représentant de l'État[520].

L'article 246 du Code général des Collectivités territoriales habilite le représentant de l'État à déférer à la Cour suprême les délibérations qu'il estime entachées d'illégalité, dans les deux (2) mois suivant leur transmission[521].

---

516 G. KOUBI, « Acte exécutoire et actes des autorités locales », *RDP* 1990, p. 1493.

517 V. art. 243 in fine du Code général des Collectivités territoriales.

518 M. M. AIDARA, « Brèves réflexions sur la portée de la loi portant Code général des Collectivités locales au Sénégal », in A. SALL et I. M. FALL (dir.), *Actualités du droit public et de la science politique en Afrique, Mélanges en l'honneur de Babacar KANTE*, Dakar, l'Harmattan, 2017, p. 679.

519 V. art. 245 du Code général des Collectivités territoriales.

520 J.-F. LACHAUME, « Remarques sur le contrôle a posteriori de la légalité des actes des autorités locales décentralisées », *RFD adm.* 1985, p. 529 ; I. M. FALL, « Le contrôle de la légalité des actes des collectivités locales au Sénégal » : http://afrilex.u-bordeaux4.fr/sites/afrilex/IMG/pd

521 P. CADIEU, « Le déféré préfectoral », collection « *L'essentiel* », 1999, p. 4 ; M. NGAMAKITA, « Réflexion sur quelques aspects juridiques du déféré préfectoral : l'abstention préfectorale », *P.A*, 11 déc. 1992, p. 7.

DOCUMENT N° 12 : MODELE DE DECISION

REPUBLIQUE DU SENEGAL

Un Peuple-Un But-Une Foi

Le Ministère de la Fonction publique,
de la rationalisation des Effectifs
et du Renouveau du Service public

LE MINISTRE,

VU la Constitution ;

VU la loi n°97-17 du 1er décembre 1997 portant Code du Travail, modifiée ;

VU le décret n° 74-347 du 12 avril 1974 fixant le régime spécial applicable aux agents non fonctionnaire, de l'État, modifié;

Sur le rapport du Directeur de ……………………,

DECIDE :

Article premier.- Monsieur ……., né le …….à …… , chauffeur non fonctionnaire, matricule de solde n°……., en service au Ministère de l'Éducation nationale, ayant atteint la limite d'âge légale de retraite, est radié du contrôle nominatif des agents non fonctionnaires de l'État pour compter du …………..

Article 2.- Les droits éventuels à congé de l'intéressé sont liquidés par le Ministère de l'Éducation nationale, conformément aux dispositions de l'article L.151 du Code du Travail.

Article 3.- L'intéressé perçoit en outre une allocation de cessation de service dite Ir indemnité de départ à la retraite 111 pour les services effectués pour la période comprise entre le ………………… et le ……………….., conformément aux dispositions de l'article 40 du décret n° 74-347 du 12 avril 1974 modifié.

Cette indemnité est calculée comme suit :

- 20% du salaire moyen mensuel global …………… au ………………… ;
- 25% du salaire moyen mensuel global du ……………. au ………………;
- 30% du salaire moyen mensuel global du ……………. au ………………

Article 4.- La présente décision sera enregistrée, publiée et communiquée partout où besoin sera.

Le Ministre

Viviane Laure Elisabeth BAMPASSY

DOCUMENT N° 13 : MODELE DE DELIBERATION

REPUBLIQUE DU SENEGAL
Un Peuple – Un But – Une Foi
Mairie de Dakar
Conseil Municipal de Dakar

Délibération n°… portant …

LE CONSEIL MUNICIPAL,

VU la Constitution ;

VU la loi n° 64-46 du 18 juin 1964 relative au Domaine national, modifiée ;

VU le décret n° 65-51 du 19 juillet 1965 portant Code des Obligations de l'Administration, modifiée ;

VU le décret n° 2013-10 du 28 décembre 2013 portant Code général des Collectivités territoriales, modifiée;

VU le décret ………………………………………………………………………… ;

VU l'arrêté n°………………………………………………………………………. ;

VU la délibération n°……………………………………………………………...,

DELIBERE :

Article premier.- ……………………………………………………………………

Article 2.- Le Maire de….et le Receveur municipal………procèdent à l'exécution de la présente délibération.

Article 3.- La présente délibération sera enregistrée et publiée partout où besoin sera.

X…
Maire de la Ville de Dakar
(signature)

2. - Le recours à la technique normative appropriée

188. L'opération normative. La technique normative est l'opération juridique utilisée par le rédacteur pour atteindre ses objectifs visés par le projet normatif. L'utilisation d'une technique législative adaptée au projet de texte constitue un aspect important de la stratégie normative. La viabilité et l'efficacité du projet normatif dépendent largement de cette opération. Il peut s'agir d'une abrogation (**a**), d'un retrait (**b**), d'une modification (**c**), d'une validation (**e**) et d'une approbation (**f**).

a. - L'opération d'abrogation

189. La technique normative. L'abrogation est une opération normative ayant pour objet de supprimer une règle de droit qui cesse d'être applicable pour l'avenir[522]. Contrairement au retrait, l'abrogation ne dispose que pour l'avenir. Dans un arrêt rendu le 11 août 2011[523], la Cour suprême du Sénégal a jugé que l'abrogation d'un décret met fin à son existence « sans pour autant faire disparaitre pour l'avenir les effets produits lors de son application ».

190. Les modes d'abrogation. Il y a deux modes d'abrogation : l'abrogation expresse et l'abrogation implicite.

191. L'abrogation expresse. L'abrogation est expresse lorsque le texte nouveau abroge formellement les dispositions d'un autre texte antérieur qu'il spécifie.

A titre d'exemple, l'article 830 du Code de la Famille abroge expressément notamment les dispositions du Code civil, les coutumes générales ou locales à l'exception de celles relatives aux formalités consacrant traditionnellement le mariage.

192. L'abrogation implicite. L'abrogation est tacite ou implicite lorsque les dispositions de la loi nouvelle se trouve incompatibles avec celles de la loi ancienne.

Il faut préciser que lorsque l'incompatibilité concerne deux règles générales ou deux règles spéciales, la règle la plus ancienne se trouve abrogée[524].

Cependant, lorsqu'une loi nouvelle édicte une règle spéciale (lex specialis) alors que la loi ancienne avait une portée plus générale, la loi ancienne est maintenue sauf en ce qui concerne le domaine spécial prévu par la loi nouvelle. La loi spéciale a plus de force pour être mieux définie. C'est tout le

---

522 G. CORNU, *op. cit,* V° abrogation, p. 04.

523 CS ch. adm. n° 31 du 11 août 2011, Oumar GUEYE et autres, Jean Paul DIAZ et autres c/ Etat du Sénégal, in *Bulletin des arrêts de la Cour suprême*, n° 02-03, 2010-2011, décembre 2012, p. 252.

524 A. S. SIDIBE, *Droit civil. Droit sénégalais. Introduction à l'étude du droit. Etat des personnes et de la famille,* Dakar, CREDILA, 2014, p. 58.

sens de l'adage selon lequel par une loi générale, il n'est pas dérogé aux lois spéciales (*legi speciali per generalem non derogatur*)[525].

Lorsque les deux lois se sont succédées dans l'ordre inverse (la loi spéciale est la loi nouvelle), la loi spéciale doit être regardée comme ayant partiellement abrogé la loi générale. On exprime cette règle par l'adage *specialia generalibus derogant*.

b. - L'opération de retrait

193. La notion. Le retrait est une opération normative consistant à faire disparaitre un acte administratif pour l'avenir et également à effacer ses effets pour le passé[526]. On utilise également le verbe « rapporter » à la place de « retirer »[527]. Il s'agit d'une annulation rétroactive qui déroge au principe de la non-rétroactivité des actes administratifs. En principe, « sauf disposition légale expresse le prévoyant, les actes administratifs ne peuvent pas en principe rétroagir »[528].

194. La position du problème. La technique du retrait est traversée par deux intérêts contradictoires. Il est souhaitable que l'administration puisse mettre fin à certaines de ses décisions inopportunes ou illégales sans attendre l'intervention d'une annulation contentieuse.

Mais l'annulation rétroactive d'une décision administrative risque de bouleverser les situations déjà nées et entraîner une insécurité juridique. Or, les actes administratifs constituent souvent l'un des supports juridiques de l'activité des particuliers ou des entreprises. Par exemple, un permis de construire donne normalement l'assurance de pouvoir édifier une construction[529].

Les solutions retenues par la jurisprudence administrative sénégalaise varient suivant la nature de l'acte administratif.

195. Les actes réglementaires. S'agissant des actes réglementaires, ils régissent les activités des particuliers de façon permanente. Il est évident qu'un changement de circonstances et des besoins peuvent rendre leur adaptation nécessaire. La jurisprudence administrative a très vite admis le principe selon lequel il n'y a pas de droits acquis au maintien d'une situation réglementaire[530].

---

525 J. CARBONNIER, *Droit civil. Introduction. Les personnes*, Paris, PUF, 1974, p. 113.

526 Sur cette question, P. LOUIS-LUCAS, « Le retrait des actes administratifs individuels », *D.* 1952, ch. p. 107 ; M. WALINE, « Le retrait des actes administratifs », in *Mélanges MESTRE*, 1956, p. 563 ; A. BOCKEL, « La Cour suprême et le problème du retrait des actes administratifs », *Annales africaines* 1971, p. 7 ; *RDP*, 1973, p. 135

527 Sur la distinction entre le retrait et l'abrogation, V. la circulaire n° 37 PR/SG/JUR du 16 avril 1964 relative au retrait des actes administratifs individuels.

528 CE, n° 0020 du 30 juillet 1997, Amadou TOUNKARA c/ Etat du Sénégal, *CE Bulletin des arrêts. Années judiciaires* 1993-1997, n° 01, juillet 1998, p. 135.

529 P. LE MIRE, « La stabilité des situations juridiques », *AJDA* 1980. 203 ; A. BOCKEL, *Droit administratif*, Dakar-Abidjan, NEA, LGDJ, 1978, p. 181.

530 CE 27 janvier 1961, Vannier, R.60, concl. Kahn.

L'arrêt Syndicat des Travailleurs de la Justice, rendu par la Cour suprême le 26 mars 2015[531], a énoncé qu'un décret présidentiel, qui a pour effet de réduire des montants à percevoir trimestriellement par les travailleurs de la Justice au titre du fonds commun des greffes, constitue un acte réglementaire et « il n'y a pas de droits acquis au maintien d'une situation réglementaire ».

196. Les actes non réglementaires. Le retrait des actes administratifs non réglementaires est marqué par le principe de l'intangibilité des effets individuels de l'acte administratif. En effet, la sortie de vigueur de l'acte met fin à une situation individuelle de façon rétroactive ; ce qui est de nature à porter atteinte à la sécurité juridique[532].

197. Le principe. Le retrait d'un acte administratif individuel, même légal, est en principe impossible conformément au principe des droits acquis et à celui de la non-rétroactivité des lois. L'administration ne peut retirer un acte individuel sauf si une procédure particulière a été prévue par la loi. En effet, la loi prévoit quelquefois la possibilité de mettre fin aux effets de certains actes individuels, en accordant à l'autorité le pouvoir de prendre une nouvelle décision, selon des règles et sur des motifs précisés ; c'est la théorie de l'acte contraire. Ainsi, la révocation, le licenciement, la mise à la retraite ou l'agrément d'une association sont des actes contraires par rapport à la nomination ou à la dissolution d'une association. L'acte contraire suit le principe du parallélisme des formes, lorsqu'une procédure particulière n'est pas prévue par la loi[533].

Ce principe comporte quelques exceptions.

198. Les actes administratifs non créateurs de droits. Ces actes sont très divers ; il s'agit notamment des décisions assorties d'une condition suspensive, des actes inexistants, des actes obtenus grâce à des manœuvres frauduleuses déployés par leurs bénéficiaires.

Il y a également des actes non créateurs de droits pour des raisons tirées de l'intérêt général. Ces actes sont dits précaires et ne peuvent créer des droits. Il en est ainsi des mesures de police administrative[534], des autorisations concernant les étrangers et des autorisations d'occuper le domaine public[535]. L'intérêt général s'oppose à ce que ces mesures soient considérées comme définitives.

---

[531] CS n° 29 du 26 mars 2015, Syndicat des travailleurs de la Justice (Sytjust) c/ Etat du Sénégal, in *Cour suprême. Bulletin des arrêts*, n° 9-10, année judiciaire 2015, décembre 2016, p. 244.

[532] P. LOUIS-LUCAS, « Le retrait des actes administratifs individuels », *D.* 1952. Chron. 107

[533] A. BOCKEL, *op.cit.* p. 182 ; D. SY, *Droit administratif*, Dakar, l'Harmattan, 2eme édition, 2014, p. 314.

[534] CE 02 février 1957, Dupré, R, 77.

[535] En ce sens, CA Dakar, 19 février 1971, Société Lattès c/ société SERAS, *inédit*.

Toutefois, la Cour suprême a jugé que le permis d'habiter délivré sur des dépendances du domaine privé crée des droits acquis[536].

Le retrait d'un acte administratif unilatéral non créateur de droits est possible à tout moment.

199. Les actes illégaux créateurs de droits. La question du retrait des actes administratifs créateurs de droits est marquée par le souci d'autoriser le retrait des actes irréguliers et par l'impératif de garantir la stabilité des situations juridiques.

L'arrêt Dame Cachet rendu par le Conseil d'État français le 03 novembre 1922[537] a posé la règle selon laquelle : « Le retrait d'un acte administratif irrégulier est possible aussi longtemps que cet acte est susceptible d'une annulation contentieuse, il devient impossible, dès lors, qu'un juge ne pourrait plus se prononcer »[538].

Au Sénégal, la circulaire n° 37 PR/SG/JUR du 16 avril 1964 relative au retrait des actes administratifs individuels, a très tôt posé les conditions du retrait. Selon cette circulaire, lorsque l'acte a créé des droits, le retrait n'est possible qu'à la double condition que cet acte soit illégal et que le retrait intervienne dans le délai du recours contentieux. L'auteur du retrait doit s'assurer que la sortie de vigueur de l'acte administratif « est légalement possible ou qu'il n'y a pas lieu d'observer préalablement une procédure particulière » (respect des droits de la défense, procédure disciplinaire, etc.).

Cette solution a été reprise et précisée par l'arrêt Samba Ndoucoumane GUEYE rendu par la Cour suprême le 23 mars 1966[539]. Selon le juge sénégalais: « s'il appartient à l'autorité administrative lorsqu'une décision ayant créé des droits est entachée d'une illégalité de nature à entraîner l'annulation par la voie contentieuse, de rapporter d'office cette décision, elle ne peut le faire que tant que le délai du recours contentieux n'est pas expiré ; que dans le cas où un tel recours a été formé, l'administration peut encore, même après l'expiration de ce délai et tant que la Cour suprême n'a pas statué, rapporter elle-même l'acte attaqué dans les limites où l'annulation a été demandée par le requérant et en vue de donner satisfaction audit recours ».

Cette solution jurisprudentielle a été codifiée par l'article 5, alinéa 2 de la loi n° 70-14 du 06 février 1970 fixant les règles d'applicabilité des lois, des

---

536 CS, 30 juillet 1974, Oumar DIOP, *inédit*

537 CE 03 novembre 1922, Dame Cachet, *GAJA*, n° 42 ; *S.* 1925, 03, 09, note Hauriou ; *RDP,* 1922, p. 552, concl. Rivet; CS 23 mars 1966, Mamadou Lamine DIOP, *RLJ*, 1966, p. 96, *Ann afric*. 1974, p. 284.

538 I. MICHALLET, « Le retrait des décisions illégales créatrices de droits, retour à l'esprit de l'arrêt Dame Cachet », *Dr. adm.* 2001, chron. 17.

539 CS 23 mars 1966, Samba Ndoucoumane GUEYE, *Annales africaines* 1974, p. 287 ; *GDJAS*, tome I, 2ème édition 1984 p. 185 ; pour une application récente de cette jurisprudence, CS, n° 70 du 10 décembre 2015, Babacar KEBE c/ Mairie de Dakar, in *Cour suprême. Bulletin des arrêts*, n° 9-10, année judiciaire 2015, décembre 2016, p. 256.

actes administratifs à caractère réglementaire et des actes administratifs à caractère individuel. Aux termes de ce texte, les actes administratifs individuels « ne peuvent être retirés lorsqu'ils ont créé des droits qu'avant l'expiration du délai de recours pour excès de pouvoir ouvert à tout intéressé ou avant l'intervention de la décision juridictionnelle sur ce recours »[540].

Récemment, un arrêt de la Cour suprême du 10 décembre 2015 a rappelé la jurisprudence Samba Ndoucoumane GUEYE. La cour a jugé qu'un arrêté municipal rapportant un autre arrêté portant autorisation de construire est entaché de nullité pour être intervenu plus de deux (2) mois après sa notification à l'intéressé[541].

L'option législative de codification de la jurisprudence française explique en partie l'absence d'évolution de la jurisprudence sur le retrait des actes administratifs[542].

200. La notion d'actes créateurs de droits. L'arrêt Samba Cor SARR, rendu par la Cour suprême le 19 avril 1967[543], a contribué à préciser la notion d'actes créateurs de droits. Selon la haute juridiction, une disposition qui modifie favorablement la situation d'un fonctionnaire crée des droits à son profit et ne peut être retirée que pour illégalité et dans le délai du recours pour excès de pouvoir. En conséquence, la cour régulatrice a annulé un arrêté rapportant ladite disposition environ huit (8) mois après son édiction.

Lorsque l'acte individuel intéresse les tiers, la jurisprudence considère que le retrait est encore possible tant qu'il est encore susceptible de recours pour excès de pouvoir ; les délais de recours ne commencent à courir qu'à partir de la publication de l'acte[544].

c. - L'opération de modification

201. La technique de la modification. L'opération de modification consiste à apporter des changements à un texte existant soit en supprimant des dispositions, soit en y insérant des dispositions nouvelles.

---

[540] Sur cette question, J. M. NZOUANKEU, « Remarques sur quelques particularités du droit administratifs sénégalais », *RIPAS*, n° 09, 1984, p. 1-36.

[541] CS, n° 70 du 10 décembre 2015, Babacar KEBE c/ Maire de Dakar, in *Cour suprême, Bulletin des arrêts*, n° 09-10, année judiciaire 2015, décembre 2016, p. 256 ; également CS, ch. adm. n° 51 du 19 septembre 2013, Abdoul Khafor Diop et Tabouré Agne c/ Etat du Sénégal : « L'acte administratif individuel peut faire l'objet d'un retrait à la double condition qu'il soit illégal et que ce retrait intervienne dans le délai du recours contentieux ».

[542] En ce sens, S. A. NDIAYE, « Le régime de sortie de vigueur des actes créateurs de droits illégaux en Afrique : le cas du Sénégal », in A. SALL et I. M. FALL (dir.), *Actualités du droit public et de la science politique en Afrique*, *Mélanges en l'honneur de Babacar KANTE*, Dakar, l'Harmattan, 2017, p. 566.

[543] CS, 19 avril 1967, Samba Cor SARR, *RLJ* 1967, p. 93, *Annales africaines* 1974, p. 287, *GDJAS*, tome I, 2eme édition 1984 p. 196.

[544] CS 23 mars 1966, Samba Ndoucoumane GUEYE, *Annales africaines* 1974, p. 287 ; *GDJAS*, tome I, 2eme édition 1984 p. 185.

Ces réaménagements peuvent avoir pour objet une disposition (alinéa ou paragraphe, etc.), une division du dispositif (article, subdivision de l'article, etc.) ou une annexe du texte[545]. Même une réécriture de l'intitulé d'un chapitre ou d'une section d'un texte constitue une modification.

L'abrogation partielle d'un texte (abrogation d'une disposition) constitue également une modification, c'est-à-dire une modification par abrogation partielle.

202. Les principes directeurs. Il importe de ne pas recourir de façon excessive à la modification des textes ; il faut observer en la matière un principe d'économie, consistant à ne procéder qu'aux changements et réécritures vraiment utiles au regard du but que le rédacteur poursuit.

203. Les modifications « cosmétiques ». Il n'est pas recommandé de procéder à des modifications purement esthétiques, voire « cosmétiques » ; c'est-à-dire à des modifications qui ont pour seul but d'améliorer la forme d'un texte mal rédigé, lorsque sa signification ne prête pas à discussion. Si le rédacteur doit malgré tout y procéder, il est conseillé d'expliquer dans le document de présentation du texte (exposé des motifs, rapport ou note de présentation) que ces modifications ont un caractère purement formel ; le lecteur pourrait, en effet, penser que les aménagements ont changé la portée du texte[546].

La modification formelle d'un texte aux fins de redresser une erreur purement matérielle survenue lors de la publication au Journal officiel (par exemple, une erreur sur le nom du ministre rapporteur) est superfétatoire. En effet, la publication erronée du texte n'affecte en rien sa teneur légale lorsqu'il est signé par l'autorité compétente et peut être redressé par un simple rectificatif au Journal officiel (un erratum).

204. Les cas de modification. Le rédacteur pourra recourir à la technique de la modification lorsque les dispositions existantes sont en partie incompatibles avec des règles nouvelles ; il en est de même lorsque les circonstances de fait dans lesquelles les dispositions antérieures ont été édictées ont changé par la suite.

205. La modification d'une disposition modificative. Il n'est pas recommandé de modifier (ou même d'abroger) une disposition modificative qui est entrée en vigueur. En effet, dès qu'une disposition modificative d'un texte originel entre en vigueur, elle épuise instantanément tous ses effets ; son contenu s'y incorpore immédiatement. En d'autres termes, la disposition modificative à une vie juridique éphémère ; dès qu'elle est entrée en vigueur,

---

545 *CE, Principes de technique législative. Guide de rédaction des textes législatifs et réglementaires,* CE 2008 p. 73.

546 *CE, op. cit*, p. 74

elle n'est plus susceptible de produire un quelconque effet nouveau ; « elle est comparable à une boîte vide »[547].

Par exemple, il n'est pas recommandé de modifier le décret n° 2001-1151 du 31 décembre 2001 modifiant le Code de Procédure civile. Le rédacteur serait plus inspiré de procéder à la modification du décret originel n° 64-572 du 30 juillet 1964 portant Code de Procédure civile modifié.

206. La modification simultanée de plusieurs textes. Il est possible de procéder dans le même texte à la modification de plusieurs autres textes existants. L'essentiel est d'identifier clairement les dispositions des textes modifiées.

La loi n° 2018-15 du 08 juin 2018[548], prenant en compte la consécration de la notion de « collectivité territoriale » par la loi constitutionnelle n° 2016-10 du 05 avril 2016 portant révision de la Constitution, a procédé au remplacement de l'expression « collectivité locale » par celle de « collectivité territoriale » dans tous les actes législatifs et réglementaires. Ainsi, l'ancien « Code général des Collectivités locales » est désormais devenu le « Code général des Collectivités territoriales ».

207. Le respect de la hiérarchie des normes. La modification doit être réalisée dans le respect du principe de la hiérarchie des normes. Il est certain qu'une loi ordinaire ne saurait apporter des modifications à une loi organique et un arrêté ne peut modifier un décret.

Mais les dispositions délégalisées d'une loi selon la procédure constitutionnelle de déclassement, peuvent être modifiées par décret.

En outre, il n'est pas recommandé de modifier un décret ou un arrêté à l'aide d'une disposition législative ; une telle manière de procéder heurte le principe de la hiérarchie des normes juridiques qui implique le respect du parallélisme des formes. Il s'y ajoute que du moment où les dispositions d'un règlement sont modifiées par la loi, elles acquièrent force de loi et ne pourront à l'avenir être modifiées ou abrogées que par une autre loi[549].

208. Le cas spécifique des actes administratifs. L'opération de modification intervient généralement lorsqu'il y a un changement de circonstances de fait ou de droit qui justifiait l'édiction de l'acte administratif. Il s'agit de l'application du principe général de l'adaptation de l'action administrative ; un changement de circonstances entraîne une obligation de l'administration de modifier ses actes sous le contrôle du juge[550].

Si ce principe d'adaptation est appliqué largement s'agissant des actes administratifs réglementaires créateurs de droits, il n'en est pas de même des

---

547 *CE, op.cit*, p. 83.

548 JORS n° 7107 du 06 juillet 2018, p. 980.

549 M. BESCH, *Traité de légistique formelle*, Publication du Conseil d'Etat du Grand-Duché de Luxembourg, 2008, p. 83.

550 CE 10 janvier 130, Despujol, GAJA, n° 47.

actes individuels puisque le changement de circonstances n'a pas pour effet de contraindre l'autorité administrative à modifier ses décisions. L'administration est habilitée seulement à modifier des actes non créateurs de droits[551].

Le Conseil d'État a jugé, dans l'arrêt Abdou Lath DIOUF du 27 juillet 1994[552], que : « s'il appartient à l'autorité compétente, lorsqu'une décision administrative ayant créé des droits est entachée d'illégalité de nature à entraîner sa modification, de prononcer elle-même d'office cette modification, elle ne peut le faire que dans le délai de recours pour excès de pouvoir conformément à l'article 5 de la loi n° 70-14 du 06 février 1970 ».

d. - L'opération de validation législative

209. La définition. La validation est une opération par laquelle le législateur intervient, à titre préventif, pour valider un ou plusieurs actes administratifs susceptibles de faire l'objet d'une annulation contentieuse[553].

Elle vise donc à purger un acte juridique d'une cause de nullité qui l'infecte, afin d'empêcher une éventuelle annulation par les tribunaux. Il s'agit dans tous les cas de pallier les conséquences parfois désastreuses d'une annulation contentieuse[554].

210. Le support et l'objet de la validation. Le support normatif de l'opération de validation peut être une loi constitutionnelle, une loi organique, une loi référendaire ou même une ordonnance, si du moins une loi d'habilitation l'a prévu. Mais c'est souvent le véhicule législatif qui est utilisé pour procéder à une validation d'où l'expression « validation législative ».

Il n'y a pas non plus de limite au champ de la validation quant à la nature des actes validés qui peuvent être des actes administratifs réglementaires ou individuels.

En France, la jurisprudence admet de plus en plus que la validation puisse porter sur des actes de droit privé. Son champ d'intervention s'est élargi même aux contrats[555].

211. La portée de la loi de validation. L'adoption de la loi de validation ne met pas définitivement l'acte validé à l'abri de tout risque d'annulation. En

---

[551] A. BOCKEL, *op. cit*, p. 187; D. SY, *op. cit.*, p. 319.

[552] En ce sens, CE, n° 073 du 27 juillet 1994, Abdoulaye Lath DIOUF, in *Répertoire de jurisprudence : droit administratif (Recueil des arrêts du Conseil d'Etat 1993-1994-1995)*, Dakar, CREDILA, p. 168.

[553] G. CORNU, p. 1061, V° validation. ; J. MASSOT, « Validation législative », *Rép. cont. adm.*, Dalloz, janvier 2014, n° 1.

[554] B. PACTEAU, « Les validations législatives d'actes administratifs », *PA* 04 avril 1986, p. 4 ; « Les validations législatives sous la VIIeme législature », *Petites affiches*, 04 novembre 1988, p. 2 ; D. PERROT, « Validation législative et actes administratifs unilatéraux », *RDP*, 1983. 983.

[555] Cons. const. 09 avril 1996, n° 96-375 DC.

effet, l'acte est seulement validé « en tant que tel » et son annulation reste possible pour une autre cause qui n'aura pas fait l'objet de la validation.

En outre, une loi de validation, comme toute loi, doit se soumettre au principe de la hiérarchie des normes ; elle doit ainsi se conformer à la Constitution, aux traités et au droit communautaire[556].

212. Le régime français de la validation législative. En France, la procédure de validation législative a été utilisée de fait jusqu'en 1980. C'est à partir de cette date qu'elle a été progressivement encadrée sous l'influence du Conseil constitutionnel[557] et de la Cour européenne des droits de l'homme[558].

En raison de contraintes constitutionnelles, le recours à la procédure de validation législative exige des précautions juridiques de la part du rédacteur.

En premier lieu, la validation législative doit être justifiée par un intérêt général et suffisant. Le contentieux des concours de la fonction publique[559] est l'un des domaines de prédilection des lois de validation. En effet, ces lois permettent de garantir la stabilité des situations individuelles et qui risquent d'être fragilisées par l'annulation des résultats de concours. Il a été jugé que constituent un but d'intérêt général, autorisant l'adoption d'une loi de validation, le souci d'assurer le fonctionnement continu du service public et le déroulement normal de la carrière du personnel[560]. Il est de même de la volonté de mettre fin à des divergences de jurisprudence[561].

En deuxième lieu, il ne peut y avoir de validation de mesures de sanction entendue largement au sens de « toute mesure ayant le caractère d'une punition »[562].

En troisième lieu, la validation doit respecter les décisions de justice ayant force de chose jugée. Le législateur ne peut valider l'acte même qui a été annulé par le juge. La procédure de validation doit respecter les décisions définitives et les droits des personnes qui ont bénéficié d'une décision de justice passée en force de chose jugée.

La validation a posteriori d'un acte dont l'illégalité a été constatée par une décision juridictionnelle passée en force de chose jugée est constitutionnellement impossible, les actes validés ne peuvent normalement être que ceux dont il y a tout lieu de penser qu'ils risquent d'être annulés, mais

---

556 CE 05 mai 1995, SARL DER, n° 154362.

557 B. MATHIEU, « Les validations législatives devant le juge constitutionnel », *RFD adm.*, 1995, p. 780 ; F. LUCHAIRE, « Le Conseil constitutionnel et les lois de validation », *RDP,* 1998. 1.

558 X. PRÉTOT, « Les validations législatives et le droit au procès équitable », *RDP,* 2001. 23 ; X. PRÉTOT, « Le Conseil constitutionnel, la Cour européenne de Strasbourg et les validations législatives », *Mélanges CONAC*, Paris, Economica, 2001, p. 219.

559 F. CAFARELL, « Contentieux des concours de la fonction publique », *Juriscl. adm.*, 19 juillet 2016 fasc. 1138-10, n° 261.

560 Cons. const. 22 juillet 1980, n° 80-119 DC.

561 Cons. const. 13 janvier 1984, n° 93-332 DC.

562 Cons. const. 30 décembre 1982, n° 82-155 DC.

qui ne le sont pas encore[563]. La validation ne peut être curative à l'égard de l'acte dont l'illégalité a été constatée par une décision passée en force de chose jugée ; elle ne peut être que préventive[564].

La Cour européenne des droits de l'homme a même jugé qu'une loi de validation ne pouvait intervenir dans le cadre d'un procès en cours. La Cour de Strasbourg considère, en effet, que dans ce cas, la loi de validation constitue une intervention de la puissance publique dans un litige en cours et rompt l'égalité des armes entre les parties[565].

En quatrième lieu, l'acte validé ne doit pas contrevenir à un principe ou une règle de valeur constitutionnelle, sauf si la procédure de validation poursuit elle-même un objectif à valeur constitutionnelle[566].

En cinquième lieu, la portée de la validation doit être strictement définie ce qui signifie que la loi de validation doit indiquer la cause d'illégalité dont elle entend purger l'acte validé[567].

213. La pratique de la validation législative au Sénégal (affaire Issaga KEITA). Au Sénégal, la procédure de validation législative a déjà été utilisée par les pouvoirs publics dans l'affaire dite Issaga KEITA. Dans cette espèce, par arrêté du 16 juin 1969, le Ministre, Secrétaire général de la Présidence de la République avait fixé à soixante (60) le nombre de places offertes au recrutement pour l'année 1969-1970 au Centre de formation et de perfectionnement administratif (CFPA). Vingt (20) places étaient réservées au recrutement sur titres et quarante (40) au recrutement par concours professionnel.

Après le déroulement des épreuves le ministre a pris un nouvel arrêté le 20 octobre 1969, modifiant le premier arrêté en ramenant le nombre de places réservées au recrutement sur titre à vingt (20) et celui des places réservées au recrutement par concours professionnel à trente (30).

Issaga KEITA, secrétaire au Tribunal du Travail de Dakar, candidat au concours professionnel classé trente et unième à l'issue de ce concours, ne fut pas déclaré admis au CFPA. Il a alors saisi la Cour suprême d'un recours pour excès de pouvoir dirigé contre l'arrêté du 20 octobre 1969 et le refus d'admission opposé par lettre du 20 décembre 1969. Il a invoqué un moyen tiré du principe constitutionnel de l'égalité des citoyens devant la loi, de l'accès aux fonctions publiques et des garanties dues aux candidats aux concours administratifs.

---

563 J. MASSOT, « Validation législative », *Rép. cont. adm.*, Dalloz, janvier 2014, n° 9.

564 Cons. const. du 25 janvier 1995, n° 94-357 DC. *Rec. cons. const.*, p. 179.

565 CEDH du 09 décembre 1994, Raffineries Grecques Stran et Stratis Andreatis c/ Grèce, série A, n° 301.

566 Cons. const. 19 novembre 1977, n° 97-390 DC.

567 Cons. const. 21 décembre 1999, n° 99-422 DC.

Dans son arrêt du 28 avril 1971[568], la haute juridiction a annulé l'arrêté du 20 octobre 1969 et la décision du 20 décembre 1969 rejetant le recours gracieux. Selon les hauts magistrats : « En l'absence de dispositions contraires des textes régissant le Centre de Formation et de Perfectionnement Administratifs, la répartition des places à pourvoir entre les deux modalités de recrutement ne pouvait être modifiée légalement après le commencement des opérations du concours ».

Pour pallier les conséquences de cette annulation, les pouvoirs publics ont procédé, par voie législative, à la validation de l'arrêté du 20 octobre 1969 et de la décision du 20 décembre 1969.

214. L'affaire Alla NGOM et autres. La procédure de validation a été également utilisée au Sénégal, dans l'affaire Alla NGOM et autres jugée dans le cadre de l'intégration de techniciens du génie sanitaire dans le corps des sous-officiers de l'hygiène. Par des arrêtés des 04 octobre 1989 et 15 avril 1993, le Ministre de la Santé publique et de l'Action sociale avait intégré des techniciens du génie sanitaire diplômés de l'École de Khombole dans le corps des sous-officiers de l'hygiène. Cette décision administrative suscita des contestations de la part des techniciens du génie sanitaire déjà intégrés dans ce corps. Invoquant les dispositions de l'article 9 de la loi n° 81-12 du 04 mars 1981 fixant le statut du personnel du Service national de l'Hygiène, ces derniers ont saisi le Conseil d'État, qui a procédé à l'annulation des arrêtés par des décisions rendues les 26 janvier 1994[569] et 26 avril 1995[570].

A la suite de ces annulations, les requérants ont sollicité du Ministre de la Santé publique et de l'Action sociale qu'il tire les conséquences des décisions du Conseil d'État avec tout ce que cela comporte comme conséquences juridiques. Il s'agissait ainsi de réserver cent soixante-quatorze (174) agents qui avaient totalisé près de dix (10) années d'activités dans leur corps d'origine.

Le Gouvernement a décidé de recourir à la procédure de validation législative en vue « d'assurer une certaine stabilité dans le fonctionnement du Service national de l'Hygiène en tant qu'instrument de mise en œuvre d'un volet important de notre politique de santé publique »[571]. Une loi n° 2000-02 du 10 janvier 2000 portant validation d'arrêtés ministériels[572] a ainsi validé les

---

568 CS du 28 avril 1971, Issaga KEITA, Dakar, *GDJAS* tome I, *Le contentieux général de la légalité*, 1984, p. 347.

569 CE n° 02/1994 du 26 janvier 1994, Alla NGOM et autres, in D. SY (dir.), *Répertoire de jurisprudence : droit administratif (Recueil des arrêts du Conseil d'Etat 1993-1994-1995)*, Dakar, CREDILA, p. 106.

570 CE n° 26/1995 du 26 avril 1995, Alla NGOM et Boubacar NDIAYE c/ Etat du Sénégal, in D. SY (dir.), *Répertoire de jurisprudence : droit administratif (Recueil des arrêts du Conseil d'Etat 1993-1994-1995)*, Dakar, CREDILA, p. 231.

571 V. l'exposé des motifs de la loi n° 2000-02 du 10 janvier 2000 portant validation d'arrêtés ministériels.

572 JORS du 05 février 2000, p. 63.

effets des arrêtés du 04 octobre 1989 et 15 avril 1993 portant nomination des sous-officiers de l'Hygiène du cadre du Service national de l'Hygiène[573].

Aussi bien dans l'arrêt Issaga KEITA que dans l'affaire Alla NGOM et autres, les pouvoirs publics ont adopté des lois pour valider a posteriori des arrêtés ministériels annulés par le juge de l'excès de pouvoir.

Mais à la lumière des principes dégagés par la jurisprudence française, la constitutionnalité de cette technique de validation est douteuse. En effet, la validation doit respecter les décisions de justice ayant force de chose jugée. Le législateur ne peut valider l'acte même qui a été annulé par le juge sans méconnaître le principe constitutionnel de l'indépendance de la Justice, à moins que le législateur poursuive un objectif à valeur constitutionnelle.

e. - L'opération d'approbation

215. La notion. L'approbation est une technique par laquelle une autorité donne son consentement à la validation d'un acte ; ce qui a pour effet de conférer plein effet à l'acte émanant d'une autorité soumise à son contrôle[574]. Par l'opération d'approbation, le législateur ou l'exécutif confère généralement une valeur législative ou réglementaire à un acte soumis à son contrôle. Ainsi, par l'adoption de l'acte approbatif, un acte privé, par exemple, peut se voir conférer une valeur normative.

216. Les hypothèses d'approbation législative. A titre d'exemple, le plan de l'État, en tant que document décrivant les grandes orientations des politiques publiques pendant une période (par exemple, le Plan Sénégal Émergent), doit faire l'objet d'une approbation législative. C'est ce qui résulte de l'article 67, alinéa 5 de la Constitution. Aux termes de ce texte : « Le plan est approuvé par la loi ».

L'opération d'approbation concerne également les programmes triennaux d'investissement (PTIP) souvent arrimés au document de stratégie nationale. Ces programmes déclinent souvent les axes stratégiques de la politique économique et sociale.

Depuis l'accession du Sénégal à la souveraineté internationale, la plupart des plans de l'État ont fait l'objet d'une approbation législative. Il en est ainsi du premier plan quadriennal de développement pour la période de 1961-1964 qui a été approuvé par la loi n° 61-32 du 13 mai 1961.

---

573 On peut également citer la loi n° 66-02 du 18 janvier 1966 validant les dispositions rétroactives figurant dans le décret n° 65-295 du 05 mai 1965 et dans les statuts particuliers (JORS du 05 février 1966, p. 143). Ce texte a validé l'article 1er du décret n° 65-295 MFPT du 05 mai 1965 en tant qu'il fixe au 1er janvier 1962 la date d'effet des intégrations dans les corps des fonctionnaires qu'il énumère. Il valide également les dispositions des statuts particuliers publiés à sa date d'entrée en vigueur ou à publier avant le 31 décembre 1966 en tant qu'elles fixent au 1er janvier 1962 la date d'effet de ces statuts.

574 V. G. CORNU, *op. cit*, V° approbation.

Aussi, la loi n° 89-15 du 15 juin 1989 et la loi n° 91-32 du 26 juin 1991 ont respectivement approuvé le troisième programme triennal d'investissements publics 1989-1992 et le programme triennal d'investissements publics 1991-1994.

En matière d'urbanisme, les plans directeurs d'urbanisme, les plans d'urbanisme de détails, les plans de lotissement expriment les prévisions et les règles d'urbanisme dans le cadre du plan de développement économique et social, du plan national d'aménagement du territoire[575].

Ces plans sont approuvés par décret pris sur rapport du Ministre chargé de l'Urbanisme après avis de la collectivité territoriale concernée[576].

La technique de l'approbation est présente dans le cadre du fonctionnement des entreprises du secteur parapublic. Elle est souvent utilisée pour garantir le contrôle de l'État sur l'organisation et le fonctionnement des entreprises du secteur parapublic, à savoir, les établissements publics à caractère industriel et commercial, les sociétés nationales et les sociétés anonymes à participation publique majoritaire. Il résulte de la combinaison des article 3 et 5 de la loi n° 90-07 du 26 juin 1990 relative à l'organisation et au contrôle des entreprises du secteur parapublic et au contrôle des personnes morales de droit privé bénéficiant du concours financier de la puissance publique que les règles d'organisation et de fonctionnement des sociétés nationales et des établissements publics à caractère industriel et commercial sont conformes à des statuts types fixés par décret.

Ainsi, les statuts des sociétés nationales sont approuvés par décret. Ces statuts doivent également être conformes aux statuts types prévues par décret n° 88-1725 du 22 décembre 1988 relatif aux statuts types des sociétés nationales.

On peut citer, à titre d'exemple, le décret n° 87-1552 du 15 décembre 1987 portant approbation des statuts de la société nationale du Port autonome de Dakar, le décret n° 88-269 du 15 mars 1988 portant approbation des statuts de la Société Nationale des Loyers Modérés (SNHLM) et le décret n° 91-1130 du 05 novembre 1991 approuvant les statuts de la Société Nationale des Télécommunications (SONATEL)[577].

---

[575] V. art. 6 de la loi n° 2008-43 du 20 août 2008 portant Code de l'Urbanisme.

[576] V. art. 8, 9 et 14 de la loi n° 2008-43 du 20 août 2008 portant Code de l'Urbanisme.

[577] JORS 1991, n° 5441 du 07 novembre 1991, p. 445.

SECTION II

LES CONCERTATIONS PRÉALABLES

« Ce qui ôte toute force aux lois rendues dans un État où la pluralité doit les faire, c'est l'opinion qu'elles sont l'œuvre d'un seul »,
Édouard ALLETZ, *Maximes politiques*, 1840

217. L'approche d'inclusive normative. L'efficacité et l'efficience des textes normatifs élaborés exigent du rédacteur, dans le cadre d'une démarche inclusive et participative, qu'il se concerte avec une diversité d'acteurs en vue de recueillir leurs avis et observations sur le projet normatif envisagé. Il s'agit de faciliter l'appropriation du texte par les acteurs[578].

Contrairement aux consultations obligatoires prévues par certains textes[579], les concertations préalables, sans affecter leur légalité, font obstacle à leur efficacité et à leur bonne application. Les actes législatifs ou réglementaires adoptés au mépris des avis et éclairages des acteurs concernés, se révèlent souvent inadaptés, incomplets ou contradictoires[580].

Il est recommandé que les concertations soient accomplies avant l'édiction du projet de texte et non pas après la finalisation des travaux de rédaction. En effet, le rédacteur doit recueillir les avis et observations des acteurs impliqués sur les options majeures du texte déclinées dans la stratégie normative.

Les concertations préalables renvoient aussi bien aux concertations avec les acteurs internes, appelées concertations internes **(paragraphe premier)** qu'à celles impliquant les acteurs extérieurs, qui sont les concertations externes (**paragraphe II**).

---

[578] Secrétariat général du Gouvernement, *Rappel des grandes étapes de la procédure d'adoption des textes législatifs et réglementaires,* février 2015, p. 02.

[579] V. *infra*, n° 421 et s.

[580] C. BERGEAL, *Rédiger un texte normatif. Manuel de légistique*, 7eme édition, Paris, Berger-Levrault, octobre 2012, p. 263.

PARAGRAPHE PREMIER

LES CONCERTATIONS INTERNES

218. La nécessité de la concertation intra-ministérielle. Le projet de texte proposé doit faire l'objet d'une large concertation au sein du ministère maître d'œuvre[581]. Toutes les directions, les services rattachés, et au besoin, les organismes placés sous la tutelle du ministère maître d'œuvre (agences, établissements publics, sociétés nationales, etc.) doivent être associés à son élaboration[582].

Mais la pratique législative a quelquefois révélé que le projet normatif ne traduit que la position de la direction technique initiatrice du texte, ce qui ne favorise pas sa qualité et son efficience.

Il arrive même des cas où, sous la pression de groupes sociaux comme les syndicats, qu'un projet de texte soit « parachuté » au cabinet du ministre, sans aucune implication des autres directions ou structures du département ministériel concerné.

Ces pratiques ne sont pas recommandées puisque la norme juridique est censée être un instrument normatif orienté vers la satisfaction d'un intérêt général ; elle ne saurait être la résultante de rapports de force entre des acteurs politiques, sociaux ou économiques guidés par des motivations subjectives ou corporatistes.

En bonne règle légistique, la dernière version du texte transmise à la Primature doit être une traduction parfaite de l'option de l'ensemble des services du ministère, puisqu'il doit s'intégrer harmonieusement dans les options stratégiques de la politique de ce département ministériel en tant que composante de la politique gouvernementale.

Selon la circulaire n° 004 du 21 mars 1997 relative à la procédure d'élaboration des textes au sein de chaque ministère, il appartient à chaque département ministériel, lorsqu'il initie un projet de loi ou de décret, d'organiser, préalablement à la transmission du projet au Secrétaire général du Gouvernement, une concertation interne au sein même du ministère, tant entre les différentes directions qu'entre le cabinet et les services.

219. Le rôle central du secrétaire général du ministère. A cet égard, le secrétaire général du département ministériel maître d'œuvre doit s'assurer de

---

[581] Même lorsqu'il s'agit d'une proposition de loi, les concertations préalables sont particulièrement recommandées. Il s'agira pour le parlementaire, qui a initié le texte, de consulter son groupe parlementaire et de recueillir les avis et observations des acteurs concernés.

[582] En ce sens, V. la circulaire n° 006/PM SGG du 16 mai 2000 sur la procédure d'élaboration, d'enregistrement et de publication des projets de loi et de décret.

la bonne coordination et de l'implication de toutes les directions et autres services à la conception du texte.

En vertu de l'article 3 du décret n° 2017-313 du 15 février 2017 instituant un Secrétariat général dans les ministères[583], le Secrétaire général assiste le ministre, le ministre délégué et/ou le secrétaire d'État dans l'élaboration, la mise en œuvre et le suivi de la politique du département. Il est chargé de la coordination administrative et technique des activités des différents services du ministère dont il s'assure du bon fonctionnement. Il est également chargé de la coordination avec les autres départements ministériels en vue de l'exécution des décisions interministérielles. Le secrétaire général s'assure du contrôle et de la présentation au ministre des actes soumis à sa signature.

La circulaire n° 24/PM/SGG/ADJ.2 du 07 avril 1978 relative au rôle du secrétaire général de ministère a rappelé que le Secrétaire général du département ministériel est « la mémoire du ministère », notamment dans les périodes d'instabilité gouvernementale. Il est l'élément de coordination institutionnelle stable du département, garant de la continuation du service public au plus haut niveau. Sa stabilité devrait permettre au nouveau ministre de poursuivre sans discontinuité, l'action entreprise par son prédécesseur.

Ainsi, avant la signature par le ministre du document de présentation du texte (rapport ou note de présentation) et la transmission du projet de texte au Secrétariat général du Gouvernement, le secrétaire général du ministère doit s'assurer que le texte a donné lieu à des concertations et à des consultations auprès de l'ensemble des directions et services du département.

PARAGRAPHE II

LES CONCERTATIONS EXTERNES

220. Le circuit de concertation interministérielle. Au-delà des concertations internes au ministère maître d'œuvre, la consultation des autres ministères et services de l'État (agences d'exécution, Bureau Organisation et Méthodes, Contrôle financier, Secrétariat général de la Présidence de la République, Inspection générale d'Etat, Agence judiciaire de l'Etat, etc.) est fortement recommandée. La circulaire n° 10/PR du 05 avril 1989 relative à la procédure d'adoption des textes a particulièrement insisté sur la nécessité du respect du « circuit de concertation interministérielle ». Il s'agit, selon la circulaire n° 004 du 21 mars 1997 relative à la procédure d'élaboration des textes au sein de chaque ministère, d'une « concertation horizontale ».

Avant de procéder à la saisine du Secrétariat général du Gouvernement, en introduisant le projet normatif dans le circuit d'adoption des textes, le

---

583 JORS du 16 février 2017, p. 227.

ministère maître d'oeuvre doit recueillir les avis et observations des départements ministériels et structures concernés par ce projet. D'après l'instruction générale n° 15 PR du 1er mars 1968 sur l'organisation du travail, le ministère prend l'initiative du texte en y associant les fonctionnaires des autres départements intéressés.

A titre illustratif, un projet de texte portant création d'un nouveau corps de fonctionnaires élaboré par le Ministère chargé de la Fonction publique est obligatoirement transmis, pour avis et observations, notamment à la Présidence de la République, au Ministère chargé du Travail, au Ministère chargé de la Justice, au Ministère chargé des Finances, au Bureau Organisation et Méthodes, au Contrôle financier et à l'Inspection générale d'Etat[584].

D'ailleurs, à la suite de la transmission du texte au Secrétariat général du Gouvernement, il est procédé au déclenchement de la procédure de consultation interministérielle. En effet, le travail de coordination de l'activité normative accompli par le Secrétariat général du Gouvernement permet de s'assurer de l'implication des autres départements techniques. Dès la réception du texte, la Direction des Services législatifs le diffuse auprès des ministres et autres services de l'État et transmet les avis et observations de ces structures au ministère maître d'œuvre.

Cette concertation interministérielle est fondamentale puisqu'elle permet d'harmoniser les positions, d'éviter des doublons dans les textes et de faciliter les arbitrages lors des réunions du Comité technique de validation des textes législatifs et réglementaires et du Conseil des Ministres.

Par exemple, la prise en compte de l'avis et des observations du Ministère chargé des Finances sur un texte ayant des incidences financières permettra une adoption plus facile à la réunion du Conseil des Ministres.

221. Les concertations extra-ministérielles. La plupart des textes législatifs et réglementaires ont des incidences majeures au plan économique social voire environnemental. Dans un contexte marqué par le paradigme du « mieux légiférer »[585] et dans le cadre d'une démarche inclusive et participative, il est indispensable de recueillir les avis et observations des acteurs non étatiques. Il s'agit des organisations non gouvernementales (ONG), des syndicats, des organisations de défense des droits de l'homme, des

---

584 Sur les corps de contrôle de l'Etat, Y. LY, « Les corps de contrôle de spécialisés », in *Le contrôle de l'administration au Sénégal*, *RIPAS*, janvier-décembre 1986, Dakar, p. 85 et s.

585 A. FLUCKIGER, « Qu'est-ce que mieux légiférer ? Enjeux et instrumentalisation de la notion de qualité législative », in A. FLUCKIGER et Ch. GUY-ECABERT, *Guider les parlements et les gouvernements pour mieux légiférer ? Le rôle des guides de légistique*, Schulthess Medias Juridiques SA (Genève), 2008, p. 11 et s. ; K. GILBERG, « Mieux légiférer au cœur de la révision de l'Acte uniforme relatif au droit commercial général », in *Un nouveau droit commercial pour la zone OHADA*, *Dr. pat*, n° 201, Dossier, mars 2011, p. 55.

partenaires sociaux, des universitaires, des chefs coutumiers et religieux, des citoyens, des associations, des industriels, etc.[586]

La circulaire n° 10/PR du 05 avril 1989 relative à la procédure d'adoption des textes a encouragé les ministères à recourir dans toute la mesure du possible aux concertations en dehors de l'administration qui ne peuvent « qu'enrichir le point de vue du Gouvernement lors de la mise au point du texte ».

Pour ce faire, certains départements ministériels organisent quelquefois des ateliers de partage avec tous les acteurs impliqués en vue de recueillir leurs avis et observations sur les grandes options retenues par le projet de texte.

La circulaire n° 004 du 21 mars 1997 relative à la procédure d'élaboration des textes au sein de chaque ministère évoque, à ce sujet, la nécessité d'une concertation extérieure avec les futurs utilisateurs du texte. Il est donc indispensable de consulter les intéressés en saisissant au besoin les organisations syndicales, les organisations de la société civile ou les ordres professionnels.

A cette étape du processus normatif (concertations préalables), il est important même d'associer les futurs destinataires du texte (citoyens, travailleurs, commerçants, ouvriers, étudiants, enseignants, handicapés, etc.) en vue recueillir leurs préoccupations et de prévenir des insuffisances et des lacunes[587].

222. Le modèle du Code électoral consensuel de 1992. L'exemple le plus illustratif de l'importance des concertations et du consensus entre les acteurs dans l'élaboration des textes est sans nul doute le Code électoral de 1992. Intervenu dans un climat politique apaisé caractérisé par la formation d'un Gouvernement dit de « majorité présentielle élargie », ce code institué par la loi n° 92-16 du 07 février 1992 (partie législative) et par le décret n° 92-267 du 15 février 1992 (partie réglementaire), a été élaboré par une « Commission cellulaire » regroupant les représentants de dix-sept (17) partis politiques et des membres de la société civile. Il a fait l'objet d'un large consensus au sein de la classe politique, au point d'être dénommé « Code consensuel de 1992 ». Ce consensus fera dire au Président de la République Abdou DIOUF, avec une certaine emphase, que « c'est le meilleur code du monde » et qu'il souhaitait son adoption « sans changement d'une virgule » par l'Assemblée nationale. Ce qui fut fait dans un parfait concert[588].

Aussi, le Code électoral consensuel constitue-t-il aujourd'hui « le substrat du droit électoral sénégalais sur lequel s'agrégeront les couches des diverses réformes ultérieures » qui seront entreprises pour consolider le système électoral[589].

En réalité, les concertations préalables contribuent

à conforter la pertinence et à légitimer les grandes options fixées par le rédacteur.

---

[586] En ce sens, V. La circulaire n° 006/PM SGG du 16 mai 2000 sur la procédure d'élaboration, d'enregistrement et de publication des projets de loi et de décret.

[587] *Guide pour l'élaboration des textes législatifs et réglementaires*, Mali, août 2016, p. 16.

[588] Sur l'ensemble de cette question, ND. FALL, *Code électoral commenté. De la nécessité d'un outil efficient de lecture des normes et procédures électorales,* Dakar, l'Harmattan, 2017, p. 17.

[589] ND. FALL, *op. cit.*, p. 22.

CHAPITRE II

LES TECHNIQUES DE REDACTION DES TEXTES LEGISLATIFS ET REGLEMENTAIRES

« C'est bien un art que celui de savoir édifier les monuments juridiques ».
C. BERGEAL, *Rédiger un texte normatif. Manuel de légistique*, 7eme édition, Paris Berger-Levrault, octobre 2012, p. 17.

223. L'empirisme des techniques légistiques. La rédaction d'un texte normatif exige un appareillage technique assez spécifique. Il s'agit d'un véritable art de « construction normative »[590]. A l'image de l'art de la construction des édifices et des villes, c'est bien un art que celui de savoir édifier les monuments juridiques (codes, lois, décrets, etc.)[591].

Au Sénégal, en l'absence d'un document de référence en matière de légistique, la plupart des techniques de rédaction des textes utilisées résultent seulement de la pratique normative qui s'inspire le plus souvent des règles contenues dans le Guide français pour l'élaboration des textes législatifs et réglementaires. La technique législative s'apprend « sur le tas », par l'usage et la pratique.

Cette technique renvoie aux règles et méthodes employées pour concevoir et mettre en forme les actes législatifs et réglementaires. Elle comporte des règles générales applicables à tous les textes normatifs (**section première**) ainsi que des règles spécifiques à certaines catégories de textes (**section II**).

---

590 R. DRAGO (dir.), *La confection de la loi*, Académie sciences morales, Paris, PUF, 2005.

591 C. BERGEAL, *Rédiger un texte normatif. Manuel de légistique*, 7eme édition, Paris Berger-Levrault, octobre 2012, p. 17.

SECTION PREMIERE

LES REGLES GENERALES RELATIVES A LA REDACTION DES TEXTES LEGISLATIFS ET REGLEMENTAIRES

« Ce qui se conçoit bien s'énonce clairement et les mots pour le dire arrivent aisément... »
Nicolas BOILEAU, *L'art poétique.*

224. Les méthodes générales. Les règles générales de la technique légistique sont les normes et méthodes de rédaction qui ont vocation à s'appliquer à tous les textes législatifs et réglementaires. Ces règles ont pour objet de fixer les techniques de conception concernant les éléments constitutifs des textes (**paragraphe I**) ainsi que celles relatives à la codification normative (**paragraphe II**).

PARAGRAPHE PREMIER

LES ELEMENTS CONSTITUTIFS DES ACTES LEGISLATIFS ET REGLEMENTAIRES

225. La structure normative. Les règles de rédaction relatives aux éléments constitutifs d'un texte[592] concernent l'enveloppe normative (**A**), le dispositif normatif (**B**) et les annexes (**C**).

A. - L'ENVELOPPE NORMATIVE

226. L'habillage normatif. Le texte normatif ne commence pas brutalement par le premier mot de l'article premier du dispositif pour s'achever par le dernier mot du dernier article. Une enveloppe normative accompagne et « habille » le dispositif normatif[593] ; il s'agit des éléments introductifs du texte. Du texte intégral, l'usage ne connait en définitive que sa teneur, c'est-à-dire son dispositif.

---

[592] Sur cette question, D. BATSELE, *Initiation à la rédaction des textes législatifs, réglementaires et administratifs*, Bruxelles, Bruyant, 3 eme édition, 2013, n° 14 et s.

[593] D. REMY, *Légistique. L'art de faire les lois,* Paris, Romillat, 1994, p. 115.

L'enveloppe normative comporte plusieurs éléments. Il s'agit de l'appellation officielle de l'État, de la devise et du timbre du maître d'œuvre du texte (**1**), de l'intitulé du texte (**2**), du préambule (**3**), du document de présentation (**4**) de l'autorité qui décide, (**5**), des visas (**6**), éventuellement des motifs (7) ainsi que du verbe central (**8**).

1. - L'appellation officielle de l'État, la devise et le timbre du ministère maître d'œuvre

227. Les règles de présentation. Les règles de rédaction de l'appellation officielle de l'État, de la devise et du timbre du ministère maître d'œuvre sont fixées par la circulaire n° 00041 PM/SGG/SGA/PAT/SP du 06 octobre 2015 relative aux règles de présentation et de rédaction des textes législatifs et réglementaires.

D'après cette circulaire, dans la première page du texte (comportant le document de présentation), l'appellation officielle de l'État est mentionnée sur une seule ligne en majuscule, en romain et en gras. La désignation de l'État figure en haut et est aligné à gauche de cette page ainsi qu'il suit :
« **REPUBLIQUE DU SENEGAL** »

L'appellation officielle de l'État est suivie de la devise nationale qui est écrite en minuscule et en italique, sauf pour les premières lettres ainsi qu'il suit : « *Un Peuple-Un-But-Une Foi* »[594]. Aux termes de l'article 1er, alinéa 3 de la Constitution du 22 janvier 2001 : « La devise de la République du Sénégal est : Un Peuple-Un But-Une Foi ».

Le timbre est la mention d'identification du ministère ou du service ayant initié le texte. Il figure également en haut et à gauche de la première page sous la devise nationale ; il est écrit en romain. D'ailleurs, en vertu de l'article 2 de l'ordonnance n° 60-26 du 10 octobre 1960 relative au sceau de l'État, les timbres des grands corps de l'État, des ministères et de toutes les administrations et autorités publiques porteront pour type le baobab tel qu'il est figuré sur le sceau de l'État et pour légende : «République du Sénégal » et le titre de l'administration ou de l'autorité publique pour laquelle ils seront employés[595].

Le timbre doit se limiter à indiquer la dénomination officielle du département ministériel ayant conçu le texte, sans qu'il soit nécessaire de préciser la direction technique ou le service spécifique qui l'a effectivement élaboré.

---

594 Aux termes de l'article premier alinéa 3 de la Constitution du 22 janvier 2001 : « *La devise de la République du Sénégal est : Un Peuple-Un But-Une Foi* ». Sur la devise, V. W. NDIAYE, *Les institutions et symboles de la République du Sénégal*, Dakar, 2003, p. 44.

595 V. M. L. TOURE, *La symbolique nationale du Sénégal*, p. 42.

Par exemple : « **Ministère des Affaires étrangères et des Sénégalais de l'Extérieur** ».

S'il s'agit d'une proposition de loi, le timbre précise, après la mention « Assemblée nationale », la législature concernée. Par exemple :

« **L'ASSEMBLEE NATIONALE**
Treizième législature »

Lorsque le texte est initié par une autorité déconcentrée (chef de circonscription administrative) (gouverneur, préfet, sous-préfet) ou une autorité décentralisée (maire, conseil municipal, conseil départemental, recteur), il est nécessaire de préciser les services sous l'autorité de laquelle se trouve le service initiateur du texte.

Par exemple, dans un arrêté du Sous-préfet de Dakar, le timbre est ainsi rédigé :

« **Région de Dakar**
Département de Dakar
Arrondissement de Dakar ».

Par exemple, dans une délibération de la Commune de Taïba NDIAYE, le timbre est ainsi rédigé :

« **Région de Thiès**
Département de Tivaoune
Arrondissement de Méouane
Commune de Taïba NDIAYE »

2. - L'intitulé du texte

228. L'objet. Il convient de ne pas confondre l'intitulé avec le titre d'un texte normatif[596]. Ce second terme désigne une division du dispositif du texte qui rassemble des titres, des chapitres ou sections sous lesquels des articles sont énoncés. Le titre est destiné à caractériser une catégorie particulière de groupement d'articles[597]. Par exemple : « **Chapitre II.- Dispositions financières** ».

L'intitulé est le titre que porte le texte normatif. Il doit permettre d'identifier le support normatif utilisé (loi, ordonnance, décret ou arrêté)[598]. Par exemple : « **Projet de loi portant......** ».

---

[596] N. MOLFESSIS, « Le titre des lois », in *Le droit privé français à la fin du XXeme siècle. Etudes offertes à Pierre Catala,* Paris, Litec, 2001, p. 47.

[597] M. BESCH, *Traité de légistique formelle*, Publication du Conseil d'Etat du Grand-Duché de Luxembourg, 2005, p. 15.

[598] D. BATSELE, *Initiation à la rédaction des textes législatifs, réglementaires et administratifs*, Bruxelles, Bruyant, 3 eme édition, 2013, n° 22.

229. La fonction. En légistique, l'intitulé remplit deux fonctions essentielles.

D'une part, il permet de déterminer l'objet de l'acte normatif, c'est-à-dire ce sur quoi il porte.

D'autre part, il facilite l'identification de cet acte. En effet, lorsqu'un texte est dépourvu d'un numéro d'identification, son intitulé permet de ne pas le confondre avec un autre texte du même type et de la même date[599].

230. La modification. En principe, l'intitulé reste normalement invariable, quelles que soient les modifications apportées ultérieurement au corps du texte primitif[600].

Mais il peut être dérogé à cette règle si une adaptation de l'intitulé est rendue nécessaire par suite d'un changement important dans le contenu du texte ou de son champ d'application.

Ainsi, il est possible de modifier l'intitulé d'un décret portant création et organisation d'un organisme public (agence, établissement public, société nationale, etc.), lorsque ses missions initiales ont été étendues.

Par exemple, à la faveur de l'extension des attributions de l'Office du Lac de Guiers (OLAG), créée par la loi n° 2010-01 du 20 janvier 2010, à l'ensemble des lacs et cours d'eau intérieurs, la loi n° 2017-17 du 05 avril 2017 modifiant la loi n° 2010-01 du 20 janvier 2010 a remplacé l'expression « Office du Lac de Guiers (OLAG) » par celle de « Office des Lacs et Cours d'Eau (OLAC) », aussi bien dans l'intitulé du texte que dans son dispositif.

231. La portée normative. Contrairement au dispositif, l'intitulé du texte n'a pas de portée normative. Dès lors, en cas de contradiction entre l'intitulé du texte et une règle du dispositif, cette dernière l'emporte[601].

232. Les règles de présentation. A la première page du texte comportant le document de présentation (exposé des motifs, rapport ou note de présentation), l'intitulé du texte est centré et écrit en gras.

Suivant qu'il s'agit d'un projet ou d'une proposition de loi, il doit être précédé de la mention « projet » ou « proposition », qui signifie que le texte normatif n'est qu'une proposition faite à l'autorité exécutive ou au Parlement qui garde un pouvoir d'appréciation quant à la suite à en donner[602].

---

[599] CE, *Principes de technique législative. Guide de rédaction des textes législatifs et réglementaires,* 2008, p.35.

[600] *Guide de légistique*, Paris, La documentation française, 3 eme édition, mise à jour 2017, p. 268 ; *Guide de rédaction de la loi et de ses amendements*, Secrétariat général du Gouvernement de Guinée, mars 2016, p. 13.

[601] CE, *Ibid ; Guide de légistique,* Paris, La documentation française, 3 eme édition, mise à jour 2017, p. 268.

[602] J. GAUDOUIN et J.-M. ROUSSIGNOL, *Rédaction administrative Afrique*. Maghreb-Afrique subsaharienne, Armand Colin, 4eme édition mise à jour, 2013, p. 202.

Par exemple : « **Projet/ proposition de loi relative à la médecine traditionnelle** »

En ce qui concerne les projets de texte, l'intitulé contenu dans la page comportant les visas (s'il s'agit d'un décret, d'un arrêté ou d'une décision) ou dans celle où est rédigé le dispositif du texte (s'il s'agit d'une loi), est aligné à droite de la page et écrit en gras. Il ne comporte pas le mot « Projet » ou « Proposition » et est suivi de la mention « n°… » ainsi qu'il suit :

« **Décret n°… relatif au contrat de stage** »

En effet, durant le processus d'adoption, le texte ne comporte pas de numéro ; ce n'est qu'après son adoption qu'il porte un numéro. Le numéro qui figure dans l'intitulé est attribué par le Secrétariat général du Gouvernement avant sa publication.

Le premier nombre est celui de l'année de parution (par exemple, 2017) ; le second est un simple numéro d'ordre de sortie des textes (par exemple, 00023).

La date est celle de la promulgation, s'il s'agit d'une loi ou celle de la signature, s'il s'agit d'une ordonnance, d'un décret, d'un arrêté, d'une délibération ou d'une décision.

S'agissant des projets et propositions de loi examinés par l'Assemblée nationale, ils comportent des numéros attribués par la Direction des Services législatifs de l'Assemblée nationale.

Par exemple : « **Proposition de loi n° 2017/25 du 23 mai 2017 relative à…** »

Il n'est pas indiqué de faire précéder l'intitulé du texte par la mention « Analyse ». Cette pratique est courante dans certaines décisions des ministres et dans les arrêtés des autorités déconcentrées (gouverneur, préfet, sous-préfet).

L'intitulé des délibérations de certains organes ou conseils présente certaines particularités. En effet, il doit également préciser la séance à laquelle, elle a été votée.

Par exemple : « **Délibération** ou **Extrait de délibération n° … (année) - …. (numéro) du Conseil municipal de… en sa séance du… (date) portant … (objet)** »

Dans les propositions de loi, l'intitulé du texte est généralement suivi de la mention du ou des auteurs du texte, le droit d'initiative des parlementaires s'exerçant individuellement ou collectivement.

Par exemple : « **Proposition de loi relative à ………………**

Présentée par
M. Doudou WADE
Député »

La mention nominative de l'auteur (ou des auteurs) de la proposition de loi est nécessaire, non seulement pour s'assurer que les signataires sont bien titulaires du droit d'initiative. Elle permet également à toute personne intéressée d'identifier clairement l'origine de la proposition et d'en tirer, le cas échant, les conséquences politiques qui lui sembleraient opportunes. Un électeur peut, par exemple, prendre en compte les propositions de loi de son député à l'occasion des prochaines élections législatives[603].

233. Les règles de rédaction. Les techniques de rédaction de l'intitulé du texte normatif varient suivant qu'il s'agisse d'un texte autonome, d'un texte modificatif ou d'un texte abrogatif.

234. Les textes autonomes (nouveaux). L'intitulé d'un texte autonome doit indiquer, de manière aussi claire, précise et concise que possible, la nature de l'acte normatif, son numéro, sa date et son l'objet essentiel. Le lecteur ne se perdra pas dans un long intitulé empêchant de dégager l'objet exact de l'acte.

Il est recommandé de rédiger l'intitulé en utilisant les formules suivantes :

« Proposition de loi relative à... »

« Projet d'arrêté portant application.../ relatif à ... »

Lorsqu'un acte réglementaire a pour objet de créer et fixer l'organisation et le fonctionnement d'un organe, il est recommandé de rédiger l'intitulé ainsi qu'il suit : « **Projet de décret portant création et fixant les règles d'organisation et de fonctionnement de...** »

Lorsqu'il s'agit seulement de créer ou d'autoriser la création d'un organisme ou d'un corps, il est recommandé d'utiliser la formule suivante :

« **Projet de décret portant création de...** »

Il arrive que les textes soient désignés par le nom du député qui l'a proposé ou du ministre qui l'a défendu devant le Parlement.

Par exemple : la loi n° 2007-31 du 27 décembre 2007 portant modification des articles 95 à 103 du Code des Drogues, dite loi Latif GUEYE[604], qui a criminalisé des comportements comme la culture, le commerce et le trafic intérieur et extérieur de drogues. On peut aussi citer la loi n° 2005-01 du 07 janvier 2005 portant amnistie dite loi EZZAN.

Mais ces dénominations, certes très pratiques, n'ont aucune valeur juridique.

235. Les textes modificatifs. Dans l'hypothèse d'un texte modifiant un autre texte, il convient en principe de faire apparaître dans son intitulé une référence au texte à modifier.

---

603 *Rédiger la loi. Guide de rédaction des propositions de loi et des amendements,* Sénat, éditions septembre 2007, p. 41.

604 JORS, n° 6391 du samedi 16 février 2008, p. 139.

Généralement, il suffit de désigner le texte modifié par son numéro, sa date et son intitulé, sans rien ajouter qui se rapporte à l'objet propre du nouveau texte.

Par exemple : **« Projet de loi modifiant la loi n° 65-61 du 21 juillet 1965 portant Code pénal ».**

Lorsque le texte modifié comporte plusieurs modifications, il suffit de mentionner ce texte en ajoutant après sa mention l'adjectif « modifié », sans préciser toutes les modifications qui lui ont été apportées antérieurement[605].

Les règles susmentionnées s'appliquent aussi bien aux textes législatifs qu'aux actes réglementaires.

Pour la rédaction de l'intitulé des textes modificatifs, les formules suivantes sont recommandées :

« Proposition de loi modifiant la loi n°.... »

« Projet de décret insérant un article 11 bis au décret n°... » (s'il s'agit d'une modification par insertion).

236. Les textes abrogatifs. En ce qui concerne les textes abrogatifs, lorsque le texte abroge un autre texte intégralement, l'intitulé suivant peut être utilisé :

« Projet de décret abrogeant et remplaçant le décret n°... »

Mais il est recommandé de se limiter à mentionner dans le titre l'objet du texte, sans faire référence à l'abrogation d'un texte antérieur, dès lors que le texte contient une disposition abrogatoire expresse.

Par exemple : « **Projet de loi relatif au contrat de stage ».**

3. - Le préambule

237. L'objet du préambule. Le préambule est une particularité du texte constitutionnel (Constitution)[606] ; c'est-à-dire le texte qui a pour objet de poser les règles constitutionnelles initiales qui sont à la base de la fondation de l'État. Il s'agit de la manifestation du pouvoir constituant originaire. La Constitution est « acte juridique fondateur suprême »[607]. En effet, après la mention de l'intitulé, la Constitution commence par un préambule[608].

---

605 CE, *Principes de technique législative. Guide de rédaction des textes législatifs et réglementaires*, 2008, p. 37.

606 Les traités internationaux comportent également des préambules ; en ce sens, V. *Guide pour l'élaboration des textes législatifs et réglementaires*, Paris, La documentation française, 2005, p. 275. Mais notre étude sera circonscrite aux préambules des Constitutions.

607 I. M. FALL, *Évolution constitutionnelle du Sénégal de la veille de l'indépendance aux élections de 2007*, Dakar, CREDILA-CREPOS, 2007, p. 10.

608 J. GEORGEL, « Aspects du préambule de la Constitution de 1958», *RDP*, 1960, p. 88 ; P.-H. ANTONMATTEI, « Le Préambule de 1946 et la Cour de cassation », *Rev. adm.* 1997, p. 290 ;

La Constitution ne comporte qu'un préambule, à l'exclusion d'un exposé des motifs.

Les autres textes (ordonnances, décrets, arrêtés, décisions) ne comportent pas de préambules. Même les lois constitutionnelles, qui ont pour objet d'apporter des modifications au texte constitutionnel initial, sont dépourvues de préambule ; elles ne comportent qu'un exposé des motifs, à l'image des lois ordinaires.

Le préambule d'une Constitution est une partie préliminaire qui prend la forme d'une proclamation solennelle des droits et libertés des citoyens ainsi que des principes fondamentaux et de valeurs auxquels le peuple est attaché. Au Sénégal, toutes les Constitutions adoptées, à l'image de la Constitution du 22 janvier 2001, sont précédées de préambules.

238. La rédaction du préambule. La rédaction du préambule commence souvent par la formule : « Le Peuple du (Etat) souverain, ». Elle est suivie quelquefois de « considérants » qui ont pour objet de justifier les affirmations et proclamations y contenues. Par exemple :

« Considérant que la construction nationale repose sur la liberté individuelle et le respect de la personne humaine, sources de créativité ;

Conscient de la nécessité d'affirmer et de consolider les fondements de la Nation et de l'État ; ».

Le contenu du préambule est annoncé par les verbes : « attacher », « affirmer » « proclamer » conjugués à la troisième personne du singulier. Par exemple : « Attaché à l'idéal de l'unité africaine ».

Par le préambule, le peuple affirme son adhésion à des textes internationaux comme la Déclaration des droits de l'homme et du citoyen de 1789, la Déclaration universelle des droits de l'homme du 10 décembre 1948, la Convention sur l'élimination de toutes les formes de discrimination à l'égard des femmes du 18 décembre 1979, etc. et à des principes comme celui de la transparence dans la conduite et la gestion des affaires publiques ainsi qu'à la bonne gouvernance[609].

239. La valeur constitutionnelle du préambule. Le préambule donne des indications nécessaires à l'interprétation du dispositif constitutionnel.

La jurisprudence constitutionnelle sénégalaise a eu l'occasion d'attacher une valeur constitutionnelle au préambule de la Constitution[610]. Dans une

---

R. PELLOUX, « Le préambule de la Constitution de 1946 », *RDP* 1947, p. 347 ; du même auteur, « La valeur juridique du Préambule de la Constitution française de 1958 », in *Mélanges Basdevant,* Paris, Pédone, 1960, p. 289 ; D. ROUSSEAU, « Le Conseil constitutionnel et le préambule de 1946 », *Rev. adm.* 1997, p. 160.

609 V. la Constitution sénégalaise du 22 janvier 2001.

610 Sur cette question, V. B. BA, « Le préambule de la Constitution et le juge constitutionnel en Afrique » : http://afrilex.u-bordeaux4.fr

décision rendue le 16 décembre 1993[611], la haute juridiction constitutionnelle a justifié l'abandon de compétence, préconisé par l'article 14 du Traité de l'OHADA, par les dispositions du préambule de la Constitution selon lesquelles : « La République du Sénégal ne ménagera aucun effort pour la réalisation de l'unité africaine ». Selon le Conseil constitutionnel, « la réalisation de l'unité africaine impliquant nécessairement un abandon de souveraineté de la part des États qui y participent, le peuple sénégalais, (...) accepte d'accomplir un tel effort ».

Le juge constitutionnel a estimé que les dispositions du traité de l'OHADA qui prescrivent une « limitation de compétences, dans le but, selon les termes du préambule dudit traité, d'accomplir de nouveaux progrès sur la voie de l'unité africaine », sont conformes à la Constitution[612].

A la suite de son homologue français[613], le Conseil constitutionnel a explicitement intégré le préambule de la Constitution dans le « bloc de constitutionnalité » ; c'est-à-dire dans les normes auxquelles se réfère le juge constitutionnel pour apprécier la conformité d'une loi ou d'un engagement international à la Constitution[614].

D'ailleurs, la formule qui clôt le préambule de la Constitution du 22 janvier 2001 est ainsi rédigée : « Approuve et adopte la présente Constitution dont le Préambule est partie intégrante ».

---

611 Cons. const. n° 03/C/93 du 16 décembre 1993, in I. M. FALL, *Les décisions et avis du Conseil constitutionnel du Sénégal*, Dakar, CREDILA, 2008, p. 97 et s., obs. A. SALL ; pour un commentaire de cette décision, A. SALL, « Observations sous Conseil constitutionnel 16 décembre 1993, Traité portant harmonisation en Afrique du Droit des Affaires », *Penant*, n° 837, 1998, p. 223.

612 Sur cette décision, V. J-J. RAYNAL, « Intégration et souveraineté : le problème de la constitutionnalité de l'OHADA», *Penant (Revue trimestrielle de Droit africain)*, n° 832, 2000, p. 15 à 17.

613 Cons. const., 16 juillet 1971, n° 71-44 DC, *Rec. Cons. const.* 1971, p. 29 ; *AJDA* 1971, p. 537, note J. Rivéro ; *D.* 1971, chron. p. 83, note L. Hamon ; *RDP* 1971, p. 1171, note J. Robert.

614 X. PRETOT, « Bloc de constitutionnalité », *Jurisclass. adm.* 2016, fasc. 1418 ; C. DENIZEAU, *Existe-t-il un bloc de constitutionnalité ?*, Paris, LGDJ, 1997 ; M. BLANQUER, « Bloc de constitutionnalité ou ordre constitutionnel ? », in *Mélanges J. Robert*, Paris, Montchrestien, 1998, p. 227.

DOCUMENT N° 14 : PREAMBULE DE LA CONSTITUTION DU 22 JANVIER 2001 MODIFIEE

PREAMBULE

Le Peuple du Sénégal souverain,

PROFONDEMENT attaché à ses valeurs culturelles fondamentales qui constituent le ciment de l'unité nationale ;

CONVAINCU de la volonté de tous les citoyens, hommes et femmes, d'assumer un destin commun par la solidarité, le travail et l'engagement patriotique ;

CONSIDERANT que la construction nationale repose sur la liberté individuelle et le respect de la personne humaine, sources de créativité ;

CONSCIENT de la nécessité d'affirmer et de consolider les fondements de la Nation et de l'Etat ;

ATTACHE à l'idéal de l'unité africaine ;

AFFIRME :

- son adhésion à la Déclaration des Droits de l'Homme et du Citoyen de 1789 et aux instruments internationaux adoptés par l'Organisation des Nations Unies et l'Organisation de l'Unité Africaine, notamment la Déclaration Universelle des Droits de l'Homme du 10 décembre 1948, la Convention sur l'élimination de toutes les formes de discrimination à l'égard des femmes du 18 décembre 1979, la Convention relative aux Droits de l'Enfant du 20 novembre 1989 et la Charte Africaine des Droits de l'Homme et des Peuples du 27 juin 1981 ;
- son attachement à la transparence dans la conduite et la gestion des affaires publiques ainsi qu'au principe de bonne gouvernance ;
- sa détermination à lutter pour la paix et la fraternité avec tous les peuples du monde ;

PROCLAME :

- le principe intangible de l'intégrité du territoire national et de l'unité nation dans le respect des spécificités culturelles de toutes les composantes de la Nation ;
- l'inaltérabilité de la souveraineté nationale qui s'exprime à travers des procédures et consultations transparentes et démocratiques ;
- la séparation et l'équilibre des pouvoirs conçus et exercés à travers des procédures démocratiques ;
- le respect des libertés fondamentales et des droits du citoyen comme base de la société sénégalaise ;

- le respect et la consolidation d'un État de droit dans lequel l'État et les citoyens sont soumis aux mêmes normes juridiques sous le contrôle d'une justice indépendante et impartiale ;
- l'accès de tous les citoyens, sans discrimination, à l'exercice du pouvoir à tous les niveaux ;
- l'égal accès de tous les citoyens aux services publics ;
- le rejet et l'élimination, sous toutes leurs formes de l'injustice, des inégalités et des discriminations ;
- la volonté du Sénégal d'être un État moderne qui fonctionne selon le jeu loyal et équitable entre une majorité qui gouverne et une opposition démocratique, et un État qui reconnaît cette opposition comme un pilier fondamental de la démocratie et un rouage indispensable au bon fonctionnement du mécanisme démocratique ;

Approuve et adopte la présente constitution dont le Préambule est partie intégrante.

4. - Le document de présentation

240. L'objet. L'acte normatif est précédé d'un exposé des motifs[615], s'il s'agit d'un projet ou d'une proposition de loi, d'un rapport de présentation, s'il s'agit d'un projet de décret ou d'ordonnance ou d'une note de présentation pour les projets d'arrêté.

Les documents de présentation sont destinés à éclairer respectivement le parlement ou le signataire du texte (Président de la République ou Premier Ministre, le ou les ministres, etc.) ainsi que le ou les ministres contresignataires sur le sens et la portée des dispositions qui lui ou leur sont soumises ; il s'agit du « support philosophique » du texte[616]. Le document de présentation constitue la partie argumentaire du texte normatif.

Mais les délibérations (délibérations du conseil départemental, du conseil municipal, etc.) ne comportent pas de documents de présentation.

Il en est de même des arrêtés des autorités administratives déconcentrées (gouverneur, préfet, sous-préfet) et décentralisées (maire, recteur, etc.). En effet, dans ces derniers cas, le rédacteur de l'acte en est souvent le signataire. De sorte qu'il est superflu d'en exposer les motifs et la philosophie.

241. Le contenu. De façon générale, quelle que soit la nature du texte, les documents de présentation doivent comporter les éléments suivants :

Le contexte du projet de texte. Il s'agit de l'environnement dans lequel s'inscrit le projet de texte ; il peut s'agir du contexte historique, international, économique, social, juridique, etc.

Les raisons du projet de texte. Le rédacteur doit mettre en lumière les motifs du texte. Il s'agira d'insister sur les limites du cadre juridique traditionnel, notamment les lourdeurs administratives, les inadaptations, les situations de vide juridique ou d'inadaptation juridique, la non-conformité de textes avec des conventions internationales, l'absence de transposition de directives, etc.

Les objectifs que se fixe le texte. Ce sont les finalités visées par le texte. Il peut s'agir du renforcement de la protection de personnes vulnérables, de la lutte contre les dépenses excessives, etc.

Les innovations du texte. Il s'agit des modifications que le projet apporte au cadre juridique antérieur. Il est fortement conseillé au rédacteur de formuler les innovations du projet normatif sous une forme substantive en utiliser une liste de puces. Par exemple :

---

[615] Il arrive que des textes législatifs soient dépourvus d'exposés des motifs. Il en est ainsi de la loi n° 67-04 du 24 février 1967 tendant à la répression des dépenses à l'occasion des cérémonies familiales (JORS du 1er mars 1967) ; en ce sens, I. Y. NDIAYE, « L'art de mal légiférer (propos irrévérencieux sur certains textes de lois) », *Rev.Ass. sén. dr. pén.*, n° 02, juillet-décembre 1995, p. 53.

[616] I. Y. NDIAYE, *Ibid.*

« Le présent projet de loi introduit les innovations majeures suivantes :
- l'introduction des principes directeurs de l'aménagement du territoire ;
- la suppression de la taxe rurale ;
- l'encadrement de l'exercice des droits de la défense des associations ».

La structuration du texte. C'est la teneur du texte, c'est-à-dire son économie générale[617].

Si le texte ne comporte pas beaucoup d'articles, il est recommandé de décliner sa structuration, par un bref résumé des différentes dispositions.

Par contre, s'il s'agit d'un texte long structuré en parties, livres, chapitres ou sections, etc., le document de présentation doit décliner sa structuration, par une liste de puces, en mettant l'accent sur les différents titres (livres, titres ou chapitres du texte) ainsi qu'il suit :

« Le présent projet de loi comprend trois chapitres :
- le chapitre premier est relatif à … ;
- le chapitre II traite de …. ;
- le chapitre III concerne…. »

Toutefois, dans les textes modificatifs, il n'est pas nécessaire de décliner la teneur. En effet, le texte modifié, dans lequel le texte modificatif s'incorpore, comporte, en principe, une partie relative à sa structuration.

242. Le cas particulier des textes d'application. La rédaction du rapport ou de la note de présentation d'un projet de décret ou d'arrêté portant application d'une loi ou d'un décret présente certaines particularités.

En premier lieu, le document de présentation rappelle l'objet ainsi que les objectifs visés par le texte de base, c'est-à-dire le texte dont il s'agit de fixer les modalités d'application.

En deuxième lieu, s'inscrivant dans le cadre du pouvoir réglementaire d'application, le rapport de présentation précise les fondements de l'intervention réglementaire. Ainsi, pour justifier l'élaboration du projet de texte d'application, le rédacteur doit énoncer les dispositions du texte de base ayant renvoyé à des décrets ou à des arrêtés d'application en vue d'en fixer les modalités de mise en oeuvre. Il peut s'agir d'un seul article du texte de base qui renvoie à un texte d'application pour en déterminer les modalités d'application (renvoi général).

Il arrive aussi que plusieurs dispositions du texte de base renvoient certaines questions spécifiques à décrets ou à des arrêtés (renvois ponctuels).

En troisième lieu, le rédacteur doit mettre l'accent sur les innovations introduites par le projet de texte d'application par rapport à l'ancien texte.

---

[617] *Guide pratique d'élaboration des textes législatifs et réglementaires, Secrétariat général du Gouvernement du Niger,* édition 2016, p. 22.

En quatrième lieu, le document de présentation indique la structuration du projet de texte comme pour les autres textes (texte autonome ou abrogatif).

243. L'absence de valeur juridique. Les documents de présentation n'ont pas portée juridique et le parlement n'en délibère pas ; ils ne peuvent être déférés devant un juge. Il a été jugé en France, à propos d'un rapport présenté au Président de la République en vue de l'examen d'une ordonnance en Conseil des Ministres, qu'il a « pour objet de l'éclairer sur les raisons pour lesquelles le texte est proposé et sur son contenu et ne saurait être regardé, quels qu'en soient les termes, comme une décision susceptible d'être déférée au juge de l'excès de pouvoir »[618].

L'exposé des motifs n'est pas soumis à la discussion parlementaire. Il constitue l'un des éléments des travaux préparatoires d'une loi, auquel le juge peut se référer en cas de doute sur les intentions du législateur[619].

Dans la pratique normative sénégalaise, le document de présentation fait souvent l'objet d'une publication au Journal officiel en même temps que le dispositif du texte.

C'est dans le document de présentation, et non dans le corps du texte normatif, que doivent figurer les formulations d'objectifs et les déclarations d'intention. En effet, l'exigence de normativité des textes législatifs et réglementaires prohibe l'emploi de telles formulations dans leurs dispositifs.

244. La portée « politique ». Le document de présentation n'est pas une simple compilation ou un résumé d'articles. Il engage l'autorité qui l'a conçu même s'il s'agit d'un exposé des motifs. Il est donc indispensable que le document de présentation soit élaboré et revu à un haut niveau de responsabilité (cabinet du ministre, groupe parlementaire, etc.).

La pratique consistant à évoquer, dans l'exposé des motifs, le rapport ou la note de présentation, des documents de stratégie ou de politique économique nationale comme le Plan Sénégal Émergent (PSE) a pu être discutée.

Mais une telle pratique est tolérée puisqu'après tout, le document de présentation, qui engage le ministère maître d'œuvre, constitue une prise en charge politique du projet normatif que le ministre présentera en Conseil des Ministres et ensuite au parlement, s'il s'agit d'un projet de loi[620]. Or, les documents de stratégie et de politique économique et sociale constituent des référentiels de toute politique de développement politique et économique.

Le Conseil constitutionnel sénégalais, saisi par le Président de la République aux fins d'examiner la conformité du projet de révision de la

---

618 CE, Section, 19 octobre 2005, Confédération générale du travail et autres.

619 V. *Guide pour l'élaboration des textes législatifs et réglementaires*, Paris, La documentation française, 2005, p. 146 ; *Guide pratique d'élaboration des textes législatifs et réglementaires, Secrétariat général du Gouvernement du Niger*, édition 2016, p. 22.

620 V. C. BERGEAL, *Rédiger un texte normatif. Manuel de légistique*, 7ème édition, Paris, Berger-Levrault, octobre 2012, p. 290.

Constitution de 2016 à la Constitution, a eu l'occasion de rappeler certaines règles relatives à la rédaction de l'exposé des motifs.

Dans sa décision en date du 12 février 2016[621], le juge constitutionnel a estimé que l'exposé des motifs doit indiquer, de manière claire, l'esprit dont procède le texte, les objectifs que l'on cherche à atteindre et les modifications à apporter au droit existant. Il a précisé que : « pour éviter une personnalisation incompatible avec le caractère général et impersonnel de la règle de droit, l'exposé des motifs ne doit pas comporter de références répétées aux réalisations du Président de la République en fonction ».

245. Les règles de présentation. Le document de présentation est annoncé à la première page du texte par une formule qui est alignée au centre et écrite en gras et en majuscule ainsi qu'il suit :

« **EXPOSE DES MOTIFS** » (pour les lois) ;
« **RAPPORT DE PRESENTATION** » (pour les décrets) ;
« **NOTE DE PRESENTATION** » (pour les arrêtés et les décisions).

Par souci de concision, il est recommandé que le document de présentation tienne sur deux pages au maximum.

En outre, dans ce document, il est toujours conseillé de qualifier le texte proposé par le rédacteur de « projet » ou de « proposition ». En effet, à l'étape de la rédaction du document de présentation, le texte ne constitue qu'une simple proposition laissée à l'appréciation de l'autorité exécutive ou du parlement.

Le document de présentation d'un projet de texte se termine par la formule de clôture suivante : « Telle est l'économie du présent projet de loi/de décret/d'arrêté ».

S'il s'agit d'une proposition de loi, la formule suivante est recommandée : « Telle est l'économie de la présente proposition de loi ».

246. La signature du rapport ou de la note de présentation. L'exposé des motifs n'a pas à être signé, même s'il a été préparé par une autorité exécutive ; il est simplement destiné à éclairer le parlement sur le sens et la portée des dispositions qui lui sont soumises[622].

Par contre, la signature du rapport ou de la note de présentation par le ou les ministres ou directeurs rapporteurs est obligatoire. Selon la circulaire n° 0009/PM/JUR du 03 février 1977 relative à la présentation des exposés des motifs des projets de loi et des rapports de présentation des projets de décret,

---

[621] Cons. const. n° 1/C/2016 du 12 février 2016 sur le projet de loi portant révision de la Constitution : http://www.jo.gouv.sn/spip.php?article10779 (consulté le 12 juillet 2016).

[622] En ce sens, V. circulaire n° 0009/PM/JUR du 03 février 1977 sur la présentation des exposés des motifs des projets de loi et des rapports de présentation des projets de décret et la circulaire n° 1 PR/SG du 27 février 1985 sur la présentation des exposés des motifs de loi et des rapports de présentation des projets de décret.

«tous les rapports de présentation des projets de décret devront être signés du ministre rapporteur avant leur transmission au Secrétariat général du Gouvernement »[623].

Déjà, la circulaire du Secrétaire général du Gouvernement n° 0006/PM/SGG/ADJ 1 du 18 janvier 1972 avait constaté que des rapports de présentation de certains projets de texte réglementaire étaient souvent signés par les directeurs de cabinet des ministres. Selon cette circulaire : « Cette pratique est contraire à l'esprit des règles qui gouvernent la matière de la délégation de signature : elle excède manifestement les limites de celles-ci, fixées notamment par les dispositions de l'instruction n° 15 PM/JUR du 1er mars 1968 ».

Les rapports de présentation doivent être signés par les ministres eux-mêmes ou en leur absence, par les ministres chargés de leur intérim[624].

Le document de présentation est aussi revêtu du cachet de l'autorité signataire et mentionne ses nom et prénom ainsi que sa qualité.

---

623 Dans le même sens, V. la circulaire n° 01 PR/SG du 27 février 1985 sur la présentation des exposés des motifs de loi et des rapports de présentation des projets de décret.

624 V. la circulaire du Secrétaire général du Gouvernement n° 0006/PM/SGG/ADJ 1 du 18 janvier 1972.

DOCUMENT N° 15 : LA SIGNATURE DES RAPPORTS DE PRÉSENTATION

La circulaire du Secrétaire général du Gouvernement n° 0006/PM/SGG/ADJ 1 du 18 janvier 1972

REPUBLIQUE DU SENEGAL

………

PRIMATURE

N°PM/SGG/ADJ 1

Dakar, le 18 janvier 1972

CIRCULAIRE

LE SECRETAIRE GENERAL DU GOUVERNEMENT

à Mesdames et Messieurs les Ministres,
les Secrétaires d'État,
le Délégué général au Tourisme,

Il est parfois arrivé que des rapports de présentation de certains projets de texte règlementaires soient signés par les directeurs de cabinet des ministères. Cette pratique est contraire à l'esprit des règles qui gouvernent la matière de la délégation de signature : elle excède manifestement les limites de celle-ci, fixées notamment par les dispositions de l'instruction n° 15/PM/JUR. du 1er mars 1968.

Les rapports de présentation devront être signés par les ministres eux-mêmes, ou, en leur absence, par les ministres chargés de l'intérim.

Le Secrétaire général du Gouvernement

Alioune DIAGNE

DOCUMENT N° 16 : LA PRESENTATION DES EXPOSES DES MOTIFS DES PROJETS DE LOI ET DES RAPPORTS DE PRESENTATION DES PROJETS DE DECRET

La circulaire n° 0009/PM/JUR du 03 février 1977 ayant pour objet la présentation des exposés des motifs des projets de loi et des rapports de présentation des projets de décret

N° 0009/PM/JUR

CIRCULAIRE
LE PREMIER MINISTRE
A
Messieurs : les Ministres d'État ; les Ministres ; le Secrétaire général de la Présidence de la République ; le Secrétaire général du Gouvernement les Délégués généraux

Objet : Présentation des exposés des motifs des projets de loi et des rapports de présentation des projets de décret

A la suite d'observations formulées de façon réitérée depuis quelque temps par l'Assemblée générale consultative de la Cour suprême et pour donner satisfaction à celle-ci, je vous donne les instructions suivantes quant à la présentation des projets de décret préparés dans vos départements respectifs.

1) Tous les rapports de présentation des projets de décret devront être signés du ministre rapporteur avant leur transmission au Secrétariat général du Gouvernement.

En revanche, les exposés des motifs des projets de loi n'ont pas à être signés par les ministres qui les auraient personnellement préparés, les projets de loi étant présentés à l'Assemblée nationale par le Président de la République.

2) Tous les exposés des motifs des projets de loi et rapports de présentation des projets de décret devront être datés en haut et à droite de leur première page. Cette date correspondra à la réalisation matérielle de ces projets par vos services et au plus tard à la transmission de ces projets au Secrétariat général du Gouvernement.

Je demande au Secrétaire général du Gouvernement, et particulièrement au service de liaison, de veiller avec soin à l'observation des présentes instructions et notamment de faire compléter systématiquement les projets qui lui seraient transmis par les départements ministériels et qui n'observeraient pas les règles ainsi posées.

Dakar, le 03 février 1977

Abdou DIOUF

DOCUMENT N° 17 : LA PRESENTATION DES EXPOSES DES MOTIFS DES PROJETS DE LOI ET DES RAPPORTS DE PRESENTATION DES PROJETS DE DECRET

La circulaire n° 01 PR/SG du 27 février 1985 sur la présentation des exposés des motifs de loi et des rapports de présentation des projets de décret

N° I/PR.SG.

Dakar, le 27 février 1985

CIRCULAIRE

LE PRESIDENT DE LA REPUBLIQUE

A

Mesdames et Messieurs les Ministres,

Madame et Monsieur les Secrétaires d'État.

Objet : Présentation des exposés des motifs de loi et des rapports de présentation des projets de décret.

Il m'a été donné de constater que les instructions contenues dans la circulaire n° 9.PM.JUR du 03 février 1977, relatives à la présentation des exposés des motifs des projets de loi et des rapports de présentation des projets de décret, ne sont pas respectées.

L'Assemblée générale consultative de la Cour suprême le fait d'ailleurs souvent observer au Gouvernement.

C'est pourquoi je vous rappelle :

1°) – que les rapports de présentation des projets de décret doivent être signés du ministre maître d'œuvre, avant leur transmission au Secrétariat du Conseil des Ministres, alors que les exposés des motifs des projets de loi ne le sont pas parce qu'étant présentés à l'Assemblée nationale par le Président de la République.

2°) – que les exposés des motifs des projets de loi et les rapports de présentation des projets de décret doivent être datés avant leur transmission au Secrétariat du Conseil des Ministres pour leur introduction dans le circuit d'adoption.

Je demande au Secrétaire du Conseil des Ministres, de veiller à l'application stricte de ces instructions, en renvoyant aux départements ministériels les projets, au cas où les règles ainsi posées ne seraient pas respectées.

DOCUMENT N° 18 : MODELE DE DOCUMENT DE PRESENTATION (EXPOSE DES MOTIFS)

REPUBLIQUE DU SENEGAL

....

Un Peuple - Un But - Une Foi

....

Ministère de la Justice

Projet de loi fixant les règles d'applicabilité des lois, des actes administratifs à caractère réglementaire et des actes administratifs à caractère individuel

EXPOSE DES MOTIFS

L'entrée en vigueur des textes législatifs et réglementaires est régie par la loi n°70-14 du 06 février 1970 fixant les règles d'applicabilité des lois, des actes administratifs à caractère réglementaire et des actes administratifs à caractère individuel.

La loi précitée n'a fait l'objet que d'une seule modification sans grande incidence sur le régime de l'applicabilité des actes législatifs et réglementaires. En effet, la loi n°71-07 du 21 janvier 1971 modifiant l'article 2 de la loi n°70-14 du 06 février 1970 a remplacé les mots « Secrétariat général de la Présidence de la République » contenus dans la loi n°70-14 du 06 février 1970 sus indiquée par ceux de « Secrétariat général du Gouvernement » service où le Journal officiel est désormais déposé.

En outre, elle a instauré un système complexe de détermination de la date d'entrée en vigueur des textes, subordonnée au dépôt au Secrétariat général du Gouvernement du Journal officiel dans lequel ils sont publiés, prorogé d'un délai de trois ou de cinq jours, selon les cas. Dans la pratique, ce système a posé de délicats problèmes de détermination de la date d'entrée en vigueur des textes, accentués par l'irrégularité de la parution du Journal officiel.

La loi n°70-14 du 06 février 1970 a opéré une discrimination devenue injustifiée, entre la région du Cap-Vert, les communes de Diourbel, Kaolack, Saint-Louis, Thiès et le reste du territoire national. Aussi, elle ne prend pas en considération le nouveau découpage administratif survenu postérieurement résultant de la loi n°72-02 du 1er février 1972 relative à l'organisation de l'administration territoriale modifiée notamment par la loi n°2008-14 du 18 mars 2008 qui a porté le nombre de régions à quatorze (14).

Par ailleurs, le système d'entrée en vigueur fixé par la loi susmentionnée est devenu inadapté au nouveau contexte juridique et technologique. En effet, face à la mise en ligne partielle du Journal officiel, il a paru nécessaire voire indispensable de prendre en considération le support électronique et la valeur juridique qui lui est attachée.

Enfin, la loi n°70-14 du 06 février 1970 a renvoyé à une autre loi les règles d'applicabilité des actes édictés par les autorités administratives déconcentrées (gouverneur, préfet, sous-préfet). Cependant, cette loi n'a jamais été adoptée ; ce qui a créé un vide dans le système sénégalais d'entrée en vigueur des textes.

Ainsi, il est apparu nécessaire de procéder à une réforme en profondeur du système sénégalais d'entrée en vigueur des textes.

Le présent projet de loi introduit les innovations majeures suivantes :

- l'unification de la date d'entrée en vigueur des textes sur toute l'étendue du territoire national ;
- la simplification du dispositif de l'entrée en vigueur des textes désormais subordonnée à leur seule publication au Journal officiel ;
- la consécration d'un système de double publication des textes dans le Journal officiel sur support papier et sur support électronique ;
- la reconnaissance de la valeur juridique de la publication électronique du Journal officiel ;
- l'affirmation du principe de gratuité et de permanence de l'accès au Journal officiel électronique ;
- la soumission des actes des autorités administratives déconcentrées aux règles d'entrée en vigueur des textes prévues par le présent projet de loi.

Il comprend cinq (5) chapitres :

- le chapitre premier est relatif aux dispositions générales ;
- le chapitre II traite de la publication des textes ;
- le chapitre III porte sur les structures chargées de la publication des textes ;
- le chapitre IV se rapporte à l'entrée en vigueur des textes ;
- le chapitre V contient les dispositions finales.

Telle est l'économie du présent projet de loi.

5. - L'autorité qui décide

247. La notion. Après l'énoncé de l'intitulé du texte et avant les visas, le rédacteur doit mentionner l'autorité qui décide encore appelée « la mention d'autorité »[625]. Il s'agit de la désignation de la ou des autorités ayant édicté le texte. En légistique, la mention de l'autorité qui décide annonce ainsi l'introduction du texte.

248. La rédaction. L'autorité qui décide peut être le Président de la République (ordonnance, décret ou arrêté présidentiel), le Premier Ministre (décret ou arrêté primatoral), un ou des ministres (arrêté ministériel, conjoint ou interministériel), un gouverneur (arrêté du gouverneur), un préfet (arrêté préfectoral) ou un sous-préfet (arrêté sous-préfectoral)[626], un recteur (arrêté rectoral), un conseil départemental (délibération du conseil départemental), ou un conseil municipal (délibération du conseil municipal), etc.

Il n'est pas nécessaire de préciser la qualité de l'auteur du texte. On écrira : **« LE MINISTRE »** et non **« LE MINISTRE DE L'INTERIEUR »**.

On écrira :

« LE GOUVERNEUR » et non **« LE GOUVERNEUR DE LA REGION DE DAKAR »**

La mention de l'autorité qui décide doit être centrée et rédigée en gras et en majuscule suivie d'une virgule ainsi qu'il suit :

LE PRESIDENT DE LA REPUBLIQUE
LE PREMIER MINISTRE
LE MINISTRE
LE GOUVERNEUR
LE PREFET
LE SOUS-PREFET
LE RECTEUR
LE CONSEIL DEPARTEMENTAL
LE CONSEIL MUNICIPAL
L'ASSEMBLEE DE L'UNIVERSITE

La mention d'autorité (l'autorité qui décide) peut être constituée de la désignation de plusieurs autorités (ministres) lorsqu'il s'agit d'un arrêté conjoint ou interministériel.

Par exemple : **« LES MINISTRES, »**

---

625 M. BESCH, *Traité de légistique formelle*, Publication du Conseil d'Etat du Grand-Duché de Luxembourg, 2005, p. 23.

626 V. la circulaire n° 00041 PM/SGG/SGA/PAT/SP du 06 octobre 2015 relative aux règles de présentation et de rédaction des textes législatifs et réglementaires.

La mention de l'autorité qui décide n'est obligatoire que pour les ordonnances et les textes réglementaires (décret, arrêté, décision et délibération).

Les lois ne comportent pas la mention de l'autorité qui décide. En effet, les actes législatifs ne sont pas élaborés par des autorités exécutives mais constituent la plus haute expression de la volonté du peuple et sont édictés par ses représentants.

6. - Les visas

249. L'objet. Les projets de décret, d'arrêté, de décision et délibération comportent des visas encore appelés référents[627].

Il en est de même des projets d'ordonnance, puisque tant qu'elles n'ont pas fait l'objet d'une ratification législative, les ordonnances revêtent encore la nature d'actes réglementaires. D'ailleurs, en raison de son origine gouvernementale, la présentation formelle de l'ordonnance se rapproche de celle du décret[628].

Mais les lois ne contiennent pas de visas, puisqu'il s'agit de normes cadres[629].

Ces visas, qui constituent les références du texte, sont appelés visas de référence, par opposition aux visas de contrôle. Ces derniers visas ont pour objet de s'assurer du contrôle effectué par certains services de l'Etat au cours de la procédure d'adoption des textes. En effet, un arrêté ou une décision peut requérir, avant sa signature, le visa préalable de certaines autorités (Contrôle financier, Ministère des Finances, etc.)[630]. Il en est ainsi des projets de texte ayant des incidences financières. Par exemple, une décision du Ministre chargé de l'Enseignement supérieur autorisant le versement d'une somme d'argent à un institut d'enseignement supérieur au titre d'une année de gestion, exige le visa du Contrôle financier. Dans ce cas, le visa financier doit être porté sous le timbre ou dans la marge du document.

Les visas de référence ont pour objet notamment :

- de préciser la base légale qui donne à l'auteur de l'acte la compétence et le pouvoir de l'édicter ;

---

[627] G. DUPUIS, « Les visas apposés sur les actes administratifs », in *Mélanges offerts à Marcel Waline, Le juge et le droit public*, Tome 2, juillet 1974, p. 407 et s. 179 ; D. BATSELE, *Initiation à la rédaction des textes législatifs, réglementaires et administratifs*, Bruxelles, Bruyant, 3 eme édition, 2013, n° 30 et s.

[628] J. GANDOUIN et J.-M. ROUSSIGNOL, *Rédaction administrative Afrique. Maghreb-Afrique subsaharienne,* Armand Colin, 4eme édition mise à jour, 2013, p. 201.

[629] Sur cette question, C. BERGEAL, *op. cit.*, p. 293 ; également, *Guide pour l'élaboration des textes législatifs et réglementaires*, Mali, août 2016, p. 40 ; C. BERGEAL, *Manuel de légistique*, 8 eme édition, Paris, Berger-Levrault, 2018, p. 291, n° 270.

[630] En ce sens, J. GANDOUIN et J.-M. ROUSSIGNOL, *op. cit.*, p. 192.

- de mettre en évidence les textes dont le projet doit faire application ou qu'il doit modifier ou transposer ;
- d'attester du respect des procédures, particulièrement des consultations obligatoires (la Commission d'évaluation des agences, le Conseil consultatif national du Travail et de la Sécurité sociale, le Conseil supérieur de la Fonction publique, etc.)[631] et de la consultation de certaines institutions (l'Assemblée générale consultative de la Cour suprême, Conseil économique social et environnemental, Haut Conseil des Collectivités territoriales).

Par exemple, le projet d'ordonnance doit viser la loi habilitant le Président de la République à intervenir dans le domaine du pouvoir législatif.

En outre, le projet d'ordonnance ou de décret vise toujours le décret fixant les attributions du ministre rapporteur du texte. Ce visa permet de s'assurer que l'élaboration du projet de texte rentre bien dans les attributions du ministre maître d'œuvre.

250. Absence de portée juridique. Les visas n'ont pas de portée juridique propre ; ils sont facultatifs. L'absence de mention de la base légale d'un texte normatif ne le rend pas illégal, dès lors que cette base existe. Inversement, l'omission d'un visa ou une erreur dans les visas est sans influence sur la légalité ou la régularité du texte. Il s'agit d'une formalité non substantielle[632].

Mais l'absence de visa de textes de base peut laisser penser que l'auteur de l'acte a ignoré l'existence d'une norme en vigueur, ce qui peut avoir des conséquences juridiques sur la qualité ou la légalité du projet normatif.

A l'inverse, la surabondance de visas sans rapport avec le projet de texte peut tout aussi bien dissimuler une absence de base légale du projet de texte[633].

251. Les techniques de présentation. Les visas doivent être soigneusement présentés.

Ils sont précédés du mot « VU » qui s'écrit en majuscule.

Le texte est visé avec son numéro, sa date et son intitulé suivi d'un point-virgule ; les codes s'écrivent avec un « C » en majuscule[634].

Par exemple : « VU la loi n° 72-61 du 12 juin 1972 portant Code de la Famille, modifié ; »

---

631 En vertu de la circulaire n° 00001 PM/SGG/SGA/PAT du 15 janvier 2018 relative au respect de l'obligation de recueillir l'avis des organismes consultatifs, les consultations obligatoires font l'objet d'un visa avant celui de l'avis de la Cour suprême et l'indication du rapporteur du texte.

632 CE sect. 28 juin 1974, Charmasson, n° 79473 ; également, *Guide pratique d'élaboration des textes législatifs et réglementaires, Secrétariat général du Gouvernement du Niger*, édition 2016, p. 11.

633 En ce sens, D. REMY, *Légistique. L'art de faire les lois*, Paris, Romillat, 1994, p. 140 et s.

634 V. la circulaire n° 00041 PM/SGG/SGA/PAT/SP du 06 octobre 2015 relative aux règles de présentation et de rédaction des textes législatifs et réglementaires.

La circulaire n° 0064/PM/SGG du 20 novembre 1974 relative à la rédaction des visas des décrets proscrit le recours à des formules abrégées ou fantaisistes ; elle prescrit le visa des titres des textes dans leur l'intégralité et leur exactitude.

Les avis des organismes consultés sont mentionnés avec leur numéro et leur date.

Par exemple : « VU l'avis n° 0025/2015 du 02 mai 2015 du Conseil du Conseil supérieur de la Fonction publique ; »

Lorsque l'organisme n'a pas émis d'avis dans le délai qui lui était imparti par les dispositions législatives ou réglementaires et qu'il est alors réputé s'être prononcé, il convient de viser l'acte par lequel l'organisme a été saisi en utilisant la formule suivante : « VU la saisine du … en date du… ; »

Dans ce dernier cas, le visa est placé, le cas échéant, après celui des avis qui ont été effectivement rendus ; mais avant la mention de la consultation l'Assemblée générale consultative de la Cour suprême éventuellement[635].

Il n'est pas fait mention des avis facultatifs. Mais ceux émis par les institutions de la République, comme la Cour suprême, le Conseil économique social et environnemental et le Haut Conseil des Collectivités territoriales, doivent être visés.

Par exemple : « La Cour suprême entendue en sa séance du … ; »

Lorsque le texte a été édicté à la suite d'un avis conforme donné par un organisme ou une administration, comme le Ministère de l'Économie, des Finances et du Plan, la formule suivante est recommandée : « Sur l'avis conforme du Ministère de l'Économie, des Finances et du Plan en date du ... ».

252. Principes directeurs. Les techniques de rédaction des visas sont marquées par une règle de base : le rédacteur peut viser un texte que le projet abroge partiellement, mais jamais un texte que le projet abroge entièrement[636]. En effet, un texte abrogé totalement sort de l'ordonnancement juridique.

De même, dans un projet de texte, on ne vise pas un texte de valeur inférieure. Par exemple, un projet de décret ne vise pas en principe un arrêté ministériel ou interministériel[637].

Un projet de décision peut viser la Constitution, des lois, des décrets, des arrêtés et d'autres décisions.

---

[635] V. *Guide pour l'élaboration des textes législatifs et réglementaires*, Paris, La documentation française, 2005, p. 153 ; C. BERGEAL, *op. cit.* , p. 294, n° 155.

[636] V. *Guide pour l'élaboration des textes législatifs et réglementaires*, Paris, La documentation française, 2005, p. 153 ; C. BERGEAL, *op. cit.* , p. 294, n° 243 ; *Guide pratique d'élaboration des textes législatifs et réglementaires, Secrétariat général du Gouvernement du Niger*, édition 2016, p. 20.

[637] En ce sens, J. GANDOUIN et J.-M. ROUSSIGNOL, *Rédaction administrative Afrique. Maghreb-Afrique subsaharienne,* Armand Colin, 4eme édition mise à jour, 2013, p. 192.

Si un texte est pris en application d'un règlement communautaire ou pour les besoins de la transposition d'un traité régulièrement ratifié ou d'une directive communautaire, il convient de viser le règlement, le traité ou la directive en question.

Lorsque l'acte visé est un texte modificatif, la circulaire n° 71-PM/JUR du 13 décembre 1971 sur la rédaction des visas des décrets et arrêtés ministériels prescrit de ne pas le viser de façon autonome[638]. En réalité, l'acte modificatif s'incorpore, dès son entrée en vigueur, dans l'acte originel modifié. De sorte qu'il importe seulement de viser le texte originel en précisant qu'il a fait l'objet d'une ou de plusieurs modifications.

Par exemple : « VU le décret n° … du …relatif…, modifié par le décret n°… du … ; »

Le visa de la Constitution est réservé aux textes pris directement sur son fondement ; il en est ainsi notamment des ordonnances et des décrets pris directement en application de l'article 76 de la Constitution ; c'est-à-dire dans le cadre du domaine du pouvoir réglementaire autonome[639].

Dans les textes, les rédacteurs ont souvent tendance à viser systématiquement le décret portant nomination du Premier Ministre, le décret portant composition du Gouvernement et le décret portant répartition des services de l'État et du contrôle des établissements publics, des sociétés nationales et des sociétés à participation publique entre la Présidence de la République, la Primature et les ministères.

En règle générale, le visa de ces textes spécifiques n'est justifié que lorsque le texte a un lien avec eux. A titre d'exemple, un projet de décret devant être contresigné par le Premier Ministre, devrait viser le décret portant nomination du Premier Ministre.

Le visa peut concerner une décision de justice. Ainsi, le décret modifiant un texte de forme législative déclassé en application de la procédure prévue par l'article 76, alinéa 2 de la Constitution, doit viser la décision du Conseil constitutionnel ayant déclaré que ce dernier texte a un caractère réglementaire. Dans ce cas, la formule suivant est recommandée :

« Vu la décision du Conseil constitutionnel n°…. en date du …. ; ».

253. Le visa des textes modifiés. Lorsque le texte visé comporte plusieurs modifications, il était d'usage de mentionner expressément les textes modificatifs dans la limite de trois, avec l'indication de leur numéro et de leur date, mais non de leurs intitulés. Cette convention d'écriture avait été consacrée par la circulaire du Secrétaire général du Gouvernement n°

---

638 V. également, la circulaire du Secrétaire général du Gouvernement n° 0064/PM/SGG du 20 novembre 1974 relative à la rédaction des visas des décrets.

639 C. BERGEAL, *op. cit.* , p. 294.

0064/PM/SGG du 20 novembre 1974 relative à la rédaction des visas des décrets.

Lorsque le texte a subi plus de trois modifications, on se contentait de le signaler par la mention « modifié (e) » placée après sa date et son intitulé.

Par exemple : « VU la loi n° 65-60 du 21 juillet 1965 portant Code pénal, modifiée ; ».

Ces techniques de rédaction des visas des textes modifiés, qui présentent une certaine complexité, donnaient souvent lieu à des hésitations sur le décompte du nombre de modifications du texte originaire effectivement entrées en vigueur.

C'est la raison pour laquelle la circulaire n° 006 PM/SGG/SGA/PAT du 05 avril 2017 relative aux techniques de rédaction des visas des textes modifiés a procédé à la modification de ces techniques dans le sens d'une simplification des méthodes rédactionnelles. Désormais, lorsqu'un texte comporte une seule modification, le rédacteur mentionne, après son indication, le texte modificatif avec l'indication de son numéro et de sa date, sans préciser son intitulé.

Par exemple : « VU la loi n° 2011-15 du 08 juillet 2011 portant loi organique relative aux lois de finances, modifiée par la loi organique n° 2016-34 du 23 décembre 2016 ; ».

Si le texte a fait l'objet de plus d'une modification, il importe d'ajouter, après son indication, la mention « modifié (e) » placée après celle de son numéro, de sa date et de son intitulé.

Par exemple : « VU la loi n° 65-60 du 21 juillet 1965 portant Code pénal, modifiée ; » ;

DOCUMENT N° 19 : LES TECHNIQUES DE RÉDACTION DES VISAS DES TEXTES MODIFIÉS

La circulaire n° 006 PM/SGG/SGA/PAT du 05 avril 2017 relative aux techniques de rédaction des visas des textes modifiés

REPUBLIQUE DU SENEGAL

Primature

Le Premier Ministre

N° 006 PM/SGG/SGA/PAT

Dakar, le 05 avril 2017

CIRCULAIRE

A

Mesdames et Messieurs les Ministres,

Messieurs les Ministres délégués

Objet : Techniques de rédaction des visas des textes modifiés

Références : La circulaire n° 0064/PM/SGG du 20 novembre 1974 relative à la rédaction des visas des décrets

Il m'a été donné de constater que les techniques de rédaction des visas des textes comportant des modifications présentent une certaine complexité ; ce qui ne facilite pas toujours l'activité normative des départements ministériels et des autres services de l'État.

En effet, lorsque le texte visé comporte plusieurs modifications, la circulaire n° 0064/PM/SGG du 20 novembre 1974 relative à la rédaction des visas des décrets, citée en référence, prescrit de mentionner, après le texte modifié, les textes modificatifs dans la limite de trois (3), avec l'indication de leur numéro et de leur date.

Mais si le texte a fait l'objet de plus de trois (3) modifications, cette circulaire recommande d'ajouter au texte la mention « modifié (e) » placée après sa date et son intitulé.

Cependant, ces méthodes de rédaction, récemment rappelées par la circulaire n° 00041 PM/SGG/SGA/PAT du 06 octobre 2015 sur les règles de présentation et de rédaction des textes, ne sont pas toujours observées par les services rédacteurs des ministères. Aussi, donnent-elles lieu souvent à des hésitations sur le décompte du nombre de modifications du texte originaire effectivement entrées en vigueur.

Ainsi, il a paru nécessaire de réaménager ces règles dans le sens d'une simplification des techniques rédactionnelles des visas.

La présente circulaire a pour objet de modifier les prescriptions de la circulaire n° 0064/PM/SGG du 20 novembre 1974, citée en référence, relatives aux techniques de rédaction des visas des textes modifiés.

Désormais, lorsqu'un texte comporte **une seule modification**, il est recommandé de mentionner, après son indication, le texte modificatif, avec l'indication de son numéro et de sa date, sans préciser son intitulé.

Par exemple : « VU la loi n° 2011-15 du 08 juillet 2011 portant loi organique relative aux lois de finances, modifiée par la loi organique n° 2016-34 du 23 décembre 2016 ; ».

Lorsque par contre, le texte a fait l'objet **de plus d'une modification**, il importe d'ajouter, après son indication, la mention « modifié (e) » placée après celle de son numéro, de sa date et de son intitulé.

Par exemple : « VU la loi n°65-60 du 21 juillet 1965 portant Code pénal, modifiée ; ».

En conséquence, je vous recommande, avant d'introduire les projets normatifs préparés par vos départements dans le circuit d'adoption des textes, de vous conformer aux prescriptions de la présente circulaire dont vous m'accuserez réception.

Le Premier Ministre

RÉPUBLIQUE DU SÉNÉGAL
Le Premier Ministre
PRIMATURE

Mahammed Boun Abdallah DIONNE

<u>Ampliation</u> :

Son Excellence Monsieur le Président de la République (ATCR)

---

254. L'ordre des visas. Le rédacteur doit respecter un ordre hiérarchique et chronologique des visas[640].

255. L'ordre hiérarchique. La présentation des visas obéit à un ordre hiérarchique conformément au principe de la hiérarchie des normes[641].

Les actes normatifs visés sont classés en commençant par les textes les plus élevés dans la hiérarchie des normes et en descendant jusqu'au niveau de la norme proposée[642].

Les codes, y compris les codes purement réglementaires, comme le Code des Marchés publics, le Code des Contraventions et le Code de Procédure civile, sont normalement placés avant les lois[643].

Après les textes, sont visés les avis des organismes dont la consultation est obligatoire et, à la fin, s'il y a lieu, l'intervention des institutions consultatives comme l'Assemblée générale consultative de la Cour suprême, le Conseil économique, social et environnemental et le Haut Conseil des Collectivités territoriales.

Par exemple, « La Cour suprême entendue en sa séance du … ; »

Le classement hiérarchique des textes est le suivant :

- la Constitution ;
- les lois organiques ;
- les conventions internationales ;
- les règlements et directives communautaires ;
- les codes (y compris les codes purement réglementaires) ;
- les lois ;
- les ordonnances ayant de plein droit valeur législative ;
- les décrets ;
- les arrêtés ;
- les avis des organismes dont la consultation est obligatoire (Comité consultatif du Secteur parapublic, Conseil supérieur de la Fonction publique, etc.) ;
- les avis des institutions consultatives (Conseil économique, social et environnemental, Assemblée générale consultative de la Cour suprême, Haut Conseil des Collectivités territoriales) ;

---

640 C. BERGEAL, *Manuel de légistique*, 8 ^{eme} édition, Paris, Berger-Levrault, 2018, p. 292, n° 271.

641 *Guide pratique d'élaboration des textes législatifs et réglementaires, Secrétariat général du Gouvernement du Niger*, édition 2016, p. 20.

642 V. la circulaire n° 64 PM/SGG du 20 novembre 1974 relative à la rédaction des visas des décrets et la circulaire du Secrétaire général du Gouvernement n° 0064/PM/SGG du 20 novembre 1974 relative à la rédaction des visas des décrets.

643 C. BERGEAL, *ibid.*

256. L'ordre chronologique. Les textes d'une même catégorie (par exemple, les lois) sont classés selon un ordre chronologique en commençant par les textes les plus anciens et en terminant par les textes les plus récents suivant le modèle suivant :

« VU la loi n° 61-33 du 15 juin 1961 relative au statut général des fonctionnaires, modifiée ;

VU la loi n° 97-17 du 1er décembre 1997 relative au Code du Travail, modifiée ;

VU la loi n° 2011-01 du 24 février 2011 portant Code des Télécommunications ; »

Le Premier Ministre M. Abdou DIOUF, devant les nombreux manquements constatés, a rappelé les principes régissant l'ordre chronologique des visas, par une circulaire n° 71-PM/JUR du 13 décembre 1971 sur la rédaction des visas des décrets et arrêtés ministériels. D'après cette circulaire, à l'intérieur de chaque catégorie (loi, décret, arrêté ministériel) l'ordre chronologique doit être strictement respecté[644]. Ainsi, précise-t-elle, un décret individuel antérieur à un décret réglementaire doit être visé avant celui-ci en dépit de son caractère individuel. Ces règles sont conformes à la « doctrine » de l'Assemblée générale consultative de la Cour suprême.

Les consultations sont visées dans l'ordre chronologique en commençant par les avis explicitement rendus puis par le visa des lettres de saisine pour les organismes qui n'ont pas rendu d'avis.

Les avis donnés par les organismes dont la consultation est obligatoire (Conseil supérieur de la Fonction publique, Comité consultatif du Secteur parapublic, etc.) doivent également précéder ceux émis par les institutions consultatives (Assemblée générale consultative de la Cour suprême, Haut Conseil des Collectivités territoriales, Conseil économique sociale et environnemental, etc.).

644 V. également, la circulaire n° 64 PM/SGG du 20 novembre 1974 relative à la rédaction des visas des décrets.

DOCUMENT N° 20 : LA REDACTION DES VISAS DES DECRETS ET DES ARRETES MINISTERIELS

La circulaire n° 71-PM/JUR du 13 décembre 1971 sur la rédaction des visas des décrets et arrêtés ministériels

REPUBLIQUE DU SENEGAL

……….

PRIMATURE

N° 71/PM/JUR

Dakar, le 13 décembre 1971

CIRCULAIRE

LE PREMIER MINISTRE
A
Messieurs les Ministres et Secrétaires d'État,

Objet : Rédaction des visas des décrets et arrêtés ministériels

L'examen des textes- décrets réglementaires non soumis, décrets individuels et arrêtés ministériels- adressés au Secrétaire général du Gouvernement en vue de leur publication au Journal officiel révèle de très nombreuses et constantes erreurs dans la rédaction des visas. La présente circulaire a donc pour objet de vous rappeler les règles élémentaires qui doivent présider à cette rédaction :

1. il faut tout d'abord viser, après la Constitution, l'ensemble des lois que l'on désire viser puis l'ensemble des décrets, enfin éventuellement les arrêtés ministériels. En aucun cas, un décret ne peut être visé avant une loi ;

2. à l'intérieur de chacune de ces catégories- la loi, décret et arrêté ministériel- l'ordre chronologique doit être strictement respecté. Notamment, un décret individuel antérieur à un décret réglementaire doit être visé avant celui-ci en dépit de son caractère individuel ;

3. les textes modificatifs s'incorporent aux textes originels qu'ils sont venus modifier. Il n'y a donc jamais lieu de les viser sous une forme autonome mais uniquement sous la forme :

« VU le décret n°……………du…………., modifié par les décrets n° ………… du …………et n°……….. du ………. ».

Je vous demande de rappeler à vos services les règles ci-dessus et de veiller soigneusement à ce qu'elles soient appliquées par eux à l'avenir dans la confection des textes qu'ils sont appelés à présenter.

Abdou DIOUF

DOCUMENT N° 21 : LA REDACTION DES VISAS DES DECRETS

La circulaire du Secrétaire général du Gouvernement n° 0064/PM/SGG du 20 novembre 1974 relative à la rédaction des visas des décrets

REPUBLIQUE DU SENEGAL

....

PRIMATURE

N°4006/PM

Dakar, le 20 novembre 1974

LE SECRETAIRE GENERAL DU GOUVERNEMENT

A

Mesdames, Messieurs les Ministres et Secrétaires d'État,
Les délégués généraux

Objet : Rédaction des visas des décrets

Il m'a été donné de constater que certains décrets présentés à la signature du Président de la République comportaient un certain nombre d'erreurs ou de maladresses dans la présentation des visas. La présente circulaire n'a d'autre objet que de vous rappeler les règles relatives à la rédaction des visas des décrets, afin que vous puissiez attirer l'attention de vos services sur leur respect et d'éviter le renouvellement de ces errements.

1. Il convient de viser tout d'abord, l'ensemble des lois à viser, puis ensuite l'ensemble des décrets d'une manière désordonnée ;
2. Dans chacune des catégories : lois d'une part, décrets d'autre part, il faut respecter strictement l'ordre chronologique, les textes les plus anciens étant visés avant les textes les plus récents ;
3. Un texte modificatif ne doit jamais être visé de façon autonome mais simplement à l'occasion du visa du texte d'origine en utilisant la formule « modifié par ».

Par exemple, il ne faut pas dire :

« VU la loi n° 66-60 du 30 juin 1966 portant création de l'Office national de Coopération et d'Assistance pour le Développement (ONCAD), modifiée par la loi n° 67-46 du 12 octobre 1967 ».

Même si la disposition que l'on tient précisément à viser se trouve dans le texte modificatif, ce texte vient s'intégrer dès son entrée en vigueur dans le texte original dont les dispositions qu'il vient remplacer se trouvent abrogées ; c'est donc bien ce texte original qu'il convient de viser en priorité en mentionnant les modificatifs dont il a fait l'objet ;

4. Lorsqu'un texte a été modifié, il faut viser à la suite, en utilisant la formule « modifié par », l'ensemble de ses modificatifs.

Toutefois, s'il y en a eu plus de trois, on emploie simplement la formule « modifié » ajoutée après le visa du texte original ;

5. il faut reproduire le titre exact et intégral des textes visés et non employer des formules abrégées ou fantaisistes ;

6. dès qu'il y a plus d'un ministre rapporteur, il faut utiliser la formule « Sur le rapport conjoint ».

Toutes ces règles sont conformes à la jurisprudence de l'Assemblée générale consultative de la Cour suprême en la matière.

Il est souhaitable que les décrets qui ne sont pas soumis à l'avis de la Cour suprême les respectent également de façon qu'il y ait une présentation uniforme des décrets qu'elle qu'ait été la procédure de leur adoption.

Fait à Dakar, le 20 novembre 1974

Alioune DIAGNE

DOCUMENT N° 22 : MODÈLE DE VISAS

Décret n° … portant désignation de l'Autorité nationale chargée d'apposer la formule exécutoire sur les arrêts de la Cour Commune de Justice et d'Arbitrage et les sentences arbitrales ayant reçu l'exequatur de cette Cour ou, le cas échéant, de son président

LE PRESIDENT DE LA REPUBLIQUE,

VU la Constitution ;

VU le Traité relatif à l'Organisation pour l'Harmonisation en Afrique du Droit des Affaire (OHADA) signé le 17 octobre 1993 à Port Louis (Ile Maurice), révisé à Québec le 17 octobre 2008 ;

VU le Règlement de procédure de la Cour Commune de Justice d'Arbitrage notamment en son article 46-1 ;

VU l'article 31 du Règlement d'arbitrage de la Cour Commune de Justice et d'Arbitrage ;

VU l'article 32 de l'Acte uniforme sur le droit de l'arbitrage du 11 mars 1999 ;

VU le décret n° 2014-845 du 06 juillet 2014 portant nomination du Premier Ministre ;

VU le décret n° 2014-853 du 09 juillet 2014 portant répartition des services de l'État et du contrôle des établissements publics, des sociétés nationales et des sociétés à participation publique entre la Présidence de la République, la Primature et les ministères, modifié par le décret n° 2018-683 du 27 mars 2018 ;

VU le décret n°2014-870 du 22 juillet 2014 relatif aux attributions du Garde des Sceaux, Ministre de la Justice ;

VU le décret n°2015-855 du 22 juin 2015 portant composition du Gouvernement, modifié ;

Sur le rapport du Garde des Sceaux, Ministre de la Justice,

7.- Les rapporteurs des textes

257. Une exigence. Selon l'instruction n° 04 PM du 18 mars 1970 relative à la présentation et à la préparation des décrets, les visas des ordonnances, décrets et arrêtés se terminent par la référence au rapport (de présentation) du ministre ou à la note (de présentation) du directeur maître d'œuvre du texte. Ces derniers « font rapport » à l'auteur du texte, à savoir le Président de la République, en ce qui concerne les ordonnances et les décrets présidentiels, le Premier Ministre s'agissant des décrets et des arrêtés primatoraux[645] ou le ou les ministres, en ce qui concerne les arrêtés ministériels, conjoints ou interministériels.

La mention du rapporteur est faite comme suit :

« Sur le rapport du Ministre… ; » (s'il s'agit d'un projet d'ordonnance ou de décret).

« Sur la note du Directeur… ; » (s'il s'agit d'un projet d'arrêté).

Au Sénégal, la circulaire n° 0002 PM/SGG/SGA/PAT du 27 janvier 2017 relative aux rapporteurs des projets de texte a affiné les contours de la notion de rapporteurs et a déterminé les rapporteurs des projets de texte normatif.

258. La notion de rapporteur. D'après la circulaire n° 0002 PM/SGG/SGA/PAT du 27 janvier 2017 précitée, les rapporteurs des textes sont ceux « principalement chargés d'élaborer la politique que le texte met en œuvre » [646]; c'est-à-dire les signataires du document de présentation (rapport de présentation ou note de présentation). Il s'agit des autorités dont les attributions rentrent dans le cadre du projet de texte soumis à la signature de son auteur[647].

Il ne faut pas confondre la notion de rapporteurs d'un projet de texte avec celle d'autorités chargées de son exécution. Ces dernières autorités, énumérées dans l'article d'exécution de l'ordonnance ou du texte réglementaire, sont celles qui doivent prendre les mesures nécessaires à l'application de ses dispositions.

259. La détermination des rapporteurs des projets de texte. Tous les ministres ou les directeurs impliqués dans l'exécution du texte ne sont pas toujours rapporteurs. Le rapporteur est le ministre ou le directeur chargé de la conception du texte et qui signe, à ce titre, le document de présentation.

En principe, seuls les ministres titulaires ont la qualité de ministres rapporteurs. Les ministres délégués et les secrétaires d'État ne peuvent pas, en

---

645 V. la circulaire n° 0002 PM/SGG/SGA/PAT du 27 janvier 2017 relative aux rapporteurs des projets de texte.

646 CE sect., 21 février 1958, Fédération nationale des travailleurs du sous-sol, *Rec. CE*, p 122 ; n° 20628 ; C. BERGEAL, *Manuel de légistique*, 8 eme édition, Paris, Berger-Levrault, 2018, p. 291, n° 269.

647 C. BERGEAL, *op. cit*, p. 290-291, n° 269.

principe, « rapporter » des projets de texte. Si le texte rentre dans le cadre de leurs attributions, il reviendra aux ministres titulaires de rédiger les rapports de présentation adressés au Président de la République.

Les ministres ou directeurs rapporteurs sont désignés, dans le texte, avec leurs titres officiels tels qu'ils figurent dans le décret fixant la composition du Gouvernement et dans l'ordre protocolaire, en cas de pluralité de ministres rapporteurs.

260. La pluralité de rapporteurs. En principe, un seul ministre ou directeur suffit pour faire rapport au Président de la République, au Premier Ministre ou au ministre auteur du texte ; il s'agit du ministre ou du directeur qui a effectivement élaboré le texte.

Il peut y avoir une pluralité de rapporteurs, lorsque plusieurs autorités ont élaboré conjointement un texte. Dans le cas d'un projet d'arrêté conjoint ou interministériel, tous directeurs signataires de la note de présentation feront conjointement rapport à l'auteur ou aux auteurs du texte ; ainsi, ils cosignent le rapport de présentation.

La circulaire n° 0064/PM/SGG du 20 novembre 1974 relative à la rédaction des visas des décrets recommande, dans cette hypothèse, l'utilisation dans les visas de la formule suivante : « Sur la note conjointe du Directeur de… et du Directeur de… ».

Pour les besoins de l'identification des directeurs rapporteurs, il est recommandé de se reporter au décret portant organisation du département ministériel ou à l'arrêté fixant les règles d'organisation des directions concernées[648].

261. La désignation expresse des rapporteurs. Certains textes législatifs procèdent quelquefois à la détermination expresse du rapporteur d'un texte qu'ils annoncent.

Par exemple, l'article 639 du Code de Procédure pénale prévoit que les ministres et secrétaires d'État ne peuvent comparaître comme témoins qu'après autorisation donnée « par décret sur le rapport du Garde des Sceaux, Ministre de la Justice ».

En vertu de l'article 17 de la loi n° 95-11 du 07 avril 1995 instituant la fondation d'utilité publique au Sénégal[649], le décret de reconnaissance d'utilité publique d'une fondation est pris sur le rapport du Ministre chargé des Finances.

Dans ces cas, le décret édicté sans que le ministre désigné comme rapporteur ait été associé à son élaboration sera entaché d'illégalité[650]. En

[648] M-A. GRANGER, « Les décrets portant attributions des membres du Gouvernement », *RFDC* 2013/2, n° 94, p. 335-355.

[649] JORS du 10 juin 1995, p. 253.

[650] CE Ass., 14 avril 1995, CAMR, n° 148379.

effet, le rapport fait par ce ministre constitue une condition supplémentaire de légalité dudit décret.

Dans un arrêt rendu le 03 juin 2011[651], la Cour suprême a jugé qu'une note du Ministre de la Santé et de la Prévention portant affectation d'un radiologue était entachée d'illégalité. En effet, selon l'article 22 de la loi n° 81-59 du 09 novembre 1981 portant statut du personnel enseignant des Universités, les mesures d'ordre individuel concernant les personnels sont prononcées « par arrêté conjoint du Ministre chargé de l'Enseignement supérieur et du Ministre chargé de la Santé publique, ou s'il y a lieu, par décret pris sur le rapport conjoint de ces deux ministres ».

262. Le Premier Ministre : rapporteur. Le rapporteur d'un projet de texte peut être le Premier Ministre, lorsqu'il a été préparé par ses services. D'après l'instruction n° 04 PM du 18 mars 1970 relative à la présentation et à la préparation des décrets, ne sont pris sur le rapport du Premier Ministre que les projets d'ordonnance et de décret préparés par son cabinet ou par le Secrétariat général du Gouvernement[652].

Par exemple, le décret n°2014-1175 du 17 septembre 2014 relatif à l'organisation et au fonctionnement de la Primature a été pris sur le rapport du Premier Ministre.

Le Premier Ministre « rapporte » également le décret portant répartition des services de l'État, le décret fixant la composition du Gouvernement et tous les décrets relatifs aux attributions des ministres.

---

[651] CS. ch. adm. n° 18 du 03 juin 2011, Professeur El Hadji NIANG c/ Etat du Sénégal, in *Bulletin des arrêts de la Cour suprême*, n° 02-03, 2010-2011, décembre 2012, p. 248.

[652] V. la circulaire n° 0002 PM/SGG/SGA/PAT du 27 janvier 2017 relative aux rapporteurs des projets de texte.

DOCUMENT N° 23 : LES RAPPORTEURS DES PROJETS DE TEXTE

La circulaire n° 0002 PM/SGG/SGA/PAT du 27 janvier 2017 relative aux rapporteurs des projets de texte

REPUBLIQUE DU SENEGAL

Primature

Le Premier Ministre

N° 0002 PM/SGG/SGGA/PAT

Dakar, le 27 janvier 2017

CIRCULAIRE

A

Mesdames et Messieurs les Ministres,

Messieurs les Ministres délégués

Objet : Les rapporteurs des projets de texte

Référence :

- Instruction n° 04 PM du 18 mars 1970 relative à la présentation et à la préparation des décrets
- Circulaire n°0064/PM/SGG du 20 novembre 1974 relative à la rédaction des visas des décrets

Les projets de texte transmis au Secrétariat général du Gouvernement pour contrôle et enregistrement ont révélé que certains départements ministériels n'appréhendent pas toujours le sens et la portée du rapport fait par le ministre ou par le directeur à l'auteur du projet normatif. En outre, il arrive que des projets de texte ne comportent pas le visa de leurs rapporteurs.

La présente circulaire a pour objet d'une part de préciser les contours de la notion de rapporteurs (**I**) et d'autre part de déterminer les rapporteurs des projets de textes normatifs (**II**).

I. La notion de rapporteurs des projets de texte

Selon l'instruction n° 04 PM du 18 mars 1970 relative à la présentation et à la préparation des décrets, les visas des ordonnances, décrets et arrêtés se terminent par la référence au rapport ou à la note de présentation du ministre ou du directeur maître d'œuvre du texte. Ces derniers font rapport à l'auteur du texte, à savoir le Président de la République, en ce qui concerne les ordonnances et les décrets présidentiels et le Premier Ministre s'agissant des décrets et des arrêtés primatoraux.

Le visa du rapporteur est rédigé comme suit :

« Sur le rapport du Ministre… ; ».

« Sur la note du Directeur… ».

Les rapporteurs sont les autorités principalement chargées d'élaborer la politique que le texte met en œuvre ; il s'agit de celles dont les attributions rentrent dans le cadre du projet de texte soumis à la signature de son auteur.

Tous les ministres ou les directeurs impliqués dans l'exécution du texte ne sont pas toujours rapporteurs. Le rapporteur est le ministre ou le directeur chargé de la conception du texte.

II. La détermination des rapporteurs des projets de texte

En principe, seuls les ministres titulaires ont la qualité de ministres rapporteurs. Ainsi, les ministres délégués et les secrétaires d'État ne peuvent pas, en principe, établir les rapports des projets de texte. Si le texte rentre dans le cadre des attributions du ministre délégué ou du secrétaire d'État, il reviendra au ministre titulaire de dresser le rapport.

En principe, un seul ministre ou directeur suffit pour faire rapport au Président de la République, au Premier Ministre ou au ministre auteur du texte : celui qui en a effectivement piloté la préparation.

Cependant, il peut y avoir une pluralité de rapporteurs, lorsque plusieurs autorités ont élaboré conjointement un texte. Ainsi, dans le cas d'un projet d'ordonnance, de décret ou d'arrêté conjoint ou interministériel, tous les ministres ou directeurs signataires du document de présentation feront conjointement rapport à l'auteur du texte. La circulaire primatorale n° 0064/PM/SGG du 20 novembre 1974 relative à la rédaction des visas des décrets recommande, dans cette hypothèse, l'utilisation dans les visas des formules suivantes : « Sur le rapport conjoint du Ministre… et du Ministre de…» ; « Sur la note conjointe du Directeur de… et du Directeur de…».

Certains textes législatifs procèdent quelquefois à la détermination expresse du rapporteur d'un texte qu'ils annoncent.

Dans ce cas, le décret édicté sans que le rapporteur visé ait été associé à son élaboration sera entaché d'illégalité. En effet, le rapport établi par l'autorité en question constitue une condition supplémentaire de légalité dudit décret.

Le rapporteur d'un projet de texte peut être le Premier Ministre, lorsqu'il a été préparé par ses services. En effet, d'après l'instruction n° 04 PM du 18 mars 1970 relative à la présentation et à la préparation des décrets, ne sont pris sur le rapport du Premier Ministre que les projets d'ordonnance et de décret préparés par son cabinet ou par le Secrétariat général du Gouvernement.

J'attache du prix au respect des prescriptions de la présente circulaire dont vous m'accuserez réception.

Le Premier Ministre

RÉPUBLIQUE DU SÉNÉGAL
Le Premier Ministre
PRIMATURE

Mahammed Boun Abdallah DIONNE

<u>Ampliation</u> :

Son Excellence Monsieur le Président de la République (ATCR)

8.- Les motifs

263. Le principe : absence d'obligation générale de motivation. En ce qui concerne les actes administratifs (décret, arrêté, décision ou délibération), les motifs sont les éléments de fait et de droit qui servent de fondement au texte[653].

Contrairement aux actes juridictionnels qui doivent, en principe, être motivés, la motivation ne s'impose pas à l'auteur d'un acte administratif[654]. En effet, ces actes n'ont pas, en particulier, besoin d'être motivés par des considérations de fait, l'exercice du pouvoir réglementaire n'étant conditionné que par des considérations juridiques[655]. La Cour suprême du Sénégal rappelle souvent que « l'administration n'est pas tenue de motiver sa décision, sauf si un texte particulier le prévoit »[656]. En l'absence de texte, les décisions administratives ne mentionnent pas obligatoirement les motifs qui les ont inspirés[657].

264. L'exception : l'exigence de motivation. Il arrive des cas où la motivation des actes administratifs devient une obligation.

La motivation est obligatoire lorsqu'elle est imposée par un texte.

Plusieurs textes spécifiques prescrivent l'obligation de motivation des actes administratifs. A titre d'exemple, d'abord, selon l'article 88 du Code général des Collectivités territoriales, dans le cas où le Conseil municipal, qui délibère sur un objet étranger à ses compétences, émet des vœux politiques menaçant l'intégrité territoriale et l'unité nationale, le représentant de l'État prend un « arrêté motivé » qu'il transmet au Procureur de la République du ressort pour l'application de la loi pénale. En vertu de l'article 14 de la loi n° 78-02 du 29 janvier 1978 relative aux réunions, l'arrêté d'interdiction d'une réunion publique doit être motivé.

Ensuite, l'article 135 du Code général des Collectivités territoriales dispose que les maires et adjoints, après avoir été entendus ou invités à fournir des

---

653 CH. DEBBASCH et F. COLIN, *Droit administratif*, Paris, Economica, 12 eme édition, 2018, p. 399.

654 G. DUPUIS, « Les motifs des actes administratifs », *Études Conseil d'État* 1974-1975, p. 15 ; A. DIEYE, « Le juge et la motivation des actes administratifs au Sénégal », *Revue EDJA* n° 81, avril-mai-juin-2009, pp. 27-28 ; CE 05 juillet 1919, Fighiera, *Rec. CE*, p. 605 ; CE sect., 23 mai 1969, Jammes et Fédération des assurances viticoles de France, *Rec. CE*, p. 266, *JCP*, 1969. II. 16020, note D. Ruzié ; CS, ch. adm. n°09 du 03 mars 2011, Birassy GUISSE et autres c/ Recteur de l'Université Gaston BERGER, *inédit* : « L'administration n'est pas en principe tenue de motiver ses décisions, sauf si un texte particulier le prévoit ».

655 D. REMY, *op. cit*. p. 147 ; CE du 12 février 1982, Université Paris VII, *Rec. CE*, p. 70 ; CE du 05 avril 2002, SCP Patrick Coulon, *RFD adm.*, 2002, p. 674.

656 CS ch. adm. n°09 du 03 mars 2011, Birassy GUISSE et autres c/Recteur de l'Université Gaston BERGER , *inédit* ; CS ch. adm. n°05 du 31 janvier 2013, Ada Ndiaye Camara c/ Etat du Sénégal, *inédit* ; CS ch. adm. n° 63 du 22 octobre 2015, Société MTL West Africa Infrastructures et Services S.A c/ État du Sénégal, *inédit*.

657 CE, 30 juillet 1997, La société Constructions métalliques africaines, dite CMA, *Bull. des arrêts du Conseil d'Etat*, n° 01, 1998, p. 137.

explications écrites sur les faits qui leur sont reprochés, peuvent être suspendus par un arrêté du Ministre chargé des Collectivités territoriales pour un temps qui n'excède pas un mois et qui ne peut être porté à trois mois que par décret. L'arrêté de suspension et le décret de révocation doivent être motivés.

En vertu de l'article R 338 du décret n° 2009-1450 du 30 décembre 2009 portant partie règlementaire du Code de l'Urbanisme, le représentant de l'Etat dans la région peut autoriser la construction d'un immeuble de grande hauteur à une distance supérieure, après avis de la commission régionale de la protection civile, par un arrêté motivé.

Enfin, l'exigence de la motivation concerne quelquefois des délibérations de conseils locaux. Lorsqu'un obstacle quelconque ou l'éloignement rend difficiles, dangereuses ou momentanément impossibles les communications entre le chef-lieu et une fraction de la commune, un poste d'adjoint spécial peut être institué « par délibération motivée du conseil municipal »[658].

Mais il arrive que le juge exige la motivation même sans texte, notamment lorsque les libertés individuelles sont en cause. Par exemple, une mesure de police défavorable, en l'occurrence l'expulsion d'un étranger du territoire national, doit être motivée[659]. Il en est de même d'une décision de sanction[660], d'une mesure de police[661] ou d'une décision portant interdiction d'une manifestation pacifique[662].

265. La sanction de l'exigence de motivation. Lorsque la motivation est rendue obligatoire, le défaut de motivation constitue un vice de forme sanctionné par le juge de l'excès de pouvoir. On dit qu'il y a défaut de motivation lorsque la motivation fait totalement défaut ou lorsqu'elle est insuffisante ou lorsqu'elle est faite par référence, c'est-à-dire lorsque pour l'auteur de l'acte se réfère à une autre décision qui contiendrait les motifs dudit acte.

Dans l'arrêt Doudou KANE rendu le 05 juillet 1961[663], la Cour suprême a jugé qu'un arrêté du 24 juillet 1965 du Ministre des Travaux publics, des Transports et des Mines, dépourvu de motifs propres, n'est pas entaché d'illégalité, dès lors qu'il a été pris conformément à l'avis d'un organe

[658] V. art. 94 du Code général des Collectivités territoriales.

[659] CE, 27 octobre 1993, Seydou Mamadou DIARRA, *Bull. des arrêts du Conseil d'Etat*, n° 01, 1998, p. 19.

[660] CE, 27 avril 1994, Ousmane KANE KAMARA et autres, *Bull. des arrêts du Conseil d'Etat*, n° 01, 1998, p. 64.

[661] CE 22 avril 2004, Bruno BATREL, *inédit*.

[662] CE, 25 novembre 1999, Ligue démocratique / Mouvement pour le parti du travail-LDMPT, *Bull. des arrêts du Conseil d'Etat*, n° 02, 1998, p. 26.

[663] CS 05 juillet 1961, Doudou KANE, *GDJAS* tome I, 2ème édition, 1984, p. 80 obs. L. M. NZOUANKEU.

consultatif. Cette décision est critiquable puisque, dans le cas d'espèce, l'obligation de motivation était prévue par la loi[664].

Mais un acte motivé ne préjuge ni de l'existence, ni de la légalité de ses motifs. Un tel acte motivé peut être illégal et inversement un acte légal peut ne pas être motivé.

266. La rédaction des motifs. L'intégration des motifs dans le corps de l'acte normatif se présente souvent sous la forme de considérants insérés après les visas[665]. Ils commencent souvent par la formule « Considérant que… » et non par le mot « Vu ... » ou l'expression « Attendu que… ». Les éléments de justification contenus dans le rapport de présentation ne suffisent pas, puisque le rapport de présentation ne fait pas partie du texte normatif ; il est simplement destiné à éclairer l'auteur du texte sur sa portée.

Les considérants peuvent comprendre une ou plusieurs phrases.

Par exemple : « Considérant les menaces de troubles à l'ordre public ».

Il est recommandé d'éviter les formules stéréotypées comme « Considérant l'urgence » ou « Considérant l'ordre public ».

Le Conseil d'État sénégalais a jugé que « le caractère abstrait du visa de la législation applicable et sa généralité ne sauraient constituer des motifs lesquels doivent être un exposé précis des circonstances de droit et de fait qui sont à la base de la décision attaquée » [666].

Les motifs fournis dans les considérants doivent être en adéquation avec le dispositif et répondre aux prescriptions légales auxquelles ils se rapportent.

Les considérants sont à formuler dans un langage non impératif pour ne pas être confondus avec le dispositif du texte.

Ils doivent être à la fois concis et précis quant aux motifs qu'ils invoquent. Il faut éviter de rédiger des considérants qui ne font qu'annoncer l'objet du texte en paraphrasant le dispositif, sans en indiquer les motifs spécifiques. Il en est de même de ceux qui constatent simplement qu'il y a lieu d'édicter la réglementation dont s'agit ou qui énoncent que la condition pour pouvoir prendre l'acte se trouve remplie[667].

Il n'est pas recommandé de clore les motifs par la formule « Par ces motifs ». En réalité cette formule, qui annonce le dispositif des décisions

---

[664] J. M. NZOUANKEU, obs. sous CS 05 juillet 1961, Doudou KANE, *GDJAS* tome I, 2eme édition, 1984, p. 80.

[665] M. BESCH, *Traité de légistique formelle*, Publication du Conseil d'Etat du Grand-Duché de Luxembourg, 2005, p. 29.

[666] CE, 24 novembre 1993, Mme GRAVA née Henriette René LAVIS, *Bull. des arrêts du Conseil d'Etat*, n° 01, 1998, p. 37 ; CE, 27 avril 1994, Ousmane KANE KAMARA et autres, précité. Pour une critique de ces décisions, V. M. DIAGNE, « Brèves réflexions sur le contrôle de la légalité des actes administratifs par le juge sénégalais », in A. SALL et I. M. FALL (dir.), *Actualités du droit public et de la science politique en Afrique, Mélanges en l'honneur de Babacar KANTE*, Dakar, l'Harmattan, 2017, p. 528 et s.

[667] M. BESCH, *op. cit.*, p. 30.

judiciaires, n'a pas sa place dans les textes normatifs. Les motifs sont suivis par la mention du verbe central.

9. - Le verbe central

267. La rédaction. Le verbe central, encore appelé la « mention décisoire », est la clause introductive du dispositif[668]. Il est typographiquement centré, figure après les visas et précède donc immédiatement le texte du dispositif. Il est écrit à la troisième personne de singulier, en caractères gras et en lettres majuscules suivi de deux points[669]. Par exemple :

« **ORDONNE :** » (pour les ordonnances)
« **DECRETE :** » (pour les décrets)
« **ARRETE :** » (pour les arrêtés)
« **DECIDE :** » (pour les décisions)
« **DELIBERE :** » (pour les délibérations)

Cette mention n'est exigée que pour les ordonnances et les actes administratifs (décret, arrêté, décision et délibération). Lorsqu'il s'agit d'un arrêté interministériel ou conjoint, le verbe central s'écrit à la troisième personne du pluriel.

Par exemple : « **ARRETENT** ».

Toutefois, la loi ne comporte pas de verbe central.

268. Les relations avec la mention de l'autorité qui décide. Les textes normatifs dépourvus de visas (lois) ne comportent, ni la mention de l'autorité qui décide, ni celle du verbe central.

Le verbe central doit être lue en relation avec la mention de l'autorité qui décide. D'ailleurs c'est la raison pour laquelle la référence au rapporteur du texte est suivie d'une virgule et non d'un point-virgule.

Du point de vue grammatical, de la mention de l'autorité qui décide à l'énoncé du verbe central, en passant par les visas, il y a une seule phrase constituée d'un sujet, à savoir l'autorité qui décide (par exemple, le Président de la République), des fondements du texte (les visas) et du verbe (décrète). Cette phrase s'énonce ainsi qu'il suit :

« LE PRÉSIDENT DE LA RÉPUBLIQUE,

VU…………………………… ;
VU……………………………..;
VU…………………………….. ;
Sur le rapport de…………………..,

DECRETE : ».

---

[668] M. BESCH, *op. cit.*, p. 23.

[669] V. la circulaire n° 00041 PM/SGG/SGA/PAT/SP du 06 octobre 2015 relative aux règles de présentation et de rédaction des textes législatifs et réglementaires.

B. - LE DISPOSITIF NORMATIF

269. La notion. Le dispositif (le corps du texte) est la partie du texte qui contient les règles qui modifient l'ordonnancement juridique. Formellement, il commence par l'article premier et se termine avec le dernier article de l'acte normatif[670].

La formulation du dispositif normatif exige le recours à des techniques complexes de rédaction qui concernent sa subdivision (**1**) son contenu (**2**), sa qualité rédactionnelle (**3**) et sa bonne articulation (**4**).

1. - La subdivision du dispositif normatif

270. La structuration. La subdivision du dispositif est la structuration du corps du texte[671]. Suivant sa nature et son importance, le dispositif peut être subdivisé en articles (**a**) ou en titres (**b**).

a. - La subdivision du dispositif en articles

271. L'article : unité de base du texte normatif. Dans un texte court, relatif à un seul sujet, une subdivision en articles est souvent suffisante. L'article est l'unité de base du texte normatif[672]. Chaque article doit constituer une unité de pensée normative.

Il convient d'éviter de donner aux articles une structure trop complexe ou de les surcharger. Il est recommandé de n'énoncer qu'une seule règle par article[673]. Chaque idée législative est exprimée en une seule phrase contenant l'article[674].

D'ailleurs, s'agissant des lois, lorsque le parlement procède au vote, il le fait article par article. La clarté et la cohérence du contenu de l'article facilitent les débats et l'adoption du texte législatif.

Par exemple, l'article 96 du Code des Obligations civiles et commerciales, qui dispose que : « Le contrat légalement formé crée entre les parties un lien irrévocable », énonce clairement la règle de la force obligatoire du contrat.

272. L'intitulé des articles. En principe, les articles ne comportent pas d'intitulé.

---

670 M. BESCH, *Traité de légistique formelle*, Publication du Conseil d'Etat du Grand-Duché de Luxembourg, 2005, p. 37 ; CE, *Principes de technique législative. Guide de rédaction des textes législatifs et réglementaires*, 2008, p. 51.

671 J. LAGACE, « La structuration des textes normatifs », in *Eléments de légistique*, Paris, édition Yvon Blais, 2000, p. 217.

672 *Guide pour l'élaboration des textes législatifs et réglementaires*, Paris, La documentation française, 2005, p. 160.

673 V. la circulaire du Secrétaire général du Gouvernement n° 0064/PM/SGG du 20 novembre 1974 relative à la rédaction des visas des décrets.

674 J-C. BECANE et M. COUDERC, *La loi*, Paris, Dalloz, 1994, p. 236.

Toutefois, l'option de donner un intitulé à chaque article peut contribuer à faciliter la compréhension du texte. Il en est ainsi lorsqu'il s'agit d'un texte pénal comportant plusieurs incriminations. Dans ce cas, les intitulés permettent aux services de répression (parquet, gendarmerie, police, etc.) d'identifier chaque infraction.

Par exemple : « **Article 9.- La filouterie** »

La loi n° 2002-22 du 16 août 2002 portant Code de la Marine marchande a eu recours à cette technique et son exposé des motifs s'en explique par le souci de se conformer à une « tradition législative ».

Mais cette méthode présente des contraintes puisque le rédacteur devra veiller à choisir un intitulé qui reflète fidèlement et complètement le contenu de chaque article.

A l'image de l'intitulé du texte normatif, celui de l'article n'a pas de portée juridique. En cas de divergence entre l'intitulé de l'article et son contenu, ce dernier l'emporte[675].

273. L'alinéa. Un article peut comporter plusieurs alinéas.

L'alinéa constitue toute phrase, tout mot, tout un ensemble de phrases ou de mots, commençant à la ligne, précédé ou non de guillemets, d'un tiret, d'un point ou d'une numérotation. Tant que la phrase dans son sens grammatical n'est pas terminée par un point final, les dispositions présentées sur plusieurs lignes forment un même alinéa.

Typographiquement, le début de l'alinéa est indiqué par un léger retrait sur l'alignement du texte.

La référence à la notion d'alinéa dans les textes normatifs est souvent ambiguë en raison des difficultés d'identification et de décompte des alinéas[676]. Les alinéas ne comportent pas d'intitulés[677].

274. Le paragraphe. Les alinéas peuvent à leur tour être regroupés en paragraphes au sein d'un même article. La division de l'article en paragraphes ne s'impose que lorsque le nombre d'alinéas risque de compliquer les références qui y seraient faites et d'éventuelles modifications ultérieures.

Par une sorte de convention d'écriture, les paragraphes ne comportent pas d'intitulés.

275. La numérotation des articles. Les articles sont numérotés dans l'ordre croissant et en chiffres arabes.

---

[675] CE, *Principes de technique législative. Guide de rédaction des textes législatifs et réglementaires*, 2008, p. 53.

[676] Sur cette question, V. la circulaire française du 20 octobre 2000 relative au mode de décompte des alinéas lors de l'élaboration des textes.

[677] R. BOUCHEZ, « Vers une légistique unifiée : l'exemple des alinéas et des paragraphes », in *La légistique ou l'art de rédiger le droit*, CJFI, numéro spécial, juin 2008, p. 31 et s.

Par exemple, « **Article premier, Article 2, Article 3,** etc. »

Chaque article est suivi d'un point et du tiret de six (6) suivi du contenu de l'article[678]

Par exemple : « **Article 2.-** Les modalités d'application de la présente loi sont fixées par décret ».

Dans les actes modificatifs, il arrive que le texte ne comporte qu'un seul article ; dans ce cas, le rédacteur qualifiera cet article d' « article unique ».

Par exemple : « **Article unique.-** Les dispositions de l'article 20 de la loi…sont abrogées et remplacées par les dispositions suivantes :… »

b. - La subdivision du dispositif en titres

276. La construction des titres. Un texte long, traitant de sujets multiples (surtout les codes), peut être divisé en parties, livres, titres, chapitres, sections, paragraphes et articles. Ces subdivisions sont écrites en gras et avec des chiffres romains (I, II, III, etc.)[679].

Par exemple : « **Chapitre II.- Définitions »**

En outre, chaque partie, livre, titre, chapitre et article est suivi d'un point et du tiret du six (6) avant la mention de son titre.

Par exemple : « **Chapitre premier. - Dispositions générales »**

Chaque titre ou regroupement d'articles doit comporter un intitulé qui, à l'image de l'intitulé du texte normatif, n'a pas de valeur juridique[680].

Le rédacteur doit apporter beaucoup de soin au choix des intitulés des subdivisions du texte qui doivent servir à résumer toutes les dispositions ainsi regroupées. Il veillera à ne laisser aucun article en dehors du regroupement des articles (chapitre, section, etc.). Les intitulés des subdivisions doivent être choisis de sorte que chaque article puisse s'insérer dans une subdivision.

Conformément à la circulaire présidentielle n°1596 PR/SG/JUR du 17 juillet 1980 relative à l'emploi des majuscules et des virgules, il est recommandé de se conformer aux règles suivantes :

- les parties, les livres et les titres sont en majuscules.

Exemple (tiré du Code de Procédure pénale) :

---

678 En ce sens, la circulaire présidentielle n° 1596 PR/SG/JUR du 17 juillet 1980 relative l'emploi des majuscules et des virgules et plus récemment, la circulaire n° 00041 PM/SGG/SGA/PAT/SP du 06 octobre 2015 relative aux règles de présentation et de rédaction des textes législatifs et réglementaires.

679 *Guide pratique d'élaboration des textes législatifs et réglementaires, Secrétariat général du Gouvernement du Niger*, édition 2016, p. 21.

680 C. BERGEAL, *Rédiger un texte normatif. Manuel de légistique*, 7eme édition, Paris, Berger-Levrault, octobre 2012, n° 248.

PREMIÈRE PARTIE. - DISPOSITIONS GÉNÉRALES
LIVRE PREMIER.-DE L'EXERCICE DE L'ACTION PUBLIQUE ET DE L'INSTRUCTION
TITRE PREMIER. - DES AUTORITÉS CHARGÉES DE L'ACTION PUBLIQUE ET DE L'INSTRUCTION

- les chapitres, sections et articles sont en minuscules, sauf en ce qui concerne la première lettre et les noms ou substantifs, qui commencent par une majuscule.

Exemple (tiré du Code de Procédure pénale).

Chapitre premier. - De la Police judiciaire
Chapitre II. - Du Ministère public
Section 1. - Dispositions générales
Article 2. - Ont la qualité d'officiers de police judiciaire…

Chaque subdivision du dispositif (livre, chapitre, etc.) doit comporter au moins deux articles. En outre, l'emploi de l'expression « chapitre premier » est préféré à celle de « chapitre 1er ».

277. Les différents types de plan. En légistique, il n'y a pas de plan type. Chaque texte doit être organisé de la façon la plus adaptée à son objet[681].

Il y a néanmoins des plans consacrés pour certaines catégories de textes.

A titre d'exemple, un décret relatif à la création d'un corps de fonctionnaires comporte souvent les rubriques suivantes :

- les dispositions générales qui portent création du corps et définissent ses missions ;
- les dispositions relatives au recrutement ;
- les dispositions relatives à l'avancement ou au déroulement de carrière ;
- les dispositions transitoires et finales.

En outre, un texte relatif à la création d'une agence, d'un établissement public ou d'un comité traite successivement des :

- dispositions générales (création, dénomination, composition, missions, attributions) ;
- dispositions relatives à l'organisation et du fonctionnement ;
- dispositions financières ;
- dispositions finales.

Un décret portant organisation d'un département ministériel[682] est souvent structuré ainsi qu'il suit :

---

[681] *Guide de rédaction de la loi et de ses amendements,* Secrétariat général du Gouvernement de Guinée, mars 2016, p. 07.

[682] V. la circulaire primatorale n° 00008 PM/SGG/SGA/PAT/SP du 05 novembre 2018 relative au plan type des projets de décret portant organisation des départements ministériels.

- les dispositions générales ;
- le cabinet et les services rattachés ;
- le secrétariat général et les services rattachés ;
- les directions générales ;
- les autres directions ;
- les dispositions finales.

Une loi d'orientation visant à normaliser un secteur d'activité comporte, notamment les subdivisions suivantes :

- la définition des termes ;
- les principes directeurs de la politique du secteur ;
- les objectifs et orientations ;
- le cadre institutionnel (c'est-à-dire les entités chargées d'assurer la mise en œuvre de la politique envisagée aussi bien au niveau national que local) ;
- les mécanismes de financement (mise en place des fonds pour financer le secteur d'activité, institution des taxes, redevances, impôts ou exonérations fiscales, etc.).
- les dispositifs de planification, de suivi et d'évaluation ;
- les dispositions d'exécution de la loi d'orientation.

Une loi d'orientation ayant pour objet de fixer le cadre de fonctionnement d'organismes publics (secteur parapublic, agences, etc.) comportent, notamment les rubriques suivantes :

- la définition, le statut et le champ d'application ;
- les modalités de création et la tutelle exercée sur l'entité ;
- les règles d'organisation et de fonctionnement de l'entité ;
- les dispositions finales.

2. - Le contenu du dispositif normatif

278. Le contenu. Le dispositif peut comporter une diversité de dispositions. Son contenu dépend de la technique normative utilisée par le rédacteur. Il varie, en effet, suivant qu'il s'agit d'un texte autonome (**a**), d'un texte modificatif (**b**), ou d'un texte abrogatif (**c**).

a. - Les textes autonomes

279. La notion. Les actes autonomes (textes nouveaux) contiennent des dispositions qui énoncent des règles nouvelles sans intervenir formellement dans des textes existants.

Par exemple, une nouvelle loi qui encadre les conditions d'exercice de la médecine traditionnelle constitue une loi autonome. Des textes de cette nature comportent plusieurs dispositions.

280. L'objet du texte. Les dispositions relatives à l'objet du texte doivent être placées en tête de l'acte normatif.

L'objet du texte est ce sur quoi il porte. La disposition sur l'objet est souvent énoncée ainsi qu'il suit : « La présente loi a pour objet de … ».

Il importe de distinguer l'objet d'un texte de son objectif. L'objectif constitue la finalité visée par un texte. Il peut s'agir de la protection des personnes vulnérables, de la maîtrise de l'énergie, etc.

Dans les textes, les objectifs sont énoncés dans le document de présentation ; ils peuvent être déclinés en un objectif général et en plusieurs autres objectifs spécifiques.

Toutefois, les objectifs du texte sont souvent énoncés dans le dispositif des lois d'orientation.

Par exemple : « La politique de développement agro-sylvo-pastorale vise à… » ou « la formation professionnelle et technique a pour finalité de… ».

281. Le champ d'application et exclusions. Le champ d'un texte permet de délimiter son domaine d'application.

Il peut s'agir du champ d'application matériel lorsque le rédacteur vise les actes ou opérations qui ont vocation à être régis par le texte.

Par exemple, l'article 2 de la loi n° 2014-09 du 20 février 2014 relative au contrat de partenariat public-privé dispose qu'elle s'applique aux contrats de partenariat conclus par l'État, une collectivité territoriale, un établissement public, une agence, une société à participation publique majoritaire, une société nationale et tout autre organisme ou personne morale de droit public ainsi que les associations formées par ces personnes morales.

Il peut également s'agir du champ d'application personnel, c'est-à-dire les personnes ou entités couvertes par le texte.

A titre d'exemple, l'article 2 de la loi n° 90-07 du 26 juin 1990 relative à l'organisation et au contrôle des entreprises du secteur parapublic et au contrôle des personnes morales de droit privé bénéficiant du concours financier de la puissance publique modifiée, détermine les entités du secteur parapublic, à savoir les établissements publics à caractère industriel et commercial, les sociétés nationales et les sociétés anonymes à participation publique majoritaire.

Les dispositions sur le champ d'application contiennent souvent des exclusions, c'est-à-dire les opérations ou les personnes exclues du domaine du texte.

Par exemple, l'article 2 de la loi n° 2014-09 du 20 février 2014 relative au contrat de partenariat public-privé exclut de son champ les secteurs soumis à une réglementation particulière, notamment les secteurs de l'énergie, des mines et des télécommunications.

282. Les définitions. Lorsque texte normatif comporte des termes techniques ou des notions ambiguës, il est recommandé d'y insérer un chapitre ou un article intitulé « définition » ou « terminologie », consacré à leur conceptualisation[683].

Les dispositions définitoires doivent être placées en tête du dispositif, juste après les celles relatives à l'objet du texte et à son champ d'application. En effet, le choix des notions à définir est largement tributaire du domaine couvert par le texte.

La définition doit servir à clarifier les termes techniques ou ceux pouvant prêter à équivoque[684]. Il n'est pas nécessaire de définir les termes qui ont un sens suffisamment clair dans le langage courant comme dans le langage juridique.

La définition des expressions ne figurant pas dans le dispositif est à proscrire. Les termes à définir doivent, en effet, être contenus dans le corps du texte.

Il est surtout utile de définir certaines notions employées dans des textes techniques spécialisés (Code minier, Code pétrolier, loi portant sur la cybercriminalité, etc.)[685]. Ces définitions ne valent que dans le champ fixé par ces textes.

Il peut être nécessaire de recourir à une définition lorsqu'il s'agit de citer un acte ou une institution sous une formule abrégée, pour éviter que sa répétition n'alourdisse inutilement le texte et ne rende sa lecture moins fluide[686].

Par exemple : « Au sens du présent décret, on entend par **ADIE** : Agence de l'Informatique de l'État ».

Il en est de même lorsque le rédacteur utilise des mots inusités ou dans un sens différent de son sens habituel dans le langage courant, juridique ou technique ou lorsqu'un terme a plusieurs sens.

Le rédacteur doit se contenter de donner un contenu conceptuel à des termes. Les définitions de termes ne doivent pas être assorties de prescriptions ou de dispositions possédant une portée normative[687].

---

683 Sur l'ensemble de la question, G. CORNU, « Les définitions dans la loi », *Mélanges dédiés au doyen Jean VINCENT*, Paris, Dalloz, 1991, p. 77 ; M. VAN HOECKE, « Définitions légales et interprétation de la loi », in *Droit et société*, n°8, 1988. *Le discours juridique. Langage, signification et valeurs*, p. 93-101.

684 C. BERGEAL, *op.cit.*, p. 218, n° 165.

685 M. F. DELHOSTE, « Le langage scientifique dans la norme juridique », *Revue de la recherche juridique. Droit prospectif*, 2002-1, p. 53.

686 CE, *Principes de technique législative. Guide de rédaction des textes législatifs et réglementaires*, 2008, p. 70.

687 M. BESCH, *Traité de légistique formelle*, *op. cit.*, p. 53.

La définition des termes employés dans le texte est recommandée dans une loi d'orientation puisqu'elle permet de garantir l'homogénéité des concepts employés dans un secteur d'activité donné. En effet, ces définitions pourront être utilisées dans les textes d'application de la loi d'orientation, notamment dans les lois sectorielles.

S'agissant spécifiquement des conventions internationales, il ne s'agit pas toujours de reprendre textuellement les définitions qui y sont contenues dans le texte national de transposition. Il peut paraître nécessaire d'incorporer les concepts internationaux dans l'ordre juridique national tout en veillant à leur bonne réception dans l'ordre juridique national. Il importe de veiller, par souci d'une bonne articulation normative, à ce que les définitions s'intègrent harmonieusement dans le droit national.

D'après la circulaire n° 00041 PM/SGG/SGA/PAT/SP du 06 octobre 2015 relative aux règles de présentation et de rédaction des textes législatifs et réglementaires, les termes à définir doivent être insérés dans le texte en respectant un ordre alphabétique.

Le chapitre ou l'article comportant les définitions est précédé de l'expression suivante : « Au sens de la présente loi/décret, on entend par : »

Chaque terme défini est écrit en caractères gras et la définition se termine par un point-virgule, sauf pour la dernière définition qui se termine par un point.

Par exemple : « Au sens de la présente loi, on entend par :

- **affrètement :** le contrat par lequel le fréteur s'engage moyennant paiement d'un certain fret, à mettre à la disposition de l'affréteur un navire en bon état de navigabilité ;
- **capitaine :** toute personne qui exerce régulièrement le commandement d'un navire. ».

283. Les renvois. Les renvois ou références[688] consistent pour le rédacteur à se référer dans le dispositif à une ou plusieurs dispositions du projet normatif ou à un autre ou à plusieurs autres textes voire à une législation ou à une réglementation relative à une matière déterminée[689]. Le procédé du renvoi relève de la technique de la législation par référence[690].

La technique de la pénalité par référence, consistant à réprimer une infraction par renvoi à des peines prévues pour une autre infraction, constitue

---

[688] N. MOLFESSIS, « Le renvoi d'un texte à un autre », in N. MOLFESSIS (dir.), *Les mots de la loi*, Paris, Économica, coll. « Études juridiques », 1999, p. 55.

[689] En ce sens, CE, *Principes de technique législative. Guide de rédaction des textes législatifs et réglementaires*, *op.cit.* p. 57.

[690] Sur l'ensemble de cette question, V. GAUDEMET, « La législation par référence », *RRJ*, 1996, p. 1189.

une variante de la méthode de législation par référence[691]. A titre d'exemple, l'article 430 du Code pénal punit le recel de choses des peines prévues pour le vol simple.

284. Les renvois intérieurs. Il y a renvoi intérieur lorsque dans un article, il est fait référence à un autre article ou à un autre alinéa du même texte[692].

La technique du renvoi intérieur est marqué par une règle fondamentale qui proscrit d'utiliser les expressions « l'article précédent », « l'article précité » ou « l'alinéa suivant ».

Cette méthode risque, en effet, de soulever des difficultés en cas d'insertion ultérieure d'un nouvel article dans le texte.

En bonne règle légistique, il est recommandé de renvoyer à un article ou à un alinéa du texte, par référence à un chiffre ou à une lettre[693].

Par exemple : « Les obligations mentionnées à l'article 10 de la présente loi » ou « Les droits visés au 2° de l'article 23 du présent décret ».

285. Les renvois extérieurs. La technique du renvoi extérieur consiste à faire référence à un ou plusieurs autres textes auxquels le lecteur se reporte[694].

Lorsque le rédacteur utilise la technique du renvoi extérieur, il doit préciser tous les éléments d'identification de l'acte normatif auquel il est fait référence, à savoir la nature de l'acte, son numéro, sa date et son intitulé.

Par exemple : « Les modalités de passation des marchés publics sont fixées par le décret n° 2014-1212 du 22 septembre 2014 portant Code des Marchés publics ».

La technique du renvoi extérieur présente des inconvénients puisque le recours abusif à cette méthode de la législation par référence rend le texte difficilement lisible et accessible.

Mais elle présente des avantages certains.

D'abord, la volonté de garantir la lisibilité d'un texte ne doit pas amener à reproduire servilement des dispositions figurant dans d'autres normes.

Ensuite, la référence permet d'alléger les textes en évitant de fastidieuses répétitions.

Enfin, elle constitue un moyen de simplification du droit et contraint le rédacteur à une meilleure articulation entre les normes juridiques.

---

691 J-H. ROBERT, « L'incrimination par renvoi du législateur national à des règlements communautaires futurs », in *Mélanges offerts à Georges Levasseur*, Paris, Litec-Gazette du Palais, 1992, p. 169 ; P. FAIVRE, *La détermination par référence de la pénalité*, Thèse de doctorat, Lyon, 1937.

692 C. BERGEAL, *Manuel de légistique*, 8 eme édition, Paris, Berger-Levrault, 2018, p. 310, n° 289.

693 V. la circulaire n° 00041 PM/SGG/SGA/PAT/SP du 06 octobre 2015 relative aux règles de présentation et de rédaction des textes législatifs et réglementaires.

694 C. BERGEAL, *op. cit.*, p. 312, n° 259.

En tout état de cause, l'utilisation du procédé de la législation par référence n'est ni à préconiser systématiquement, ni à proscrire aveuglément.

286. Le renvoi à des textes d'application. Il est en principe interdit de renvoyer à des actes qui n'existent pas encore dans l'ordre normatif.

Cependant, cette technique de référence est possible lorsque le rédacteur envisage de renvoyer les modalités d'application d'un acte législatif ou réglementaire à un autre texte d'application à intervenir (décret ou arrêté). Il s'agit du renvoi à des dispositions d'application. En effet, les lois se contentent bien souvent de déterminer les principes généraux relatifs à une matière en renvoyant leurs modalités d'application à des décrets.

Par exemple, l'article 5, alinéa 3 de la loi n° 2005-18 du 05 août 2005 relative à la santé de la reproduction[695] prévoit qu'un décret fixe les conditions auxquelles le Ministre chargé de la Santé autorise la publicité des méthodes contraceptives en fonction des exigences de santé publique.

En d'autres termes, il reviendra à un décret d'application de préciser les conditions d'autorisation par le Ministre chargé de la Santé de la publicité des méthodes contraceptives.

Il faut distinguer cette hypothèse de renvoi à un texte d'application (décret ou arrêté), du cas où le législateur renvoie à des « textes en vigueur » pour régir certaines questions.

Par exemple, l'article 5, alinéa 1er de la loi n° 2005-18 du 05 août 2005 relative à la santé de la reproduction dispose que la fabrication, l'importation et la vente de produits contraceptifs sont autorisées selon les conditions fixées par les textes en vigueur. Ce texte signifie que les conditions d'autorisation de la fabrication, de l'importation et de la vente de produits contraceptifs sont fixées, non pas par des textes d'application, mais par des textes autonomes. Ces textes peuvent être, suivant la matière concernée, des lois ou des décrets pris en vertu du pouvoir réglementaire autonome.

Il arrive des cas où le renvoi de certaines questions à des textes d'application n'est pas recommandé. Ainsi, les autorités ont constaté que des projets de décret règlementant des certificats d'aptitude et des diplômes relevant de l'éducation nationale, renvoyaient souvent à des arrêtés ministériels ou interministériels la fixation des modalités des examens prévus pour ces certificats et diplômes (épreuves, coefficients, programmes). La circulaire n° 51/PR/SG/JUR 07 juin 1968 relative à la nature juridique des textes règlementant des diplômes ou des concours professionnels a prescrit aux auteurs de ces projets de décret de prévoir la nature des épreuves et leur coefficient, en évitant de les renvoyer à des arrêtés. Cette technique rédactionnelle présente le mérite de permettre au Gouvernement d'apprécier

[695] JORS n° 6245 du samedi 08 octobre 2005.

les modalités des examens et concours avant l'adoption des projets de décret à la réunion du Conseil des Ministres.

287. Le problème du renvoi par une loi à des arrêtés. La loi peut-elle renvoyer à des arrêtés pour fixer ses modalités d'application ? L'instruction générale n° 15 PR du 1er mars 1968 sur l'organisation du travail gouvernemental énonce « qu'il serait inconstitutionnel de prévoir dans un projet de loi des dispositions attribuant directement compétence à un ministre pour prendre certaines décisions ».

Cette solution s'accommode mal des directives contenues dans les circulaires n° 25/PM/JUR du 24 avril 1975 relative à l'exercice du pouvoir réglementaire et n° 0013 PM/SGG/SGA/PAT du 16 novembre 2016 sur l'exercice du pouvoir réglementaire des ministres. Il résulte de ces circulaires que les ministres peuvent exercer le pouvoir réglementaire en vertu de la loi. Dans ce cas, le législateur leur confère de façon expresse le pouvoir de prendre par arrêté, des dispositions réglementaires d'application.

La seule limite affectant le pouvoir du législateur de renvoyer certaines questions à des arrêtés est liée à la portée des mesures auxquelles il fait référence. Une décision du Conseil constitutionnel français du 17 janvier 1989 [696] a jugé que si les dispositions constitutionnelles « ne font pas obstacle à ce que le législateur confie à une autorité de l'État autre que le Premier Ministre le soin de fixer des normes permettant de mettre en œuvre une loi, c'est à la condition que cette habilitation ne concerne que des mesures de portée limitée tant par leur champ d'application que par leur contenu ».

288. Le renvoi général. Le renvoi à des textes peut être général ou précis.

Le renvoi général encore appelé « renvoi balai » est une référence faite en général à un texte normatif à intervenir souvent pour fixer ses modalités d'application[697].

Par exemple : « Les modalités d'application de la présente loi sont fixées par décret ».

Mais le rédacteur doit éviter certains écueils. Il ne peut, sans méconnaître sa compétence, renvoyer à un texte réglementaire le soin de prendre des mesures relevant du domaine exclusif de la loi, en méconnaissance de l'article 67 de la Constitution.

Le Conseil constitutionnel sénégalais a rappelé cette règle dans sa décision rendue le 09 janvier 2017[698] à l'occasion du contrôle de la constitutionnalité de la loi organique abrogeant et remplaçant l'ordonnance n° 60-16 du 03 septembre 1960 portant loi organique sur l'organisation et le fonctionnement

---

[696] Cons. const. n° 88-248 DC du 17 janvier 1989.

[697] *Guide pour l'élaboration des textes législatifs et réglementaires*, Paris, La documentation française, 2005, p. 204 ; C. BERGEAL, *Manuel de légistique*, 8 eme édition, Paris, Berger-Levrault, 2018, p. 211, n° 179.

[698] Cons. const. n° 01/C/2017 du 09 janvier 2017, *inédit*.

du Conseil supérieur de la Magistrature (CSM). Le juge constitutionnel a, en effet, considéré que l'article 5 de ladite loi organique, qui dispose que les modalités de fonctionnement du CSM ainsi que l'organisation de son secrétariat sont fixées par décret, n'est pas conforme à l'article 90 de la Constitution. Selon ce texte, les règles de fonctionnement du CSM sont fixées par une loi organique. Selon le Conseil constitutionnel : « La compétence dévolue au législateur organique, fondée sur la nécessité d'assurer le respect des garanties dues aux magistrats, s'oppose au renvoi à un texte de caractère réglementaire pour la détermination des principes fondamentaux de fonctionnement du Conseil supérieur de la Magistrature, notamment ceux relatifs aux conditions du quorum requises pour la régularité des délibérations ou la majorité exigée pour l'adoption des décisions ; que le renvoi à un décret pour la détermination des modalités de fonctionnement du Conseil supérieur de la Magistrature ne saurait, sans violer l'article 90 de la Constitution, viser d'autres règles que celles ayant pour objet de fixer les modalités techniques de fonctionnement relatives, notamment, à l'élection des membres, à la proclamation des résultats des élections, à la convocation des réunions ou à la tenue des procès-verbaux des délibérations ».

Le rédacteur ne peut également renvoyer en général à un acte réglementaire l'application de dispositions législatives insuffisamment précises. Par ce procédé, le législateur confie, de fait, au pouvoir réglementaire le soin d'intervenir dans le domaine de la loi et d'apporter ainsi des précisions qui relèvent du domaine législatif.

Il n'est pas recommandé que la loi renvoie à un décret ou à toute autre mesure réglementaire le soin de fixer sa date d'entrée en vigueur[699]. La formule « la présente loi/ordonnance entrera en vigueur à une date fixée par décret » est donc à éviter.

289. Le renvoi précis. Le renvoi est précis lorsque le rédacteur fait référence à un texte en vue de déterminer les modalités d'application d'une ou de certaines dispositions ou titres du texte de base. Ce type de renvoi assigne à l'autorité que l'on charge de la mesure d'application le soin d'intervenir dans des domaines précisément définis.

Par exemple : « Les modalités d'application des articles 5, 8 et 32 du présent décret sont fixées par arrêté du Ministre chargé des Finances ».

Quelle que soit la technique de renvoi utilisée, il est nécessaire de préciser le support normatif (décret ou arrêté) auquel le rédacteur renvoie et d'éviter de renvoyer en général sans autres précisions à un « acte réglementaire » ou à un « texte réglementaire ».

290. Le renvoi statique et le renvoi dynamique. Le renvoi statique est une référence à un acte normatif qui s'applique en tenant compte de son

[699] Cons. const. n°86-223 DC du 29 décembre 1986, *inédit*.

contenu précis à une date déterminée. Cet acte est alors figé dans l'état où il se trouve à un moment donné, de telle sorte les modifications ultérieures n'auront pas d'influence sur la référence qui y est faite[700].

Par exemple, « L'agent est détaché dans les conditions prévues par la loi n° 61-33 du 15 juin 1961 relatif au statut général des fonctionnaires modifiée ».

Le renvoi est dynamique lorsque le texte auquel il est fait référence s'applique en tenant compte de ses modifications éventuelles.

Par exemple : « L'évaluation environnementale est réalisée dans les conditions prévues par la législation relative à l'environnement ».

En principe, une référence doit être dynamique.

Mais il est parfois nécessaire de conférer un caractère statique à un renvoi. Il en est ainsi, par exemple, lorsque le rédacteur ne souhaite pas que des modifications ultérieures de l'acte auquel il est fait référence soient incompatibles avec son projet de texte.

291. Les méthodes de renvois prohibées. Il y a des cas où le recours à la technique du renvoi extérieur est interdit. Ainsi, il est interdit de se référer à des textes dépourvus de caractère normatif (une circulaire interprétative), à des textes internationaux non applicables sur le territoire national, à des décisions judiciaires ou à des actes qui ne sont pas encore ou ne sont plus dans l'ordonnancement juridique (textes en cours d'élaboration ou textes abrogés).

Il n'est pas aussi recommandé de faire référence à textes modificatifs, qui par définition n'existent pas, à titre autonome, dans l'ordonnancement juridique[701]. Il importe de se référer à l'acte originel modifié puisque dès que l'acte modificatif entre en vigueur, il s'incorpore dans l'acte modifié et disparait de l'ordonnancement juridique.

Il importe de veiller à la pertinence du renvoi, en évitant ce qu'on appelle des faux renvois. Il s'agit de références à un ou à des textes qui ne sont pas pertinents.

A titre d'exemple, l'article 534 du Code de la Famille sur la situation héréditaire de l'enfant naturel en droit commun renvoie aux articles 513 à 530 du même code, alors que ces dispositions sont étrangères à la situation de l'enfant naturel[702].

Le renvoi en cascade est une référence à un texte qui se limite lui-même à renvoyer à un autre texte. La référence sur référence ne vaut. Les renvois en cascade nuisent à la clarté des textes.

---

[700] Sur ces procédés, V. CE, *Principes de technique législative. Guide de rédaction des textes législatifs et réglementaires, op.cit.*, p. 61.

[701] J. L. BERGEL, « De quelques procédés d'expression normative », in, CH. A. MORANT (dir.), *Légistique formelle et matérielle*, Paris, Presses universitaires d'Aix, 1999.

[702] Sur cette question, I. Y. NDIAYE, « L'art de mal légiférer (propos irrévérencieux sur certains textes de lois) », *Rev. Ass. sén. dr. pén.*, n° 02, juillet-décembre 1995, p. 54.

Par exemple, une loi renvoie les conditions de mise en position de stage à un décret n° 2, qui lui-même renvoie à un autre décret n° 3.

Le rédacteur doit simplement se référer au dernier texte de renvoi[703]. En d'autres termes, la loi devrait renvoyer directement les conditions de mise en position de stage au décret n° 3.

Le renvoi croisé ou « référence circulaire » est une référence à une norme qui renvoie elle-même à la norme qui a fait la référence.

Par exemple, un article d'un décret n° 1 renvoie les modalités de nomination d'un chef de service à un décret n° 2, qui lui-même se réfère à l'article du décret n° 1.

292. Les dispositions pénales. La plupart des textes comportent un chapitre consacré aux dispositions pénales. Elles ont pour objet d'assurer la protection pénale du dispositif prévu par le projet normatif. Les dispositions pénales sont placées juste avant les dispositions transitoires.

Lorsqu'elles concernent la détermination de crimes ou de délits ou des règles de procédure pénale, les dispositions pénales ne peuvent avoir pour support que la loi[704]. Quant aux contraventions, elles peuvent être instituées par décret[705].

Conformément au principe de la légalité criminelle, les formules d'incrimination doivent être rédigées en termes suffisamment clairs.

En outre, la sanction encourue doit être indiquée de façon précise, soit dans le texte pénal, soit par renvoi à un autre texte.

Par exemple : Sera puni d'un emprisonnement de …à… et d'une amende de …à… (sanction) quiconque aura… (incrimination)

ou

Quiconque aura… (incrimination) sera puni d'un emprisonnement de …à… et d'une amende de … à… (sanction)

La différence de temps entre la norme d'incrimination (« quiconque aura…») et la norme de sanction (« sera puni…») est aussi une différence chronologique. En effet, le texte comportant une incrimination est général et permanent alors que la sanction n'est prononcée qu'en cas de commission du comportement incriminé. Même si les deux règles sont souvent regroupées

---

703 Sur ces problèmes de renvois, I. Y. NDIAYE, « L'art de mal légiférer (propos irrévérencieux sur certains textes de lois) », *Rev. Ass. sén. dr. pén.*, n° 02, juillet-décembre 1995, p. 53.

704 V. art. 67 de la Constitution.

705 Sur cette question, G. ROUJOU DE BOUBEE, « Les deux sources du droit pénal d'après la Constitution du 04 octobre 1958 », *JCP*, 1961, I, 1638 ; également G. RIVES, « La classification des infractions selon leur gravité en droit sénégalais », *Annales africaines* 1974, p. 185 ; R. GASSIN, « La règle de procédure pénale au sens de l'article 34 de la Constitution », in *Les droits et le Droit, Mélanges B. Bouloc*, Paris, Dalloz, p. 363 ; F. DESPORTES et L. LAZERGES-COUSQUER, *op. cit.*, p. 104.

dans un même support normatif, il y a bien une postérité de la sanction par rapport à la description de l'agissement incriminé. C'est pourquoi, la sanction est souvent au futur simple alors que l'incrimination est formulée au futur antérieur[706].

Il est toujours recommandé de présenter les dispositions pénales en commençant par les règles relatives aux infractions pénales (incriminations et sanctions), à la responsabilité pénale (notamment la question de la responsabilité pénale des personnes morales) et à la procédure pénale (attributions des agents verbalisateurs, valeur probante des procès-verbaux établis, exercice des poursuites pénales, jugement des infractions, etc.).

293. Les dispositions transitoires. Une disposition transitoire est une disposition destinée à permettre le passage d'un régime juridique ancien à un nouveau régime juridique. Le dispositif transitoire n'a donc qu'une justification limitée dans le temps. Il doit faire l'objet d'un article autonome du dispositif[707].

Par exemple, l'article 833, alinéa 5 du Code de la Famille prévoit que les procédures en divorce ou en séparation de corps en cours lors de la mise en vigueur dudit code seront poursuivies selon les dispositions applicables au jour de la demande.

On trouve notamment dans les dispositions transitoires celles relatives au sort des règlements édictés sous l'empire de l'ancienne législation, au transfert du personnel, des biens et des obligations d'un organisme dissous à celui qui le remplace.

Pour savoir s'il est nécessaire de prévoir des dispositions transitoires, le rédacteur doit apprécier l'effet des règles nouvelles sur les situations qui sont nées sous l'empire des règles anciennes et qui sont toujours en cours[708].

Lorsque l'application des règles nouvelles n'est pas suffisamment prévisible pour les intéressés, il peut être opportun de maintenir l'application des règles anciennes par l'insertion de dispositions transitoires[709].

Toutefois, les situations nées sous l'empire de la législation ou de la réglementation ancienne définitivement accomplies avant l'entrée en vigueur des dispositions nouvelles, ne nécessitent pas de dispositions transitoires ; elles sont régies par la loi ancienne, en vertu du principe de la non-rétroactivité de la loi.

---

706 Sur toute la question, V. D. REMY, *op. cit.*, *Ibid.*

707 C. BERGEAL, *Manuel de légistique*, 8 ème édition, Paris, Berger-Levrault, 2018, p. 242, n° 224.

708 M. BESCH, *Traité de légistique formelle*, *op. cit.*, p. 87.

709 CE, *Principes de technique législative. Guide de rédaction des textes législatifs et réglementaires*, *op.cit.*, p. 89.

Quant aux autres situations, la norme nouvelle s'y applique immédiatement, sauf disposition contraire, d'où la nécessité d'aménager un régime transitoire.

Par exemple, selon l'article 831 du Code de la Famille, la loi nouvelle a un effet immédiat au jour de sa mise en vigueur. Elle régit les actes et faits juridiques postérieurs et les conséquences que la loi tire des actes ou faits qui ont précédé sa mise en application.

En l'absence de dispositions transitoires, les lois nouvelles de procédure et de compétence sont en principe immédiatement applicables aux instances en cours, conformément au principe de l'effet immédiat des lois de procédure[710].

294. Les dispositions d'entrée en vigueur. Une disposition d'entrée en vigueur d'un acte normatif a pour objet de déterminer la date à partir de laquelle celui-ci est obligatoire et susceptible de produire des effets juridiques à l'égard des sujets de droit.

L'entrée en vigueur désigne le moment à partir duquel les conséquences juridiques de l'acte peuvent se produire.

En principe, selon l'article 2 de la loi n° 70-14 du 06 février 1970 fixant les règles d'applicabilité des lois, des actes administratifs à caractère réglementaire et des actes administratifs à caractère individuel, modifiée par la loi n° 71-07 du 21 janvier 1971, les lois et les actes administratifs à caractère réglementaire deviennent exécutoires dans la région du Cap-Vert et dans les communes de Diourbel, Kaolack, Saint-Louis et Thiès, le 3eme jour suivant la date du dépôt au Secrétariat général du Gouvernement du Journal officiel dans lequel ils sont insérés.

Dans le reste du territoire, ces textes sont exécutoires, le 5eme jour suivant la même date.

Mais ce texte envisage la possibilité de déroger à ces régles d'entrée en vigueur puisqu'il énonce que ce système s'applique « sauf dispositions expresses reportant leur entrée en vigueur à une date ultérieure ».

Lorsqu'un acte législatif ou réglementaire ne contient pas de disposition fixant son entrée en vigueur, il entre en vigueur en principe à la date fixée par la loi n°70-14 du 06 février 1970 modifiée.

Un texte peut fixer de manière expresse la date de son entrée en vigueur, en dérogeant à la règle générale de l'entrée en vigueur le 3eme ou 5eme jour suivant la date du dépôt du Journal officiel au Secrétariat général du Gouvernement.

La circulaire n° 006 PM/JUR du 19 janvier 1973 relative à la date d'entrée en vigueur des lois, décrets et arrêtés a énoncé que les règles prévues par la loi du 06 février 1970 constituent le droit commun de l'entrée en vigueur des lois et des actes administratifs.

---

710 H. SOLUS et R. PERROT, *Droit judiciaire privé,* tome I, Paris, Sirey, 1961, p. 34.

Récemment, la circulaire n° 00004 PM/SGG/SGA/PAT/SP du 05 mars 2018 sur les dispositions relatives à l'entrée en vigueur des textes législatifs et réglementaires a précisé qu'il n'est pas en principe nécessaire de prévoir dans un texte une disposition déterminant sa date d'entrée en vigueur. L'insertion de dispositions spéciales d'entrée en vigueur n'est nécessaire que lorsque la date d'entrée en vigueur du texte ne correspond pas à celle prévue par la loi n° 70-14 du 06 février 1970 précitée.

Il en est ainsi lorsque cette date est postérieure à la date normale d'entrée en vigueur (entrée en vigueur différée) ou au contraire lorsque l'entrée en vigueur du texte est rétroactive (entrée en vigueur anticipée).

295. La disposition d'exécution. La disposition d'exécution encore appelée « l'exécutoire » est celle qui énumère les autorités chargées de l'exécution d'un texte[711]. L'article qui désigne les personnes chargées de l'exécution d'un décret, d'un arrêté, d'une délibération ou d'une décision est placé à la fin du dispositif.

Selon l'instruction n° 04 PM du 18 mars 1970 relative à la présentation et à la préparation des décrets, les ministres chargés de l'exécution sont généralement ceux qui sont les auteurs du texte ainsi que ceux qui peuvent être associés à sa mise en œuvre.

La formule d'exécution permet d'identifier les ministres ou les directeurs qui sont responsables de l'exécution de l'acte normatif et doit constituer un article à part.

Seuls les ordonnances, les décrets et les arrêtés comportent un article d'exécution à l'exclusion des textes législatifs. En effet, les lois font l'objet d'une promulgation dont la formule contient un ordre d'exécution adressé à l'administration.

Cependant, les textes modificatifs (par exemple, un décret modificatif) ne comportent pas de disposition d'exécution. En effet, une telle disposition est en principe prévue dans le texte modifié.

Il peut être nécessaire de modifier la disposition d'exécution, en vue notamment d'ajouter certains ministres ou directeurs aux autorités chargées de l'exécution du texte.

Pour le cas spécifique des décrets d'intérim, le ministre empêché et le ministre intérimaire sont généralement chargés, chacun en ce qui le concerne, de l'exécution du décret d'intérim signé par le Président de la République.

Les autorités qui peuvent être chargées de l'exécution d'un texte sont notamment les ministres (s'il s'agit d'un décret) ou les directeurs,

---

[711] Sur cette exigence, V. l'instruction n° 04 PM du 18 mars 1970 relative à la présentation et à la préparation des décrets; C. BERGEAL, *Manuel de légistique*, 8 [eme] édition, Paris, Berger-Levrault, 2018, p. 293, n° 273.

gouverneurs, préfets, sous-préfets (s'il s'agit d'un arrêté ministériel) compétents pour intervenir dans la matière régie par ce texte.

L'article d'exécution n'attribue aucun pouvoir réglementaire à l'autorité désignée chargée de l'exécution. Il permet seulement de prendre les mesures administratives nécessaires à l'exécution du texte (décret ou arrêté)[712].

L'exécutoire n'est qu'un ordre donné par le Président de la République, le Premier Ministre ou le ministre à des autorités inférieures, de mettre à exécution l'acte qu'il édicte.

296. Les modalités de désignation des autorités chargées de l'exécution. La circulaire du 06 octobre 2015 relative aux règles de présentation et de rédaction des textes législatifs et réglementaires recommande de viser dans l'article d'exécution les dénominations génériques des ministres ou des directeurs et non les dénominations officielles contenues dans le décret fixant la composition du Gouvernement.

Par exemple : « Le Ministre chargé des Sports » ou « le Directeur chargé des Énergies renouvelables ».

Dans des situations d'instabilité gouvernementale, les titres des ministres ou des directeurs peuvent, en effet, changer alors que l'habilitation est permanente. La référence au titre officiel à un moment donné peut être source d'incertitude et de difficultés d'identification de l'autorité effectivement chargée de l'exécution.

Toutefois, il est dérogé à cette règle, en premier lieu, lorsque l'exécution incombe à un ministre dont le titre revêt une certaine permanence. Il en est ainsi de la plupart des ministres chargés de « départements de souveraineté »[713], notamment le Ministre de la Justice, le Ministre de l'Intérieur, le Ministre des Affaires étrangères et le Ministre des Forces armées[714]. Dans ce cas, il est admis que le ministre pourra être désigné par son titre officiel dans la disposition d'exécution.

En second lieu, s'agissant du cas spécifique des décrets d'intérim, les ministres chargés de l'exécution, qui sont généralement le ministre empêché et le ministre intérimaire, sont désignés par leurs dénominations officielles résultant du décret portant composition du Gouvernement.

---

[712] V. CE, *Principes de technique législative. Guide de rédaction des textes législatifs et réglementaires, op.cit.*, p. 99 ; également *Guide pour l'élaboration des textes législatifs et réglementaires*, Mali, août 2016, p. 51 ; contra, C. GAUTRON et M. ROUGEVIN BAVILLE, *Droit public du Sénégal*, Paris, éd. Pédone, 2 ème éd., 1977, p. 78

[713] *Guide pour l'élaboration des textes législatifs et réglementaires, op.cit.*, p. 168.

[714] Mais la stabilité de la dénomination des « ministères de souveraineté » n'est pas toujours garantie. Il arrive que leurs appellations changent. Ainsi, au gré des remaniements ministériels, le Ministère de l'Intérieur a pu porter la dénomination de « Ministère de l'Intérieur et de la Sécurité publique ». Il en est de même du Ministère des Affaires étrangères devenu « Ministère des Affaires étrangères et des Sénégalais de l'Extérieur ».

Dans l'article d'exécution, le rédacteur doit s'attacher aux attributions de l'autorité concernée par les mesures prises par le texte. Par exemple, l'article d'exécution d'un texte prévoyant la mise en place d'un fonds pour soutenir un secteur d'activité devra viser le Ministre chargé des Finances et non le Ministre chargé de l'Économie et du Plan.

L'énumération des autorités doit également respecter l'ordre protocolaire. A cet effet, le rédacteur pourra utilement se référer au décret fixant la composition du Gouvernement en vigueur.

L'instruction n° 04 PM du 18 mars 1970 relative à la présentation et à la préparation des décrets précise qu'il n'est pas nécessaire de charger spécialement le Premier Ministre de l'exécution d'un décret dans l'article d'exécution. En effet, en vertu des dispositions de l'article 57, alinéa 3 de la Constitution, le Premier Ministre est chargé en général de « l'exécution des lois ».

b. - Les textes modificatifs

297. Les méthodes de présentation et de rédaction. Les techniques rédactionnelles des textes modificatifs varient suivant le procédé de modification employé.

Initialement, la circulaire n° 129 du 15 décembre 1972 relative à l'usage des majuscules et des minuscules dans les correspondances administratives énonçait que : « Lorsqu'un décret abroge et remplace certains articles d'un décret précédent, il était indiqué d'écrire en minuscule l'intitulé des articles modifiés ».

Mais une autre une circulaire n° 0011/PM/SGG/ADJ 1 du 30 janvier 1973, abrogeant la circulaire n° 129 du 15 décembre 1972, a indiqué que cette solution ne pouvait plus être retenue pour des raisons juridiques « lesquelles prévalent, en ce domaine, sur les considérations grammaticales ». Désormais, lorsqu'un texte juridique en modifie un autre, les articles nouveaux remplacent les articles correspondants du texte modifié, qui disparaissent purement et simplement. Ces articles sont ainsi automatiquement insérés tels quels dans le texte primitif. Il en résulte que « les intitulés des articles nouveaux doivent être rédigés dans les mêmes formes que les intitulés des articles du texte modifié », c'est-à-dire qu'ils doivent être écrits avec un « **A** » en majuscule, les autres lettres étant écrites en minuscule.

Par exemple : **« Article 6 »**

Lorsqu'un texte en modifie un autre, il y a lieu de disposer les mots et d'utiliser les caractères et la ponctuation conformément au modèle suivant, en application de la circulaire présidentielle n°1596 PR/SG/JUR du 17 juillet 1980 relative à l'emploi des majuscules et des virgules ainsi qu'il suit :

Article premier.- Les dispositions des article 5, 29 alinéa, 1er et 34, alinéa 7 du décret n° …... du …... sont abrogées et remplacées par les dispositions suivantes :

« **Article 5. -** .... ».

« **Article 29, alinéa premier. -**.............».

« **Article 34, alinéa 7. -** .... ».

Ou :

Article premier. – Les dispositions des article 5, 29 alinéa, 1er et 34, alinéa 7 du décret n° ... du ... sont modifiées ainsi qu'il suit :

« **Article 5.-** .... ».

« **Article 29, alinéa premier.-**..........».

« **Article 34, alinéa 7.-** ....».

Dans la présentation du texte modificatif, les dispositions modifiées ou insérées sont placées entre guillemets et décalées sur le côté droit, par rapport aux articles du texte modificatif. Il s'agit, en effet, d'éviter toute confusion entre les articles du texte modificatif et les articles nouveaux du texte modifié[715].

Lorsque la modification du texte se fait par insertion de nouvelles dispositions, deux techniques peuvent être employées :

la première technique consiste à ajouter à l'article modifié un tiret et un numéro additionnel. Cette technique a été employée pour la rédaction de l'Acte uniforme du 30 janvier 2014 relatif au droit des sociétés commerciales et du groupement d'intérêt économique révisé et de l'Acte uniforme du 10 septembre 2015 portant organisation des procédures collectives d'apurement du passif révisé. Le décret n° 2001-1151 du 31 décembre 2001 modifiant le Code de Procédure civile a également eu recours à la même technique.

Par exemple :

Article 2.- Il est inséré entre les articles 8 et 9, les articles 8-1 et 8-2 ainsi rédigés :

« **Article 8-1.- …** »

« **Article 8-2.-…** »

Article 3.- Il est ajouté entre les articles 23-2 et 23-3, les articles 23-2-1 et 23-2-2 ainsi rédigés :

« **Articles 23-2-1.-…** »

« **Article 23-2-2.-…** »

---

715 V. la circulaire n° 0011/PM/SGG/ADJ 1 du 30 janvier 1973.

La seconde technique consiste à ajouter à l'article modifié les signes bis, ter, quater, quinquies, sexies, septies, octies, nonies, decies, etc.

Par exemple : **Article 2.-** Il est inséré entre les articles 20 et 21, les articles 20 bis, 20 ter et 20 quater ainsi rédigés :

« Article 20 bis.-... »
« Article 20 ter. -.... »
« Article 20 quater.-... »

A titre d'exemple, la loi n° 2008-23 du 25 juillet 2008[716] a introduit un nouvel article 664 bis dans le Code de Procédure pénale consacrant le principe de la compétence personnelle passive.

Lorsque le texte modificatif comporte des modifications d'articles, des modifications de titre, de chapitre, de section ou de paragraphe, des insertions et des abrogations d'articles, il est recommandé de consacrer un article du texte modificatif à chaque opération (modification d'articles, de titres, abrogation d'articles, etc.)[717] ainsi qu'il suit :

Article premier. -Les dispositions des articles 4 et 27 du Code pénal sont abrogées et remplacées par les dispositions suivantes :

« **Article 4.-** ..... »
« **Article 27.-** ... »

Article 2. -Les intitulés des titres II et VII sont modifiés ainsi qu'il suit :

« TITRE II. - DES LIBERTES FONDAMENTALES, DES DROITS ECONOMIQUES ET SOCIAUX ET DES DEVOIRS DES CITOYENS »
« TITRE VII. - DES COLLECTIVITES TERRITORIALES »

Article 3. - Il est ajouté, après l'article 25 de la Constitution, un article 25-1 et un article 25-2 ainsi rédigés :

« **Article 25-1.-**..... »
« **Article 25-2.-**...... »

Article 4. - Les dispositions des articles 24, 34 et 78 de la loi n° .... sont abrogées.

c.- Les textes abrogatifs

298. Les principes directeurs. Un texte abrogatif a pour objet de supprimer intégralement un texte antérieur de l'ordonnancement juridique.

Comme pour les actes législatifs, l'acte réglementaire peut être abrogé à tout moment[718]. Le juge administratif sénégalais a eu l'occasion de rappeler cette

716 JORS, n° 6420 du 08 août 2008, p. 751.

717 V. en ce sens, Cons. const. n° 01/C/2016 du 12 février 2016 sur le projet de loi portant révision de la Constitution : http://www.jo.gouv.sn/spip.php?article10779 (consulté le 12 juillet 2016).

718 J.M. AUBY, « L'abrogation des actes administratifs », *AJDA*, 1967, p. 131.

règle dans l'arrêt Adama THIAM rendu le 30 août 1995[719]. Dans cette affaire, le Conseil d'État a jugé qu'un décret étant un acte réglementaire, « il est de principe en raison de sa nature, qu'il n'y a pas de droits acquis à son maintien ».
S'agissant des actes administratifs non réglementaires, les principes régissant leur abrogation varient en fonction de leur caractère créateur de droit ou non, à l'image de l'opération de retrait[720].
L'abrogation suppose que le texte abrogatif soit, dans la hiérarchie des normes, placé soit à un niveau supérieur, soit au même niveau que le texte abrogé[721]. Par exemple, un décret ne saurait abroger une loi.
Cependant, une loi délégalisée selon la procédure de délégalisation (déclassement) peut être abrogée par un décret[722].
Par ailleurs, lorsqu'il est envisagé d'apporter à un texte des modifications à tel point que sa lisibilité risque de s'en trouver compromise, il est conseillé de l'abroger et de le remplacer dans son intégralité.

299. L'abrogation par désuétude. Le simple fait qu'un acte normatif ne soit pas appliqué ne saurait emporter son abrogation ; l'abrogation ne s'opère pas par désuétude. Un texte reste en vigueur tant qu'il n'a pas été abrogé[723]. Par exemple, la loi n° 67-04 du 24 février 1967 tendant à réprimer les dépenses excessives à l'occasion des cérémonies familiales[724], malgré son inapplication depuis son entrée en vigueur, n'est pas abrogée et est encore susceptible de faire l'objet de mesures d'exécution.

300. « Abrogation sur abrogation ne vaut ». La règle « abrogation sur abrogation ne vaut »[725] signifie que l'abrogation d'une loi ou d'un décret qui avait abrogé un autre texte, n'a pas pour effet de faire revivre ce dernier texte (*abrogata lege abrogante non reviviscit lex abrogata*)[726]. Un texte qui a été abrogé ne peut être remis en vigueur que par l'effet d'une disposition qui

---

719 CE n° 40/ 1995 du 30 août 1995, Adama THIAM c/ Etat du Sénégal, in *Répertoire de jurisprudence : droit administratif (Recueil des arrêts du Conseil d'Etat 1993-1994-1995)*, Dakar, CREDILA, p. 249.

720 V. *supra*, n° 193 et s.

721 N. BOULOUIS, « L'ABC de l'abrogation », *CJFI*, 2008, numéro spécial, *La légistique*, p. 25.

722 C. BERGEAL, *Manuel de légistique*, 8 eme édition, Paris, Berger-Levrault, 2018, p. 208.

723 C. BERGEAL, *op. cit.,* p. 76 ; également, DEUMIER, « Les règles de droit obsolètes et le juge », *RTD civ.*, 2005, p. 78 ; crim. 12 mai 1960, *JCP,* 1960, II, 11765 : « Attendu que les lois et règlements ne peuvent tomber en désuétude par suite d'une tolérance plus ou moins prolongée et ne peuvent être abrogés que par des dispositions supprimant expressément celles en vigueur ou inconciliables s avec elles ».

724 JORS n° 3879 du 1er mars 1967.

725 P. DEUMIER, « Abrogation sur abrogation ne vaut », *RTD civ.*, 2010, p. 55 ; C. BERGEAL, *Manuel de légistique*, 8 eme édition, Paris, Berger-Levrault, 2018, p. 76, n° 54.

726 En ce sens, CE avis, 24 mars 1994, n° 355859 ; CE, 28 octobre 2009, société coopérative agricole l'Armorique maraîchère, n° 306708.

édicte expressément son rétablissement. Si tel est l'objectif du rédacteur, il lui est conseillé de réécrire les dispositions qu'il entend remettre en vigueur[727].

301. L'abrogation d'un acte modificatif. L'abrogation ne peut avoir pour cible un texte ou les dispositions d'un texte modifiant un autre texte. En effet, dès son entrée en vigueur, l'acte modificatif s'incorpore dans l'acte modifié et disparait de l'ordonnancement juridique. De sorte que le rédacteur prendra le soin d'abroger le texte originel modifié et non l'acte qui le modifie[728].

Par exemple, le rédacteur ne saurait abroger et remplacer les dispositions de la loi n° 2016-30 du 08 novembre 2016 modifiant le Code de Procédure pénale. En effet, ce texte étant inséré au Code de Procédure pénale, l'opération d'abrogation doit plutôt porter sur la loi de base n° 65-61 du 21 juillet 1965 portant Code de Procédure pénale modifiée.

302. Le sort des actes d'application de l'acte abrogé. L'abrogation d'un acte législatif n'entraîne pas automatiquement celle des textes (règlements) qui ont été pris pour son application, dès lors que ces derniers textes sont conciliables avec la nouvelle législation. Toutes les dispositions qui ne sont pas contraires aux dispositions nouvelles restent en vigueur et ce, jusqu'à leur propre abrogation ou leur modification ultérieure[729].

A titre d'exemple, à la suite de l'abrogation de l'Acte uniforme du 17 avril 1997 relatif au droit des sociétés commerciales et du groupement d'intérêt économique par l'Acte uniforme révisé du 30 janvier 2014[730], la question de l'applicabilité de la loi n° 98-22 du 26 mars 1998 portant sur les sanctions pénales applicables aux infractions contenues dans l'Acte uniforme du 17 avril 1997[731] s'est posée.

On s'est également interrogé sur la subsistance du décret n° 2009-367 du 20 avril 2009 portant application de la loi organique n° 2008-35 du 08 août 2008 sur la Cour suprême depuis l'abrogation de cette dernière loi par la loi organique n° 2017-09 du 17 janvier 2017.

En tout état de cause, les dispositions de la loi n° 98-22 du 26 mars 1998 ainsi que celles du décret n° 2009-367 du 20 avril 2009 devraient subsister,

---

727 C. BERGEAL, *op. cit.*, p. 77 ; *Guide pour l'élaboration des textes législatifs et réglementaires*, Paris, La documentation française, 2005, p. 255 ; M. BESCH, *Traité de légistique formelle*, Publication du Conseil d'Etat du Grand-Duché de Luxembourg, 2008, p. 85 : « L'abrogation d'une disposition abrogatoire ne peut avoir pour effet de faire revivre l'ancien texte qui a été mis à néant, à moins que l'autorité compétente ne manifeste formellement son intention de remettre en vigueur l'ancien texte abrogé par l'effet d'une disposition qui édicte expressément son rétablissement ou, ce qui est préférable, en le réécrivant ».

728 *Guide de légistique,* Paris, La documentation française, 3 ème édition, mise à jour 2017, p. 445.

729 CE, 11 février 1907, Ministre de l'Agriculture c/ Jacquin, Rec., p. 152 ; CE Ass., 16 avril 1943, Lanquetot, Rec., p. 100, *S.*, 1943.3.41, concl. R. Léonard ; 22 novembre 1950, Dame Renaud-Bérard, Rec., p. 659 ; CE Sect., 17 avril 1953, Société des papeteries Boucher, Rec., p. 171.

730 V. art. 919 de l'Acte uniforme révisé du 30 janvier 2014 relatif au droit des sociétés commerciales et du groupement d'intérêt économique.

731 JORS n° 5798 du 25 avril 1998, p. 303.

pour n'être pas inconciliables avec le dispositif mis en place respectivement par l'Acte uniforme révisé du 30 janvier 2014 et par la loi organique n° 2017-09 du 17 janvier 2017 précitée.

Il est recommandé de recourir à l'opération d'abrogation du texte d'application lorsque ses dispositions sont incompatibles avec les dispositions législatives nouvelles.

L'abrogation expresse du texte d'application est requise, non seulement pour assurer la cohérence du droit applicable, mais aussi pour garantir la sécurité juridique. En effet, sans abrogation expresse, le lecteur ne saura jamais avec certitude quel sort il doit réserver aux dispositions d'application existantes[732].

303. Les modalités de l'abrogation. Suivant l'objectif recherché, plusieurs modalités d'abrogation s'offrent au rédacteur.

304. L'abrogation assortie d'un remplacement. La technique de l'abrogation peut consister à la suppression intégrale d'un texte et par son remplacement par un nouveau dispositif. Il s'agit d'une abrogation pure et simple.

Dans cette hypothèse, le nouveau texte comportera une disposition abrogeant l'ancien texte. Le rédacteur doit identifier clairement l'acte abrogé par son support, son numéro, sa date et son intitulé.

Par exemple : « La présente loi abroge la loi n° 65-12 du 20 mars 1965 portant... »

305. La technique de « l'abrogation balai ». La technique normative dite de « l'abrogation balai » se traduit par le recours à la formule abrogatoire suivante : « Le présent décret abroge toutes dispositions contraires ». Il arrive même que ladite formule soit suivie de l'énumération d'un ou de certains textes spécifiques ciblés par l'opération d'abrogation[733].

Par exemple : « La présente loi abroge toutes dispositions contraires, notamment la loi n°… du… relative à … ».

A titre illustratif, l'Acte uniforme relatif au droit commercial, l'Acte uniforme sur les sûretés et l'Acte uniforme sur le droit des sociétés commerciales et du groupement d'intérêt économique, entrés en vigueur en 1997, avaient abrogé toutes les dispositions nationales contraires.

La circulaire n° 00006 PM/SGG/SGA/PAT/SP du 18 juillet 2018 relative aux dispositions abrogatoires dans les textes législatifs et réglementaires ne recommande pas le recours à ces formules de style imprécises.

Elles sont, en effet, source d'incertitudes juridiques puisqu'elles confrontent le juge et l'interprète à la délicate question de l'identification de la

---

[732] CE, *Principes de technique législative. Guide de rédaction des textes législatifs et réglementaires*, 2008, p. 86.

[733] C. BERGEAL, *Manuel de légistique*, 8 eme édition, Paris, Berger-Levrault, 2018, p. 211.

« disposition contraire ». Ces formules abrogatoires « ne soulagent pas l'interprète de la difficile recherche des dispositions contenues dans la loi ancienne porteuses d'une contrariété formelle qui rend impossible leur coexistence avec la loi nouvelle »[734].

En outre, ces formules risquent de favoriser la naissance d'un contentieux complexe qui est celui de la disposition contraire et entraîner ainsi l'encombrement des juridictions en retardant l'issue de certaines procédures.

La Cour commune de Justice et d'Arbitrage de l'OHADA, saisi par la République de Côte d'Ivoire, a, dans un avis du 30 avril 2001[735], énoncé qu'une loi « contraire peut s'entendre aussi bien d'une loi ou d'un règlement de droit national ayant le même objet qu'un Acte uniforme et dont toutes les dispositions sont contraires à cet Acte uniforme que d'une loi ou d'un règlement dont seulement l'une des dispositions ou quelques-unes de celles-ci sont contraires. Dans ce dernier cas, les dispositions non contraires s'appliquent ». La haute juridiction a précisé que « cette abrogation concerne également les dispositions de droit interne identiques à celles des Actes uniformes ».

Par la suite, le législateur sénégalais a pris le soin de procéder à une abrogation explicite de certaines dispositions du Code de Commerce et du Code des Obligations civiles et commerciales[736]. Tel a été l'objet de la loi dite abrogative n° 98-21 du 26 mars 1998 portant abrogation et modification de certains articles du Code de Commerce et du Code des Obligations civiles et commerciales[737]. L'exposé des motifs de ce texte s'explique sur le recours à cette technique législative en énonçant que : « L'absence d'intervention à ce niveau, risque d'entraîner la naissance d'un contentieux complexe qui est celui de la disposition contraire et aurait pour conséquence d'encombrer les cours et tribunaux, mais aussi de retarder l'issue de certaines procédures ».

Le rédacteur devra énumérer avec précision toutes les dispositions qu'il entend abroger et éventuellement celles dont il souhaite le maintien en

---

734 A. T. NDIAYE, « La portée abrogatoire des droits supranationaux de l'espace OHADA sur les dispositions du COCC », in I. Y. NDIAYE, J.J. L. CORREA et A.A. DIOUF (dir.), *Code des obligations civiles et commerciales du Sénégal (COCC) : cinquante ans après,* Vol 2, Dakar, CREDILA, l'Harmattan, 2018, p. 420.

735 CCJA, avis, n° 001/2001/EP du 30 avril 2001, ohada.com, ohadata D.04-12, p. 19 et s., obs. J. I. SAYEGH.

736 Sur l'ensemble de cette question, V. J. I. SAYEGH, « La portée abrogatoire des Actes uniformes de l'OHAHA sur le droit interne des Etats parties », *Revue burkinabé de droit,* n° spécial, n° 39-40, p. 51 ; A. T. NDIAYE, « La portée abrogatoire des droits supranationaux de l'espace OHADA sur les dispositions du COCC », in I. Y. NDIAYE, J.J. L. CORREA et A.A. DIOUF (dir.), *Code des obligations civiles et commerciales du Sénégal (COCC) : cinquante ans après,* vol 2, Dakar, CREDILA, l'Harmattan, 2018, p. 407 et s.

737 JORS n° 5798 du 25 avril 1998, p. 301.

vigueur[738]. Au besoin, il pourra, à la place d'un texte abrogatif, élaborer un texte modificatif abrogeant et remplaçant certaines dispositions de la loi ancienne.

La circulaire n° 00006 PM/SGG/SGA/PAT/SP du 18 juillet 2018 précitée a prescrit aux départements ministériels, s'ils envisagent de procéder à l'abrogation de dispositions d'un texte antérieur, de se conformer aux directives suivantes :

- lorsque le nouveau texte a pour objet d'abroger intégralement un ancien texte et de procéder à son remplacement par un nouveau dispositif, le rédacteur devra y insérer une disposition finale abrogeant expressément l'ancien texte. Pour ce faire, le rédacteur doit identifier clairement le texte abrogé par son support normatif, son numéro, sa date et son intitulé.

Par exemple : « La présente loi abroge la loi n°… du … relative à… ».

- Lorsque le nouveau texte a pour objet d'abroger en partie un ancien texte, il n'est pas recommandé de préparer un texte abrogatif. Le rédacteur devra plutôt élaborer un texte modificatif qui, dès son article premier, devra énumérer avec précision toutes les dispositions du texte de base qu'il entend abroger en laissant subsister les autres dispositions.

Par exemple : « **Article premier.-** Les dispositions des articles 4 et 9 du décret n°…du…portant…sont abrogées et remplacées par les dispositions suivantes :

« **Article 4.-**………………..».

« **Article 9.-**………………..».

La disposition abrogatoire doit être placée dans les dispositions finales, avant les dispositions transitoires, les dispositions d'entrée en vigueur et l'article d'exécution (exécutoire).

306. L'abrogation pure et simple. Dans d'autres cas, moins fréquents, l'abrogation consiste simplement à l'anéantissement d'un texte antérieur sans le remplacer par un autre. Le rédacteur a recours à cette technique normative lorsqu'il entreprend d'éradiquer définitivement une institution ou un dispositif juridique. Au Sénégal, le législateur a utilisé cette technique lorsqu'il s'est agi de supprimer la Cour de Sûreté de l'État.

Cette juridiction spéciale de nature politique, était chargée de juger les auteurs et complices des crimes et délits contre la sûreté de l'État et de façon générale les auteurs des crimes et délits de nature politique. Créée par la loi n° 73-47 du 04 décembre 1973, en remplacement du Tribunal spécial institué par la loi n° 61-57 du 21 septembre 1961, la Cour de sûreté de l'État a été supprimée « expressis verbis » de l'architecture judiciaire par la loi n° 92-31

---

[738] C. BERGEAL, *op. cit.*, n° 156 *; Guide de légistique,* Paris, La documentation française, 3eme édition, mise à jour 2017, p. 444 ; *Guide pratique d'élaboration des textes législatifs et réglementaires, Secrétariat général du Gouvernement du Niger*, édition 2016, p. 13.

du 04 juin 1992 portant suppression de la Cour de Sûreté de l'État[739]. Les articles 1er et 2 de cette loi ont expressément abrogé la loi n°73-47 du 04 décembre 1973 portant création de la Cour de Sûreté de l'État ainsi que toutes les dispositions contraires, notamment la loi n° 61-57 du 21 septembre 1961 instituant le Tribunal spécial[740].

La même technique législative de l'abrogation pure et simple a été employée par le législateur sénégalais pour procéder à l'abolition de la peine de mort. En effet, la loi n° 2004-38 du 28 décembre 2004 portant abolition de la peine de mort[741] a aboli la peine de mort et a abrogé l'article 7 1°, les articles 12, 13, 14, 15 et 16 du Code pénal ainsi que toutes dispositions contraires.

3. - La qualité rédactionnelle du dispositif normatif

307. L'intelligibilité des textes. L'intelligibilité des textes dépend largement de la qualité rédactionnelle du dispositif normatif[742]. Un texte à la ponctuation défectueuse, comportant des expressions fautives ou des imprécisions risque de poser des problèmes d'application et susciter ainsi des contentieux inutiles.

Le texte normatif ne s'exprime pas dans le langage de tous les jours. Le vocabulaire, la ponctuation, la grammaire et la charte graphique des textes obéissent à des règles assez spécifiques.

a. - Le vocabulaire

308. La notion. Le vocabulaire est l'ensemble des mots utilisés dans une réalisation orale ou écrite[743].

La formulation des règles de droit dans les textes normatifs requiert un outillage conceptuel et sémantique particulier[744]. Dans l'écriture normative, l'utilisation des mots exige le respect d'un certain nombre de principes.

---

739 JORS, n° 5470 du 04 juin 1992, p. 267.

740 Sur cette question, M. M. TOURE, « Histoire de l'organisation judiciaire du Sénégal : l'unification des juridictions et l'unicité de la juridiction suprême », *Rev. sén. dr.*, n° 17, juin 1975, p. 62 ; G. RIVES, « Le droit criminel sénégalais », *Rev. sén. dr.*, juin 1974, n° 15, 7eme année, p. 45.

741 JORS n° 6202 du 22 janvier 2005, p. 53.

742 M. A. FRISON-ROCHE et BARANES, « Le principe constitutionnel d'accessibilité et d'intelligibilité de la loi », *D.* 2000, chron. 361 ; J.M. LARRALDE, « Intelligibilité de la loi et accès au droit », *LPA,* 19 novembre 2002, p. 11 ; PH. MALAURIE, « L'intelligibilité des lois », *Pouvoirs* 2005, p. 131 et s.

743 M. GREVISSE et A. GOOSSE, *Le bon usage*, 14eme édition, Paris, De boeckduculot, 2010, p. 117, n° 147.

744 J-C. BECANE et M. COUDERC, *La loi,* Paris, Dalloz, 1994, p. 198.

309. Les abréviations, sigles et acronymes. L'abréviation est un procédé graphique consistant à écrire un mot en n'utilisant qu'une partie de ses lettres[745].

Par exemple : M. pour Monsieur ; n° pour numéro.

Les sigles sont des abréviations qui sont constituées d'initiales mais qui sont traitées comme des mots.

Par exemple : TVA pour « Taxe sur la valeur ajoutée ».

L'acronyme désigne un mot constitué à l'origine des initiales d'autres mots.

Par exemple : le mot « ovni » est le résultat d'initiales : O.V. N. I qui signifient « Objet Volant Non Identifié ».

L'utilisation des abréviations et des sigles est normalement proscrite dans un texte.

Toutefois, le recours à un sigle peut être admis si celui-ci est d'usage courant et a été développé la première fois qu'il a été employé dans le corps du texte[746], suivi de son sigle placé entre parenthèses.

Par exemple : « l'Agence de l'Informatique de l'État (ADIE) est placée sous la tutelle du Ministre chargé des Téléservices.

L'ADIE comprend une Direction générale et un Conseil de Surveillance ».

Les sigles ou acronymes qui se composent de cinq (5) lettres au plus et ceux qui ne peuvent être prononcés comme un mot ordinaire s'écrivent tout en capitales et sans points ni accents[747].

Par exemple : l'ONU et l'OTAN.

Toutefois, les sigles ou acronymes qui dépassent cinq (5) lettres et qui peuvent se prononcer sont rédigés en capitale initiale suivie de minuscules, toujours sans points ni accents.

Par exemple : Benelux, l'Afnor (Association française de normalisation)[748].

S'écrivent en toutes lettres, les termes « livre », « titre », « chapitre », « article », « alinéa », « pour cent ». Il en est de même des unités de mesure, des multiples et sous-multiples ainsi que des devises.

Par exemple : « euros » et non « € ».

310. Les mots et locutions juridiques. Dans le discours normatif, les termes et expressions doivent être utilisés dans leur sens précis. Les notions juridiques ont des sens assez techniques[749].

---

745 M. GREVISSE et A. GOOSSE, *op.cit.*, p. 117, n° 116.

746 D. REMY, *op. cit.*, p. 194 ; C. BERGEAL, *Manuel de légistique*, 8 eme édition, Paris, Berger-Levrault, 2018, p. 302.

747 D. REMY, *op. cit.*, n° 180.

748 M. BESCH, *Traité de légistique formelle*, Publication du Conseil d'Etat du Grand-Duché de Luxembourg, 2005, p. 52.

Le rédacteur veillera à parler des « dispositions » d'une loi ou d'un décret ; en effet, la loi ou le règlement « dispose ».

Il convient d'évoquer les « stipulations » d'un contrat, d'un traité, d'un accord ou d'une convention internationale ; puisqu'un contrat ou une convention « stipule ».

En ce qui concerne les décisions de justice, il y a lieu de parler des «décisions» du Conseil constitutionnel, des « arrêts » de la Cour suprême ou de la cour d'appel, des « jugements » des tribunaux, et des « ordonnance » rendues par un juge unique (juge d'instruction, juge des référés, etc.).

Lorsqu'il s'agit de citer le contenu d'un texte ou d'en analyser la portée, il y a lieu de se référer aux dispositions de ce texte et non au texte lui-même (article), qui ne constitue que l'enveloppe des dispositions en cause.

Par exemple, écrire : « Conformément aux dispositions de l'article 2 de la loi… » et non « conformément à l'article 2 de la loi ... ».

Le rédacteur doit être très vigilant dans l'emploi des termes « précité », « susvisé », souvent utilisés indifféremment. Un texte « précité » est celui dont les termes ont été expressément cités antérieurement (en non simplement mentionnés).

Quant au mot « susvisé », il est réservé aux dispositions mentionnées dans les visas du texte.

Pour désigner des personnes ou des institutions ou des règles figurant dans un article du texte auquel on souhaite se référer, il est préférable d'utiliser, plutôt que le terme « visé », les mots « mentionné », « énuméré », « défini » ou «institué».

La locution « notamment » permet surtout d'ouvrir une énumération ; dans ce cas son utilisation est une précaution rédactionnelle en vue d'éviter que la liste dressée ne soit dépassée notamment par l'évolution technologique ou par les mutations des mœurs[750].

Par exemple : « les eaux d'alimentation doivent satisfaire les normes de potabilité en vigueur, notamment en ce qui concerne leurs caractéristiques physique, chimique, biologique et bactériologique » (art. 51 de la loi n° 81-13 du 04 mars 1981 portant Code de l'Eau). Ce texte signifie que les eaux d'alimentation doivent respecter les normes de potabilité relatives à leurs caractéristiques physique, chimique, biologique et bactériologique.

Mais la liste n'est pas exhaustive ; elles doivent également se conformer à d'autres normes en vigueur.

---

[749] N. MOLFESSIS (dir.), *Les mots de la loi*, Paris, Economica, 1999 ; C. ATIAS, « Les maux du droit et les mots pour le dire », *D.*, 1997, chr., p. 229.

[750] C. BERGEAL, *op. cit.* , n° 262.

La locution « au sens de » est couramment utilisée pour marquer le sens à donner à une règle, un terme ou une expression.

Par exemple, aux termes de l'article 7 du décret n° 2015-1145 du 03 août 2015 fixant la composition et la compétence des cours d'appel, des tribunaux de grande instance et des tribunaux d'instance : « Les tribunaux d'instance connaissent également en premier ressort, quel que soit l'objet du litige, des actions relatives au bail à usage professionnel au sens des dispositions prévues par l'article 101 de l'Acte uniforme du 15 décembre 2010 portant sur le droit commercial général lorsque le montant du loyer mensuel est inférieur ou égal à cent mille (100.000) francs CFA ».

En d'autres termes, la définition du bail à usage professionnel est déterminée en référence à l'article 101 de l'Acte uniforme du 15 décembre 2010 portant sur le droit commercial général.

La locution « le cas échéant » donne souvent lieu à des confusions ; elle n'est pas synonyme de « éventuellement ». Elle signifie que la règle énoncée ne trouvera à s'appliquer que lorsque certaines conditions ou circonstances sont réunies[751].

Par exemple, le préavis pour reprise aux fins de démolition et de reconstruction portant sur les parties de l'immeuble frappés par la rénovation doit, à peine de nullité, indiquer le nom, le cas échéant, de l'architecte et de l'entrepreneur suivant et exécutant les travaux (art. 30 de la loi n° 2008-43 du 20 août 2008 portant Code de l'Urbanisme). Cela signifie que le préavis ne doit mentionner à peine de nullité le nom de l'architecte et de l'entrepreneur que s'ils ont été commis pour suivre ou exécuter les travaux.

311. Pouvoir hiérarchique et pouvoir de tutelle. Il faut distinguer le pouvoir hiérarchique du pouvoir de tutelle. Les expressions « sous la tutelle de… » (pouvoir de tutelle) ou « sous l'autorité de… » (pouvoir hiérarchique) ont des sens juridiques différents.

D'après la circulaire n° 02421 PM/SGG/BSC/SP du 12 août 2013 relative à la tutelle des départements ministériels sur les structures autonomes de l'Etat, le pouvoir hiérarchique est l'ensemble des prérogatives dont dispose une autorité sur ses subordonnés dans le respect de la légalité pour imposer sa volonté. Il s'exerce au sein d'une même personne publique[752]. Ce pouvoir existe de droit. Son fondement réside dans les responsabilités particulières dont sont investies les autorités supérieures de l'État ; l'agent subordonné ne peut s'opposer à la décision de son supérieur[753]. Il existe ainsi un lien hiérarchique entre un ministère et ses différents services (directions, divisions, etc.).

---

[751] *Guide pour l'élaboration des textes législatifs et réglementaires*, Paris, La documentation française, 2005, p. 183.

[752] G. RIVERO, « Remarques à propos du pouvoir hiérarchique », *AJDA*, 1966, p. 154.

[753] A. BOCKEL, *Droit administratif*, Dakar-Abidjan, NEA, LGDJ, 1978, p. 254.

A titre d'exemple, selon l'article 4 du décret n° 2017-313 du 15 février 2017 instituant un secrétariat général dans les ministères, l'ensemble des directions de l'administration centrale du ministère et les autres services administratifs, non rattachés au cabinet « sont placés sous l'autorité » du secrétaire général du ministère.

Le pouvoir de tutelle est exercé de l'extérieur par une entité publique à l'égard de l'activité d'une autre personne publique. Ce pouvoir organise les relations entre un ministère et les entités extérieures au département, qu'elles soient un établissement public, une société nationale, une société à participation publique majoritaire ou une agence. La tutelle suppose un fondement juridique. C'est tout le sens des formules : « la tutelle ne se présume pas », « pas de tutelle sans texte, pas de tutelle au-delà des textes ». Elle se définit comme l'ensemble de moyens de contrôle (d'ordre administratif, judiciaire, technique, économique ou financier) prévus dont disposent les organes tutélaires sur des structures autonomes[754]. La tutelle technique est exercée par le ministre auquel la structure est administrativement ou techniquement rattachée[755] (tutelle technique) et la tutelle financière par le Ministre chargé des Finances (tutelle financière).

L'autorité de tutelle ne peut s'immiscer dans la gestion quotidienne de l'entité placée sous tutelle ; elle ne dispose pas de la faculté d'adresser directement des instructions à ses responsables qui ne relèvent pas de son pouvoir hiérarchique[756].

L'autorité de tutelle est seulement responsable de la mise en œuvre de la politique définie par le Président de la République dans l'ensemble des structures placées sous sa tutelle.

La circulaire n° 107 du 25 octobre 1972 relative au pouvoir de tutelle et à la subordination hiérarchique énonce que le but de la tutelle est « d'une part, d'éviter les abus qui peuvent naître de l'autonomie et d'autre part, de veiller à ce que les établissements ne s'écartent pas de la politique définie par le Gouvernement ».

L'organe tutélaire doit avoir un rôle de conseil et de veille en prenant soin de répercuter les orientations de la politique du Gouvernement dans le domaine concernant l'entité placée sous tutelle et de s'assurer de leur application.

312. Les locutions et adverbes servant à l'articulation entre des textes. Diverses locutions juridiques peuvent être utilisées pour garantir une bonne

---

[754] V. la circulaire n° 02421 PM/SGG/BSC/SP du 12 août 2013 relative à la tutelle des départements ministériels sur les structures autonomes de l'Etat.

[755] M. GUERIN, « Quelques aspects de la tutelle administrative », *AJDA*, 1956, p. 25 ; L. RICHER, « La notion de tutelle sur les personnes en droit administratif », *RDP*, 1979, p. 971-1008.

[756] V. la circulaire n° 02421PM/SGG/BSC/SP du 12 août 2013 précitée.

articulation entre textes normatifs, telles que « sans préjudice », « nonobstant», « sous réserve », « par dérogation » et « toutefois ».

La locution « sans préjudice » signifie que la règle qui va être énoncée est sans incidence sur l'application d'une autre règle qu'on entend précisément ne pas écarter et qui pourra s'appliquer également ; elle est synonyme de «indépendamment de»[757]. Elle est le contraire de l'expression « par dérogation à »[758].

Par exemple : « si un exploit est déclaré nul par le fait de l'huissier, celui-ci est condamné aux frais de l'exploit et de la procédure annulée, sans préjudice de tous autres dommages et intérêts de la partie, s'il y a lieu » (art. 825 du Code de Procédure civile). Au sens de cette disposition, lorsqu'un exploit d'huissier (assignation par exemple) est déclaré nul par le fait de l'huissier, il sera condamné aux frais de l'exploit et de procédure annulée, indépendamment des dommages et intérêts.

La locution « sous réserve » indique l'ordre de prééminence entre deux dispositions en conflit soit qu'elles appartiennent à deux textes différents, soit qu'elles se situent à l'intérieur d'un même texte ; la disposition ne joue que lorsque le texte réservé ne trouve pas à s'appliquer.

Par exemple : « le paiement doit être fait au domicile du débiteur, sous réserve de la convention des parties et des dispositions de la loi » (art. 171 alinéa 1er du Code des Obligations civiles et commerciales). En d'autres termes, la loi ou les parties peuvent dans leur convention déroger au principe du paiement au domicile du débiteur.

Le mot « nonobstant » signifie que la règle qui va être énoncée s'impose, sans que d'autres règles existantes puissent y faire obstacle.

Par exemple : « le salaire doit être payé en monnaie ayant cours légal au Sénégal, nonobstant toute stipulation contraire » (art. L. 114 du Code du Travail). Cela signifie qu'aucune autre stipulation ne peut remettre en cause la règle du paiement du salaire en monnaie en cours légal au Sénégal.

La locution « par dérogation » a une portée plus précise que l'adverbe «nonobstant», car elle indique la disposition à laquelle on entend spécifiquement déroger[759].

Par exemple : « par dérogation au caractère exécutoire des actes prévus aux articles 243 et 244 du présent code, restent soumis à l'approbation préalable du représentant de l'État les actes pris dans les domaines suivants (…) » (article 245 du Code général des Collectivités territoriales). Ce texte signifie que les actes prévus aux articles 243 et 244 du Code général des Collectivités

---

757 *Guide pour l'élaboration des textes législatifs et réglementaires*, Paris, La documentation française, 2005, p. 184.

758 En ce sens, C. BERGEAL, *op.cit*, n° 261.

759 R. DRAGO, « Dérogation », *AJDA*, 2001, p. 411.

territoriales dérogent au caractère exécutoire des actes et sont soumis à l'approbation préalable du représentant de l'État.

Le mot « toutefois » apporte une restriction à la portée d'une disposition et annonce un régime différent.

Par exemple : « l'origine licite des éléments du patrimoine peut être prouvée par tout moyen. Toutefois la seule preuve d'une libéralité ne suffit pas à justifier de cette origine licite » (art. 163 bis du Code pénal). Cela signifie que la personne poursuivie pour enrichissement illicite peut prouver librement l'origine licite des éléments de son patrimoine. Mais une libéralité seule ne peut servir à prouver l'origine licite des éléments dudit patrimoine.

313. La clarté rédactionnelle. Le style de rédaction des textes doit être simple, clair et concis. MONTESQUIEU écrivait que : « Les lois ne doivent point être subtiles : elles sont faites pour des gens de médiocre entendement »[760].

Pascal ajoutait : « Quand vous voulez dire il pleut, dites il pleut ! »Le Conseil constitutionnel français a déjà eu l'occasion de juger que la clarté des textes est une obligation constitutionnelle qui participe du respect du principe d'intelligibilité de la loi[761].

Le texte normatif doit être rédigé dans un style simple et concis (sujet verbe et complément). Sa rédaction exige une sérénité dans l'écriture et une constance dans le flux des idées. Chaque phrase doit se limiter à exprimer une seule idée.

Par exemple : « Le préfet veille au respect de l'ordre public dans le département ».

Le rédacteur doit veiller à formuler le principe avant les exceptions ou dérogations et de façon distincte.

Il n'est pas conseillé de recourir à des enchâssements ou des incises dans l'écriture des textes législatifs et réglementaires. Il s'agit de groupes de mots intercalés entre deux mots complémentaires[762].

Par exemple : « un arrêté du Ministre chargé de la Sécurité sociale fixe chaque année, par risques ou groupes de risques et suivant les règles fixées par la loi, en fonction des résultats statistiques des trois dernières années, les taux des cotisations dues au titre des accidents de travail ».

Il est plus clair d'écrire :

« Un arrêté du Ministre chargé de la Sécurité sociale fixe par arrêté chaque année les taux des cotisations dues au titre des accidents de travail. Ces taux

[760] *De l'esprit des lois*, LXXIX, chap. XVI.

[761] Cons. const. 07 décembre 2000, n° 2000-435.

[762] C. BERGEAL, *op. cit.*, n° 257.

sont établis chaque année, par risques ou groupes de risques conformément à la loi, en fonction des résultats statistiques des trois dernières années ».

Par souci d'élégance et de confort littéraires, certains rédacteurs évitent de répéter des mots ou groupes de mots dans des textes normatifs, préférant ainsi utiliser à la place des synonymes ou des périphrases[763].

En légistique, les répétitions sont quelquefois à encourager. En effet, les variations de formulations littéraires pourraient laisser penser que le rédacteur a cherché à introduire dans le texte des nuances, là où il n'avait été guidé que par une volonté d'alléger le style[764].

b. - La ponctuation

314. La notion. La ponctuation est l'ensemble des signes conventionnels servant à indiquer, dans l'écrit, des faits de la langue orale comme les pauses et l'intonation ou à marquer certaines coupures et certains liens logiques. Il s'agit d'un élément essentiel de la communication[765]. Les signes de ponctuation sont le point (.), le point d'interrogation (?), le point d'exclamation (!), la virgule (,), le point-virgule (;) les deux points (:), les points de suspension (…), les parenthèses (), les crochets [], les guillemets (« »), le tiret (-) et la barre oblique (/).

315. Les règles de ponctuation. Dans les textes normatifs, on ne devrait retrouver que le point, le point-virgule, les deux points, la virgule et les guillemets. L'usage des autres signes de ponctuation n'est pas recommandé[766].

La publication de textes à la ponctuation défectueuse peut susciter des incertitudes sur le sens à leur donner et engendrer des contentieux inutiles. La présence ou l'absence d'une virgule peut modifier le sens d'un texte[767].

Au Sénégal, en matière de ponctuation, seules les règles relatives à l'emploi des virgules ont été prévues par le décret n° 75-1027 du 10 octobre 1975 relatif à l'emploi des majuscules dans les textes administratifs, modifié par le décret n° 80-770 du 24 juillet 1980 et par la circulaire présidentielle n° 1596 PR/SG/JUR du 17 juillet 1980 relative à l'emploi des majuscules et des virgules[768].

---

763 Les périphrases sont des expressions formées de plusieurs mots que l'on substitue à un mot unique, par une sorte de détour de langage.

764 En ce sens, D. REMY, *Légistique. L'art de faire les lois*, Romillat, Paris, 1994, p. 195.

765 M. GREVISSE et A. GOOSSE, *Le bon usage*, 14eme édition, Paris, De Boeckduculot, 2010, p. 121, n° 116 ; également, A. TANGUAY, *L'art de ponctuer*, 2eme édition, Montréal, éditions Quebec Amérique, 2000.

766 D. REMY, *op.cit.*, p. 198.

767 *Guide de légistique du Conseil d'Etat français* du 20 octobre 2007, p. 166.

768 En outre, un courrier n° 31/PM/SGG/SPM du 25 avril 1978. M. Abdou DIOUF, le Premier Ministre à l'époque, rappelait par une note, les principales règles d'emploi de la virgule.

- ## Le point

316. La fonction. Le point a pour fonction d'indiquer la fin de la phrase[769]. Il clôt un article et éventuellement un alinéa. Le point se place également après tout mot écrit en abrégé[770].

La phrase latine, qui a beaucoup influencé le style juridique, ne connaissait, ni de ponctuation, ni de séparation des mots. Il faut sans doute chercher dans ce passé latin, l'explication du goût de certains rédacteurs de textes pour les phrases longues et alambiquées[771].

Il n'y a pas de points à la fin des intitulés des textes normatifs ou de titres des divisions (livre, chapitre, section, etc.), qu'ils soient composés en capitales ou en bas de casse (miniscules)[772].

- ## La virgule

317. Les règles générales. La virgule est un signe de ponctuation qui marque une pause de peu de durée à l'intérieur de la phrase[773].

La circulaire présidentielle n° 1596 PR/SG/JUR du 17 juillet 1980 relative à l'emploi des majuscules et des virgules a rappelé deux règles essentielles relatives à l'emploi de la virgule.

Lorsque l'ordre des mots n'est pas respecté dans la phrase, le rédacteur met entre virgules les groupes de mots qui ne sont pas à leur place normale.

En effet, l'ordre des mots, déterminé par leur fonction, est normalement le suivant : sujet, verbe, complément d'objet direct, complément d'objet indirect, complément circonstanciel.

Par exemple : Adama (sujet) a donné (verbe) une mangue (complément d'objet direct) à Fatima (complément d'objet indirect) hier soir (complément circonstanciel).

Dans cette phrase, l'ordre des mots étant respecté, aucune virgule n'est donc nécessaire.

Mais lorsque l'ordre des mots n'est pas respecté dans la phrase, l'emploi de virgules est nécessaire à sa compréhension.

Par exemple : « Hier soir, Adama a donné une mangue à Fatima ».

ou

« Adama, hier soir, a donné une mangue à Fatima ».

---

[769] M. GREVISSE et A. GOOSSE, *Le bon usage*, 14eme édition, Paris, De Boeckduculot, 2010, p. 119.

[770] V. M. GREVISSE, *Le bon usage. Grammaire française avec des remarques sur la langue française d'aujourd'hui,* Gembloux, éditions J. Duculot SA, 9eme édition, 1969, p. 1142.

[771] A. GILDER, « Oui, tout cela, dans la même phrase. Ou le délicat problème des relations entre la langue et le droit », in *La légistique ou l'art de rédiger le droit*, La documentation française, p. 95 et s.

[772] *Guide pour l'élaboration des textes législatifs et réglementaires*, Mali, août 2016, p. 70.

[773] M. GREVISSE et A. GOOSSE, *op. cit.* p. 130.

Dans ces phrases, le complément circonstanciel a été placé avant les compléments d'objet, au lieu d'être situé à la fin. Il est donc suivi et, dans le deuxième exemple, précédé d'une virgule.

En outre, lorsque des mots ou des groupes de mots remplissant la même fonction sont juxtaposés, ils sont séparés par une ou des virgules.

Par exemple : « Adama a donné une mangue à Fatima hier soir, à 18 heures ».

Dans cette phrase, les groupes de mots « hier soir » et « 18 heures » remplissent tous deux la même fonction, celle de complément circonstanciel de temps. Ils doivent de ce fait être séparés par une virgule.

318. Les autres règles spécifiques. Par une notre transmise aux ministres et secrétaires d'Etat, par courrier n° 31/PM/SGG/SPM du 25 avril 1978, le Premier Ministre rappelait d'autres règles relatives à l'emploi de la virgule tirées de l'ouvrage *Le bon usage* de Maurice GREVISSE[774].

Cette note précise en premier lieu que dans une proposition, la virgule s'emploie en général pour séparer des éléments semblables (sujets, compléments, épithètes, attributs) non suivis par une conjonction de coordination[775].

Par exemple : « les honneurs, les richesses, les plaisirs nous rendent-ils pleinement heureux ? »

Quand le verbe a plusieurs sujets, si le dernier est joint au précédent par « et », on ne le sépare pas du verbe par une virgule.

Par exemple : « l'injustice, le mensonge et l'ingratitude m'inspirent de l'horreur ».

On ne sépare pas par une virgule les différentes parties d'une somme.

Par exemple : « l'espace parcouru en deux heures dix minutes trente secondes ».

Le rédacteur veillera à mettre une virgule après le nom du lieu dans l'indication d'un acte.

Par exemple : « Dakar, le 05 janvier 1989 ».

Dans un groupe de proposition, on emploie la virgule pour séparer plusieurs propositions de même nature non unies par une conjonction de coordination.

Par exemple : « On monte, on descend, on débarque les marchandises ».

On emploie également la virgule avant les propositions introduites par des conjonctions autres que « et, ou, ni ».

Par exemple : « il est fort honnête homme, mais il est un peu brutal ».

---

[774] V. M. GREVISSE, *Le bon usage. Grammaire française avec des remarques sur la langue française d'aujourd'hui,* Gembloux, éditions J. Duculot SA, 9eme édition, 1969, p. 25.

[775] V. M. GREVISSE, *op.cit*, p. 25.

Les conjonctions « et, ou, ni » ne sont pas en général précédées de la virgule[776].

Par exemple : « J'ignore s'il restera ou s'il partira ».

Toutefois, ces conjonctions sont précédées de la virgule quand elles servent à coordonner plus de deux propositions ou encore quand elles joignent deux propositions qui n'ont pas le même sujet, qui s'opposent l'un de l'autre ou que l'on disjoint pour quelque raison de style.

Par exemple : « je ne veux, ni ne dois, ni ne puis obéir ».

« Nous convaincrons, ou nous mourrons ! ».

La virgule est aussi employée avant les propositions circonstancielles ayant une valeur simplement explicative.

Par exemple : « je le veux bien, puisque vous le voulez ».

On emploie la virgule pour séparer la proposition participe absolue ou la proposition incise.

Par exemple : « Il devrait, toute honte cessant, enfourcher un âne ».

- **Le point-virgule**

319. L'objet. Le point-virgule marque une pause de moyenne durée[777]. Il est considéré par certains auteurs comme un signe superflu.

Mais il est certain que le rédacteur, en se limitant au point et à la virgule, se prive de moyens de s'exprimer avec plus de nuances.

Le point-virgule indique que l'enchaînement de la phrase reprend, après une légère pause.

Dans un texte normatif, il est utilisé principalement dans les énumérations[778].

Elles sont introduites par un deux-points. Chaque élément commence par une minuscule et se termine par un point-virgule, sauf le dernier qui se termine par un point.

Par exemple : « le Conseil de surveillance comprend :

- un représentant de la Primature ;
- un représentant du Ministère chargé de la Justice ;
- un représentant du Ministère chargé des Finances. ».

Le point-virgule est également présent dans les visas. Les textes sont visés avec leur numéro, leur date et leur intitulé suivi d'un point-virgule à la fin[779].

---

[776] En ce sens, *Guide pour l'élaboration des textes législatifs et réglementaires*, Mali, août 2016, p. 71.

[777] M. GREVISSE et A. GOOSSE, *Le bon usage*, 14eme édition, Paris, De Boeckduculot, 2010, p. 136.

[778] D. REMY, *op. cit.*, n° 186.

Cependant, la mention du rapport ou de la note de présentation se termine par une virgule.

Par exemple :

« VU la loi n° 61-33 du 15 juin 1961 relative au statut général des fonctionnaires, modifiée ;

VU loi n° 72-61 du 12 juin 1972 portant Code de la Famille, modifié ;

Sur le rapport du Ministre de l'Intérieur, »

- **Les deux points**

320. L'objet. Les deux points s'emploient pour annoncer une citation, une sentence, une maxime, un discours direct ou parfois un discours indirect.

Dans les textes, les deux points sont utilisés souvent après le verbe central.

Par exemple : « **DECRETE :** »

Ils sont aussi employés pour annoncer la composition d'une structure (commission, comité, conseil de surveillance, etc.) ou les organes d'une agence, d'un établissement public, etc.

Par exemple : « les organes de l'Agence d'Assistance à la Sécurité de Proximité sont :

- le Conseil de Surveillance ;
- la Direction générale ».

- **Les guillemets**

321. La notion. Les guillemets sont des signes de ponctuation qui sont par doubles paires. La première paire en début de passage est appelée guillemets ouvrants et la deuxième paire à la fin du passage est appelée guillemets fermants.

Les guillemets s'emploient principalement au début et à la fin d'une citation ou d'un discours direct[780].

322. La fonction légistique. En légistique, les guillemets ont une fonction très particulière. Ils manifestent la différence entre deux degrés du discours normatif. Ouvrir et fermer les guillemets marque un changement du niveau du discours.

La technique de la modification et de l'amendement constituent le domaine d'élection des guillemets ; ils permettent de distinguer la modification apportée du dispositif modificateur[781].

---

[779] V. la circulaire n° 00041 PM/SGG/SGA/PAT/SP du 06 octobre 2015 relative aux règles de présentation et de rédaction des textes législatifs et réglementaires.

[780] M. GREVISSE et A. GOOSSE, *op. cit.*, p. 140.

[781] D. REMY, *op. cit.*, p. 200.

Si dans les passages entre guillemets, il y a des alinéas commençant par un tiret, des points de suspension ou un numéro d'article, le guillemet se place en début d'alinéa.

Le guillemet se place avant la ponctuation finale si celle-ci appartient à la phrase entière et non à la partie de la phrase entre guillemets.

Il se place après la ponctuation finale si celle-ci appartient à la partie mise entre guillemets. Ce qui explique qu'un texte modificatif se termine souvent par deux points séparés par des guillemets, conformément à la circulaire présidentielle n°1596 PR/SG/JUR du 17 juillet 1980 relative à l'emploi des majuscules et des virgules ainsi qu'il suit :

(Pour une modification), **Article premier.-** Les dispositions de l'article 5 du décret n° ... du ... sont abrogées et remplacées par les dispositions suivantes :

« **Article 5.-** .... ».

(Pour un amendement), rédiger la première phrase de l'alinéa 6 de l'article 4 ainsi qu'il suit : « … ».

c. - La grammaire

323. La définition. Selon Maurice GREVISSE, la grammaire est l'étude systématique des éléments constitutifs d'une langue[782]. Elle comprend la phonétique qui est la science des sons du langage, la lexicologie définie comme la science des mots et la sémantique qui est la science de la signification des mots. Elle étudie également la syntaxe définie comme l'ensemble des règles régissant l'arrangement des mots et la construction des propositions.

En légistique, les règles de grammaire présentent quelques particularités.

• L'usage de la langue française

324. Le français : langue des textes. Aux termes de l'article 1er, alinéa 2 de la Constitution du 22 janvier 2001 : « La langue officielle de la République du Sénégal est le Français »[783]. Le français s'est vu reconnaître le statut constitutionnel de langue officielle de la République du Sénégal[784].

Le Conseil constitutionnel français a jugé que l'absence de version officielle en langue française d'une disposition législative est une atteinte à

[782] V. M. GREVISSE, *Le bon usage. Grammaire française avec des remarques sur la langue française d'aujourd'hui,* Gembloux, éditions J. Duculot SA, 9eme édition, 1969, p. 25.

[783] Sur une approche critique, B. NIANG, « Nos langues nationales : langues officielles pourquoi pas ? », in *Le Soleil* du jeudi 26 février 1998, p. 68.

[784] R. DEBBASC, « La reconnaissance constitutionnelle de la langue française », *RFD const.* 1992, p. 457 ; F.-X. TESTU, « Le statut juridique de la langue française », in *Mélanges Cornu*, Paris, PUF, 1994, p. 441-460 ; L. S. SENGHOR, « Le français, langue de culture », in J-M. DJIAN, *Léopold Sédar SENGHOR. Genèse d'un imaginaire francophone*, Paris, Gallimard, 2005, p. 160.

l'objectif de valeur constitutionnelle d'accessibilité et d'intelligibilité de la loi[785].

L'article 1er de la Constitution précise que les langues nationales sont le Diola, le Malinké, le Pular, le Sérère, le Soninké, le Wolof et toute autre langue nationale qui sera codifiée[786].

Le rédacteur du texte normatif ne doit en principe employer que des termes appartenant à la langue française[787]. Le recours à des termes ou expressions étrangères est prohibé, dès lors qu'il existe une expression ou un terme équivalent dans la langue française[788].

325. Les termes proscrits. Les termes latins doivent, dans les mêmes conditions, être évités, y compris ceux appartenant au langage courant. Il en est ainsi des expressions «in fine », « in situ », « a contrario », « ex nihilo », «de jure » ou « cursus », qui trouvent une traduction aisée en français.

Il est possible de déroger à cette règle lorsque le terme latin est difficilement traduisible. Il en est ainsi des termes « a priori » ou « a posteriori» (avec un « a » sans accent)[789].

- **La transcription des noms et des mots sénégalais en français**

326. Les erreurs de transcription. Dans la transcription des noms propres sénégalais en français, le colonisateur français avait, à partir XVIIeme siècle, voire du XVIIIeme siècle, commis de nombreuses erreurs matérielles. A cette époque, la grammaire était encore à ses débuts et la linguistique n'était pas une science élaborée, encore moins la phonétique[790].

Après avoir, par le décret n° 71-566 du 21 mars 1971, procédé à la transcription phonétique des six (6) langues nationales, le Gouvernement sénégalais s'est préoccupé de la transcription des noms propres sénégalais en français. En effet, la loi n° 74-57 du 28 novembre 1974 relative à la transcription en français des noms propres sénégalais en français[791] a fixé les

---

785 Cons. const., 30 novembre 2012, n° 2012-285 QPC, M. Christian S., *Rec. Cons. const.* 2012, p. 636.

786 Le décret n° 85-1232 du 20 décembre 1985 relatif à l'orthographe et à la séparation des mots en wolof (JORS du 23 novembre 1985, p. 519) a « *codifié* » les conclusions de la Commission nationale de Réforme de l'Education et de la Formation (CNREF) dont le Président Léopold Sédar SENGHOR avait accepté presque toutes les recommandations.

787 P. MBONGO, *L'identité française et la loi*, Paris, LGDJ Lextenso, 2016, p. 99-100 ; C. LABARRERE, « La dégradation de la langue française dans l'administration », *Rev.adm.*, 1989, p. 307 ; P. MBONGO « Langue française », *Jurisclass. Communication*, 2016, n° 11.

788 D. REMY, *op. cit.*,p. 194.

789 *Guide pour l'élaboration des textes législatifs et réglementaires*, Paris, La documentation française, 2005, p. 165.

790 V. Exposé des motifs de la loi n° 74-57 du 28 novembre 1974 relative à la transcription des noms propres sénégalais en français.

791 JORS du 09 décembre 1974, p. 1960.

règles de transcription des noms propres sénégalais, c'est-à-dire les prénoms, noms patronymiques et les noms géographiques[792].

327. La transcription des noms sénégalais en français. D'après la loi n° 74-57 du 28 novembre 1974, les noms propres sénégalais sont transcrits conformément aux règles en usage actuellement, sauf exception prévue par ladite loi. Cette loi a pour l'essentiel vocation à s'appliquer aux personnes pour lesquelles aucun acte d'état civil n'a été dressé.

Ainsi, la longueur vocalique est rendue par un accent circonflexe[793].

Par exemple : « Tiâm » au lieu de « Thiam ».

L'utilisation des apostrophes dans la transcription des consonnes nasalisées initiales est proscrite[794].

Par exemple : « Mbaye » au lieu de « M'baye », « Ndiaye » au lieu de « N'diaye ».

Aussi, les semi-voyelles « y » ou « w » ne doivent pas être représentés par les voyelles « i » ou « o », mais transcrits telles quelles[795].

Le décret n° 63-448 MJ du 03 juillet 1963 portant obligation de placer le prénom avant le nom sur tous actes et documents administratifs[796] a prévu des règles de transcription des noms et prénoms dans les actes officiels. En vertu de l'article 1er de ce texte, dans tous les actes officiels, décrets, arrêtés, décisions, dans toutes les correspondances et tous documents administratifs, lorsque les prénoms et nom des personnes y mentionnés sont juxtaposés, le prénom doit obligatoirement figurer en lettres minuscules, avant le nom lui-même en majuscules.

Par exemple : « Ramatoulaye DIOP ».

Selon la circulaire présidentielle n° 76 PR/DIR/CAB du 31 juillet 1963 relative aux places respectives des prénoms et nom, l'adoption de cette règle de transcription, conforme à une pratique coutumière issue de nos traditions ancestrales, a eu pour objectif d'éviter une source fréquente de confusion et de permettre une plus facile identification des personnes vivant au Sénégal.

328. La transcription des mots sénégalais en français. Le décret n° 75-262 du 10 mars 1975 relatif à la transcription des mots français en langue nationale et des mots sénégalais dans un texte en français[797] a prévu certaines règles fondamentales. Dans un texte en français, les mots sénégalais sont en

---

792 G. HESSELING, *Histoire politique du Sénégal. Institutions. Droit et société*, Paris, Karthala, 1985, p. 353.

793 V. art. 2 de la loi n° 74-57 du 28 novembre 1974 précitée.

794 V. art. 4 de la loi n° 74-57 du 28 novembre 1974 précitée.

795 V. art. 5 de la loi n° 74-57 du 28 novembre 1974 précitée.

796 JORS, n° 3616 du 20 juillet 1963, p. 984.

797 JORS du 05 avril 1975, p. 365.

principe transcrits conformément à l'orthographe traditionnelle française en la matière[798].

Par exemple : « le Diaraf et le Niambour ont fait match nul ».

Lorsque le locuteur sénégalais entend garder aux mots sénégalais qu'il veut utiliser dans un texte en français leur orthographe et leur prononciation sénégalais, ces mots sont mis en italique.

Par exemple : « Il veut nous rappeler que son grand-père était *far biirkêr* ».

- **L'enrichissement de la langue française**

329. L'encadrement terminologique. Dans les années 70, le Président SENGHOR avait déjà fait adopter des textes relatifs à l'enrichissement de la langue française[799]. Il en est ainsi du décret n° 73-955 du 17 octobre 1973 relatif à l'enrichissement de la langue française[800]. Ce texte a prévu que des termes et expressions figurant sur la liste n° 01 des annexes sont obligatoirement employés « dans les décrets, arrêtés, circulaires et directives des membres du Gouvernement et des fonctionnaires de l'État placés sous leur autorité ». Il s'agit notamment des termes et expressions suivants : « coupure », « point », « groupiste », « ingénierie », « publipostage » et « sec ».

Le décret n° 73-955 du 17 octobre 1973 a été modifié notamment par le décret n° 74-430 du 08 mai 1974[801] complétant le décret n° 73-955 du 17 octobre 1973 relatif à l'enrichissement de la langue française[802]. Ce dernier texte a introduit dans le décret du 17 octobre 1973 un annexe n° 07 sur la terminologie économique et financière et un annexe n° 08 sur le vocabulaire de l'informatique. Il est frappant de constater que déjà à l'époque, le Président SENGHOR avait proposé la définition du mot « logiciel », considéré comme « un ensemble de programmes, procédés et règles et éventuellement de la documentation, relatifs au fonctionnement d'un ensemble de traitement de l'information ».

Le décret n° 75-311 du 18 mars 1975[803], qui a également modifié le décret du 17 octobre 1973, l'a complété par un annexe n° 09 relatif au vocabulaire de la santé et de la médecine.

---

798 V. art. 3 du décret n° 75-262 du 10 mars 1975 relatif à la transcription des mots français en langue nationale et des mots sénégalais dans un texte en français.

799 Sur cette politique linguistique, G. HESSELING, *Histoire politique du Sénégal. Institutions. Droit et société*, Paris, Karthala, 1985, p. 353.

800 JORS n° 4327 du 26 novembre 1973, p. 2137.

801 JORS du 27 mai 1974, p. 811.

802 JORS numéro spécial du lundi 27 mai 1974, p. 811.

803 JORS du 12 avril 1975, p. 383.

- **L'adoption de mots français**

330. Les mots adoptés. Le Sénégal a adopté certains mots français, nouveaux ou anciens, pour exprimer des objets, des besoins ou des idées nouvelles.

C'est dans le cadre de cet effort que le décret n° 71-481 du 29 avril 1971 relatif à la désignation des services du Premier Ministre et des services du gouverneur de région énonce que les services du Premier Ministre et les locaux où sont installés ces services seront désignés par le mot «Primature»[804].

Ce texte précise que les services du gouverneur de région et les locaux où sont installés ces services seront désignés par le mot « Gouvernance »[805]. L'emploi de ces substantifs est depuis passé en usage.

S'agissant des adjectifs relatifs à ces substantifs, une circulaire n° 0024/PM/SGG du 19 février 1972 avait déjà proposé respectivement les mots « primatoral » et « gouvernoral » comme adjectifs de « Primature » et de « Gouverneur ».

Par exemple : « une circulaire ou une décision gouvernorale ».

Mais les autorités ont semblé avoir préféré l'adjectif « gubernatoral » à celui de « gouvernoral » pour désigner tout ce qui est relatif au gouverneur, en particulier ses actes, singulièrement ses arrêtés. En effet, par un autre décret n° 76-154 du 06 février 1976 relatif à l'usage des mots « gubernatoral » et «médiat»[806], il a été décidé que tout ce qui est relatif aux gouverneurs de région sera désigné par l'adjectif « gubernatoral ». Le rapport de présentation de ce texte souligne que cet adjectif est constitué par un radical, « gubern », auquel on a ajouté deux suffixes « ato » (du latin -ator) et al (du latin -alis). Force est de constater que cet adjectif est d'un usage très rare dans la pratique.

Le décret du 06 février 1976 a également proposé, à la place de « mass-media », le mot « médiat » retenu à la sixième Biennale de la Langue française, tenue à la même année, au Luxembourg. Le mot « médiat » est formé de l'adjectif médiat, « ate », employé comme substantif sous sa forme masculine.

Selon le rapport de présentation du décret du 06 février 1976, le mot «mass-media », utilisé par les anglo-saxons, est le type même du néologisme hasardeux et hybride, composé qu'il est de l'anglais mass, « masse » et du latin « media », adjectif employé ici au nominatif neutre pluriel[807].

---

[804] V. art. 1er du décret n° 71-481 du 29 avril 1971 relatif à la désignation des services du Premier Ministre et des services du Gouverneur de Région.

[805] V. art. 2 du décret n° 71-481 du 29 avril 1971 précité.

[806] JORS du 03 février 1976, p. 305.

[807] Ces règles ont été précisées par la circulaire n° 21 PM/SGG/ED 1 du 22 mars 1982 relative à l'emploi du mot « *médiat* ».

- **L'usage des majuscules et des minuscules**

331. Le cadre juridique. Les règles relatives à l'emploi des majuscules et des minuscules sont assez délicates. Les auteurs ne s'accordent pas toujours sur ces règles.

Aussi, dans les textes publiés au Journal officiel, beaucoup de manquements sont-ils constatés dans l'emploi des majuscules. On finit par un y perdre son français.

Au Sénégal, l'emploi des majuscules dans les textes administratifs de toute nature (notamment dans les textes normatifs) est réglementé par le décret n° 75-1027 du 10 octobre 1975 relatif à l'emploi des majuscules dans les textes administratifs. Ce texte a été modifié par le décret n° 80-770 du 24 juillet 1980 dans le sens d'une simplification des règles applicables. La note du Président de la République du 21 février 1966 a également fixé certaines règles relatives à l'utilisation des majuscules.

Le rapport de présentation du décret du 10 octobre 1975 précise que ce dispositif juridique spécifique est inspiré par deux ouvrages de référence en la matière à savoir : *le Bon Usage* de Maurice GREVISSE et *le nouveau Dictionnaire des difficultés du français* de Jean Paul COLLIN.

La circulaire présidentielle n° 1596 PR/SG/JUR du 17 juillet 1980 relative à l'emploi des majuscules et des virgules a recommandé aux ministères et autres services de l'état de veiller à ce qu'aucun texte ne sorte de leurs administrations « sans être rigoureusement conforme aux dispositions prescrites ».

332. Les règles d'emploi des majuscules. D'après la note de service du Président de la République du 21 février 1966, on emploie la majuscule après un point, c'est-à-dire en début de phrase, au début d'une citation, quand celle-ci commence après deux points et des guillemets et lorsqu'il s'agit d'un nom propre ou d'un titre.

Par exemple : « le Ministre du Plan et du Développement ».

Ainsi, lorsqu'il s'agit d'un titre, seuls les substantifs prennent la majuscule tandis que tous les autres mots, y compris les adjectifs, prennent la minuscule.

L'adjectif prend la majuscule quand il est joint intimement au nom propre et fait corps avec lui.

Par exemple : « les États-Unis, le Cap-Vert, la Comédie Française, le Saint-Père »[808].

L'adjectif prend seul la majuscule quand il qualifie un terme géographique auquel il n'est pas rattaché par un trait d'union.

---

[808] V art. 2 du décret n° 75-1027 du 10 octobre 1975 relatif à l'emploi des majuscules dans les textes administratifs. Cependant, lorsque l'adjectif désigne le saint lui-même, il ne prend pas de majuscule. Par exemple, « le supplice de saint-Pierre ».

Par exemple : « la mer Méditerranée, l'océan Atlantique ».

En ce qui concerne les institutions, lorsque l'institution désignée est unique au Sénégal, la première lettre des substantifs prend la majuscule ainsi que la première lettre du premier mot, quelle que soit la nature de celui-ci.

Par exemple : « l'Assemblée nationale ; la Cour suprême ».

Toutefois, lorsque l'institution est prise dans un sens général et qu'il en existe plusieurs du même type, la minuscule s'impose[809].

Par exemple : « les ministères ; les directions ; les tribunaux ».

Les noms de rue prennent la majuscule.

Par exemple : « la Corniche, la rue du Blanchot ».

Le nom (ou les noms) qui caractérise l'édifice, le monument, le musée, prend la majuscule ainsi que l'adjectif si celui-ci est placé avant le nom[810].

Par exemple : « le Monument de la Renaissance, le Musée dynamique, la Grande Pyramide ».

Les noms de fête prennent une majuscule[811].

Par exemple : « Quatre Avril ; Premier Mai ; Journée du Maouloud ; Journée de Tabaski ».

Sauf pour les fêtes légales, les mois ou les jours de la semaine ne prennent pas de majuscule[812].

Par exemple : « lundi, dimanche, février, avril ».

Les noms de peuples et de race prennent la majuscule.

Par exemple : « les Sénégalais ; les Sarakolés ; les Brésiliens ».

Cependant, ces noms, pris adjectivement, prennent la minuscule[813].

Par exemple : « le peuple sénégalais ».

Les titres honorifiques ou professionnels prennent la majuscule.

Par exemple : « Sa Majesté, Son Excellence, Monsieur le Président de la République, Monsieur le Préfet, Monsieur le Directeur, Seydina Issa Laye ».

Les grades prennent la minuscule.

Par exemple : « le général de Gaulle, le commissaire Papa Guèye ».

Les fonctions s'écrivent également avec des minuscules, sauf s'il s'agit de caractériser une fonction unique d'un rang élevé dans la hiérarchie[814].

---

809 V. art. 3 du décret n° 75-1027 du 10 octobre 1975 relatif à l'emploi des majuscules dans les textes administratifs modifié par le décret n° 80-770 du 24 juillet 1980.

810 V. art. 5 du décret n° 75-1027 du 10 octobre 1975 précité.

811 V. art. 6 du décret n° 75-1027 du 10 octobre 1975 précité.

812 V. art. 7 du décret n° 75-1027 du 10 octobre 1975 précité.

813 V. art. 12 du décret n° 75-1027 du 10 octobre 1975 précité.

814 V. art. 17 du décret n° 75-1027 du 10 octobre 1975 relatif à l'emploi des majuscules dans les textes administratifs modifié par le décret n° 80-770 du 24 juillet 1980.

Par exemple : « le Ministre de l'Éducation nationale ; le Président du Tribunal de grande Instance hors Classe de Dakar ».

Lorsqu'il s'agit de faire référence à un métier en général et non de désigner une autorité ou une fonction particulière, la minuscule s'impose.

Par exemple : « le préfet est un haut fonctionnaire ; la charge de procureur est lourde ».

Les diplômes s'écrivent avec des minuscules.

Par exemple : « le baccalauréat ; le master ».

S'agissant des titres d'ouvrage, le mot initial prend toujours la majuscule.

Par exemple : *« le Figaro, Les bouts de bois de Dieu ».*

Pour les titres d'ouvrage comme, d'une façon générale, pour les autres titres et outre le mot initial, les substantifs seuls prennent la majuscule[815].

- **Le temps normatif**

333. Le présent de l'indicatif. Le temps des textes normatifs est le présent de l'indicatif ; son usage vaut impératif[816]. L'emploi de l'indicatif présent dans l'énoncé législatif, traduit l'affirmation d'une obligation. Il s'agit là de l'une des particularités du langage normatif par rapport au langage courant.

Par exemple, à propos de l'obligation du juge de fixer le montant de dommages-intérêts, on n'écrira pas « le juge a l'obligation de fixer le montant des dommages-intérêts », mais « le juge fixe le montant des dommages-intérêts ».

Pour exprimer une obligation, le rédacteur n'a pas besoin de recourir au futur ou à des verbes comme « devoir », « falloir » ou des adverbes comme « absolument », « impérativement »[817].

D'un point de vue juridique, il n'existe aucune différence entre la formule « il est interdit » et l'expression « il est strictement interdit ».

Dans les textes, l'usage du conditionnel est à éviter du fait qu'il peut prêter à équivoque.

334. Le futur. L'usage du futur permet d'énoncer une sanction encourue en cas de violation d'une obligation. C'est d'ailleurs la raison pour laquelle, on retrouve souvent l'emploi du futur dans les textes d'incrimination contenues dans le Code pénal[818].

---

815 V. art. 18 du décret n° 75-1027 du 10 octobre 1975 précité.

816 M. VILLEY, « De l'indicatif dans le droit », *Arch. phil. dr.*, tome XIX, p. 33 ; C. BERGEAL, *Manuel de légistique*, 8 ème édition, Paris, Berger-Levrault, 2018, p. 304, n° 284.

817 C. BERGEAL, *op. cit,* p. 307; D. REMY, *op. cit.*, p. 192-193.

818 D. REMY, *op. cit.*, p. 193; *Guide pratique d'élaboration des textes législatifs et réglementaires*, Secrétariat général du Gouvernement du Niger, édition 2016, p. 16.

Par exemple, aux termes de l'article 137 du Code pénal : « quiconque aura contrefait, falsifié des documents administratifs sera puni d'un emprisonnement de 06 mois à trois ans ».

Cette différence de temps entre la norme d'incrimination (« quiconque aura contrefait, falsifié des documents administratifs ») et la norme de sanction (« sera puni d'un emprisonnement de 06 mois à trois ans ») est aussi une différence chronologique. En effet, le texte comportant une incrimination est général et permanent alors que la sanction n'est prononcée qu'en cas de commission du comportement incriminé. Même si les deux règles sont souvent regroupées dans un même support normatif, il y a bien une postérité de la sanction par rapport à la description de l'agissement incriminé. C'est pourquoi, la sanction est souvent au futur simple alors que l'incrimination est formulée au futur antérieur[819].

- **Le mode normatif**

335. Le mode impersonnel. Les textes législatifs et réglementaires sont rédigés en mode impersonnel. On note dans l'écriture législative la fréquence de formes dans lesquelles le sujet est indéfini et ne désigne en fait rien, ni personne de précis ainsi que l'emploi répétitif et parfois litanique d'adjectifs ou d'articles indéfinis[820].

Par exemple : « il est institué une commission » ; « il est créé un comité de… » ; « il est interdit de… ».

Selon l'article 57 du Code des Obligations civiles commerciales, toute personne peut contracter, si elle n'en est déclarée incapable par la loi.

L'article 4 du Code pénal énonce que nul crime, nul délit, nulle contravention ne peuvent être punis de peines qui n'étaient pas prévues par la loi ou le règlement avant qu'ils fussent commis.

Il s'agit là d'une des manifestations de la généralité et de l'impersonnalité de la norme juridique[821].

Cette forme de rédaction traduit également l'idée de personnification de la République. En France, sous la monarchie, l'énoncé normatif se formulait souvent sous une forme personnelle et à la première personne. Par exemple, le roi énonçait dans une ordonnance du 1er juin 1828 sur les conflits d'attributions que : « le procureur du roi informera immédiatement notre Garde des Sceaux… ».

---

819 Sur toute la question, V. D. REMY, *op. cit.*, *Ibid.*

820 J-C. BECANE et M. COUDERC, *La loi,* Paris, Dalloz, 1994, p. 233 ; C. BERGEAL, *Manuel de légistique*, 8 eme édition, Paris, Berger-Levrault, 2018, p. 304, n° 284.

821 H. DUPEYROUX, « Sur la généralité de la loi », in *Mélanges Carré de Malberg*, 1933, Paris, Sirey, p. 137 et s.

La forme impersonnelle de l'énoncé des textes normatifs contemporains est la conséquence de la séparation des discours du législateur et de l'autorité exécutive[822].

- **Le style normatif**

336. La normativité de la loi. Le style entretient des liens étroits avec le discours. Le discours n'est qu'un ensemble organisé de phrases sur un sujet donné[823]. Quant au style, il s'agit de la mise en forme de ce discours, l'expression qu'on lui donne[824].

Dès 1804, PORTALIS, dans son discours préliminaire du Code civil, affirmait que « la loi permet, ordonne ou interdit ». Autrement dit, la vocation de la loi est d'être le vecteur de normes juridiques qui auront pour objet, selon les situations, d'autoriser, d'interdire ou de contraindre ses destinataires à une action juridique, une activité matérielle ou un comportement particulier. L'acte législatif ou réglementaire doit comporter une charge normative certaine[825].

Le législateur cherche moins à dire ce qui est que ce qui devrait être. Son style traduit cette dimension prescriptive tournée vers l'avenir. Le style normatif se définit par opposition au style littéraire caractérisé par sa nature narrative et descriptive[826].

En raison de son caractère prescriptif, le langage de la loi est largement caractérisé par la rareté des qualificatifs et l'absence d'appréciations subjectives. Le style législatif est marqué par l'emploi de foncteurs déontiques, comme : « il est interdit de… » (de l'interdit); « il est permis de… » (du permis), etc.

Le texte normatif, dont la caractéristique essentielle est d'énoncer des droits et des obligations, ne doit pas comporter des dispositions dépourvues de portée juridique, c'est-à-dire des sortes de déclarations d'intention, la formulation d'objectifs généraux ou des pétitions de principe qui ne sont que des « incantations législatives » sans valeur normative[827]. Ces proclamations « à charge juridique nulle », encore appelées « neutrons législatifs »[828],

---

822 D. REMY, *op. cit.*, p. 191.

823 O. REBOUL, *La rhétorique*, Paris, PUF, 1984, p. 4.

824 M. DUFRENNE, « Le style », Encyclopédia Universalis, Paris, 1973.

825 B. MATHIEU, « La normativité de la loi : une exigence démocratique », *Cahiers du Conseil constitutionnel,* 2007, n° 21.

826 J-C. BECANE et M. COUDERC, *La loi,* Paris, Dalloz, 1994, p. 245.

827 *Guide pratique d'élaboration des textes législatifs et réglementaires,* Secrétariat général du Gouvernement du Niger, édition 2016, p. 11.

828 Selon l'expression de J. FOYER, « Loi d'orientation de la recherche et du développement technologique », AN, 21 juin 1982, p. 3667 ; également, M. VERPEAUX, « Neutrons législatifs et dispositions réglementaires : la remise en ordre imparfaite », *D.* 2005. chron. p. 1886.

devraient normalement figurer dans le document de présentation du texte (exposé des motifs, rapport ou note de présentation) et non dans son dispositif.

Le Conseil constitutionnel français a déjà invalidé une règle manifestement dépourvue de normativité[829]. La juridiction constitutionnelle a régulièrement eu l'occasion de rappeler que « la loi a pour vocation d'énoncer des règles et doit par suite être revêtue d'une portée normative »[830]. C'est « le bavardage législatif » que le Conseil constitutionnel français a entendu précisément condamner[831].

337. Les exceptions à la normativité de la loi. Toutefois, l'exigence de normativité de la loi comporte des exceptions.

En premier lieu, de par sa nature, la loi d'orientation sert à impulser, à orienter et à encadrer juridiquement une politique dans un secteur déterminé[832]. Aussi, comporte-t-elle bien souvent des dispositions non normatives, censées orienter la politique du Gouvernement dans un secteur d'activité donné.

A titre illustratif, l'article 2 de la loi n° 2004-16 du 04 juin 2004 portant loi d'orientation agro-sylvo-pastorale énonce que : « La présente loi tient compte de l'ensemble des activités économiques en milieu rural… ».

En second lieu, les lois de programme sont dépourvues de tout caractère normatif ; elles ne comportent pas des prescriptions légales, mais définissent simplement des objectifs à long ou à moyen terme. Elles sont dépourvues de portée obligatoire et déroge à l'exigence de normativité des lois.

338. L'emploi du singulier et du masculin. Dans les textes normatifs, le singulier peut exprimer la pluralité ; il a valeur de pluriel. Mais l'usage du pluriel peut s'appliquer à une seule personne.

Le texte qui vise « les créanciers » peut s'appliquer à un créancier unique[833].

En outre, lorsqu'un texte énonce que « le débiteur s'oblige à... », il peut s'appliquer à tous les débiteurs, s'il y a en plusieurs.

Il en est de même de la formule « un arrêté fixe les conditions d'exercice de… » ; plusieurs arrêtés peuvent dans ce cas être édictés si nécessaire. Le singulier s'étend à plusieurs personnes ou à plusieurs choses de la même espèce, chaque fois que le contexte se prête à cette extension.

---

829 B. MATHIEU, « Le Conseil constitutionnel censure les lois trop verbeuses », *JCP,* 2005. Actu. 879 ; J. ROUX, « Le Conseil constitutionnel et le génocide arménien : de l'a-normativité à l'inconstitutionnalité de la loi », *D.* 2012, p. 987 ; P. DEUMIER, « Qu'est-ce qu'une loi ? - Ce n'est ni un programme politique, ni un règlement », *RTD civ.*, 2005, p. 564.

830 Cons. const. 29 juillet 2004, n° 2004-500 DC , *Rec.*, p. 116 ; Cons. const., 21 avril 2005, déc. n° 2005-512 DC.

831 V. LASSERRE, « Loi et règlement », *Rép. dr. civ.,* Dalloz, 2015, n° 15.

832 V. *supra*, n° 146 et s.

833 G. CORNU, *Lingustique juridique*, 1990, p. 282 ; D. REMY, *op. cit.* p. 197.

L'emploi concomitant de formes masculines et féminines risque de nuire à la compréhension des textes et à leur lisibilité, surtout si les formulations écrites n'ont pas de correspondances dans la langue parlée. Le masculin singulier doit être privilégié pour désigner une classe de personnes ou d'objets.

Quant au masculin, il englobe le féminin ; il désigne « toute personne de l'un ou de l'autre sexe et toute personne physique ou morale »[834]. En fait, l'emploi du masculin dans les textes comprend les deux sexes, à moins que le contexte n'indique le contraire.

Par exemple, le mot « conjoint », qui signifie le mari ou la femme, est plus neutre que le terme « époux ».

d. - La charte graphique des textes législatifs et réglementaires

339. Le protocole graphique. La charte graphique vise l'ensemble des règles fondamentales d'utilisation des signes qui constituent l'identité graphique d'une organisation, d'une institution ou d'une entreprise. Elle définit notamment les polices de caractères et les attributs typographiques à utiliser par le rédacteur[835].

Au Sénégal, l'univers graphique des textes était caractérisé par une grande diversité des règles typographiques utilisées qui variaient d'un ministère à un autre, voire d'une direction à une autre, ce qui n'était pas de nature à garantir un bon confort de lecture. La circulaire du 06 octobre 2015 sur les règles de présentation et de rédaction des textes législatifs et réglementaires a fixé une charte graphique uniforme des textes applicable à tous les services de l'Etat.

La charte graphique adoptée est la suivante :

- type de police : tahoma
- taille de police : 12
- style de police : normal
- interligne : 1,15

Cette charte graphique s'applique à l'appellation de l'Etat, au titre, à l'intitulé, aux subdivisions et au dispositif du texte.

340. Les caractères graphiques. Le corps des textes législatifs et réglementaires est toujours écrit en romain.

Échappent à cette présentation, les locutions ou numérotations latines (*bis, ter, quater,* etc.), les titres d'ouvrages (*Les bouts de bois de Dieu*), de journaux (*Le Quotidien)*, les mots non francisés (*ad hoc, ad litem, ad litteram,* etc.), les créations commerciales (*Chanel*, *Petit Prince,* etc.), la devise (*Un Peuple-Un-*

[834] G. CORNU, *op. cit*, p. 282.

[835] *Lexiques des règles typographiques*, Paris, Imprimerie nationale, 2002.

But-Une Foi) et les mots et expressions en langue étrangère (*money)*, qui sont présentés en italique.

4. - La bonne articulation du dispositif des textes normatifs

341. La cohérence normative. La rédaction des textes normatifs pose souvent de lancinants problèmes d'articulation entre des législations et réglementations supérieures, voisines ou concurrentes. Devant l'enchevêtrement des textes (traités, Actes uniformes, règlements, lois, ordonnances, décrets, arrêtés, etc.) qui se succèdent dans le temps, la question se pose de savoir s'il peut s'établir une hiérarchie entre eux. Quel texte devrait-il l'emporter sur l'autre ? Comment garantir la cohérence du dispositif normatif d'ensemble ?

La multiplication des règles de droit, de leurs sources (nationales et internationales) comme de leurs supports (lois, codes, etc.), nuit à la lisibilité du système juridique et donc à la sécurité juridique[836]. Les textes législatifs et réglementaires doivent « s'emboiter » et s'interpénétrer harmonieusement sans risques de conflits.

La question de l'articulation normative se pose aussi bien dans les rapports entre les normes du droit national et les normes supérieures (**a**) que dans les rapports entre les règles du droit national entre elles (**b**).

De nos jours, avec l'essor du droit communautaire, l'articulation entre les normes communautaires pose des problèmes juridiques très délicats (**c**).

a. - Les rapports entre les normes de droit national et les normes supérieures

342. Les problèmes d'articulation. Il se pose souvent des problèmes d'articulation entre d'une part, les normes du droit national et les règles du droit international et d'autre part, entre les règles du droit national et celles du droit communautaire.

- **L'articulation avec les normes du droit international**

343. Le principe de la supériorité des traités sur les lois. Les normes du droit international sont pour l'essentiel constituées des traités internationaux[837]. La supériorité des traités sur les lois est aujourd'hui affirmée par la Constitution du 22 janvier 2001 modifiée. Aux termes de l'article 98 de la Constitution : « Les traités ou accords régulièrement ratifiés ou approuvés ont,

---

[836] F. OST et M. VAN DE KERCHOVE, *Le système juridique entre ordre et désordre, Les voies du droit*, Paris, PUF, 1988, p. 85 et s.

[837] Sur les traités internationaux, V. *supra*, n° 103 et s.

dès leur publication, une autorité supérieure à celle des lois, sous réserve, pour chaque accord ou traité, de son application par l'autre partie »[838].

Le Conseil d'Etat sénégalais, dans l'arrêt Proper Guéna NITCHEN rendu le 31 août 1994 a reconnu la soumission de l'Administration aux traités internationaux. Il a énoncé que l'autorité administrative est tenue de respecter le principe de l'égal accès de tous aux études supérieures résultant de la Déclaration universelle des droits de l'homme et du préambule de la Constitution qui s'impose à elle[839].

Dans l'arrêt Ndiaga SOUMARE rendu le 12 décembre 2013, la Cour régulatrice du Sénégal a déjà jugé : « Qu'en application de cette disposition (art. 98 de la Constitution), la Cour suprême procède au contrôle de la compatibilité d'une loi avec les stipulations d'un traité même lorsque la loi est postérieure à l'acte international »[840].

Dans la hiérarchie des normes, les traités ont une valeur supra-législative[841]. Mais cette supériorité ne concerne que les traités régulièrement ratifiés ou approuvés; elle exclut en principe les accords en forme simplifiée qui ne font l'objet ni d'une ratification, ni d'une approbation[842].

D'ailleurs, le Conseil constitutionnel sénégalais a déjà eu l'occasion de décliner sa compétence pour connaître du contrôle de la conventionnalité des lois ; c'est-à-dire le contrôle de la conformité des lois aux traités. Dans l'affaire dite EZZAN, jugée le 12 février 2005[843], le juge constitutionnel a estimé que les articles 74 et 98 de la Constitution « ne prescrivent ni n'impliquent le contrôle de la conventionnalité des lois dans le cadre du contrôle de la conformité des lois à la Constitution (…) il n'appartient pas au Conseil constitutionnel d'apprécier la conformité de la loi aux stipulations d'un traité ou d'un accord international ».

---

838 M. KAMARA, « De l'applicabilité du droit international des droits de l'homme dans l'ordre juridique interne », *Revue juridique et politique des États Francophones*, janvier-mars 2011, p. 114-115.

839 CE n° 36 du 31 août 194, Prosper Guéna NITCHEN, et autres, *Répertoire de jurisprudence de droit administratif (recueil des arrêts du Conseil d'Etat 1993-1994-1995*, Dakar, CREDILA, p. 174.

840 CS, ch. adm. n° 61 du 12 décembre 2013, Ndiaga Soumaré c/ Etat du Sénégal, *inédit*.

841 H. TRIEPEL, « Les rapports entre droit interne et le droit international », *RCADI*, tome 1, 1923, p. 73-122 ; S. N. TALL, « La Constitution sénégalaise de 2001 et le droit international public », *Nouvelles Annales africaines*, n° 01, 2007, p. 371 et s.

842 En ce sens, P-F. GONIDEC, « Le droit international », in *Encyclopédie juridique de l'Afrique*, Tome premier, Abidjan-Dakar-Lomé, NEA, p. 301 ; I. DIAITE, « Les Constitutions africaines et le droit international », *Annales Africaines* 1971-1972, p. 33-51 ; A. SALL, « Le droit international dans les nouvelles Constitutions africaines », *RJPIC,* n° 03, septembre-décembre, 1997, p. 341.

843 Cons. const. n° 91/2005 1/C/2005 du 12 février 2005, Affaire de la loi n° 2005-01 du 07 janvier 2005 portant loi d'amnistie dite loi EZZAN, in I. M. FALL, *Les décisions et avis du Conseil constitutionnel du Sénégal*, Dakar, CREDILA, 2008, p. 473, obs. A. DIEYE.

344. Les conditions de la supériorité des traités sur les lois. La primauté des traités sur les textes législatifs suppose d'abord qu'ils soient approuvés ou ratifiés.

Ensuite, ils doivent faire l'objet d'une application par l'autre partie au traité. Mais cette condition dite de réciprocité ne vaut que pour les traités bilatéraux, à l'exclusion des traités multilatéraux, notamment ceux concernant les droits de l'homme[844].

Enfin, le traité doit faire l'objet d'une publication pour avoir une valeur supérieure à celle des lois. La primauté du traité sur la loi est subordonnée à l'accomplissement de la formalité de la publicité[845]. C'est cette formalité qui permet d'intégrer les traités dans l'ordre normatif interne où ils prennent rang entre la loi ordinaire et la Constitution.

La Cour suprême du Sénégal a précisé la portée de la formalité de la publication dans l'arrêt Séga SECK FALL rendu le 29 janvier 1975[846]. La haute juridiction a énoncé que les dispositions de l'ancien article 79 de la Constitution, selon lesquelles, les traités régulièrement ratifiés ou approuvés ont, une autorité supérieure à celle des lois, dès leur publication, s'appliquent même aux traités entrés en vigueur antérieurement à la Constitution du 07 mars 1963. Selon les hauts magistrats « il n'est pas établi que la convention n° 87 de l'OIT ait fait l'objet de publication au Sénégal ; qu'en admettant même qu'elle soit effectivement appliquée par le Sénégal, elle ne saurait dans ces conditions prévaloir sur les dispositions précitées de la loi n° 65-40 du 22 mai 1965 qui ont servi de fondement légal à la décision attaquée ».

La Cour suprême, retenant une interprétation restrictive de l'ancien article 79 de la Constitution, juge que la primauté du traité sur la loi ordinaire est subordonnée à sa « publication au Sénégal » et non pas seulement à sa publication internationale.

Dès lors, le décret portant dissolution du syndicat des enseignants sénégalais, méconnaissant les dispositions du traité de l'OIT non publié au Journal officiel du Sénégal, ne saurait être annulé sur le fondement de la violation de la loi[847].

---

[844] P. LAGARDE, « La condition de réciprocité dans l'application des traités internationaux : son appréciation par le juge interne », *Rev. crit. DIP,* 1975, p. 39.

[845] R. PINTO, « Le juge devant les traités non publiés par la France », in *Mélanges M. WALINE*, Paris, LGDJ 1947, p. 235 ; A. SALL, « Le juge national et la publication des traités : à propos de l'invocabilité du traité de l'OHADA devant les juridictions sénégalaises », *Revue EDJA*, n° 42, 1999, p. 71 et s.

[846] CS du 29 janvier 1975, Séga SECK FALL, in *GDJAS,* 2eme édition, Dakar, RIPAS, p. 114.

[847] J. M. NZOUANKEU, obs. sous CS du 29 janvier 1975, Séga SECK FALL, in GDJAS 2eme édition, Dakar, *RIPAS*, p. 122.

345. La mise en œuvre de la supériorité des traités sur les lois. Dans les Etats monistes[848], comme le Sénégal, les traités internationaux, dès leur ratification et leur publication, sont directement applicables et font partie de l'ordonnancement juridique interne, alors même que leurs stipulations n'ont pas fait l'objet de mesures spéciales visant à les incorporer dans la législation nationale. On dit que de tels traités sont d'applicabilité directe ou ont un caractère auto-exécutoire (self-executing)[849].

En l'absence d'une réglementation internationale uniforme, l'identification des critères d'applicabilité directe des traités, notamment celles relatives à la protection des droits de l'homme, dans l'ordre interne pose souvent des problèmes.

346. La position jurisprudentielle. Une jurisprudence constante de la Cour de Cassation et du Conseil d'Etat français estime que lorsqu'une loi est incompatible avec un traité ou un accord international, les juridictions pénales ne peuvent pas la tenir pour abrogée ou caduque ou l'invalider d'une quelconque manière[850]. Elles doivent seulement en écarter l'application au profit de la norme internationale, non seulement lorsque la loi est antérieure, mais également lorsqu'elle est postérieure[851].

Au Sénégal, l'attitude du juge à l'égard des conventions internationales, notamment celles relatives aux droits de l'homme, est assez ambiguë[852].

Les juridictions de base ainsi que la défunte Cour de Cassation ont souvent refusé de se soumettre au principe de l'applicabilité directe des conventions internationales. Par une interprétation rigoriste de ce principe, ces juridictions exigent bien souvent des mesures nationales de réception des normes internationales[853].

Dans le cadre de l'affaire Hissein HABRE, la Cour de Cassation du Sénégal a jugé dans son arrêt du 20 mars 2001 que la seule présence de Hissein HABRE sur le sol sénégalais ne saurait justifier les poursuites dirigées contre lui, dès lors que la compétence universelle prévue par la Convention

---

848 J. DHOMMEAUX, « Monisme et dualisme en droit international des droits de l'homme », *AFDI.*, vol. 41, 1995, p. 447- 468.

849 M. KAMARA, « De l'applicabilité du droit international des droits de l'homme dans l'ordre juridique interne », *Revue juridique et politique des États Francophones,* janvier-mars 2011, p.117.

850 P. F. GONIDEC, « Note sur le droit des conventions internationales en Afrique », in *Annuaire français de droit international*, volume 11, 1965. pp. 878

851 Cass. ch. miste, 24 mai 1975, soc. des Cafés Jacques Vabres, *D.* 1975, 497 concl. A. Touffait ; également, CE 20 octobre 1989, Nicolo, *GAJA*, n° 117.

852 G. CAMARA, « Les conventions internationales et les lois internes à travers la jurisprudence au Sénégal », in, *L'application du droit international dans l'ordre juridique interne des États d'Afrique francophone,* Actes du colloque de Ouagadougou du 24-26 juin 2003, pp. 289-290 ; F. K. KAMARA, « Les nouveaux défis de la codification au Sénégal : le cas du droit pénal », in *Droit, politique et religion, Droit sénégalais*, n° 09, 2009, p. 227 et s.

853 En ce sens, El H. M. SANGHARE, *La réception du droit international des droits de l'homme au Sénégal*, Thèse de Doctorat, Grenoble 2014, p. 179 et s.

des Nations Unies contre la torture et autres peines ou traitements cruels, inhumains ou dégradants, ratifiée par le Sénégal, n'était consacrée par aucune disposition du Code de Procédure pénale[854]. Selon la haute juridiction : «Aucun texte de procédure ne reconnaît une compétence universelle aux juridictions sénégalaises en vue de poursuivre et de juger, s'ils ont été trouvés sur le territoire de la République, les présumés responsables ou complices de faits (de torture) lorsque ces faits ont été commis hors du Sénégal par des étrangers ; que la présence au Sénégal d'Hissein HABRE ne saurait à elle seule justifier les poursuites intentées contre lui »[855].

Mais dans l'arrêt Association nationale des handicapés moteurs du Sénégal du 29 juin 2000[856], la haute juridiction administrative a jugé que : « L'autorité administrative peut, sans méconnaître le principe de l'égal accès des citoyens à un emploi public, instituer dans un souci d'intérêt général, certaines restrictions à ce principe en fixant des conditions imposant des sujétions nécessaires et acceptables au regard de l'objectif visé par la réglementation ».

Le juge administratif a annulé, pour excès de pouvoir, la décision du 21 juillet 1999 par laquelle l'inspecteur d'Académie de Tambacounda a confirmé la décision du jury du concours de recrutement des volontaires de l'éducation qui a éliminé Boubacar Fadiya au motif qu'il souffrait d'une infirmité incompatible avec la fonction d'enseignant[857].

La chambre d'accusation de la Cour d'appel de Dakar a eu l'occasion d'appliquer le droit de toute personne d'être jugé dans un délai raisonnable prévu par l'article 7 de la Charte africaine des droits de l'homme et des peuples et l'article 9 du Pacte international relatif aux droits civils et politiques en matière de détention provisoire.

Dans l'affaire Madior CISSE et autres jugée par la Chambre d'accusation de la Cour d'appel de Dakar le 29 août 2013, à la suite des manifestations

---

[854] Cass.crim, n° 14 du 20 mars 2001, affaire Hissène HABRE, in, *La Balance*, le journal de l'Union des Magistrats sénégalais, août 2002, p. 36, note, A. NDIAYE ; sur cette affaire, V. *Le Sénégal. Le secteur de la justice et l'Etat de droit.* Une étude d'AFRIMAP et de l'Open society initiative for West Africa-OSIWA, novembre 2008, p. 26-27.

[855] A. CISSE, « Droit sénégalais », in A. CASSESE et M. DELMAS-MARTY, *Juridictions nationales et crimes internationaux*, Paris, PUF, 2002, p. 437 et s.; A. SALL, *L'affaire Hissein HABRE. Aspects judiciaires nationaux et internationaux*, Paris, L'Harmattan, 2013, p. 13 ; J. SEROUSSI, « L'internationalisation de la justice transitionnelle : l'affaire Hissène Habré », *Critique internationale* 1/2006 (n°30), p. 83-101 ; A. CISSE, « La compétence universelle des juridictions pénales sénégalaises : l'affaire Hissène HABRE », *Africajuris*, du 14 au 20 novembre 2002, p. 4.

[856] CE, n° 24 du 29 juin 2000, Association nationale des handicapés moteurs du Sénégal c/ Etat du Sénégal, in *Bulletin des arrêts du Conseil d'Etat*, n° 02, années judiciaires 1998- 1999-2000, (année 2000), p. 28-30.

[857] Pour un commentaire de cette décision, V. M. NGAIDE, « Le Conseil d'État du Sénégal et le principe de l'égal accès des citoyens aux emplois publics. A propos de l'arrêt du 29 juin 2000, Association nationale des handicapés moteurs du Sénégal c/ État du Sénégal », *Afrilex*, n° 03, 2003, *op.cit.*, p. 201-204.

relatives à la candidature du Président de la République sortant à l'élection présidentielle de février 2012 qui sont survenues à Podor, des éléments de la Brigade de gendarmerie de cette ville sont intervenus en vue de maintenir l'ordre. Mais cette intervention a entraîné deux morts.

Le Commandant de Brigade de gendarmerie de Podor ainsi que trois (3) gendarmes ont été inculpés de meurtre et coups et blessures volontaires avant d'être placés sous mandat de dépôt.

La Chambre d'accusation a ordonné la mise en liberté provisoire des inculpés et leur placement sous contrôle judiciaire en tirant argument du droit des inculpés d'être jugés dans un délai raisonnable ou d'être libérés. Selon la Cour : « Les inculpés ont été placés en détention depuis le 31 juillet 2012 ; Que depuis lors, soit 13 mois, ils n'ont pas été entendus au fond sans qu'aucune justification liée aux nécessités de l'information n'ait été apportée sur cet état de fait par le magistrat instructeur ; Que cette situation est en contradiction avec les articles 7 de la Charte africaine des droits de l'homme et des peuples et 9 du Pacte international relatif aux droits civils et politiques qui proclament le droit pour les personnes détenues provisoirement d'être jugées dans les délais raisonnables ou libérées»[858].

Suite à un pourvoi formé par le Procureur général près la Cour d'appel de Dakar, la Chambre criminelle de la Cour suprême a, par un arrêt du 07 novembre 2013, rejeté le pourvoi formé contre l'arrêt de la Chambre d'accusation[859].

En outre, dans l'affaire Maïmouna BOIRO, la Chambre d'accusation de la Cour d'appel de Dakar a eu à apprécier le droit d'être jugé dans un délai raisonnable dans une affaire criminelle. Dans cette affaire, Maïmouna BOIRO, inculpée d'infanticide et placée sous mandat de dépôt depuis le 05 septembre 2008, a été renvoyée devant la Cour d'assises par ordonnance du 11 novembre 2009. Elle n'a pu être jugée, son dossier s'étant égaré entre les sessions d'assises. La Chambre d'accusation a ordonné la mise en liberté provisoire de l'inculpée aux motifs que : « cette situation viole le droit pour la susnommée d'être jugée dans un délai raisonnable (...) conformément aux articles 7 de la Charte africaine des droits de l'homme et des peuples et 9 du Pacte international relatif aux droits civils et politiques, qui exigent qu'une personne détenue soit jugée dans un délai raisonnable ou libérée »[860].

Il est remarquable de relever que devant les lacunes de la législation pénale sénégalaise, la Chambre d'accusation, dans les arrêts précités, n'a pas hésité à faire directement application du Pacte international relatif aux droits civils et politiques et de la Charte africaine des droits de l'homme et des peuples et en

---

858 CA Dakar ch. acc. n° 005 du 29 août 2013, MP c/ Madior CISSE et autres, *inédit*.

859 CS. ch. crim. n° 85 du 07 novembre 2013, MP c/ Madior CISSE et autres, *inédit*.

860 CA Dakar ch. acc. n° 31 du 04 février 2014, MP c/ Maïmouna BOIRO, *inédit*.

vue de mettre en œuvre le principe de célérité en matière de détention provisoire[861].

347. La supériorité de la Constitution sur les traités. La question du rang normatif des traités internationaux par rapport aux dispositions constitutionnelles a été très discutée.

Le droit constitutionnel interdit toute contradiction entre un engagement international et la Constitution. En vertu de l'article 97 de la Constitution, si le Conseil constitutionnel a déclaré qu'un engagement international comporte une clause contraire à la Constitution, l'autorisation de le ratifier ou de l'approuver ne peut intervenir qu'après la révision de la Constitution. Ce texte évoque le contrôle, non pas de « conventionnalité », mais celui de contrariété par lequel le Conseil constitutionnel examine si un engagement international ne comporte pas de clauses contraires à la Constitution[862].

Le fait que la Constitution doive être adaptée au traité, et non le contraire, pourrait laisser penser à une supériorité de la norme internationale conventionnelle sur la norme constitutionnelle.

Toutefois, il est admis que la Constitution a une valeur supérieure aux traités internationaux[863]. Une jurisprudence française établie a jugé que la suprématie conférée aux traités internationaux par l'article 55 de la Constitution ne s'applique pas, dans l'ordre juridique interne, aux normes constitutionnelles[864]. Ainsi, les traités ont une valeur infra-constitutionnelle[865].

L'affirmation de la supériorité de la Constitution sur les traités ne manque pas d'arguments.

D'une part, les autorités habilitées à signer et à ratifier les traités tiennent leur pouvoir de la Constitution et ne peuvent donc agir que dans les limites fixées par le droit constitutionnel ; de sorte que la source originaire du droit international contemporain réside précisément dans la Constitution.

---

861 En ce sens, P. A. TOURE, *La réforme de l'organisation judiciaire commentée et annotée*, Paris, l'Harmattan, 2016, p. 78 et s.

862 S. N. TALL, « La Constitution sénégalaise de 2001 et le droit international public », *Nouvelles Annales africaines*, n° 01, 2007, p. 371 et s.

863 L. FAVOREU et Alii, *Droit constitutionnel*, 17ème éd., 2015, Paris, Dalloz, n° 441 ; B. BEIGNIER et S. MOUTON, « La Constitution et la Convention européenne des droits de l'homme, rang et fonctions », *D.* 2001, chron. 1636.

864 CE, ass., 30 octobre 1998, Sarran, Levacher et a., req. n° 200286 et 200287, *RDP,* 1999. 919, note Flauss ; *D.* 2000. 152, note Aubin ; *RTD civ.,* 1999. 232, obs. Molfessis ; Cass., ass. plén., 02 juin 2000, n° 99-60.274, *D.* 2000. 865, note Mathieu et Verpeaux ; *RTD civ.*, 2000. 672, obs. Libchaber.

865 Sur cette question, P. F. GONIDEC, « Droit international et droit interne en Afrique », *Penant*, n° 106, 1996 ; A. SALL, « Le droit international et les nouvelles Constitutions africaines », *RJPIC*, n°03, septembre-décembre 1997 ; S.N. TALL, « La Constitution sénégalaise de 2001 et le droit international public », *Annales africaines*, n° 01, 2007, p. 373 et s. ; plus récemment, I. DIALLO, Normes internationales et normes constitutionnelles dans l'ordre juridique interne sénégalais », *Annales africaines*, vol. 02, décembre 2014, p. 2 et s.

D'autre part, les modalités de ratification et d'opposabilité des traités internationaux sont prévues par la Constitution[866].

- **L'articulation avec les normes du droit communautaire**

348. Le principe de la primauté du droit communautaire. Les rapports entre l'ordre normatif national et l'ordre juridique communautaire sont marqués par le principe de la primauté du droit communautaire très tôt dégagé par la Cour de Justice des Communautés européennes[867].

Les droits communautaires de l'UEMOA et de l'OHADA ont affirmé le principe de la supranationalité des normes qu'ils édictent. Selon l'article 6 du Traité de l'UEMOA, les actes arrêtés par les organes de l'Union pour la réalisation des objectifs dudit traité et conformément aux règles et procédures instituées par celui-ci, sont appliqués dans chaque Etat membre « nonobstant toute législation nationale contraire, antérieure ou postérieure ».

L'article 10 du Traité de l'OHADA a prévu une disposition similaire. Aux termes de ce texte : « Les Actes uniformes sont directement applicables et obligatoires dans les Etats Parties, nonobstant toute disposition contraire de droit interne, antérieure ou postérieure »[868].

Dans son avis rendu le 30 avril 2001[869], la Cour Commune de Justice et d'Arbitrage (CCJA) de l'OHADA a estimé que l'article 10 du Traité de Port-Louis « contient une règle de supranationalité parce qu'il prévoit l'application directe et obligatoire dans les Etats parties des Actes uniformes et institue, par ailleurs, leur suprématie sur les dispositions de droit interne antérieures et postérieures »[870].

---

866 F. DELPEREE, « Les rapports de cohérence entre le droit constitutionnel et le droit international public, développements récents en Belgique », *RFDC* n° 36, 1998, p. 740 ; I. DIALLO, « Normes internationales et normes constitutionnelles dans l'ordre juridique interne sénégalais», *Annales africaines*, vol 02, décembre 2014, p. 07.

867 CJCE 15 juillet 1964, Flaminio Costa c/ ENEL, aff. 6/64, *Rec.* 1141 ; Lebon 1141 ; aussi, CJCE 9 mars 1978, Simmenthal, aff. 106/77, *Rec.*, 629.

868 Sur cette question, T. ZOGBELEMOU, *Droit des organisations d'intégration économique en Afrique (CEDEAO-CEMAC-UEMOA-ZMAO),* Paris, l'Harmattan, 2014, p. 222-223.

869 CCJA, avis, n° 001/2001/EP du 30 avril 2001, ohada.com, ohadata D.04-12, p/ 19 et s., obs. J. I. SAYEGH. La Cour suprême du Sénégal a également affirmé la primauté du droit communautaire sur le droit national, V. CS n° 12 du 05 mai 2009, Etat du Sénégal c/ ARMP, Comité de règlement des différends, Agence autonome des Transports routiers, *Bulletins des arrêts de la Cour suprême,* n° 01, décembre 2011, p. 96 ; sur cette décision, V. D. SY, « Un demi-siècle de jurisprudence administrative au Sénégal : de l'émergence à la maturation», in A. SALL et I. M. FALL (dir.), *Actualités du droit public et de la science politique en Afrique, Mélanges en l'honneur de Babacar KANTE*, Dakar, l'Harmattan, 2017, p. 630-631.

870 J. I. SAYEGH, « La portée abrogatoire des Actes uniformes de l'OHAHA sur le droit interne des Etats parties », *Revue burkinabé de droit,* n° spécial, n° 39-40, p. 51 ; D. ABRACH, « La supranationalité de l'OHADA », *Rev. EDJA,* 2000, n° 44, p. 7 et s.; A. M. FONE MDONTSA, « Réflexions sur l'article 10 du Traité de l'OHADA », *Revue africaine des sciences juridiques,* 2010, vol. VII, n° 01, p. 48 ; P. DIEDHIOU « L'article 10 du Traité de l'OHADA : quelle portée abrogatoire et supranationale ? », *Revue de droit uniforme*, 2007-2, vol. XII, p. 265.

Les dispositions internes des Etats membres contraires ou identiques aux Actes uniformes sont dépourvues d'efficacité juridique. Si elles ne sont pas formellement abrogées, elles sont réputées non écrites et neutralisées par l'OHADA[871].

Quant à la Cour de Justice de l'UEMOA, elle a également affirmé la primauté des règles communautaires primaires et dérivées de l'UEMOA, même sur les normes constitutionnelles. Dans l'avis n° 001/2003 du 18 mars 2003 émis sur la demande de la Commission de l'UEMOA relative à la création de la Cour des Comptes du Mali, la haute juridiction de l'UEMOA a énoncé que : « Le juge national, en présence d'une contrariété entre le droit communautaire et une règle de droit interne, devra faire prévaloir le premier sur la seconde en appliquant l'un et en écartant l'autre ». La cour a ajouté que « la primauté bénéficie à toutes les normes communautaires, primaires comme dérivées, immédiatement applicables ou non et s'exercent à l'encontre de toutes les normes nationales, administratives, législatives, juridictionnelles ou même constitutionnelles, parce que l'ordre juridique communautaire l'emporte dans son intégralité sur les ordres juridiques nationaux »[872].

349. La primauté du droit dérivé. Le principe de la primauté du droit communautaire concerne aussi bien les règles du droit primaire (par exemple, le traité de l'UEMOA) que les règles de droit dérivé (règlement, directive notamment) ; ces normes bénéficient d'une supériorité par rapport à toutes les normes du droit national, y compris les normes constitutionnelles.

La question de l'articulation des règles de la procédure pénale sénégalaise avec le droit communautaire s'est récemment posée à l'occasion de l'adoption du Règlement n° 05/CM UEMOA du 25 septembre 2014 relatif à l'harmonisation des règles régissant la profession d'Avocat dans l'espace UEMOA[873]. Aux termes de l'article 5, alinéa 1er du Règlement n° 05/CM UEMOA du 25 septembre 2014 : « Les Avocats assistent leurs clients dès leur interpellation, durant l'enquête préliminaire, dans les locaux de la police, de la gendarmerie ou devant le parquet ».

---

[871] En ce sens, P. G. POUGOUE et autres, « Actes uniformes », in P. G. POUGOUE (dir), *Encyclopédie du droit OHADA,* Paris, Lamy 2011, n° 45.

[872] Pour un commentaire de cette décision, V. A. SALL, *La justice de l'intégration. Réflexions sur les institutions judiciaires de la CEDEAO et de l'UEMOA*, Dakar, l'Harmattan, 2008, 2eme édition revue, corrigée et augmentée, p. 184 et s.

[873] Sur ce débat, Y. BODIAN et P. T. FALL, « A propos de la présence de l'Avocat aux premières heures de la garde-à-vue », *Le Soleil* du 28 août 2015, p. 05 ; P. A. TOURE, « L'article 5 du Règlement 05/CM UEMOA du 25 septembre 2014 relatif à l'assistance de l'avocat dès l'interpellation devant la Chambre d'accusation de la Cour d'Appel de Dakar : à propos de l'arrêt n° 149 du 22 septembre 2015, affaire Thione SECK », *Annales africaines*, nouvelle série, vol 02, n° 03, décembre 2015, p. 323 et s. ; P. A. TOURE, *La réforme de l'organisation judiciaire du Sénégal commentée et annotée,* Paris, l'Harmattan, 2016, p. 119 et s. ; M. KONATE, *Le temps et le procès pénal*, Thèse de Doctorat, Université de Dakar, 2017, p. 241 et s., n° 547 et s.

Ce règlement communautaire a vite jeté un trouble dans l'esprit des praticiens et des théoriciens du droit et a suscité un vif débat sur son applicabilité en l'état actuel du droit positif sénégalais. En effet, avant l'adoption de ce règlement, l'avocat était présent, dans la seconde période de la garde à vue et pouvait s'entretenir avec son client pendant une durée n'excédant pas trente (30) minutes[874].

La Chambre d'Accusation de la Cour d'Appel de Dakar, dans l'arrêt Thione SECK rendu le 22 septembre 2015[875], a affirmé clairement l'applicabilité directe de l'article 5 du Règlement du 25 septembre 2014. Elle a jugé que les dispositions de « l'article 5 ne subordonnent pas leur entrée en vigueur à la prise d'un quelconque acte ».

Tirant les conséquences de l'applicabilité directe du Règlement de l'UEMOA, la loi n° 2016-30 du 08 novembre 2016 modifiant la loi n° 65-61 du 21 juillet 1961 portant Code de Procédure pénale[876] a incorporé, non sans difficultés, la règle de l'assistance de l'avocat dès l'interpellation dans l'ordre juridique sénégalais[877].

La circulaire du Ministre de la Justice n° 00179 MJ/DACG/MN du 11 janvier 2018 a précisé les modalités d'application de l'article 5 du Règlement n°05/CM/UEMOA et des dispositions du Code de Procédure pénale, relativement à l'assistance de l'avocat dès l'interpellation de son client par l'officier de police judiciaire.

b. - Les rapports entre les normes du droit national

350. L'articulation verticale et horizontale. La bonne articulation entre les règles de droit national peut s'établir de deux manières selon que l'on considère la forme ou le contenu des textes en présence[878].

La succession des normes nationales pose un problème de bonne articulation aux niveaux vertical et horizontal.

- **L'articulation verticale entre les normes nationales**

351. La verticalité normative. La bonne articulation des normes au niveau vertical concerne la nature des textes en conflit. Elle pose la question du respect du principe de la hiérarchie des normes. La théorie de la

---

874 V. anciens art. 55 et s. du Code de Procédure pénale.

875 CA Dakar ch. acc. n° 149 du 22 septembre 2015, affaire Thione SECK, *Annales africaines*, nouvelle série, vol 2, n° 03, décembre 2015, p. 323 et s., obs. P. A. TOURE ; dans le même sens, CA Dakar, ch. corr. n° 454 du 30 août 2018, MP et Etat du Sénégal et la Ville de Dakar c/ Khalifa Ababacar SALL et autres, *inédit*.

876 JORS, n° 6976 du samedi 26 novembre 2016, p. 1627.

877 P. A TOURE, « L'assistance de l'avocat dès l'interpellation dans la réforme du Code pénal et du Code de Procédure pénale : la greffe processuelle n'a pas bien pris ! », *La Balance, Revue semestrielle de L'Union des Magistrats Sénégalais*, n° 01, janvier-juin 2017, p. 315 et s.

878 Sur cette question, J. CARBONNIER, *Droit civil. Introduction. Les personnes*, Paris, PUF, 1974, p. 113.

normativité juridique a été systématisée par Hans KELSEN qui a théorisé une pyramide des normes[879] qui se présente comme suit :

1. la Constitution ;
2. les conventions internationales ;
3. les lois et les ordonnances ayant de plein droit valeur législative ;
4. les décrets et les ordonnances ayant de plein droit valeur réglementaire ;
5. les arrêtés ;
6. les mesures d'ordre individuel.

352. La hiérarchie des normes. La hiérarchie des normes signifie que les normes juridiques sont hiérarchisées les unes des autres et chaque norme tire sa juridicité de la norme qui lui est directement supérieure[880]. En cas de conflit entre elles, la hiérarchie normative permet de faire prévaloir la norme de niveau supérieure sur la norme qui lui est subordonnée[881].

Les dispositions d'une loi ordinaire prime sur le régime prévu par un décret présidentiel, la norme législative étant supérieure à la norme décrétale. Il est fait exception à cette règle lorsque la loi a été délégalisée conformément à la procédure prévue par l'alinéa 1er de l'article 76 de la Constitution. En effet, une loi délégalisée a la même valeur juridique qu'un acte réglementaire.

Par exemple, les dispositions de la loi n° 66-68 du 04 juillet 1966 fixant le statut général du personnel des cadres moyens et supérieurs des établissements publics à caractère industriel ou commercial, ont une valeur réglementaire. En effet, elles ont été délégalisées, par un arrêt de la Cour suprême du Sénégal rendu le 05 mai 1969[882].

Il y a également une hiérarchie à l'intérieur de chaque catégorie de normes législatives ou réglementaires.

Une hiérarchie existe aussi entre les lois. La loi constitutionnelle modifiant la Constitution prime sur la loi organique qui précise le sens et la portée des dispositions constitutionnelles. Aussi, la loi ordinaire doit se conformer au dispositif prévu par la loi organique.

Une loi, même postérieure, ne saurait contenir des dispositions contraires à la Constitution (norme fondamentale de l'Etat) ou à un traité régulièrement ratifié et publié au Journal officiel, sans méconnaître la hiérarchie des normes.

Il y a par ailleurs une hiérarchie entre les actes réglementaires.

---

879 H. KELSEN, *Théorie pure du droit,* 2eme éd., 1960, trad. Eisenmann, Dalloz, rééd. 1999, Bruylant, LGDJ, 1962.

880 J. MORANGE, « La hiérarchie des textes dans la Constitution du 04 octobre 1958 », *D.* 1959, chron., p. 21.

881 Sur cette théorie, P. AMSELEK, « Réflexions critiques autour de la conception kelsénienne de l'ordre juridique », *RDP,* 1978, p. 5 ; du même auteur, « Une fausse idée claire la hiérarchie des normes juridiques », *RRJ,* 2007, p. 557 et s.

882 CS n° 01/C/69 du 05 mai 1969, Statut général du personnel des cadres moyens et supérieurs des établissements publics à caractère industriel ou commercial, *Rev. sén. dr.*, n° 06, p. 75.

En premier lieu, les règlements sont eux-mêmes hiérarchisés en fonction des autorités dont ils émanent[883]. Le décret pris par le Président de la République prime sur le décret édicté par le Premier Ministre, lequel ne peut y déroger. L'arrêté du Ministre chargé de l'Intérieur est supérieur à celui pris par un gouverneur ou un préfet.

Les textes réglementaires des autorités déconcentrées (gouverneur, préfet, sous-préfet) sont supérieurs à ceux des autorités décentralisées (maire d'arrondissement, maire de commune, etc.)

En second lieu, les règlements sont hiérarchisés en raison de leur domaine de compétence. Les décrets d'application d'une loi sont subordonnés à la loi qu'ils appliquent, alors que les règlements autonomes sont pris dans un domaine de compétence concurrent, qui ne relève pas du pouvoir législatif[884]. Ainsi, le décret autonome prime sur le décret d'application d'une loi.

353. Les mécanismes articulatoires. Le législateur a instauré des mécanismes pour faire respecter la hiérarchie entre les normes législatives ou réglementaires ; il en est ainsi du recours en inconstitutionnalité contre une loi, du recours pour excès de pouvoir, de l'exception d'inconstitutionnalité et de l'exception d'illégalité.

Au Sénégal, il n'y a pas de hiérarchie des actes réglementaires en fonction de la forme dans laquelle ils ont été pris. En effet, le droit sénégalais ignore la distinction française entre les décrets simples, les décrets pris en Conseil des Ministres et les décrets en Conseil d'Etat[885].

- **L'articulation horizontale entre les normes nationales**

354. L'horizontalité normative. L'articulation horizontale concerne les textes du même niveau dans la hiérarchie normative. Il s'agit par exemple de l'articulation entre deux lois ordinaires ou entre deux décrets présidentiels qui se succèdent dans le temps.

355. Les textes de même niveau et de portée différente. Lorsque les textes qui se succèdent dans le temps sont de même niveau (par exemple, deux lois ordinaires ou deux lois organiques) et de portée différente (par exemple, une loi générale et une loi spéciale), l'articulation résulte de la distinction traditionnelle entre lois générales et lois spéciales.

On entend traditionnellement par lois générales, les lois qui déterminent les règles applicables à tous les cas qui composent un genre donné de rapports juridiques. Par contre, les lois spéciales sont celles qui prévoient une règle particulière à une série de cas déterminés.

---

883 V. LASSERRE, « Loi et règlement », *Rép. dr. civ.*, Dalloz, 2015, n° 201.

884 V. LASSERRE, *Ibid.*

885 V. *supra*, n° 167.

Du point de vue quantitatif, la norme spéciale (« lex specialis ») s'oppose à la norme générale en ce qu'elle régit seulement une partie de l'objet de celle-ci.

Contrairement à ce que l'on pourrait croire, lorsqu'une loi générale et une loi spéciale se succèdent dans le temps, c'est la loi spéciale qui a plus de force pour être mieux définie. Elle va déroger aux règles prévues par la norme générale.

Lorsque la loi générale intervient après l'entrée en vigueur de la loi spéciale, elle ne saurait déroger à celle-ci. On exprime cette règle en énonçant que par une loi générale, il n'est dérogé aux lois spéciales (« legi speciali per generalem non derogatur »).

Lorsque la loi spéciale intervient après la loi générale, elle sera regardée comme ayant partiellement abrogé la loi générale. C'est tout le sens de l'adage « specialia generalibus derogant ».

Du point de vue qualitatif, on oppose la loi spéciale (« lex singularis ») à la loi générale représentant le droit commun[886]. Par droit commun, on entend les dispositions qui s'appliquent de façon générale, chaque fois qu'une règle particulière n'y déroge pas[887].

Le droit spécial est celui qui est attaché à une matière déterminée (contrats spéciaux, entreprises du secteur parapublic, etc.).

La loi spéciale étant exceptionnelle sera interprétée strictement en vertu de la règle selon laquelle les exceptions sont d'interprétation stricte. En outre, les lacunes du droit spécial seront comblées par un recours au droit commun[888].

Le Code des Obligations civiles et commerciales (COCC) fournit un exemple très éloquent d'articulation entre une règle de droit commun et une règle de droit spécial. En vertu de l'article 1er du COCC, sauf disposition contraire, la partie générale du Code (théorie générale des obligations) s'applique sans distinction aux obligations civiles et commerciales. Dans le silence de la partie spéciale du COCC (par exemple, les contrats spéciaux), les règles prévues par la partie générale ont vocation à s'appliquer.

Mais les diverses catégories de contrats (contrats spéciaux) sont soumises de plus aux règles particulières consacrées aux contrats spéciaux.

356. Les textes de même niveau et de même portée. Lorsque les textes qui se succèdent dans le temps sont de même niveau dans la pyramide

---

886 Sur cette question, N. DELEGOVE, *Le droit commun et le droit spécial,* Thèse, Panthéon-Assas, 2011 ; S. MAUCLAIR, *Recherche sur l'articulation entre le droit commun et le droit spécial en droit de la responsabilité civile extracontractuelle*, Paris, Institut Universitaire Varenne, 2013 ; B. SAINTOURENS, *Essai sur la méthode législative : droit commun et droit spécial*, Thèse Lille, 1987.

887 F. POLLAUD-DULLIAN, « Du droit commun au droit spécial et retour », in *Aspects actuels du droit des affaires, Mélanges en l'honneur d'Y. Guyon*, Paris, Dalloz, 2003, p. 934.

888 J. CARBONNIER, *Droit civil. Introduction. Les personnes*, Paris, 1974, PUF, p. 114.

normative et de même portée (deux normes générales ou deux normes spéciales), des règles d'interprétation permettent de régler le problème d'articulation entre ces normes.

On admet que, par le recours à un critère chronologique, la norme nouvelle déroge à la norme ancienne puisqu'elle traduit la dernière volonté du législateur, même en l'absence de dispositions abrogatoires insérées dans le texte nouveau. C'est tout le sens de l'adage « lex posterior derogat priori ».

Dans l'arrêt Abdoulaye SY rendu le 06 juin 1973[889], la Cour suprême a eu l'occasion de faire application de cette règle d'interprétation en matière administrative. Elle a, en effet, jugé qu'un arrêté du 31 décembre 1970 du Ministre des Finances et des Affaires économiques qui constatait la cessation des fonctions de Abdoulaye SY à compter du 11 novembre 1970 est incompatible avec un précédent arrêté du 11 novembre 1970 qui prononçait sa suspension avec maintien du demi-traitement. La cour a estimé que le ministre a implicitement mais nécessairement entendu abroger ledit arrêté, puisqu'il s'agit « d'un texte antérieur et de même valeur juridique ».

357. Les autres solutions de politique législative. Malgré l'existence de méthodes d'interprétation permettant de trouver des solutions aux problèmes d'articulation, au Sénégal, des solutions de politique législative tendent à éviter la survenance de conflits entre des normes d'égale valeur.

A titre illustratif, l'article 25 du Code des Obligations de l'Administration[890] prévoit que les règles régissant la préparation, la passation, l'approbation, l'exécution et le contrôle de la commande publique sont fixées par un décret portant Code des Marchés publics. Ainsi, aucune réglementation ou procédure particulière à un acheteur public, à une catégorie d'acheteurs ou à une catégorie de fournitures, services ou travaux ne peut déroger aux règles fixées par le Code des Marchés publics ou prises en application de ce code. Le droit des marchés publics ne peut avoir pour support normatif que le Code des Marchés publics qui en est le seul cadre de référence.

En outre, face à la prolifération des régimes fiscaux dérogatoires, la loi n° 2012-31 du 31 décembre 2012 portant Code général des Impôts[891] a mis en place un « droit commun incitatif ». Les pouvoirs publics ont décidé de supprimer les régimes fiscaux dérogatoires et de faire ainsi du Code général des Impôts le siège unique de la réglementation fiscale. Cette option de politique législative participe de la lisibilité et de l'accessibilité du dispositif fiscal.

---

[889] CS, n° 15 du 06 juin 1973, Abdoulaye SY c/ Etat du Sénégal, *inédit*.

[890] D. G. LAVROFF, « Le Code sénégalais des Obligations de l'Administration », *Penant,* 1966, p. 1-13.

[891] JORS n° 6706 du 31 décembre 2012.

C'est dans ce cadre que la loi n° 2016-32 du 08 novembre 2016 portant Code minier[892] a procédé au transfert de beaucoup de dispositions fiscales dans le Code général des Impôts[893].

c. - L'articulation entre les normes communautaires

358. La diversité des organisations communautaires. En Afrique, la multiplicité des organisations communautaires constitue un phénomène majeur des temps modernes. On peut citer notamment l'Union Économique et Monétaire Ouest Africaine (UEMOA), la Communauté Économique et Monétaire de l'Afrique centrale (CEMAC) et l'Organisation pour l'Harmonisation en Afrique du Droit des Affaires (OHADA). Toutes ces organisations communautaires sont dotées d'une Cour de justice. A ces organisations, on peut ajouter la Communauté économique pour l'Afrique (CEA), l'Organisation Africaine de la Propriété intellectuelle (OAPI), la Conférence interafricaine des Marché d'Assurance (CIMA) et la Conférence interafricaine de Prévoyance Sociale (CIPRES).

Certaines de ces organisations sont des organisations de coopération visant la satisfaction d'intérêts communs dans le cadre d'un effort de coordination.

D'autres sont des organisations d'intégration qui visent à terme, une fusion ou une harmonisation des législations entre les Etats membres pour constituer, soit une union douanière, soit un marché commun intégré et perfectionné[894].

359. Les conflits de normes. La diversité des organisations communautaires génère bien souvent des conflits entre les normes issues de ces organisations[895].

Ces conflits normatifs sont d'autant plus complexes, qu'il n'existe aucune hiérarchie entre les ordres communautaires qui affirment bien souvent la supranationalité de leurs droits par rapport aux ordres juridiques nationaux[896].

Les conflits entre normes issues du droit communautaire sont loin d'être théoriques ; ils se sont posés dans la pratique dans les relations entre l'OHADA et l'UEMOA[897].

---

892 JORS n° 6974 du 24 novembre 2016, p. 1585.

893 V. l'exposé des motifs de la loi n° 2016-32 du 08 novembre 2016 portant Code minier.

894 S. N. TALL, « La CEDEAO et l'UEMOA : concurrence et complémentarité ? », *Nouvelles Annales africaines*, n° 01, 2007, p. 42.

895 Sur cette question, S. N. TALL, *op. cit.*, p. 41 et s. ; M. FAU-NOUGARET (dir.), *La concurrence des organisations régionales en Afrique,* Paris, l'Harmattan, 2012 ; S. DOUMBE-BILLE, « La multiplicité des organisations régionales en Afrique : concurrence ou diversification ? », in M. FAU-NOUGARET (dir.), *La concurrence des organisations régionales en Afrique*, Paris, l'Harmattan, 2012, p. 15 et s.

896 V. art. 6 du traité de l'UEMOA et art. 10 de traité de l'OHADA.

897 D. B. BA, « Le problème de la comptabilité entre l'UEMOA et l'OHADA », in P. MEYER (dir.), *La libéralisation de l'économie dans le cadre de l'intégration régionale : le cas de l'UEMOA*, publication du CEEI, n° 03, Ouagadougou, *imprimerie Presses Africaines*, 2001, p. 176 ; A. T. NDIAYE, « Conflits de normes en droits communautaires OHADA et UEMOA.

A titre d'exemple, le régime de la compensation entre les dettes des personnes publiques et celles de personnes privées a révélé un véritable conflit normatif entre l'OHADA et l'UEMOA. En vertu de l'article 30, alinéa 2 de l'Acte uniforme portant organisation des procédures simplifiées de recouvrement et des voies d'exécution, les dettes certaines, liquides et exigibles des personnes morales de droit public ou des entreprises publiques, peuvent faire l'objet de compensation avec les dettes également certaines, liquides et exigibles dont quiconque sera tenu envers elles, sous réserve de réciprocité.

Cependant, l'article 53 de la Directive n° 06/97/CM/UEMOA du 16 décembre 1997 portant règlement général sur la comptabilité publique prévoit que les redevables de l'Etat et des autres organismes publics ne peuvent opposer la compensation légale dans le cas où ils se trouvent, dans le même temps, créanciers de l'Etat ou d'organismes publics. Dans la même situation préalablement à tout paiement, le comptable public doit opérer la compensation légale entre les dettes et les créances assignées sur sa caisse[898].

360. Les solutions aux conflits de normes. Le règlement du conflit entre normes de droit OHADA et celles du droit UEMOA paraît a priori inextricable. En effet, l'article 10 du traité de l'OHADA et l'article 6 du Traité de l'UEMOA prévoient respectivement que les normes de leurs droits dérivés sont directement applicables et obligatoires dans les Etats parties nonobstant toute législation nationale contraire antérieure ou postérieure.

En outre, aucun mécanisme institutionnel n'est prévu pour trouver une solution à cette concurrence normative[899].

Compte tenu du fait que les deux catégories de normes (OHADA et UEMOA) paraissent se situer au même niveau, l'interprète pourrait être tenté de recourir au critère chronologique qui fait prévaloir le texte le plus récent, conformément à l'adage « lex posterior derogat priori » ; ce qui devrait favoriser les Acte uniformes sur les règlements et directives de l'UEMOA, sauf lorsque la modification du texte de l'UEMOA est postérieure.

On pourrait également invoquer un critère de spécialité (« specialia generalibus derogant ou generalia specialibus non derogant »), ce qui a pour conséquence de laisser subsister les dispositions anciennes particulières suite à

Exemple des paiements réalisés dans les systèmes de paiement intégrés en cas de procédures collectives d'apurement du passif », ohadata D-08-06.

[898] Sur cette question, F. M. SAWADOGO, « Les conflits entre normes communautaires : aspects positifs et prospectifs », in M. FAU-NOUGARET (dir.), *La concurrence des organisations régionales en Afrique*, Paris, l'Harmattan, 2012, p. 290 -291.

[899] En ce sens, A. T. NDIAYE, « Conflits de normes en droits communautaires OHADA et UEMOA. Exemple des paiements réalisés dans les systèmes de paiement intégrés en cas de procédures collectives d'apurement du passif », ohadata D-08-06 ; du même auteur, « Le principe de l'irrévocabilité des transferts interbancaires dans l'espace UEMOA fragilisé par les dispositions de l'OHADA organisant les procédures collectives d'apurement du passif », *Nouvelles Annales africaines*, n° 01, 2007, p. 139 et s.

l'adoption d'une règle générale nouvelle. Mais ce dernier critère serait impuissant à trancher le conflit, les deux textes ayant le même contenu normatif.

En vue de gérer les conflits entre les normes communautaires, des solutions inspirées des règles d'interprétation des normes nationales ont été proposées. En effet, il peut y avoir un conflit entre une réglementation générale (par exemple, le droit des sociétés commerciales de l'OHADA) et une réglementation spéciale (les dispositions du Code CIMA relatives aux compagnies d'assurance). Dans cette hypothèse, en application de la maxime « specialia generalibus derogant » (les lois spéciales dérogent aux lois générales), on considère que le régime spécial applicable aux compagnies d'assurance déroge au régime général des sociétés commerciales de l'OHADA[900]. C'est dans ce sens qu'il faut comprendre l'article 916 alinéa 1er de l'Acte uniforme du 30 janvier 2014 relatif au droit des sociétés commerciales et du groupement d'intérêt économique. Aux termes de ce texte, l'Acte uniforme précité « s'applique aux sociétés soumises à un régime particulier sous réserve des dispositions législatives ou réglementaires auxquelles elles sont assujetties ».

Les conflits de normes peuvent également concerner des réglementations ou régimes de droit commun ; il en est ainsi du conflit entre les normes de l'OHADA et celles de l'UEMOA ou de la CEMAC. Dans ce cas, il n'y a pas a priori de solutions à proposer à ces situations complexes[901].

Aussi, afin d'aplanir les risques de conflits entre les ordres juridiques communautaires, les organes des organisations d'intégration s'orientent-ils de plus en plus vers des solutions préventives. Il s'agit de la mise en place de mécanismes de collaboration et de concertation dans le processus d'élaboration et d'application des règles juridiques communautaires[902].

---

900 A. M. ASSI-ESSO, J.I. SAYEGH et J. LOHOUES-OBLE, *CIMA. Droit des assurances*, Bruxelles, Bruyant, 2002, p. 45, n° 109 ; également, F. M. SAWADOGO, « Les conflits entre normes communautaires : aspects positifs et prospectifs », in M. FAU-NOUGARET (dir.), *La concurrence des organisations régionales en Afrique*, Paris, l'Harmattan, 2012, p. 310.

901 F. M. SAWADOGO, « Les conflits entre normes communautaires : aspects positifs et prospectifs », in M. FAU-NOUGARET (dir.), *La concurrence des organisations régionales en Afrique*, Paris, l'Harmattan, 2012, p. 311.

902 En ce sens, A. Y. SARR, *L'intégration juridique dans l'Union économique et monétaire ouest africaine et dans l'Organisation pour l'Harmonisation en Afrique du Droit des Affaires*, PUAM, 2008, n° 151 et s.

C. – LES ANNEXES

361. La notion. Les textes peuvent comporter des annexes. Ce sont des dispositions jointes à un acte normatif en vue de le compléter[903] ; ils figurent après les signatures et contreseings éventuellement[904]. Certaines annexes ont la même valeur juridique que le texte lui-même et appellent donc, pour leur rédaction, la même rigueur que celle apportée à la rédaction de celui-ci (**1**). D'autres annexes n'ont qu'une valeur indicative (**2**).

1. - Les annexes ayant une portée juridique

362. L'objet. Ces annexes contiennent des règles qui, en raison de leur technicité, seraient difficiles à insérer dans le corps même du dispositif du texte, en vue d'en garantir une meilleure lisibilité. Du fait qu'elles en font partie intégrante, ces annexes ont la même force obligatoire que le dispositif proprement dit.

Il en est ainsi des tarifs, tableaux[905], modèles de contrat[906], formulaires, descriptifs, dessins, plans, etc. Il en de même des statuts de sociétés, des règlements intérieurs, des cahiers de charges, lorsque la loi exige leur approbation par décret.

Par exemple, la loi de finances de l'année comprend le texte de loi proprement dit et les annexes qui l'accompagnent et en font partie intégrante[907].

Aussi, le décret n° 2001-283 du 12 avril 2001 portant approbation du règlement intérieur de l'Ordre national des experts comptables et des experts agrées a annexé le règlement intérieur adopté par l'assemblée générale de l'Ordre national des experts comptables et des experts agrées.

Le décret n°88-1725 du 22 décembre 1988 relatif aux statuts-types des sociétés nationales[908] a annexé à son dispositif des statuts types des sociétés nationales. Il en est de même du décret n° 76-199 du 17 février 1976 fixant les conditions d'octroi et de retrait de la reconnaissance d'utilité publique aux associations qui a mis en annexe les statuts types des associations.

---

903 S. GUY, « Les annexes législatives », *RDFC* 1999, n° 40, p. 819 ; J-P. CAMBY et S. GUY, «Deux points de vue sur les annexes législatives », *RDP*, 2002, p. 1251.

904 M. BESCH, *Traité de légistique formelle*, Publication du Conseil d'Etat du Grand-Duché de Luxembourg, 2005, p. 108.

905 Le décret n° 2015-1039 du 20 juillet 2015 portant aménagement de l'organisation judiciaire a annexé cinq tableaux relatifs au siège, au classement et à la composition des juridictions et de l'administration centrale du Ministère de la Justice.

906 Le décret n° 2010-1812 en date du 31 décembre 2010 relatif au contrat de performance applicable aux agences d'exécution a annexé à son dispositif un modèle de contrat de performance.

907 V. art. 43 de la loi organique n° 2011-15 du 08 juillet 2011 relative aux lois de finances, modifiée

908 JORS, n° 5275 du samedi 11 février 1989, p. 53 et s.

363. La modification ou l'abrogation. Les annexes peuvent, à l'image du dispositif normatif, faire l'objet de modification (par suppression, insertion, complément, etc.) ou même d'abrogation. En effet, l'autorité ayant édicté l'acte de base peut procéder à la modification ou au remplacement des annexes.

Par exemple, le décret n° 2008-1043 du 15 septembre 2008 avait abrogé et remplacé le tableau III prévu à l'article 1er du décret n° 84-1195 du 22 octobre 1984 portant aménagement de l'organisation judiciaire modifié[909].

364. La disposition de renvoi aux annexes. Le dispositif normatif doit toujours indiquer clairement, au moyen d'un renvoi, le lien qui existe entre son contenu et l'annexe qui s'y rapporte.

Par exemple : « le tableau annexé au présent décret » ; « le formulaire figurant en annexe de la présente loi ».

Étant donné qu'une telle annexe fait partie intégrante du texte auquel elle est rattachée, il peut être nécessaire d'y insérer une disposition ainsi rédigée : « L'annexe fait partie intégrante de la présente loi ».

365. La présentation formelle. Il n'y a pas de règles rigoureuses relatives à la présentation des annexes qui font partie intégrante du dispositif. Leur structure devrait toutefois avoir un aspect uniforme et être subdivisée de telle façon que leur contenu, malgré sa technicité, soit aussi clair que possible. A cet effet, le rédacteur pourra faire appel à tout système de numérotation ou de subdivision approprié, sauf à la structuration en articles afin de ne pas créer de confusion avec le dispositif auquel les annexes sont censées se rapporter[910].

Lorsqu'il s'agit d'une seule annexe, elle doit porter comme en-tête la mention « **ANNEXE** », le cas échéant sans intitulé. Si le texte comporte plusieurs annexes, chacune doit être numérotée et comporter un intitulé distinct.

2. - Les annexes ayant une valeur indicative

366. L'objet. Les annexes, qui n'ont pas de portée juridique, sont celles qui constituent des outils destinés à apporter une aide à la compréhension de textes longs ou compliqués. Il en est ainsi des sommaires, des tables des matières et des tables de concordance.

D'ailleurs, ces annexes, peuvent être ajoutées au texte normatif au moment de sa publication au Journal officiel.

Du fait qu'elles n'ont aucune valeur juridique, la modification ou le remplacement (abrogation) de telles annexes n'impliquent pas l'intervention

---

909 M. BESCH, *Traité de légistique formelle*, Publication du Conseil d'Etat du Grand-Duché de Luxembourg, 2005, p. 109.

910 M. BESCH, *Ibid.*

du pouvoir législatif (loi) ou réglementaire (décret ou arrêté)[911]. En effet, ces opérations normatives peuvent être réalisées librement.

PARAGRAPHE II

LA TECHNIQUE DE LA CODIFICATION NORMATIVE

367. La notion de codification. En légistique, la codification est considérée comme un moyen privilégié de clarification du droit. La structuration d'un domaine de la production normative dans un ensemble juridique coordonné a toujours été perçue comme un instrument de sécurité juridique, d'accessibilité et d'intelligibilité juridique[912]. La technique de la codification normative renvoie à deux opérations distinctes.

368. La codification à droit constant. La codification formelle dite à droit constant consiste à rassembler des textes préexistants classés selon leur nature (partie législative et partie réglementaire) mais sans procéder à des modifications de fond[913]. La codification à droit constant s'inscrit dans une perspective de rationalisation législative, censée être neutre du point de vue du contenu des normes. Il s'agit simplement de regrouper des textes épars, d'éradiquer les doublons et les normes contradictoires. La codification à droit constant n'est pas censée modifier le droit existant, mais plutôt le rationaliser, le systématiser, le rendre plus accessible pour tous[914].

La France a connu la technique de la codification à droit constant, à partir de 1989 ; elle a été impulsée par le conseiller d'État Guy BRAIBANT, dans le cadre de la Commission supérieure de Codification. Le Code de l'Organisation judiciaire, le Code de la Construction et de l'Habitation et le Code de l'Administration communale notamment ont été adoptés dans ce cadre.

---

911 M. BESCH, *Ibid*

912 F. K. KAMARA, « Les nouveaux défis de la codification au Sénégal : le cas du droit pénal », in *Droit, politique et religion*, *Droit sénégalais*, n° 09, 2009, p. 227 et s. ; C. LECOMPTE, « De la difficulté de codifier », *LPA*, 2003, n° 227 ; B. OPPETIT, « De la codification », in BEIGNER (dir.), *La codification*, 1996, Paris, Dalloz, p. 7 et s. ; J. GAUDEMET, « La codification, ses formes et ses fins », *Études Eglesias*, 1988, Madrid, p. 28. ; S. GUY, « De la codification », *LPA*,1997, n° 31; B. OPPETIT, *Essai sur la codification*, Paris, PUF 1998 ; R. CABRILLAC, *Les codifications*, Paris, PUF 2002.

913 G. CORNU, p. 187, V° Codification.

914 Sur cette question, R. LIBCHABER, « Sur l'effet novatoire de la codification à droit constant », *RTD civ*., 1997, p. 778 ; N. MOLFESSIS, « Les illusions de la codification à droit constant et la sécurité juridique », *RTD civ.*, 2000, p. 186 ; N. MOLFESSIS, « L'avènement du droit de la codification à droit constant », *RTD civ.*, 2002, p. 592 et s.

A l'occasion de cette vague de codification, le Conseil constitutionnel français a même jugé que cette forme de codification répondait à l'objectif de valeur constitutionnelle d'accessibilité et d'intelligibilité de la loi[915].

369. La codification réformatrice. La codification réelle dite codification réformatrice ou créatrice donne naissance à une œuvre nouvelle destinée à rassembler, clarifier, unifier et adapter les règles relatives à une matière à l'évolution d'un secteur considéré, en les ordonnant dans un nouveau corpus ayant une valeur normative[916].

Ce type de codification peut concerner des normes très variées (lois organiques, lois ordinaires, décrets, etc.). Il peut s'avérer nécessaire dans le souci d'une bonne information de l'usager de procéder à la codification des arrêtés ministériels ou interministériels.

Au Sénégal la pratique normative n'a pas encore exploré la méthode de codification des arrêtés.

En bonne règle légistique, ne sont codifiés, ni les textes constitutionnels, ni les textes internationaux et communautaires (qui font parfois l'objet d'une codification au niveau communautaire)[917].

Au lendemain de l'indépendance, les pouvoirs publics ont eu recours à la technique de la codification pour engager des chantiers juridiques de nature à créer les conditions du développement économique et social et à favoriser l'unité nationale[918]. M. Mamadou DIA, Président du Conseil à l'époque, soulignait, dans une circulaire n° 51 du 11 juillet 1961, que « le Sénégal a décidé d'entreprendre sans tarder l'étude de la codification de son droit propre ». Cette codification consiste à « la réunion, dans un document unique, de l'ensemble des dispositions qui régissent une matière déterminée »[919]. ARRIGUI souligne que « le regroupement dans un texte unique des réglementations éparses constitue par principe l'un des buts que se sont assignées les codifications africaines postérieures à l'indépendance »[920].

C'est ainsi qu'ont été regroupés les textes relatifs aux obligations de l'administration (Code des Obligations de l'Administration), aux obligations civiles et commerciales (Code des Obligations civiles et commerciales)[921], au

---

915 Cons. const. 16 décembre 1999, n° 99-421 DC , JO 22 déc. ; *RTD civ.*, 2000, p. 186, obs. N. Molfessis ; Cons. const. 26 juin 2003, n° 2003-473 DC.

916 G. CORNU, p. 187, V° Codification.

917 *Guide pour l'élaboration des textes législatifs et réglementaires*, Paris, La documentation française, 2005, p. 65.

918 Sur cette question, R. DEGNI-SEGUI, « Codification et uniformisation du droit », in *Encyclopédie juridique de l'Afrique*, Dakar-Abidjan-Lomé, 1982, tome 1, p. 453 et s.

919 K. MBAYE, « L'expérience sénégalaise de la réforme du droit », in *RIDC*, vol. 22 n° 01, janvier- mars 1970. p. 35 et s.

920 G. ARRIGUI, « Tradition adaptée au monde moderne : le Code de Procédure civile du Sénégal », *Penant* 1965, p. 155.

921 G. A. LIKILLIMBA, « La codification du droit des obligations dans l'espace OHADA », in I. Y. NDIAYE, J.J. L. CORREA et A.A. DIOUF (dir.), *Code des obligations civiles et*

droit pénal (Code pénal), à la procédure civile (Code de Procédure civile), à la procédure pénale (Code de Procédure pénale), à l'aviation civile (Code de l'Aviation civile), à la marine marchande (Code de la Marine marchande), etc[922]. La codification a été l'occasion d'adapter l'ancienne législation française qui était en vigueur avant l'indépendance à la situation du pays et à l'état du droit international. Il s'agissait ainsi de procéder à l'élimination de textes surannés, à la suppression d'ambiguïtés gênantes et à l'ajout de dispositions manquantes ou à des compléments utiles[923].

A titre d'exemple, par souci de simplification, le Code des Obligations civiles et commerciales a rassemblé dans des règles uniques le droit civil et le droit commercial[924]. Certaines notions surannées ont été abandonnées. La faute contractuelle et la faute délictuelle ont été confondues dans la seule notion générique de faute civile[925].

Au Sénégal, depuis l'indépendance, la codification n'a jamais été perçue comme une simple opération de regroupement formel des textes épars, dans un même corpus juridique pour en garantir la lisibilité. Au-delà de cette idée d'accessibilité d'une législation ou d'une réglementation spécifique, il s'est surtout agi pour le législateur d'impulser des réformes dans des secteurs spécifiques (aviation civile, marchés publics, obligations civiles et commerciales, etc.). L'adoption récente du Code de l'Aquaculture et du Code des Communications électroniques confirme cette tendance de la politique législative.

370. La méthode de rédaction. La technique de la codification exige de la part du rédacteur le recours à des techniques de rédaction assez complexes.

Il est possible de présenter le code sous la forme d'un même support normatif comportant respectivement une partie législative qui, sauf

---

commerciales du Sénégal (COCC) : cinquante ans après, vol 02, Dakar, CREDILA, l'Harmattan, 2018, p. 361 et s.

922 En ce sens, V. D. NDOYE, « Droit des peuples et codification : quelques exemples au Sénégal », in *La codification et l'évolution du droit,* XVIII eme Congrès de l'IDEF, Louisiane, 3-9, novembre 1985, *RJPIC*, n° 3 et 4, p. 441 et s.

923 S. GUINCHARD, « Réflexions critiques sur les grandes orientations du Code sénégalais de la Famille », *Penant* 1978, p. 178. ; R. DEGNI-SEGUI, « Codification et uniformisation du droit», *op. cit.*, p. 460.

924 En ce sens, V. Y. SAMB, « La genèse du COCC : entre legs colonial et réalités locales », in I. Y. NDIAYE, J.J. L. CORREA et A.A. DIOUF (dir.), *Code des obligations civiles et commerciales du Sénégal (COCC) : cinquante ans après*, vol 2, Dakar, CREDILA, l'Harmattan, 2018, p. 513 et s.

925 V. art. 119 du Code des Obligations civiles et commerciales. En ce sens, E. A. FARNWORTH, « Le nouveau Code des obligations du Sénégal », *Annales africaines*, 1963, p. 17 ; G. RIVES, « Théorie générale des obligations en droit sénégalais », *Rev. sén. dr.*, n° 06, 1969, p. 5 et s. ; J.P. TOUSI, *Le droit des obligations au Sénégal,* LGDJ, NEA, p. 191 et s. ; F. B. DIA, « L'unité des responsabilités contractuelle et délictuelle : état de la question », in I. Y. NDIAYE, J.J. L. CORREA et A.A. DIOUF (dir.), *Code des obligations civiles et commerciales du Sénégal (COCC) : cinquante ans après,* vol 02, Dakar, CREDILA, l'Harmattan, 2018, p. 178 et s.

habilitation expresse, contiendra les dispositions de nature législative et une partie réglementaire, qui comportera les dispositions de nature réglementaire.

La partie législative peut être intitulée : « Loi...portant partie législative du Code de... ».

La partie réglementaire peut être intitulée : « Décret...portant partie réglementaire du Code... ».

Ou bien

La partie législative peut être intitulée : « Loi...portant Code de...(partie législative) ».

La partie réglementaire : « Décret...portant Code... (partie réglementaire)».

Cette technique est celle empruntée par le Code de l'Urbanisme qui comporte une partie législative instituée par la loi n° 2008-43 du 20 août 2008 portant Code de l'Urbanisme et une partie réglementaire issu du décret n° 2009-1450 du 30 décembre 2009 portant partie règlementaire du Code de l'Urbanisme.

Le code peut aussi se présenter sous forme de deux supports normatifs autonomes l'un constituant une loi instituant le code et l'autre un décret fixant ses modalités d'application. Cette dernière technique est celle adoptée par le Code de la Marine marchande. Ce code est institué par la loi n° 2002-22 du 16 août 2002 portant Code de la Marine marchande. C'est le décret n° 2004-283 du 05 mars 2004 fixant les modalités d'application de la loi n° 2002-22 du 16 août 2002 portant Code de la Marine marchande qui en fixe les modalités d'application.

371. Le respect du domaine législatif et réglementaire. Quelle que soit la méthode employée, le codificateur doit respecter la répartition entre le domaine de la loi et celui du règlement. La partie réglementaire d'un code ne peut comporter des dispositions de nature législative sans méconnaître les dispositions de l'article 67 de la Constitution.

Lorsque les matières codifiées relèvent du domaine réglementaire, le support de la codification doit avoir une nature réglementaire. Par exemple, le Code des Contraventions, le Code de Procédure civile[926] et le Code des Marchés publics (codes réglementaires) ont été institués respectivement par le décret n° 65-557 du 21 juillet 1965, le décret n° 64-572 du 30 juillet 1964 et le décret n° 2014-1212 du 22 septembre 2014.

Au Sénégal, le rédacteur ne se conforme pas toujours à ces exigences constitutionnelles. A titre d'exemple, les articles R. 199 à R 204 du décret n° 2010-99 du 27 janvier 2010 portant Code de la Construction ont prévu de

---

[926] En ce sens, V. G. CORNU, « La codification de la procédure civile en France », in *La codification et l'évolution du droit*, XVIII ème Congrès de l'IDEF, Louisiane, 3-9, novembre 1985, RJPIC, n° 3 et 4, p. 689 et s.

sanctionner des délits relatifs aux travaux de construction ; il s'agit notamment de la poursuite de travaux sans contrôle technique dans le cas où celui-ci est obligatoire, de l'obstacle à l'exercice du droit de visite prévu lors de la construction et de la violation par le propriétaire d'un immeuble à grande hauteur des normes de sécurité.

Ces textes contreviennent manifestement aux dispositions de l'article 67 de la Constitution qui énumèrent les délits comme relevant du domaine exclusif de la loi.

372. La numérotation continue. S'agissant de la numérotation des codes, au Sénégal c'est la technique de la numérotation continue qui est souvent employée.

Par exemple, « **Article premier, Article 2, Article 3,** etc. »

Lorsque le code comporte une partie législative et une partie réglementaire, afin d'éviter toute confusion, la lettre mentionnée devant les articles permet de déterminer la nature du texte dont ils sont issus.

Pour la partie législative, les numéros des articles des lois ordinaires sont précédés de la mention de la lettre « **L** » alors que ceux des lois organiques sont précédés de la mention « **LO** ».

A titre d'exemple, les articles 25 (compétence des cours d'appel) et les articles 124 à 144 (dispositions relatives notamment à la campagne électorale, aux opérations électorales, au recensement des votes et à la proclamation des résultats) de la loi n° 2017-12 du 18 janvier 2017 portant Code électoral[927], sont précédés de la mention « **LO** » ; ce qui laisse entendre qu'ils ont été insérés dans le code par une loi organique.

Pour la partie réglementaire, les numéros des articles (des décrets) sont précédés de la mention de la lettre « **R** »[928], en raison de leur origine réglementaire.

Lorsque la codification rassemble dans un même corpus des arrêtés (ce qui est très rare), les articles sont précédés de la mention de la lettre « **A** ».

Le Conseil constitutionnel sénégalais, saisi par le Président de la République aux fins d'examiner la conformité de la loi du 02 janvier 2017 portant Code électoral à la Constitution, a déjà jugé que les dispositions des articles LO 115 à LO 123, LO 152, LO 202, LO 205 à LO 212 et LO 225 relatives notamment à l'application de sanctions pénales « ne rentrent pas dans

---

927 JORS n° 6987 du 19 janvier 2017, p. 82.

928 En France, pour la partie réglementaire, on distingue les décrets simples, les décrets en Conseil d'État des décrets en Conseil des Ministres. Les articles du décret en Conseil d'État sont précédés de la lettre: « R », et de « R* », s'il est pris en Conseil des Ministres. Quant aux articles des décrets simples, ils sont précédés de la mention de la lettre « D », ou « D* » s'il est pris en Conseil des Ministres. V. *Guide pour l'élaboration des textes législatifs et réglementaires*, Paris, La documentation française, 2005, p. 65. Mais le droit sénégalais ignore ces distinctions.

le champ de compétence du législateur organique, aucune disposition de la Constitution ne renvoie à une loi organique pour fixer les peines applicables aux infractions prévues par les articles L 88 et L114 auxquels fait référence l'article LO 225 ».

Le Conseil a jugé que les numéros de ces articles doivent être transcrits en faisant précéder les dispositions correspondantes par la lettre « **L** » et non « **LO** »[929].

Les textes normatifs ne se conforment pas toujours à cette technique de numérotation. A titre illustratif, le Code de l'Urbanisme, qui comprend pourtant une partie législative et une partie réglementaire, comportent des articles qui ne sont pas précédés de la mention des lettres « **L** » ou « **R** ».

D'ailleurs, on retrouve même des codes (législatifs) dépourvus d'une partie réglementaire dont les articles sont précédés de la mention de la lettre « **L** ». La loi n° 97-17 du 1er décembre 1997 portant Code du Travail, modifiée en constitue une illustration parfaite.

373. La numérotation décimale. La codification moderne utilise de plus en plus une technique de numérotation des articles qui diffère de la numérotation continue employée dans les codes traditionnels. En effet, pour permettre de savoir à la simple lecture du numéro d'un article à quelle partie du code il appartient et de quelle source juridique il émane, les rédacteurs ont souvent recours à la numérotation décimale. Les articles des codes reçoivent une numérotation qui traduit leur position dans le code par rapport aux subdivisions sous lesquelles ils figurent. Ces numéros sont composés en principe de trois chiffres ; le chiffre des centaines correspondant au numéro du livre, le chiffre des dizaines à celui du titre et le chiffre des unités à celui du chapitre. Si le code comprend des parties, ses articles comportent quatre chiffres, le premier identifiant le numéro de la partie afférente. Cette numérotation à trois chiffres, voire à quatre, est suivie d'un tiret et d'une numérotation continue pour chaque article.

Par exemple, un article figurant dans le chapitre III du titre II du livre premier d'un code est nécessairement un article commençant par « L 321 » (ou R. ou A.), suivi d'un tiret et d'une numérotation séquentielle.

Aussi, les articles R 256-1 à R 256-5 contiennent les mesures d'application du livre II, titre V, chapitre VI de la partie législative du code.

Le codificateur sénégalais n'a pas encore exploré le système de numérotation décimale.

374. Le plan du code. Quelle que soit la technique utilisée, le plan du code n'est pas sensiblement différent de celui des textes ordinaires. Il peut

---

[929] Cons. const. n° 04/C/2017 du 13 janvier 2017, JORS, n° 6986 du mercredi 18 janvier 2017, p. 35.

comprendre suivant son importance, des parties, des livres, des titres et des chapitres, des sections et des paragraphes.

Lorsque le rédacteur du code a recours à la technique de la numérotation décimale, il doit se limiter à un plan comportant au maximum une subdivision de neuf (9) éléments, en raison de la numérotation spécifique des articles.

375. Les renvois, modifications et abrogations. Le codificateur peut être amené à procéder à des renvois au sein d'un même code, entre des codes différents, à des lois non codifiées ou à des textes internationaux (traités ou conventions).

Lorsqu'il est procédé à un renvoi intérieur, il est recommandé de faire référence au code et non au texte ayant institué ledit code (loi ou décret).

Par exemple : « la commission instituée par l'article 23 du présent code ».

Les dispositions du code, à l'image de tout texte normatif, peuvent faire l'objet de modifications ou d'abrogations. Ces opérations juridiques ne sont possibles qu'au moyen d'un acte normatif de même niveau que celui qui a institué lesdites dispositions (l'acte de codification)[930]. Ainsi les dispositions introduites dans le code par une loi organique ne pourront être modifiées ou abrogées par une loi ordinaire ou par un décret.

376. La table de concordance. L'adoption d'un nouveau code apporte souvent de grandes innovations à l'état du droit antérieur et des bouleversements à la numérotation classique du code. Il peut, dès lors, être nécessaire d'annexer au code une table de concordance. Cette annexe n'a qu'une valeur indicative ; elle a simplement pour objet d'indiquer pour chaque article les références correspondantes par rapport au texte originel, suivi le cas échéant de la date de sa dernière modification. Elle renvoie pour chaque article du texte originel à ou aux articles y relatifs de l'acte codifié. Cette technique permet de faciliter la recherche des dispositions codifiées et d'offrir des passerelles nécessaires entre les anciens et les nouveaux articles[931].

---

[930] M. BESCH, *Traité de légistique formelle*, Publication du Conseil d'Etat du Grand-Duché de Luxembourg, 2005, p. 114.

[931] En ce sens, V. M. BESCH, *Traité de légistique formelle*, Publication du Conseil d'Etat du Grand-Duché de Luxembourg, 2005, *Ibid.*

DOCUMENT N° 24 : LES ELEMENTS CONSTITUTIFS DU TEXTE NORMATIF

L'appellation de l'État	**RÉPUBLIQUE DU SÉNÉGAL**
La devise	*Un Peuple-Un But-Une Foi* ……………
Le timbre du ministère maitre d'œuvre	Ministère du Travail, du Dialogue social, des Organisations professionnelles et des Relations avec les Institutions
L'intitulé du texte	**Projet de décret fixant les règles applicables au certificat d'apprentissage**
Le rapport de présentation	**RAPPORT DE PRÉSENTATION** ……………………………………………… ……………………………………………… ……………………………………………… ………………………………
Formule de clôture	Telle est l'économie du présent projet de décret.

Décret n°….. fixant les règles applicables au certificat d'apprentissage

L'autorité qui décide	**LE PRÉSIDENT DE LA RÉPUBLIQUE,**
Les visas	VU la Constitution ; VU le règlement de l'UEMOA n°………………………………… ; VU la loi n° ……………………………………………… ; VU le décret n° …………………………………………… ; VU l'avis du ……………………………………………,
Les considérants (motifs)	Considérant l'urgence ………………………………………… ; Considérant ……………………………………………… ;
Le rapporteur du texte	Sur le rapport du Ministre de………………………………………,
Le verbe central	**DÉCRÈTE :**
L'intitulé du titre	Chapitre premier : Objet et champ d'application
L'intitulé de l'article	Article premier : Objet
Alinéa 1	…………………………………………………… ……………………………………………………
Alinéa 2	…………………………………………………… ……………………………………………………
	Article 2.- Champ d'application
L'exécutoire ou disposition d'exécution	Article 3.- Le Ministre chargé de ….procède à l'exécution du présent décret qui sera publié au Journal officiel

(Articles: **L'article** / **Le dispositif**)

Fait à Dakar, le……………

Signature	Par le Président de la République Macky SALL
Contreseing	Le Premier Ministre **Mahammed Boun Abdallah DIONNE**

DOCUMENT N° 25 : MODELE DE PROPOSITION DE LOI

REPUBLIQUE DU SENEGAL

Un Peuple-Un But-Une Foi

Assemblée nationale

Treizième législature

Proposition de loi relative à ....

Présentée par

M. Doudou WADE

Député

EXPOSÉ DES MOTIFS

Mesdames, Messieurs,

....
....
....
....
....
....
....
....
....
....
....

Tel est l'objet de la présente proposition de loi.

Article premier...
Article 2.-...
Article 3.-...

SECTION II

LES REGLES SPECIFIQUES RELATIVES A LA REDACTION DES TEXTES LEGISLATIFS ET REGLEMENTAIRES

« Les lois ne doivent point être subtiles : elles sont faites pour des gens de médiocre entendement »,
MONTESQUIEU

377. Les méthodes rédactionnelles spécifiques. A côté des méthodes ordinaires de rédaction des textes législatifs et réglementaires, il y a des règles spécifiques de la technique légistique qui concernent certaines catégories de textes. A cet égard, la rédaction des amendements des projets et propositions de loi (**paragraphe premier**) ainsi que la réception des normes communautaires dans l'ordre juridique national (**paragraphe II**) présentent des spécificités certaines.

PARAGRAPHE PREMIER

LA REDACTION DES AMENDEMENTS DES PROJETS ET PROPOSITIONS DE LOI

378. Le mécanisme de l'amendement. L'amendement est une modification présentée par le Gouvernement, les députés et les commissions aux textes déposés sur le bureau de l'Assemblée nationale. Les amendements ont pour objet de modifier ou de supprimer tout ou partie des dispositions d'un texte soumis à l'Assemblée nationale ou d'y insérer des dispositions nouvelles[932]. Il s'agit donc d'une proposition de modification d'un texte en discussion. Les amendements peuvent porter sur un article, un alinéa, un intitulé, une subdivision, une phrase du texte en discussion ou sur ses annexes[933].

---

[932] *La rédaction des amendements, sous-amendements et motions de procédure*, Sénat, service de la séance, octobre 2009, p. 5.

[933] *Guide de la rédaction des lois et amendements,* Assemblée nationale, juillet, 2007, p. 26.

Dans la pratique parlementaire sénégalaise, à l'occasion du vote des projets ou des propositions de loi à l'Assemblée nationale, il arrive que des amendements soient proposés par des députés ou par des membres du Gouvernement[934]. Récemment, lors du vote du projet de Code de la Presse, plusieurs amendements ont été adoptés par l'Assemblée nationale.

Les techniques de rédaction des amendements se rapprochent de celles des textes modificatifs ; mais elles présentent des particularités qui concernent aussi bien les éléments constitutifs de l'amendement (**A**) que les types d'amendements (**B**).

A. - LES ÉLÉMENTS CONSTITUTIFS DE L'AMENDEMENT

379. Les exigences de l'amendement. Le droit sénégalais exige que l'amendement présente une forme écrite[935]. Les amendements sont signés par leurs auteurs et déposés par écrit. Ils peuvent intervenir avant la discussion en commission ou même en séance plénière, « sur le siège ». Dans la pratique normative, les amendements spontanés qui interviennent en séance plénière, sont rédigés en forme manuscrite.

380. La présentation formelle. Les amendements comportent de façon plus ou moins formelle, quatre parties. Cette présentation est destinée à en faciliter le traitement[936].

Le titre du texte objet de l'amendement. L'amendement doit indiquer le titre du texte en discussion sur lequel il porte avec la mention du numéro du texte. Il s'agit du numéro d'enregistrement attribué par la Direction des Services législatifs de l'Assemblée nationale et consigné sur le registre des projets et propositions de loi.

Par exemple : **Projet de loi n°.../ 2017 portant Code de la Presse**

La mention « Amendement » suivi du nom de son auteur. Cette mention doit être indiquée clairement dans le texte de l'amendement au bas de la

---

934 On peut citer l'amendement Niadiar SENE, du nom d'un député socialiste, proposé dans le courant de l'année 1998, qui préconisait la modification du Code électoral en vue de porter le nombre de députés de cent vingt (120) à cent quarante (140). Il y a également l'amendement Moussa SY adopté le 21 novembre 2001 tendant à instaurer, à titre transitoire, des délégations spéciales pour la gestion des conseils régionaux, des conseils municipaux et des conseils ruraux en lieu et place des assemblées élues des collectivités territoriales et, à titre transitoire, pour une période de six (6) mois.

935 V. art. 79, alinéa 1er du règlement intérieur de l'Assemblée nationale ; également, *Rédiger la loi. Guide de rédaction des propositions de loi et des amendements,* Sénat, édition septembre 2007, p. 71.

936 Sur la présentation de l'amendement, V. *La rédaction des amendements, sous-amendements et motions de procédure,* Sénat, service de la séance, octobre 2009, p. 6 et s.

mention du projet de loi. Le mot « **AMENDEMENT** » est écrit en majuscule et est centré.

Par exemple : « **AMENDEMENT**
présenté par M. …………, Député »

La mention de la partie du texte amendée. Il s'agit de l'indication de l'article ou de la division du texte en discussion sur lequel porte l'amendement ou de l'article ou de la division avant ou après lequel l'article additionnel proposé par l'amendement doit être inséré. Cette mention est écrite en gras et est centrée.

Par exemple : « **Article 25 »**

Le dispositif de l'amendement. Le dispositif est la partie normative de l'amendement ; c'est-à-dire le texte même de l'amendement qui s'applique au texte en cours de discussion.

Le dispositif débute, en première ligne, par le « chapeau » de l'amendement.

D'une part, le chapeau a pour objet de situer précisément l'endroit où doit intervenir la modification.

Par exemple : « Après l'alinéa 3, première phrase… ».

D'autre part, il indique, à la deuxième ligne, le type de modification souhaité par l'auteur de l'amendement. Cette partie du chapeau se reconnaît par l'usage du mode infinitif, qui exprime l'opération retenue en vue de réaliser la modification du texte en discussion.

Par exemple : supprimer, compléter, insérer, ajouter un alinéa 3 dont les dispositions sont ainsi rédigées : « … ».

Le dispositif de l'amendement obéit aux mêmes règles de rédaction que celles régissant le dispositif des textes législatifs et réglementaires. Il doit, comme pour les autres textes normatifs, respecter les exigences de clarté, d'intelligibilité et de bonne articulation nécessaires à la préservation de la sécurité juridique.

L'objet de l'amendement. L'objet de l'amendement doit être, aussi bref que possible. Il expose sommairement le sens de l'amendement et les motifs de l'auteur. Il comporte deux parties, en général : un exposé des arguments de l'auteur de l'amendement et une présentation technique du dispositif proposé. L'objet de l'amendement est annoncé par la mention « **OBJET** » qui est centrée et écrit en majuscule et en gras.

A l'image de l'exposé des motifs d'une proposition de loi, il doit y avoir une cohérence entre le dispositif et l'objet d'un amendement.

Mais l'objet ne s'impose pas, lorsqu'il se déduit du texte même, il n'est pas nécessaire. Dans la pratique sénégalaise, la plupart des amendements présentés par ne comportent pas d'objet.

Enfin, conformément à l'article 79, alinéa 3 du règlement intérieur de l'Assemblée nationale, l'amendement doit être signé par son ou ses auteurs ; il mentionne également la date de sa présentation.

Par exemple : « Dakar, le 16 juin 2017

(signature) »

B. - LES TYPES D'AMENDEMENTS

381. Les formes d'amendements. Il existe diverses catégories d'amendements qui supposent le recours à des méthodes de rédaction de «chapeaux» sensiblement différentes[937]. Les formes d'amendements varient suivant le type de modification recherchée par leurs auteurs. Il peut s'agir d'amendements de suppression (**1**), de réécriture (**2**), d'insertion (**3**), de complément (**4**) ou d'amendements comportant une compensation financière (**5**).

1. - Les amendements de suppression

382. Les techniques de suppression. Les amendements de suppression consistent à supprimer un article, un alinéa, une phrase ou une subdivision du texte en discussion. Ils s'appliquent à l'ensemble des éléments amendables. Dans le chapeau, le verbe indiquant la modification à opérer est : «supprimer».

Par exemple : « supprimer l'alinéa 5 »

ou

Supprimer les mots : « .... ».

En cas de risque d'ambiguïté sur les mots à supprimer (mots figurant plusieurs fois dans la partie du texte visé), il convient d'indiquer leur emplacement dans l'amendement ainsi qu'il suit :

Après les mots : « ... » supprimer l'expression « ... » :

---

[937] Sur cette question, V. *Guide de la rédaction des lois et amendements*, Assemblée nationale, juillet, 2007, p. 26 et s. ; *La rédaction des amendements, sous-amendements et motions de procédure,* Sénat, service de la séance, octobre 2009, p. 19 et s. ; *Rédiger la loi. Guide de rédaction des propositions de loi et des amendements*, Sénat, édition septembre 2007, p. 64 et s.

2. - Les amendements de réécriture

383. Les méthodes de réécriture. Ces amendements consistent à procéder à une nouvelle rédaction du texte en discussion. Le verbe indiquant la modification à opérer est : « rédiger ainsi » ; il s'applique aux articles, alinéas et phrases.

Par exemple : rédiger l'article 3 ainsi qu'il suit : « … ».

ou

Rédiger la première phrase de l'alinéa 6 de l'article 4 ainsi qu'il suit : «…»

Lorsque le rédacteur souhaite remplacer des mots par d'autres mots ou bien procéder à la nouvelle rédaction d'une phrase ou d'un alinéa pour remplacer ceux-ci par plusieurs phrases ou plusieurs alinéas, il convient de recourir au verbe « substituer » et non « remplacer ainsi ».

Par exemple : dans la première phrase de l'alinéa 5 de cet article, substituer au (x) mot (s) : « … », le (s) mot (s) : « … ».

ou

Substituer à l'alinéa 4 de cet article, les cinq alinéas suivants : « … ».

3. - Les amendements d'insertion

384. Les techniques d'insertion. L'amendement d'insertion consiste à intégrer dans le texte en discussion, un article additionnel, un alinéa, un paragraphe, une phrase, une subdivision ou un mot. Le verbe indiquant la modification à opérer est « insérer ». Le rédacteur doit veiller à préciser l'emplacement de l'insertion.

Par exemple : Après l'article 45, insérer l'article suivant : « … »

ou

Avant l'alinéa 5, insérer un paragraphe ainsi rédigé : « … »

Si l'article à modifier ne comporte qu'un seul alinéa, l'insertion doit être faite ainsi qu'il suit : « … ».

Au début de l'article, insérer les trois alinéas suivants : « … ».

4. - Les amendements de complément

385. Les méthodes de complément. Les amendements de complément tendent à compléter un article, un alinéa, une subdivision ou une phrase.

Le verbe indiquant la modification, consistant à insérer de nouvelles dispositions à la fin du texte en discussion, est « compléter ».

Par exemple, compléter cet article par trois alinéas ainsi rédigés : « … ».

ou

Compléter cet article par une phrase ainsi rédigée : « … ».

ou

Compléter cet article par les mots suivants : « … ».

5. - Les amendements comportant une compensation financière (gage)

386. Une irrecevabilité financière liée aux amendements. L'article 82, alinéa 2 de la Constitution a prévu une irrecevabilité d'ordre financier de certains amendements. Ce texte déclare irrecevables les amendements formulés par les députés dont l'adoption aurait pour conséquence soit la diminution des ressources publiques, soit la création ou l'aggravation d'une charge publique

(amendements financiers) «à moins que ces propositions ou amendements ne soient assortis de propositions de recettes compensatrices »[938].

Dès lors, pour éviter qu'un amendement tendant à diminuer une ressource publique ne soit frappé d'irrecevabilité, il convient de le « gager », c'est-à-dire de l'assortir d'une compensation financière. En revanche, il n'est pas possible de « gager » un amendement créant ou aggravant une charge publique[939].

387. La présentation formelle du gage. La rédaction des amendements financiers présente quelques particularités. Le gage doit être inclus dans le dispositif même de l'amendement. L'amendement comportera donc normalement au moins deux paragraphes : le premier est relatif à la mesure proposée ; le deuxième ou les suivants (si plusieurs catégories de personnes publiques sont concernées) sont relatifs à la compensation. La rédaction du gage diffère selon qu'il s'agit d'un amendement modifiant ponctuellement un article d'un projet ou d'une proposition de loi ou d'un article additionnel, d'une rédaction globale d'article ou d'un paragraphe additionnel à l'intérieur d'un article.

Lorsque le gage compense la modification d'une disposition incluse dans le dispositif d'un article d'un projet ou d'une proposition de loi, il sera présenté en complément de l'article amendé et prendra la forme d'un paragraphe complétant cet article.

Par exemple :

I.- Rédiger cet alinéa ainsi qu'il suit : « … » (modification proposée par l'amendement).

---

938 V. art. 60 du règlement intérieur de l'Assemblée nationale.

939 V. *Guide de la rédaction des lois et amendements,* Assemblée nationale, juillet, 2007, p. 35 et s. ; *La rédaction des amendements, sous-amendements et motions de procédure,* Sénat, service de la séance, octobre 2009, p. 36 et s.

II.- Pour compenser la perte de recettes résultant du I ci-dessus, compléter cet article par un paragraphe ainsi rédigé : « … » (gage).

Lorsque l'amendement tend à insérer un article additionnel, le dispositif générant la perte de recettes et le gage lui-même sont présentés comme des paragraphes distincts d'un nouvel article du projet. Le gage prend la forme d'un paragraphe placé à la fin de cet article. L'amendement se présente sous la forme suivante :

Après l'article …, insérer un article additionnel ainsi rédigé :

« I.- (La modification proposée par l'amendement)

II. - La perte de recettes résultant pour l'État du I ci-dessus est compensée à due concurrence par … (le gage) ».

Souvent, la perte de recettes résultant pour l'État de l'amendement proposé est compensée à due concurrence par la création d'une taxe additionnelle ; mais tout autre gage (impôt, droit de timbre, etc.) peut être proposé[940].

388. La rédaction des gages. D'une manière générale, la rédaction des gages doit obéir à des règles spécifiques.

Le ou les paragraphes du gage doivent mentionner explicitement, pour chacun d'entre eux, la personne publique ou la catégorie de personnes publiques (État, collectivités territoriales, établissements publics, etc.) affectée par la perte de recettes.

En outre, lorsque l'auteur n'a pas la possibilité de déterminer précisément le montant de la compensation, il peut prévoir un gage « à due concurrence ». Les gages ne figurent pas dans le texte adopté si le Gouvernement, favorable à l'amendement en discussion, « lève le gage » en séance plénière.

---

[940] *La rédaction des amendements, sous-amendements et motions de procédure*, Sénat, service de la séance, octobre 2009, p. 38.

DOCUMENT N° 26 : MODELE D'AMENDEMENT (SIMPLE)

REPUBLIQUE DU SENEGAL

ASSEMBLEE NATIONALE

Treizième législature

Projet de loi n°…/ 2017 portant……….

AMENDEMENT

présenté par M. …………, Député

Le groupe…….

Article…

Après l'alinéa…..

Insérer un alinéa ainsi rédigé : (amendement par insertion)

« …………………………

……………………………

……………………………»

OBJET

………………………………………………………………………………………
………………………………………………………………………………………
………………………………………………………………………………………
………………………………………………………………………………………
……………………………………

………………………………………………………………………………
……………………………………………………………………

Dakar, le ………………………

(Signature)

DOCUMENT N° 27 : MODELE D'AMENDEMENT COMPORTANT UNE COMPENSATION FINANCIÈRE (GAGE)

REPUBLIQUE DU SENEGAL

ASSEMBLEE NATIONALE

Treizième législature

Projet de loi n°…/ 2017 portant……….

AMENDEMENT

Présenté par M. …………, Député

Le groupe…….

Article…, alinéa….

I.- Rédiger cet alinéa ainsi qu'il suit : « ……… » (modification proposée par l'amendement)

II.- Pour compenser la perte de recettes résultant du I ci-dessus, compléter cet article par un paragraphe ainsi rédigé : « …………………….» (gage)

OBJET

……………………………………………………………………………………
……………………………………………………………………………………
……………………………………………………………………………………
……………………………………………………………………………………
……………………………………………………………………………………
……………………………………………………………………………………
……………………………………………………………………………………
……………………………………………

Dakar, le ………………………………

(Signature)

PARAGRAPHE II

LA RECEPTION DES NORMES COMMUNAUTAIRES DANS LE DROIT NATIONAL

389. La pénétration des normes communautaires dans l'ordre national. Le processus de pénétration du droit communautaire dans les ordres juridiques nationaux exige le recours par le rédacteur à des techniques normatives assez complexes garantissant la primauté de la norme communautaire.

Dans cette étude, l'accent sera mis d'une part, sur les méthodes de transposition des directives communautaires (**A**) et d'autre part, sur les techniques d'incorporation des projets de loi uniforme dans l'ordre normatif national (**B**).

A. - LA TRANSPOSITION DES DIRECTIVES DANS L'ORDRE JURIDIQUE NATIONAL

390. L'opération de transposition. Les organisations communautaires adoptent souvent des directives dans divers secteurs d'activités en vue de favoriser l'intégration économique et l'harmonisation des cadres juridiques des États membres. Les directives constituent de puissants outils d'harmonisation des législations des États.

La directive est une norme communautaire qui lie tout État membre destinataire quant au résultat à atteindre tout en laissant aux instances nationales la compétence quant à la forme et aux moyens[941]. Une directive communautaire s'adresse donc aux États membres de la communauté et oblige ceux-ci à la transposer, c'est-à-dire à en intégrer les règles dans leurs droits internes[942]. Elle met à la charge des États une obligation de moyen et non une obligation de résultat[943].

Contrairement à d'autres normes de droit dérivé (Acte uniforme, Acte additionnel, Règlement, décision, etc.), la directive ne constitue pas une norme

---

[941] V. art. 43 du Traité de l'UEMOA ; également, D. SIMON, *La mise en œuvre des directives en droit national,* Aix-en-Provence, CERIC, 1991.

[942] CE, *Principes de technique législative. Guide de rédaction des textes législatifs et réglementaires*, 2008, p. 113.

[943] G. ISAAC et M. BLANQUET, *Droit général de l'Union européenne*, Paris, Sirey, 10eme édition, 2012, p. 310.

directement applicable[944] ; elle relève d'une « méthode de législation à deux étages »[945].

L'introduction de cette norme dans l'ordre juridique national suppose sa transposition[946]. D'après la circulaire n° 008/PM/SGG/PAT du 1er juin 2016 sur la transposition des directives communautaires, la transposition est « l'opération par laquelle un État membre destinataire de la directive procède à l'adoption de toutes les mesures nécessaires à son incorporation effective dans l'ordre juridique national par les véhicules normatifs appropriés »[947].

L'opération de transposition[948] n'est nécessaire que lorsque les dispositions nationales en vigueur ne permettent pas d'atteindre l'objectif visé par le législateur communautaire[949].

---

944 Sur la notion de directive, D. SIMON, « Directive », *Rép. dr. eur.*, Dalloz, mars 2012, n° 02 ; F. HERVOUET, « La directive : Janus juridique parfait ou imparfait ? », *Rev. Union européenne*, 2011, p. 291.

945 G. ISAAC et M. BLANQUET, *op. cit.*, p. 307.

946 M. HIANCE, « La transposition de la directive dans le droit national », *Gaz. pal.*, 24 février 2000, n° 055, p. 19 ; J. ROUX, « La transposition des directives communautaires à a transposition des directives communautaires à l'épreuve de la Constitution », *RDP,* 01/07/2007, n° 04, p. 1031 ; M. AYRAL, « La transposition des directives dans les droits nationaux », *Rev. Marché commun,* 1977. 411 ; Y. GALMOT et J.-C. BONICHOT, « La Cour de justice et la transposition des directives en droit national », *RFD adm.,* 1988, p. 123.

947 Sur la notion de transposition, D. SIMON, « Directive », *Rép. dr. eur.*, Dalloz, mars 2012, n° 29.

948 S'agissant de la procédure de transposition, les ministères sectoriels sont chargés de la transposition des directives relevant de leur compétence. A cet effet, ils mettent en place des comités ad-hoc de transposition et désignent, sur invitation du Ministère de l'Economie, des Finances et du Plan, un point focal titulaire et un suppléant chargés du suivi ministériel des questions de transposition. Le Ministère de l'Economie, des Finances et du Plan assure le suivi et la coordination de la transposition des directives en rapport avec les ministères sectoriels. Il s'appuie, à cet effet, sur la Cellule de Suivi de l'Intégration (CSI), créée au sein de la Direction générale de la Planification et des Politiques économiques. La CSI est l'épine dorsale du dispositif de suivi de la transposition des directives. En vertu du décret n° 2014-1171 du 16 septembre 2014 portant organisation du Ministère de l'Economie des Finances et du Plan modifié par le décret n° 2017-480 du 03 avril 2017, la CSI a pour mission d'assurer le traitement des questions relatives à l'intégration concernant le Ministère de l'Economie, des Finances et du Plan. A cet effet, elle est chargée de suivre en relation avec les services techniques concernés, les questions relatives à l'intégration économique. Pour mener sa tâche, elle s'appuie sur son réseau de points focaux ministériels qui rendent compte régulièrement de l'état d'avancement des travaux des comités ad-hoc ministériels pour la transposition des directives. Il existe, au sein du Ministère de l'Economie des Finances et du Plan, du Projet de Coordination des Réformes budgétaires et financières (PCRBF) qui est une stratégie permettant d'assurer un suivi rapproché des directives du cadre harmonisé de gestion des finances publiques. A cet égard, il a été mis en place, au sein du Ministère chargé des Finances, par arrêté n° 08975 MEF/CAB/PCRBF du 04 octobre 2010, un comité national de transposition des directives de l'UEMOA relatives au cadre harmonisé des finances publiques de 2009 (Sur cette question, O. SAMB, « Procédures et effets attachés au défaut de transposition », *Echos Finances*, n° 04, janvier-février-mars, 2017, p. 42 et s.). Par ailleurs, la circulaire n° 008/PM/SGG/SGA/DSL/IS du 31 mai 2017 sur le processus de transposition des directives communautaires a rappelé que l'obligation de transposition des directives participe de l'harmonisation des législations des Etats et de la mise en œuvre des réformes communautaires. Cette circulaire a également recommandé aux ministères de prendre toutes les dispositions

La circulaire n° 008/PM/SGG/PAT du 1er juin 2016 précitée a d'une part, fixé les principes directeurs de la transposition des directives (**1**) et a d'autre part, rappelé les techniques et méthodes relatives à cette opération (**2**).

1. - Les principes directeurs de la transposition des directives

391. Les principes généraux. L'insertion des directives communautaires dans l'ordre juridique interne obéit à des principes directeurs qui irriguent tout le processus de transposition de ces normes[950].

La circulaire n° 008/PM/SGG/PAT du 1er juin 2016 précitée a décliné deux principes majeurs régissant la transposition des directives. Il s'agit du principe de la fidélité et de l'exhaustivité de la transposition et celui du « tout ou rien ».

392. Le principe de la fidélité et de l'exhaustivité de la transposition. Ce principe signifie que les États membres ne sont pas autorisés à dénaturer la directive ou à en faire une transposition partielle. L'incorporation de la directive dans l'ordre normatif national doit être fidèle et complète par rapport au texte de la directive éclairé, au besoin, par ses considérants[951].

A cet égard, il est recommandé aux rédacteurs des textes de transposition d'établir un tableau de transposition mettant en rapport les dispositions de la directive et celles du projet de texte de transposition. Il s'agit de garantir la complétude de la transposition de la directive et d'assurer une bonne articulation avec les textes en vigueur.

293. Le principe « du tout ou rien ». En vertu de ce principe, lorsque l'État membre opte pour la transposition des dispositions facultatives de la directive, il a l'obligation d'incorporer intégralement ces dispositions dans son édifice national.

La marge de manœuvre de l'État réside uniquement dans la liberté de transposer ou de ne pas transposer une disposition facultative. Une fois la décision de transposer prise, tout le contenu de la directive doit être fidèlement transcrit dans l'ordre juridique national.

A titre d'exemple, l'article 9, alinéa 2 de la Directive n° 02/2006/CM/UEMOA du 23 mars 2006 relative à l'harmonisation des régimes applicables aux opérateurs de réseaux et fournisseurs de services énonce que

---

nécessaires pour accélérer le processus de transposition des directives relevant de leur compétence en rapport avec la CSI du Ministère de l'Economie des Finances et du Plan.

949 Le Sénégal est souvent présenté comme un Etat respectueux de ses obligations communautaires. Déjà, en 2015, il a transposé plus de 70% des directives communautaires, soit une performance moyenne de 66%, V. *Rapport général 2015 de la revue annuelle des réformes, politiques, programmes et projets communautaires de l'UEMOA.*

950 P. A. TOURE, « Le cadre normalisé de la transposition des directives communautaires au Sénégal », in *Séminaire régional sur la pratique des Etats membres en matière de transposition des directives communautaires*, Bissau (Guinée Bissau) du 28 novembre au 02 décembre 2016.

951 *Guide pour l'élaboration des textes législatifs et réglementaires, Mali, a*oût 2016, p. 132.

les États membres peuvent imposer des redevances afin de tenir compte de la nécessité d'assurer une utilisation optimale de la ressource attribuée.

Conformément au principe « du tout ou rien », un État qui décide de rendre obligatoire une redevance, ne saurait imposer une redevance ayant un caractère discriminatoire[952].

2. - Les méthodes et techniques de transposition des directives communautaires

394. Les techniques de rédaction. La présentation et la rédaction des textes normatifs assurant la transposition des directives communautaires obéissent aux mêmes règles que celles prévues pour tous les autres textes législatifs et réglementaires[953].

Toutefois, la conception des normes de transposition présente quelques spécificités techniques liées à l'objet même de l'acte de transposition. En effet, l'opération de transposition relève des techniques de légistique spécialisée. Ainsi, elle obéit à des méthodes particulières qui ont pour objet de garantir la pleine et fidèle incorporation de la directive communautaire dans l'ordre juridique national[954].

395. Le support normatif de l'acte de transposition. Le droit communautaire laisse aux États membres une liberté sur le choix du vecteur normatif de transposition, à condition qu'il soit juridiquement contraignant. En principe, le choix de la norme nationale devant servir de support à l'acte de transposition releve de la « compétence quant à la forme et aux moyens », dévolue par les textes communautaires aux États membres[955].

En règle générale, la transposition d'une directive requiert l'adoption de dispositions législatives ou réglementaires, puisque seules celles-ci sont de nature à assurer une sécurité juridique suffisante[956]. Une directive ne peut donc pas être transposée par de simples mesures de nature administrative telles que des circulaires. Il a été jugé que de « simples pratiques administratives » ne sauraient être considérées comme constituant une mise en œuvre des obligations de transposition, par manque d'impérativité et de défaut de sécurité juridique[957].

---

[952] P. A. TOURE, « Le cadre normalisé de la transposition des directives communautaires au Sénégal », in *Séminaire régional sur la pratique des Etats membres en matière de transposition des directives communautaires*, Bissau (Guinée Bissau) du 28 novembre au 02 décembre 2016.

[953] V. la circulaire n° 00041 PM/SGG/SGA/PAT/SP du 06 octobre 2015 relative aux règles de présentation et de rédaction des textes législatifs et réglementaires.

[954] C. ZOLYNSKI, *Méthode de transposition des directives communautaires*, Paris, Dalloz, Collection Nouvelle Bibliothèque de Thèses, 2007.

[955] V. art 43 du traité de l'UEMOA.

[956] CJCE, 07 novembre 1996, Commission c/ Luxembourg, aff. C-221/94, *Rec.* I. 5669.

[957] CJCE, 15 mars 1983, Commission c/ Italie, aff. 145/82, Rec. 711.

En outre, la transposition doit être opérée dans le respect de la hiérarchie des normes et de la répartition constitutionnelle des matières entre la loi et le règlement[958].

A titre d'exemple, une directive prévoyant des dispositions instituant une procédure pénale, ne saurait être transposée par un texte réglementaire, cette matière relevant du domaine exclusif de la loi[959].

Une même directive peut être transposée pour une partie par la voie législative et pour une autre partie par la voie réglementaire, l'essentiel est que le partage entre les domaines législatif et réglementaire soit respecté.

Lorsque la matière dans laquelle intervient la directive relève du domaine législatif, il est possible de recourir au procédé de la transposition par ordonnance dans le respect des procédures constitutionnelles. A cet effet, le Parlement doit habiliter, par une loi, le Président de la République à prendre des mesures de transposition qui sont normalement du domaine législatif, à charge pour l'institution parlementaire de les ratifier[960].

396. La prohibition de la « sur transposition ». Si la transposition doit être fidèle et complète, dans certains cas, le droit national assure même par avance la transposition de la directive et n'a, par suite, besoin d'aucun complément. Selon l'arrêt de la Cour de Justice des communautés européennes rendu le 20 mars 1997 : « La transposition en droit interne d'une directive n'exige pas nécessairement une reprise formelle et textuelle de ses dispositions dans une disposition légale expresse et spécifique et peut, en fonction de son contenu, se satisfaire d'un contexte juridique général, dès lors que celui-ci assure effectivement la pleine application de la directive d'une façon suffisamment claire et précise »[961].

Inversement, la transposition ne doit pas en principe aller au-delà de ce qu'exige la directive. Les interdictions qu'elles expriment doivent être textuellement reproduites[962].

Lorsque la directive énumère les conditions de mise en œuvre d'une règle, les mesures nationales de transposition ne peuvent introduire des conditions supplémentaires[963].

Elles ne peuvent pas davantage introduire des exceptions ou des dérogations non prévues par la directive[964].

---

958 V. art. 67 et 76 de la Constitution ; *Guide pour l'élaboration des textes législatifs et réglementaires, Mali,* août 2016, p. 132.

959 V. art. 67 de la Constitution.

960 V. art. 77 de la Constitution.

961 CJCE, 20 mars 1997, Commission c/Allemagne, aff. C-96/95, *Rec.* I. 1653.

962 CJCE, 27 avril 1988, Commission c/ France, aff. 252/85.

963 CJCE, 23 novembre 1989, Parfumerie Fabrik, aff. 150/88.

964 CJCE, 08 juillet 1987, Commission c/ Belgiqueaff. 247/85.

397. La transposition par un acte modificatif ou par un acte normatif autonome. Le rédacteur de l'acte de transposition peut procéder à une modification d'un ou de plusieurs textes ou à l'adoption d'une nouvelle législation, l'essentiel est que le principe de fidélité et d'exhaustivité de la transposition soit préservé. Si la transposition doit être complète, elle ne doit pas pour autant conduire à superposer des dispositions nouvelles au droit existant lorsqu'une simple adaptation de ce dernier est satisfaisante.

La transposition d'une directive peut être effectuée par une pluralité de textes normatifs complémentaires, à condition que ces textes assurent conjointement une application exhaustive de la directive et qu'ils soient adoptés dans le délai imparti.

Inversement rien n'interdit que plusieurs directives soient transposées par un seul et même texte de droit interne, pourvu également que cet acte garantisse la mise en œuvre complète de l'ensemble du corpus normatif communautaire et respecte les délais de transposition.

398. L'intitulé de l'acte de transposition. Comme pour tout texte normatif, l'intitulé de l'acte de transposition de la directive indique, de manière aussi claire, précise et concise que possible, l'objet essentiel de l'acte de transposition[965].

Si l'intitulé de la directive n'est pas long ou si la directive à transposer n'a pas fait l'objet de modifications, il est recommandé de mentionner la directive dans l'intitulé de l'acte de transposition ainsi qu'il suit :

« Projet de loi n°... portant transposition … de la Directive n°… »

Par contre, si l'intitulé de la directive est long ou si la directive à transposer a fait l'objet de modifications, il est préférable de déterminer l'objet du texte de transposition en fonction de son contenu.

Par exemple : « **Projet de loi relatif à la lutte contre le blanchiment de capitaux et le financement du terrorisme** »

399. La mention de la directive transposée dans l'acte de transposition. En règle générale, la mention de la directive transposée dans le texte de transposition est une obligation[966]. Les directives communautaires imposent souvent une telle obligation en indiquant dans leurs dispositions finales que les textes de transposition contiennent une référence à la directive lors de leur publication officielle.

Lorsque la directive est transposée par une loi, il est recommandé, faute de visas, de mentionner la directive transposée dans l'exposé des motifs.

Il est également utile de viser la directive transposée dans l'article premier de la loi de transposition relatif à l'objet ainsi qu'il suit : « La présente loi a pour objet la transposition de la Directive n°... ».

---

[965] *Guide pour l'élaboration des textes législatifs et réglementaires, Mali*, août 2016, p. 132.

[966] *Guide pour l'élaboration des textes législatifs et réglementaires, Mali, Ibid.*

Lorsque la directive communautaire a été transposée par une ordonnance ou un décret, il est recommandé de faire référence à la ou aux directives (s) transposée (s) dans le rapport de présentation et/ou dans les visas.

Il est aussi conseillé de mentionner la directive transposée dans l'article premier du texte réglementaire de transposition relatif à l'objet.

Par exemple : « La présente loi a pour objet la transposition de la Directive n°... ».

Lorsque la directive est transposée à l'aide d'un acte modificatif, il suffit de mentionner la directive transposée dans le document de présentation du texte de transposition (exposé des motifs ou rapport de présentation).

400. La technique rédactionnelle de l'acte de transposition. L'opération de transposition s'inscrit dans le cadre d'un processus d'incorporation d'une norme communautaire dans l'ordre juridique national ; il s'agit plus d'un acte de réception que d'un acte d'exécution (acte d'application)[967].

L'incorporation de la directive dans l'ordre juridique interne ne doit pas se résumer à sa transcription dans la législation nationale ; il ne s'agit pas, en effet, d'une « transposition à plat » du texte communautaire. La Cour de justice des communautés européennes estime que « la transposition interne d'une directive n'exige pas nécessairement une reprise formelle et textuelle »[968].

401. La réception des notions communautaires. Le rédacteur de l'acte de transposition doit se préoccuper de la traduction en droit sénégalais des notions et termes juridiques utilisés dans la directive; il s'agit de veiller à la correcte insertion des concepts communautaires dans le droit national[969]. Le législateur communautaire, dans son office, est quelquefois confronté à des difficultés liées à la nécessité d'édicter une législation harmonisée applicable dans tous les États membres de l'organisation, dans le respect des spécificités juridiques propres à chaque Etat.

En raison de « l'impossibilité d'employer des termes précis et spécifiques appartenant à l'organisation judiciaire ou administrative des États parties »[970], il se contente souvent de faire référence à des notions génériques et à des périphrases souples susceptibles de s'intégrer dans les catégories juridiques préexistantes des États membres. Il en est ainsi des notions d' « autorité administrative », de « juridiction compétente » ou de « service compétent ».

---

[967] G. ISAAC et M. BLANQUET, *Droit général de l'Union européenne*, Paris, Sirey, 10eme édition, 2012, p. 310.

[968] CJCE, 09 avril 1987, Commission des communautés européennes c/ République italienne, aff. C-363/85.

[969] C. BERGEAL, *Rédiger un texte normatif. Manuel de légistique*, 7eme édition, Paris, Berger-Levrault, octobre 2012, p. 163, n° 124.

[970] Selon l'expression du Professeur J. ISSA-SAYEGH, « Le bilan jurisprudentiel du droit uniforme OHADA (incertitudes législatives et turbulences jurisprudentielles) » : www.ohada.com

Dans ces cas, les législateurs des États membres doivent veiller à traduire en droit interne les notions et termes juridiques utilisés par la directive à transposer[971].

Aussi, lorsque la directive à transposer utilise des notions partiellement ou totalement étrangères au droit interne ou des termes employés dans un sens différent de celui du droit sénégalais, il pourra s'avérer nécessaire de prévoir dans le texte de transposition la définition des notions utilisées.

402. Transposition a maxima et transposition a minima. La transposition est dite a maxima lorsque la directive prescrivant à la fois les objectifs à atteindre et les moyens d'y parvenir, les États membres sont tenus de reproduire textuellement les dispositions de ladite directive. Dans cette hypothèse, l'obligation de transposition est une obligation de conformité, puisque le contenu de la directive est précis et détaillé.

A titre d'exemple, les directives adoptées en matière de finances publiques, qui appartiennent à la catégorie des directives procédant à une harmonisation a maxima, offrent peu de marge de manœuvre aux États membres.

La transposition est dite a minima lorsque la directive fixe uniquement les objectifs à atteindre. Les États membres retrouvent leur pleine liberté dans le choix des moyens à employer dans leur droit interne. Dans ce cas, l'obligation de transposition est une simple obligation de compatibilité avec le droit communautaire.

Les États membres doivent veiller à la cohérence et à la bonne articulation des dispositions prises pour la transposition avec celles du droit communautaire.

403. La transposition par équivalence. La transposition est dite par équivalence lorsque le droit national en vigueur préalablement à l'adoption de la directive est parfaitement conforme au contenu substantiel de la directive à transposer et ne rend plus utile la reprise expresse de la directive en droit interne. L'État membre est alors uniquement tenu d'en informer l'organisation communautaire (par exemple, la Commission de l'UEMOA), en lui transmettant le texte national antérieur à la directive.

A titre d'exemple, le Sénégal peut procéder à la transposition par équivalence de la directive du 19 août 2011 portant lutte contre la cybercriminalité dans l'espace de la CEDEAO, puisque cette directive a été inspirée par la loi sénégalaise n° 2008-11 du 25 janvier 2008 portant lutte contre la cybercriminalité.

Toutefois, la transposition par équivalence est une méthode à utiliser avec précaution par l'État membre. En effet, étant tenu de transposer la directive

---

971 CE, *Principes de technique législative. Guide de rédaction des textes législatifs et réglementaires*, 2008, p. 114.

fidèlement et de manière exhaustive, il doit au moins s'assurer de la conformité de son droit national avec le droit communautaire.

404. La transposition par référence. Transposer par référence consiste à faire référence, dans l'acte de transposition, à la directive transposée en indiquant qu'elle est applicable dans le droit interne, sans en reproduire le contenu.

Cette technique n'est pas recommandée puisqu'elle ne garantit pas une transposition effective de la directive dans le droit national.

La transposition par référence à la directive est cependant la seule technique de transposition possible lorsqu'il s'agit de dispositions techniques, comme par exemple, les annexes d'une directive comportant des listes d'objets ou des modèles de formulaires ou encore celles faisant l'objet de modifications fréquentes[972].

Mais le renvoi à la directive doit être impérativement ciblé, c'est-à-dire que l'acte de transposition doit viser des dispositions spécifiques de la directive. Un renvoi général à une directive (renvoi au texte de la directive en général) ne peut être regardé comme une opération de transposition valable[973].

La Cour de Justice des Communautés européennes a déjà eu l'occasion de juger que le simple renvoi général au droit communautaire, prévu par une loi allemande « ne saurait constituer une transposition assurant d'une façon suffisamment claire et précise la pleine application effective des deux directives 90/364 et 90/365 qui visent à créer des droits au profit des ressortissants des autres États membres »[974].

---

972 CE, *Principes de technique législative. Guide de rédaction des textes législatifs et réglementaires*, 2008, p. 113.

973 C. BERGEAL, *op. cit.*, p. 163, n° 124.

974 CJCE, 20 mars 1997, Commission c/Allemagne, aff. C-96/95, *Rec.* I. 1653.

DOCUMENT N° 28 : LES TECHNIQUES DE TRANSPOSITION DES DIRECTIVES COMMUNAUTAIRES

La circulaire n° 008/PM/SGG/SGA/PAT du 1er juin 2016 sur la transposition des directives communautaires

REPUBLIQUE DU SENEGAL
Primature

N° 008 PM/SGG/SGGA/PAT

Dakar, le 1er juin 2016

Le Premier Ministre

CIRCULAIRE

A

Mesdames et Messieurs les Ministres,

Madame et Messieurs les Ministres délégués,

Objet : La transposition des directives communautaires.

Les organisations communautaires adoptent souvent des directives dans divers secteurs d'activités en vue de favoriser l'intégration économique et l'harmonisation des cadres juridiques des États membres.

La directive est une norme communautaire qui lie tout État membre destinataire quant au résultat à atteindre tout en laissant aux instances nationales la compétence quant à la forme et aux moyens (art. 43 du Traité de l'UEMOA).

Contrairement à d'autres normes de droit dérivé (Acte uniforme, Acte additionnel, Règlement etc.), la directive ne constitue pas une norme directement applicable.

L'introduction de cette norme dans l'ordre juridique national suppose sa transposition. Il s'agit de l'opération par laquelle un État membre destinataire de la directive procède à l'adoption de toutes les mesures nécessaires à son incorporation effective dans l'ordre juridique national par les véhicules normatifs appropriés.

La présentation et la rédaction des actes normatifs assurant la transposition des directives communautaires obéissent aux mêmes règles que celles prévues pour tous les autres textes législatifs et réglementaires (Cf. notre circulaire n° 00041 PM/SGG/SGA/PAT/SP du 06 octobre 2015 relative aux règles de présentation et de rédaction des textes législatifs et réglementaires).

Toutefois, la conception des normes de transposition présente quelques spécificités techniques liées à l'objet même de l'acte de transposition.

Or, il m'a été donné de constater une faible maîtrise par les services rédacteurs des départements ministériels des méthodes de transposition des directives ainsi que des errements dans le processus de transposition préjudiciables à la qualité et à l'intelligibilité des actes de transposition ainsi qu'à la cohérence de la politique communautaire.

La présente circulaire a pour objet de rappeler les principes directeurs et de fixer les méthodes et les techniques de transposition des directives.

I.- Les principes directeurs de la transposition des directives communautaires

L'insertion des directives communautaires dans l'ordre juridique interne obéit à des principes directeurs qui irriguent tout le processus de transposition de ces normes.

- **Le principe de la fidélité et de l'exhaustivité de la transposition**

Ce principe signifie que les États membres ne sont pas autorisés à dénaturer la directive ou à en faire une transposition partielle. L'incorporation de la directive dans l'ordre juridique national doit être fidèle et complète par rapport au texte de la directive éclairé, au besoin, par ses considérants.

La transposition doit être intégrale et parfaite ; elle ne doit pas être une nouvelle occasion de discussion des questions d'ordre substantiel, ce qui conduirait ainsi au maintien des spécificités du droit interne.

A cet égard, il est recommandé aux rédacteurs des textes de transposition d'établir un tableau de transposition mettant en rapport les dispositions de la directive et celles du projet de texte de transposition, afin de garantir la complétude de la transposition et d'assurer une bonne articulation avec les textes en vigueur (voir en annexe le tableau de transposition).

- **Le principe « du tout ou rien »**

En vertu de ce principe, lorsque l'Etat membre opte pour la transposition des dispositions facultatives de la directive, il a l'obligation d'incorporer intégralement ces dispositions dans son édifice national.

La marge de manœuvre de l'Etat réside uniquement dans la liberté de transposer ou de ne pas transposer une disposition facultative. Mais une fois la décision de transposer prise, tout le contenu de la directive doit être fidèlement transcrit dans l'ordre juridique national.

A titre d'exemple, l'article 9 alinéa 2 de la Directive n°02/2006/CM/UEMOA du 23 mars 2006 relative à l'harmonisation des régimes applicables aux opérateurs de réseaux et fournisseurs de services énonce que les Etats membres peuvent imposer des redevances afin de tenir compte de la nécessité d'assurer une utilisation optimale de la ressource attribuée. Ces redevances sont non discriminatoires et tiennent compte notamment de la nécessité de promouvoir le développement des services innovateurs et de la concurrence.

Conformément au principe « du tout ou rien », un état qui décide de rendre obligatoire une redevance, ne saurait imposer une redevance ayant un caractère discriminatoire.

II.- Les méthodes et techniques de transposition des directives communautaires

L'opération de transposition obéit à des méthodes et techniques particulières qui ont pour objet de garantir la pleine et fidèle incorporation de la directive communautaire dans l'ordre juridique national.

- **Le support normatif de l'acte de transposition**

Le droit communautaire laisse aux États membres une liberté sur le choix du vecteur normatif de transposition, à condition qu'il soit juridiquement contraignant.

En règle générale, la transposition d'une directive requiert l'adoption de dispositions législatives ou réglementaires, puisque seules celles-ci sont de nature à assurer une sécurité juridique suffisante. Une directive ne peut donc pas être transposée par de simples mesures de nature administrative telles que des circulaires.

En outre, la transposition doit être opérée dans le respect de la hiérarchie des normes et de la répartition constitutionnelle des matières entre la loi et le règlement (art. 67 et 76 de la Constitution).

A titre d'exemple, une directive prévoyant des dispositions relatives à l'assiette, le taux et les modalités de recouvrement d'impositions ou instituant une procédure pénale, ne saurait être transposée par un acte réglementaire, ces matières relevant du domaine exclusif de la loi (art. 67 de la Constitution).

Une même directive peut être transposée pour partie par la voie législative et pour autre partie par la voie réglementaire, l'essentiel est que le partage entre le domaine législatif et réglementaire soit respecté.

Lorsque la matière dans laquelle intervient la directive relève du domaine législatif, il est possible de recourir au procédé de la transposition par ordonnance dans le respect des procédures constitutionnelles. A cet effet, le parlement doit habiliter par une loi le Président de la République à prendre des mesures de transposition qui sont normalement du domaine de la loi, à charge pour lui de les ratifier (art. 77 de la Constitution).

- **La transposition par un acte modificatif ou par un acte normatif autonome**

Le rédacteur de l'acte de transposition peut procéder à une modification d'un ou de plusieurs textes ou à l'instauration d'une nouvelle législation, l'essentiel est que le principe de fidélité et d'exhaustivité de la transposition soit préservé.

En effet, si la transposition doit être complète, elle ne doit pas pour autant conduire à superposer des dispositions nouvelles au droit existant lorsqu'une simple adaptation de ce dernier est satisfaisante.

La transposition d'une directive peut être effectuée par une pluralité d'actes normatifs complémentaires, à condition qu'ils assurent conjointement une application exhaustive de la directive et qu'ils soient tous adoptés dans le délai imparti.

Inversement rien n'interdit que plusieurs directives soient transposées par un seul et même acte de droit interne, pourvu également que cet acte garantisse la mise en œuvre complète de l'ensemble du corpus normatif communautaire et respecte les délais de transposition.

- **L'intitulé de l'acte de transposition**

Comme pour tout acte normatif, l'intitulé de l'acte de transposition de la directive indique, de manière aussi claire, précise et concise que possible, l'objet essentiel de l'acte normatif.

- Si l'intitulé de la directive n'est pas long ou si la directive à transposer n'a pas fait l'objet de modification, il est recommandé de mentionner la directive dans l'intitulé de l'acte de transposition ainsi qu'il suit :

« Loi...portant transposition … de la Directive n°…»

- Cependant, si cet intitulé de la directive est long ou si la directive en cause a fait l'objet de modifications, il est préférable de définir l'objet du texte de transposition en fonction de son contenu.

Par exemple : projet de loi relatif à la lutte contre le blanchiment de capitaux

- **La mention de la directive transposée dans l'acte de transposition**

En règle générale, la mention de la directive transposée dans le texte de transposition est une obligation. Bien souvent, les directives communautaires imposent une telle obligation en indiquant dans leurs dispositions finales que les dispositions de transposition contiennent une référence à la directive lors de leur publication officielle.

Lorsque la directive est transposée par une loi, les techniques rédactionnelles suivantes sont recommandées :

- mentionner la directive transposée dans l'exposé des motifs ;
- viser la directive transposée dans l'article premier de la loi de transposition relatif à l'objet ainsi qu'il suit : « La présente loi a pour objet la transposition de la Directive…».

Lorsque la directive communautaire a été transposée par une ordonnance, un décret ou un arrêté, les techniques rédactionnelles suivantes sont recommandées :

- faire référence à la ou aux directive (s) transposée (s) dans le document de présentation (rapport ou note de présentation) et/ou dans les visas ;
- mentionner la directive transposée dans l'article premier de la loi de transposition relatif à l'objet ainsi qu'il suit : « La/le présent (e) ordonnance/décret/arrêté a pour objet la transposition de la Directive….».

- **La transposition par référence**

Transposer par référence consiste à faire référence, dans l'acte de transposition, à la directive transposée en indiquant qu'elle est applicable dans le droit interne, sans en reproduire le contenu.

En bonne règle légistique, cette technique n'est pas recommandée puisqu'elle ne garantit pas une transposition effective de la directive en droit interne.

La transposition par référence à la directive est cependant la seule technique de transposition possible lorsqu'il s'agit de dispositions techniques, comme par exemple, les annexes d’une directive comportant des listes d’objets ou des modèles de formulaires, ou encore celle faisant l’objet de modifications fréquentes.

Mais le renvoi à la directive doit être impérativement ciblé, c'est-à-dire que l’acte de transposition doit viser des dispositions spécifiques de la directive. Un renvoi général à une directive (renvoi au texte de la directive en général) ne peut être regardé comme une norme de transposition valable.

J’exhorte tous les ministères et services de l’état à se conformer aux prescriptions contenues dans la présente circulaire.

J’attache du prix au strict respect et à l’application des directives contenues dans la présente circulaire dont je prescris une large diffusion.

Le Premier Ministre

Mahammed Boun Abdallah DIONNE

B. - L'INCORPORATION DES PROJETS DE LOI UNIFORME DANS L'ORDRE JURIDIQUE NATIONAL

405. Les projets de loi uniforme. L'avènement des projets de loi uniforme constitue une particularité de l'espace normatif de l'Union Monétaire Ouest Africaine (UMOA). Le projet de loi uniforme ne constitue pas une catégorie normative autonome. En effet, il n'est répertorié ni dans la nomenclature des textes communautaires, ni dans celle du droit national[975]. Il s'inscrit en réalité dans le cadre de la politique d'uniformisation des législations nationales engagée par l'UMOA. Il résulte des articles 17 et 34 du Traité de l'Union Monétaire Ouest Africaine du 20 janvier 2007 que les Gouvernements des États membres de l'UMOA conviennent d'adopter une réglementation uniforme dont les dispositions sont préparées à son initiative ou à celle de la Banque centrale et arrêtées par le Conseil des Ministres, en vue de permettre la pleine application des principes d'union monétaire.

Cette réglementation uniforme concerne l'exécution et le contrôle des relations financières entre les États membres et ceux n'appartenant pas à l'UMOA, les règles générales d'exercice de la profession bancaire et financière et les activités s'y rattachant, les systèmes de paiement, la répression de la falsification des signes monétaires et de l'usage des signes falsifiés ainsi que la répression du blanchiment de capitaux.

L'insertion des projets de loi uniforme dans l'ordre normatif national obéit à une procédure spécifique (**1**) et a recours à des techniques légistiques particulières (**2**).

1. - La procédure spécifique d'insertion des projets de loi uniforme dans l'ordre juridique national

406. La méthode de législation à deux ou trois étages. L'insertion de la législation uniforme dans les ordres juridiques nationaux obéit à une procédure assez spécifique par rapport à la procédure ordinaire de transposition des Directives. Cette procédure relève d'une méthode de législation à deux ou même à trois étages.

Pour certains textes, la procédure d'incorporation du projet de loi uniforme dans le droit national implique seulement les instances de l'UMOA et les autorités nationales.

En effet, après l'élaboration d'un projet de loi uniforme dans l'une des matières prévues par l'article 34 du traité de l'UMOA, le Conseil des Ministres de l'UMOA l'adopte en impartissant souvent aux États membres un délai pour prendre les dispositions nécessaires, en vue de son insertion dans leurs ordres juridiques nationaux.

---

[975] Sur cette question, M. DIAKHATE, *op. cit.*, p. 174-175.

Par la suite, il revient aux États Parties d'incorporer le projet de loi uniforme ainsi adopté dans leurs ordres normatifs dans le respect de leurs procédures internes.

Cette procédure a été suivie par l'UMOA en matière de répression de l'usure. En effet, suite à l'élaboration du projet de loi uniforme relatif à la définition de l'usure, le Conseil des Ministres de l'UMOA a, par une décision n° 009/06/2013 du 28 juin 2013, adopté ce projet de loi uniforme et a fait obligation aux Etats membres de prendre les dispositions nécessaires en vue de son insertion dans leurs ordres juridiques.

C'est après que les Etats membres ont pris des dispositions nationales en vue de l'incorporation du projet de loi uniforme dans leurs législations.

Mais l'incorporation du droit uniforme dans les ordres juridiques nationaux peut être plus complexe et traduire une interpénétration de dispositifs normatifs de l'UMOA et de l'UEMOA. En effet, dans certains cas, l'adoption du projet de loi uniforme et son incorporation dans l'ordre juridique national sont précédées de l'adoption d'une Directive par le Conseil des Ministres de l'UEMOA. De sorte que le projet de loi uniforme adopté par le Conseil des Ministres de l'UMOA n'est que la reproduction fidèle de la Directive de l'UEMOA.

Par exemple, dans le cadre de la lutte contre le blanchiment de capitaux et le financement du terrorisme, le Conseil des Ministres de l'UEMOA a adopté la Directive n° 02/CM/UEMOA du 02 juillet 2015 relative à la lutte contre le blanchiment de capitaux et le financement du terrorisme dans les États de l'UEMOA.

Cette directive a été « incorporée » dans un projet de loi uniforme adopté par une décision du Conseil des Ministres de l'UMOA n° 26 du 02 juillet 2016.

Cette décision du Conseil des Ministres a accordé aux États un délai de six (6) mois, à compter de la date de sa signature, pour prendre les dispositions nécessaires en vue de l'insertion du projet de loi uniforme dans leurs ordres juridiques.

Le Sénégal a incorporé ce projet de loi uniforme par la loi n° 2018-03 du 23 février 2018 relative à lutte contre le blanchiment de capitaux et le financement du terrorisme.

2. - Les techniques d'insertion des projets de loi uniforme dans l'ordre juridique national

407. Techniques légistiques particulières. Les méthodes d'incorporation du projet de loi uniforme dans les droits nationaux présentent des spécificités.

408. L'intitulé de l'acte d'incorporation du projet de loi uniforme dans le droit national. Les lois uniformes n'étant pas répertoriées, ni dans la nomenclature des textes communautaires, ni dans celle des droits nationaux, il n'est pas recommandé d'ajouter l'adjectif « uniforme » à l'intitulé de la loi nationale d'insertion du projet de loi uniforme dans le droit national[976]. En effet, ce texte constitue souvent une loi ordinaire élaboré en vue d'incorporer un projet de loi uniforme dans l'ordre juridique national.

Il suffit d'indiquer le support législatif du texte suivi de son numéro et de son intitulé.

Par exemple : « **Projet de loi n°... relative à la lutte contre le blanchiment de capitaux et le financement du terrorisme dans les États de l'UEMOA** »

409. Limitations des marges de manœuvres nationales. Dans le processus d'adoption des projets de loi uniforme dans les législations nationales, les États membres n'ont pas de grandes marges de manœuvre. En effet, ledit projet, ayant été adopté par le Conseil des Ministres de l'Union, les États membres ont l'obligation de procéder à l'insertion de ses dispositions dans leurs ordres juridiques, sans y apporter des modifications substantielles ou y insérer des dispositions de nature à contrarier le texte communautaire.

D'ailleurs, l'article 17 du Traité de l'UMOA énonce que le Conseil des Ministres, dont les décisions sont obligatoires dans les États membres, est habilité à arrêter les projets de texte préparés à son initiative ou à celle de la Banque centrale, concernant les matières énumérées à l'article 34 dudit Traité.

Les seules observations pouvant être faites concernent notamment les règles formelles de présentation des textes (subdivisions du texte, rédaction de l'appellation officielle de l'État, du timbre du ministère maître d'œuvre, etc.), celles relatives à la rédaction du document de présentation et au respect de la charte graphique prévue par la circulaire n° 00041 PM/SGG/SGA/PAT/SP du 06 octobre 2015 relative aux règles de présentation et de rédaction des textes législatifs et réglementaires.

---

[976] Au Sénégal, les lois qui ont été adoptées dans le cadre de l'incorporation de projets de loi uniforme dans l'ordre juridique national ont été qualifiées de « *lois uniformes* ». On peut citer notamment la loi uniforme n° 2004-09 du 06 février 2004 relative à la lutte contre le blanchiment de capitaux, la loi uniforme n° 2009-16 du 02 mars 2009 relative à la lutte contre le financement du terrorisme, la loi uniforme n° 2008-48 du 03 septembre 2008 relative à la répression des infractions en matière de chèque, de carte bancaire et d'autres instruments et procédés électroniques de paiement et la loi uniforme n° 2004-09 du 06 février 2004 relative à la lutte contre le blanchiment de capitaux.

D'ailleurs, une fois que le projet de loi uniforme est inséré dans la législation nationale et entre en vigueur, il n'est plus possible, pour le législateur national, d'y apporter des modifications remettant en cause le texte adopté par le Conseil des Ministres de l'UMOA.

A titre d'exemple, le 03 mars 2009, le Conseil des Ministres du Sénégal avait déjà adopté un projet de loi modifiant l'article 29 de la loi uniforme n° 2004-09 du 06 février 2004 relative à la lutte contre le blanchiment de capitaux. Ce projet de loi avait pour objet d'habiliter le procureur de la République qui reçoit le rapport de la Cellule Nationale de Traitement des Informations Financières (CENTIF) soit à classer le dossier sans suite, soit à saisir le juge d'instruction. Ce projet de loi, très controversé, a fait l'objet d'un rejet de la part de la Commission des Lois de l'Assemblée nationale[977].

410. Le possible renvoi aux législations nationales. L'adoption du projet de loi uniforme n'exclut pas tout pouvoir normatif des États membres.

Il arrive, en effet, que le projet de loi uniforme renvoie certaines questions spécifiques aux législations des États membres. Par exemple, le projet de loi uniforme relatif à la lutte contre le blanchiment de capitaux et le financement du terrorisme dans les États membres de l'Union Économique et Monétaire Ouest Africaine renvoie aux législations nationales la définition du statut de certaines structures, comme la CENTIF et la détermination des délais de prescription de l'action publique de l'infraction de blanchiment de capitaux.

Dans ces situations, le législateur national retrouve toute son autonomie normative, à la seule condition de se conformer aux principes directeurs fixés par le projet de texte uniforme.

A titre illustratif, lorsque le projet de loi uniforme fait obligation aux États d'instituer une autorité administrative placée sous la tutelle d'un ministère, le législateur national ne saurait, sans contrarier le texte communautaire, créer une autorité administrative indépendante simplement rattachée à ce ministère. En effet, l'exercice du pouvoir de tutelle est difficilement conciliable avec le statut d'autorité administrative indépendante.

---

977 M. FALL, « Projet de modification de la saisine de la CENTIF: qui veut blanchir les blanchisseurs ? » : http://www.leral.net/Projet-de-modification-de-la-saisine-de-la-Centif-qui-veut-blanchir-les-blanchisseurs-Analyse-de-Madior-Fall_a14449.html#

DEUXIEME PARTIE

L'APPLICABILITE DES TEXTES LEGISLATIFS ET REGLEMENTAIRES

« Toute loi est en soi un mal. »
Jean CARBONNIER, *Essai sur les lois*,
Paris, Répertoire du Notariat Defrénois, 1995, p. 317.

411. Le respect de formalités supplémentaires. Les méthodes et techniques relatives à la confection des lois et règlements sont des instruments indispensables à la mise en forme du projet normatif en conformité avec les objectifs de politique publique. En effet, la conception de l'acte normatif doit permettre d'atteindre des objectifs de bonne gouvernance et de développement économique social.

Mais quelle que soit sa qualité rédactionnelle, un texte normatif ne sert à rien s'il n'accède pas à la vie juridique ; c'est-à-dire s'il ne peut avoir la force d'une règle juridique.

En réalité, l'effectivité des textes conçus dans le respect des préceptes de la légistique exige l'accomplissement de formalités supplémentaires qui leur confère la valeur d'une norme entrée dans l'ordonnancement juridique. Les règles relatives à l'adoption et à l'applicabilité des textes sont au cœur des techniques légistiques.

A cet égard, le respect de la procédure d'adoption des textes législatifs et réglementaires (**chapitre premier**) constitue un préalable nécessaire à leur applicabilité (**chapitre II**).

CHAPITRE PREMIER

LA PROCEDURE D'ADOPTION DES TEXTES LEGISLATIFS ET REGLEMENTAIRES

« Tout citoyen est obligé de se soumettre aux lois sanctionnées par la majorité. »
Pierre-Claude-VICTOR BOISTE, Dictionnaire universel (1800)

412. Le circuit d'adoption. Après sa rédaction, le projet normatif est introduit dans le circuit d'adoption des textes législatifs et réglementaires en vue de lui conférer une force juridique. Dans le discours juridique, l'adoption renvoie à l'approbation par une assemblée ou un collège d'un texte qui lui est soumis pour décision[978].

La procédure d'adoption des textes normatifs renvoie aux différentes étapes à suivre en vue d'obtenir l'approbation du texte par les autorités gouvernementales et/ou parlementaires.

Tant que le texte réglementaire n'aura pas été d'abord, adopté par le Conseil des Ministres ensuite, par l'Assemblée nationale, s'il s'agit d'un texte législatif, il n'est qu'un projet sans aucune valeur normative.

413. Le cadre juridique. Au Sénégal, la procédure d'adoption des textes législatifs et réglementaires fait l'objet de textes très épars constitués de lois, de décrets, d'arrêtés et de plusieurs instructions générales et circulaires.

Récemment, les pouvoirs publics ont introduit des innovations majeures dans la procédure d'adoption des projets d'acte législatif et réglementaire. Elles s'articulent autour de :

- l'érection du Service de Liaison de la Primature en une Direction des Services législatifs ;
- la mise en place du Comité interne de préparation et de suivi des textes législatifs et réglementaires, par arrêté primatoral n°1524 du 04 février 2015 ;
- l'institution de l'agenda législatif et réglementaire du Gouvernement[979].

---

[978] G. CORNU, *op. cit.*, p. 38, V° adoption d'un texte.

[979] Sur l'ensemble de cette question, A. L. COULIBALY, « Gouvernance normative. Nouvelle dynamique, nouvelle approche ! », in *Le Soleil* du mercredi 21 septembre 2015, p. 12 ; A. NGOM, « Rappel de la procédure d'adoption des textes législatifs et réglementaires » in *la procédure d'adoption des textes législatifs et réglementaires au Sénégal*, atelier ENA, Dakar,

Le présent chapitre a pour objet de rappeler d'une part, les règles générales régissant les différentes étapes de l'adoption des textes normatifs (**section première**) et d'autre part, celles spécifiques à certaines catégories de textes (**section II**).

SECTION PREMIERE

LES REGLES GENERALES RELATIVES A L'ADOPTION DES TEXTES LEGISLATIFS ET REGLEMENTAIRES

« Il ne faut point de lois inutiles ; elles affaibliraient les lois nécessaires ; elles compromettraient la certitude et la majesté de la législation»
PORTALIS, *Discours préliminaire sur le Code civil,* 1804

414. Les règles générales. Les règles générales relatives à l'adoption des textes sont celles qui concernent en général tous les textes législatifs et réglementaires. Il s'agit du droit commun de l'adoption des normes. La procédure d'adoption des textes varie suivant la nature du projet normatif.

S'agissant d'un texte réglementaire, une approbation par le Gouvernement suffit ; il s'agit de l'adoption dite gouvernementale (**paragraphe I**).

Lorsqu'il s'agit d'un projet de texte législatif, l'approbation gouvernementale est nécessairement suivie d'une adoption (vote) par l'Assemblée nationale dite adoption parlementaire (**paragraphe II**).

---

28 et 29 avril 2015 ; A. L. COULIBALY, « De l'art de mal légiférer au paradigme du mieux légiférer : contribution à la recherche d'une nouvelle gouvernance normative au Sénégal », in A. SALL et I. M. FALL (dir.), *Actualités du droit public et de la science politique en Afrique, Mélanges en l'honneur de Babacar KANTE*, Dakar, l'Harmattan, 2017, p. 667.

PARAGRAPHE PREMIER

L'ADOPTION GOUVERNEMENTALE DES TEXTES LEGISLATIFS ET REGLEMENTAIRES

415. L'adoption gouvernementale. L'approbation du projet normatif par les autorités gouvernementales suppose l'intervention de plusieurs acteurs qui contribuent à améliorer son contenu. Cette procédure ne concerne que les projets de texte législatif et réglementaire, à l'exclusion des propositions de loi. En effet, ces propositions ne font l'objet que d'une approbation parlementaire (vote).

La procédure d'adoption gouvernementale commence par les diligences accomplies par le ministère maître d'œuvre (**A**), lequel transmet le texte au Secrétariat général du Gouvernement qui a un rôle central dans le processus normatif (**B**). Après, au besoin, l'intervention des institutions consultatives (**C**) et du Conseil constitutionnel (**D**), le processus d'adoption gouvernementale se termine par l'adoption du texte par le Conseil des Ministres (**E**).

A. - LES DILIGENCES DU MINISTÈRE MAÎTRE D'ŒUVRE

416. L'office du ministère maître d'œuvre. Le ministère maître d'œuvre, après avoir finalisé les travaux de rédaction de son projet de texte, doit accomplir un certain nombre de diligences. Ainsi, avant d'introduire le projet dans le circuit normatif (**2**), il doit veiller au respect des consultations préalables (**1**).

1. - Les consultations préalables

417. La procédure consultative. Il arrive que le rédacteur du texte soit amené à consulter divers organismes[980]. Il importe d'étudier d'abord la typologie des consultations préalables (**a**) avant d'examiner le régime qui leur est applicable (**b**).

---

[980] Déjà, par une circulaire n° 50 PM/BOM du 09 septembre 1980 relative à la multiplication des organismes de consultation dans l'administration, le Premier Ministre, constatant la tendance à la création des organismes et structures consultatifs dans les départements ministériels, a demandé au Bureau Organisation et Méthodes (BOM) de faire « *une étude de rationalisation des organismes de consultation de l'administration* », pour revoir leur nombre et de réaménager leurs modalités de fonctionnement en vue d'améliorer leur efficacité. Un rapport du BOM n° 04/81 publié en février 1981 a fixé les modalités de création et de fonctionnement des organismes consultatifs rappelées par la circulaire n° 62 PM/SGG/BV du 25 septembre 1982 relative aux modalités de création et de fonctionnement d'un organisme consultatif.

a. - La typologie des consultations préalables

418. Diversité. En principe, le rédacteur d'un projet normatif n'est jamais tenu, sauf disposition expresse, de solliciter l'avis d'un organisme ou d'une autorité quelconque, mais il a toujours la possibilité de recourir à une telle consultation. Cette affirmation conduit à distinguer les consultations facultatives des consultations obligatoires.

- **Les consultations facultatives**

419. La notion. La consultation facultative est celle que l'auteur du texte peut accomplir sans être tenu juridiquement de le faire. L'autorité qui l'a provoqué n'est pas liée par l'avis émis, même dans le cas où elle a spécialement institué l'organisme consulté[981].

Le caractère facultatif de la consultation se déduit souvent de l'interprétation du texte qui l'institue[982].

Il est de principe que même en l'absence de texte, le rédacteur, notamment l'autorité administrative, peut toujours solliciter des avis pour l'éclairer[983] ; il s'agit d'une consultation spontanée.

L'organisme peut ne pas être consulté sur l'ensemble des questions soulevées par le projet. Par conséquent, le projet de texte peut traiter de questions qui n'ont pas été soumises audit organisme[984].

420. La consultative facultative avec avis consultatif. L'avis émis dans le cadre d'une consultation facultative ne peut être qu'un avis simple encore appelé avis consultatif[985] ; il ne lie pas l'autorité qui l'a sollicité[986]. Il s'agit d'un avis qui laisse à l'autorité consultante la pleine liberté par rapport à la décision finale[987].

Lorsqu'aucun texte ne précise la portée de l'avis, cet avis doit être réputé être un avis simple[988]. Il est, en conséquence, une simple formalité administrative[989].

---

[981] CE 30 juin 1997, Cornebois, p. 897.

[982] CE 02 février 1957, Assemblée territoriale du Sénégal, *Rev. jur. et pol. union française,* 1958, p. 212, concl. Laurent ; CE sect., 05 décembre 1958, Arnoult, *Rec. CE,* p. 61.

[983] CE 06 mars 1957, Ravalison, *Rec. CE,* p. 147, *Rev. jur. et pol. outre-mer,* 1958.488, concl. F. Gazier.

[984] *Guide pour l'élaboration des textes législatifs et réglementaires*, Paris, La documentation française, 2005, p. 73.

[985] H. SIMONIAN-GINESTE, « Nouveau regard sur l'avis consultatif », *RDP,* 1999.1121 et s. ; M. AUBY, « Le régime juridique des avis dans la procédure administrative », *AJDA,* 1956. II. 53.

[986] CE du 10 janvier 1958, Bourgin, *Rec.*, p. 25.

[987] CE du 18 janvier 1963, Perreur, *Rec.* p. 34.

[988] CE du 24 janvier 1919, Clauzel, *Rec.*, p. 68.

[989] CE, sect., du 09 décembre 1955, Tarboriech, *Rec., CE,* p. 582.

C'est pourquoi, il n'y a en aucune manière partage de compétence entre l'autorité consultée et l'autorité consultante. Seule cette dernière détient l'intégralité du pouvoir de décision. Ainsi, celle-ci peut reprendre librement le contenu de l'avis[990] ou s'en écarter radicalement[991].

En matière administrative, il a été même jugé que la liberté d'action du rédacteur n'est en rien limitée par l'avis. Il conserve la faculté d'apporter à son projet « toutes les modifications qui lui paraissent utiles, quelle qu'en soit l'importance, sans avoir l'obligation de saisir à nouveau l'organisme consulté »[992].

L'autorité compétente peut même prendre sa décision avant que l'avis ait été émis et renoncer ainsi à la consultation[993].

- **Les consultations obligatoires**

421. La notion de consultation obligatoire. La consultation est obligatoire lorsque le rédacteur du texte est tenu, après son élaboration, de solliciter l'avis d'une autre autorité ou d'un organe spécialement créé à cet effet.

Lorsqu'elles concernent des textes réglementaires, les consultations obligatoires rentrent dans le cadre de la procédure administrative non contentieuse[994]. Il s'agit de l'ensemble des règles applicables à la procédure d'édiction des actes administratifs (enquête, publicité, contradiction, propositions, consultation, etc.)[995].

L'obligation de consultation préalable doit tirer son fondement d'un texte[996] qui doit être édicté par l'autorité compétente[997] ; elle ne saurait se présumer[998].

Cette obligation peut résulter d'une loi ou d'un décret[999]. Une circulaire non réglementaire ne saurait, dès lors, prévoir une consultation obligatoire[1000].

---

990 CE du 04 avril 1951, Pouzergues, *Rec.* p. 759.

991 CE du 25 janvier 1939, Commune de Préfail, *Rec.*, p. 33.

992 CE sect. du 15 mars 1974, Synd. nat. CGT-FO des fonctionnaires du commerce extérieur, *AJ* 1974, p. 432.

993 CE sect. du 28 avril 1967, Fédération nat. Des synd. Pharmaceutiques, *AJ.*, 1967, p. 401, concl. J.M Galabert.

994 J.C. GAUTRON et M. ROUGEVIN-BAVILLE, *Droit public du Sénégal*, Paris, éditions A. Pédone, 1977, p. 168.

995 M. HEINIS, « La procédure consultative dans la jurisprudence administrative », *Gaz. pal.*, mars 1996, p. 25.

996 CE 04 mai 1960, Maréchal, *Rec. CE,* table p. 884 ; CE ass., 11 janvier 1963, Syndicat national des administrateurs de la France d'outre-mer, *Rec. CE,* p. 16.

997 CE 06 novembre 1968, Sté Olida, *Rec. CE*, p. 550.

998 CE sect., 08 mars 1963, Amicale des membres des tribunaux administratifs, *Rec. CE*, p. 144.

999 J.C. GAUTRON et M. ROUGEVIN-BAVILLE, *Droit public du Sénégal*, Paris, éditions A. Pédone, 1977, p. 165.

1000 CE 19 juin 1985, Cne de Bouguenais, *Rec. CE*, p. 194, *RDP,* 1987.826, obs. Auby.

L'exigence d'un avis obligatoire résulte souvent de l'emploi d'expressions comme « sur avis de », « après avis de ». Il en est ainsi lorsque le texte énonce qu'un organisme « se prononce » ou « émet un avis » sur un texte. Il en est de même lorsqu'il est indiqué que l'auteur du texte statue « après consultation » d'un organisme.

Selon la circulaire n° 00001 PM/SGG/SGA/PAT du 15 janvier 2018 relative au respect de l'obligation de recueillir l'avis des organismes consultatifs, la consultation, qui est une forme d'aide à la décision, doit intervenir dès que le ministère maître d'œuvre aura stabilisé la rédaction du texte et bien avant son introduction dans le circuit d'adoption.

422. Les types de consultations obligatoires. Au Sénégal, le législateur a prévu plusieurs hypothèses dans lesquelles les rédacteurs des textes sont tenus de consulter des organismes au cours de leur procédure d'élaboration. Les organismes consultés sont de nature très diverse.

423. Le Conseil national du Travail et de la Sécurité sociale. Il s'agit d'abord d'organismes mis en place ayant pour mission de réaliser des études sur les problèmes concernant des catégories professionnelles ou des organismes publics.

L'article L. 205 du Code du Travail a institué auprès du Ministre chargé du Travail et de la Sécurité sociale un Conseil national du Travail et de la Sécurité sociale. Cet organisme consultatif a pour mission d'étudier les problèmes concernant le travail et la sécurité sociale. L'alinéa 2 de ce texte dispose que :«Tous projets de loi intéressant le travail et la sécurité sociale doivent être obligatoirement accompagnés de l'avis du Conseil consultatif national du Travail et de la Sécurité sociale »[1001].

Le Conseil consultatif national du Travail et de la Sécurité sociale est également consulté obligatoirement dans des cas limitativement énumérés par la loi[1002].

Les modalités d'organisation et de fonctionnement du Conseil consultatif national du Travail et de la Sécurité sociale sont fixées par le décret n° 61-452 MFPT-DTSS du 29 novembre 1961 fixant les conditions d'organisation et de fonctionnement du Conseil consultatif national du Travail et de la Sécurité sociale, de sa commission permanente et de ses deux sous-commissions[1003].

[1001] Sur cette question, J. I. SAYEG, « Droit statutaire et droit du travail », in *La fonction publique sénégalaise*, Actes du 1er colloque sur les institutions du Sénégal, *RIPAS*, n° 14, octobre-décembre 1985, p. 225-238.

[1002] Il en est ainsi s'agissant des textes prévus par les articles L.5, L. 31, L. 50, L. 73, dernier alinéa, L. 86, L. 88, L. 89, L. 90, L. 109, L. 142, L. 155, L. 211 et L. 224 du Code du Travail ainsi que pour tout autre décret pris pour l'application du Code du Travail.

[1003] Par ailleurs, l'article L. 210 du Code du Travail a institué auprès du Ministre chargé du Travail, un Comité technique consultatif pour l'étude des questions intéressant l'hygiène et la sécurité des travailleurs. Ce comité donne obligatoirement son avis sur les décrets fixant notamment les mesures générales et spécifiques de protection, de prévention et de salubrité applicables à tous les établissements d'enseignement, de formation professionnelle et d'apprentissage ainsi que certains emplois de la fonction publique dont la liste est fixée par décret. Il en est de même des

424. Le Bureau Organisation et Méthodes. Le besoin d'amélioration de la qualité du service rendu aux usagers ainsi que la volonté d'instaurer une administration publique performante axée sur les résultats et au service du citoyen, ont exigé un recentrage des missions de l'organisme public chargé d'en assurer l'impulsion et de la coordination. Les pouvoirs publics ont ainsi « ressuscité » le Bureau Organisation et Méthodes (BOM), qui hérite désormais d'une partie des attributions de la Délégation à la Réforme de l'Etat et à l'Assistance technique (DREAT). Créé, au Secrétariat général de la Présidence de la République, le BOM est chargé notamment de mener des audits stratégiques, opérationnels et fonctionnels pour améliorer l'action publique et de veiller à l'adaptation permanente de l'organisation des services de l'Etat aux mutations de l'environnement économique, social et technologique.

En vertu de l'article 3, alinéa 2 du décret n° 2016-300 du 29 février 2016 portant création et fixant les règles d'organisation et de fonctionnement du Bureau Organisation et Méthodes[1004], le BOM « est saisi, pour avis, par les départements ministériels, dans l'élaboration des textes relatifs à la création, à l'organisation et à la modification de leurs structures ».

L'article 2 du décret n° 2017-314 du 15 février 2017 fixant les règles de création et d'organisation des structures de l'Administration centrale des ministères[1005] conforte cette règle. Ce texte énonce, en effet, que : « La création ou la modification des structures administratives se fait dans le cadre des décrets relatifs à l'organisation des départements ministériels, après avis du Bureau Organisation et Méthodes (BOM) ».

Il résulte de ces textes que l'élaboration d'un texte relatif à la création, à l'organisation ou à la modification des structures de l'administration centrale des ministères exige la consultation du BOM. Il s'agit ainsi d'une consultation obligatoire. Par exemple, lorsqu'un département ministériel élabore un nouveau projet de décret organisant ses structures ou modifiant son organigramme, le BOM est obligatoirement saisi pour avis de ce texte. Même la modification de l'arrêté ministériel portant organisation d'une direction du ministère exige l'avis du BOM.

425. Le Conseil supérieur de la Fonction publique. En droit de la fonction publique, l'article 18 de la loi n° 61-33 du 15 juin 1961 relative au statut général des fonctionnaires a institué un Conseil supérieur de la Fonction publique. Il comprend, sous la présidence du Ministre chargé de la Fonction publique, dix (10) fonctionnaires représentants de l'Administration et dix (10) fonctionnaires représentants des personnels et choisis par les organisations syndicales.

---

décrets fixant les règles relatives à la distribution et à l'emploi de substances ou de préparation à usage industriel, présentant des dangers pour les travailleurs. Le décret n° 69-137 du 12 février 1969 a fixé les règles d'organisation et de fonctionnement du Comité technique consultatif national pour l'étude des questions intéressant l'hygiène et la sécurité des travailleurs.

[1004] JORS n° 6933 du samedi 07 mai 2016, p. 534.

[1005] JORS du 16 février 2017, p. 228.

Ce conseil donne son avis sur toute question intéressant les fonctionnaires, notamment sur les projets de statuts particuliers des divers cadres de fonctionnaires.

Le Conseil supérieur de la Fonction publique donne également son avis sur les questions relatives au statut particulier de chaque cadre de fonctionnaires, ainsi que l'interprétation des dispositions du statut général des fonctionnaires et des statuts particuliers. Il donne également son avis sur la détermination des éléments constitutifs du régime de rémunération des fonctionnaires et sur les décrets de dégagement des cadres.

D'autres attributions peuvent être confiées au Conseil supérieur de la Fonction publique par décret[1006].

L'organisation et de fonctionnement du Conseil supérieur de la Fonction publique sont fixés par le décret n° 84-1046 du 18 septembre 1984 fixant la composition, les attributions, l'organisation et le fonctionnement du Conseil supérieur de la Fonction publique modifié par le décret n° 97-692 du 02 juillet 1997 modifiant et complétant certaines dispositions du décret n°84-1046 du 18 septembre 1984 fixant la composition, les attributions, l'organisation et le fonctionnement du Conseil supérieur de la Fonction publique.

426. Le Comité consultatif du Secteur parapublic. Les organismes consultatifs peuvent être des entités créées au sein des ministères ou autres services en vue notamment de veiller à l'organisation et au fonctionnement de structures étatiques (organismes du secteur parapublic, agences, établissements publics, etc.)[1007].

Il en est ainsi d'abord du Comité consultatif du Secteur parapublic mis en place par la loi n° 90-07 du 26 juin 1990 relative à l'organisation et au contrôle des entreprises du secteur parapublic et au contrôle des personnes morales de droit privé bénéficiant du concours financier de la puissance publique. Cet organisme consultatif « est saisi pour avis de tout projet de texte relatif au secteur parapublic ». Le secteur parapublic comprend les établissements publics à caractère industriel et commercial, les sociétés nationales et les sociétés anonymes à participation publique majoritaire autrefois appelées sociétés d'économie mixte.

L'organisation et le fonctionnement du Comité consultatif du secteur para public sont fixés par le décret n° 94-862 du 22 août 1994 portant organisation du Comité consultatif du Secteur para public[1008].

[1006] V. art. 9 du décret n° 84-1046 du 18 septembre 1984 fixant la composition, les attributions, l'organisation et le fonctionnement du Conseil supérieur de la Fonction publique modifié.

[1007] Sur cette question, S. A. CAMARA, « Les agents du secteur parapublic », in *La fonction publique sénégalaise*, Actes du 1er colloque sur les institutions du Sénégal, *RIPAS*, n° 14, octobre-décembre 1985, p. 201 à 207; A. KEBE, *Les réformes institutionnelles dans le secteur parapublic au Sénégal. Le cas du chemin de fer*, Dakar, l'Harmattan, 2012.

[1008] On peut citer également le Comité national des Hydrocarbures prévu par l'article 4 de la loi n°98-31 du 14 avril 1998 relative aux activités d'importation, de raffinage, de stockage, de

427. La Commission d'Evaluation des Agences d'Exécution. Dans le cadre de la création des agences d'exécution, la Commission d'Evaluation des Agences d'Exécution (CEAE) fait office d'organisme consultatif. En vertu de l'article 2 du décret n° 2010-1811 en date du 31 décembre 2010, la Commission d'évaluation des agences d'exécution a pour mission, notamment, de donner un avis sur l'opportunité de la création d'une agence sur la base du rapport présenté par son autorité de tutelle. L'adoption gouvernementale d'un projet de décret portant création d'une agence d'exécution ou d'une structure administrative similaire est subordonnée au recueil de l'avis de la CEAE.

428. Les autorités administratives indépendantes. Certaines autorités administratives indépendantes se sont vus reconnaître des attributions consultatives, concernant les projets de texte relatifs à leurs secteurs d'activités. Il en est ainsi de la Commission de la Concurrence qui est obligatoirement consultée par le Gouvernement de tout projet de texte réglementaire instituant un nouveau régime ayant pour effet de soumettre l'exercice d'une profession ou l'accès à un marché à des restrictions ou d'imposer des pratiques uniformes en matière de prix ou de condition de vente[1009].

En outre, la loi n° 98-29 du 14 avril 1998 relative au secteur de l'électricité a créé une Commission de Régulation du Secteur de l'Electricité (CSE), autorité indépendante chargée de la régulation des activités de production, de transport, de distribution et de vente de l'énergie électrique. Cette commission est consultée par le Ministre chargé de l'Energie sur tous les projets de texte législatif et réglementaire concernant le secteur de l'électricité. Elle peut être saisie, pour avis, sur les questions intéressant le secteur ou qui sont de nature à avoir un impact sur la conception de la politique sectorielle.

429. Les établissements publics à caractère professionnel. Certains établissements publics à caractère professionnel, comme les ordres professionnels, la chambre nationale de Commerce, d'Industrie et de Services et la chambre d'agriculture ont quelquefois des pouvoirs consultatifs. Il en est ainsi de l'Ordre des Médecins qui donne son avis aux pouvoirs publics en ce qui concerne les questions relatives à la législation et à la réglementation médicale sur lesquelles il est consulté par le Gouvernement[1010]. Il en est de

---

transport et de distribution des hydrocarbures. Il a pour mission de donner des avis et de formuler des recommandations sur toutes les questions concernant le secteur des hydrocarbures qui lui sont soumises par le Ministre chargé des Hydrocarbures. A ce titre, il est chargé notamment de proposer les modifications à apporter à la réglementation applicable au secteur.

1009 V. art. 9 de la loi n° 94-63 du 22 août 1994 sur les prix, la concurrence et le contentieux économique.

1010 V. art. 15 de la loi n° 66-69 du 04 juillet 1966 relative à l'exercice de la médecine et à l'Ordre des médecins.

même de l'Ordre des architectes qui donne son avis sur la législation et la réglementation architecturale[1011].

b. - Le régime des consultations obligatoires

430. Les principes directeurs. La procédure consultative, surtout en ce qui concerne les actes réglementaires, obéit à des principes généraux dégagés par la jurisprudence administrative. Ces règles valent également pour les consultations facultatives[1012].

431. La création de l'organisme consultatif. L'organisme consultatif doit avoir une existence légale sur le fondement d'un texte entré en vigueur avant la consultation[1013]. D'après la circulaire n° 62 PM/SGG/BV du 25 septembre 1982 relative aux modalités de création et de fonctionnement d'un organisme consultatif, les organismes de consultation à caractère permanent et participant à l'exercice d'une fonction permanente, doivent être créés par un acte réglementaire (décret ou arrêté) ; une simple circulaire ne suffit pas.

Mais les pouvoirs publics ne se conforment pas toujours à cette règle. En effet, la circulaire présidentielle n° 0328 PR du 12 mai 2016 a prévu une consultation obligatoire. Elle a prescrit que toute initiative relative à la fourniture, l'importation, et l'utilisation des clefs de chiffrement, à la sécurité des systèmes d'information ainsi qu'à la cybersécurité est soumise à la Commission nationale de Cryptologie.

En ce qui concerne les organismes à caractère temporaire dits groupes de travail, leurs actes de création peuvent être des lettres primatorales ou ministérielles.

432. La composition de l'organisme consultatif. Lorsqu'un texte prévoit l'existence d'un organe consultatif, celui-ci doit être régulièrement composé ; une composition régulière exige qu'il ne délibère qu'avec les personnes qui en sont membres[1014].

La circulaire n° 62 PM/SGG/BV du 25 septembre 1982 relative aux modalités de création et de fonctionnement d'un organisme consultatif recommande, pour assurer l'efficacité des travaux des organismes consultatifs, de limiter le nombre de participants. Ils ne devraient comprendre que des membres de droit dont la présence est obligatoire et des membres invités dont la présence est facultative.

[1011] V. art. 17 de la loi n° 78-44 du 06 juillet 1978 relative à l'exercice de la profession d'architecte et à l'Ordre des architectes (JORS n° 4652 du 19 août 1978, p. 1023) ; V. également, la loi n° 98-08 du 17 janvier 1989 portant création des chambres de commerce d'industrie et d'agriculture.

[1012] C. BERGEAL, *Rédiger un texte normatif. Manuel de légistique*, 7eme édition, Paris, Berger-Levrault, octobre 2012, p. 270.

[1013] C. BERGEAL, *Ibid.*

[1014] CE, sect., 23 mars 1962, Revers, *Rec. CE*, p. 202.

De manière plus générale, l'ensemble des conditions auxquelles est soumis le fonctionnement de l'organisme consulté (composition, règles de quorum, de vote, etc.) doit être respecté pour garantir la régularité de l'avis.

Dans l'arrêt Mame Thierno DIENG rendu le 22 mars 2012[1015], la Cour suprême a considéré que l'irrégularité de la composition de l'assemblée de faculté de Médecine donnant son avis sur l'attribution des postes d'enseignants est de nature à affecter la légalité d'une décision administrative. Selon la cour, « est irrégulièrement composée, l'Assemblée de faculté qui statuant sur le cas d'un professeur agrégé titulaire, comprenait en son sein des enseignants de grade inférieur»[1016].

433. L'intervention de l'avis. L'avis doit être rendu à l'issue d'une véritable délibération et non suite à des échanges téléphoniques ou par courrier[1017]. L'avis est formalisé souvent par un procès-verbal de délibération signé par le Président et les membres de l'organe consultatif. La rédaction de l'avis n'est soumise à aucun formalisme, la motivation n'est pas exigée[1018].

L'avis peut être assorti de réserves et l'importance des réserves détermine alors son caractère favorable ou défavorable[1019].

Si l'organisme se trouve dans l'incapacité d'émettre un avis, l'autorité compétente pourra passer outre[1020]. Dans un arrêt rendu le 09 mars 2006[1021], le Ministre chargé de la Santé avait bien saisi le Conseil de l'Ordre des Pharmaciens le 30 mars 2005 pour recueillir son avis sur la demande d'ouverture d'une officine. La Cour suprême a considéré que le Conseil de l'Ordre ne conteste pas cette saisine, mais subordonne l'émission de son avis à la publication par le Ministre de la Santé de l'arrêté fixant le nombre des officines existantes et celles pouvant être créées pour l'année 2005. Ainsi, en refusant d'émettre l'avis sollicité, le Conseil de l'Ordre est mal fondé à soutenir qu'il n'a pas été consulté.

434. La consultation obligatoire avec avis facultatif. La circulaire n° 00001 PM/SGG/SGA/PAT du 15 janvier 2018 relative au respect de l'obligation de recueillir l'avis des organismes consultatifs a mis l'accent sur les types d'avis résultant des consultations obligatoires.

[1015] CS, 22 mars 2012, Mame Thierno Dieng c/ Recteur de l'Université Cheikh Anta Diop, *Bulletin des arrêts de la Cour d'appel,* décembre 2013, p. 222-224.

[1016] Sur une critique de cette décision, V. M. DIAGNE, « Brèves réflexions sur le contrôle de la légalité des actes administratifs par le juge sénégalais », in A. SALL et I. M. FALL (dir.), *Actualités du droit public et de la science politique en Afrique, Mélanges en l'honneur de Babacar KANTE*, Dakar, l'Harmattan, 2017, p. 526-527.

[1017] C. BERGEAL, *Rédiger un texte normatif. Manuel de légistique*, 7ème édition, Paris, Berger-Levrault, octobre 2012, p. 271.

[1018] CE 03 mai 1950, Paon, *Rec. CE*, p. 248.

[1019] CE, sect., 20 juin 1958, Jurine, *Rec. CE*, p. 369.

[1020] CE 1er mars 1957, Cne de Port-Louis, *Rec. CE*, p. 134.

[1021] CS ch. adm. 09 mars 2006, Conseil de l'Ordre des Pharmaciens c/ Etat du Sénégal, *inédit*.

En règle générale, la consultation obligatoire donne lieu à l'émission d'un avis facultatif, c'est-à-dire un avis qui ne lie pas le rédacteur du texte. Par exemple, la consultation du Conseil supérieur de la Fonction publique sur toute question intéressant les fonctionnaires, notamment sur les projets de statuts particuliers des divers cadres de fonctionnaires, est une consultation obligatoire avec avis consultatif[1022].

435. La consultation obligatoire avec avis conforme. La consultation obligatoire peut être suivie d'un avis conforme. Il s'agit d'un avis émis par un organisme consultatif qui oblige l'autorité consultante (le rédacteur du texte) à s'y conformer ou à renoncer à son projet normatif[1023]. Seule une disposition législative ou réglementaire, conçue en termes précis, peut établir l'exigence d'un avis conforme[1024].

La loi organique n° 2011-15 du 08 juillet 2011 relative aux lois de finances[1025] a prévu un avis conforme du Ministère chargé des Finances. Selon l'article 4, alinéa 3 de ce texte : « Lorsque des dispositions d'ordre législatif ou règlementaire doivent entraîner des charges nouvelles ou des pertes de ressources, aucun projet de loi ne peut être voté, aucun acte règlementaire ou conventionnel ne peut être signé tant que ces charges ou pertes de ressources n'ont pas été prévues, évaluées et soumises à l'avis conforme du Ministre chargé des Finances ».

L'obligation de recueillir l'avis conforme du Ministère chargé des Finances a été rappelée par la circulaire n° 0004 PM du 20 juin 2002 relative à l'avis préalable obligatoire du Ministère de l'Économie et des Finances pour tout acte engageant les finances de l'État du Sénégal[1026].

En tout état de cause, le juge considère que l'obligation de recueillir un avis conforme ou le défaut de celui-ci conduit à un partage de la compétence de l'autorité chargée d'édicter le projet de texte avec l'autorité consultée[1027]. Le non-respect de cette formalité entache l'acte d'illégalité pour incompétence, s'il s'agit d'un acte administratif.

La circulaire n° 005 PM/SGG/SGA/PAT du 15 mars 2017 relative aux formalités à respecter avant l'adoption des projets de texte ou de convention ayant des incidences financières recommande aux ministères de veiller au

---

[1022] V. art. 18 de la loi n°61-33 du 15 juin 1961 relative au statut général des fonctionnaires, modifiée.

[1023] C. ROBLIN, « Les avis conformes », in, *Sur la forme et la procédure de l'acte administratif*, études coord. par G. Dupuis, Paris, Economica, 1979, p. 80.

[1024] CE 06 mars 1957, Ravalison, *Rec. CE*, p. 147.

[1025] JORS n° 6618 du samedi 15 octobre 2011.

[1026] Sous l'empire du droit antérieur, la loi organique relative aux lois de finances exigeait une évaluation des charges ainsi qu'une autorisation de la loi de finances ; V. la circulaire présidentielle n° 41 PR/SG du 25 avril 1964 et la circulaire présidentielle n° 99 PR/SG/EC2 du 05 octobre 1964 relative à l'application de l'article 10 de la loi organique relative aux lois de finances.

[1027] CE 07 janvier 1955, Ged, *Rec. CE*, p. 11, *D.* 1955. 65, concl. Mosset.

respect de l'obligation de recueillir l'avis conforme du Ministère chargé des Finances avant la transmission du texte au Secrétariat général du Gouvernement.

Lorsque l'organisme consulté a émis un avis défavorable sans proposer de texte de remplacement, l'autorité consultante ne peut que soit s'abstenir de prendre l'acte soit s'en tenir au texte soumis à la consultation[1028].

Quand l'autorité consultante envisage l'adoption de dispositions nouvelles, elle doit saisir à nouveau l'organisme consultatif pour qu'il se prononce sur celles-ci[1029].

436. La sanction des consultations obligatoires. Les consultations obligatoires ne constituent pas toujours de simples contraintes procédurales sans incidence sur la régularité ou la légalité du texte normatif édicté.

En vertu de la circulaire n° 00001 PM/SGG/SGA/PAT du 15 janvier 2018 relative au respect de l'obligation de recueillir l'avis des organismes consultatifs, la violation de la procédure de consultation préalable est susceptible de constituer un vice de procédure. Mais tout vice de procédure n'emporte pas nécessairement l'illégalité de l'acte édicté, compte tenu de la diversité des consultations préalables.

La jurisprudence sénégalaise a progressivement forgé une distinction entre les formalités substantielles et les formalités non substantielles[1030]. A propos des consultations obligatoires, la Cour suprême a déjà eu l'occasion de juger dans l'arrêt Souleymane SIDIBE rendu le 23 juillet 1975[1031], que la consultation du Conseil supérieur de la Fonction publique constitue une formalité obligatoire. Dans cette espèce, la haute juridiction a énoncé que conformément à l'article 18 de la loi n° 61-33 du 15 juin 1961 relative au statut général des fonctionnaires « l'avis du Conseil supérieur de la Fonction publique est une formalité préalable et obligatoire avant l'adoption de toute disposition ayant trait au statut particulier d'un cadre de fonctionnaires »[1032]. Le juge de l'excès de pouvoir a constaté que le décret n° 73-353 du 14 avril 1973 abrogeant et remplaçant des dispositions du décret du 08 novembre 1967 autorisant le recrutement sur titre à l'École nationale d'Administration (ENA)

[1028] CE sect. 1er juin 1962, Union gén. des synd. de mandataires des halles centrales, Rec. p. 362.

[1029] CE 25 février 1990, Ass. des membres de l'inspect. gén. des aff. sociales, *Rec. CE*, p. 45, AJ. 1990, p. 506, obs. X. Prélot. En l'espèce, l'irrégularité résulte de ce qu'une modification du projet soumis à l'avis n'a été portée que tardivement à la connaissance des membres de l'organisme consulté.

[1030] A. BOCKEL, *Droit administratif*, Dakar-Abidjan, NEA, LGDJ, 1978, p. 140 ; également, D. SY, *Droit administratif*, Dakar, l'Harmattan, 2eme édition, 2014, p. 306-307.

[1031] CS 23 juillet 1975, Souleymane SIDIBE et Amicale des administrateurs civils du Sénégal, *GDJAS*, tome I, 2eme édition, 1984, obs. J. M. NZOUANKEU, p. 95 et s ; *Annales africaines* 1975, p. 184 et s.

[1032] Sur cette question, P. NDIAYE, « Statuts particuliers et statuts spéciaux dans la fonction publique sénégalaise », in *La fonction publique sénégalaise*, Actes du 1er colloque sur les institutions du Sénégal, *RIPAS*, n° 14, octobre-décembre 1985, p. 145 et s.

d'agents ayant effectué les stages de formation du Centre d'études du Service des enquêtes économiques, n'a pas été soumis à l'avis dudit conseil. Selon les hauts magistrats, les dispositions de ce décret sont « illégales comme ayant été adoptées à la suite d'une procédure irrégulière ».

Dès lors, l'obligation de solliciter l'avis du Conseil supérieur de la Fonction publique constitue une formalité substantielle dont le non-respect entache d'illégalité l'acte réglementaire édicté[1033].

La chambre administrative de la Cour suprême a sanctionné dans plusieurs espèces le non-respect des consultations obligatoires.

Dans un arrêt rendu le 13 février 2014, la Cour suprême a jugé que l'arrêté n° 0082 du 19 avril 2013 du Gouverneur adjoint de la Région de Dakar portant fermeture définitive d'un bar restaurant, qui est intervenu sans que l'avis de la Commission consultative n'ait été recueilli, est entaché de nullité. D'après les magistrats, en vertu de l'article 10 du décret du 1er avril 1997, la fermeture définitive d'un débit de boissons ne peut intervenir qu'à la suite dudit avis. Selon la Cour suprême, il s'agit d'un « vice de forme entachant la légalité de l'acte »[1034].

La haute juridiction administrative a également jugé que l'arrêté n°000012/CR/KL du 05 février 2007 de la Présidente du Conseil régional de Kaolack portant retrait de l'autorisation d'amodiation de chasse, qui ne mentionne pas la sollicitation de l'avis préalable du Conseil rural, est entaché de nullité. En effet, en vertu de l'article 49 du décret n° 96-1134 du 27 décembre 1996 portant application de la loi n° 96-07 du 22 mars 1996 portant transfert de compétences aux régions, communes et communautés rurales, le Conseil rural a compétence pour donner son avis préalable sur toute décision d'amodiation des droits de chasse dans une zone située sur son territoire[1035].

Pour les lois, seule la méconnaissance d'une obligation de consultation, résultant de la Constitution elle-même ou d'une loi organique, peut conduire à la censure du texte par le Conseil constitutionnel, pour non-conformité à la Constitution[1036].

[1033] CH. LAPEYRE, « La consultation du Conseil supérieur de la fonction publique en matière de statut particulier constitue une formalité préalable substantielle (note sous l'arrêt Souleymane SIDIBE-Amicale des Administrateurs civils du Sénégal (Cour suprême, 23 juillet 1975) », *Annales africaines* 1975, p. 179 et s.

[1034] CS ch. adm. n° 06/2014 du 13 février 2014, Jonas BADJI c/ Etat du Sénégal, *inédit.*

[1035] CS ch. adm. n° 31/2009 du 31 août 2009, Serigne Babacar SECK c/ Conseil régional de Kaolack, *inédit* ; également, CS ch. adm. n° 14/2009 du 05 mai 2009, Aliou DIA c/ El Hadji Moussa NDOYE et Etat du Sénégal, *inédit.*

[1036] *Guide pour l'élaboration des textes législatifs et réglementaires,* Paris, La documentation française, 2005, p. 71 et s.

DOCUMENT N° 29 : LES CONSULTATIONS OBLIGATOIRES

La circulaire n° 005 PM/SGG/SGA/PAT du 15 mars 2017 relative aux formalités à respecter avant l'adoption des projets de texte ou de convention ayant des incidences financières

REPUBLIQUE DU SENEGAL

Primature

Le Premier Ministre

N° 005 PM/SGG/SGGA/PAT

Dakar, le 15 mars 2017

CIRCULAIRE

A

Mesdames et Messieurs les Ministres,

Messieurs les Ministres délégués

Objet : Formalités à respecter avant l'adoption des projets de texte ou de convention ayant des incidences financières

Références : Loi organique n° 2011-15 du 08 juillet 2011 relative aux lois de finances, modifiée par la loi organique n° 2016-34 du 23 décembre 2016

La circulaire primatorale n° 0004 PM du 20 juin 2002 relative à l'avis préalable obligatoire du Ministère de l'Économie et des Finances pour tout acte engageant les finances de l'Etat du Sénégal

Il m'a été donné de constater que certains ministères introduisent dans le circuit d'adoption des textes, des projets de loi, de décret ou de convention à incidence financière, sans au préalable respecter les formalités obligatoires prévues par la loi. Cette situation, qui retarde le processus de validation de ces actes, entrave l'efficacité de l'action gouvernementale.

La présente circulaire a pour objet de rappeler les formalités à accomplir avant l'adoption des projets de texte ou de convention entraînant des charges nouvelles ou des pertes de ressources pour l'Etat.

Aux termes de l'article 4 alinéa 3 de la loi organique n° 2011-15 du 08 juillet 2011 relative aux lois de finances, modifiée par la loi organique n° 2016-34 du 23 décembre 2016 : « Lorsque des dispositions d'ordre législatif ou règlementaire doivent entraîner des charges nouvelles, ou des pertes de ressources, aucun projet de loi ne peut être voté, aucun acte règlementaire ou conventionnel ne peut être signé tant que ces charges ou pertes de ressources n'ont pas été prévues, évaluées et soumises à l'avis conforme du Ministre chargé des Finances ».

Il résulte de ce texte qu'avant même de transmettre le projet de texte ou de convention au Secrétariat général du Gouvernement, le ministère maître d'œuvre doit procéder à l'évaluation précise des charges nouvelles ou des pertes de ressources générées par le projet normatif.

En outre, il doit recueillir l'avis conforme du Ministre chargé des Finances. En d'autres termes, le ministère initiateur du projet est tenu de consulter les services du Ministère chargé des Finances et doit aussi se conformer à l'avis donné ou renoncer à son projet de texte.

Cette dernière exigence n'est pas seulement une simple formalité sans portée juridique. En effet, l'obligation de recueillir un avis conforme conduit à un partage de la compétence de l'autorité chargée d'édicter le projet de texte avec l'autorité consultée. Ainsi, le non-respect de cette formalité est susceptible d'entraîner l'annulation de l'acte normatif pour incompétence, s'il s'agit d'un acte administratif.

Je vous recommande de veiller au respect des formalités prescrites par la loi organique n° 2011-15 du 08 juillet 2011 relative aux lois de finances, modifiée par la loi organique n° 2016-34 du 23 décembre 2016, rappelées par la circulaire primatorale citée en référence, bien avant la transmission du projet au Secrétariat général du Gouvernement.

En conséquence, tout projet de texte normatif ou conventionnel introduit dans le circuit d'adoption en méconnaissance desdites formalités ne sera pas instruit par les services du Secrétariat général du Gouvernement.

J'attache du prix à l'exécution diligente des prescriptions de la présente circulaire dont vous m'accuserez réception.

Le Premier Ministre

Mahammed Boun Abdallah DIONNE

RÉPUBLIQUE DU SÉNÉGAL
Le Premier Ministre
PRIMATURE

Ampliation :

Son Excellence Monsieur le Président de la République (ATCR)

La circulaire n° 00001 PM/SGG/SGA/PAT du 15 janvier 2018 relative au respect de l'obligation de recueillir l'avis des organismes consultatifs

REPUBLIQUE DU SENEGAL
Un Peuple-Un But-Une foi
PRIMATURE
Le Premier Ministre

N° 000001 PM/SGG/SGA /PAT

Dakar, le 15 janvier 2018

CIRCULAIRE

A

Mesdames et messieurs les Ministres,
Mesdames et messieurs les Ministres délégués

Objet : Respect de l'obligation de recueillir l'avis des organismes consultatifs

A l'occasion du contrôle de l'activité normative du Gouvernement, il m'a été donné de constater que certains ministères initiateurs de projets de texte ne se conforment pas toujours à leur obligation de recueillir l'avis des organismes consultatifs prévus à cet effet. D'autres départements ministériels consultent très tardivement lesdits organismes au cours du processus normatif. Cette situation préoccupante, qui a pour effet de vicier la procédure d'élaboration des textes, impacte négativement la gouvernance normative.

La présente circulaire a pour objet de rappeler la nécessité du respect de l'obligation de recueillir l'avis des organismes consultatifs prévus à cet effet par les lois et règlements.

Une consultation est obligatoire lorsque le rédacteur du texte normatif est tenu, après sa conception, de solliciter l'avis d'une entité ou d'un organe spécialement créé à cet effet. Cette obligation de consultation préalable doit tirer son fondement d'un texte normatif (loi ou décret). Une circulaire non réglementaire ne saurait, dès lors, prévoir une consultation obligatoire.

Plusieurs textes ont institué des organismes consultatifs. Il s'agit notamment du Ministère chargé des Finances, du Conseil supérieur de la Fonction publique, du Comité consultatif du Secteur parapublic, du Conseil consultatif national du Travail et de la Sécurité sociale, du Comité national des Hydrocarbures, de la Commission d'Évaluation des agences d'exécution et du Bureau Organisation et Méthodes.

La consultation, qui est une forme d'aide à la décision, doit intervenir dès que le ministère maître d'œuvre aura stabilisé la rédaction du texte et bien avant son introduction dans le circuit d'adoption. Il n'est pas recommandé de recueillir l'avis de l'organe consultatif après la transmission du texte au Secrétariat général du Gouvernement.

Les consultations obligatoires font d'ailleurs l'objet d'un visa avant celui de l'avis de la Cour suprême et celui du rapporteur du texte.

En règle générale, la consultation obligatoire donne lieu à l'émission d'un avis facultatif, c'est-à-dire un avis qui ne lie pas le rédacteur du texte.

Par exemple, la consultation du Conseil supérieur de la Fonction publique sur toute question intéressant les fonctionnaires, notamment sur les projets de statuts particuliers des divers cadres de fonctionnaires est une consultation obligatoire avec avis consultatif (art. 18 de la loi n°61-33 du 15 juin 1961 relative au statut général des fonctionnaires, modifiée).

Mais la consultation obligatoire peut être suivie d'un avis conforme. Il s'agit d'un avis émis par un organisme consultatif qui oblige l'autorité consultante à s'y conformer ou à renoncer à son projet normatif. Seule une disposition législative ou réglementaire, conçue en termes précis, peut établir l'exigence d'un avis conforme.

Ainsi, la consultation du Ministère chargé des Finances, lorsque le texte comporte des dispositions d'ordre législatif ou règlementaire entraînant des charges nouvelles ou des pertes de ressources, donne lieu à un avis conforme (art. 4 de la loi organique n° 2011-15 du 08 juillet 2011 relative aux lois de finances).

En tout état de cause, les consultations préalables ne constituent pas de simples contraintes procédurales sans aucune portée juridique. En effet, la Cour suprême du Sénégal a déjà jugé que l'obligation de solliciter un avis constitue une formalité substantielle dont l'omission entache la légalité du texte normatif, s'il s'agit d'un texte réglementaire (*V. notamment, CS 23 juillet 1975, Souleymane SIDIBE et Amicale des administrateurs civils du Sénégal, GDJAS, tome I, 1984, obs. J. M. NZOUANKEU, p. 95 et s ; Annales africaines 1975, p. 184 et s. ; CS ch. adm. n° 06/2014 du 13 février 2014, Jonas BADJI c/ Etat du Sénégal, inédit)*.

En conséquence, je vous recommande de recueillir l'avis des organismes consultatifs avant l'introduction du projet de texte dans le circuit d'adoption. Le Secrétariat général du Gouvernement veillera à ne programmer que les textes qui auront au préalable été soumis à l'avis des organismes consultatifs compétents.

J'attache du prix à la bonne application de la présente circulaire dont vous m'accuserez réception.

Le Premier Ministre
Mahammed Boun Abdallah DIONNE

RÉPUBLIQUE DU SÉNÉGAL – Le Premier Ministre – PRIMATURE

Ampliation :
Son Excellence Monsieur le Président de la République (ATCR)

2. - L'introduction du projet dans le circuit d'adoption des textes

437. Le circuit normatif. Après avoir recueilli les avis des organismes consultatifs, le rédacteur du texte pourra procéder à l'introduction du projet normatif dans le circuit d'adoption des textes, en le transmettant au Secrétariat général du Gouvernement (**b**).

Dans le cadre de la nouvelle gouvernance normative, le ministère maître d'œuvre doit auparavant procéder à l'inscription du projet de texte à l'agenda législatif et réglementaire (**a**).

a. - L'inscription du texte à l'agenda législatif et réglementaire du Gouvernement

438. Un outil de planification et de suivi. L'agenda législatif et réglementaire du Gouvernement a été institué par la circulaire n° 0030 CAB/PM/SGG/DSL du 18 décembre 2014 sur la mise en place de l'Agenda législatif et réglementaire du Gouvernement pour l'année 2015. Il s'agit d'un instrument de planification, de suivi et d'évaluation de l'activité normative du Gouvernement. L'agenda législatif et réglementaire de l'année en cours est tenu au Secrétariat général du Gouvernement.

A cet effet, le département ministériel maître d'oeuvre devra remplir un formulaire mentionnant les textes programmés et le faire parvenir à la Primature.

439. Les intérêts de l'agenda. Cet outil a pour objectif de permettre au Secrétariat général du Gouvernement d'avoir une plus grande maîtrise sur la production normative ; il fait d'ailleurs l'objet d'une évaluation trimestrielle au cours d'une réunion présidée par le Secrétaire général du Gouvernement.

La formalité de l'inscription du projet à l'agenda législatif et réglementaire présente un grand intérêt. En effet, un projet normatif non inscrit à cet agenda ne sera, ni diffusé auprès des autres services de l'Etat, ni programmé aux réunions de validation.

b. - La transmission du texte au Secrétariat général du Gouvernement

440. L'introduction du texte dans le circuit. Après l'inscription du projet de texte à l'agenda législatif et réglementaire du Gouvernement, le ministère maître d'œuvre le transmet au Secrétariat général du Gouvernement en cinquante (50) exemplaires, pour les besoins de sa diffusion auprès des ministères et autres organismes publics[1037].

[1037] Secrétariat général du Gouvernement, *Rappel des grandes étapes de la procédure d'adoption des textes législatifs et réglementaires,* février 2015, p. 03.

Déjà par une circulaire n° 0027/PM/SGG/SL du 25 février 1972, le Secrétaire général du Gouvernement, devant les manquements constatés, rappelait le nombre d'exemplaires des projets de texte législatif ou réglementaire à faire parvenir à la Primature pour adoption[1038].

Chaque projet de texte doit être accompagné d'un exposé des motifs (pour les projets de loi) ou d'un rapport ou d'une note de présentation (pour les projets de décret ou d'arrêté) signé par le ou les ministres maîtres d'œuvre en cas de projets de décret ou d'arrêté conjoint ou interministériel.

441. L'existence de décrets d'application. Pour les projets de loi qui prévoient des décrets d'application, il est obligatoire de transmettre les projets de texte réglementaire en même temps que les projets de loi. Cette mesure est destinée à favoriser l'application effective des principes dégagés par les textes législatifs. La circulaire n° 0007 PM/SGG/SP du 07 mars 1996 relative aux textes d'application de la loi sur la décentralisation insistait déjà sur la nécessaire implication de tous les services de l'Etat en vue de l'élaboration des textes nécessaires à la mise en œuvre de la politique de décentralisation territoriale.

Cependant, plusieurs textes législatifs publiés au Journal officiel depuis des années sont dépourvus de décrets d'application et ne peuvent pas de fait donner lieu à des mesures d'application.

A titre d'exemple, l'article 44 de la loi n° 66-69 du 04 juillet 1966 relative à l'exercice de la médecine et à l'Ordre des médecins a renvoyé à un décret pour fixer la procédure suivie contre un médecin de la section B devant le Conseil national de l'Ordre siégeant en qualité de juridiction disciplinaire.

Cependant, depuis l'entrée en vigueur de ce texte législatif, le décret d'application annoncé n'a pas été pris.

Cette situation particulièrement préoccupante impacte très négativement la gouvernance normative. En effet, les principes généraux fixés par les textes législatifs ou réglementaires, même s'ils sont, en principe, applicables et opposables aux particuliers ainsi qu'à l'Administration, ne peuvent, de fait, faire l'objet de mesures d'exécution, faute d'actes d'application.

Par une circulaire n° 01/PM/SGG/SGA du 29 janvier 1996 relative au suivi des décrets d'application des lois, le Premier Ministre avait demandé aux ministres « de veiller à ce que les projets de loi qui prévoient dans leurs dispositions des décrets d'application soient transmis au Secrétariat général du Gouvernement en même temps que lesdits décrets d'application »[1039]. Dans

---

1038 A cette époque, cent-vingt (120) exemplaires complets des projets de décret devaient être transmis au Secrétariat général du Gouvernement. Pour les projets de loi, le même nombre était exigé en plus de 180 pour les besoins de la saisine de l'Assemblée nationale.

1039 Dans le même sens, V. la circulaire n° 006/PM SGG du 16 mai 2000 sur la procédure d'élaboration, d'enregistrement et de publication des projets de loi et de décret.

cette circulaire, le Premier Ministre a précisé que le non-respect de cette obligation entraîne le retour desdits projets aux ministères initiateurs.

Récemment, la circulaire n° 0008 PM/SGG/SGA/PAT du 08 juin 2017 relative à la rédaction des textes d'application des projets de loi ou de décret, précisant les prescriptions de la circulaire n° 01/PM/SGG/SGA du 29 janvier 1996 précitée, a recommandé aux ministères d'inscrire dans leurs agendas législatifs et réglementaires et de transmettre au Secrétariat général du Gouvernement, les projets de texte d'application en même temps que les projets de loi ou de décret qui les prévoient.

Cette circulaire a appelé l'attention des ministres sur la nécessité de préparer et de rédiger les textes d'application dès la finalisation des travaux de conception du texte de base, tout en veillant à la bonne articulation et à la cohérence d'ensemble du dispositif juridique.

B. - LE RÔLE CENTRAL DU SECRÉTARIAT GÉNÉRAL DU GOUVERNEMENT

442. Le monopole de la coordination de l'activité normative. La modification constitutionnelle introduite par la loi n° 70-15 du 26 février 1970 portant révision de la Constitution[1040] a procédé à l'introduction de l'institution gouvernementale et du poste de Premier Ministre dans l'ordonnancement constitutionnel sénégalais[1041].

A la suite de la réforme de 1983, qui a réintroduit le monocéphalisme dans l'exécutif par la suppression du Gouvernement en tant qu'institution[1042], la loi constitutionnelle n° 91-25 du 05 avril 1991[1043] a restauré l'institution gouvernementale et le poste de Premier Ministre. Depuis cette date, la coordination de l'activité normative du Gouvernement est assurée par le Secrétariat général du Gouvernement sous l'autorité du Premier Ministre et non plus par le Secrétariat général de la Présidence[1044]. Il résulte de l'article 5

1040 Sur cette réforme, I. FALL, « La réforme constitutionnelle du 26 février 1970 », *Penant*, n° 731, 1971, p. 91 ; A. DIOP, « La révision constitutionnelle du 26 février 1970 au Sénégal », *Rev. sén. dr.*, septembre 1970, p. 33-42 ; P. DECHEIX, « La réforme du 26 février 1970 de la Constitution du Sénégal », *Rev. jur. et pol. ind. et coop.*, n° 02, avril-juin 1970, p. 289-306 ; S. M. SY, « La révision constitutionnelle du 26 février 1970 », *Annales africaines* 1969, p. 9-28.

1041 E-H. MBODJ, « Le Premier Ministre dans l'ordonnancement constitutionnel sénégalais », *Alternatives Démocratique dans le Tiers-monde*, n° 6, juillet-décembre 1992, p. 57-71 ; du même auteur, « Le Sénégal, un régime présidentiel hétérodoxe », in H. ROUSSILON (dir), *Les nouvelles Constitutions africaines*, Presses de l'institut d'études politiques de Toulouse, avril 1995, p. 163.

1042 J.M. NZOUANKEU, « La restauration du régime présidentiel et l'évolution des partis politiques », *RIPAS*, n° 08, oct-décembre 1983, p. 618-651.

1043 JORS, n° 5402 du 7 avril 1991, p. 115-119.

1044 V. la circulaire n° 43 PR/SG du 02 avril 1963 relative aux incidences de la mise en vigueur de la Constitution sur la répartition des compétences, l'organisation du travail gouvernemental et le rôle du Secrétariat général de la Présidence de la République. Cette circulaire énonçait, sous

du décret n° 2014-1175 du 17 septembre 2014 relatif à l'organisation et au fonctionnement de la Primature que le Secrétaire général du Gouvernement assiste directement le Premier Ministre dans sa mission de direction et de coordination de l'action gouvernementale[1045]. La coordination de la production normative des départements ministériels est au cœur de sa mission de coordination gouvernementale[1046].

En tant que conseiller juridique et « *mémoire du Gouvernement* », le Secrétaire général du Gouvernement a besoin d'une stabilité, pour mieux garantir la continuité de l'action gouvernementale[1047].

Dans le processus d'adoption des textes, le Secrétariat général du Gouvernement, haut lieu de « l'interministérialité »[1048], assure la liaison entre les départements ministériels et les autres organismes publics (**1**). En outre, il coordonne les réunions de validation des textes normatifs (**2**).

1. - La liaison entre les ministères et autres organismes publics

443. Les liaisons. Le Secrétariat général du Gouvernement, en tant que service de la Primature, est le pivot de la direction et de la coordination du travail législatif et réglementaire du Gouvernement. A ce titre, il diffuse les projets de texte (**a**), reçoit et transmet au ministère maître d'œuvre les avis et observations des ministères et autres organismes (**b**).

a. - La diffusion des projets de texte

444. L'ouverture d'un dossier. Dès la réception du projet de texte, un dossier retraçant son évolution est ouvert à la Direction des Services législatifs (DSL) de la Primature, conformément à l'article 9 du décret n° 2014-1175 du

l'empire de la Constitution du 07 mars 1963, que le Secrétariat général de la Présidence de la République assure « *la coordination du travail gouvernemental* ».

1045 S. M. SY, *Les régimes politiques sénégalais de l'indépendance à l'alternance politique. 1960-2008*, Yaoundé, éditions Karthala et CREPOS, 2009, p. 141.

1046 J. FOURNIER, *Le travail gouvernemental*, Presses de la Fondation nationale des sciences politiques, 1987 ; M. PRELOT, « Premier Ministre », in *Rép. dr.publ. et adm.*, Dalloz, 1960.

1047 M. DIOP, *L'administration d'Etat au Sénégal*, Dakar, édition Clairafrique, 2011, p. 56. Selon l'auteur, le Secrétariat général du Gouvernement est « *la cheville centrale du dispositif gouvernemental* » ; A. BOCKEL, « Les administrations centrales », in *Encyclopédie juridique de l'Afrique*, Tome premier, Abidjan-Dakar-Lomé, NEA, p. 165 ; R. PY, *Le Secrétaire général du Gouvernement*, Paris, Doc. fr. 1985 ; J-C. SAVIGNAC, « Les racines du Secrétariat général du Gouvernement », *Rev. adm.*, 1985, p. 272 , J. GUISELIN, *Le Secrétariat général du Gouvernement*, Thèse, Paris 2, 2015.

1048 J. GICQUEL et J. E. GICQUEL, *Droit constitutionnel et institutions politiques,* Paris, LGDJ, 31 eme édition, 2017, p. 690.

17 septembre 2014 relatif à l'organisation et au fonctionnement de la Primature[1049].

445. La diffusion. Par la suite, la DSL procède à la diffusion du texte auprès de tous les ministères et organismes intéressés aux fins de recueillir leurs avis et observations.

Dans la pratique, le projet normatif est diffusé auprès des ministères impliqués dans l'élaboration du texte et des services de l'Etat comme l'Inspection générale d'Etat, le Contrôle financier, le Bureau Organisation et Méthodes et l'Agence judiciaire de l'Etat. En outre, le texte fait l'objet d'une diffusion auprès du Conseiller juridique du Président de la République, des Conseillers juridiques du Premier Ministre et des Conseillers techniques du Premier Ministre, lorsque l'objet du texte entre dans leurs domaines de compétence. Par exemple, un projet de loi modifiant le Code de l'Environnement est toujours transmis au Conseiller technique du Premier Ministre chargé des Affaires environnementales.

446. Le délai. Selon la circulaire n° 00010 PM/SGG/SL du 17 février 1975 sur le circuit des textes législatifs et réglementaires, les ministères disposent d'un délai maximum de quinze (15) jours pour formuler leurs observations sur les projets de texte législatif et réglementaire qui leur sont transmis pour avis. Passé ce délai, les départements, qui n'auront pas réagi, sont considérés comme n'ayant pas d'observations à formuler.

Il est fortement recommandé que ces avis parviennent au Secrétariat général du Gouvernement dans le délai imparti, même en cas d'absence d'observations particulières.

Ce délai peut être réduit à 08 (huit) jours, en cas d'urgence. Cette procédure de diffusion d'urgence est souvent employée dans la pratique lorsqu'il s'agit de textes dont l'adoption présente une grande urgence au regard de la politique du Gouvernement.

b. - La réception et la transmission des avis et observations

447. La transmission des observations au SGG. Après avoir examiné le projet de texte, les ministères et autres services de l'Etat transmettent leurs observations au Secrétariat général du Gouvernement[1050]. Dans les années 70, il a été constaté que certains départements ministériels adressaient leurs observations à la Primature en un seul exemplaire. La circulaire du Secrétaire général du Gouvernement n° 14/ PM/SGG/SL du 24 mars 1971 relative au nombre d'exemplaires des avis sur les projets législatifs et réglementaires avait invité les ministères à formuler leurs observations sur les projets de texte en trois (3) exemplaires au moins.

[1049] Secrétariat général du Gouvernement, *Rappel des grandes étapes de la procédure d'adoption des textes législatifs et réglementaires,* février 2015, p. 04.

[1050] Secrétariat général du Gouvernement, *Ibid.*

448. La centralisation des observations. Conformément à l'article 5 du décret n° 2014-1175 du 17 septembre 2014 relatif à l'organisation et au fonctionnement de la Primature, le Secrétariat général du Gouvernement recueille et centralise d'abord les observations des départements ministériels et autres organismes publics intéressés sur les projets de loi, d'ordonnance et de décret.

Ensuite, lesdites observations sont transmises suivant bordereau d'envoi par le Secrétariat général du Gouvernement au ministère maître d'œuvre[1051]. Cette transmission est destinée à permettre au ministère initiateur du texte d'en prendre connaissance et de réagir aux observations faites par les autres départements et services de l'Etat.

Enfin, le ministère maître d'œuvre fait tenir au Secrétariat général du Gouvernement, sous forme de tableau récapitulatif, les réponses aux avis et observations des ministères et corps de contrôle de l'Etat accompagnées d'une nouvelle version du projet de texte. Le ministère maître d'œuvre précise, dans ledit tableau, si ces observations ont été intégrées ou non.

Pour éviter des retards inutiles, la circulaire n° 33/ PR/SG/JUR du 12 avril 1968 relative à la diffusion des observations faites sur les projets de loi ou de décret a recommandé aux ministères et autres services de l'Etat d'envoyer au Secrétariat général de la Présidence[1052] en trois exemplaires (l'original et deux doubles) leurs observations sur les projets de texte.

2. - Les réunions de validation des textes normatifs

449. Les réunions de validation. Le Secrétariat général du Gouvernement assure la bonne coordination des réunions de validation des textes. Il s'agit des réunions du Comité interne de préparation et de suivi de textes (**a**) et du Comité technique de validation des textes législatifs et réglementaires (**b**).

a. - La réunion du Comité interne de préparation et de suivi des textes législatifs et réglementaires

450. La mission. L'arrêté primatoral n°1524 du 04 février 2015 a institué, au sein de la Primature, un Comité interne de préparation et de suivi des textes législatifs et réglementaires. Ce comité est une instance chargée de préparer le travail du Comité technique et d'assurer le suivi de ses recommandations. Il a pour mission de se prononcer sur toutes les questions de forme et de procédure soulevées au cours du processus normatif. A ce titre, il est chargé notamment de garantir le respect des prescriptions de la circulaire n° 00041

[1051] En ce sens, V. la circulaire n° 33/ PR/SG/JUR du 12 avril 1968 relative à la diffusion des observations faites sur les projets de loi ou de décret (JORS du 30 septembre 1968, p. 1203)

[1052] A l'époque, la coordination de l'activité normative du Gouvernement était une compétence du Secrétariat général de la Présidence de la République.

PM/SGG/SGA/PAT/SP du 06 octobre 2015 relative aux règles de présentation et de rédaction des textes législatifs et réglementaires et de veiller à la clarté et à la cohérence de l'intitulé, du plan et des subdivisions du projet de texte[1053].

Le Comité interne vérifie aussi la bonne présentation du document de présentation (exposé des motifs ou rapport de présentation), la chronologie, l'ordre et à la pertinence des visas, etc.[1054]

Il veille également à la régularité de la procédure d'élaboration des projets d'acte législatif et réglementaire, notamment des concertations avec les acteurs impliqués, à la méthodologie de rédaction des textes et des consultations obligatoires[1055].

451. Les questions préjudicielles. C'est souvent au cours de la réunion du Comité interne de préparation des textes législatifs et réglementaires que des questions préjudicielles sont soulevées. Il s'agit de questions qui, par leur énoncé, sont de nature de faire obstacle à l'examen du projet de texte par le Comité. Il en est ainsi de la question relative au respect d'une consultation obligatoire (consultation du Conseil supérieur de la Fonction publique, du Comité consultatif du Secteur parapublic, de la Commission de Régulation du Secteur de l'Electricité, etc.).

Une question préjudicielle peut également être soulevée à la réunion du Comité interne, lorsque le projet de texte n'entre pas dans les attributions du ministre maître d'œuvre telles que déterminées par le décret fixant ses attributions. Par exemple, le Ministère de la Justice ne saurait « porter » un texte modifiant le statut particulier du cadre des fonctionnaires de la Justice, cette attribution relevant de la compétence du Ministre de la Fonction Publique, de la Rationalisation des Effectifs et du Renouveau du Service public[1056].

Une question préjudicielle peut aussi être soulevée lorsque la matière prise en charge par le projet échappe à la compétence du législateur national. Par exemple, le législateur sénégalais n'est pas habilité à prévoir les règles relatives aux sociétés commerciales et aux groupements d'intérêt économique qui relèvent de la compétence de l'OHADA[1057].

452. La composition. Le Comité interne de préparation et de suivi des textes législatifs et réglementaires est présidé par le Secrétaire général adjoint

---

[1053] Sur ce comité, V. IGE, *Le rapport public sur l'état de la gouvernance et de la reédition des comptes*, juin 2014, p. 39 : http://www.ige.sn.

[1054] V. art. 2 de l'arrêté primatoral n°1524 du 04 février 2015 portant création, organisation et fonctionnement du Comité interne de préparation et de suivi des textes législatifs et réglementaires.

[1055] Secrétariat général du Gouvernement, *Rappel des grandes étapes de la procédure d'adoption des textes législatifs et réglementaires,* février 2015, p. 05.

[1056] V. le décret n° 2017-1572 du 13 septembre 2017 relatif aux attributions du Ministre de la Fonction Publique, de la Rationalisation des Effectifs et du Renouveau du Service public.

[1057] V. art. 2 du traité de l'OHADA.

du Gouvernement et son secrétariat est assuré par le Directeur des Services législatifs. Il comprend en outre, les Conseillers juridiques et lés autres Conseillers du Premier Ministre dont les compétences entrent dans l'objet du projet de texte à examiner, des représentants du BOM et du Contrôle financier, un ou des représentants du ministère maître d'œuvre ainsi que les agents de la Direction des services législatifs. Le Comité peut également faire appel à toute personne en raison de ses compétences[1058].

453. Le fonctionnement. Le Comité interne se réunit sur convocation de son président. La réunion de ce comité porte sur l'examen du projet de texte diffusé auprès des ministères et corps de contrôle de l'Etat par le Secrétariat général du Gouvernement.

Les observations et recommandations formulées par ledit comité doivent être prises en compte par le ministère maître d'œuvre.

En vertu de l'arrêté primatoral n°1524 du 04 février 2015 précité, le Comité interne peut se réunir pour assurer le suivi des recommandations formulées par le Comité technique ou par le Conseil des Ministres et veiller, au besoin, à la prise en compte de l'avis de l'Assemblée générale consultative de la Cour suprême par le ministère maître d'œuvre.

La réunion du Comité interne fait l'objet d'un compte rendu transmis aux membres du Comité technique de validation des textes législatifs et réglementaires.

b. - La réunion du Comité technique de validation des textes législatifs et réglementaires

454. Les missions. A la suite de la réunion du Comité interne, se tient celle du Comité technique de validation des textes législatifs et réglementaires.

Ce comité, créé par l'arrêté primatoral n°1525 du 04 février 2015, a pour mission de se prononcer sur toutes les questions de fond soulevées au cours du processus d'adoption des textes normatifs[1059]. A cet effet, il est chargé, entre autres, de veiller à la conformité du projet de texte à la Constitution, notamment au respect du partage des compétences entre la loi et le règlement, conformément aux articles 67 et 76 de la Constitution.

Le Comité technique vérifie la conformité du projet de texte aux accords et traités régulièrement ratifiés par le Sénégal ainsi que la correcte transposition des directives des organisations d'intégration auxquelles le Sénégal est membre. Il s'assure également de l'opportunité du projet de texte en

---

[1058] V. art. 3 de l'arrêté primatoral n°1524 du 04 février 2015 portant création, organisation et fonctionnement du Comité interne de préparation et de suivi des textes législatifs et réglementaires.

[1059] V. art. 2 du l'arrêté primatoral n°1525 du 04 février 2015 portant création, organisation et fonctionnement du Comité technique de validation des textes législatifs et réglementaires.

appréciant notamment les incidences financières, fiscales, sociales, environnementales que son adoption risque d'engendrer[1060].

455. La préservation des options du Gouvernement. Le Comité technique n'est pas habilité à remettre en cause les options arrêtées par le Gouvernement[1061]. Il n'est qu'une instance d'appui et d'accompagnement du Gouvernement dans ses interventions normatives. A titre d'exemple, lorsqu'un département décide de mettre en place un fonds en vue de mettre en œuvre une politique définie par le Président de la République, le Comité technique ne saurait discuter de l'opportunité de cette option.

En cas de divergence sur des questions de fond, il peut provoquer des réunions interministérielles ou les arbitrages nécessaires[1062]. Il arrive, en effet, que des services de l'Etat soumettent à la Primature des projets de texte sur le même objet présentant des divergences. Dans ce cas, il revient au Comité technique de veiller à la bonne articulation entre ces textes.

456. La composition. La réunion du Comité technique est présidée par le Secrétaire général du Gouvernement et son secrétariat est assuré par le Directeur des Services législatifs. Il comprend les Secrétaires généraux adjoints du Gouvernement, le Directeur des Services législatifs, les Conseillers juridiques du Premier Ministre, les Conseillers techniques du Premier Ministre ayant des compétences sur le projet de texte à examiner, le représentant du ministère maître d'œuvre ainsi que les représentants des ministères et autres organismes intéressés par le texte. Le Comité technique peut également faire appel à toute personne en raison de ses compétences[1063].

Il faut préciser que la présence du Secrétaire général du ministère ou du Directeur de Cabinet du ministre maître d'œuvre est obligatoire à la réunion du Comité technique. Au cours de cette réunion, il est souvent nécessaire de recueillir les options arrêtées par le département initiateur sur certaines questions de fond.

457. Le fonctionnement. La réunion du Comité technique porte sur la version du projet de texte intégrant les observations et recommandations du Comité interne.

Les avis et recommandations du Comité technique lient le ministère maître d'œuvre. Après la réunion du Comité technique, ledit ministère n'est plus habilité à apporter de modifications au projet de texte.

[1060] Secrétariat général du Gouvernement, *Rappel des grandes étapes de la procédure d'adoption des textes législatifs et réglementaires,* février 2015, p. 06.

[1061] V. art. 11 du l'arrêté primatoral n°1525 du 04 février 2015 portant création, organisation et fonctionnement du Comité technique de validation des textes législatifs et réglementaires.

[1062] Sur cette question, A. BONDUELLE, *Le pouvoir d'arbitrage du Premier Ministre*, Paris, LGDJ, 2000 ; P. ARDANT, *Le Premier Ministre en France*, Montchrestien, 1991.

[1063] V. art. 3 du l'arrêté primatoral n°1525 du 04 février 2015 portant création, organisation et fonctionnement du Comité technique de validation des textes législatifs et réglementaires.

Compte tenu de l'importance de l'examen du projet de texte par le Comité technique de validation des textes législatifs et réglementaires, la circulaire n° 02937 PM/CAB/CS/GOUV. SD du 24 octobre 2013 sur le respect de la procédure d'adoption des textes législatifs et réglementaires a rendu obligatoire le passage des textes au Comité technique, sauf exception autorisée par le Président de la République.

Selon cette circulaire, la soumission du projet normatif au Comité technique permet « de prendre en compte, les observations des ministères concernés, en amont et d'éviter leur formulation et leur traitement en réunion de Conseil des Ministres ». Au-delà du partage et de l'appropriation des textes par les départements concernés, l'examen des textes en Comité technique contribue à l'amélioration de leur qualité rédactionnelle.

C. - L'INTERVENTION DES INSTITUTIONS CONSULTATIVES

458. Les institutions consultatives. Les institutions consultatives qui interviennent au cours du processus d'adoption des textes normatifs sont pour l'essentiel celles prévues par la Constitution. Elles peuvent être saisies par le Gouvernement ou par l'Assemblée nationale d'un projet de texte pour avis. Il s'agit de l'Assemblée générale consultative de la Cour suprême (**1**), du Conseil économique, social et environnemental (**2**) et du Haut Conseil des Collectivités territoriales (**3**).

1. - L'Assemblée générale consultative de la Cour suprême

459. La composition. Selon l'article 16 de la loi organique n° 2017-09 du 17 janvier 2017 abrogeant et remplaçant la loi organique n° 2008-35 du 08 août 2008 sur la Cour suprême[1064], la Cour suprême, réunie en assemblée générale, a une compétence consultative au cours de la procédure d'adoption des textes législatifs et réglementaires[1065].

[1064] JORS n° 6986 du 18 janvier 2017, p. 47.

[1065] J. C. GAUTRON et M. ROUGEVIN-BAVILLE, *Droit public du Sénégal*, Paris, éditions A. Pédone, 1977, p. 165 et s. ; P. M. NDIAYE, *La renaissance de la Cour suprême,* Dakar, novembre 2008, p. 53 ; M. AURILLAC, « La Cour suprême du Sénégal », *RJPIC*, 1969, p. 65 ; M. DIARRA, « Rôle constitutionnel de la Cour suprême du Sénégal », *RJPIC*, 1969, p. 1004 ; D. SY, « Le contrôle de l'exécutif par le Conseil d'Etat », in *L'Etat de droit et le contrôle de l'exécutif au Sénégal,* Dakar, p. 101 ; S. SYLLA et S. DIOP, « Les compétences de la Cour suprême du Sénégal », in G. CONAC et L. de GAUDUSSON, *Les Cours suprêmes en Afrique*, Paris, Economica, 1988, p. 313 et s.

La Cour suprême, solennellement installée le 14 novembre 1960, a tenu le 18 novembre 1960, la première réunion de l'Assemblée générale consultative[1066].

L'Assemblée générale consultative comprend la totalité des membres de la Cour suprême. Elle est présidée par le Premier Président de la Cour suprême ou, en cas d'empêchement et, dans l'ordre, par le Procureur général, un Président de chambre ou le Premier Avocat général[1067].

460. Les conseillers en service extraordinaire. Sont, en outre, appelés à siéger à l'Assemblée générale consultative, avec le titre de conseillers en service extraordinaire[1068], des personnalités qualifiées dans les différents domaines de l'activité nationale, désignées par décret sur proposition du Premier Président de la Cour, pour une période d'un an qui peut être renouvelée[1069].

D'après l'instruction générale n° 15 PR du 1er mars 1968 sur l'organisation du travail gouvernemental, les conseillers en service extraordinaire, qui font partie de l'Assemblée générale consultative de la Cour suprême, ne siègent pas pour représenter leur département ou administration d'origine. Ils n'ont pas « de consignes » à recevoir de ce service. Il ne peut leur être reproché d'avoir pris, lors d'une séance de la cour, une position différente de celle de l'administration à laquelle ils appartiennent. Les conseillers en service extraordinaire sont désignés à raison de leur expérience administrative, juridique ou technique.

461. Les Commissaires du Gouvernement. La loi organique n° 2017-09 du 17 janvier 2017 sur la Cour suprême a apporté des précisions importantes à la représentation du Gouvernement à l'Assemblée générale consultative de la Cour suprême. En vertu de l'article 17 de ce texte, le Premier Ministre désigne, auprès de l'Assemblée générale consultative, en qualité de Commissaire général du Gouvernement le Secrétaire général du Gouvernement qui est chargé de représenter le pouvoir exécutif et de fournir à l'assemblée toutes informations utiles. Ce dernier est assisté, pour chaque projet à examiner, par un commissaire spécial représentant le ministère concerné par le texte à examiner[1070].

[1066] En ce sens, V. la circulaire du Secrétaire général du Gouvernement n° 94 du 24 novembre 1960.

[1067] V. art. 16 de la loi organique n° 2017-09 du 17 janvier 2017 abrogeant et remplaçant la loi organique n° 2008-35 du 08 août 2008 sur la Cour suprême.

[1068] Il s'agit notamment de professeurs de lettres, d'un Conseiller juridique à la Primature, du Vérificateur général, etc.

[1069] Le nombre de conseillers en service extraordinaire ne peut excéder vingt (20).

[1070] Les Commissaires du Gouvernement participent aux débats sur l'affaire pour laquelle ils ont été désignés mais n'ont pas voix délibérative (V. art. 17, alinéa 2 de la loi organique n° 2017-09 du 17 janvier 2017 abrogeant et remplaçant la loi organique n° 2008-35 du 08 août 2008 sur la Cour suprême).

La circulaire du Secrétaire général du Gouvernement n° 94 du 24 novembre 1960 énonce que ne pourront être nommés commissaires du Gouvernement des fonctionnaires faisant déjà partie de la Cour à titre de conseillers en service extraordinaire.

462. Le Commissaire général du Gouvernement. Selon la circulaire n° 004 PM/SGG/SGGA/PAT du 21 février 2017 relative aux commissaires du Gouvernement auprès l'Assemblée générale consultative de la Cour suprême, il revient au Premier Ministre de désigner, en qualité de commissaire général du Gouvernement, le Secrétaire général du Gouvernement. Conformément à une pratique bien établie de l'Assemblée générale consultative, le Secrétaire général du Gouvernement est chargé de représenter le pouvoir exécutif et de fournir à l'assemblée toutes indications utiles.

Selon l'instruction générale n° 15 PR du 1er mars 1968 sur l'organisation du travail gouvernemental, le commissaire du Gouvernement doit veiller à ce que les résultats des arbitrages intervenus ainsi que la ligne générale de la politique du Gouvernement ne soient pas remis en cause au cours des débats.

En tant que commissaire général du Gouvernement, le Secrétaire général du Gouvernement, est seul habilité, en dernier ressort, à définir la position du Gouvernement, à accepter les amendements proposés et même à retirer, au besoin, le texte soumis à l'Assemblée générale consultative.

463. Le commissaire spécial du Gouvernement. Le commissaire général du Gouvernement est assisté, pour chaque projet à examiner, d'un commissaire spécial représentant le ministère maître d'œuvre du projet normatif. Il s'agit du Secrétaire général ou du Directeur de cabinet du département ayant initié le projet de texte, accompagné au besoin par un directeur ou un conseiller technique.

Durant l'instruction du projet de texte par l'Assemblée générale consultative, le commissaire spécial du Gouvernement prend contact dans les meilleurs délais, avec le rapporteur et lui précise la portée exacte du texte.

Au cours des débats, le Commissaire spécial doit apporter au commissaire général tous éclairages utiles à la compréhension des finalités et à la défense des options arrêtées par le Gouvernement.

Le commissaire spécial du Gouvernement doit également veiller à mettre à la disposition du rapporteur désigné par l'Assemblée générale consultative de la Cour suprême toutes informations utiles à la rédaction du rapport[1071].

Dans une circulaire n° 54 PM/SGG/SP du 03 mai 1972 relative à la désignation des commissaires du Gouvernement à la Cour suprême, le Secrétaire général du Gouvernement de l'époque constatait que les rapporteurs désignés par le Premier Président de la Cour suprême éprouvaient quelquefois des difficultés pour entrer en contact avec les commissaires du Gouvernement.

[1071] V. la circulaire n° 00012 PM/SGG/SL du 07 décembre 2004.

Cette circulaire a recommandé aux ministères de désigner le commissaire du Gouvernement dans la lettre ou le bordereau de transmission du projet de texte introduit dans le circuit, en précisant l'adresse et le numéro de téléphone de l'intéressé.

En outre, la circulaire n° 72/PM/SGG/ADJ.1 du 27 août 1979 relative à la désignation des Commissaires du Gouvernement à l'Assemblée générale consultative de la Cour suprême prescrit aux ministères de désigner, en qualité de commissaires spéciaux du Gouvernement, des fonctionnaires suffisamment compétents et expérimentés pour défendre les projets de texte du Gouvernement.

A l'occasion de l'examen des textes par l'Assemblée générale consultative de la Cour suprême, il arrive que les commissaires du Gouvernement fassent valoir des points de vue personnels ou soutiennent des positions adoptées par leurs départements ministériels. Pour mettre un terme à ces pratiques, la circulaire présidentielle n° 70 CAB/L du 07 juillet 1964 énonce que « les commissaires du Gouvernement, dans l'accomplissement de leur mission n'ont qu'une position à soutenir : celle du Gouvernement dans son ensemble », avec l'accord du commissaire général. Aussi, cette circulaire a-t-elle recommandé aux commissaires du Gouvernement de prendre contact avec le commissaire général, avant la réunion de l'Assemblée générale consultative de la Cour suprême, « en vue d'éviter des frictions inutiles »[1072].

464. Les compétences de l'Assemblée générale consultative de la Cour suprême. Les compétences consultatives de l'Assemblée générale consultative de la Cour suprême dans le cadre de l'examen des textes sont bien délimitées.

La Cour suprême donne un avis motivé sur la légalité des dispositions sur lesquelles elle est consultée, mais aussi, s'il y a lieu, sur la pertinence des moyens juridiques retenus pour atteindre les objectifs poursuivis, en tenant compte des contraintes inhérentes à l'action administrative.

Mais l'Assemblée générale consultative n'est pas habilitée à porter d'appréciation sur les fins poursuivies par le Gouvernement[1073].

En pratique, la Cour suprême formule des observations sur la forme du texte et fait au Gouvernement des propositions de reformulations et de réécritures de certaines dispositions. Cette pratique n'est pas sans fondement juridique. En effet, selon l'article 15 du décret n° 2009-367 du 20 avril 2009 portant application de la loi organique n° 2008-35 du 08 août 2008 sur la Cour Suprême[1074], à l'issue de l'assemblée générale, le rapporteur rédige immédiatement le texte définitivement adopté ainsi qu'une note d'observation

---

1072 V. également, la circulaire présidentielle n° 95 PR/SG/CAB-L du 22 septembre 1964.

1073 Sur cette question, Y. JEGOUZO, « À propos de la fonction consultative du Conseil d'État », in *Mélanges Labetoulle*, Paris, Dalloz, 2007, p. 505.

1074 JORS n° 6474 du samedi 13 juin 2009.

dite « note de greffe » indiquant toute les modifications apportées au projet. Le projet de texte modifié et la note portant la signature du président de séance, du rapporteur et du greffier en chef sont transmis, selon le cas, au Secrétaire général du Gouvernement ou à l'Assemblée nationale[1075].

465. La nature de la consultation. L'article 18 de la loi organique n° 2017-09 du 17 janvier 2017 sur la Cour suprême énonce que la Cour suprême, réunie en Assemblée générale consultative, donne au Gouvernement un avis motivé sur les projets de loi et de décret soumis à son examen. A cet effet, elle est saisie par le Secrétaire général du Gouvernement d'un courrier accompagné du projet de texte soumis à son examen.

L'Assemblée générale consultative de la Cour suprême, peut aussi être saisie par le Président de l'Assemblée nationale, après examen de la commission compétente, pour donner son avis sur les propositions de loi qui lui sont soumises[1076]. Mais cette procédure est assez rare.

La consultation de la Cour suprême, par le Gouvernement ou le Président de l'Assemblée nationale, n'est pas en principe obligatoire ; il s'agit d'une consultation facultative. Dans la pratique normative, les projets de code et les projets de texte susceptibles d'affecter de manière significative la situation des personnes ou des institutions publiques sont soumis par le Gouvernement à l'avis de l'Assemblée générale consultative de la Cour suprême, après leur examen par le Comité interne de préparation et de suivi des textes législatifs et réglementaires et par le Comité technique de validation des textes législatifs et réglementaires, sauf en cas d'urgence.

La circulaire n° 0034/PM/SGG/DSL du 05 mai 2015 a prévu que les textes majeurs sont préalablement soumis, sauf cas exceptionnel, à l'avis de l'Assemblée générale consultative de la Cour suprême.

Toutefois, dans certains cas, la consultation de l'Assemblée générale consultative de la Cour suprême est obligatoire. Certains textes doivent obligatoirement être soumis à l'avis de l'Assemblée générale consultative de la Cour suprême. Il en est ainsi du décret de reconnaissance d'utilité publique d'une association[1077] ou d'une fondation[1078].

Il en est de même du décret de dissolution d'un conseil départemental lorsque son fonctionnement se révèle durablement impossible[1079].

[1075] Le rapport, sans être entièrement rédigé, doit se présenter sous forme d'un plan détaillé, avec citation intégrale des textes et rédaction des nouvelles propositions.

[1076] V. art. 18, alinéa 4 de la loi organique n° 2017-09 du 17 janvier 2017 abrogeant et remplaçant la loi organique n° 2008-35 du 08 août 2008 sur la Cour suprême.

[1077] V. art. 4 du décret n° 76-199 du 17 février 1976 fixant les conditions d'octroi et de retrait de la reconnaissance d'utilité publique aux associations (JORS du 13 mars 1976, p. 379).

[1078] V. art. 3 de la loi n° 95-11 du 07 avril 1995 instituant la fondation d'utilité publique au Sénégal (JORS du 10 juin 1995, p. 253).

[1079] V. art. 52 du Code général des Collectivités territoriales.

Aussi, le décret de dissolution d'une commune en cas de déséquilibre de ses finances ne peut être pris que sur avis de la Cour suprême[1080].

466. La nature de l'avis. Les avis de la Cour suprême sur les projets de texte qui lui sont soumis sont des avis consultatifs ; ils ne lient ni le Gouvernement, ni l'Assemblée nationale[1081]. En vertu de la circulaire du Président du Conseil n° 93 du 24 novembre 1960, « les avis de la Cour n'ont pas de force obligatoire, sauf dans les cas très particuliers où la loi en aurait disposé autrement ».

L'instruction générale n° 15 PR du 1er mars 1968 sur l'organisation du travail suggère, lorsque le Gouvernement ne suit pas l'avis de la Cour, de faire des propositions motivées au Président de la République.

Cette instruction générale recommande fortement au Gouvernement de ne pas abuser de cette faculté. En effet, les avis de l'Assemblée générale consultative de la Cour suprême ne sont pas destinés à censurer l'action du Gouvernement[1082] ; ils ont pour objet d'éclairer le pouvoir exécutif dans son action. En outre, l'expérience des membres de l'Assemblée générale consultative permet d'entrevoir les difficultés qui peuvent naître de textes ambigus ou de formulations équivoques[1083].

Cependant, il arrive des cas où l'avis donné par l'Assemblée générale de la Cour suprême lie le Gouvernement. Par exemple, en matière de classement d'archives privées, l'article 51 du décret n° 2006-596 du 10 juillet 2006 portant organisation et fonctionnement de la direction des archives du Sénégal, énonce que le classement d'office d'archives privées est prononcé par décret pris sur avis conforme du Conseil d'Etat (Assemblée générale consultative de la Cour suprême).

[1080] V. art. 74 du Code général des Collectivités territoriales. V. également l'article 223 du Code général des Collectivités territoriales.

[1081] Sur cette question, H. HOEPPFNER, « Les avis du Conseil d'État », *RFDA* 2009, p. 895 ; L. A. BOUVIER « Les avis du Conseil d'Etat sur les projets de loi : légitimité des avis du Conseil d'Etat sur les projets de loi : légitimité d'une fonction juridique à portée politique », *PA*, 05 mars 2015, n° 46, p. 06.

[1082] V. la circulaire du Président du Conseil n° 93/ SG du 24 novembre 1960.

[1083] V. la circulaire du Secrétaire général du Gouvernement n° 93 du 24 novembre 1960 ; l'instruction générale n° 15 PR du 1er mars 1968 sur l'organisation du travail gouvernemental.

DOCUMENT N° 30 : LES COMMISSAIRES DU GOUVERNEMENT AUPRES DE L'ASSEMBLEE GENERALE CONSULTATIVE DE LA COUR SUPREME

REPUBLIQUE DU SENEGAL
Le Premier Ministre
Primature

N° 004 PM/SGG/SGGA/PAT
Dakar, le 21 février 2017

CIRCULAIRE
A
Mesdames et Messieurs les Ministres,
Messieurs les Ministres délégués

Objet : Les commissaires du Gouvernement auprès de l'Assemblée générale consultative de la Cour suprême

Référence : loi organique n° 2017-09 du 17 janvier 2017 abrogeant et remplaçant la loi organique n° 2008-35 du 08 août 2008 sur la Cour suprême

La loi organique, citée en référence, a apporté des précisions importantes à la représentation du Gouvernement à l'Assemblée générale consultative de la Cour suprême.

La présente circulaire a pour objet d'expliciter les dispositions de la loi organique précitée relatives aux commissaires du Gouvernement auprès de l'Assemblée générale consultative de la Cour suprême.

Aux termes de l'article 17 de la loi organique du 17 janvier 2017 sur la Cour suprême : « Le Premier Ministre désigne, auprès de l'assemblée générale consultative, en qualité de commissaire général du Gouvernement, le Secrétaire général du Gouvernement qui est chargé de représenter le pouvoir exécutif et de fournir à l'assemblée toutes informations utiles. Ce dernier est assisté, pour chaque projet à examiner, d'un commissaire spécial représentant le ministère concerné ».

Conformément à une pratique bien établie de l'Assemblée générale consultative, le Secrétaire général du Gouvernement est chargé de représenter le pouvoir exécutif et de fournir à l'assemblée toutes indications utiles.

Selon l'instruction générale n° 15 PR du 1er mars 1968 sur l'organisation du travail gouvernemental, le commissaire du Gouvernement doit veiller à ce que les résultats des arbitrages intervenus ainsi que la ligne générale de la politique du Gouvernement ne soient pas remis en cause au cours des débats.

En tant que commissaire général du Gouvernement, le Secrétaire général du Gouvernement, est seul habilité, en dernier ressort, à définir la position du Gouvernement, à accepter les amendements proposés et même à retirer, au besoin, le texte soumis à l'Assemblée générale consultative.

Le commissaire général du Gouvernement est assisté, pour chaque projet à examiner, d'un commissaire spécial représentant le ministère maître d'œuvre du projet normatif. Il s'agit du secrétaire général ou du directeur de cabinet du département ayant initié le projet de texte, accompagné, au besoin, par un directeur ou un conseiller technique.

Pendant l'instruction du projet de texte par l'Assemblée générale consultative, le commissaire spécial du Gouvernement prend contact, dans les meilleurs délais, avec le rapporteur désigné par l'Assemblée générale consultative de la Cour suprême et lui précise la portée exacte dudit projet.

Au cours des débats, le commissaire spécial apporte au commissaire général tous éclairages utiles à la compréhension des finalités du texte et à la défense des options arrêtées par le Gouvernement.

Le commissaire spécial du Gouvernement veillera à se mettre à la disposition du rapporteur pour lui fournir toutes informations utiles à l'instruction du projet de texte et à la rédaction du rapport.

J'attire également l'attention sur la nécessité pour les commissaires spéciaux du Gouvernement de prendre part personnellement aux réunions de l'Assemblée générale consultative, accompagnés de leurs collaborateurs impliqués dans le suivi du projet de texte, en évitant les retards et absences répétés et injustifiés.

J'attache du prix à l'exécution diligente des prescriptions de la présente circulaire dont vous m'accuserez réception.

Le Premier Ministre
Mahammed Boun Abdallah DIONNE

2. - Le Conseil économique, social et environnemental

467. La composition. Le Conseil économique, social et environnemental (CESE), institué par l'article 81-1 de la Constitution, est auprès des pouvoirs publics une assemblée consultative[1084].

D'après la circulaire présidentielle n° 131 PR/SG du 02 décembre 1964 relative aux relations entre le Conseil économique et social et les départements ministériels, le CESE est « l'élément consultatif indispensable qui permet au pouvoir exécutif d'obtenir les avis et suggestions des secteurs les plus représentatifs de la Nation, avant de fixer définitivement sa politique économique et sociale »[1085].

En vertu de l'article 7 de la loi organique n° 2012-28 du 28 décembre 2012 relative à l'organisation et au fonctionnement du Conseil économique, social et environnemental, le CESE comprend quatre-vingt (80) membres représentant tous les secteurs d'activité économique, sociale et environnemental. Il comprend également des personnes qualifiées choisies en raison de leur compétence en matière économique, scientifique, sociale, culturelle et environnementale. Les membres du CESE sont désignés pour cinq (5) ans ; ils ne peuvent accomplir plus de deux (2) mandats consécutifs[1086].

468. Les compétences. Le CESE peut être consulté par le Président de la République, l'Assemblée nationale ou le Gouvernement sur tout problème à caractère économique, social et environnemental. Tout plan ou projet de loi de programmation à caractère économique, social ou environnemental lui est soumis pour avis[1087]. Selon la circulaire n° 006/PM SGG du 16 mai 2000 sur la procédure d'élaboration, d'enregistrement et de publication des projets de loi et de décret, il est utile de saisir fréquemment le Conseil des « grands projets de loi à caractère économique ».

S'agissant du plan et des projets de loi de programmation à caractère économique, social ou environnemental, la consultation du CESE est obligatoire, même si l'avis donné ne lie pas le Gouvernement.

L'article 2 de la loi organique n° 2012-28 du 28 décembre 2012 précitée précise qu'il peut être saisi pour avis, par le Président de la République, des projets de loi de programmation définissant les orientations pluriannuelles des finances publiques, des projets de loi, d'ordonnance ou de décret ainsi que des propositions de loi entrant dans son domaine de compétence.

[1084] V. F. I. SAGNA, *Le kaléidoscope du Conseil économique et social*, Dakar, édition 2000.

[1085] V. J. DERMAGNE, *Qu'est-ce que le Conseil économique et social ?*, Paris, Archipel, 2006 ; L. TOUFEAU, « Le CESE après la LO du 28 juin 2010 ; une assemblée constitutionnelle mal identifiée », *RDP*, 2011, p. 637.

[1086] V. la circulaire n° 1423/PM/SGG/SL du 23 mars 1971 relative à la désignation de Commissaires du Gouvernement auprès du Conseil économique et social.

[1087] V. art. 87-1 de la Constitution.

Il donne son avis dans un délai d'un mois si le Président de la République ou le Premier Ministre en déclare l'urgence.

Il est obligatoirement saisi par le Président de la République des projets de loi de programme et de plan à caractère économique, social et environnemental ; il peut même au préalable être associé à l'élaboration de ces textes.

Selon l'instruction générale n° 15 PR du 1er mars 1968 sur l'organisation du travail gouvernemental, il y a un intérêt à ce que la saisine du Conseil économique social et environnemental intervienne avant celle de l'Assemblée générale de la Cour suprême. Il s'agit, en effet, de veiller à ce que « les suggestions de fond du Conseil puissent être examinées du point de vue de la légalité et de la forme par la haute juridiction ».

Dans la pratique, le CESE est rarement saisi de projets de loi pour avis.

3. - Le Haut Conseil des Collectivités territoriales

469. L'institution du HCCT. Dans le cadre de l'Acte III de la décentralisation, les pouvoirs publics ont instauré un système de gouvernance locale et de territorialisation des politiques publiques. Pour compléter ce dispositif, la loi constitutionnelle n° 2016-10 du 05 avril 2016 a institué le Haut Conseil des Collectivités territoriales (HCCT), qui est une institution de la République[1088]. D'après l'article 1er de la loi organique n° 2016-24 du 14 juillet 2016 relative à l'organisation et au fonctionnement du Haut Conseil des Collectivités territoriales[1089], le HCCT est une « assemblée consultative qui a pour mission d'étudier et de donner un avis motivé sur les politiques de décentralisation, d'aménagement et de développement du territoire ». Ses membres portent le titre de Haut Conseiller[1090].

470. La composition. Cette institution est composée de membres élus au suffrage indirect et de membres, bien au fait des réalités des territoires choisis par le Président de la République. Le Haut Conseil des Collectivités territoriales comprend cent cinquante (150) membres qui portent le titre de Hauts Conseillers désignés pour un mandat de cinq (5) ans. Quatre-vingt (80) membres sont élus au suffrage indirect selon les modalités définies par le Code électoral. Soixante-dix (70) membres sont nommés par le Président de la République.

1088 I. M. FALL, « La réforme constitutionnelle de mars 2016 : un hommage à l'œuvre du professeur Kanté » », in A. SALL et I. M. FALL (dir.), *Actualités du droit public et de la science politique en Afrique, Mélanges en l'honneur de Babacar KANTE*, Dakar, l'Harmattan, 2017, p. 158 ; I. M. FALL, *La réforme constitutionnelle du 20 mars 2016 au Sénégal. La révision consolidante record*, Dakar, l'Harmattan, 2017, p. 144.

1089 JORS n° 6946 du vendredi 15 juillet 2016.

1090 V. article 66-1 de la Constitution.

471. Les compétences. Le Haut Conseil a pour mission de contribuer à la modernisation de l'action publique territoriale, à l'aménagement équilibré du territoire, à la mobilisation des territoires pour la croissance et l'emploi ainsi qu'au développement des solidarités territoriales et de la démocratie locale. Le Président de la République ou le Gouvernement peut saisir le Haut Conseil des Collectivités territoriales pour avis sur les questions relatives aux politiques de décentralisation, d'aménagement et de développement du territoire.

Selon l'article 2 de la loi organique n° 2016-24 du 14 juillet 2016 relative à l'organisation et au fonctionnement du Haut Conseil des Collectivités territoriales, « le Haut Conseil peut être saisi, pour avis, par le Président de la République, des projets de loi, des projets d'ordonnance et de décret entrant dans le domaine de sa compétence ». Dans les cas où le Président de la République en déclare l'urgence, il donne son avis dans un délai de huit (08) jours.

Le Président de la République ou le Gouvernement peut saisir le HCCT de tout projet de loi, d'ordonnance ou de décret sur des questions relatives aux politiques de décentralisation, d'aménagement et de développement du territoire. Il peut s'agir d'un projet de loi modifiant le Code général des Collectivités territoriales, d'un projet de loi d'orientation sur l'aménagement du territoire, etc.

A la lecture de la loi organique du 14 juillet 2016, la consultation du HCCT est une consultation facultative, le pouvoir exécutif n'étant pas obligé de saisir pour avis le HCCT. En outre, l'avis donné par le HCCT est un avis consultatif. Le Gouvernement n'est pas, en effet, lié par l'avis du Haut Conseil.

A l'image des autres institutions consultatives (Assemblée générale consultative de la Cour suprême, Conseil économique, social et environnemental), lorsque le Gouvernement consulte le HCCT, sa saisine est faite par le Secrétariat général du Gouvernement.

D. - LE CONSEIL CONSTITUTIONNEL

472. La composition. Au cours du processus d'adoption des textes législatifs, le Conseil constitutionnel peut exercer des compétences spécifiques. En vertu de l'article 89 de la Constitution, le Conseil constitutionnel comprend sept (07) membres dont un président, un vice-président et cinq (05) juges. La durée de leur mandat est de six (06) ans ; ce mandat ne peut être renouvelé. Le Président de la République nomme les membres du Conseil constitutionnel dont deux sur une liste de quatre (4) personnalités proposées par le Président de l'Assemblée nationale[1091].

[1091] I. Y. NDIAYE, « Le Conseil constitutionnel sénégalais », *Les Nouveaux Cahiers du Conseil constitutionnel*, 2014/4, n° 45, p. 77.

Le Président du Conseil constitutionnel est nommé par le Président de la République. Selon l'article 3 de la loi organique n° 2016-du 14 juillet 2016 relative au Conseil constitutionnel, les membres du Conseil constitutionnel sont choisis parmi les magistrats ayant exercé les fonctions de Premier Président de la Cour suprême, de Procureur général près la Cour suprême, de Président de chambre à la Cour suprême, de Premier Avocat général près la Cour suprême, de Président de Cour d'appel et de Procureur général près une cour d'appel, les professeurs titulaires de droit, les inspecteurs généraux d'Etat, les avocats.

Ces personnalités, en activité ou à la retraite, doivent avoir au moins vingt ans d'ancienneté dans la fonction publique ou vingt ans d'exercice de leur profession[1092].

Les membres du Conseil constitutionnel bénéficient d'une protection juridique importante. Il ne peut être mis fin, avant l'expiration de leur mandat, à leurs fonctions que sur leur demande ou pour incapacité physique et sur l'avis conforme du Conseil.

Les fonctions de membre du Conseil constitutionnel sont incompatibles avec la qualité de membre du Gouvernement ou d'un cabinet ministériel, avec l'exercice d'un mandat électif, avec l'exercice des professions d'avocat, d'officier ministériel, d'auxiliaire de justice et toute activité professionnelle privée. L'exercice de toute autre activité publique doit être autorisé par le Conseil[1093].

En outre, la loi organique n° 2016-du 14 juillet 2016 relative au Conseil constitutionnel a introduit une innovation majeure. En effet, trois (3) magistrats des cours et tribunaux choisis par le président du Conseil peuvent, désormais être désignés pour assister temporairement les membres du Conseil constitutionnel. Ils sont affectés au Conseil pour une durée totale qui ne peut excéder trois (3) ans.

Sur proposition du Président du Conseil constitutionnel, peuvent également être nommés par décret pour une durée de deux (2) ans renouvelable, sans que leur nombre puisse dépasser trois (3), des enseignants des facultés de droit reconnus pour leur compétence en matière constitutionnelle et totalisant une expérience professionnelle d'au moins cinq (5) ans.

473. Les compétences contentieuses. Dans le cadre de la procédure d'élaboration des textes normatifs, le Conseil constitutionnel exerce deux types de compétences. Il a d'une part, des compétences contentieuses en matière de contrôle de constitutionnalité des lois et d'autre part, une compétence consultative[1094].

1092 V. art. 4 de la loi organique n° 2016-du 14 juillet 2016 relative au Conseil Constitutionnel.

1093 V. art. 6 de la loi organique n° 2016-du 14 juillet 2016 relative au Conseil Constitutionnel.

1094 F. MBODJ, « Les compétences du Conseil constitutionnel à l'épreuve des saisines. Quelques remarques sur les pouvoirs du juge constitutionnel au Sénégal », *EDJA*, n° 78, juillet-août-

Au titre des compétences contentieuses, le Conseil constitutionnel est le juge de la constitutionnalité des lois. Il s'agit là de sa principale attribution. La juridiction constitutionnelle se prononce notamment sur la constitutionnalité des lois organiques et des lois ordinaires[1095].

474. Le contrôle obligatoire de constitutionnalité. Le Conseil constitutionnel exerce un contrôle obligatoire sur certaines normes. La Constitution du 22 janvier 2001 n'avait pas prévu un système de contrôle obligatoire de constitutionnalité des lois organiques[1096].

La réforme introduite par la loi constitutionnelle n° 2016-10 du 05 avril 2016 portant révision de la Constitution[1097] a procédé à la réintroduction du contrôle obligatoire de constitutionnalité des lois organiques, avant leur promulgation. En effet, l'article 78, alinéa 2 de la Constitution modifiée énonce que les lois organiques « ne peuvent être promulguées si le Conseil constitutionnel saisi par le Président de la République, ne les a déclarées conformes à la Constitution ».

Le règlement intérieur de l'Assemblée nationale est également soumis au contrôle obligatoire de constitutionnalité[1098]. Ce document détermine notamment les pouvoirs des parlementaires, la composition, le régime disciplinaire de ses membres, les règles de fonctionnement du bureau ainsi que les prérogatives du Président. De façon générale, il fixe toutes les règles ayant pour objet le fonctionnement de l'assemblée dans le cadre de sa compétence constitutionnelle[1099].

La loi constitutionnelle du 05 avril 2016 a mis un terme au débat sur la nature juridique du règlement intérieur de l'Assemblée nationale. Le nouvel article 62 de la Constitution a énoncé clairement que le règlement intérieur est institué par une loi organique. Il fait, dès lors, l'objet d'un contrôle obligatoire de constitutionnalité[1100].

475. Le contrôle facultatif de constitutionnalité. Le contrôle facultatif de constitutionnalité concerne essentiellement les lois ordinaires. Il vise à garantir la suprématie de la loi fondamentale de l'Etat (Constitution). Ce type de

---

septembre 2008, p. 7 ; I. Y. NDIAYE, « Le Conseil constitutionnel sénégalais», *Les nouveaux Cahiers du Conseil constitutionnel,* 2014/4, n° 45, p. 77 à 103.

[1095] S. SYLLA, « Le contrôle de la constitutionnalité des lois au Sénégal », *RIPAS*, octobre-décembre 1984, p. 817-888 ; F. MELIN-SOUCRAMANIENH. DAYUAN, *Le contrôle de constitutionnalité en France et en Chine*, Paris, Dalloz, 2014.

[1096] En ce sens, EL. H. O. DIOP, *op.cit,* p. 174 ; A. NDIAYE, obs. sous Cons. const. n° 09/93 22 avril 1993, in I. M. FALL, *Les décisions et avis du Conseil constitutionnel du Sénégal,* Dakar, CREDILA, 2008, p. 71 et s.; F. MBODJ, obs. sous Cons. Const. n° 13/94 23 juin 1994, *op. cit.*, p. 107 et s.

[1097] JORS n° 6926 du jeudi 07 avril 2016, p. 505.

[1098] V. art. 78 de la Constitution.

[1099] V. art. 62 de la Constitution.

[1100] P. A. TOURE, *La réforme de l'organisation judiciaire du Sénégal commentée et annotée*, Paris, l'Harmattan, 2016, n° 145.

contrôle est prévu par l'article 92 de la Constitution et par l'article 1er de la loi organique relative au Conseil constitutionnel. Selon ces textes, le Conseil constitutionnel se prononce sur la constitutionnalité des lois.

Le Conseil constitutionnel peut être saisi d'un recours visant à faire déclarer une loi inconstitutionnelle par le Président de la République dans les six (6) jours francs qui suivent la transmission à lui faite de la loi définitivement adoptée, par un nombre de députés au moins égal au dixième des membres de l'Assemblée nationale, dans les six (6) jours francs qui suivent son adoption définitive[1101]. En tout état de cause, le Président de la République ne peut promulguer la loi définitivement adoptée qu'après l'expiration des délais de recours en inconstitutionnalité. Il résulte de l'article 72 de la Constitution que le Président de la République promulgue les lois définitivement adoptées dans les huit (8) jours francs qui suivent l'expiration des délais de recours en inconstitutionnalité.

Si la juridiction constitutionnelle relève dans la loi contestée soumise à son examen, une violation de la Constitution, qui n'a pas été invoquée, il doit la soulever d'office. Ainsi, le moyen tiré de la violation d'une disposition constitutionnelle par la loi est d'ordre public.

Le juge constitutionnel se prononce dans un délai d'un mois à compter du recours ; ce délai est ramené à huit (8) jours francs lorsque le Gouvernement en déclare l'urgence[1102]. Le délai de huit (8) jours prévu pour la promulgation de la loi est suspendu jusqu'à l'issue de la décision du Conseil constitutionnel déclarant ladite loi conforme à la Constitution[1103].

La publication de la décision du Conseil constitutionnel constatant qu'une disposition n'est pas contraire à la Constitution met fin à la suspension du délai de promulgation de la loi[1104].

Lorsque le Conseil constitutionnel déclare que la loi dont il est saisi contient une disposition contraire à la Constitution inséparable de l'ensemble de cette loi, celle-ci ne peut être promulguée[1105].

Dans le cas où le Conseil constitutionnel déclare que la loi dont il est saisi contient une disposition contraire à la Constitution en constatant qu'elle est détachable de l'ensemble de cette loi, ladite loi peut être promulguée à l'exception de cette disposition, à moins qu'une nouvelle lecture n'en soit demandée[1106].

[1101] V. art. 74 de la Constitution.

[1102] V. art. 17 de la loi organique relative au Conseil constitutionnel.

[1103] V. art. 75 de la Constitution.

[1104] V. art.18 de la loi organique n° 2016-du 14 juillet 2016 relative au Conseil Constitutionnel.

[1105] V. art. 19 de la loi organique n° 2016-du 14 juillet 2016 relative au Conseil Constitutionnel.

[1106] V. art. 20 de la loi organique n° 2016-du 14 juillet 2016 relative au Conseil Constitutionnel.

476. Le contrôle de la constitutionnalité des engagements internationaux. Le contrôle facultatif de constitutionnalité concerne également les engagements internationaux. En vertu de l'article 97 de la Constitution, si le Conseil constitutionnel a déclaré qu'un engagement international comporte une clause contraire à la Constitution, l'autorisation de le ratifier ne peut intervenir qu'après la révision de la Constitution. Ce texte ne donne aucune indication sur les modalités du contrôle des engagements internationaux.

En principe, le recours tendant à faire constater l'inconstitutionnalité d'un engagement international obéit à la procédure générale prévue par la Constitution. Ce recours est présenté dans les mêmes conditions que pour la procédure tendant à faire déclarer une loi ordinaire inconstitutionnelle[1107].

477. L'exception d'inconstitutionnalité. Le Conseil constitutionnel dispose d'une compétence essentielle consistant à apprécier, par la voie de l'exception d'inconstitutionnalité, la conformité à la Constitution des lois déjà promulguées à l'occasion d'un procès[1108]. A l'image de l'exception d'illégalité, l'exception d'inconstitutionnalité est un moyen incident soulevé au cours d'un procès tendant obtenir la neutralisation d'un acte législatif non conforme à la Constitution, c'est-à-dire à en écarter l'application dans le cadre d'un procès. Contrairement au recours en inconstitutionnalité, qui est un procès dirigé contre un acte législatif, l'exception d'inconstitutionnalité est un procès dans un procès[1109]. Il s'agit d'un contrôle a posteriori de constitutionnalité des lois « qui marque un progrès important pour l'Etat de droit »[1110]. L'exception d'inconstitutionnalité est, en effet, considérée comme un instrument de protection des droits fondamentaux et de renforcement de l'Etat de droit[1111].

1107 V. art. 74 de la Constitution ; en ce sens, EL. H. O. DIOP, *La justice constitutionnelle au Sénégal. Essai sur l'évolution, les enjeux et les réformes d'un contre-pouvoir juridictionnel*, Dakar, CREDILA-OVIPA, 2013, p. 186.

1108 En ce sens, EL. H. O. DIOP, *La justice constitutionnelle au Sénégal. Essai sur l'évolution, les enjeux et les réformes d'un contre-pouvoir juridictionnel*, Dakar, CREDILA/OVIPA, 2013, p. 189 ; I. M. FALL, *Évolution constitutionnelle du Sénégal de la veille de l'indépendance aux élections de 2007*, Dakar-Paris, CREDILA-CREPOS, 2007, p. 74.

1109 Sur l'exception d'inconstitutionnalité, V. J.-H. STAHL, « La longue marche de l'exception d'inconstitutionnalité », in *Mélanges en l'honneur du Président Bruno Genevois*, Paris, Dalloz, 2008, p. 993 ; P. DEVELVE, « Sur l'introduction de l'exception d'inconstitutionnalité contre la loi en droit français », *Commentaire* 1986/3 (numéro 35), p. 418-420 ; P. MAZEAUD, « L'exception d'inconstitutionnalité », *D.* 2008, p. 64 ; J. RIVERO, « Sur l'exception d'inconstitutionnalité », *Commentaire* 1986/4 (numéro 36), p. 704-705 ; WANDA YENG SENG, « Le contrôle des lois promulguées dans la jurisprudence du Conseil constitutionnel, un mystère en voie de dissipation ? », *RFDC* 2005/1 (n° 61), p. 35-71 ; D. TURTIN, « L'admission de l'exception d'inconstitutionnalité est souhaitable et possible », *Commentaire* 1986/4 (numéro 36), p. 705-708 ; R. DRAGO, « L'exception d'inconstitutionnalité », *Commentaire* 1986/3 (numéro 35), p. 420-421.

1110 P.M. SY, *Le développement de la justice constitutionnelle en Afrique noire francophone : les exemples du Bénin, du Gabon et du Sénégal*, Thèse Doctorat Dakar, 1998

1111 F. LUCHAIRE, « La protection des droits de l'homme par l'exception d'inconstitutionnalité », *Commentaire* 1991/3 (numéro 55), p. 483-490.

Contrairement à ce que l'on pourrait penser, l'exception d'inconstitutionnalité ne constitue techniquement pas une exception de procédure mais, il s'agit plutôt d'un moyen de fond. La Cour suprême du Sénégal l'a clairement affirmé, dans un arrêt du 26 septembre 2013. La haute juridiction a énoncé que « l'exception d'inconstitutionnalité n'est pas une exception de procédure, mais un moyen de fond visant à établir le défaut de base légale de l'acte attaqué qui se fonde sur un texte de loi dont la constitutionnalité est contestée ; qu'ainsi l'ordre dans lequel il est présenté n'a aucune incidence sur sa recevabilité »[1112].

L'article 92 de la Constitution du 22 janvier 2001 a reconnu au Conseil constitutionnel la compétence pour apprécier, par la voie de l'exception d'inconstitutionnalité, la conformité à la Constitution des lois déjà promulguées à l'occasion d'un procès devant la Cour suprême. Les citoyens peuvent ainsi obtenir l'application des garanties fondamentales reconnues par la Constitution même après l'entrée en vigueur des actes législatifs

Il résulte de ce texte que l'exception d'inconstitutionnalité ne pouvait être soulevée que dans le cadre d'un procès soumis à la Cour suprême. Elle ne pouvait être invoquée devant les juridictions de base (Cour d'appel, tribunal de grande instance et tribunal d'instance, tribunal du travail). Cette restriction était légitimée par le souci d'éviter l'encombrement du prétoire du juge constitutionnel et les recours fantaisistes[1113].

Le Conseil constitutionnel a jugé, à plusieurs reprises, que le Conseil d'Etat et la Cour de cassation, devaient se prononcer, avant toute saisine du Conseil constitutionnel, sur leur compétence et sur la recevabilité du pourvoi ou la déchéance, tout examen de la solution du litige leur étant subordonné[1114].

Mais depuis son institution par la réforme de 1992, le bilan du mécanisme de l'exception d'inconstitutionnalité est encore très modeste[1115].

Prenant en compte la maturité démocratique et le renforcement du système démocratique du Sénégal, la réforme introduite par la loi constitutionnelle n° 2016-10 du 05 avril 2016 portant révision de la Constitution[1116] a consacré un élargissement des compétences du Conseil constitutionnel en matière

---

1112 CS n° 50 du 26 septembre 2013, Cheikh Tidiane SY et autres c/ Etat du Sénégal, *inédit*.

1113 EL. H. O. DIOP, *La justice constitutionnelle au Sénégal. Essai sur l'évolution, les enjeux et les réformes d'un contre-pouvoir juridictionnel*, Dakar, CREDILA/OVIPA, 2013, p. 194.

1114 Cons. const. n° 16/95 du 13 février 1995, in I. M. FALL (dir), *Les décisions et avis du Conseil constitutionnel au Sénégal,* Dakar, CREDILA, 2008, p. 121 ; Cons. const. n° 17/95 du 13 février 1995, in I. M. FALL (dir), *op. cit*., p. 125. Selon le juge constitutionnel, un pourvoi non purgé de toutes fins de non-recevoir ou simplement fantaisistes ne saurait servir de prétexte pour saisir le Conseil constitutionnel d'une exception d'inconstitutionnalité. Ainsi, le Conseil constitutionnel ne peut être saisi que de recours recevables devant la Cour de cassation ou le Conseil d'Etat. Sur cette question, EL. H. O. DIOP, *op.cit.*, 2013, p. 194-195.

1115 I. Y. NDIAYE, « L'exception d'inconstitutionnalité et la question prioritaire de constitutionnalité. Etude comparative des droits sénégalais et français », *Communication au Séminaire interne sur le fonctionnement du Conseil constitutionnel,* 09-07 septembre 2011, Méridien Président, Dakar, p. 10 ; EL. H. O. DIOP, *op. cit*., 2013, p. 195.

1116 JORS n° 6926 du jeudi 07 avril 2016, p. 505.

d'exception d'inconstitutionnalité[1117]. En vertu de l'article 92 de la Constitution modifiée, le Conseil constitutionnel connaît « des exceptions d'inconstitutionnalité soulevées devant la Cour d'appel ou la Cour suprême»[1118].

Ce texte constitutionnel est précisé par l'article 22 de la loi organique n° 2016 du 14 juillet 2016 relative au Conseil Constitutionnel. Selon ce texte : «Lorsque la solution d'un litige porté devant la cour d'appel ou la Cour suprême est subordonnée à l'appréciation de la conformité des dispositions d'une loi ou des stipulations d'un accord international à la Constitution, la juridiction saisit obligatoirement le Conseil constitutionnel de l'exception d'inconstitutionnalité ainsi soulevée et sursoit à statuer jusqu'à ce que le Conseil constitutionnel se soit prononcé ».

Ainsi, devant la cour d'appel, l'exception d'inconstitutionnalité est une question préjudicielle[1119] ; c'est-à-dire que lorsque la question de constitutionnalité soulevée devant le juge d'appel a un lien avec la solution du litige, il doit surseoir à statuer et saisir le Conseil constitutionnel de l'exception d'inconstitutionnalité.

Avec la modification constitutionnelle, dès l'instance en appel, les justiciables pourront soulever, au cours du procès, la non-conformité d'une disposition législative à la Constitution. La possibilité donnée aux justiciables de soulever l'exception d'inconstitutionnalité devant la cour d'appel contribuera à consolider la protection des droits et des libertés individuelles[1120].

Dans l'affaire Khalifa Ababacar SALL jugée le 16 mai 2017[1121], la Chambre d'Accusation de la Cour d'Appel de Dakar a eu l'occasion d'apprécier, pour la première fois, à notre connaissance, une exception d'inconstitutionnalité soulevée au cours d'une instance en annulation de la procédure pénale dirigée contre l'ex Maire de Dakar. La Cour d'appel a estimé que l'exception d'inconstitutionnalité peut bien être soulevée à l'occasion des litiges relevant de la compétence de la chambre d'accusation. Selon la cour, bien que disposant d'une compétence spécifique, la chambre d'accusation n'en

---

[1117] I. M. FALL, « La réforme constitutionnelle de mars 2016 : un hommage à l'œuvre du professeur Kanté » », in A. SALL et I. M. FALL (dir.), *Actualités du droit public et de la science politique en Afrique, Mélanges en l'honneur de Babacar KANTE*, Dakar, l'Harmattan, 2017, p. 152 et s. ; I. M. FALL, *La réforme constitutionnelle du 20 mars 2016 au Sénégal. La révision consolidante record*, Dakar, l'Harmattan, 2017, p. 127.

[1118] Sur cette question, P. A. TOURE, *La réforme de l'organisation judiciaire du Sénégal commentée et annotée*, Paris, l'Harmattan, 2016, p. 183.

[1119] Y. MENY, « Pour la question préjudicielle », *Commentaire* 1986/4 (numéro 36), p. 699-702.

[1120] M. DUVERGER, « L'exception d'inconstitutionnalité devant les tribunaux ordinaires », *Commentaire* 1986/3 (numéro 35), p. 413-414.

[1121] CA Dakar, ch. acc. n° 168 du 16 mai 2017, Khalifa Ababacar SALL c/ Ministère public, *inédit* ; dans le même sens, CA Dakar ch. corr. n° 398 du 18 juillet 2018, MP c/ Khalifa Ababacar SALL et autres, *inédit*.

est pas moins une formation de la cour d'appel. Cependant, elle a jugé que la non-conformité du statut des inspecteurs généraux d'Etat à la Constitution alléguée n'a aucune incidence sur l'issue de la demande d'annulation du rapport de l'Inspection générale d'Etat, dès lors que ce rapport, ne constituant pas un acte de l'information, n'est pas susceptible d'annulation.

478. Les compétences consultatives. Le Conseil constitutionnel peut exercer des attributions consultatives au cours de la procédure d'adoption des textes. Il peut, en effet, être saisi par le Président de la République pour avis[1122]. Il s'agit là d'une innovation introduite par la loi constitutionnelle n° 2016-10 du 05 avril 2016 portant révision de la Constitution. La réforme constitutionnelle a procédé à « l'aménagement d'une compétence consultative générale du Conseil constitutionnel »[1123]. En vertu de cette disposition, rien ne s'oppose à ce que le Président de la République demande, l'avis du Conseil constitutionnel sur une loi ordinaire ou un engagement international, avant sa promulgation ou sa ratification.

E.- L'ADOPTION DU TEXTE PAR LE CONSEIL DES MINISTRES

479. L'instance d'adoption des textes. Le Conseil des Ministres est l'instance d'adoption gouvernementale des textes législatifs et réglementaires[1124]. Il s'agit de la plus importante instance de coordination de l'action interministérielle[1125].

Actuellement, la réunion du Conseil des Ministres se tient tous les mercredis, à partir de 10 heures, sauf décision contraire du Président de la République[1126].

Sous l'empire de la Constitution du 07 mars 1963, le Conseil des Ministres était « une réunion coutumière » particulièrement ancrée dans la tradition républicaine, qui pouvait être consulté par le Président de la République[1127].

1122 V. art. 92, alinéa 2 de la Constitution.

1123 I. M. FALL, « La réforme constitutionnelle de mars 2016 : un hommage à l'œuvre du professeur Kanté », in A. SALL et I. M. FALL (dir.), *Actualités du droit public et de la science politique en Afrique, Mélanges en l'honneur de Babacar KANTE*, Dakar, l'Harmattan, 2017, p. 156 ; I. M. FALL, *La réforme constitutionnelle du 20 mars 2016 au Sénégal. La révision consolidante record*, Dakar, l'Harmattan, 2017, p. 128-129.

1124 Avant la réforme ayant réintroduit le poste de Premier Ministre au Sénégal, le Conseil des Ministres était appelé « *Conseil de Cabinet* » ; V. Instruction générale n°15 PM du 1er mars 1968 sur l'organisation du travail gouvernemental.

1125 A. BOCKEL, *Droit administratif*, Dakar-Abidjan, NEA, LGDJ, 1978, p. 269.

1126 V. la circulaire n° 00009 PM/SGG/SP du 22 septembre 2017 relative au Conseil des Ministres.

1127 En ce sens, V. la circulaire n° 43 PR/SG du 02 avril 1963 relative aux incidences de la mise en vigueur de la Constitution sur la répartition des compétences, l'organisation du travail gouvernemental et le rôle du Secrétariat général de la Présidence de la République.

La Constitution du 22 janvier 2001 a procédé à la codification de cette instance dont la consultation demeure purement facultative[1128]. Selon l'article 42, alinéa 4 de la Constitution, le Conseil des Ministres est présidé par le Président de la République[1129]. Siègent à la réunion du Conseil des Ministres tous les membres du Gouvernement qui comprend le Premier Ministre, chef du Gouvernement et les ministres[1130]. Dans la pratique, les ministres d'Etat auprès du Président de la République et les ministres délégués siègent également à la réunion du Conseil des Ministres[1131].

L'adoption des projets de texte législatif et réglementaire par le Conseil des Ministres n'est pas une formalité prévue par la Constitution. Il s'agit d'une pratique institutionnelle bien établie évoquée par l'instruction générale n° 15 PM du 1er mars 1968 sur l'organisation du travail gouvernemental. Quoi qu'il en soit, le projet de texte émanant du Gouvernement, il est logique que son adoption soit le fait d'une instance regroupant tous les membres du Gouvernement et présidée par le Président de la République (Conseil des Ministres).

Avant leur examen par le Conseil des Ministres (**2**), les projets de texte doivent faire l'objet d'une programmation à l'ordre du jour dudit Conseil (**1**).

1. - La programmation des projets de texte en Conseil des Ministres

480. L'inscription des textes à l'ordre du jour. Au terme des différentes étapes du processus normatif, le projet de texte est inscrit à l'ordre du jour de la réunion du Conseil des Ministres[1132].

La programmation d'un projet à l'ordre du jour du Conseil des Ministres est décidée par le Président de la République sur proposition du Secrétaire général du Gouvernement[1133].

Pour les besoins de l'adoption du texte par le Conseil des Ministres, le département ministériel maître d'œuvre doit faire parvenir au Secrétariat général du Gouvernement soixante (60) exemplaires du projet.

[1128] I. M. FALL, *Évolution constitutionnelle du Sénégal de la veille de l'indépendance aux élections de 2007*, Dakar-Paris, CREDILA-CREPOS, 2007, p. 141.

[1129] D. TURPIN, « La présidence du Conseil des Ministres », *RDP,* 1987, p. 873.

[1130] V. art. 53 de la Constitution.

[1131] C. GOUAUD, « Le Conseil des Ministres sous la Veme République », *RDP*, 1988, p. 422 ; J.-M. SAUVE, « Le Conseil des Ministres », in *Mélanges Jean Gicquel*, Paris, Montchrestien, 2008, p. 500 ; J-Y. PLOUVIN, « Le Conseil des Ministres, institution seconde », *Rev.adm.*, 1980, p. 485.

[1132] Secrétariat général du Gouvernement, *Rappel des grandes étapes de la procédure d'adoption des textes législatifs et réglementaires,* février 2015, p. 09.

[1133] V. J. P. CAMBY, « L'inscription à l'ordre du jour du Conseil des Ministres : un chant à deux voix », *RDP* 2013, p. 233 ; l'instruction n° 112 du 09 décembre 1963 sur l'organisation du travail gouvernemental.

La Direction des Services législatifs fait parvenir les textes à programmer en Conseil des Ministres au Secrétariat particulier du Secrétariat général du Gouvernement au plus tard le lundi précédant la réunion du Conseil.

Il faut préciser que la réunion du Conseil des Ministres est souvent précédée d'un pré-conseil qui se tient traditionnellement le mardi. Cette réunion réunit, sous la présidence du Présidence de la République, le Secrétaire général de la Présidence de la République et le Secrétaire général du Gouvernement.

A l'occasion du pré-conseil, le Secrétaire général du Gouvernement soumet au Président de la République le projet d'ordre du jour du Conseil des Ministres, sa date ainsi que les propositions de mesures d'ordre individuel (nomination à des postes).

Si le Chef de l'Etat valide le projet d'ordre du jour, le Secrétaire général du Gouvernement le signe. Les projets de texte soumis au Conseil des Ministres figurent dans un dossier adressé à chaque membre du Gouvernement par le Secrétariat général du Gouvernement au plus tard le mardi précédant la réunion du Conseil des Ministres[1134].

Il faut préciser que les textes programmés à la réunion du Conseil des Ministres sont annoncés à la réunion de coordination des secrétaires généraux et des directeurs de cabinet des ministères présidée par le Secrétaire général du Gouvernement chaque vendredi à la Primature. L'instruction générale n° 015/PR du 1er mars 1968 sur l'organisation du travail gouvernemental insiste sur l'importance de cette réunion statutaire ayant pour objet de « faire le point sur l'état d'avancement des affaires en instance » et favoriser ainsi une meilleure coordination des dossiers et projets gouvernementaux[1135].

La réunion de coordination a pour ancêtre le comité de coordination mis en place par la circulaire présidentielle n° 26/SG du 03 mars 1960 relative à la coordination administrative. Cette réunion, présidée par le Secrétaire général du Gouvernement, avait pour objet de faire le point sur l'état d'avancement des affaires en instance dans les ministères et de déterminer les méthodes d'instruction à adopter pour les dossiers intéressant plusieurs départements ministériels (constitution des comités interministériels, désignation du service responsable principal, calendrier de travail, etc.)[1136].

481. Les textes soumis au Conseil des Ministres. Dans la pratique, tous les textes ne sont pas soumis à la procédure d'adoption en Conseil des Ministres.

1134 V. Instruction n° 15 PM du 1er mars 1968 sur l'organisation du travail gouvernemental.

1135 V. également, la circulaire n° 46 PM/SGG/ADJ. 2 du 29 mai 1979 relative à la réunion de coordination des secrétaires généraux de ministères et directeurs de cabinet.

1136 Sur le comité de coordination, V. la circulaire n° 53 PR/SG/AD3 du 27 mai 1963 relative au comité de coordination ; la circulaire n° 004 du 08 janvier 1963 sur la réunion du comité de coordination et la circulaire n° 21 SG/CAB/L du 29 mars 1964.

En règle générale, les projets de loi, y compris les projets de loi autorisant le Président de la République à ratifier des traités ainsi que les projets d'actes administratifs à caractère réglementaire sont adoptés par le Conseil des Ministres[1137].

S'agissant des décrets à caractère individuel, seuls ceux portant nomination des hauts fonctionnaires sont soumis au Conseil des Ministres.

Les autres textes, notamment, les décrets d'intérim, les arrêtés réglementaires et ceux portant nomination de fonctionnaires par arrêté, ne sont souvent pas programmés pour adoption à la réunion du Conseil des Ministres.

Ces textes sont directement enregistrés et signés avant éventuellement leur publication au Journal officiel.

2. - L'examen du texte par le Conseil des Ministres

482. La procédure d'adoption en Conseil des Ministres. L'instruction n° 15 PM du 1er mars 1968 sur l'organisation du travail gouvernemental a apporté des précisions relatives à la procédure d'adoption des projets de texte par le Conseil des Ministres.

Le Conseil des Ministres, présidé par le Président de la République, s'ouvre par la lecture de l'ordre du jour par le Secrétaire général du Gouvernement, en sa qualité de secrétaire de séance.

Le projet normatif est brièvement présenté par le ministre maître d'oeuvre[1138].

Par la suite, il s'instaure une discussion générale sur le projet de texte avant que le conseil ne prenne sa décision. Il peut l'adopter ou le rejeter.

Le Conseil des Ministres adopte le projet de texte avec ou sans amendements.

En cas d'amendements, il revient au ministère maître d'œuvre de prendre en compte les observations formulées par les membres du conseil, avant de transmettre le projet de texte au Secrétariat général du Gouvernement.

Le Secrétaire général du Gouvernement peut convoquer éventuellement la réunion du Comité interne de préparation et de suivi des textes législatifs et réglementaires en vue de s'assurer que les recommandations du Conseil des Ministres ont bien été prises en compte par le ministère ayant élaboré le texte.

[1137] V. la circulaire n° 112 du 09 décembre 1963 sur l'organisation du travail gouvernemental.

[1138] V. Instruction n° 15 PM du 1er mars 1968 sur l'organisation du travail gouvernemental.

PARAGRAPHE II

L'ADOPTION PARLEMENTAIRE DES TEXTES LEGISLATIFS

483. Les étapes de la procédure législative. La fonction essentielle de Parlement est le vote de la loi. Après l'adoption du projet de loi par le Conseil des Ministres (adoption gouvernementale), il revient à l'Assemblée nationale de le voter dans le respect de la procédure législative[1139].

La procédure d'adoption parlementaire des textes législatifs passe par différentes phases. Il s'agit de la préparation (**A**), de l'instruction (**B**), de la discussion (**C**) et du vote des textes (**D**).

A. - LA PRÉPARATION DES TEXTES LÉGISLATIFS

484. Le partage de l'initiative législative. Aux termes de l'article 81 de la Constitution : « L'initiative des lois appartient concurremment au Président de la République, au Premier Ministre et aux députés ».

Le droit constitutionnel sénégalais a consacré un principe de partage de l'initiative législative entre le pouvoir législatif et le pouvoir exécutif ; ce qui illustre l'idée que le Parlement n'exerce plus seul le pouvoir législatif[1140].

Les projets et propositions de loi sont distribués aux députés au moins dix (10) jours avant leur examen par la commission compétente, sauf en cas d'urgence motivée[1141].

Le règlement intérieur de l'Assemblée nationale a prévu des règles différentes suivant que le Parlement est saisi d'un projet ou d'une proposition de loi.

485. Le projet de loi. Le projet de loi est d'initiative gouvernementale et est préparé par le ministère dont les attributions entrent dans le cadre du texte.

Après son adoption par le Conseil des Ministres, le Président de la République transmet, par un décret dit de saisine, le projet au Président de l'Assemblée nationale, pour examen et vote. Le décret de saisine de l'Assemblée nationale précise en même temps le ministre qui est chargé d'en exposer les motifs et d'en

---

[1139] Sur la procédure législative au Sénégal, PH. GEORGES, « La procédure législative au Sénégal, *Annales africaines*, 1965, p. 177 ; E. DIARRA, « La procédure législative au Sénégal », *RIPAS*, n° 11, octobre-décembre 1984, p. 722-723 ; plus récemment, I. NIANE, « L'Assemblée nationale et le parcours de la loi », in *Constitutions et institutions publiques africaines*, Etudes doctrinales, *EDJA*, p. 445 et s. ; S. M. SY, *Les régimes politiques sénégalais de l'indépendance à l'alternance politique. 1960-2008*, Yaoundé, éditions Karthala et CREPOS, 2009, p. 100 et s.

[1140] En ce sens, O. DIALLO, *L'encadrement des fonctions du Parlement au Sénégal*, Mémoire DEA, Saint-Louis, 2010-2011, p. 24.

[1141] V. art. 60 du règlement intérieur de l'Assemblée nationale.

soutenir la discussion[1142]. Selon l'instruction n° 11 PM/SGG/JUR du 14 avril 1970 relative aux relations du Gouvernement avec les Assemblées : « Le texte définitif de chaque projet de loi est déposé sur le Bureau de l'Assemblée nationale par les soins du Secrétariat général du Gouvernement accompagné d'un décret de présentation qui désignera le ministre chargé de suivre la discussion du texte en cause ».

486. Les propositions de loi, amendements et contre-projets. Les propositions de loi sont à l'initiative des députés.

Les projets ou propositions de loi déposés peuvent être accompagnés de contre-projets ou d'amendements.

Les contre-projets, constituent des amendements à l'ensemble du texte en discussion[1143]. S'il est pris en considération par l'Assemblée, le contre-projet est renvoyé à la commission qui doit le prendre comme base de discussion et présenter un nouveau rapport dans le délai que l'Assemblée peut impartir. Ils doivent porter sur les articles en discussion. Dans les cas litigieux, l'Assemblée se prononce sans débat sur la recevabilité.

Dans la pratique, force est de constater que les parlementaires expriment rarement leur droit d'initiative incidente par voie de contre-projets.

Quant aux amendements, ce sont des modifications présentées par le Gouvernement, les députés et les commissions aux textes déposés sur le bureau de l'Assemblée nationale. Le droit d'amendement, corollaire du droit d'initiative législative, est « consubstantiel à la fonction parlementaire »[1144]. A la différence de l'initiative principale, le droit d'amendement traduit « une initiative incidente et partielle » [1145]. Il ne s'applique pas directement à un texte en vigueur, mais s'exerce en vue de modifier un texte en cours de discussion. En quelque sorte, le droit d'amendement ouvre la possibilité de changer, non pas le droit lui-même, mais une proposition de modification de ce droit[1146].

Le droit d'amendement appartient au Président de la République, au Premier Ministre et aux députés. Les amendements du Président de la République sont présentés par le Premier Ministre et les autres membres du Gouvernement[1147].

Les amendements et les contre-projets sont signés par leurs auteurs. Ils sont déposés par écrit s'ils interviennent avant la discussion en commission, ils sont communiqués à la commission compétente.

[1142] Secrétariat général du Gouvernement, *Rappel des grandes étapes de la procédure d'adoption des textes législatifs et réglementaires,* Imprimerie nationale, février 2015, p. 10.

[1143] V. art. 77, alinéa 2 du règlement intérieur de l'Assemblée nationale.

[1144] B. BEAUFUME, *Le droit d'amendement et la Constitution sous la Vème République*, Paris, LGDJ, 1993.

[1145] V. M. GOUNELLE, « Le contrôle de la constitutionnalité des amendements aux projets de lois par la Cour suprême du Sénégal », *RIPAS*, n° 2, p. 315-322.

[1146] *Rédiger la loi. Guide de rédaction des propositions de loi et des amendements*, Sénat, éditions septembre 2007, p. 5.

[1147] V. art. 82 de la Constitution.

S'ils interviennent en séance plénière, ils sont déposés sur le bureau du Président, qui en donne communication. L'Assemblée décide alors si les amendements sont discutés immédiatement ou renvoyés en commission[1148]. En consacrant la possibilité d'amendements spontanés, le droit sénégalais donne une grande latitude au parlementaire, qui n'est ainsi soumis à aucune condition de délai de dépôt sous réserve de proposer son amendement avant le vote de l'article auquel il se réfère[1149].

En vertu de l'article 79, alinéa 2 du règlement intérieur de l'Assemblée nationale, les amendements ne sont recevables que s'ils s'appliquent effectivement aux textes en discussion. Cette disposition a pour objet d'éviter des propositions d'amendements, appelées « cavaliers législatifs» qui n'auraient rien à voir avec le texte en discussion[1150]. Le Conseil constitutionnel français a rappelé que le droit d'amendement doit pouvoir s'exercer librement sous réserve de ne pas être dépourvu de tout lien avec l'objet du texte[1151].

En outre, lorsque tous les amendements proposés à un alinéa d'un article ou à un article ont été discutés et que l'examen des alinéas ou articles suivants a commencé, il n'est plus possible de déposer d'amendements aux alinéas ou articles déjà examinés[1152].

Le droit sénégalais est muet sur le problème du retrait d'amendement.

Mais rien ne devrait s'opposer à ce qu'un député retire son amendement, surtout lorsqu'il l'estime sans objet. Quoi qu'il en soit, tout amendement voté ne peut plus être retiré[1153].

487. Les limites de l'initiative parlementaire. L'initiative parlementaire comporte des restrictions qui limitent la portée des propositions de loi et des amendements.

488. La communication au Président de la République. En vertu de l'article 60, alinéa 4 du règlement intérieur de l'Assemblée nationale, après leur examen par le bureau aux fins de leur recevabilité, les propositions de loi sont communiquées au Président de la République qui doit faire connaître son avis au Président de l'Assemblée nationale dans les dix (10) jours, à compter de leur transmission. Le Président de l'Assemblée nationale en informe l'auteur. Passé ce délai, la procédure suit son cours. Cette règle a pour objet de

---

1148 V. art. 79 du règlement intérieur de l'Assemblée nationale.

1149 PH. GEORGES, « La procédure législative au Sénégal, *Annales africaines*, 1965, p. 185.

1150 E. DIARRA, « La procédure législative au Sénégal », *RIPAS*, n° 11, octobre-décembre 1984, p. 743; J.-E. GICQUEL, « La loi et la procédure parlementaire », *RFDA* 2013, p. 927; J. P. CAMBY, « La prohibition des cavaliers législatifs : une règle constitutionnelle [Cons. const. 04 août 2011] », *LPA* n° 255, 23 déc. 2011, p. 9.

1151 Cons. const. du 19 janvier 2006, n° 2005-532 DC.

1152 V. art. 80 in fine du règlement intérieur de l'Assemblée nationale.

1153 En ce sens, PH. GEORGES, « La procédure législative au Sénégal, *Annales africaines*, 1965, p. 185 ; E. DIARRA, « La procédure législative au Sénégal », *RIPAS*, n° 11, octobre-décembre 1984, p. 743.

faciliter l'exercice du droit d'amendement qui est reconnu à la fois aux députés et au Président de la République[1154].

489. Le respect des domaines de la loi et du règlement. La Constitution a prévu des cas d'irrecevabilités des propositions de lois tenant au respect des domaines de la loi et du règlement. Aux termes de l'article 83 de la Constitution : « S'il apparaît, au cours de la procédure législative qu'une proposition ou un amendement n'est pas du domaine de la loi et du règlement, le Premier Ministre et les autres membres du Gouvernement peuvent opposer l'irrecevabilité ».

La Constitution permet au Gouvernement d'opposer l'irrecevabilité d'une proposition de loi ou d'un amendement qui lui paraît relever du domaine du règlement[1155].

En cas de désaccord, le Conseil constitutionnel, à la demande du Président de la République, de l'Assemblée nationale ou du Premier Ministre, statue dans les huit (8) jours. S'il est saisi, en toute hypothèse avant la fin de la discussion parlementaire, le Conseil ne statue que sur la nature législative ou réglementaire des propositions de loi ou des amendements. Il ne se prononce donc pas sur leur constitutionnalité[1156].

490. Les incidences financières. L'alinéa 2 de l'article 82 de la Constitution a prévu une irrecevabilité d'ordre financier[1157]. Ce texte déclare irrecevables les propositions et amendements formulés par les députés dont l'adoption aurait pour conséquence soit la diminution des ressources publiques soit la création ou l'aggravation d'une charge publique « à moins que ces propositions ou amendements ne soient assortis de propositions de recettes compensatrices ».

Le Conseil constitutionnel sénégalais, dans sa décision rendue le 29 août 2003[1158], a reprécisé la notion de « *propositions de recettes compensatrices* ». Il a jugé que la possibilité laissée aux députés de faire des propositions ou amendements, à condition qu'ils soient assortis de propositions de recettes compensatrices est une dérogation au principe de l'interdiction de formuler des propositions ou amendements dont l'adoption entraînerait soit une diminution des ressources publiques, soit la création ou l'aggravation d'une charge publique. Le juge constitutionnel a énoncé que l'expression

---

1154 En ce sens, J.C. GAUTRON et M. ROUGEVIN-BAVILLE, *Droit public du Sénégal*, Paris, éditions A. Pédone, 1977, p. 99.

1155 En droit français, E. OLIVA, *L'article 41 de la Constitution du 04 octobre 1958*, Paris, Economica, 1997.

1156 V. EL. H. O. DIOP, *La justice constitutionnelle au Sénégal. Essai sur l'évolution, les enjeux et les réformes d'un contre-pouvoir juridictionnel, Dakar, CREDILA-OVIPA, 2013,* p. 183.

1157 X. ROQUES, « Les irrecevabilités financières », *RFD const.* 1993, p. 741.

1158 Cons. const. n° 91/2003 du 29 août 2003, Organisation et fonctionnement du Conseil de la République pour les affaires économiques et sociales, in I. M. FALL, *Les décisions et avis du Conseil constitutionnel du Sénégal*, Dakar, CREDILA, 2008, p. 479, obs. A. SALL.

« propositions de recettes compensatrices » doit être entendue comme visant « la création de recettes nouvelles et que la proposition tendant à créer ces recettes nouvelles doit être formulée, discutée et adoptée au moins en même temps que la proposition ou l'amendement dont l'adoption entraînerait soit une diminution des ressources publiques, soit la création ou l'aggravation d'une charge publique ». Il a ajouté que les ressources nouvelles à créer doivent pouvoir compenser entièrement la diminution des ressources publiques ou couvrir totalement la charge publique qu'entraînerait l'adoption de la proposition de loi ou de l'amendement.

Selon le Conseil constitutionnel, la déclaration du ministre chargé d'exposer les motifs du projet de loi et d'en soutenir la discussion à l'Assemblée nationale, qui s'est borné à prendre acte des propositions faites par les députés tendant à octroyer des indemnités de session et non des traitements annuels aux conseillers, « ne saurait tenir lieu de propositions et recettes compensatrices ».

Dans une autre décision rendue le 24 février 1998, le Conseil constitutionnel a estimé l'amendement du député Niadiar SENE portant le nombre de députés de cent vingt (120) à cent quarante (140) entraîne la création d'une charge publique et doit être accompagnée de propositions de recettes compensatrices[1159].

Mais le juge constitutionnel sénégalais a jugé que la loi n° 09-2001 du 21 novembre 2001 instituant, à titre transitoire, des délégations spéciales pour la gestion des conseils régionaux, municipaux et ruraux jusqu'aux élections locales du 12 mai 2002 n'est pas contraire à l'article 82 de la Constitution « puisque les collectivités locales prévoient dans leurs budgets les charges inhérentes à la mise en place des délégations spéciales »[1160].

491. L'inscription par priorité à l'ordre du jour. En dehors des irrecevabilités susmentionnées, il existe une autre source de limitation de l'initiative parlementaire : il s'agit de l'inscription par priorité à l'ordre du jour par l'exécutif. En vertu de l'article 73 in fine de la Constitution et de l'article 66 in fine du règlement intérieur de l'Assemblée nationale, le Président de la République a le privilège de fixer par priorité l'ordre du jour de l'Assemblée nationale. L'article 84 de la Constitution reconnaît ce même privilège au Premier Ministre. Par ce moyen d'action, le Gouvernement peut privilégier l'examen de certains projets ou propositions de loi.

[1159] Cons. const. n° 27/98 du 24 février 1998, Affaire de l'amendement augmentant le nombre des députés de 120 à 140, in I. M. FALL, *Les décisions et avis du Conseil constitutionnel du Sénégal*, *op. cit.*, p. 175, obs. A. GUEYE.

[1160] Cons. const. n° 84/2001 du 11 décembre 2001, Affaire des délégations spéciales, in I. M. FALL, *Les décisions et avis du Conseil constitutionnel du Sénégal*, Dakar, CREDILA, 2008, p. 437, obs. A. SALL ; sur cette décision, M. ZAKI, « Droit d'amendement des députés et le principe de libre administration des collectivités locales : observations sous décision 4/C/2001 du Conseil constitutionnel sénégalais, 11 décembre 2001 » : http://afrilex.u-bordeaux4.fr/droit-d-amendement-des-deputes-et.html

A cet égard, le Ministre chargé des Relations avec les Assemblées, en tant qu'interlocuteur unique de l'Assemblée nationale, a le monopole de la représentation du Gouvernement à la conférence des Présidents qui fixe l'ordre du jour de l'Assemblée nationale. C'est donc lui qui peut user du droit de demander, au nom du Président de la République, l'inscription par priorité, à l'ordre du jour de l'Assemblée nationale, d'un projet ou d'une proposition de loi[1161].

Les limitations apportées aux propositions de lois est à l'origine du « tarissement de l'initiative parlementaire face à une hégémonie de l'exécutif dans l'élaboration des lois »[1162]. Rien que pour la XIeme législature (2007-2012), seules deux propositions de loi ont été adoptées. Il s'agit de la proposition de loi n°08/2008 portant prorogation et renouvellement du mandat des conseillers régionaux, municipaux et ruraux élus le 12 mai 2002 et de la proposition de loi constitutionnelle n° 2008-67 du 21 octobre 2008 portant modification de l'article 62, alinéa 1er de la Constitution[1163].

B. - L'INSTRUCTION DES TEXTES LÉGISLATIFS

492. Les commissions permanentes. L'instruction des textes législatifs est effectuée par les commissions permanentes de l'Assemblée nationale dont le nombre, le mode de désignation, la composition, le rôle et la compétence sont fixés par le règlement intérieur de l'Assemblée nationale[1164].

Selon l'article 24 du règlement intérieur de l'Assemblée nationale, au début de chaque législature et à la première session ordinaire de l'année et après l'installation du bureau définitif, l'Assemblée nationale constitue onze (11) commissions permanentes[1165].

1161 V. l'instruction n° 11 PM/SGG/JUR du 14 avril 1970 relative aux relations du Gouvernement avec les Assemblées.

1162 O. DIALLO, *L'encadrement des fonctions du Parlement au Sénégal*, Mémoire DEA, Saint-Louis, 2010-2011, p. 26.

1163 La première proposition de loi avait été faite par la députée Aminata TALL et la seconde était initiée par le député Sada NDIAYE qui, à travers la modification de l'article 62 de la Constitution, visait la réduction du mandat du Président de l'Assemblée nationale.

1164 V. art. 62 de la Constitution.

1165 Il s'agit de la Commission de l'Economie générale, des Finances, du Plan et de la Coopération économique, de la Commission de l'Urbanisme, de l'Habitat, de l'Equipement et des Transports, de la Commission du Développement et de l'Aménagement du Territoire, de la Commission des Lois, de la Décentralisation, du Travail et des Droits humains, de la Commission des Affaires étrangères de l'Union Africaine et des Sénégalais de l'Extérieur, de la Commission de la Défense et de la Sécurité, de la Commission de l'Education, de la Jeunesse, des Sports et des Loisirs, de la Commission de la Culture et de la Communication, de la Commission de la Santé, de la Population, des Affaires sociales et de la Solidarité nationale, de la Commission de Comptabilité et de Contrôle et de la Commission des Délégations. Ces commissions sont chargées d'examiner les affaires qui leur sont soumises par la Conférence des Présidents ; sur ces commission, V. I. NIANE, « L'Assemblée nationale et le parcours de la loi », in *Constitutions et institutions publiques africaines*, Etudes doctrinales, *EDJA*, p. 449.

493. Le fonctionnement des commissions. Les commissions sont saisies par la Conférence des Présidents de tous les projets, propositions de loi et affaires de leur compétence ainsi que des pièces et documents qui s'y rapportent[1166].

Dans le cas où une commission se déclare incompétente ou, en cas de conflit, entre deux ou plusieurs commissions, le Président de l'Assemblée nationale soumet la question à la décision de la conférence des présidents.

Pour chaque affaire, un rapporteur est désigné par la commission compétente au fond.

Après leur examen par la commission compétente, les affaires ayant une incidence financière sont obligatoirement soumises à l'avis de la Commission de l'Économie générale, des Finances, du Plan et de la Coopération économique[1167].

L'exécutif doit être tenu informé de l'ordre du jour des travaux des commissions de l'Assemblée nationale. Pendant les sessions et hors session, son représentant doit assister aux séances des commissions et se faire entendre par elles, le cas échéant[1168].

Le ministre concerné devra répondre, personnellement à la convocation du président de la commission compétente. Il mettra, à la disposition de la commission, ses techniciens chaque fois que celle-ci le demandera. Mais en principe, c'est le ministre qui est responsable et non les techniciens[1169].

Selon l'instruction n° 11 PM/SGG/JUR du 14 avril 1970 relative aux relations du Gouvernement avec les Assemblées « nul n'est mieux qualifié que le ministre auteur du texte en cause et techniquement compétent, pour apporter aux Assemblées les éclaircissements qu'elles peuvent souhaiter et juger de la portée des amendements proposés pour décider de les accepter ou de les refuser ».

Le ministre maître d'œuvre est donc compétent pour utiliser les procédures qui permettent d'opposer l'irrecevabilité aux amendements ou propositions de loi, lorsque ceux-ci ont pour effet d'aggraver les dépenses ou de diminuer les recettes de l'État ou d'empiéter sur le domaine réglementaire.

En cas de maladie, d'absence ou d'empêchement du ministre concerné, c'est au Ministre chargé des Relations avec les Assemblées qu'il appartiendra de remplacer le ministre défaillant et de représenter le Gouvernement aux séances de l'Assemblée nationale[1170].

[1166] I. NIANE, *op. cit.*, p. 451.

[1167] V. M. DIAKHATE, *op. cit.* , p. 178.

[1168] V. art. 43 du règlement intérieur de l'Assemblée nationale.

[1169] V. la circulaire présidentielle du 15 janvier 1965.

[1170] V. l'instruction n° 11 PM/SGG/JUR du 14 avril 1970 relative aux relations du Gouvernement avec les Assemblées.

Les commissions peuvent entendre toute personne qu'elles jugent utile de consulter[1171].

S'il s'agit d'un agent de l'Etat, l'avis du ministre dont il relève est nécessaire. En cas d'avis défavorable, le ministre doit en indiquer le motif. Le Président de l'Assemblée nationale, saisi, peut soumettre la question au Président de la République[1172]. L'auteur d'une proposition de loi ou d'un amendement doit être convoqué par le Président aux séances de la commission consacrées à l'examen de son texte. Le texte ne peut être examiné qu'en sa présence ou celle de son délégataire.

C. - LA DISCUSSION DES TEXTES LÉGISLATIFS

494. La discussion générale. L'examen des textes s'ouvre en séance plénière par une discussion générale sur le rapport de la commission compétente présenté par l'un de ses membres précédée éventuellement de l'intervention du Président de la commission[1173]. La plénière est l'instance de décision politique suprême de l'Assemblée nationale[1174].

Après la lecture du rapport, tout membre de l'Assemblée nationale peut poser la question préalable tendant à décider qu'il n'y a pas lieu à délibérer. Si cette question est adoptée, le projet est rejeté. Si elle est repoussée, la discussion générale du rapport s'engage[1175].

En vertu de l'article 75 du règlement intérieur de l'Assemblée nationale, à tout moment, au cours de cette discussion générale et jusqu'à la clôture, il peut être présenté des motions préjudicielles tendant soit à l'ajournement du débat jusqu'à la réalisation de certaines conditions, soit au renvoi de l'ensemble du texte devant la commission saisie sur le fond ou à l'examen, pour avis, d'une autre commission. Toutefois, le renvoi à la commission saisie au fond est de droit si celle-ci ou le représentant du Président de la République le demande.

495. La discussion des articles du texte. Après la clôture de la discussion générale, le Président de l'Assemblée nationale consulte l'Assemblée sur le passage à la discussion des articles du texte présenté par la commission.

[1171] P. PACTET, « Les commissions parlementaire », *RDP*, 1954, p. 127 ; G. D. LAVROFF, « Les commissions de l'Assemblée nationale sous la Veme République », *RDP*, 1971, p. 1429 ; CH. DESOUCHES, « Les assemblées », in *Encyclopédie juridique de l'Afrique*, Tome I, Dakar-Abidjan-Lomé, NEA, 1982, p. 82 ; P. CAHOUA, « Les commissions, lieu du travail législatif », *Pouvoirs*, n° 34, 1985, p. 37 ; P. TURK, *Les commissions parlementaires permanentes et le renouveau du Parlement sous la Veme République*, Paris, Dalloz, 2005.

[1172] V. art. 44 du règlement intérieur de l'Assemblée nationale.

[1173] V. art. 74 du règlement intérieur de l'Assemblée nationale.

[1174] I. NIANE, « L'Assemblée nationale et le parcours de la loi », in *Constitutions et institutions publiques africaines*, Etudes doctrinales, *EDJA*, p. 450.

[1175] Y. PIMONT, « La question préalable », *RDP*, 1970, p. 351.

Lorsque la commission conclut au rejet du projet ou de la proposition de loi, le Président, immédiatement après la clôture de la discussion générale, met aux voix le rejet.

Lorsque la commission ne présente pas de conclusions, l'Assemblée est appelée à se prononcer sur le passage à la discussion des articles du texte initial du projet ou de la proposition de loi.

Dans tous les cas où l'Assemblée décide de ne pas passer à la discussion des articles, le Président déclare que le projet ou la proposition de loi n'est pas adopté.

Après qu'il aura été décidé de passer à la discussion des articles du texte présenté par la commission et avant l'examen des contre-projets qui peuvent avoir été déposés par les membres de l'Assemblée, le représentant du Président de la République peut demander la prise en considération du texte initial du projet qui a été régulièrement déposé sur le bureau de l'Assemblée nationale. Si l'Assemblée prend ce texte en considération, il sert de base à la discussion, la commission saisie au fond conservant concurremment avec les membres de l'Assemblée nationale, la faculté d'y présenter des amendements[1176].

L'article 78 du règlement intérieur de l'Assemblée nationale énonce que la discussion des textes porte successivement sur chaque article et sur les amendements qui s'y rattachent.

Les amendements sont discutés par priorité sur le texte servant de base à la discussion. Les amendements à un même alinéa ou à un même article peuvent faire l'objet d'une discussion commune[1177].

Ils sont présentés dans l'ordre suivant : d'abord, les amendements tendant à la suppression d'un article. Ensuite, les autres amendements, en commençant par ceux qui s'écartent le plus du texte proposé et dans l'ordre où ils s'opposent à ce texte, s'y intercalent ou s'y ajoutent.

Dans la discussion des contre-projets et des amendements, seuls peuvent intervenir l'un des signataires, un orateur d'opinion contraire, le Président et le rapporteur de la commission saisie au fond et le ministre intéressé[1178].

[1176] V. art. 77 du règlement intérieur de l'Assemblée nationale.

[1177] V. art. 80 du règlement intérieur de l'Assemblée nationale.

[1178] V. art. 80 du règlement intérieur de l'Assemblée nationale ; également, E. DIARRA, «La procédure législative au Sénégal », *RIPAS*, n° 11, octobre-décembre 1984, p. 743.

D. - LE VOTE DES TEXTES LÉGISLATIFS

496. Les modalités de vote. En règle générale, les projets ou propositions de loi sont votés article par article. L'exposé des motifs ne fait pas l'objet d'un vote. Les amendements ayant un objet identique ne donnent lieu qu'à un seul vote[1179].

Par la suite, l'Assemblée nationale vote l'ensemble du texte[1180].

Le vote à mains levées et le vote électronique sont les modes de votation ordinaires[1181].

En ce qui concerne la majorité d'adoption des lois, le Sénégal a adopté la théorie de la souveraineté nationale avec comme conséquence que l'Assemblée nationale est considérée comme étant toujours en nombre pour délibérer. C'est donc en fonction de ce nombre de présents que les majorités exigées sont exprimées[1182]. En ce qui concerne les lois ordinaires, le principe posé par l'article 86 du règlement intérieur de l'Assemblée nationale est le suivant : « Les questions mises aux voix ne sont déclarées adoptées que si elles ont recueilli la majorité absolue des suffrages exprimés. En cas d'égalité des voix, la question mise aux voix est rejetée »[1183].

Cependant, la majorité absolue des membres composant l'Assemblée nationale est requise s'il s'agit des lois organiques[1184].

497. La seconde délibération ou renvoi en commission. Selon l'article 81 du règlement intérieur de l'Assemblée nationale, avant le vote de l'ensemble d'un projet ou d'une proposition de loi, l'Assemblée peut décider, sur la demande de l'un de ses membres, soit qu'il sera procédé à une deuxième délibération, soit que le texte sera renvoyé à la commission saisie au fond pour révision et coordination.

La seconde délibération ou le renvoi est de droit si le Président de la commission, saisie au fond, le demande ou l'accepte.

S'il y a lieu à seconde délibération, les textes adoptés lors de la première délibération sont renvoyés à la commission qui doit présenter un nouveau rapport. Dans sa deuxième délibération, l'Assemblée ne statue que sur les textes nouveaux proposés par la commission ou sur les modifications apportées par elle aux textes précédemment adoptés.

1179 V. art. 80 in fine du règlement intérieur de l'Assemblée nationale.

1180 J.C. GAUTRON et M. ROUGEVIN-BAVILLE, *Droit public du Sénégal,* Paris, éditions *A. Pédone*, 1977, p. 101.

1181 V. art. 84 du règlement intérieur de l'Assemblée nationale.

1182 E. DIARRA, « La procédure législative au Sénégal », *RIPAS*, n° 11, octobre-décembre 1984, p. 747.

1183 Sur la notion de majorité absolue à propos de l'élection du Bâtonnier de l'Ordre national des Avocats, V. CS, 09 mai 1984, Fadilou DIOP, *RIPAS*, n° 10, avril-juin 1984, p. 609 et s.obs. J.M. NZOUANKEU.

1184 V. art. 78 de la Constitution.

En cas de renvoi à la commission pour révision et coordination, la commission présente sans délai son travail ; lecture en est donnée à l'Assemblée et la discussion ne peut porter que sur la rédaction.

498. La seconde lecture. Conformément à l'article 73 de la Constitution, le Président de la République peut, dans les délais de promulgation à compter de leur réception, appeler l'Assemblée nationale à se prononcer en seconde lecture sur les délibérations prises par elle.

Dans ce cas, la loi ne peut être votée en seconde lecture que si les trois cinquième (3/5) des membres composant l'Assemblée nationale se sont prononcés en sa faveur[1185].

1185 V. art. 82 du règlement intérieur de l'Assemblée nationale.

DOCUMENT N° 31 : DECRET DE SAISINE DE L'ASSEMBLEE NATIONALE

REPUBLIQUE DU SENEGAL

Un Peuple-Un But-Une Foi

Décret n° 2017-1733 ordonnant la présentation à l'Assemblée nationale des projets de loi suivants :

- **Projet de loi autorisant le Président de la République à ratifier la Convention révisée sur la Reconnaissance des Études et des certificats, diplômes, grades et autres titres de l'Enseignement supérieur dans les États d'Afrique ;**
- **Projet de loi autorisant le Président de la République à ratifier le Protocole relatif à la Convention internationale de 1966 sur les lignes de charge, signé à Londres, le 11 novembre 1988**

LE PRESIDENT DE LA REPUBLIQUE,

VU la Constitution,

DECRETE :

Article premier. - Les projets de loi dont les textes sont annexés au présent décret, seront présentés à l'Assemblée nationale par le Ministre des Affaires étrangères et des Sénégalais de l'Extérieur.

Article 2.- Le Ministre des Affaires étrangères et des Sénégalais de l'Extérieur et le Ministre du Travail, du Dialogue social, des Organisations professionnelles et des Relations avec les Institutions sont chargés, chacun en ce qui le concerne, de l'exécution du présent décret qui sera publié au Journal officiel

Fait à Dakar, le 27 septembre 2017

SECTION II

LES RÈGLES SPÉCIFIQUES RELATIVES À L'ADOPTION DES TEXTES LÉGISLATIFS ET RÉGLEMENTAIRES

« Le législateur exerce moins une autorité qu'un sacerdoce. Il ne doit point perdre de vue que les lois sont faites pour les hommes, et non les hommes pour les lois ».
PORTALIS, *Discours préliminaire sur le Code civil*, 1804.

499. La procédure spécifique d'adoption. A côté des règles générales applicables à l'adoption de tous les textes législatifs et réglementaires, il y a des règles qui ont vocation à s'appliquer à des textes spécifiques. Ces règles spéciales d'adoption concernent certaines catégories d'actes législatifs (**paragraphe I**) et certains types d'actes administratifs (**paragraphe II**).

PARAGRAPHE PREMIER

LA PROCÉDURE SPÉCIFIQUE D'ADOPTION DE CERTAINES CATEGORIES D'ACTES LÉGISLATIFS

500. Les textes législatifs spécifiques. Certains textes législatifs obéissent à un régime spécifique d'adoption. Il s'agit des lois organiques (**A**) et des lois de finances (**B**)

A. - LA PROCÉDURE SPÉCIFIQUE D'ADOPTION DES LOIS ORGANIQUES

501. La notion. Les lois organiques ont pour objet de préciser le sens et la portée de dispositions de la Constitution[1186]. On dit souvent que la loi organique est à la Constitution ce que le décret d'application est à la loi.

[1186] M. VERPEAUX, « Brèves considérations sur l'actualité renouvelée des lois organiques », *AJDA,* 2009, p. 1980; H. AMIEL, « Les lois organiques », *RDP,* 1984, p. 409; P. CAMBY, « la loi organique dans la Constitution de 1958 », *RDP,* 1989, p. 1401 ; P. CAMBY, « Quarante ans de lois organiques », *RDP,* 1998, p. 1686 ; J.-C. CAR, *Les lois organiques de l'article 46 de la Constitution du 04 octobre 1958,* Paris, Economica-PUAM, 1999.

Plusieurs dispositions de la Constitution renvoient à des lois organiques pour fixer leurs modalités d'application[1187].

La procédure d'adoption des lois organiques présente des particularités certaines par rapport à celle applicable aux lois ordinaires.

502. Les modalités de vote et de modification. Le vote de la loi organique obéit à des règles spécifiques. Aux termes de l'article 78, alinéa 1er de la Constitution modifiée par loi constitutionnelle n° 2016-10 du 05 avril 2016 portant révision de la Constitution[1188] : « Les lois qualifiées organiques par la Constitution sont votées et modifiées à la majorité absolue des membres composant l'Assemblée nationale ». Par majorité absolue des membres, on entend la moitié des membres composant l'Assemblée nationale plus une voix.

Par exemple, si l'Assemblée nationale compte 150 membres, la majorité absolue des membres la composant est 76[1189].

Le Conseil constitutionnel, saisi dans le cadre du contrôle obligatoire de constitutionnalité des lois organiques, vérifie si les conditions du vote ou de la modification des lois organiques à la majorité absolue exigée par l'article 78 de la Constitution sont réunies[1190].

Il arrive des cas où un texte législatif comporte aussi bien des dispositions issues d'une loi ordinaire que des dispositions introduites par une loi organique ; il en est ainsi du Code électoral. Le Conseil constitutionnel sénégalais, dans sa décision du 13 janvier 2017[1191], a jugé « qu'en raison de la coexistence de dispositions ayant un caractère organique avec celles qui ont un autre caractère, l'ensemble de la loi doit être adopté conformément aux prescriptions de l'article 78, alinéa 1er de la Constitution pour que l'adoption des dispositions à caractère organique soit régulière ». En d'autres termes, pour le juge constitutionnel, en cas de coexistence dans un texte de dispositions organiques et d'autres dispositions, tout le texte devra être voté à la majorité absolue des voix.

503. L'exclusion de la procédure de délégation à la Commission des délégations. Il résulte de l'article 65 de la Constitution que l'Assemblée nationale peut déléguer à sa commission des délégations le pouvoir de prendre des mesures qui sont du domaine de la loi. Cette délégation s'effectue par une

---

[1187] V. art. 32, 35, 54, 60, 60-1, 64, 67, 68, 70, 87, 89, 91, 93 et 100 de la Constitution.

[1188] JORS n° 6926 du jeudi 07 avril 2016, p. 505.

[1189] En ce sens, Cons. const. n° 04/C/2017 du 13 janvier 2017, JORS, n° 6986 du mercredi 18 janvier 2017, p. 35.

[1190] En ce sens, Cons. const. n° 25/97 du 05 septembre 1997, in I. M. FALL, *Les décisions et avis du Conseil constitutionnel du Sénégal*, Dakar, CREDILA, 2008, p. 175, obs. A. DIEYE ; Cons. const. n° 13/94 du 23 juin 1994, in I. M. FALL, *Les décisions et avis du Conseil constitutionnel du Sénégal*, Dakar, CREDILA, 2008, p. 107, obs. F. MBODJ.

[1191] Cons. const. n° 04/C/2017 du 13 janvier 2017, JORS, n° 6986 du mercredi 18 janvier 2017, p. 35.

résolution de l'Assemblée nationale dont le Président de la République est immédiatement informé.

Cette commission apparait comme une section de l'Assemblée nationale qui peut être investie du pouvoir de légiférer pendant une certaine période. Dans les limites de temps et de compétence fixées par la résolution, la commission des délégations prend des délibérations qui sont promulguées comme des lois[1192].

Dans la pratique constitutionnelle, après un usage pendant la période du parti unique de fait de 1962 à 1963, la pratique de la commission des délégations est tombée en désuétude[1193].

En tout état de cause, l'article 78 de la Constitution énonce que cette procédure de délégation n'est pas applicable aux lois organiques. En d'autres termes, le Parlement ne saurait déléguer à la commission des délégations le pouvoir de prendre des lois organiques. Le vote de ces lois est une compétence exclusive de l'Assemblée nationale.

504. L'exclusion de la procédure d'habilitation législative. Aux termes de l'article 77 de la Constitution : « le Parlement peut habiliter par une loi le Président de la République à prendre des mesures qui sont normalement du domaine de la loi ». Il s'agit donc d'une extension occasionnelle des pouvoirs du Président de la République, habilité à modifier éventuellement les lois existantes[1194]. Les ordonnances traduisent un procédé de législation déléguée par lequel le Parlement consent à l'immixtion du Gouvernement dans son domaine en l'autorisant à « légiférer »[1195].

L'Assemblée nationale ne saurait être autorisée à habiliter le pouvoir exécutif à prendre des mesures qui relèvent de la compétence du législateur organique. Une loi d'habilitation ne peut, par exemple, autoriser le Président de la République à prendre des mesures en vue d'aménager le statut des magistrats.

Sous l'empire de la Constitution du 26 août 1960, une telle restriction n'était pas contenue dans l'ancien article 44 de la Constitution. C'est la raison pour laquelle, à l'époque, l'organisation du Conseil supérieur de la Magistrature ainsi que les modalités de fonctionnement de la Cour suprême

---

[1192] En ce sens, V. la circulaire n° 78 du 27 septembre 1960 relative aux incidences de l'entrée en vigueur de la Constitution sur les conditions d'exercice du pouvoir législatif, du pouvoir réglementaire et du pouvoir de prendre des décisions individuelles.

[1193] PH. GEORGES, « La procédure législative au Sénégal », *Annales africaines*, 1965, p. 179 ; J. M. MENDY, *La procédure législative au Sénégal*, *Mémoire de Maîtrise,* Université de Dakar, 1982-1983, p. 83 ; E. DIARRA, « La procédure législative au Sénégal », *RIPAS*, n° 11, octobre-décembre 1984, p. 751.

[1194] A. BOCKEL, *Droit administratif*, Dakar-Abidjan, NEA, LGDJ, 1978, p. 109.

[1195] S. N. TALL, « Les ordonnances en Afrique noire francophone », *Revue EDJA*, n° 64, janvier-février-mars 2005, p. 65.

étaient respectivement fixées par les ordonnances n° 60-16 MJ du 03 septembre 1960 et n° 60-17 du 03 septembre 1960.

505. Le contrôle obligatoire de constitutionnalité. La réforme introduite par la loi constitutionnelle n° 2016-10 du 05 avril 2016 portant révision de la Constitution[1196] a procédé à la réintroduction du principe du contrôle obligatoire des lois organiques, par leur soumission au Conseil constitutionnel pour un contrôle de constitutionnalité avant leur promulgation. L'article 78, alinéa 2 de la Constitution, modifiée énonce que les lois organiques « ne peuvent être promulguées si le Conseil constitutionnel saisi par le Président de la République, ne les a déclarées conformes à la Constitution ».

Dans la pratique normative, une question s'est posée. En cas de coexistence dans un texte de dispositions résultant d'une loi organique et d'autres dispositions issues d'une loi ordinaire, le principe du contrôle obligatoire de constitutionnalité devrait-il s'appliquer à tout le texte ou seulement aux dispositions ayant une nature organique ?

Cette question s'est posée à l'occasion du contrôle de la constitutionnalité de la loi portant Code électoral qui comporte aussi bien des dispositions ayant une valeur de loi organique que des dispositions issues d'une loi ordinaire.

Le Conseil constitutionnel sénégalais, dans sa décision du 13 janvier 2017[1197], a refusé d'exercer un contrôle obligatoire sur les dispositions n'ayant pas un caractère organique. Le juge constitutionnel a opéré une sorte de « saucissonnage » du texte pour n'exercer son contrôle obligatoire que sur les titres I et IV du Code électoral comportant les dispositions ayant un caractère organique.

B. - LA PROCÉDURE D'ADOPTION DES LOIS DE FINANCES

506. La préparation. Le Ministre chargé des Finances prépare les projets de loi de finance qui sont adoptés en Conseil des Ministres. Selon l'article 4 du décret n° 78-085 du 1er février 1978 portant organisation du Contrôle financier[1198], le projet de loi de finances et ses annexes sont communiqués par le Ministre chargé des Finances au Contrôleur financier qui donne son avis sur le texte.

La procédure spécifique de vote de la loi de finances est aménagée par la Constitution et précisée par la loi organique n° 2011-15 du 08 juillet 2011

[1196] JORS n° 6926 du jeudi 07 avril 2016, p. 505.

[1197] Cons. const. n° 04/C/2017 du 13 janvier 2017, JORS, n° 6986 du mercredi 18 janvier 2017, p. 35.

[1198] JORS n° 4617 du 18 février 1978, p. 234.

relative aux lois de finances, modifiée par la loi organique n° 2016-34 du 23 décembre 2016[1199].

507. Les délais d'adoption. La loi de finances de l'année prévoit et autorise, pour chaque année civile, l'ensemble des ressources et des charges de l'Etat[1200]. En vertu de l'article 68 de la Constitution, le Parlement vote les projets de loi de finance dans les conditions prévues par une loi organique.

Le droit constitutionnel impartit à l'Assemblée nationale des délais très stricts pour se prononcer sur le projet de loi de finances. Le projet de loi de finances de l'année, qui comprend notamment le budget, est déposé sur le bureau de l'Assemblée nationale, au plus tard le jour de l'ouverture de la session ordinaire unique.

Lorsque, par suite d'un cas de force majeure, le Président de la République n'a pu déposer le projet de loi de finances de l'année en temps utile pour que le Parlement dispose, avant la fin de la session fixée, du délai prévu pour le vote, la session est immédiatement et de plein droit prolongée jusqu'à l'adoption de la loi de finances.

L'Assemblée nationale statue en premier lieu dans un délai de trente-cinq (35) jours après le dépôt du projet.

Si le projet de loi de finance n'est pas voté définitivement à l'expiration du délai de 60 jours, il est mis en vigueur par décret, compte tenu des amendements votés par l'Assemblée et acceptés par le Président de la République[1201].

Lorsque la loi de finances de l'année n'a pu être promulguée avant le début de l'année financière, le Président de la République est autorisé à prescrire la continuation de la perception des impôts existants et à reconduire par décret les services votés.

Ces règles dérogatoires constituent une exception au principe de l'approbation parlementaire des dépenses et des recettes de l'État. Elles ont pour objet de permettre le fonctionnement des services publics en toute circonstance[1202].

1199 JORS n° 6618 du samedi 15 octobre 2011.

1200 V. art. 5 de la loi organique n° 2011-15 du 08 juillet 2011 relative aux lois de finances, modifiée.

1201 En droit français, si le Parlement ne s'est pas prononcé dans un délai de soixante-dix jours, les dispositions du projet de loi de finances peuvent être mises en vigueur par ordonnance (art. 47, alinéa 3 de la Constitution française). Cette catégorie d'ordonnance est appelée « ordonnance budgétaire », V. P. GAUCHER, « Les ordonnances en matière budgétaire », *Annales de la Faculté de Droit et des Sciences économiques de Clérmont-Ferant*, 1965, fascicule 2, p. 7-44.

1202 J.C. GAUTRON et M. ROUGEVIN-BAVILLE, *Droit public du Sénégal*, Paris, éditions A. Pédone, 1977, p. 362. ; également, NG. CHANH TAM, *Finances publiques sénégalaises*, Paris, l'Harmattan, 1990, p. 243 ; I. DIALLO, « Pour une appréciation concrète des pouvoirs du parlement sénégalais en matière budgétaire » : http://afrilex.u-bordeaux4.fr (consulté le 5 décembre 2016).

Ce dispositif spécifique découle d'une habilitation constitutionnelle, se manifestant par une substitution du pouvoir exécutif au pouvoir législatif dans l'adoption de la loi de finances[1203]. Compte tenu de l'importance du budget dans la vie des institutions, la Constitution aménage ainsi une sorte de « volant de sécurité » pour ne pas entraver la continuité du travail gouvernemental.

Au Sénégal, dans la pratique normative, le recours aux ordonnances dites budgétaires n'est pas fréquent. En effet, la réalité du fait majoritaire favorise bien souvent le vote de la loi de finances dans les délais constitutionnels. En outre, la possibilité offerte au Gouvernement de déposer des projets de loi de finances rectificatives permet les réaménagements et remaniements budgétaires souhaités par l'exécutif.

508. L'examen en commissions. Le projet de loi de finances est discuté en premier lieu en Commission de l'Économie. Le rapport du rapporteur général est discuté et approuvé par les membres de ladite commission avant d'être soumis en plénière.

Les autres commissions de l'Assemblée nationale sont également saisies pour avis, de la partie du budget qui entre dans leurs compétences[1204].

La Constitution a prévu d'importantes limitations au pouvoir d'amendement des députés. En vertu de l'article 82, alinéa 3 de la Constitution : « Aucun article additionnel ni amendement à un projet de lois de finances ne peuvent être proposés par le Parlement, sauf s'ils tendent à supprimer ou à réduire effectivement une dépense, à créer ou à accroître une recette ».

D'ailleurs, l'article 58 de la loi organique n° 2011-15 du 08 juillet 2011 relative aux lois de finances modifiée par la loi organique n° 2016-34 du 23 décembre 2016, précise que le Parlement ne peut proposer, ni la création, ni la suppression d'un programme, d'un budget annexe ou d'un compte spécial du Trésor.

Tout article additionnel et tout amendement doit être motivé et accompagné de développements des moyens qui le justifient.

En outre, le Parlement a toute la latitude pour restreindre ou supprimer une dépense ou majorer ou créer une recette[1205].

509. Le système de vote. L'article 60 de la loi organique relative aux lois de finances prévoit que les évaluations de recettes font l'objet d'un vote d'ensemble pour le budget général.

[1203] S. N. TALL, « Les ordonnances en Afrique noire francophone », *Revue EDJA*, n° 64, janvier-février-mars 2005, p. 63.

[1204] Sur l'ensemble de cette question, M. DIOP, *Finances publiques sénégalaises*, 2ème édition, Dakar, édition Clairafrique, 2011, p. 94 et s.

[1205] J.C. GAUTRON et M. ROUGEVIN-BAVILLE, *Droit public du Sénégal*, Paris, éditions A. Pédone, 1977, p. 361.

Les crédits du budget général font l'objet d'un vote par programme et /ou par dotation à l'intérieur des institutions ou ministères. Les votes portent à la fois sur les autorisations d'engagement et les crédits de paiement.

Les plafonds des autorisations d'emplois rémunérés par l'Etat font l'objet d'un vote unique.

Les évaluations de recettes donnent lieu à un vote d'ensemble par budget annexe et par compte spécial du trésor.

S'agissant des crédits des budgets annexes et des comptes spéciaux, ils sont votés par budget annexe et par compte spécial du trésor.

En ce qui concerne les évaluations de ressources et de charges de trésorerie, ils font l'objet d'un vote unique.

510. La promulgation et les décrets de répartition. Une fois votée, la loi de finances est promulguée par le Président de la République dans les mêmes formes que pour les lois ordinaires. Il résulte de l'article 61 de la loi organique relative aux lois de finances que dès la promulgation de la loi de finances de l'année ou la publication de l'ordonnance prévue à l'article 57 de la loi organique relative aux lois de finances, le Gouvernement prend les dispositions réglementaires ou administratives portant répartition des crédits du budget général, des budgets annexes et des comptes spéciaux selon la nomenclature budgétaire de l'Etat en vigueur. Par la suite, les décrets de répartition, qui comportent ventilation par ministère, titre, chapitre et article des « services votés » et par article des « mesures nouvelles », pourront intervenir.

511. La loi de finances rectificative et les décrets d'avances. Une fois votée, la loi de finance peut faire l'objet de modifications, par des lois de finances rectificatives, conformément à la règle du parallélisme des formes et celle de la compétence exclusive du Parlement[1206].

En vertu de l'article 5 de la loi organique relative aux lois de finances, les lois de finances rectificatives modifient, en cours d'année, les dispositions de la loi de finances de l'année.

De fait, une ou plusieurs lois de cette nature interviennent chaque année ; elles procèdent en général par ouverture de crédits nouveaux sans affecter l'équilibre budgétaire initial[1207].

Selon l'article 23 de la loi organique relative aux lois de finances, en cas d'urgence et de nécessité impérieuse d'intérêt national, des crédits supplémentaires peuvent être couverts par décret d'avances pris en Conseil des Ministres. Le Parlement est immédiatement informé et la ratification des crédits se fera sur la plus prochaine loi de finances.

[1206] M. FALL, « Les lois de finances rectificatives » : http://afrilex.u-bordeaux4.fr (consulté le 10 mai 2017).

[1207] J.C. GAUTRON et M. ROUGEVIN-BAVILLE, *Droit public du Sénégal, op. cit*, p. 363.

512. La loi de règlement. La loi de règlement constate les résultats financiers de chaque année civile et rend compte de l'exécution du budget ainsi que de l'utilisation des crédits[1208]. Le projet de loi de règlement est déposé sur le bureau du Parlement et distribué au plus tard le jour de l'ouverture de la session ordinaire de l'année suivant celle de l'exécution du budget auquel il se rapporte.

Il est accompagné des comptes et des états financiers de l'Etat issus de la comptabilité budgétaire et de la comptabilité générale de l'Etat, d'annexes explicatives, des rapports annuels de performance par programme et du rapport de la Cour des Comptes sur l'exécution de la loi de finances. Il en est de même de la déclaration générale de conformité entre les comptes des ordonnateurs et ceux des comptables publics.

Le rapport sur l'exécution des lois de finances, la déclaration générale de conformité et, le cas échéant, l'avis de la Cour des Comptes sur la qualité des procédures comptables et des comptes ainsi que sur les rapports annuels de performances sont remis au Parlement dès leur adoption définitive par la Cour des Comptes.

PARAGRAPHE II

LA PROCEDURE SPECIFIQUE D'ADOPTION DE CERTAINES CATEGORIES D'ACTES ADMINISTRATIFS

513. La procédure particulière. Certains textes réglementaires obéissent à une procédure particulière d'adoption. Il en est ainsi des décrets d'intérim des ministres (**A**) et des arrêtés (**B**).

A. - LA PROCÉDURE D'ADOPTION DES DÉCRETS D'INTÉRIM DES MINISTRES

514. La notion d'intérim. L'intérim est la « situation temporaire dans laquelle un agent est chargé provisoirement d'une fonction soudainement devenue vacante en attendant la désignation définitive du nouveau titulaire du poste »[1209]. Il constitue une modalité du remplacement d'un agent de l'administration, en cas d'absence momentanée[1210].

[1208] V. art. 5 de la loi organique n° 2011-15 du 08 juillet 2011 relative aux lois de finances, modifiée.

[1209] G. CORNU, *Vocabulaire juridique,* Paris PUF, 10 ^{eme} édition, p. 564.

[1210] J. M. NZOUANKEU, « L'intérim du Président de la République », *RIPAS*, n° 10, avril-juin-1984, p. 357 ; J.-M. AUBY, « L'intérim », *RDP*, 1966, p. 864 ; J.C. GAUTRON et M. ROUGEVIN-BAVILLE, *Droit public du Sénégal*, Paris, éditions A. Pédone, 1977, p. 62.

Plusieurs circulaires ont fixé les principes généraux régissant l'organisation de l'intérim des ministres (**1**) et la procédure de désignation des ministres intérimaires (**2**).

1. - Les principes directeurs de l'intérim des ministres

515. Les principes généraux. Les principes généraux de l'intérim des ministres sont fixés plusieurs circulaires[1211]. Ces règles ont pour objet de mettre le ministre intérimaire dans les conditions optimales d'être mis au courant des affaires en instance dans le département dont il doit assurer temporairement la responsabilité ; elles tendent aussi à favoriser la continuité et l'efficacité de l'action gouvernementale. C'est pourquoi, la circulaire n° 49 PM/SGG/ADJ 2 du 29 mai 1978 recommande au ministre devant s'absenter de prendre toutes les dispositions nécessaires pour permettre à son intérimaire d'être au fait des affaires en instance dans le département dont il assure temporairement la responsabilité.

En règle générale, en cas d'empêchement d'un ministre, le Président de la République désigne, par décret, un intérimaire chargé de remplacer le titulaire de la fonction pendant l'absence de celui-ci[1212].

Lorsque la survenance d'un empêchement est prévisible, par exemple dans l'hypothèse d'un déplacement prochain à l'étranger, il incombe aux services placés sous l'autorité du ministre intéressé de faire parvenir au Secrétariat général du Gouvernement un projet de décret d'intérim.

L'intérim prend fin, à l'expiration de la durée déterminée, le cas échéant, par cette décision, lors de la cessation de l'empêchement provisoire du titulaire ou par la prise d'une nouvelle décision contraire à celle ayant institué l'intérim.

Dans les deux premiers cas, aucun acte juridique n'est nécessaire pour mettre fin à l'intérim.

516. Les ministres intérimaires. Selon la circulaire n° 52/PM/JUR du 12 juin 1978 relatif à l'intérim des ministres absents, l'intérim d'un ministre ne peut être assuré que par un autre ministre. Un secrétaire d'Etat ne peut donc assurer l'intérim d'un ministre. En revanche, l'intérim d'un ministre d'Etat peut aussi bien être assuré par un autre ministre d'Etat que par un ministre.

[1211] Il s'agit notamment de la circulaire n° 32/ PM du 15 juin 1971, la circulaire n° 49 PM/SGG/ADJ 2 du 29 mai 1978, la circulaire n°50/PM/SGG/ADJ.2 du 30 mai 1978, la circulaire n° 52/PM/JUR du 12 juin 1978, la circulaire n° 0004/PM/SGG/SP du 23 février 1996 relative à l'intérim des membres du Gouvernement, la circulaire n° 00002 PM/SGG/SAGE/BME du 28 janvier 2010 relative au déplacement à l'étranger au titre des missions officielles et la circulaire n° 00950 PM/SGG/SGA/PAT du 17 novembre 2015 sur l'organisation de l'intérim des ministres.

[1212] V. la circulaire n° 0004/PM/SGG/SP du 23 février 1996 relative à l'intérim des membres du Gouvernement.

Un ministre délégué peut assurer l'intérim d'un ministre titulaire ; il est même préférable et rationnel qu'il en soit ainsi. En effet, en vertu des décrets relatifs à leurs attributions, les ministres délégués exercent, au nom et sous l'autorité des ministres titulaires, les compétences dévolues à ces derniers.

Le ministre délégué peut même remplacer le ministre titulaire, sur autorisation expresse de ce dernier, dans l'exercice de ses attributions. En tout état de cause, en cas d'absence du ministre titulaire, il est nécessaire de préparer un décret d'intérim désignant le ministre délégué, un simple courrier ne suffisant pas.

A défaut de ministre délégué ou en cas d'empêchement de celui-ci, le ministre intérimaire est désigné selon l'ordre de succession protocolaire. A cet effet, il est recommandé de consulter le décret fixant la composition du Gouvernement en vigueur, pour déterminer le ministre intérimaire.

En cas d'indisponibilité du ministre que désigne l'ordre protocolaire, le ministre suivant dans l'ordre protocolaire assure l'intérim du ministre absent.

Le Premier Ministre peut, s'il l'estime nécessaire, assurer l'intérim de tout ministre[1213].

517. La portée de l'intérim. Les actes de l'intérimaire ont la même nature juridique et la même place dans la hiérarchie des normes que s'ils émanaient du titulaire. L'intérimaire dispose en outre de l'intégralité des pouvoirs attachés à la fonction dont il assure l'intérim.

C'est ainsi qu'il est habilité à signer ou à contresigner les actes qui auraient dû l'être par l'autorité qu'il remplace[1214]. La circulaire n° 0004/PM/SGG/SP du 23 février 1996 relative à l'intérim des membres du Gouvernement énonce que l'intérimaire assure la pleine responsabilité du département qui lui est confié ; il est notamment appelé à signer les textes relevant de ce département.

C'est certainement la raison pour laquelle dans la pratique, en cas d'absence du Premier Ministre, il revient au ministre assurant son intérim de contresigner les décrets du Président de la République soumis à la formalité du contreseing.

La signature du ministre intérimaire est précédée de la mention de son titre, suivie du titre du ministre qu'il remplace complété par la mention : « par intérim ».

2. - La procédure de désignation des ministres intérimaires

518. Les manquements. Dans la pratique, il a été relevé des manquements aux règles relatives à la procédure de désignation des ministres intérimaires. Certains ministres sortaient souvent du territoire national, sans attendre la

---

[1213] V. la circulaire n° 52/PM/JUR du 12 juin 1978 relatif à l'intérim des ministres absents.

[1214] *Guide pour l'élaboration des textes législatifs et réglementaires*, Paris, La documentation française, 2005, p. 269.

signature des décrets désignant leurs intérimaires. Des décrets d'intérim n'étaient quelquefois signés qu'à la fin de l'intérim et bien après le retour de mission du ministre concerné.

D'autres ministres transmettaient très tardivement leurs projets de décret d'intérim au Secrétariat général du Gouvernement. Cette situation ne permettait pas à la Primature d'assurer un traitement diligent des dossiers d'intérim.

519. Le réaménagement de la procédure. La circulaire n° 000959 PM/SGG/SGA/PAT/SP du 17 novembre 2015 sur l'organisation de l'intérim des ministres a procédé au réaménagement de la procédure d'adoption des décrets d'intérim.

Désormais, chaque ministre a l'obligation de déposer au plus tard le cinq (5) de chaque mois, auprès du Secrétariat général du Gouvernement, son programme de mission à l'étranger pour appréciation de leur opportunité par le Premier Ministre.

Lorsque la mission a été approuvée par les soins du Premier Ministre, le projet de décret portant intérim y relatif est préparé par les services du ministre devant s'absenter avant d'être transmis au Secrétariat général du Gouvernement au moins huit (8) jours avant la date programmée de la mission. Il s'agit de permettre aux services de la Primature d'accomplir les formalités de signature, de contreseing et de numérotation du décret d'intérim bien avant le début de la mission du ministre.

En effet, le décret qui institue l'intérim est pris par le Président de la République et contresigné par le Premier Ministre, si ce dernier ne se trouve pas d'ores et déjà empêché[1215].

D'après la circulaire n° 32/ PM du 15 juin 1971, le décret d'intérim précise, si possible, la date de départ et la date de retour du ministre qui s'absente selon la formule « du … au… compris ». A défaut de la date de retour ou si celle-ci est incertaine, il est absolument indispensable que le décret mentionne la date du début de l'intérim.

Le projet de décret d'intérim n'est examiné, ni par le Comité interne, ni par le Comité technique de validation des textes législatifs et réglementaires. Il ne fait pas également l'objet d'une adoption par le Conseil des Ministres.

Une fois signé par le Président de la République et contresigné par le Premier Ministre, il est numéroté par les soins du Secrétariat général du Gouvernement.

La circulaire n° 000111 PM/SGG/SP du 23 octobre 2011 relative à la présentation des décrets d'intérim des ministres en déplacement hors du pays ou empêchés a proposé un modèle standard de décret d'intérim.

[1215] V. art. 43 de la Constitution.

DOCUMENT N° 32 : MODELE DE DECRET D'INTERIM

REPUBLIQUE DU SENEGAL
Un Peuple - Un But - Une Foi

Décret n°...
portant désignation du Ministre chargé de l'intérim du Ministre..........

LE PRESIDENT DE LA REPUBLIQUE,

VU la Constitution ;
VU le décret n° 2017-1531 du 06 septembre 2017 portant de nomination du Premier Ministre ;
VU le décret n° 2017-1533 du 07 septembre 2017 fixant la composition du Gouvernement ;
VU le décret n° 2017-1546 du 08 septembre 2017 portant répartition des services de l'Etat et du contrôle des établissements publics, des sociétés nationales et des sociétés à participation publique entre la Présidence, la Primature et les ministères, modifié par le décret n° 2018-683 du 27 mars 2018;
VU le décret (relatif aux attributions du Ministre empêché) ;
VU le décret (relatif aux attributions du Ministre intérimaire);
Sur le rapport (du Ministre empêché),

DECRETE :

Article premier.- Monsieur (ou Madame) …... Ministre de ……………………………….., est chargé (e) de l'intérim de Monsieur (ou Madame) ………..Ministre de……………………,

pour la période du……………..au…………………2015.

Article 2.- Le Ministre de………….. (ministre empêché) et le Ministre de……….. (ministre intérimaire), sont chargés, chacun en ce qui le concerne, de l'exécution du présent décret qui sera publié au Journal officiel.

B. - LA PROCÉDURE D'ADOPTION DES PROJETS D'ARRÊTÉ ET DE DÉCISION

520. La procédure spécifique. Les projets d'arrêté et de décision ne sont pas soumis à la procédure ordinaire marquée par l'examen du texte par le Comité interne de préparation et de suivi des textes législatifs et réglementaires et le Comité technique de validation des textes législatifs et réglementaires ainsi que par l'adoption par le Conseil des Ministres.

521. Le circuit court. S'agissant des projets d'arrêté et de décision, sans incidences financières, ils sont, après leur élaboration, transmis au Secrétariat général du Gouvernement pour contrôle et enregistrement. Il s'agit de ce que l'on appelle dans la pratique le circuit court.

La Direction des Services législatifs de la Primature vérifie leur légalité, notamment le respect du domaine de la loi et du règlement, la hiérarchie des normes, etc., leur présentation formelle, à savoir la hiérarchie et la chronologie des visas, et la technique normative utilisée (abrogation, modification, approbation,) etc.

Si les projets d'arrêté sont conformes à la légalité et que les règles formelles de rédaction des textes sont respectées, le Secrétariat général du Gouvernement recueille les signatures, et au besoin, les contreseings (s'agissant des arrêtés réglementaires du Premier Ministre) et accomplit les formalités d'enregistrement (numérotation) et de publication au Journal officiel, si nécessaire.

522. Le circuit long. S'agissant des projets d'arrêté et de décision à incidences financières, notamment les projets d'arrêté et décision de versement ou de virement de crédit, les projets d'arrêté de gestion de carrière du Ministère chargé de la Fonction publique (projets d'arrêté de nomination, de titularisation, décision accordant un congé administratif à un agent non fonctionnaire, projets d'arrêté portant avancement de grade, admission à la retraite, radiation d'agent, etc.) des formalités supplémentaires sont exigées.

En effet, avant l'accomplissement des formalités d'enregistrement, de contreseing et éventuellement de publication, les textes doivent faire l'objet de visas de la part de services financiers de l'État, appelés « visas financiers ». Il s'agit du Contrôle financier (CF), de la Direction du Contrôle budgétaire, de la Cellule des Études et de la Réglementation et de la Direction de la Solde.

Ces visas financiers ne constituent pas des visas de référence mais sont appelés visas de contrôle[1216]. Dans la pratique, les visas de contrôle sont portés sous le timbre ou dans la marge du texte au moyen de la technique dite du « poinçonnage ». Cette technique consiste à poinçonner, c'est-à-dire à perforer

[1216] En ce sens, J. GANDOUIN et J.-M. ROUSSIGNOL, *Rédaction administrative Afrique. Maghreb-Afrique subsaharienne,* Armand Colin, 4eme édition mise à jour, 2013, p. 192.

le texte en marge, avec les marques des organes de contrôle pour indiquer qu'il a respecté le circuit des visas.

Par exemple, un arrêté visé par le Contrôle financier comporte les mentions suivantes : « VISE CF » en marge de l'acte.

523. Le début de dématérialisation du circuit des visas. L'Agence de l'Informatique de l'État (ADIE) a récemment mis en place une plateforme de gestion des actes du personnel de l'État, dénommée « Girafe » (Gestion intégrée des Ressources, Administrations et Fonctionnaires de l'État du Sénégal) (https://girafe.sec.gouv.sn), qui a été lancée le 23 mai 2017[1217]. La conception de cette solution informatique rentre dans le cadre du projet dénommé « Fichier unifié des données du personnel de l'État » qui est une base de données consolidées sur le personnel de l'État. La plateforme « Girafe » est le principal résultat de la première phase après l'audit biométrique. Le processus de transmission et de contrôle des visas de certains actes de la fonction publique a été dématérialisé ; il s'agit des actes d'avancement de grade et d'échelon, de nomination, de titularisation, d'admission à la retraite et de validation.

La plate-forme « Girafe » constitue un premier pas important vers la dématérialisation des procédures liées aux agents de l'État et à la consolidation du système de gestion des ressources humaines du Ministère de la Fonction publique.

524. Le Contrôle financier. L'exigence des visas des arrêtés par les services financiers résulte de textes spécifiques. Selon l'article 3 du décret n° 78-085 du 1er février 1978 portant organisation du Contrôle financier[1218], le Contrôleur financier, créé par l'ordonnance n° 59-043 du 31 mars 1959 portant création du Contrôle financier, est chargé d'assurer un nom du Président de la République le contrôle permanent de l'exécution des opérations financières de l'État, des collectivités territoriales, des établissements publics et de tous les organismes bénéficiant de l'aide financière de l'État[1219]. A ce titre, « tout projet de loi, d'acte réglementaire, de contrat de convention de toute nature ayant des répercussions sur les finances de l'État » doit être communiqué sans délai, pour avis, au Contrôle financier[1220].

Selon la circulaire présidentielle n° 25 PR/SG/CF du 25 décembre 1983, l'exercice du pouvoir de contrôle du Contrôle financier se traduit par son visa préalable sur tout projet de loi, d'acte réglementaire ou de convention comportant des répercussions sur les finances de l'État[1221]. Ce contrôle de régularité fondé sur des faits précis et juridique permet de limiter les engagements de l'État dans le

---

[1217] « Dématérialisation : lancement officiel de la plateforme du Fichier Unifié des Données du Personnel de l'Etat » : http://www.osiris.sn/Dematerialisation-Lancement.html (consulté le 5 août 2017)

[1218] JORS du 18 février 1978, p. 234-236.

[1219] NG. CHANH TAM, *Finances publiques sénégalaises*, Paris, l'Harmattan, 1990, p. 316.

[1220] V. art. 4 du décret n° 78-085 du 1er février 1978 portant organisation du Contrôle financier.

[1221] NG. CHANH TAM, *op. cit.*, p. 317.

cadre des possibilités des finances publiques[1222]. Le Contrôleur financier peut, pour des motifs se rapportant à l'application des dispositions d'ordre financier des lois et règlements ou à la régularité de l'exécution du budget, émettre un avis défavorable qui doit être motivé et donné dans un délai de huit (8) jours à compter de la date à laquelle le projet lui a été communiqué. Dans ce cas, il ne peut être passé outre à l'avis défavorable du Contrôleur financier que sur décision du Président de la République ou du Premier Ministre.

525. La Direction du Contrôle budgétaire. Le Contrôle des opérations financières (COF) est devenu la Direction du Contrôle budgétaire, depuis l'adoption du décret n° 2017-480 du 03 avril 2017 modifiant le décret n° 2014-1171 du 16 septembre 2014 portant organisation du Ministère de l'Économie des Finances et du Plan. Selon l'article 217 du décret n° 2003-101 du 13 mars 2003 portant Règlement général sur la Comptabilité publique, le COF est chargé de donner son avis préalable sur tous les actes portant engagement de dépenses et notamment les contrats, arrêtés et mesures émanant d'un ministre ou d'un fonctionnaire.

L'article 62 du décret n° 2014-1171 du 16 septembre 2014 portant organisation du Ministère de l'Économie des Finances et du Plan modifié par le décret n° 2017-480 du 03 avril 2017 précise que la Direction du Contrôle budgétaire, sous l'autorité du Directeur général du Budget[1223], est chargée de la vérification, pour visa préalable requis à titre de validité, de tout acte portant engagement de dépenses, notamment, les contrats, arrêtés et mesures émanant d'un ministre ou d'un agent public.

Si les mesures proposées lui paraissent entachées d'irrégularités au regard de la loi, il refuse son visa. En cas de désaccord persistant, il en réfère au Ministre chargé des Finances. Il ne peut être passé outre au refus de visa que sur l'autorisation écrite du Ministre chargé des Finances.

526. La Cellule des Études et de la Réglementation et la Direction du Solde. A côté de la Direction du Contrôle budgétaire, d'autres services du Ministère de l'Économie des Finances et du Plan interviennent dans le circuit des visas. Il en est ainsi de la Cellule des Études et de la Réglementation et de la Direction de la Solde.

En vertu de l'article 47 du décret n° 2014-1171 du 16 septembre 2014 portant organisation du Ministère de l'Économie des Finances et du Plan modifié par le décret n° 2017-480 du 03 avril 2017, sous l'autorité du Directeur général du Budget, la Cellule des Études et de la Réglementation est

---

[1222] V. également, la circulaire du Président du Conseil n° 84 du 17 octobre 1960 relative au visa préalable du Contrôle financier ; également la circulaire n° 67 PR/SG du 21 mai 1965 relative au visa des actes de dépenses.

[1223] Depuis l'entrée en vigueur du décret n° 2017-480 du 03 avril 2017 modifiant le décret n° 2014-1171 du 16 septembre 2014 portant organisation du Ministère de l'Economie des Finances et du Plan, la Direction générale des Finances est devenue la Direction générale du Budget. Cette dénomination est plus illustrative de l'essence de ses missions.

chargée de l'étude préalable de tous les projets d'acte législatif et règlementaire et des projets de convention ayant une incidence sur le budget de l'État.

Quant à la Direction de la Solde, elle a pour mission, sous l'autorité du Directeur général du Budget, notamment de procéder à l'étude, en collaboration avec les directions et services concernés, de tous les projets de texte législatif et réglementaire ainsi que des projets de convention se rapportant à des dépenses de personnel. A cet effet, elle est saisie des projets d'acte individuel ou collectif de nature à engager les finances de l'État[1224].

527. Le circuit des visas. La circulaire n° 20/PM/SGG/CM/BV du 02 avril 1975 sur l'amélioration du circuit des dossiers soumis aux visas a confié à la Primature le contrôle de la circulation des dossiers et a réaménagé le processus des visas à compter du 10 avril 1975. A titre exemple, un projet de décision portant avancement de grade d'agents non fonctionnaires élaboré par le Ministère chargé de la Fonction publique, accompagné d'une fiche de circulation devrait suivre un circuit précis.

D'abord, le Ministre chargé de la Fonction publique envoie le projet de décision à la Cellule de Contrôle des Effectifs et de la Masse salariale (CCEMS) du Ministère de l'Économie des Finances et du Plan qui délivre un accusé de réception précisant la date d'arrivée.

Ensuite, après visa, la CCEMS transmet le projet à la Direction du Budget du Ministère de l'Économie des Finances et du Plan qui exécute les mêmes opérations.

Enfin, la Direction du Budget, après avoir réalisé les mêmes opérations, transmet au Secrétariat général du Gouvernement le dossier comportant le projet de décision et accompagné de la fiche de circulation contenant la désignation des services ou organismes dont les visas sont requis ainsi que les dates d'arrivée et de départ, les visas et les observations.

Les pouvoirs publics ont très vite constaté que des arrêtés soumis aux divers visas préalables mettaient un temps anormalement long avant d'aboutir à leur stade final. Cette situation qui engendrait des pertes de dossiers, perturbait le fonctionnement des services administratifs et compromettait l'efficacité de l'action du Gouvernement.

C'est pourquoi la circulaire n° 44/PM/MFPT/DFP du 10 novembre 1970 sur les visas des projets d'acte administratif a prescrit que le visa requis doit, à chaque stade, intervenir dans un délai maximum de cinq (5) jours pour tous les actes réglementaires ou particuliers, que ces derniers soient individuels ou collectifs.

[1224] V. art. 58 du décret n° 2014-1171 du 16 septembre 2014 portant organisation du Ministère de l'Economie des Finances et du Plan modifié par le décret n° 2017-480 du 03 avril 2017.

En cas de refus de visa, les motifs du rejet doivent être portés à la connaissance de l'auteur du projet dans les mêmes délais.

La circulaire n° 20/PM/SGG/CM/BV du 02 avril 1975 sur l'amélioration du circuit des dossiers soumis aux visas a indiqué le processus des visas des arrêtés et autres dossiers et a proposé un modèle de fiche de circulation[1225].

En outre, la circulaire n° 05/PM/SGG du 23 janvier 1971 a fixé à trois (3) semaines le délai raisonnable au terme duquel les visas réglementaires habituels sur les actes administratifs doivent être donnés ou refusés par les services compétents[1226].

Après avoir recueilli tous les visas des services figurant sur la fiche de circulation, les projets d'arrêté sont envoyés au Secrétariat général du Gouvernement pour vérification et numérotation.

Par ailleurs, la circulaire n° 1424/PM/SGG/SL/BV du 23 mars 1971 sur les visas des actes administratifs a énoncé que les projets de texte pour lesquels le visa du Secrétariat général du Gouvernement a été refusée, doivent être retournés après correction, au bureau des visas avec la fiche de rejet portant la mention « satisfait » ou les observations du ministère intéressé.

1225 Les prescriptions de cette circulaire ont été rappelées par celle n° 0015.PM/SGG/BV du 09 février 1976 portant application de la circulaire n° 20/PM/SGG/CM/BV du 02 avril 1975.

1226 La circulaire n° 25/PM/SGG/ADJ du 03 juin 1971 sur les visas administratifs a rappelé aux ministères le caractère impératif du délai prévu par la circulaire n° 05/PM/SGG du 23 janvier 1971.

CHAPITRE II

LES REGLES RELATIVES A L'APPLICABILITE DES TEXTES LEGISLATIFS ET REGLEMENTAIRES

« La loi est dure, mais c'est la loi ».
Citation latine. En latin (Dura lex, sed lex)

528. La notion. L'applicabilité ou l'entrée en vigueur est la dernière étape du processus normatif ; c'est le point de repère à partir duquel l'acte législatif ou réglementaire revêt un caractère obligatoire et crée des droits subjectifs.

Techniquement, l'applicabilité du texte doit être distinguée de la notion d'adoption. L'adoption gouvernementale et/ou parlementaire ne confère pas au texte une force juridique. En effet, ni le vote de l'acte législatif par l'Assemblée nationale, ni l'adoption de l'acte réglementaire par le Conseil des Ministres n'entraîne son opposabilité aux particuliers et son application par l'administration.

L'applicabilité proprement-dite des textes législatifs et réglementaires (**section II**) est subordonnée à l'accomplissement de formalités préalables par les soins du Secrétariat général du Gouvernement (**section première**).

SECTION PREMIÈRE

LES FORMALITÉS PRÉALABLES À L'APPLICABILITÉ DES TEXTES LÉGISLATIFS ET RÉGLEMENTAIRES

« C'est dans le silence des lois que naissent les grandes actions. »
Marquis de Sade (1740-1814)

529. Les formalités préalables. Pour que les textes régulièrement adoptés par le Gouvernement et/ou le Parlement puissent avoir une force obligatoire, il est nécessaire que des formalités préalables soient accomplies par le biais du Secrétariat général du Gouvernement[1227].

Il s'agit du recueil des signatures et des contreseings (**paragraphe premier**), de l'enregistrement (**paragraphe II**), de la promulgation (**paragraphe III**) et de la publication des textes au Journal officiel (**paragraphe IV**).

PARAGRAPHE PREMIER

LE RECUEIL DES SIGNATURES ET DES CONTRESEINGS

530. Des formalités substantielles. Dans le processus d'édiction des ordonnances et des actes administratifs (décrets, arrêtés, décisions), les signatures et les contreseings constituent des formalités substantielles dont l'omission est de nature à affecter leur validité. Il faut préciser que les lois n'ont pas à être signées ou contresignées puisqu'elles font l'objet d'une adoption par l'Assemblée nationale[1228].

Compte tenu de la portée juridique de ces opérations, il importe d'étudier successivement la formalité de la signature (**A**) avant d'analyser celle relative au contreseing (**B**).

[1227] En ce sens, F. WODIE, « La législation », in *Encyclopédie juridique de l'Afrique*, Tome premier, Abidjan-Dakar-Lomé, NEA, p. 322.

[1228] En ce sens, V. l'instruction primatorale n° 04 PM du 12 mars 1970 relative à la présentation et à la préparation des décrets.

A. - LA FORMALITÉ DE LA SIGNATURE

531. La nécessité de la signature. La signature est un paraphe manuscrit ou, lorsqu'elle est électronique, l'usage d'un procédé fiable d'identification garantissant son lien avec l'acte auquel elle s'attache[1229].

Les autorités habilitées à édicter les ordonnances et les actes administratifs doivent, en principe, les signer.

En vertu de l'article 43 de la Constitution, le Président de la République signe les ordonnances[1230] et les décrets[1231].

Il revient également au Premier Ministre de signer les décrets qu'il édicte sur autorisation du Président de la République. L'article 50, alinéa 2 de la Constitution énonce que le Président de la République peut autoriser le Premier Ministre à prendre des décisions par décret.

Les actes réglementaires du Premier Ministre, pris par arrêté, doivent aussi être signés par ce dernier. En effet, le Premier Ministre dispose du pouvoir réglementaire et dispose de l'Administration[1232].

C'est au Secrétariat général du Gouvernement qu'il appartient de recueillir la signature du Président de la République et du Premier Ministre s'agissant des textes que ceux-ci ont compétence pour signer.

Les ministres signent les arrêtés réglementaires ou non réglementaires qu'ils prennent avant leur transmission au Secrétariat général du Gouvernement.

Les autorités déconcentrées (gouverneur, préfet, sous-préfet) et des autorités décentralisées (maire, recteur, etc.) signent également les actes qu'elles édictent Mais ces derniers actes ne sont pas transmis au Secrétariat général du Gouvernement. Ces actes doivent être signés et contenir la mention des nom, prénom et de la qualité de leurs auteurs.

532. La portée juridique de la signature. En principe, un acte administratif n'est régulier que s'il est signé. La signature, en tant qu'expression du consentement de l'auteur, permet de distinguer l'acte véritable du simple projet d'acte[1233]. C'est avec l'apposition de la signature qu'un texte rédigé devient un acte juridique[1234].

1229 V. *Lexique des termes juridiques*, Paris, Dalloz, 13eme édition 2001, p. 511 ; G. OLIVIER, « Signatures et formes des décisions administratives », *Rev. adm.*, 1952, p. 377 ; P.-L. FRIER, « Vice de forme » *Rép. cont. adm.*, octobre 2014, n° 30 ; G. OLIVIER, « Signature et formes des décisions administratives », *Rev. adm.*, 1952, p. 377.

1230 G. BACOT, « La signature des ordonnances », *Rev. adm.*, 1986, p. 453 ; M. TROPER, « La signature des ordonnances. Fonctions d'une controverse », *Pouvoirs*, n° 41, 1987, p. 75.

1231 A. COULIBALY, « La portée juridique de la signature du Président de la République dans la jurisprudence du Conseil d'État », *LPA*, 24 mars 1995, p. 04.

1232 V. art. 57 de la Constitution.

1233 CE 25 novembre 1931, Barthélemy, *Rec. CE*, p. 1020.

1234 CE 27 janvier 1956, Boniface, *Rec. CE*, p. 39 ; sect., CE 22 mars 1963, Min. Anciens combattants c/ Fringhian, *Rec. CE*, p. 194.

Tant qu'il n'est pas signé, l'acte n'est qu'un projet sans aucune valeur juridique. L'acte normatif existe dès sa signature. La jurisprudence française a tiré de cette règle deux conséquences.

D'une part, les actes réglementaires, dès leur signature, peuvent servir de fondement à des mesures d'application[1235], à condition que soit respectée la réglementation en vigueur à la date de la signature de ces mesures[1236].

D'autre part, s'agissant des actes individuels, ils créent dès leur signature des droits au profit de leurs destinataires[1237].

La signature est, non seulement, un critère d'identification de l'acte mais aussi de détermination de la compétence de son auteur[1238]. L'absence de signature, qui rend l'acte irrégulier en la forme, n'est pas sanctionnée pour vice de forme, mais pour incompétence ; ce qui permet au juge de soulever ce moyen d'office, puisqu'il est d'ordre public[1239].

533. La délégation de signature. Le signataire est présumé être l'auteur de l'acte.

Mais le signataire peut bénéficier d'une délégation de signature et, dans ce cas, l'acte normatif est considéré comme émanant du délégant.

La délégation de signature consiste à attribuer seulement le pouvoir formel de signature d'une décision à une autorité autre que celle désignée par les textes.

Elle n'emporte pas une substitution de compétence[1240].

En pratique, le délégataire doit faire mention de cette délégation de signature dans le corps de l'acte qu'il signe, mais son omission n'est pas de nature à entacher de nullité l'acte si la délégation est régulière[1241].

En droit sénégalais, les conditions dans lesquelles les ministres peuvent déléguer leur signature sont encadrées par le décret n° 63-797 du 10 décembre 1963 modifié et par la circulaire présidentielle n° 110/PR/SG/JUR du 10 décembre 1963 sur les délégations de signature, la circulaire n° 154 PR/SG/JUR du 23 décembre 1964 relative à la délégation de la signature des ministres, l'instruction n° 017 PR du 1er mars 1968 relative aux délégations accordées par les ministres et l'instruction n° 17 PM-JUR. du 13 mai 1970

1235 CE 18 juillet 1913, Syndicat national des chemins de fer de France et des colonies, *S.* 1914.3.1, concl. Helbronner ; CE 24 mai 1935, de Noblet, *DH,* 1935, p. 465.

1236 CE sect., 30 juillet 2003, GEMTROT, *RFD adm*., 2003.1134, concl. Seners.

1237 CE sect., 19 décembre 1952, Dlle Mattéi, *Rec. CE*, p. 594 ; 13 avril 1956, Manac'h, *ibid.* p. 153 ; 07 février 1968, Cne de Saint-Clair-de-la-Tour, *ibid.* p. 94.

1238 CE 12 décembre 1990, Torras, *Rec. CE*, table p. 669.

1239 CE 1er mars 1974, Syndicat des médecins, préc. ; CE 19 octobre 1988, Fédération nationale SOS environnement, *Rec. CE*, p. 343.

1240 I. M. TANDIAN, « La délégation de pouvoirs et de signature dans l'administration régionale et locale au Sénégal », *RIPAS* n° 23-24, janvier- décembre 1990, *Actes du 5eme colloque de la RIPAS*, Dakar du 11 au 15 décembre 1989, p. 134 et s.

1241 J. PUISOYE, « Les délégations de signature », *AJDA*, 1960. 1. p. 69.

relative à la déconcentration des pouvoirs au sein des départements ministériels.

534. Les personnes bénéficiaires de la délégation. Selon le décret n° 63-797 du 10 décembre 1963, les ministres sont autorisés à déléguer, par arrêté, leur signature à leurs directeurs de cabinet en toutes matières et aux directeurs de service pour les matières intéressant leur direction[1242]. D'ailleurs, en vertu de l'instruction n° 017 PR du 1er mars 1968 relative aux délégations accordées par les ministres et de la circulaire présidentielle n° 110/PR/SG/JUR du 10 décembre 1963 sur les délégations de signature, la liste limitative prévue le décret n° 63-797 du 10 décembre 1963 doit s'interpréter restrictivement.

Ce texte ne visait parmi les bénéficiaires de la délégation de signature que le directeur de cabinet et les directeurs, à l'exclusion du secrétaire général du ministère. Le caractère restrictif de ce texte s'explique par le fait qu'à l'époque, le poste de secrétaire général n'était pas encore institué dans les ministères.

Après avoir connu pendant longtemps une existence de fait, le décret n° 2002-1173 du 23 décembre 2002 a institué, pour la première fois, un secrétaire général dans certains ministères. Ce texte a été modifié, notamment par le décret n° 2005-518 du 09 juin 2005, qui a ajouté le Ministère de la Justice à la liste des ministères disposant d'un secrétaire général.

Dans le souci d'une meilleure coordination de l'action ministérielle, le décret n° 2017-313 du 15 février 2017 instituant un secrétariat général dans les ministères, a procédé à l'extension de l'institution du secrétariat général à tous les ministères.

Pourtant dans la pratique administrative, les ministres, prenant en compte le rôle central des secrétaires généraux dans la coordination de la gestion administrative et technique du département ministériel, leur consentent souvent des délégations de signature pour les besoins de la marche du service.

Cette pratique, n'était pas conforme à la réglementation en vigueur. En effet, l'arrêté de délégation sur le fondement duquel l'acte de délégation est pris ne pouvait trouver pas un fondement confortable dans le décret n° 63-797 du 10 décembre 1963 qui ne visait pas le secrétaire général du ministère.

C'est pourquoi le décret n° 2018-606 du 21 mars 2018 a procédé à la modification du décret n° 63-797 du 10 décembre 1963, en ajoutant le secrétaire général du ministère à la liste des autorités bénéficiaires de la délégation de signature. Désormais, les ministres sont également autorisés à déléguer, par arrêté, leur signature au secrétaire général du ministère, en toute matière.

535. Les actes pouvant être signés par délégation. La délégation de signature ne peut porter que sur les décisions ou arrêtés individuels, à

[1242] V. art. 1er, alinéa 1er du décret n° 63-797 du 10 décembre 1963 modifié par le décret n°64-774 du 18 novembre 1964.

l'exclusion de tout acte à caractère réglementaire ainsi que des décisions ou arrêtés portant nomination, mutation, cessation de fonction, suspension ou sanctions disciplinaires d'un fonctionnaire stagiaire ou titulaire relevant du statut général des fonctionnaires ou d'un agent contractuel ou auxiliaire percevant une rémunération au moins égale au traitement global afférent à l'indice 1423[1243].

Il en résulte que la réglementation de la délégation de signature ne s'applique « qu'aux actes comportant un caractère de décision » selon les termes de l'instruction n° 17 PM-JUR du 13 mai 1970 relative à la déconcentration des pouvoirs au sein des départements ministériels.

Dans l'arrêt Ousmane Diop et autres rendu le 09 juin 2016[1244], la Cour suprême a constaté que le Ministre délégué chargé du Budget a reçu, par arrêté n°11567 du 11 juillet 2014, délégation du Ministre de l'Economie des Finances et du Plan pour signer, en son nom, tous les actes administratifs relatifs aux compétences prévues par le décret 2013-1267 du 23 septembre 2013 fixant les attributions de ce dernier. Dès lors, énonce le juge administratif, il est compétent pour prendre une instruction n°0009/MEFP du 09 octobre 2014 portant mode de répartition du fonds commun des agents ainsi que du fonds des chefs et intervenants de la Direction générale des Impôts et des Domaines.

Il appartient aux ministres de fixer librement les conditions dans lesquelles, ils entendent autoriser leurs subordonnés à signer les documents ne possédant pas le caractère de décision. Il s'agit notamment des lettres d'attente, des renseignements, des convocations, des actes préparatoires et des avis ou demandes d'avis, etc.

Pour bien marquer cette différence, l'instruction n° 17 PM-JUR du 13 mai 1970 recommande que de tels documents soient signés avec la formule suivante : « Le Ministre et par autorisation », la formule « Le Ministre et par délégation » étant strictement réservée aux décisions.

C'est d'ailleurs la raison pour laquelle la circulaire n° 0006/PM/SGG/ADJ 1 du 18 janvier 1972 énonce que la pratique consistant pour les directeurs de cabinet de signer les rapports de présentation de projets de texte règlementaire « est contraire à l'esprit des règles qui gouvernent la matière de la délégation de signature : elle excède manifestement les limites de celle-ci, fixées notamment par les dispositions de l'instruction n° 15/PM/JUR. du 1er mars 1968 ».

D'après la circulaire n° 154 PR/SG/JUR du 23 décembre 1964 relative à la délégation de la signature des ministres, la référence dans le décret n° 63-797

[1243] La circulaire présidentielle n° 110/PR/SG/JUR du 10 décembre 1963 sur les délégations de signature précise que peu importe la forme de l'acte qui peut être une circulaire à valeur réglementaire, si elle contient des éléments de décisions.

[1244] CS ch. adm. n°38 du 09 juin 2016, Ousmane Diop et autres c/ Etat du Sénégal, *inédit*.

du 10 décembre 1963 à la rémunération ne concerne que les agents non fonctionnaires. Il en résulte que les ministres doivent obligatoirement signer eux-mêmes les décisions individuelles concernant les fonctionnaires stagiaires ou titulaires, quel que soit leur indice.

La restriction prévue par l'article 1er du décret n° 63-797 du 10 décembre 1963 se comprend aisément. En effet, l'article 5 du décret n° 95-264 du 10 mars 1995 portant délégation de pouvoir du Président de la République en matière d'administration et de gestion du personnel, confère aux chefs de service relevant de l'autorité directe du ministre le pouvoir de prononcer les sanctions du premier degré à l'encontre des agents placés sous leurs ordres. Il s'agit d'ailleurs là d'une délégation de compétence et non de signature qui a pour effet de dessaisir complètement les ministres et de placer ces actes dans la compétence exclusive des chefs de service[1245].

Dans l'arrêt Amadou Lamine BA rendu le 27 mai 1981[1246], la Cour suprême a annulé une décision administrative méconnaissant les règles relatives à la délégation de signature. Dans cette espèce, une décision n° 009935/MTPU/SG du 22 août 1977, signée par le Secrétaire général d'un ministère « pour le ministre.... et par délégation », frappait Amadou Lamine BA de la sanction disciplinaire de blâme. La cour régulatrice a annulé ladite décision au motif que selon le décret n° 63-737 du 10 novembre 1963, modifié par le décret n° 64-774 du 18 novembre 1964, la délégation de signature ne peut porter sur les sanctions disciplinaires d'un fonctionnaire stagiaire ou titulaire relevant du statut général des fonctionnaires.

536. Le régime de la délégation. La circulaire présidentielle n° 110/PR/SG/JUR du 10 décembre 1963 sur les délégations de signature précise que la délégation de signature, qui ne dessaisit pas le déléguant, est personnelle et nominative. En conséquence, elle est caduque automatiquement lorsque le ministre délégant ou le directeur délégataire quittent leurs fonctions[1247].

D'après l'instruction n° 16 PR du 1er mars 1968 relative aux cabinets ministériels, le changement du titulaire du portefeuille ministériel entraîne la caducité des délégations de signature consenties par son prédécesseur[1248]. Dans ce cas, aucun fonctionnaire ne peut plus signer de décisions administratives au nom du ministre sortant et un nouvel arrêté de délégation doit être signé. L'instruction du 1er mars 1968 recommande au ministre entrant

---

[1245] En ce sens, V. l'instruction n° 17 PM-JUR. du 13 mai 1970 relative à la déconcentration des pouvoirs au sein des départements ministériels ; I. M. TANDIAN, « La délégation de pouvoirs et de signature dans l'administration régionale et locale au Sénégal », *RIPAS* n° 23-24, janvier-décembre 1990, *Actes du 5eme colloque de la RIPAS*, Dakar du 11 au 15 décembre 1989, p. 134 et s.

[1246] CS, n° 55/81 du 27 mai 1981, Amadou Lamine BA c/ Etat du Sénégal, *GDJAS*, tome II, 2eme édition 1984 p. 552.

[1247] V. instruction n° 17 PR du 1er mars 1968 relative aux délégations accordées par les ministres.

[1248] V. la circulaire n° 00009 PM/SGG/SP du 22 septembre 2017 relative au Conseil des Ministres.

de prendre, dans les cinq (5) jours, les arrêtés de délégation de signature au bénéfice de certains agents du ministère.

537. La portée de la délégation. La délégation de signature s'analyse en un simple transfert de la tâche matérielle de signature[1249]. La décision signée par le délégataire est toujours considérée juridiquement comme émanant du délégant[1250]. L'arrêté de délégation doit être transmis au Secrétariat général du Gouvernement pour visa et publication au Journal officiel[1251].

La délégation de signature transfère à une personne nommément désignée le pouvoir de signer à la place d'une autre personne, elle aussi nommément désignée. Le délégataire n'est habilité qu'à exercer les pouvoirs du délégant et non à en disposer : il ne peut lui-même accorder une délégation des pouvoirs de son délégant[1252].

Toute délégation de signature excédant les limites fixées par le décret n° 63-797 du 10 décembre 1963 ainsi que toute délégation de pouvoir ne peut être autorisée que par le Président de la République par décret[1253]. La circulaire du 10 décembre 1963 justifie cette règle par le fait que les ministres ne tiennent eux-mêmes leurs pouvoirs de décisions que d'une délégation du Président de la République. Ainsi, toute subdélégation de pouvoirs consentie en dehors d'une autorisation expresse du déléguant est nulle.

[1249] A. BOCKEL, *Droit administratif*, Dakar-Abidjan, NEA, 1978, p. 136.

[1250] En ce sens, C. GAUTRON et M. ROUGEVIN BAVILLE, *Droit public du Sénégal*, Paris, éd. Pédone, 2 ème éd., 1977, p. 267.

[1251] V. la circulaire n° 04 du 17 mars 1995 relative à l'installation des ministres.

[1252] CE 02 octobre 1985, Bonnain, Lebon 465 ; CE 28 juin 1996, Groupement français de l'hélicoptère, req. n° 167824.

[1253] Sur la délégation de compétence, C. GROSHENS, « La délégation administrative de compétence », *D.* 1958 chron. p. 197 ; I. M. TANDIAN, « La délégation de pouvoirs et de signature dans l'administration régionale et locale au Sénégal », *RIPAS* n° 23-24, janvier-décembre 1990, *Actes du 5 eme colloque de la RIPAS*, Dakar du 11 au 15 décembre 1989, p. 134 et s.

DOCUMENT N° 33 : MODELE D'ARRETE DE DELEGATION DE SIGNATURE

REPUBLIQUE DU SENEGAL

Un Peuple – Un But – Une Foi

Ministère de l'Environnement et du Développement durable

Arrêté portant délégation de signature au Directeur de Cabinet du

Ministre de l'Environnement et du Développement durable

LE MINISTRE,

VU la Constitution ;

VU le décret n° 63-797 du 10 décembre 1963, relatif aux conditions dans lesquelles les ministres peuvent déléguer leur signature, modifié ;

VU le décret n° 2017-1531 du 06 septembre 2017 portant nomination du Premier Ministre ;

VU le décret n° 2017- 1533 du 07 septembre 2017 fixant la composition du Gouvernement ;

VU le décret n° 2017-1546 du 08 septembre 2017 portant répartition des services de l'Etat et du contrôle des établissements publics, des sociétés nationales et des sociétés à participation publique entre la Présidence de la République, la Primature et les ministères modifié par le décret n° 2018-683 du 27 mars 2018 ;

VU le décret n° 2017-1594 du 13 septembre 2017 relatif aux attributions du Ministre de l'Environnement et du Développement durable ;

Sur la note de présentation du Directeur………,

ARRETE :

Article premier.- Délégation est donnée à Monsieur ………………., matricule de solde ……., Directeur de Cabinet du Ministre de l'Environnement et du Développement durable, pour signer au nom du Ministre ……., tous les documents, actes, décisions ou arrêtés individuels relatifs aux matières relevant de la compétence du ministre, à l'exclusion de tout acte à caractère réglementaire ainsi que toutes les décisions ou arrêtés portant nomination, mutation, cessation de fonctions, suspensions ou sanctions disciplinaires concernant un fonctionnaire ou agent non fonctionnaire percevant une rémunération au moins égale au traitement global afférent à l'indice 1423.

Article 2.- Monsieur … fera précéder sa signature de la mention suivante : « Pour le Ministre de l'Environnement et du Développement durable et par délégation ».

Article 3.- Monsieur... rendra compte régulièrement au Ministre de l'Environnement et du Développement durable, des actes qu'il aura pris ou décisions qu'il aura signées en application du présent arrêté.

Article 4.- Le présent arrêté sera enregistré, publié et communiqué partout où besoin sera.

X…

Ministre de l'Environnement et du Développement durable

(Signature)

B. - LA FORMALITÉ DU CONTRESEING

538. La notion de contreseing. Le contreseing est la signature apposée par une autorité habilitée sur un acte émanant du Président de la République, du Premier Ministre ou d'un ministre ayant pour objet d'une part, d'attester l'authenticité de la signature portée en premier sur l'acte par le titulaire de la compétence et d'autre part, d'associer le contresignataire à son élaboration[1254].

Il s'agit d'une signature prévue par la Constitution ou par la loi apposée au bas d'un acte émanant du titulaire de la signature[1255]. Le contreseing est porté sous la signature du Président de la République ou du Premier Ministre, précédé de la mention « Par le Président de la République » ou « Par le Premier Ministre » et placée à gauche[1256].

Il faut distinguer le contreseing de la co-signature. Cette dernière formalité est une signature conjointe d'un acte par deux autorités partageant ainsi la compétence. Par exemple, un arrêté conjoint est co-signé par les deux ministres titulaires de la compétence ; ce qui signifie que ceux-ci en sont les coauteurs[1257].

La technique du contreseing avait disparu en toutes matières de la Constitution du 07 mars 1963 instituant un régime de type présidentiel[1258]. En effet, la concentration du pouvoir exécutif entre les mains du Président de la République avait pour effet d'ôter aux ministres le pouvoir de contresigner les actes du Président qu'ils possédaient précédemment[1259].

[1254] Sur la notion de contreseing, O. DUHAMEL et Y. MENY, *Dictionnaire constitutionnel*, Paris, PUF, 1992, p. 598 ; J.-Y. PLOUVIN, « Le contreseing dans la pratique administrative française », *Petites affiches* 1er-3 novembre 1977 ; B. BRANCHET, *Contribution à l'étude de la Constitution de 1958. Le contreseing et le régime politique de la Veme République*, Paris, LGDJ, 1996 ; I. M. FALL, *Le pouvoir exécutif dans le constitutionnalisme des États d'Afrique*, Paris, l'Harmattan, 2008, p. 137 et s.

[1255] P.-L. FRIER, « Vice de forme » *Rép. cont. adm.*, octobre 2014, n° 45.

[1256] En ce sens, J. GANDOUIN et J.-M. ROUSSIGNOL, *Rédaction administrative Afrique. Maghreb-Afrique subsaharienne,* Armand Colin, 4eme édition mise à jour, 2013, p. 193.

[1257] CE 1er juillet 1954, Charles, *AJDA,* 1955. II. 302, concl. Laurent ; également, H. BELRHALI, *Les coauteurs en droit administratif,* coll. Bibl. Droit public, t. 231, Paris, *LGDJ*, 2003 ; P. FERRARI, « Essai sur la notion de co-auteurs d'un acte unilatéral en droit administratif français », *Mélanges Eisenmann*, Paris, Cujas, 1975, p. 215.

[1258] La Constitution du 26 août 1960, instaurant un régime parlementaire, avait aménagé le mécanisme du contreseing des actes du Président du Conseil, chef du Gouvernement, par les ministres chargés de leur exécution. V. I. M. FALL, *Évolution constitutionnelle du Sénégal de la veille de l'indépendance aux élections de 2007*, Dakar, CREDILA-CREPOS, 2007, p. 33.

[1259] La circulaire n° 043 PR.SG du 02 avril 1963 relative aux incidences de la mise en vigueur de la Constitution sur la répartition des compétences, l'organisation du travail gouvernemental et le rôle du Secrétariat général de la Présidence de la République ; V. également, l'instruction générale n° 15 PR du 1er mars 1968 sur l'organisation du travail gouvernemental: « *la disparition des pouvoirs propres des ministres concerne également la prérogative du contreseing et la collégialité des ministres* »

Après avoir été restauré par la réforme introduite par la loi constitutionnelle du 26 février 1970 instituant le Gouvernement[1260], le contreseing a été consolidé par la Constitution du 22 janvier 2001[1261].

539. Les autorités contresignataires. Le contreseing est une prérogative du Premier Ministre et des ministres[1262].

Le contreseing d'un secrétaire d'État rattaché à un ministre n'est jamais juridiquement nécessaire[1263]. En effet, les ministres délégués et les secrétaires d'État n'exercent leurs attributions que par délégation et n'ont pas la qualité de ministre au sens constitutionnel du terme[1264].

Parmi les actes soumis à contreseing, il faut distinguer entre les décrets pris par le Président de la République, les actes pris par le Premier Ministre et ceux édictés par certains ministres.

540. Les décrets du Président de la République. Les décrets du Président de la République doivent en principe être contresignés par le Premier Ministre associé à leur exécution[1265].

Toutefois, échappent à l'obligation de contreseing, les décrets pris par le Président de la République dont l'énumération figure à l'article 43, alinéa 2 de la Constitution[1266]. Il s'agit des décrets que le Chef de l'État signe seul. Ce sont diverses mesures relatives notamment à la défense nationale, à l'accréditation des ambassadeurs, à l'exercice du droit de grâce, à la nomination du Premier Ministre et des ministres, à l'exercice des pouvoirs exceptionnels de l'article 52 de la Constitution.

D'après, l'instruction n° 04 PM du 12 mars 1970 relative à la présentation et à la préparation des décrets, les décrets que le Président de la République signe seul peuvent être classés en deux grandes catégories.

D'une part, ce sont les actes qui correspondent à l'exercice de ses responsabilités politiques propres. Il s'agit de la nomination du Premier Ministre, de la dissolution de l'Assemblée nationale, de la saisine de la Cour suprême, etc.

[1260] D'après l'exposé des motifs de la loi du 26 février 1970, « le contreseing a pour résultat de faire partager au Premier Ministre et éventuellement aux ministres et secrétaires d'Etat la responsabilité de l'acte vis-vis de l'Assemblée nationale et du peuple sénégalais ».

[1261] I. M. FALL, *op.cit*, p. 57.

[1262] CE, 21 janvier 1977, Peron Magnon et autres, n° 02910.

[1263] CE, Ass. 24 juin 1955, Syndicat national des ingénieurs de la navigation aérienne, n° 7362.

[1264] CE, 28 mai 1984, Ordre des avocats de Saint-Denis de la Réunion et autres, n° 39364.

[1265] C. GAUTRON et M. ROUGEVIN-BAVILLE, *Droit public du Sénégal*, Paris, éditions A. Pédone, 1977, p. 67 ; E. LANGAVANT, « Le contreseing des actes du Président de la République », *AJ.*, 1960, 1, p. 50 ; G. JEZE, « Collaboration des ministres aux actes juridiques accomplis par le Président de la République », *RDP,* 1906, p. 45 ; P. AVRIL, « Les décrets réglementaires du Président de la République non délibérés en Conseil des Ministres », *AJDA,* 1976, p.116.

[1266] A. BOCKEL, *Droit administratif*, Dakar-Abidjan, NEA, 1978, p. 163.

D'autre part, ces actes correspondent à ce que l'on appelle communément le « domaine réservé »[1267] du Président de la République ; il en est ainsi de la défense nationale, de l'accréditation des ambassadeurs, de la nomination des magistrats, etc.

Tous les décrets intervenus dans ces matières sont signés par le Président de la République seul. Le contreseing du Premier Ministre étant exclu, se trouve également exclu a fortiori, le contreseing des ministres éventuellement intéressés[1268].

Par exemple, le décret nommant un haut fonctionnaire à un poste n'a pas à être contresigné par le Ministre chargé de la fonction publique. Il en est de même du décret portant nomination d'un magistrat qui n'a pas à être contresigné par le Ministre chargé de la Justice.

A part les mesures visées à l'article 43, alinéa 2 de la Constitution, tous les autres décrets du Président de la République doivent être contresignés par le Premier Ministre.

541. Les actes réglementaires du Premier Ministre. Les actes administratifs à caractère réglementaire pris par le Premier Ministre doivent être contresignés par les ministres chargés de leur exécution. Le contreseing ministériel des arrêtés réglementaires du Premier Ministre constitue une exigence constitutionnelle. En vertu de l'article 57, alinéa 3 de la Constitution, les actes réglementaires du Premier Ministre sont contresignés par les membres du Gouvernement chargés de leur exécution.

Force est de constater que l'exigence du contreseing des arrêtés réglementaires du Premier Ministre par les ministres responsables n'est pas toujours respectée dans la pratique. Les ministres contresignent rarement les arrêtés réglementaires signés par le Premier Ministre.

La circulaire n° 0015 PM/SGG/SGA/PAT du 30 décembre 2016 relative au contreseing ministériel des actes réglementaires du Premier Ministre a rappelé la portée qui s'attache à l'obligation de contreseing ministériel des actes réglementaires du Premier Ministre.

542. Les actes concernés. L'obligation de contreseing ne concerne que les actes administratifs à caractère réglementaire du Premier Ministre. Il s'agit notamment des décrets réglementaires pris par le Premier Ministre sur autorisation du Président de la République. En vertu de l'article 50, alinéa 2 de la Constitution, le Président de la République peut autoriser le Premier Ministre à prendre des décisions par décret.

[1267] J.C. GAUTRON et M. ROUGEVIN-BAVILLE, *Droit public du Sénégal*, Paris, éditions A. Pédone, 1977, p. 70 et s.

[1268] En ce sens, V. l'instruction primatorale n° 04 PM du 12 mars 1970 relative à la présentation et à la préparation des décrets.

Doivent également être contresignés, les arrêtés réglementaires, c'est-à-dire ceux comportant des dispositions exécutoires de portée générale et impersonnelle. Il s'agit notamment des arrêtés fixant les modalités d'application de décrets présidentiels[1269].

Echappent à l'obligation de contreseing, les actes administratifs à caractère individuel signés par le Premier Ministre (arrêtés de nomination de fonctionnaires, arrêtés de nomination des membres du cabinet du Premier Ministre, etc.), les actes réglementaires du Premier Ministre qui n'exigent pas, de la part des ministres, l'accomplissement de mesures d'exécution[1270] et ceux qui sont pris en sa qualité de chef de service[1271].

543. Les ministres contresignataires. Les ministres contresignataires des actes réglementaires du Premier Ministre sont ceux chargés de l'exécution de ces actes. Il s'agit des autorités ministérielles qui doivent prendre les mesures nécessaires à l'application des dispositions de l'arrêté primatoral. Le Conseil d'État français a posé le principe selon lequel les ministres chargés de l'exécution sont ceux qui ont compétence pour signer ou contresigner les mesures réglementaires ou individuelles qu'implique nécessairement l'exécution de l'acte réglementaire[1272]. Le juge doit rechercher techniquement le ministre compétent pour signer ou contresigner les mesures d'exécution de l'acte à contresigner[1273].

Pour les besoins de l'identification des ministres contresignataires, la circulaire n° 0015 PM/SGG/SGA/PAT du 30 décembre 2016 relative au contreseing ministériel des actes réglementaires du Premier Ministère recommande aux ministères de se reporter à la disposition d'exécution de l'arrêté contresigné qui énumère les ministres chargés de son exécution.

544. La portée du contreseing. Le contreseing n'est pas une simple formalité sans aucune portée juridique et pratique.

En premier lieu, même s'il n'affecte pas l'existence de l'acte réglementaire, il constitue une exigence de forme dont le non-respect entraîne son annulation pour vice de forme, c'est-à-dire l'illégalité résultant de l'inobservation d'une formalité substantielle requise dans la présentation de l'acte administratif

---

[1269] V. la circulaire n° 0015 PM/SGG/SGA/PAT du 30 décembre 2016 relative au contreseing ministériel des actes réglementaires du Premier Ministre.

[1270] CE, ass., 09 mai 1958, Conseil national de l'ordre des pharmaciens, *Rec. CE*, p. 269 ; 02 juillet 1982, Huglo, *AJDA*, 1982, p .657, concl. J. Biancarelli ; CE 17 janvier 1990, David, *Rec. CE*, p. 2.

[1271] CE 24 juin 1955, Syndicat national des ingénieurs de la navigation aérienne, *Rec. CE*, p. 353, Rec. *Penant*, 1955.293, note J.-C. Groshens.

[1272] CE 27 avril 1962, Sicard, *Rec. CE*, p. 279.

[1273] CE 25 janvier 1963, Lemaresquier, *D*. 1963, p. 333, concl. J. Kahn ; CE 09 avril 1976, Conseil des parents d'élèves des écoles publiques de la mission universitaire au Maroc, *D*. 1977. 240, note P. Schultz.

unilatéral[1274]. Selon le Conseil d'État français, le contreseing ne pose pas un problème de compétence. Il s'agit en réalité d'une règle de forme dont l'omission est constitutive d'un vice de forme[1275] et non d'une incompétence[1276].

Le ministre contresignataire ne devient donc pas coauteur de l'acte[1277].

En second lieu, le contreseing garantit que le ministre contresignataire, sans être le coauteur de l'acte, a bien été associé à son élaboration et qu'il en assume la responsabilité pour le mettre en œuvre par la suite. Par l'apposition de sa signature sur l'acte contresigné, le contresignataire marque sa collaboration à l'acte. Le contreseing contribue ainsi à favoriser la solidarité et la cohésion de l'action gouvernementale[1278]. Il vise à engager la responsabilité collective et solidaire des membres du Gouvernement[1279].

Le contreseing n'est pas détachable de l'acte lui-même. Dès lors, le refus pour un ministre d'apposer son contreseing ne peut être attaqué devant le juge administratif, même si le défaut de contreseing entache l'acte de vice de forme[1280].

Dans la pratique normative, les contresignataires signent l'acte normatif avant l'auteur du texte[1281].

Mais cet usage ne nous semble pas conforme à l'objet même du contreseing qui a notamment pour vocation d'authentifier la signature de l'autorité compétente. Le contreseing confirme et authentifie, en quelque sorte,

---

1274 En ce sens, V. la circulaire du Président du Conseil n° 78 du 27 septembre 1960 relative aux incidences de l'entrée en vigueur de la Constitution sur les conditions d'exercice du pouvoir législatif, du pouvoir réglementaire et du pouvoir de prendre des décisions individuelles ; également, O. KHOUMA, « Le contrôle de la légalité externe des actes administratifs unilatéraux par le juge sénégalais. Un exemple de transposition de la jurisprudence administrative française » : http://afrilex.u-bordeaux4.fr, p. 29.

1275 A. BOCKEL, *Droit administratif*, Dakar-Abidjan, NEA, 1978, p. 138.

1276 CE 12 juillet 1957, Chambre de commerce d'Orléans, *Rec. CE*, p. 474 ; CE, ass., 09 novembre 1988, Fourcade, *Rec. CE*, p. 447, *AJDA*, 1989, p.173, concl. Saint-Pulgent, note Rouquette, *RFD adm.*, 1989.738, note Louit.

1277 CE, sect., 1er juin 1979, Ass. Défense et Promotion de la langue française, *Rec. CE*, p. 252 : le sens du contreseing « n'est pas d'associer les différents ministres à la prise de décision réglementaire : celle-ci […] relève du seul Premier Ministre […] il permet d'assurer que la décision prise sera exécutée. L'apposition par ces ministres de leur contreseing prouve non seulement qu'ils ont eu connaissance de la décision prise, mais encore et surtout qu'ils prennent l'engagement de l'exécuter ».

1278 I. M. FALL, *Evolution constitutionnelle du Sénégal de la veille de l'indépendance aux élections de 2007*, Dakar, CREDILA-CREPOS, 2007, p. 34.

1279 En ce sens, J. GANDOUIN et J.-M. ROUSSIGNOL, *Rédaction administrative Afrique. Maghreb-Afrique subsaharienne,* Armand Colin, 4eme édition mise à jour, 2013, p. 193.

1280 CE, avis contentieux, 27 juillet 2001, Prés. gouvernement Nouvelle-Calédonie, *Rec. CE*, p. 398.

1281 C. BERGEAL, *Rédiger un texte normatif. Manuel de légistique*, 7eme édition, Paris, Berger-Levrault, octobre 2012, n° 213.

la signature de l'autorité compétente[1282]. C'est pourquoi, s'agissant des arrêtés réglementaires du Premier Ministre, la circulaire n° 0015 PM/SGG/SGA/PAT du 30 décembre 2016 relative au contreseing ministériel des actes réglementaires du Premier Ministre a recommandé au Secrétariat général du Gouvernement, de présenter au préalable l'arrêté à la signature du Premier Ministre, avant de recueillir le contreseing des ministres concernés.

545. La présentation matérielle. Il arrive bien souvent que dans les projets de décret l'espace réservée à la signature du Président de la République ou au contreseing du Premier Ministre ou des ministres responsables, « soit excessivement réduit et ne permette pas de signer le texte d'une manière convenable et lisible ».

C'est pourquoi la circulaire n° 45/PM/JUR du 11 novembre 1970 sur la présentation matérielle des projets de loi et de décret et la circulaire n° 46/PM/SGG/SL du 26 juin 1974 relative à la présentation des documents soumis à la signature du Président de la République ont recommandé aux ministères de laisser un espace de plusieurs lignes suffisant pour que les autorités puissent apposer leur signature sans difficulté ainsi qu'il suit :

Fait à Dakar, le 22 mai 2017

Par le Président de la République

Macky SALL

Le Premier Ministre

Mahammed Boun Abdallah DIONNE

[1282] En ce sens, J. GANDOUIN et J.-M. ROUSSIGNOL, *ibid.*

DOCUMENT N° 34 : LE CONTRESEING MINISTERIEL DES ACTES REGLEMENTAIRES DU PREMIER MINISTRE

La circulaire n° 0015 PM/SGG/SGGA/PAT du 30 décembre 2016 relative au contreseing ministériel des actes réglementaires du Premier Ministre

REPUBLIQUE DU SENEGAL
Primature
Le Premier Ministre

N° 0015 PM/SGG/SGGA/PAT
Dakar, le 30 décembre 2016

CIRCULAIRE

A

Mesdames et Messieurs les Ministres

Messieurs les Ministres délégués

Objet : Le contreseing ministériel des actes réglementaires du Premier Ministre

A l'occasion du contrôle de l'activité normative du Gouvernement, il m'a été donné de constater que les ministres chargés de l'exécution des actes réglementaires signés par le Premier Ministre contresignent rarement lesdits actes.

La présente circulaire a pour objet de rappeler l'obligation ministérielle de contreseing des actes réglementaires du Premier Ministre (**I**) et de préciser la portée qui s'attache à cette formalité (**II**).

I. L'obligation du contreseing ministériel des actes réglementaires du Premier Ministre

Le contreseing ministériel des actes réglementaires du Premier Ministre constitue une exigence constitutionnelle. En effet, aux termes de l'article 57, alinéa 3 de la Constitution : « Les actes réglementaires du Premier Ministre sont contresignés par les membres du Gouvernement chargés de leur exécution ».

En premier lieu, l'obligation de contreseing ne concerne que les actes administratifs à caractère réglementaire du Premier Ministre. Il s'agit notamment des décrets réglementaires pris par le Premier Ministre sur autorisation du Président de la République. En effet, en vertu de l'article 50, alinéa 2 de la Constitution, le Président de la République peut autoriser le Premier Ministre à prendre des décisions par décret.

Doivent également être contresignés, les arrêtés réglementaires, c'est-à-dire ceux comportant des dispositions exécutoires de portée générale et impersonnelle. Il s'agit notamment des arrêtés portant création et fixant les règles d'organisation et de fonctionnement de comités impliquant plusieurs départements ministériels et des arrêtés fixant les modalités d'application des décrets présidentiels.

Cependant, échappent à l'obligation de contreseing, les actes administratifs à caractère individuel signés par le Premier Ministre (arrêtés de nomination de fonctionnaires, arrêtés de nomination des membres du cabinet du Premier Ministre etc.) et les actes réglementaires du Premier Ministre qui n'exigent pas, de la part des ministres, l'accomplissement de mesures d'exécution.

En deuxième lieu, les ministres contresignataires sont ceux chargés de l'exécution des actes réglementaires. Il s'agit des ministres qui doivent prendre les dispositions administratives nécessaires à l'application des dispositions de l'arrêté primatoral.

Pour les besoins de l'identification des ministres contresignataires, il est fortement recommandé de se reporter à la disposition d'exécution de l'arrêté contresigné qui énumère les ministres chargés de son exécution.

II. La portée du contreseing ministériel des actes réglementaires du Premier Ministre

Le contreseing n'est pas une simple formalité sans aucune portée juridique et pratique.

D'une part, même s'il n'affecte pas l'existence de l'acte réglementaire ; il a pour objet d'attester l'authenticité de la signature de l'autorité titulaire de la compétence. Le contreseing constitue une exigence de forme, dont le non-respect est susceptible d'entraîner son annulation pour vice de forme.

D'autre part, le contreseing garantit que le ministre contresignataire, sans être le coauteur de l'arrêté primatoral, a bien été associé à son élaboration et qu'il en assume la responsabilité pour le mettre en œuvre par la suite. Par l'apposition de sa signature sur l'arrêté du Premier Ministre, le contresignataire marque sa collaboration à l'édiction de l'acte. Le contreseing contribue ainsi à favoriser la solidarité et la cohésion de l'action gouvernementale.

Ainsi, le contreseing, ayant notamment pour objet d'authentifier la signature de l'autorité compétente, il reviendra au Secrétariat général du Gouvernement de présenter au préalable l'acte à la signature du Premier Ministre, avant de recueillir le contreseing des ministres concernés.

En conséquence, je vous demande de veiller scrupuleusement à l'accomplissement diligent de la formalité du contreseing des actes réglementaires du Premier Ministre, tout en évitant les retards préjudiciables à la continuité de l'action gouvernementale.

J'attache du prix au respect scrupuleux des prescriptions de la présente circulaire dont vous m'accuserez réception.

Le Premier Ministre

République du Sénégal – Le Premier Ministre – Primature

Mahammed Boun Abdallah DIONNE

Ampliation :

Son Excellence, Monsieur le Président de la République (ATCR)

PARAGRAPHE II

L'ENREGISTREMENT DES TEXTES LEGISLATIFS ET REGLEMENTAIRES

546. L'exigence de l'enregistrement. Les lois votées par le Parlement ainsi que les actes administratifs adoptés, signés, et au besoin contresignés, avant d'être publiés au Journal officiel, doivent faire l'objet d'un enregistrement par les soins du Secrétariat général du Gouvernement[1283].

La formalité de l'enregistrement consiste à attribuer un numéro à l'original de l'acte et aux copies ; ce numéro continu de 00001 à N, commence le 1er janvier et s'achève le 31 décembre de l'année ; il s'agit de la numérotation des textes normatifs (numérotage).

L'étude de l'enregistrement des textes normatifs passe par l'analyse de son régime juridique (**A**) et des intérêts qui s'attachent à cette formalité (**B**).

A. - LE RÉGIME DE L'ENREGISTREMENT DES TEXTES

547. Un monopole du Secrétariat général du Gouvernement. L'enregistrement des textes normatifs est une activité monopolistique du Secrétariat général du Gouvernement[1284]. En vertu des dispositions des articles 5 et 9 du décret n° 2014-1175 du 17 septembre 2014 relatif à l'organisation et au fonctionnement de la Primature, le Secrétariat général du Gouvernement est chargé d'assurer « l'enregistrement unique » des lois, ordonnances, décrets, arrêtés et décisions[1285]. A cet effet, il procède au contrôle avant enregistrement de tous les arrêtés, décisions et circulaires transmis à la Primature, pour numérotation et publication.

Il résulte de ces textes que le Secrétariat général du Gouvernement a le monopole de l'enregistrement des lois, ordonnances, décrets, arrêtés et

---

1283 En ce sens, V. la circulaire n° 39 PR/SG du 14 juin 1959 ; la circulaire n° 96 PR/SG/CAB-L du 23 septembre 1964 relative à l'enregistrement des actes administratifs, la note n° 578 PR/SG/AD 3 du 27 mai 1963 sur l'enregistrement des arrêtés et décisions et la note n° 55 PR/SG du 31 mai 1963 sur l'enregistrement des décrets.

1284 J.C. GAUTRON et M. ROUGEVIN-BAVILLE, *Droit public du Sénégal*, Paris, éditions A. Pédone, 1977, p. 160.

1285 En vertu de l'article 6 de l'arrêté n° 00893 du 1er janvier 2015 portant organisation et fonctionnement de la Direction des Services législatifs de la Primature, le Bureau des Enregistrements de la Direction des services législatifs du Secrétariat général du Gouvernement est chargé de « l'enregistrement et de la numérotation des lois promulguées et décrets signés par le Président de la République et le Premier Ministre ».

décisions. Doivent, de manière générale être enregistrées, toutes les décisions, même si elles ne sont pas publiées au Journal officiel[1286].

548. Les actes à enregistrer. Selon la circulaire n° 50/PC/CA/SG du 11 juillet 1961 relative à l'enregistrement des actes administratifs et à l'acheminement du courrier « tous les actes administratifs réglementaires ou individuels susceptibles de recours contentieux (décrets, arrêtés, décisions) » doivent être adressés, pour enregistrement dans une série unique, au Secrétariat général du Gouvernement chargé d'en contrôler la légalité.

L'instruction générale n° 021/PR/SG/JUR du 28 février 1967 sur l'enregistrement, la diffusion et la publication des circulaires ministérielles précise que l'enregistrement s'applique à tous les actes comportant un élément de décision, quelle que soit leur dénomination (arrêtés, décisions, etc.), aux contrats spéciaux et à toutes les circulaires ou instructions présentant un caractère de généralité ou de permanence.

Au sens de l'instruction générale n° 15/PR du 1er mars 1968 sur l'organisation du travail gouvernemental, les « actes comportant un élément de décision » visent ceux qui entraînent une modification de l'ordonnancement juridique soit vis-à-vis des tiers, soit vis-à-vis des agents publics. Par exemple, l'octroi d'un avantage, le rejet d'une requête, une promotion, une mutation, etc.[1287].

Les circulaires et instructions sont également concernées par la formalité de l'enregistrement. En effet, face à la tendance des ministres à enregistrer leurs circulaires au niveau de leurs services, le Président Léopold Sédar SENGHOR avait décidé, par une instruction n° 21 PR/SG/JUR du 28 février 1967 relative à l'enregistrement, la diffusion et la publication des circulaires ministérielles de « soumettre les circulaires ministérielles à l'obligation d'enregistrement par le Secrétariat général qui en assurera l'enregistrement, la datation et le tirage ».

Ainsi, les circulaires ministérielles, doivent être adressées sur stencil au Secrétariat général du Gouvernement où elles sont enregistrées et numérotées[1288]. L'instruction présidentielle n° 21 PR/SG/JUR du 28 février 1967 précise que les exemplaires tirés seront retournés au ministère d'origine, après prélèvement par le Secrétariat général de dix (10) exemplaires destinés

---

[1286] V. dans le même sens, la circulaire n° 0011/PM du 22 janvier 1972 relative à l'enregistrement des arrêtés et décisions ministériels : « L'instruction générale n° 15/PR du 1er mars 1968 donne au Secrétariat général du Gouvernement le monopole de l'enregistrement de tous les actes ministériels comportant un élément de décision, quelle que soit leur dénomination (arrêtés, décision, etc.) »

[1287] V. également, l'instruction générale n° 112 du 09 décembre 1963 sur l'organisation du travail gouvernemental.

[1288] V. la circulaire n° 0007 PM/JUR du 11 février 1975 relative à l'enregistrement, à la diffusion et de la publication des circulaires ministérielles.

aux Archives nationales, à l'Inspection générale d'État et à la Cour suprême[1289].

549. Les actes exclus. Toutefois, les mesures d'ordre intérieur, telles que les notes de service, ne produisant aucun effet juridique et ne pouvant recevoir application qu'à l'intérieur du département ministériel ou service concerné, échappent à l'obligation d'enregistrement au Secrétariat général du Gouvernement. Il en est ainsi de l'affectation d'un agent au sein d'un même ministère et des instructions données sur la conduite à tenir, etc.

Ne sont pas également soumises à la formalité de l'enregistrement, les correspondances telles que les lettres d'attente, les renseignements, avis et actes préparatoires d'une décision, etc.

B. - LES INTÉRÊTS DE L'ENREGISTREMENT DES TEXTES

550. Les enjeux de la formalité. L'accomplissement de la formalité de l'enregistrement présente des enjeux certains dans le processus d'adoption des textes. En effet, elle est précédée du contrôle sur les textes normatifs exercé par le Secrétariat général du Gouvernement. Il s'agit notamment de s'assurer de leur légalité, de veiller à la bonne présentation des visas, de vérifier les incidences financières des actes et le circuit des visas. D'ailleurs, par une note n° 1578 PR/SG/AD3 du 27 mai 1963 sur l'enregistrement des arrêtés et des décisions, M. Jean COLLIN soulignait que « les arrêtés et les décisions ne seront enregistrés qu'après contrôle de leur régularité et de leur opportunité ».

Ce n'est qu'après ce contrôle préalable que la Direction des Services législatifs de la Primature procède à l'apposition de la mention « *VU SGG/DSL* » sur l'original de l'acte.

Dès lors, le non-respect de l'obligation d'enregistrement ne facilite pas le contrôle de l'activité normative des départements ministériels ainsi qu'une meilleure coordination de l'action gouvernementale.

En outre, lorsque l'enregistrement concerne des actes de nature législative ou réglementaire, le non-accomplissement de cette formalité risque de faire obstacle à leur applicabilité subordonnée à leur enregistrement et à leur publication au Journal officiel.

551. La portée juridique de la formalité. Pourtant, la pratique normative a permis de constater que certains départements ministériels, sans doute par ignorance, procèdent eux-mêmes à l'enregistrement des arrêtés et décisions qu'ils préparent.

[1289] En ce sens, V. la circulaire n° 00080 PM/SGG/ADJ 2 du 05 août 1975 complétant la circulaire n° 0007/PM/JUR du 11 février 1975 relative à l'enregistrement, à la diffusion et la publication des circulaires ministérielles.

Compte tenu de l'importance qu'elle revêt, l'obligation d'enregistrement des textes normatifs au Secrétariat général du Gouvernement a été plusieurs fois rappelée par des instructions générales et des circulaires. Il s'agit de l'instruction présidentielle n° 21 PR/SG/JUR du 28 février 1967 relative à l'enregistrement, la diffusion et la publication des circulaires ministérielles, de l'instruction générale n° 15 PR du 1er mars 1968 sur l'organisation du travail gouvernemental, de la circulaire n° 0011/PM du 22 janvier 1972 sur l'enregistrement des arrêtés et décisions ministériels et plus récemment de la circulaire n° 012 PM/SGG/SGA/PAT du 04 novembre 2016 du novembre 2016 relative à l'enregistrement des arrêtés et décisions ministériels.

Malgré l'importance attachée à la formalité de l'enregistrement, son omission ne saurait entacher de nullité l'acte normatif concerné[1290].

[1290] En ce sens, J.C. GAUTRON et M. ROUGEVIN-BAVILLE, *Droit public du Sénégal*, Paris, éditions A. Pédone, 1977, p. 159. Selon cet auteur, on pourrait penser que l'acte non enregistré au Secrétariat général du Gouvernement est juridiquement inexistant ; mais en l'absence de texte, cette conclusion prête à discussion ; également, A. BOCKEL, *Droit administratif*, Dakar-Abidjan, NEA, 1978, p. 139.

DOCUMENT N° 35 : L'ENREGISTREMENT DES ARRETES ET DECISIONS MINISTERIELS

REPUBLIQUE DU SENEGAL
Primature
Le Premier Ministre

N° 0012 PM/SGG/SGGA/PAT

Dakar, le 04 novembre 2016

CIRCULAIRE

A

Mesdames et Messieurs les Ministres,
Mesdames et Messieurs les Ministres délégués

Objet : L'enregistrement des arrêtés et décisions ministériels

Il m'a été donné de constater que certains départements ministériels procèdent eux-mêmes à l'enregistrement des arrêtés et décisions qu'ils préparent.

Cette pratique n'est pas conforme à la réglementation en vigueur, plusieurs fois précisée, notamment par l'instruction générale n° 21/PR du 28 février 1967, l'instruction générale n° 15/PR du 1er mars 1968 et par la circulaire primatorale n° 0011/PM du 22 janvier 1972 sur l'enregistrement des arrêtés et décisions ministériels.

En vertu des dispositions des articles 5 et 9 du décret n° 2014-1175 du 17 septembre 2014 relatif à l'organisation et au fonctionnement de la Primature, le Secrétariat général du Gouvernement est chargé d'assurer « l'enregistrement unique » des lois, ordonnances, décrets, arrêtés et décisions. A cet effet, il procède au contrôle avant enregistrement de tous les arrêtés, décisions et circulaires transmis à la Primature, pour enregistrement et publication.

Il résulte de ces textes que le Secrétariat général du Gouvernement a le monopole de l'enregistrement des lois, ordonnances, décrets, arrêtés et décisions. Doivent, de manière générale être enregistrées, toutes les décisions, même si elles ne sont pas publiées au Journal officiel.

Selon l'instruction générale n° 21 du 28 février 1967, cette règle s'applique à tous les actes comportant un élément de décision, quelle que soit leur dénomination (arrêtés, décisions, etc.), aux contrats spéciaux et à toutes les circulaires ou instructions présentant un caractère de généralité ou de permanence.

Au sens de l'instruction générale n° 15/PR du 1er mars 1968 sur l'organisation du travail gouvernemental, les « actes comportant un élément de décision » visent ceux qui entrainent une modification de l'ordonnancement juridique soit vis-à-vis des tiers, soit vis-à-vis des agents publics. Par exemple, l'octroi d'un avantage, le rejet d'une requête, une promotion, une mutation, etc.

Cependant, les mesures d'ordre intérieur, telles que les notes de service, ne produisant aucun effet juridique et ne pouvant recevoir application qu'à l'intérieur du département ministériel ou service concerné, échappent à l'obligation d'enregistrement au Secrétariat général du Gouvernement. Par exemple : l'affectation d'un agent au sein d'un même ministère, des instructions données sur la conduite à tenir, etc.

Ne sont pas également soumises à la formalité de l'enregistrement, les correspondances telles que les lettres d'attente, les renseignements, avis et actes préparatoires d'une décision, etc.

En outre, la formalité de l'enregistrement consiste à attribuer un numéro à l'original de l'acte et aux copies ; ce numéro continu de 00001 à N, commence le 1er janvier et s'achève le 31 décembre de l'année.

Mais elle est précédée du contrôle des actes exercé par le Secrétariat général du Gouvernement. Il s'agit notamment de s'assurer de leur légalité, de veiller à la bonne présentation des visas, de vérifier les incidences financières des actes et le circuit des visas. Ce n'est qu'après ce contrôle préalable que la Direction des Services législatifs de la Primature procède à l'apposition de la mention « VU SGG/DSL » sur l'original de l'acte.

Ainsi, le non-respect de l'obligation d'enregistrement ne facilite pas le contrôle de l'activité normative des départements ministériels ainsi qu'une meilleure coordination de l'action gouvernementale.

De plus, lorsque l'enregistrement concerne des actes de nature réglementaire, le non-accomplissement de cette formalité risque de faire obstacle à leur applicabilité subordonnée à l'enregistrement et à la publication au Journal officiel.

Compte tenu de l'importance que revêt l'enregistrement des actes, je vous demande de faire prendre toutes les dispositions utiles en vue de transmettre, pour enregistrement au Secrétariat général du Gouvernement, les lois, décrets, ordonnances et tous les actes ministériels comportant un élément de décision au sens de la présente circulaire.

J'attache du prix au respect scrupuleux des prescriptions de la présente circulaire dont vous m'accuserez réception.

Le Premier Ministre

Mahammed Boun Abdallah DIONNE

PARAGRAPHE III

LA PROMULGATION DES TEXTES LEGISLATIFS

552. La notion de promulgation. La procédure législative est close par la promulgation. Dernier acte de la procédure d'élaboration de la loi, elle est également le premier acte d'exécution. La promulgation est l'acte juridique qui atteste l'existence de la loi et par lequel est donné l'ordre aux autorités publiques de l'observer et de la faire observer[1291]. Elle a lieu après vérification que la loi a été régulièrement adoptée par le Parlement. La promulgation a pour objet d'authentifier le texte de la loi et de la rendre exécutoire[1292]. Il s'agit d'une formalité préalable à la publication des lois. Selon l'article 2 de la loi n° 70-14 du 06 février 1970 fixant les règles d'applicabilité des lois, des actes administratifs à caractère réglementaire et des actes administratifs à caractère individuel[1293], « les lois promulguées » sont publiées par voie d'insertion au Journal officiel. La promulgation est en principe l'œuvre du Président de la République[1294]. L'acte de promulgation constitue acte de gouvernement, insusceptible de recours[1295].

L'étude du régime applicable à la promulgation (**A**) permet de mieux comprendre la portée qui s'attache à cette formalité (**B**).

A.- LE RÉGIME JURIDIQUE DE LA PROMULGATION

553. Les actes soumis à promulgation. En droit sénégalais, les lois font l'objet d'une promulgation. Les actes administratifs (réglementaires ou individuels) n'y sont pas soumis ; ils doivent seulement faire l'objet soit d'une publication au Journal officiel (actes réglementaires), soit d'une notification à l'intéressé (actes individuels).

Sont soumises à la formalité de la promulgation, les lois ordinaires votées par le Parlement, les lois de finances[1296], les lois organiques ainsi que les lois

---

[1291] Sur cette définition, CE, ass., 08 février 1974, Cne de Montory, *JCP*,1974. II. 17703, 2eme esp., note Liet-Veaux.

[1292] E. SAUVIGNON, « La promulgation des lois. Réflexions sur la jurisprudence Desreumeaux », *RDP,* 1981, p. 989 ; J. LAFERRIÈRE, « De l'authenticité du texte des lois publiées au Journal officiel », *RDP,* 1949, p. 113 ; G. JEZE, « La promulgation des lois », *RDP,* 1918, p. 379 ; S. F. ACKA, « La promulgation de la loi en Afrique noire francophone (Bénin, Cameroun, Côte d'Ivoire, Sénégal) ». www.ohada.com ohadata D-07-14, p. 1 et s.

[1293] JORS, n° 4095 du mardi 31 mars 1970, p. 325.

[1294] V. art. 72, al. 1er de la Constitution.

[1295] CE, 03 novembre 1933, Desreumeaux, *Rec. CE,* 1933, p. 993 ; *DP* 1934, 3, p. 36, note Gros ; *RDP,* 1934, p. 649, note G. Jèze ; S. 1934, 3, p. 09, note R. Alibert.

[1296] V. art. 68, al. 6 de la Constitution.

constitutionnelles[1297]. De même, sont soumises à promulgation les lois, adoptées par référendum.

A côté des lois précitées, les délibérations de la Commission des Délégations font l'objet d'une promulgation. Il résulte de l'article 65 de la Constitution que l'Assemblée nationale peut déléguer à sa Commission des Délégations le pouvoir de prendre des mesures qui sont du domaine de la loi. Cette délégation s'effectue par une résolution de l'Assemblée nationale dont le Président de la République est immédiatement informé. Dans les limites de temps et de compétence fixées par la résolution, la commission des délégations prend des délibérations « qui sont promulguées comme des lois »[1298].

En revanche, ne sont pas soumises à la formalité de la promulgation, les ordonnances de l'article 77 de la Constitution. Il en est de même des décisions prises par le Président de la République en vertu de ses pouvoirs exceptionnels conformément à l'article 52 de la Constitution et des errata au Journal officiel qui font seulement l'objet d'une publication.

554. La procédure de promulgation. Après son adoption, la loi est transmise sans délai au Président de la République pour promulgation[1299].

L'article 72 de la Constitution dispose que le Président de la République promulgue les lois définitivement adoptées dans les huit (8) jours francs qui suivent l'expiration des délais de recours visant à les déclarer inconstitutionnelles.

Ce délai est de six (6) jours francs suivant la transmission faite au Président de la République de la loi définitivement adoptée ou dans les six (6) jours francs qui suivent son adoption définitive, s'il s'agit d'un recours intenté par des députés dont le nombre est au moins égal au dixième des membres de l'Assemblée nationale.

Le délai de promulgation est réduit de moitié en cas d'urgence déclarée par l'Assemblée nationale.

Selon l'article 9 du décret n° 2014-1175 du 17 septembre 2014 relatif à l'organisation et au fonctionnement de la Primature, il revient à la Direction des Services législatifs du Secrétariat général du Gouvernement d'assurer la formalité matérielle de la promulgation.

Pendant le délai de promulgation, deux évènements peuvent survenir et sont susceptibles de différer le moment de son intervention.

1297 V. en ce sens, H. PUGET et J-CH. SECHE, « La promulgation et la publication des actes législatifs en droit français », *Rev. adm.*, 1959. 239 s., not. p. 242.

1298 En ce sens, V. la circulaire n° 78 du 27 septembre 1960 relative aux incidences de l'entrée en vigueur de la Constitution sur les conditions d'exercice du pouvoir législatif, du pouvoir réglementaire et du pouvoir de prendre des décisions individuelles.

1299 V. art. 71 in fine de la Constitution.

En premier lieu, en vertu de l'article 17, alinéa 3 de la loi organique n° 2016-23 du 14 juillet 2016 relative au Conseil constitutionnel[1300], le Conseil constitutionnel peut être saisi dans le cadre de la procédure de contrôle de constitutionnalité a priori ; il doit statuer dans le délai d'un mois ou de huit (8) jours, en cas d'urgence.

Si le juge constitutionnel relève dans la loi contestée une violation de la Constitution, qui n'a pas été invoquée, il doit la soulever d'office[1301].

Dans le cas où le Conseil constitutionnel déclare que la loi dont il est saisi contient une disposition contraire à la Constitution inséparable de l'ensemble de cette loi, celle-ci ne peut être promulguée[1302].

Lorsque le juge constitutionnel déclare que la disposition de la loi contraire à la Constitution n'est pas inséparable de l'ensemble de cette loi, elle peut être promulguée à l'exception de cette disposition, à moins qu'une nouvelle lecture n'en soit demandée[1303].

En second lieu, le Président de la République peut, avant l'expiration du délai de promulgation, demander au Parlement une nouvelle délibération[1304]. Selon l'article 73 de la Constitution, dans le délai fixé pour la promulgation, le Président de la République peut, par un message motivé, demander à l'Assemblée une nouvelle délibération qui ne peut être refusée. Dans ce cas, la loi ne peut être votée en seconde lecture que si les 3/5 des membres composant l'Assemblée nationale se sont prononcés en sa faveur.

Dans tous les deux cas, le délai de la promulgation est suspendu jusqu'à l'issue de la seconde délibération de l'Assemblée nationale ou de la décision du Conseil constitutionnel déclarant la loi conforme à la Constitution[1305].

A l'expiration des délais constitutionnels, la promulgation est de droit. L'article 75, alinéa 2 de la Constitution dispose qu'il y est pourvu par le Président de l'Assemblée nationale. Il s'agit en réalité d'une véritable substitution du pouvoir de promulgation du Président de la République[1306].

555. La forme de la promulgation. L'acte de promulgation est généralement présenté sous la forme d'un « décret » du Président de la République appelé « décret de promulgation ».

1300 JORS n° 6946 du 15 juillet 2016, p. 927.

1301 V. art. 17, al. 2 de la loi organique n° 2016-23 du 14 juillet 2016 relative au Conseil constitutionnel.

1302 V. art. 19 de la loi organique n° 2016-23 du 14 juillet 2016 relative au Conseil constitutionnel.

1303 V. art. 20 de la loi organique n° 2016-23 du 14 juillet 2016 relative au Conseil constitutionnel.

1304 B. BAUFUME, « Le droit présidentiel de demander une nouvelle délibération de la loi : le précédent du 13 juillet 1983 », *RDP*, 1985, p. 1239.

1305 V. art. 75, alinéa 1er de la Constitution ; également, N. MOLFESSIS, « La loi suspendue », *D*. 2003. Point de vue. 689.

1306 S. F. ACKA, « La promulgation de la loi en Afrique noire francophone (Bénin, Cameroun, Côte d'Ivoire, Sénégal) », p. 13 : ohadata D-07-14.

Mais la Constitution du Sénégal n'évoque pas la notion de « décret de promulgation »[1307]. En France, certains arrêts présentent l'acte de promulgation comme un « décret » du Président de la République[1308].

La pratique normative sénégalaise, hérité du décret français n°59-635 du 19 mai 1959 relatif aux formes de promulgation des lois par le Président de la République modifié, a adopté le système de l'insertion de l'acte de promulgation dans texte législatif adopté par le Parlement. En effet, au Sénégal, la promulgation ne se fait pas par un acte séparé, c'est-à-dire par l'édiction d'un décret spécifique dit de promulgation[1309] ; l'acte de promulgation est sans autonomie matérielle par rapport à la loi promulguée. Il se confond avec celle-ci dont il annonce puis reprend intégralement le texte. Il ne prend pas la forme d'un « *instrumentum* » distinct du texte de la loi tel qu'il va être publié[1310].

La promulgation est réalisée au bas de l'acte législatif adopté par l'Assemblée nationale. Cette formalité est ainsi matérialisée par la formule de promulgation suivie du nom et du prénom du Président de la République, de sa signature et du contreseing du Premier Ministre.

Pour cette raison, il est sans doute impropre de parler de « décret de promulgation », s'agissant d'un acte dont les caractéristiques formelles sont tout à fait différentes de celles habituelles des décrets présidentiels. Il serait préférable de parler de « l'acte de promulgation ». Cet acte est signé par le Président de la République et contresigné par le Premier Ministre. A la lecture de l'article 43 de la Constitution, la promulgation est soumise au contreseing du Premier Ministre.

Mais la technique de l'intégration de l'acte de promulgation dans le texte législatif présente de réels inconvénients. Elle pourrait, en effet, laisser penser que le Président de la République signe et que le Premier Ministre contresigne la loi elle-même, alors que la signature et le contreseing s'appliquent bien à l'acte de promulgation et non à l'acte législatif adopté qui n'a pas à être signé.

556. Les formules de promulgation. Les formules de promulgation sont prévues par le décret n° 2001-456 du 13 juin 2001 relatif aux formules de promulgation des lois par le Président de la République. Elles varient suivant qu'il s'agit d'une loi ordinaire, d'une loi organique ou d'une loi constitutionnelle.

[1307] Dans le même sens en France, Y. GAUDEMET, « Promulgation et publication des lois », *Jurisc. dr. adm.*, n° 27 ; *contra*, J. GANDOUIN et J.-M. ROUSSIGNOL, *Rédaction administrative Afrique. Maghreb-Afrique subsaharienne,* Armand Colin, 4eme édition mise à jour, 2013, p. 200. Cet auteur évoque « *le décret de promulgation du Président de la République* ».

[1308] CE, 03 novembre 1933, Desreumeaux, *Rec. CE, 1933*, p. 993 ; *DP* 1934, III, p. 36, note Gros ; *RDP,* 1934, p. 649, note G. Jèze ; *S.* 1934, III, p. 09, note R. Alibert.

[1309] V. *contra*, M. DIAKHATE, *Rédaction administrative*, Dakar, CREDILA, 2016, p. 179.

[1310] Y. GAUDEMET, « Promulgation et publication des lois », *Jurisclass. civ.* code, art. 1, fasc. 10, n° 31.

Par exemple, lorsque l'Assemblée nationale a adopté une loi, elle est promulguée dans la forme suivante :

« L'Assemblée nationale a adopté en sa séance du……,

Le Président de la République promulgue la loi dont la teneur suit :

(texte de la loi)

La présente loi sera exécutée comme loi de l'État

Fait à …………..le……………………………………..

Par le Président de la République

Le Premier Ministre »

A l'étape de l'examen du texte à la Primature, ces formules ne doivent pas être insérées dans le projet de texte. Elles sont en réalité ajoutées au texte par les services du Secrétariat général du Gouvernement après son adoption par l'Assemblée nationale[1311].

B.- LA PORTÉE DE LA PROMULGATION

557. Les effets de la promulgation. La promulgation a trois effets.

D'abord, elle constate l'élaboration régulière de la loi conformément à la procédure législative et confère au texte législatif un caractère authentique.

Ensuite, la promulgation constitue l'ordre d'exécution de la loi. Par l'acte de promulgation, le Président de la République donne à l'Administration l'ordre d'exécuter la loi. Cet ordre est manifesté par la formule terminale de la loi selon laquelle « la présente loi sera exécutée comme loi de l'État ». Le Conseil d'État français a jugé que, par la promulgation, le Chef de l'État « atteste l'existence de la loi et donne l'ordre aux autorités publiques d'observer et de faire observer cette loi »[1312]. C'est d'ailleurs la raison pour laquelle, contrairement aux textes réglementaires, les textes législatifs ne comportent pas de dispositions d'exécution (exécutoire).

Le Président de la République qui promulgue une loi adoptée par le Parlement agit comme un « notaire de la République »[1313].

Enfin, l'usage est de considérer que la date d'une loi est celle de sa promulgation par le Président de la République et non celle de son adoption par le Parlement.

[1311] En ce sens, la circulaire n° 00041 PM/SGG/SGA/PAT du 06 octobre 2015 sur les règles de présentation et de rédaction des textes.

[1312] CE, ass., 08 février 1974, Cne Montory, Espelette, Althape et a., Cne Lanne, Uthurry, Bigue et a., *Rec. CE,* 1974, p. 93 ; *RDP*, 1974, p. 1511, concl. M. Rougevin-Baville ; *AJDA,* 1974, p. 192, chron. M. Franc et M. Boyon ; *JCP,* G. 1973, II, 17703, note G. Liet-Veaux.

[1313] Selon l'expression de J. GICQUEL et J.-E. GICQUEL, *Droit constitutionnel et institutions politiques*, Paris, Montchrestien, 26eme éd., 2012, p. 647.

558. La sanction du défaut de promulgation. Le défaut de promulgation dans le délai constitutionnel a été expressément envisagé par le droit constitutionnel sénégalais. En vertu de l'article 75, alinéa 2 de la Constitution, si le Président de la République ne promulgue pas la loi à l'expiration des délais constitutionnels, « la promulgation est de droit ; il y est pourvu par le Président de l'Assemblée nationale ». Ainsi, la carence du Président de la République est suppléée par la reconnaissance d'une compétence subsidiaire de promulgation au Président de l'Assemblée nationale.

Mais dans la pratique, le Président de l'Assemblée nationale n'a jamais exercé ce pouvoir constitutionnel, de sorte que l'hypothèse semble être restée une hypothèse d'école.

DOCUMENT N° 36 : LA FORME DE L'ACTE DE PROMULAGATION

La présente loi sera exécutée comme loi de l'État.

Fait à Dakar, le 22 mai 2017

Par le Président de la République

Macky SALL

Le Premier Ministre

Mahammed Boun Abdallah DIONNE

PARAGRAPHE IV

LA PUBLICATION DES TEXTES LEGISLATIFS ET REGLEMENTAIRES

559. La formalité de la publication. Au Sénégal, la publication des textes législatifs et réglementaires[1314], des ordonnances ainsi que celle des conventions internationales au Journal officiel est la procédure employée pour porter ces textes à la connaissance du public[1315]. Selon une ancienne jurisprudence française : « La publication comprend l'ensemble des faits qui ont pour objet de porter à la connaissance du public le texte de loi, à savoir son insertion au Journal officiel »[1316].

Alors que l'acte juridique de promulgation est le dernier acte de la procédure législative, l'acte matériel de publication est la condition de l'opposabilité de la loi aux sujets de droit. La publication a pour but de porter la loi à la connaissance des sujets de droit. Il s'agit en principe d'une condition de l'entrée en vigueur des lois, des actes réglementaires et des ordonnances sur le territoire national[1317].

Un texte législatif ou réglementaire non publié est, en principe, dépourvu de force obligatoire[1318].

En matière de recours pour excès de pouvoir, la Cour suprême a jugé à plusieurs reprises « le défaut de publicité ou de notification d'un acte administratif ne saurait entrainer son annulation, mais n'a d'effet que sur la computation des délais de recours »[1319].

Les textes sénégalais ne fixent pas de conditions de délai relatives à la publication des actes normatifs[1320]. Cette publication devait intervenir au plus

---

1314 Sur la publication, G. LIET-VEAUX, « De la publication des lois, décrets et actes réglementaires », *Rev. adm.*, 1971, p. 656 ; H. PUGET et J.-Cl. SECHE, « La promulgation et la publication des actes législatifs en droit français », *Rev. adm.*, 1959, p. 240 ; Y. GAUDEMET, « Promulgation et publication des lois », *Jurisclass. civ.* code, art. 1, fasc. 10 ; *CE, La publication et l'entrée en vigueur des lois et de certains actes administratifs,* Paris, La Documentation française, 2001 ; D. LE BEGUEC, « Publication », in D. ALLAND et S. RIALS (dir), *Dictionnaire de la culture juridique, Paris, Lamy PUF,* 2003, p. 1274 et s.

1315 J.C. GAUTRON et M. ROUGEVIN-BAVILLE, *Droit public du Sénégal*, Paris, éditions A. Pédone, 1977, p. 268 ; M. M. MBACKE, « L'entrée en vigueur des actes réglementaires en droit sénégalais », *RIPAS*, n° 23-24, janvier-décembre 1990, p. 125 et s.

1316 CE 19 juin 1959, Cazes, *D.* 1959. 370, concl. Braibant.

1317 V. LASSERRE, « Loi et règlement », *Rép. dr. civ.*, Dalloz, 2015, n° 117.

1318 NGAMPIO-OBÉLÉ-BÉLÉ, « Un décret non publié est dépourvu de force obligatoire », sous CE 28 décembre 2007, req. n° 275138, *JCP,* n° 14, 02 avril 2008. II. 10066.

1319 CS ch. adm. n°38 du 09 juin 2016, Ousmane Diop et autres c/ Etat du Sénégal, *inédit*.

1320 En ce sens en France, H. PUGET et J.-Cl. SECHE, « La promulgation et la publication des actes législatifs en droit français », *Rev. adm.*, 1959, p. 245.

vite. Mais la date de la publication dépend bien souvent des contraintes matérielles liées à l'impression du Journal officiel[1321].

La formalité de publication s'applique à certaines catégories de textes (**A**) et est accomplie selon des modalités fixées par la loi (**B**).

A.- LES TEXTES SOUMIS À LA FORMALITÉ DE LA PUBLICATION

560. Le principe de la publication des lois et actes réglementaires et des ordonnances. Selon l'article 2 de la loi n° 70-14 du 06 février 1970 modifiée, la publication concerne « les lois promulguées et les actes administratifs à caractère réglementaire ».

Toutes les lois et les actes réglementaires (décrets et arrêtés réglementaires) sont en principe publiés au Journal officiel.

La publication des textes au Journal officiel revêt une grande portée juridique s'agissant des textes législatifs et réglementaires, dès lors que leur applicabilité est en principe subordonnée à l'accomplissement de cette formalité.

Le législateur n'évoque que la publication des lois et des actes réglementaires, à l'exclusion des ordonnances. Pourtant, même si elles peuvent avoir une valeur réglementaire ou législative suivant qu'elles sont ratifiées ou non, les ordonnances constituent une catégorie normative spécifique.

La Constitution exige la publication des ordonnances, puisqu'elle subordonne l'applicabilité de ces normes à leur publication. En vertu de l'article 77, alinéa 2 de la Constitution, les ordonnances prises par le Président de la République dans le domaine du pouvoir législatif sur habilitation du Parlement « entrent en vigueur dès leur publication ».

La Constitution ne spécifie pas le mode de publication des ordonnances (affichage, insertion au Journal officiel, etc.). Mais dans la pratique normative, les ordonnances font l'objet d'une publication par insertion au Journal officiel au même titre que les lois et les actes administratifs à caractère réglementaire.

561. Les dérogations au principe de la publication des lois et des actes réglementaires. Toutefois, le législateur apporte quelquefois des dérogations à l'obligation de publication des lois et des actes administratifs réglementaires dans le but de garantir la sécurité publique. En vertu de l'alinéa 1er de l'article 13 de la loi n° 2016-33 du 14 décembre 2016 relative aux services de renseignement[1322], par dérogation aux dispositions de la loi n° 70-14 du 06

[1321] Y. GAUDEMET, « Promulgation et publication des lois », *Jurisclass. civ.* code, art. 1, fasc. 10, n° 133.

[1322] JORS n° 6984 du samedi 07 janvier 2017.

février 1970, modifiée fixant les règles d'applicabilité des lois, des actes administratifs à caractère règlementaire et des actes administratifs à caractère individuel, « les lois et les actes administratifs à caractère règlementaire relatifs à l'organisation, au fonctionnement aux activités ou aux personnels des services de renseignement peuvent comporter une disposition autorisant leur non-publication ou leur publication partielle au Journal officiel ».

Compte tenu de l'importance du renseignement dans la prévention des nouvelles formes de menaces contre la sécurité, les textes législatifs et réglementaires relatives à l'organisation et aux activités des services de renseignement peuvent comporter des dispositions concernant la défense nationale et la stratégie de renseignement du pays. C'est pourquoi ces textes peuvent insérer dans leurs dispositifs des dispositions autorisant soit, leur non-publication soit, leur publication partielle au Journal officiel. Dans ce cas, ils « entrent en vigueur à la date expressément prévue ou à défaut, à compter de leur promulgation ou de leur signature »[1323].

562. Les actes administratifs individuels. S'agissant des actes administratifs individuels, la publication ne semble pas être un procédé adapté de publicité. Par leur portée particulière et leurs effets personnels, ils appellent plutôt une notification. La notification est un procédé de publicité des actes individuels consistant à porter une décision donnée à la connaissance d'une personne déterminée, le plus souvent celle directement visée par cette décision[1324].

Toutefois, la loi prévoit, dans certains cas, des dérogations à ce principe. A titre d'exemple, il résulte de l'article 25 de la loi n° 61-33 du 15 juin 1961 relative au statut général des fonctionnaires, modifiée que les nominations et les promotions de fonctionnaires appartenant aux divers corps doivent être publiées au Journal officiel.

D'ailleurs, la circulaire n° 0173/PM/SP du 12 juillet 2000 sur la procédure de nomination en Conseil des Ministres de hauts fonctionnaires et d'agents de l'État à des postes de direction et de services nationaux énonce que les décrets de nomination de ces fonctionnaires, une fois signés, sont publiés au Journal officiel[1325].

En outre, en vertu de l'article 1er du décret n° 63-797 du 10 décembre 1963 relatif aux conditions dans lesquelles les ministres peuvent déléguer leur signature[1326], l'arrêté de délégation de signature, qui est un acte administratif individuel, fait l'objet d'une publication au Journal officiel. Il en est de même

---

1323 V. l'alinéa 2 de l'article 13 de la loi n° 2016-33 du 14 décembre 2016 relative aux services de renseignement.

1324 E. GLASER, « La notification des actes administratifs », *RLCT* 2007, n° 21, p. 19.

1325 M. DIAKHATE, *Rédaction administrative*, Dakar, CREDILA, 2016, p. 209.

1326 JORS du 11 décembre 1963, p. 1605.

du décret de délégation de compétence qui est également publié au Journal officiel[1327].

Mais la publication des actes individuels semble être seulement une mesure d'information. D'ailleurs, l'article 25 de la loi n° 61-33 du 15 juin 1961 relative au statut général des fonctionnaires, modifiée précise que sauf dérogation spéciale constatée dans l'acte de nomination ou de promotion, les nominations et les promotions prennent effet à compter du jour de leur signature.

563. La publication des traités internationaux. La formalité matérielle de la publication au Journal officiel concerne également les traités internationaux.

Aux termes de l'article 98 de la Constitution : « Les traités ou accords régulièrement ratifiés ou approuvés ont, dès leur publication, une autorité supérieure à celle des lois, sous réserve, pour chaque accord ou traité, de son application par l'autre partie ».

L'accord international doit faire l'objet d'une publication pour avoir une valeur supérieure à celle des lois. La primauté du traité sur la loi est subordonnée à l'accomplissement de la formalité de la publicité[1328]. C'est la publication qui permet d'intégrer les traités dans l'ordre juridique interne où ils prennent rang entre la loi ordinaire et la Constitution[1329].

564. La publication des normes communautaires de droit dérivé. Les traités instituant les organisations communautaires (UEMOA, OHADA, CEDEAO, etc.) prévoient souvent une publication des normes de droit dérivé au Journal officiel de l'organisation et au Journal officiel de chaque État membre.

Mais ces deux types de publication n'ont pas la même portée juridique. En effet, l'entrée en vigueur de ces normes est seule tributaire de leur publication au Journal officiel de l'organisation (publication communautaire). En vertu de l'article 45 du traité de l'UEMOA, les actes additionnels, les règlements, les directives et les décisions sont publiés au Bulletin officiel de l'Union. Ils entrent en vigueur après leur publication à la date qu'ils fixent.

Quant aux décisions, elles sont notifiées à leurs destinataires et prennent effet à compter de leur date de notification.

[1327] En ce sens, V. l'instruction n° 017 PR du 1er mars 1968 relative aux délégations accordées par les ministres et l'instruction n° 17 PM-JUR du 13 mai 1970 relative à la déconcentration des pouvoirs au sein des départements ministériels.

[1328] R. PINTO, « Le juge devant les traités non publiés par la France », in *Mélanges M. WALINE*, Paris, LGDJ 1947, p. 235 ; A. SALL, « Le juge national et la publication des traités : à propos de l'invocabilité du traité de l'OHADA devant les juridictions sénégalaises », *Revue EDJA*, n° 42, 1999, p. 71 et s.

[1329] Sur la portée de la publication des traités, V. *supra*, n° 344.

En droit OHADA, l'article 9 du Traité de Port-Louis énonce que les Actes uniformes sont publiés au Journal officiel de l'OHADA par le Secrétariat permanent dans les soixante (60) jours suivant leur adoption. Ils sont applicables quatre-vingt-dix (90) jours après cette publication, sauf modalités particulières d'entrée en vigueur prévues par les Actes uniformes.

Cependant, la publication des normes de droit dérivé au niveau national n'a aucune incidence sur leur applicabilité ; elle n'a qu'un objet informatif.

L'article 9 du Traité de l'OHADA précité précise d'ailleurs que les Actes uniformes sont également publiés dans les États parties au Journal officiel ou par tout autre moyen approprié ; mais cette formalité n'a aucune incidence sur leur entrée en vigueur.

B.- LES MODALITÉS DE LA PUBLICATION

565. La publication normale : l'insertion au Journal officiel. La publication implique la reproduction, dans un document officiel, du texte normatif. Elle s'opère normalement par l'insertion du texte au Journal officiel de la République. En vertu de l'article 2 de la loi n° 70-14 du 06 février 1970 fixant les règles d'applicabilité des lois, des actes administratifs à caractère réglementaire et des actes administratifs à caractère individuel, modifiée par la loi n° 71-07 du 21 janvier 1971, les textes normatifs « sont publiés par voie d'insertion au Journal officiel ».

566. Le support de la publication. Le droit sénégalais a instauré un système de publication des textes normatifs basé sur le support papier du Journal officiel.

En effet, l'article 2 de la loi n° 70-14 du 06 février 1970 fixant les règles d'applicabilité des lois, des actes administratifs à caractère réglementaire et des actes administratifs à caractère individuel, modifiée par la loi n° 77-07 du 21 juin 1971 prévoit que les lois promulguées et les actes administratifs à caractère réglementaire sont publiés par voie d'insertion au Journal officiel.

Pourtant depuis l'année 2000, on a assisté à la mise en ligne partielle du Journal officiel[1330] dans le site du Gouvernement du Sénégal[1331].

Or en l'état actuel du droit positif, ni la dématérialisation du support de la publication, ni la valeur juridique qui lui est attachée ne sont prises en compte dans la législation sénégalaise.

Dans un contexte marqué par le développement des technologies de l'information et de la communication, le Sénégal a entrepris une réforme en profondeur du système d'entrée en vigueur des textes législatifs et

---

[1330] V. B. TABAKA, « La dématérialisation du Journal officiel : vers un droit saisi par la technique », *RDP,* 2003, p. 1521.

[1331] www.gouv.sn

réglementaires qui a procédé à la dématérialisation du support du Journal officiel[1332]. Cette réforme envisage de consacrer un système de double publication des textes dans le Journal officiel sur support papier et sur support électronique et a reconnu la valeur juridique de la publication électronique du Journal officiel[1333]. Mais la réforme n'a pas entendu procéder à la suppression du Journal officiel sur support papier ; en réalité les deux supports du Journal officiel (support papier et support électronique) vont coexister et avoir sous certaines conditions la même valeur juridique[1334].

567. La publication d'urgence. En vertu de l'article 3 de la loi n° 70-14 du 06 février 1970 fixant les règles d'applicabilité des lois, des actes administratifs à caractère réglementaire et des actes administratifs à caractère individuel modifiée par la loi n° 77-07 du 21 juin 1971, en cas d'extrême urgence, les lois promulguées et les actes administratifs à caractère réglementaire peuvent être transmis, avant publication au Journal officiel, télégraphiquement ou par messager dûment commissionné, aux maires et aux chefs de circonscriptions administratives[1335].

Dans ce cas, la mairie ou le chef-lieu de la circonscription administrative procède à la publication du texte par voie d'affiche ou par tout autre moyen approprié à condition d'avoir été également diffusé par voie radiophonique.

La principale difficulté soulevée par le recours à l'affichage tient à son caractère nécessairement temporaire et à la difficulté d'en rapporter la preuve.

Par lettre circulaire n° 25/PR/SG du 31 août 1989, le Secrétaire général de la Présidence avait demandé, en application de l'article 3 de la loi n° 70-14 du 06 février 1970, modifiée par la loi n° 77-07 du 21 juin 1971, aux gouverneurs et préfets d'assurer une large diffusion par voie d'affiche ou par tout moyen approprié dans les gouvernances, préfectures et mairies, des ordonnances n° 89-29 du 25 août 1989 portant modification du tableau des droits d'importation et d'exportation inscrits au tarif des douanes et de l'ordonnance

---

1332 P. SABLIERE, « Nul n'est-il censé ignorer internet ? », *AJDA,* 2010, p. 127.

1333 A. L. COULIBALY, « De l'art de mal légiférer au paradigme du mieux légiférer : contribution à la recherche d'une nouvelle gouvernance normative au Sénégal », in A. SALL et I. M. FALL (dir.), *Actualités du droit public et de la science politique en Afrique*, *Mélanges en l'honneur de Babacar KANTE*, Dakar, l'Harmattan, 2017, p. 670.

1334 V. en droit français, l'article 5-1 de l'ordonnance n° 2004-164 du 20 février 2004 relative aux modalités et effets de la publication des lois modifiée ; sur cette question, B. TABAKA, « La dématérialisation du Journal officiel : vers un droit saisi par la technique », *RDP,* 2003, p. 1521 ; C. BLÉRY, « Les nouvelles règles d'entrée en vigueur des lois et de certains actes administratifs », *Lamy Dr. civ*. 2004, p. 47 ; P. DEUMIER « Des myriamètres à l'internet : les nouvelles règles d'entrée en vigueur de la loi (ord. n° 2004-164 du 20 févr. 2004 relative aux modalités et effets de la publication des lois et de certains actes administratifs », *RTD civ*., 2004, p. 585 ; E. CARTIER, « Publicité, diffusion et accessibilité de la règle de droit dans le contexte de la dématérialisation des données juridiques », *AJDA,* 2005, p. 1092.

1335 Sur la publication d'urgence, J.C. GAUTRON et M. ROUGEVIN-BAVILLE, *Droit public du Sénégal*, Paris, éditions A. Pédone, 1977, p. 268 ; V. en France, civ. 04 mars 1931, *DH* 1931. 201 ; CE 19 juin 1959, Cazes, Lebon 372 ; *D.* 1959. 370, concl. Braibant.

n° 89-30 du 25 août 1989 portant abaissement du taux majoré de la taxe sur la valeur ajouré (TVA).

568. L'imprimerie nationale. L'insertion des textes au Journal officiel constitue une mission de service public incombant à l'État[1336] qui implique ses services.

En vertu de l'article 1er de l'arrêté ministériel n° 3649 MEF du 17 avril 1981 portant organisation de la Direction de l'Imprimerie nationale[1337], l'Imprimerie nationale, rattachée au Secrétariat général du Gouvernement[1338], est chargée de l'administration, de la coordination et du contrôle des fonctions logistiques, de production et de distribution qui composent ses activités.

L'article 2 de l'arrêté ministériel n° 3649 MEF du 17 avril 1981 dispose que l'Imprimerie nationale est chargée « d'assurer l'impression et la publication des textes officiels de l'État et toutes autres éditions que lui confie le Gouvernement ». L'article 9 du décret n° 2014-1175 du 17 septembre 2014 relatif à l'organisation et au fonctionnement de la Primature précise que la Direction des Services législatifs (DSL) de la Primature est notamment chargée de la formalité de publication des textes normatifs. En réalité, la DSL accomplit une mission de contrôle de la formalité de publication accomplie par l'Imprimerie nationale. A cet effet, après l'adoption définitive du texte (vote du projet ou de la proposition de loi ou adoption gouvernementale du projet de décret ou d'arrêté), la DSL de la Primature transmet la dernière version du texte à l'Imprimerie nationale pour publication au Journal officiel.

Par ailleurs, la DSL procède à la relecture et à la correction de la « morasse », c'est-à-dire de la première version du Journal officiel. Ce n'est qu'après l'intégration des observations et corrections de la DSL que le Journal officiel est définitivement publié.

569. La pratique des errata publiés au Journal officiel. Les errata sont des rectificatifs d'erreurs commises en cours de l'impression des textes normatifs. Il arrive, en effet, qu'après la publication du texte d'une loi ou d'un règlement au Journal officiel, le législateur ou le Gouvernement découvre des erreurs qui s'y glissent. Pour réparer celles-ci sans être tenu de recourir à l'adoption d'une nouvelle loi ou d'un nouveau règlement, il est possible d'insérer un erratum, c'est-à-dire un rectificatif au Journal officiel, en utilisant la formule habituelle (« au lieu de…, lire… »), qui corrige ou complète le texte primitivement publié[1339].

[1336] CE 17 décembre 1997, req. n° 181611, Ordre des avocats à la Cour de Paris, Lebon 491.

[1337] JORS du 02 mai 1981, p. 283.

[1338] V. art. 17 du décret n° 2014-1175 du 17 septembre 2014 relatif à l'organisation et au fonctionnement de la Primature.

[1339] G. JEZE, « La rectification des lois par voie d'erratum », *RDP,* 1918, p. 394 ; J. LAFFERRIERE, « De l'authenticité du texte des lois publiées au Journal officiel », *RDP*, 1949, p. 113 ; M. FREJAVILLE, « La pratique des errata au Journal officiel », *JCP,* 1949. I. 677.

Les errata des lois, présentés comme un retour à la vérité du texte adopté par le Parlement, ne sont pas promulgués, mais sont directement publiés au Journal officiel[1340].

Au Sénégal, les errata publiés au Journal officiel ne sont pas encadrés par des textes, même s'ils constituent une pratique bien établie.

Il est, dès lors, à craindre que sous le couvert d'un rectificatif, les textes publiés ne soient modifiés sans respecter les procédures appropriées. La jurisprudence française a contribué à affiner les contours de la pratique des errata. Il a été jugé que le rectificatif est, en principe, de pure forme, c'est-à-dire qu'il n'a pour but que de corriger une erreur ou une omission purement matérielle que la simple lecture du texte permet de découvrir. Il vise à rétablir une ponctuation, à corriger une erreur d'orthographe ou à redresser une incorrection grammaticale, etc.[1341]. L'erratum fait alors corps avec le texte rectifié et a donc la même date d'entrée en vigueur[1342].

Selon la Cour de cassation française, lorsque l'erratum modifie le sens du texte publié, c'est-à-dire lorsqu'il touche le fond de l'acte normatif, il faut distinguer suivant que le texte rectifié émane du pouvoir réglementaire ou du pouvoir législatif.

Dans le premier cas (ordonnance, décret, arrêté), la jurisprudence française dénie, en principe, toute validité au rectificatif, puisque rien ne permet de vérifier que le texte rectifié est conforme au texte original[1343]. Elle n'admet la validité du rectificatif que s'il est conforme à une interprétation intrinsèque du texte que les particuliers eux-mêmes auraient pu réaliser[1344].

Dans le second cas, c'est-à-dire lorsque le texte qui a été rectifié émane du Parlement (loi), la Cour de cassation française admet la validité du rectificatif dès lors qu'il rétablit le texte voté tel qu'il ressort des débats parlementaires publiés au Journal officiel. Elle refuse au contraire toute valeur au rectificatif s'il modifie le texte voté[1345].

Par exemple, le Gouvernement a eu recours à cette procédure pour apporter une correction à l'article 65, alinéa 2 de la loi organique n° 2017-10 du 17 janvier 2017 portant statut des magistrats[1346]. En effet, contrairement au texte transmis par l'Assemblée nationale au Secrétariat général du Gouvernement, le texte publié au Journal officiel avait omis le Premier Avocat général de la Cour suprême de la liste des hauts magistrats dont l'âge de la retraite a été

[1340] Y. GAUDEMET, « Promulgation et publication des lois », *Jurisclass. civ.* code, art. 1, fasc. 10, n° 31, n° 176.

[1341] Civ. 18 décembre 1933, *D.* 1934. I. 101, note Voirin ; civ. 3eme, 12 juillet 1976, *Bull. civ.* III, n° 314, p. 329

[1342] Com. 05 avril 1960,. civ. III, n° 141 ; soc. 08 mars 1989, *Bull. civ.* V, n° 187, p. 111

[1343] Civ. 18 décembre 1933, préc., *DP* 1934. I17, note Voirin.

[1344] Crim. 07 février 1961, *Gaz. pal.*, 1961. 1. 260 et 28 mai 1968 ; *D.* 1968. 509, note Costa.

[1345] Cass., ch. réun., 05 février 1947, *D.* 1947. 177 ; civ. 15 mai 1933, *Gaz. pal.*, 1933. 2. 329.

[1346] JORS n° 6986 spécial du 18 janvier 2017, p. 75.

porté à soixante-huit (68) ans. Par un erratum publié au Journal officiel n° 6991 du 07 février 2017[1347], cette omission a été corrigée.

570. La présomption de connaissance des textes publiés. La publication de l'acte normatif au Journal officiel emporte une présomption de connaissance de son contenu[1348]. Dès qu'un texte législatif ou réglementaire est régulièrement publié, nul n'est plus censé l'ignorer (*Nemo legem ignorare censetur*)[1349]. Cet adage a été étendu à tous les actes réglementaires publiés au Journal officiel, et même aux arrêtés[1350]. Cela signifie en pratique que nul ne peut arguer pour sa défense qu'il n'avait pas connaissance des règles publiées[1351]. L'autorité de la loi ne peut donc dépendre, ni de la connaissance, ni de la volonté des citoyens. L'ignorance de la loi ou du règlement n'a aucun effet sur son application.

Régulièrement publiés, les lois, les ordonnances, les décrets et les arrêtés sont obligatoires pour tous, même pour ceux qui, en fait, les auraient ignorés[1352].

Dans l'arrêt Oumar FALL rendu le 09 avril 1970[1353], la Cour d'appel de Dakar a fait application du principe « Nemo legem ignorare censetur ». La Cour a, en effet, jugé qu'un décret du 23 décembre 1970 portant baisse du prix du riz publié au quotidien *Le Soleil* et ayant fait l'objet d'un communiqué radiophonique et d'un communiqué au Bulletin de la Chambre de commerce, conformément au système de publication d'urgence[1354], est « irréfragablement présumé » être connu d'un commerçant condamné pour pratiques de prix illicites.

En réalité, la présomption de connaissance des lois constitue une fiction, c'est-à-dire un artifice de technique juridique conçue pour garantir la force obligatoire de la loi. Il est illusoire de demander aux citoyens de prendre connaissance de l'ensemble des textes. Les lois sont trop nombreuses pour être

---

1347 JORS n° 6991 du 07 février 2017, p. 197.

1348 P. DEUMIER, « La publication de la loi et le mythe de sa connaissance », *LPA,* 06 mars 2000, p. 06.

1349 Sur la maxime, R. GUILLIEN, « Nul n'est censé ignorer la loi », *Mélanges Roubier*, t. 1, 1961, Paris, Dalloz-Sirey, p. 253 ; J. CARBONNIER, « La maxime Nul n'est censé ignorer la loi en droit français », Journée de la société de législation comparée, 1984, p. 322.

1350 CE 19 juin 1959, Cazes, Lebon 372 ; *D*. 1959. 370, concl. Braibant.

1351 R. LIBCHABER, « Connaissance de la loi, connaissance du droit », *RTD civ*., 2002, p. 173.

1352 Comme l'écrivait J. CARBONNIER : « Nul n'est censé ignorer la loi. Ce n'est pas que l'on se soit jamais fait d'illusion sur cette maxime : il fallait bien la poser ; sinon, les contrevenants les plus roublards n'auraient pas manqué de plaider la candeur » (J. CARBONNIER, *Essai sur les lois*, 2eme éd., Paris, 1995, Defrénois, p. 309).

1353 CA Dakar, n° 209 du 09 avril 1970, MP et Contrôle économique c/ Oumar FALL, *ASERJ*, 1973, n° 02, p. 58.

1354 V. *supra*, n° 567.

connues et que les juristes, mêmes spécialisés sont loin d'avoir une parfaite connaissance de toutes les lois[1355].

571. L'accessibilité des textes normatifs. S'il est impossible d'exiger des citoyens qu'ils prennent connaissance de tous les textes juridiques en vigueur, l'État est tenu de déployer tous les moyens nécessaires pour garantir la connaissance du droit[1356]. C'est pour répondre à ces enjeux que le Conseil constitutionnel français a érigé l'accessibilité et l'intelligibilité de la loi en principes à valeur constitutionnelle[1357].

Au Sénégal, à notre connaissance, la jurisprudence n'a pas encore eu l'occasion d'affirmer le principe de l'accessibilité et de l'intelligibilité des normes juridiques.

Face aux difficultés d'accès aux textes constatées dans l'Administration publique, le Président de la République et le Premier Ministre ont, par des circulaires n° 0005 PR/SG/IGE du 03 mai 1985 et n° 0036 PM/SGG/PAT du 02 juin 2015 sur l'abonnement des ministères et autres services de l'Etat au Journal officiel, recommandé aux ministères et autres services de l'Etat, de souscrire des abonnements au Journal officiel et de renouveler la souscription au début de chaque gestion budgétaire[1358].

D'ailleurs, l'Imprimerie nationale a publié des tables du Journal officiel, notamment en 1973 et en 1974, conçues à l'aide de mots-clés. Ces tables constituent des outils de travail rendant la recherche des textes législatifs et réglementaires plus rapide et plus aisée. C'est pourquoi, par la circulaire n° 00012 PM/SGG/SGE du 27 janvier 1976 sur les tables du Journal officiel à commander, le Secrétaire général du Gouvernement invitait les ministères à commander les tables du Journal officiel[1359].

1355 En ce sens, J. CARBONNIER, « La maxime nul n'est censé ignorer la loi en droit français », Journée de la société de législation comparée, 1984, p. 322.

1356 V. LASSERRE, « La compréhensibilité des lois à l'aube du XXIeme siècle », *D.* 2002. chron. 1157.

1357 Cons. const. 16 décembre 1999, n° 99-421 DC, *Rec. Cons. const.*, 136. Cet arrêt affirme « l'objectif de valeur constitutionnelle d'accessibilité et d'intelligibilité de la loi », *D.* 2000. Somm. 425 ; M. A. FRISON-ROCHE et W. BARANES, « Le principe constitutionnel d'accessibilité et d'intelligibilité de la loi », *D.* 2000. chron. 361 ; J. M. LARRALDE, « Intelligibilité de la loi et accès au droit », *LPA,* 19 novembre 2002, p. 11 ; N. MOLFESSIS, « La sécurité juridique et l'accès aux règles de droit », *RTD civ.*, 2000, p. 662 ; H. MOYSAN, « L'accessibilité et l'intelligibilité de la loi. Des objectifs à l'épreuve de la pratique normative », *AJDA,* 2001, p. 428.

1358 V. la circulaire n° 0005 PR/SG/IGE du 03 mai 1985 sur l'abonnement au Journal officiel et la circulaire n° 0036 PM/SGG/PAT du 02 juin 2015 sur l'abonnement des ministères et autres services de l'Etat au Journal officiel.

1359 Dans le même sens, V. la circulaire n° 0029 PM/SGG/SL ARCH. du 26 avril 1974 relative aux tables annuelles du Journal officiel; la circulaire n° 76 PM/SGG/ARCH. du 14 septembre 1978, relative aux tables du Journal officiel et la circulaire n° 3077 PM/SGG/ARCH. du 17 avril 1979 relative à la commande des tables du Journal officiel.

DOCUMENT N° 37 : L'ABONNEMENT AU JOURNAL OFFICIEL

La circulaire n° 0036 PM/SGG/SGGA/PAT du 02 juin 2015 relative à l'abonnement des ministères et autres services de l'Etat au Journal officiel

REPUBLIQUE DU SENEGAL
Primature
Le Premier Ministre

N° 0036 PM/SGG/SGGA/PAT

Dakar, le 02 juin 2015

CIRCULAIRE

A

Mesdames et Messieurs les Ministres,

Mesdames et Messieurs les Ministres délégués,

Monsieur le Ministre, Secrétaire général de la Présidence de la République,

Objet : Abonnement des ministères et autres services de l'État au Journal officiel

Au Sénégal, la publication des textes législatifs et réglementaires ainsi que des Conventions internationales au Journal officiel est la procédure employée pour porter ces textes à la connaissance du public.

En effet, en vertu de l'article 2 de la loi n° 70-14 du 06 février 1970 fixant les règles d'applicabilité des lois, des actes administratifs à caractère réglementaire et des actes administratifs à caractère individuel, modifiée par la loi n° 71-07 du 21 janvier 1971, les lois promulguées et les actes administratifs à caractère réglementaire sont publiés par voie d'insertion au Journal officiel. Celui-ci doit, au moment de sa diffusion dans le public être déposé contre récépissé au Secrétariat général du Gouvernement.

L'original du récépissé est ensuite publié dans le Journal officiel suivant et des copies sont adressées au Ministère de l'Intérieur et de la Sécurité publique, au Ministère de la Justice et aux archives nationales où elles peuvent être consultées par toute personne Intéressée.

A cet effet, l'article 2 de l'arrêté ministériel n° 3649 MEF du 17 avril 1981 portant organisation de la Direction de l'Imprimerie nationale énonce que ce service, rattaché au Secrétariat général du Gouvernement, est chargé d'assurer l'impression et la publication des textes officiels de l'État et toutes autres éditions que lui confie le Gouvernement.

Il m'a été donné de constater que rares sont les ministères et autres services de l'État qui ont souscrit des abonnements au Journal officiel. Malgré l'instauration d'un Journal officiel électronique, à travers la mise en ligne partielle du Journal officiel dans le site du Gouvernement du Sénégal (www.gouv.sn), cette situation n'a fait qu'aggraver les difficultés d'accès aux textes au Sénégal.

Pourtant, la formalité de la publication, indispensable à l'entrée en vigueur des textes normatifs, participe de l'accessibilité du droit et pose des enjeux de bonne gouvernance économique. L'accès au droit positif constitue un critère majeur d'attractivité de notre système juridique et un facteur de compétitivité économique.

En conséquence, je vous invite à instruire vos services, en rapport avec la Direction de l'Imprimerie nationale, de prendre toutes les dispositions nécessaires en vue de souscrire des abonnements au Journal officiel.

J'attache du prix à l'exécution strict de mes présentes directives.

Le Premier Ministre

REPUBLIQUE DU SENEGAL
Le Premier Ministre
PRIMATURE

Mahammed Boun Abdallah DIONNE

DOCUMENT N° 38 : L'ERRATUM AU JOURNAL OFFICIEL

ERRATUM

Erratum à l'article 65 alinéa 2 de la loi organique n° 2017-10 du 17 janvier 2017 publiée au Journal officiel n° 6989 spécial du mercredi 18 janvier 2017, page 75 :

Article 65 alinéa 2, **au lieu de** : « Toutefois, est fixé à 68 ans la limite d'âge des magistrats occupants les fonctions de Premier Président, de Procureur général et de Président de chambre à la Cour suprême »,

Lire : « Toutefois, est fixé à 68 ans la limite d'âge des magistrats occupants les fonctions de Premier Président, de Procureur général et de Président de chambre et de Premier Avocat général à la Cour suprême ».

SECTION II

L'APPLICABILITÉ DES TEXTES LÉGISLATIFS ET RÉGLEMENTAIRES

« Les meilleure lois sont inutiles lorsqu'elles ne sont pas exécutées : elles deviennent dangereuses lorsqu'elles le sont mal»
CHATEAUBRIAND, *Pair de France sous la Restauration*

572. La notion d'applicabilité. L'applicabilité ou l'entrée en vigueur détermine la date à partir de laquelle le texte normatif revêt un caractère obligatoire et crée des droits subjectifs. Dans le langage juridique, elle est définie comme le «point de départ de l'application d'un texte (loi, règlement), correspondant au moment à partir duquel il doit être observé par les justiciables et appliqué par les tribunaux »[1360]. Il s'agit de la date à partir de laquelle le texte est exécutoire, c'est-à-dire qu'il est à la fois opposable aux administrés et invocable par eux[1361]. C'est en réalité à compter de son applicabilité qu'un acte normatif entre dans l'ordonnancement juridique.

Le législateur sénégalais a prévu, à côté des règles ordinaires (**paragraphe premier**) des règles particulières d'applicabilité des textes législatifs et réglementaires (**paragraphe II**).

PARAGRAPHE PREMIER

LES RÈGLES ORDINAIRES D'APPLICABILITÉ DES TEXTES LÉGISLATIFS ET RÉGLEMENTAIRES

573. Le droit commun de l'entrée en vigueur. Les règles ordinaires d'applicabilité des textes législatifs et réglementaires constituent le droit commun de l'entrée en vigueur des textes. Elles ont vocation à s'appliquer à défaut d'insertion dans le texte d'une disposition relative à son entrée en

---

1360 G. CORNU, *Vocabulaire juridique*, Paris, PUF, 2004, V° entrée en vigueur.

1361 C. BERGEAL, *op. cit.*, p. 233, n° 181 ; C. EISENMANN, « Sur l'entrée en vigueur des normes administratives unilatérales », *Mélanges Stassinopoulos*, LGDJ 1974, p. 201 ; J.-P. DUBOIS , « L'entrée en vigueur des normes administratives unilatérales », *Mélanges Dupuis*, LGDJ 1997, p. 103 ; B. SEILLER, « L'entrée en vigueur des actes unilatéraux », *AJDA,* 2004, p. 1463.

vigueur[1362] . Ces règles de droit commun concernent d'une part, les lois et les actes administratifs à caractère réglementaire (**A**) et d'autre part, les actes administratifs à caractère individuel (**B**).

A.- LES LOIS ET LES ACTES ADMINISTRATIFS À CARACTÈRE RÉGLEMENTAIRE

574. Le système ordinaire d'entrée en vigueur. Au Sénégal, la loi n° 70-14 du 06 février 1970 fixant les règles d'applicabilité des lois, des actes administratifs à caractère réglementaire et des actes administratifs à caractère individuel modifiée par la loi n° 71-07 du 21 janvier 1971 a mis en place un système d'entrée en vigueur des lois et des actes administratifs réglementaires tributaire de leur publication au Journal officiel[1363]. En vertu de l'article 2 de la loi n° 70-14 du 06 février 1970, sauf dispositions expresses reportent leur entrée en vigueur à une date ultérieure, les lois et les actes administratifs à caractère réglementaire deviennent exécutoires dans la région du Cap-Vert, et dans les communes de Diourbel, Kaolack, Saint-Louis et Thiès, « le troisième jour suivant la date du dépôt au Secrétariat général Gouvernement du Journal officiel dans lequel ils sont insérés ».

Dans le reste du territoire, ces textes entrent en vigueur, le cinquième jour suivant la même date. Si l'un ou plusieurs des jours qui précèdent le 3eme ou le 5eme jour sont un dimanche ou un jour férié, le délai est prorogé d'autant.

Le droit sénégalais a instauré un système complexe de détermination de la date d'entrée en vigueur des textes, subordonnée au dépôt au Secrétariat général du Gouvernement du Journal officiel dans lequel ils sont publiés, augmenté d'un délai de trois (3) ou de cinq (5) jours, selon les cas[1364].

En matière de recours pour excès de pouvoir, l'ancien Conseil d'État sénégalais, dans un arrêt rendu le 25 août 1993[1365], a déjà eu l'occasion de juger qu'il résulte de l'article 2 de la loi n° 70-14 du 06 février 1970 précitée que la date de dépôt au Secrétariat général du Gouvernement du Journal officiel contenant l'acte réglementaire constitue le point de départ du délai à

1362 En ce sens, V. la circulaire n° 006 PM/JUR du 19 janvier 1973 relative à la date d'entrée en vigueur des lois, décrets et arrêtés et la circulaire n° 00004 PM/SGG/SGA/PAT/SP du 05 mars 2018 sur les dispositions relatives à l'entrée en vigueur des textes législatifs et réglementaires.

1363 Sur l'ensemble de la question, M. M. MBACKE, « L'entrée en vigueur des actes réglementaires en droit sénégalais », *RIPAS*, n° 23-24, janvier-décembre 1990, p. 125 et s. ; L. NIANG « Commentaires de lois : loi n° 70-14 du 06 février 1970 fixant les règles d'application des lois, des actes administratifs à caractère règlementaire et des actes administratifs à caractère individuel (JORS n° 4095 du mardi 31 mars 1970, p. 325) », *Rev. sén. dr.*, septembre 1970, n° 8, pp. 103-104.

1364 En ce sens, L. NIANG, *op. cit.*, p. 104.

1365 CE n° 0002 du 25 août 1993, Association nationale des Huissiers et Abdourahmane SEYE c/ Etat du Sénégal, in D. SY, *Répertoire de jurisprudence : droit administratif (recueil des arrêts du Conseil d'Etat 1993-1994-1995),* Dakar CREDILA, p. 16.

partir duquel les actes administratifs à caractère réglementaire entrent en vigueur et non celui du recours pour excès de pouvoir.

La Chambre administrative de la Cour suprême apprécie l'applicabilité de l'acte réglementaire ainsi que la recevabilité du recours pour excès de pouvoir, en examinant le récépissé de dépôt du Journal officiel dans lequel l'acte attaqué est publié[1366].

La Cour d'appel de Dakar, dans son arrêt rendu le 16 décembre 2015[1367], a fait une correcte application de l'article 2 de la loi n° 70-14 du 06 février 1970 précitée. Elle a jugé que le décret n° 2015-1145 du 03 août 2015 fixant la compétence des cours d'appel, des tribunaux de grande instance et des tribunaux d'instance, inséré au Journal officiel n°6869 du 18 août 2015, « est devenu applicable dans la région de Dakar le 3 eme jour du dépôt dudit numéro du Journal officiel au Secrétariat général de la Présidence de la République »[1368]. Ainsi, estiment les juges d'appel, l'auteur d'un commandement-assignation daté du 13 août 2015, devait se soumettre aux règles de compétence fixées par le décret n° 84-1194 du 22 octobre 1984 qui attribuait compétence aux tribunaux régionaux pour connaître des actions relatives aux baux à usage d'habitation dont le taux du loyer était supérieur ou égale à cinquante mille (50 000) francs CFA.

La circulaire n° 006 PM/JUR du 19 janvier 1973 relative à la date d'entrée en vigueur des lois, décrets et arrêtés[1369] a apporté des précisions utiles à la date d'applicabilité des textes. Selon cette circulaire, les règles prévues par la loi du 06 février 1970 constituent le droit commun de l'entrée en vigueur des lois et des actes administratifs. Elle énonce qu'il est, dès lors, superflu d'insérer dans le texte une disposition prévoyant sa date d'entrée en vigueur.

Ce n'est que dans les cas où la date de cette entrée en vigueur ne correspond pas à la date normalement prévue par la loi du 6 février 1970, qu'il convient de prévoir un article spécial indiquant expressément la date d'entrée en vigueur, soit que cette date soit postérieure à la date normale (entrée en vigueur différée), soit au contraire que cette entrée en vigueur soit rétroactive (entrée en vigueur anticipée).

1366 CS ch. adm. n°37 du 14 juin 2012, Papa Birame TOURE et autres c/ Etat du Sénégal, *inédit* ; CS ch. adm. n°18 du 28 mars 2013, Ibrahima Ndoye c/ Etat du Sénégal, *inédit*

1367 CA Dakar n° 313 du 16 décembre 2015, Elias Haïdar FARROUKH c/ La SCI CAYOR, *inédit*.

1368 Force est de constater que dans cette décision, les magistrats n'ont pas pris en compte la modification de la loi n° 70-14 du 06 février 1970 opérée par la loi n° 71-07 du 21 janvier 1971, qui a remplacé l'expression « Secrétariat général de la Présidence » par celle de « Secrétariat général du Gouvernement ».

1369 V. dans le même sens, V. la circulaire n° 00004 PM/SGG/SGA/PAT/SP du 05 mars 2018 sur les dispositions relatives à l'entrée en vigueur des textes législatifs et réglementaires.

B.- LES ACTES ADMINISTRATIFS À CARACTÈRE INDIVIDUEL

575. Une applicabilité dès la notification. L'article 5 de la loi n° 70-14 du 06 février 1970, codifiant la jurisprudence administrative sénégalaise qui s'est dégagée en matière de recours pour excès de pouvoir[1370], a prévu un système d'entrée en vigueur tributaire de la notification de l'acte administratif individuel à l'intéressé[1371]. Selon ce texte : « Sauf exception prévue par la loi et sous réserve de dispositions contraires, les actes administratifs à caractère individuel, quelles qu'en soient la forme et l'origine, deviennent exécutoires dès leur notification ».

S'agissant des tiers, les actes administratifs à caractère individuel ne leur sont opposables que « du jour où ceux-ci en ont officiellement connaissance ».

Un arrêt de la Chambre administrative de la Cour suprême du 23 septembre 2011[1372] a énoncé que « les actes administratifs à caractère individuel ne sont opposables aux tiers que du jour où ceux-ci en ont officiellement pris connaissance ».

PARAGRAPHE II

LES RÈGLES PARTICULIÈRES D'APPLICABILITÉ DES TEXTES LÉGISLATIFS ET RÉGLEMENTAIRES

576. Le droit spécial de l'entrée en vigueur. A côté des règles ordinaires d'applicabilité des textes législatifs et réglementaires, qui constituent le droit commun de l'entrée en vigueur, il y a des règles spécifiques concernant d'une part, certaines catégories de textes (**A**) et d'autre part, certaines modalités d'applicabilité des textes (**B**).

[1370] En ce sens, L. NIANG, « Commentaires de lois : loi n° 70-14 du 06 février 1970 fixant les règles d'application des lois, des actes administratifs à caractère règlementaire et des actes administratifs à caractère individuel (JORS n° 4095 du mardi 31 mars 1970, p. 325)», *Rev. sén. dr.*, septembre 1970, n° 08, p. 104.

[1371] CH. EISENMANN, « Sur l'entrée en vigueur des normes administratives unilatérales », in *Mélanges Stassinopoulos,* 1974, LGDJ, p. 201 ; J.-P. DUBOIS, « L'entrée en vigueur des normes administratives unilatérales », *Mélanges Dupuis*, 1997, LGDJ, p. 103 ; B. SEILLER, « L'entrée en vigueur des actes unilatéraux », *AJDA,* 2004, p. 1463.

[1372] CS ch. adm. n° 34 du 23 septembre 2011, Babacar SOW dit Mbaye SOW c/ Etat du Sénégal, *inédit.*

A.- LES RÈGLES SPÉCIFIQUES À CERTAINES CATÉGORIES DE TEXTES

577. Un système spécifique. Le droit sénégalais a prévu des règles spécifiques d'entrée en vigueur de certains textes. Il s'agit des actes édictés par certaines autorités administratives (**1**) et des ordonnances (**2**).

1.- Les actes administratifs édictés par certaines autorités administratives

578. Le renvoi à des lois particulières. La loi n° 70-14 du 06 février 1970 précitée a renvoyé à des lois particulières les modalités d'applicabilité des textes réglementaires de certaines autorités. Aux termes de l'article 6 de la loi n° 70-14 du 06 février 1970 : « Les règles d'applicabilité des actes à caractère réglementaire des autorités régionales et locales demeurent fixées par des lois particulières ».

Les actes des autorités locales et régionales qu'évoque le législateur renvoient à ceux édictés par les autorités administratives décentralisées (**a**) et ceux pris par les autorités administratives déconcentrées (**b**).

a.- Les actes des autorités décentralisées

579. Un dispositif particulier. Le législateur sénégalais a aménagé des règles particulières de publication et d'entrée en vigueur des arrêtés réglementaires des autorités de police locale, c'est-à-dire des actes des autorités décentralisées[1373] (maire de commune d'arrondissement, maire de ville, président du conseil départemental) dans la loi n° 2013-10 du 28 décembre 2013 portant Code général des Collectivités territoriales[1374].

S'agissant du maire de la commune, l'article 117 du Code général des Collectivités territoriales dispose que : « Les décisions et les arrêtés du maire ne sont exécutoires qu'après avoir été portés à la connaissance des intéressés, par voie de publication et d'affichage, toutes les fois qu'ils contiennent des dispositions générales et, dans les autres cas, par voie de notification individuelle ». La publication est constatée par une déclaration certifiée par le maire.

L'article 244 du Code général des Collectivités territoriales précise que les décisions réglementaires et individuelles prises par le président du conseil départemental ou par le maire dans l'exercice de leurs pouvoirs de police, les actes de gestion quotidienne pris au nom des collectivités territoriales sont

[1373] G. KOUBI, « Acte exécutoire et actes des autorités locales », *RDP,* 1990, p.1493.

[1374] En ce sens, M. DIAKHATE, *La rédaction administrative au Sénégal*, Dakar, *op. cit*, p. 237; du même auteur, « Le régime de l'entrée en vigueur des actes législatifs et réglementaires au Sénégal, in *La procédure d'adoption des textes législatifs et réglementaires au Sénégal,* atelier ENA, 28 et 29 avril 2015.

exécutoires en principe de plein droit « dès qu'il est procédé à leur publication ou à leur notification aux intéressés, après transmission au représentant de l'État ».

En d'autres termes, dès leur publication ou leur affichage, les actes réglementaires pris par le président du conseil départemental ou par le maire (arrêtés réglementaires) entrent en vigueur.

En ce qui concerne les décisions et arrêtés du maire de ville, l'article 179 du Code général des Collectivités territoriales prévoit les mêmes règles d'entrée en vigueur.

S'agissant des actes individuels du maire, ils ne sont exécutoires qu'après leur notification aux intéressés. A cet égard, la notification est établie par le récépissé de la partie intéressée ou, à défaut, par l'original de la notification conservé dans les archives de la mairie.

Toutefois, l'article 245 du Code général des Collectivités territoriales réserve le cas de certains actes qui restent soumis à l'approbation préalable du représentant de l'État. Il s'agit des budgets primitifs et supplémentaires, des emprunts et garanties d'emprunts, des plans de développement des collectivités territoriales, des conventions financières de coopération internationale comportant des engagements d'un montant fixé par décret, les affaires domaniales et d'urbanisme, des garanties et prises de participation dans des sociétés privées exerçant des activités d'intérêt général à participation publique et des marchés supérieurs à un montant fixé par décret et les contrats de concession d'une durée supérieure à trente (30) ans.

Les décisions relatives à ces matières sont transmises au représentant de l'État, pour approbation. Cette approbation est réputée tacite si elle n'a pas été notifiée à la collectivité territoriale dans le délai d'un mois à compter de la date de l'accusé de réception par le représentant de l'État. Ce délai d'un mois peut être réduit par le représentant de l'État à la demande du président du conseil départemental ou du maire.

b.- Les actes des autorités déconcentrées

580. Le silence législatif. L'article 6 de la loi n° 70-14 du 06 février 1970 précitée a renvoyé à des lois particulières les modalités d'applicabilité des actes à caractère réglementaire des autorités régionales.

Mais à notre connaissance, le législateur n'a pas aménagé les règles particulières d'applicabilité s'agissant des actes édictés par les « autorités régionales », c'est-à-dire les chefs de circonscriptions administratives (gouverneur, préfet, sous-préfet).

La circulaire n° 0036/MINT CAB 5 du 25 avril 1973 du Ministre de l'Intérieur sur les actes réglementaires des autorités locales et territoriales a tenté de combler ce vide juridique en s'inspirant des modalités d'applicabilité des actes de l'Administration communale fixées par le Code de l'Administration communale applicable à l'époque.

En ce qui concerne les actes à caractère réglementaire, la circulaire n° 0036/MINT CAB 5 du 25 avril 1973 précitée énonce que leur applicabilité est subordonnée à l'accomplissement de formalités obligatoires, à savoir l'inscription de l'arrêté sur le registre spécial, l'affichage aux lieux accoutumés, la déclaration certifiée par l'auteur que l'acte selon laquelle l'affichage a eu lieu et la communication de l'arrêté aux autorités chargées de l'exécution.

S'agissant des arrêtés permanents, c'est-à-dire ceux qui ne sont pas destinés à faire face à une situation transitoire, ils sont exécutoires dès qu'ils sont publiés ou notifiés régulièrement.

Les arrêtés temporaires pris par le gouverneur ou le préfet en matière de police municipale ne sont exécutoires qu'un mois après leur arrivée à la préfecture ou à la gouvernance, selon les cas (anc. art. 93 et 98 du Code de l'Administration communale). II en est de même des actes réglementaires pris par les préfets à l'égard des arrondissements dans les domaines qui sont de la compétence des maires dans les communes. En cas d'urgence, l'autorité de tutelle peut en autoriser l'exécution immédiate.

La circulaire du 25 avril 1973 précitée précise que les arrêtés permanents pris en d'autres matières de police administrative sont exécutoires dès leur publication, sauf annulation, réformation ou suspension postérieure par l'autorité compétente.

Pour ce qui concerne les actes individuels des autorités déconcentrées, la circulaire n° 0036/MINT CAB 5 du 25 avril 1973, prévoit, conformément à l'article 5 de la loi n°70-14 du 06 février 1970 fixant les règles d'applicabilité des lois et des actes administratifs, qu'ils deviennent exécutoires après leur notification aux intéressés.

Mais les dispositions susmentionnées de la circulaire n° 0036/MINT CAB 5 du 25 avril 1973 précitée sont illégales. En effet, en vertu de l'article 6 de la loi n°70-14 du 06 février 1970, les règles d'applicabilité des actes à caractère réglementaire des autorités régionales doivent être fixées «par des lois particulières» et non par voie de circulaire ministérielle[1375].

2.- Les règles spécifiques aux ordonnances

581. L'encadrement constitutionnel. La loi n° 70-14 du 06 février 1970 ne fixe que les conditions d'applicabilité des lois et des actes administratifs à caractère réglementaire et individuel. Elle n'évoque pas les modalités d'entrée

---

[1375] En ce sens, J.C. GAUTRON et M. ROUGEVIN-BAVILLE, *Droit public du Sénégal*, Paris, éditions A. Pédone, 1977, p. 268 ; M. M. MBACKE, « L'entrée en vigueur des actes réglementaires en droit sénégalais », *RIPAS*, n° 23-24, janvier-décembre 1990, p. 127.

en vigueur des ordonnances qui constituent pourtant une catégorie normative particulière.

En réalité, les modalités d'applicabilité des ordonnances sont déterminées par la Constitution elle-même. En vertu de l'article 77, alinéa 2 de la Constitution, les ordonnances prises par le Président de la République dans le domaine du pouvoir législatif sur habilitation du Parlement « entrent en vigueur dès leur publication ».

Le droit constitutionnel sénégalais a prévu un régime d'entrée en vigueur des ordonnances dérogatoire du droit commun de l'applicabilité des textes prévu par la loi n° 70-14 du 06 février 1970. Dès que l'ordonnance est publiée, elle devient applicable alors que l'entrée en vigueur des lois et des autres actes administratifs réglementaires est subordonnée au dépôt du Journal officiel dans lequel ils sont publiés au Secrétariat général du Gouvernement et à l'expiration d'un délai après ce dépôt.

Mais l'applicabilité de l'ordonnance peut être très fugace, puisqu'elle est frappée de caducité lorsque le projet de loi de ratification n'est pas déposé sur le bureau de l'Assemblée nationale à la date fixée par la loi d'habilitation.

B.- LES RÈGLES SPÉCIFIQUES À CERTAINES MODALITÉS D'APPLICABILITÉ DES TEXTES LÉGISLATIFS ET RÉGLEMENTAIRES

582. Les modalités spécifiques d'entrée en vigueur. En droit sénégalais, les règles spécifiques à certaines modalités d'applicabilité des textes législatifs et réglementaires renvoient au régime de l'entrée en vigueur d'urgence **(1)** et au système de l'entrée en vigueur différée **(2).**

1.- L'entrée en vigueur d'urgence

583. Le système d'applicabilité d'urgence. En cas d'extrême urgence, les textes législatifs promulgués et les actes administratifs à caractère réglementaire peuvent être transmis, avant publication au Journal officiel, télégraphiquement ou par messager dûment commissionné, aux maires et aux chefs de circonscriptions administratives. Dans ce cas, selon la loi n° 70-14 du 06 février 1970, ils sont applicables dans les communes et les circonscriptions administratives « le lendemain du jour de leur publication à la mairie ou au chef-lieu de la circonscription administrative par voie d'affiche ou par tout autre moyen approprié à condition d'avoir été également diffusés par voie radiophonique ».

Dans l'arrêt Oumar FALL rendu le 09 avril 1970[1376], la Cour d'appel de Dakar a eu l'occasion d'affiner les contours du mécanisme de l'entrée en vigueur d'urgence. Dans cette espèce, M. Oumar FALL, un commerçant établi à Dakar, a été condamné, par un jugement du Tribunal de première Instance de Dakar, à un mois d'emprisonnement avec sursis et à cinquante mille (50.000) francs d'amende pour pratiques illicites de prix conformément à la loi n° 65-25 du 03 mars 1965.

Le Contrôle économique a constaté, en effet, qu'il avait vendu le quintal de riz à quatre mille trois cent (4.300) francs au lieu de trois mille huit cent quarante (3. 840) francs prix taxé à compter du 1er janvier 1971 par le décret du 23 décembre 1970. La baisse du prix a été annoncée en première page du quotidien *Le Soleil* et a fait l'objet d'un communiqué radiophonique et d'un communiqué au Bulletin de la Chambre de Commerce.

Le prévenu a relevé appel contre le jugement de première instance en soulevant l'inapplicabilité du décret du 23 décembre 1970 au motif qu'il n'a pas été affiché dans les formes requises par l'article 3 de la loi n° 70-14 du 06 février 1970 fixant les règles d'applicabilité des lois, des actes administratifs à caractère réglementaire et des actes administratifs à caractère individuel. Les magistrats de la cour d'appel ont jugé que l'article 3 de la loi n° 70-14 du 06 février 1970 donne à penser que la procédure d'entrée en vigueur d'urgence relève de la compétence des autorités locales alors qu'en l'espèce elle a été organisée par l'autorité centrale, à savoir le Ministère des Finances, par l'établissement public qu'est la chambre de commerce et par l'entremise du quotidien *Le Soleil.*

La cour a estimé que les expressions « peuvent être transmises » et « en ce cas » contenues dans l'article 3 de la loi n° 70-14 du 06 février 1970 modifiée « signifie d'abord qu'en droit l'intervention de l'administration locale ne constitue pas une attribution exclusive et permanente mais une simple faculté, utilisable au gré des nécessités ; et ensuite les formalités de publication ne lui incombent que si elle en a été formellement saisie et requise ». Les juges ont, en conséquence, rejeté l'exception d'illégalité soulevée par le prévenu « irréfragablement présumé connaître la loi applicable ».

Cet arrêt a considéré que la publication d'urgence « par voie d'affiche ou par tout autre moyen approprié », permettant l'entrée en vigueur du texte normatif le lendemain de la diffusion du texte, n'est pas de la compétence exclusive de l'administration locale, mais constitue une simple faculté.

1376 CA Dakar, n° 209 du 09 avril 1970, MP et Contrôle économique c/ Oumar FALL, *ASERJ*, 1973, n° 02, p. 58.

2.- L'entrée en vigueur différée

584. Le système d'entrée en vigueur retardée. Le législateur peut retarder la date d'entrée en vigueur d'une loi (ou d'un règlement). Dans ce dernier cas, la date de publication détermine le plus souvent le point de départ de la date d'entrée en vigueur[1377]. L'article 2 de la loi n° 70-14 du 06 février 1970, réserve la possibilité d'une entrée en vigueur retardée des textes normatifs en prévoyant des règles ordinaires d'entrée en vigueur « sauf dispositions expresses reportant leur entrée en vigueur à une date ultérieure ».

Cette technique est souvent utilisée en vue de laisser le temps nécessaire aux sujets de droit de se conformer au texte et pour permettre à l'Administration de prendre toutes dispositions utiles. Il s'agit de laisser aux destinataires futurs de la loi une période raisonnable d'adaptation.

Ce sont bien souvent les textes introduisant des réformes bouleversant des pans entiers de la législation ou de la réglementation qui insèrent dans leurs dispositifs des dispositions d'entrée en vigueur retardée.

A titre d'exemple, l'entrée en vigueur des dispositions de la loi n° 72-61 du 12 juin 1972 portant Code de la Famille a été reportée au 1er janvier 1973[1378].

En outre, l'article 17 de la loi n° 2015-09 du 04 mai 2015 relative à l'interdiction de la production, de l'importation, de la détention, de la distribution, de l'utilisation de sachets plastiques de faible micronnage et à la gestion rationnelle des déchets plastiques prévoit que cette loi « entre en vigueur à la fin du sixième mois à compter de sa publication au Journal officiel ».

585. Les vices du système d'entrée en vigueur. Depuis son adoption en 1970, le système d'entrée en vigueur des textes n'a fait l'objet que d'une seule modification sans grande incidence sur son régime. L'article 3 de la loi n° 71-07 du 21 janvier 1971 modifiant l'article 2 de la loi n° 70-14 du 06 février 1970 a remplacé les mots « Secrétariat général de la Présidence de la République » contenus dans la loi du 02 février 1970 par ceux de « Secrétariat général du Gouvernement ».

Cette modification n'était pas que formelle. En effet, elle tirait les conséquences d'un changement important opéré à la tête de l'exécutif. La réforme constitutionnelle introduite par la loi n° 70-15 du 26 février 1970 portant révision de la Constitution avait procédé à l'introduction de l'institution gouvernementale et du poste de Premier Ministre dans l'ordonnancement constitutionnel[1379]. La coordination de l'activité normative

---

[1377] CE 09 juillet 1993, Assoc. Collectif pour la défense du droit et des libertés, Lebon 590.

[1378] V. art. 829 du Code de la Famille.

[1379] E-H. MBODJ, « Le Premier Ministre dans l'ordonnancement constitutionnel sénégalais », *Alternatives Démocratique dans le Tiers-monde*, n° 06, juillet-décembre 1992, p. 57-71 ; du même auteur, « Le Sénégal, un régime présidentiel hétérodoxe », in H. ROUSSILON (dir), *Les*

du Gouvernement, revenant désormais au Premier Ministre, il incombe alors au Secrétariat général du Gouvernement, et non plus au Secrétariat général de la Présidence, de recevoir les Journaux officiels.

Aussi, le système sénégalais d'applicabilité des textes a-t-il ressenti un besoin d'être adapté au nouveau contexte.

En premier lieu, l'irrégularité de la parution du Journal officiel et la subordination de l'entrée en vigueur des textes au dépôt de l'exemplaire dudit journal au Secrétariat général du Gouvernement ont contribué à complexifier la détermination de la date d'applicabilité des textes au Sénégal[1380]. En pratique, le dépôt de l'exemplaire du texte publié au Journal officiel au Secrétariat général du Gouvernement est établi par le récépissé de dépôt signé par le Secrétaire général du Gouvernement, qui est lui-même publié au Journal officiel.

En deuxième lieu, le système d'entrée en vigueur des textes a mis en place un dispositif d'applicabilité différent suivant qu'il s'agit de la région du Cap-Vert, des communes de Diourbel, Kaolack, Saint-Louis et Thiès ou des autres parties du territoire national.

Toutefois, la simultanéité et l'instantanéité de la publication électronique devraient autoriser une uniformisation de la date d'entrée des textes législatifs et réglementaires sur toute l'étendue du territoire. La mise en ligne des textes permet, du moins en principe, aux citoyens un accès non discriminatoire à la production normative[1381].

En troisième lieu, la loi n° 70-14 du 06 février 1970 modifiée ne prend pas en considération le nouveau découpage administratif survenu postérieurement résultant de la loi n°72-02 du 1er février 1972 relative à l'organisation de l'administration territoriale modifiée notamment par la loi n° 2008-14 du 18 mars 2008 qui a porté le nombre de régions à quatorze (14).

La réforme du système d'applicabilité des textes législatifs et réglementaires envisage de procéder à l'unification de la date d'entrée en vigueur des textes sur toute l'étendue du territoire national et à une simplification du dispositif de l'entrée en vigueur des textes désormais subordonnée à leur seule publication au Journal officiel[1382].

---

nouvelles Constitutions africaines, Presses de l'institut d'études politiques de Toulouse, avril 1995, p. 163.

1380 M. M. MBACKE, « L'entrée en vigueur des actes réglementaires en droit sénégalais », *RIPAS*, n° 23-24, janvier-décembre 1990, p. 128.

1381 E. CARTIER, « Publicité, diffusion et accessibilité de la règle de droit dans le contexte de la dématérialisation des données juridiques », *AJDA,* 2005, p. 1092 ; S. TURGIS, « L'accès au droit par internet », *AJDA*, 2015, p. 142.

1382 Sur ces solutions en droit français, J. HUET, « Le nouvel article 1er du Code civil : une réforme confuse et timorée », *Mélanges en l'honneur de Ph. LE TOURNEAU*, Paris, Dalloz 2008, p. 439 ; Conseil d'État, *Publication et entrée en vigueur des lois et de certains actes administratifs*, Paris, La Documentation française, 2001.

D'après ladite réforme, l'entrée en vigueur des lois et des actes administratifs réglementaires n'est plus subordonnée à leur dépôt au Secrétariat général du Gouvernement ; ils sont applicables, sur toute l'étendue du territoire, dès le lendemain de leur publication au Journal officiel. Ils seront désormais seulement déposés, à titre informatif, au Secrétariat général du Gouvernement avant d'être publiés au Journal officiel[1383].

En ce qui concerne les actes des autorités administratives déconcentrées, la réforme du système d'entrée en vigueur des textes envisage de les soumettre aux mêmes règles que celles prévues pour les autres actes administratifs à caractère réglementaire. Désormais, les actes réglementaires des autorités décentralisées (gouverneur, préfet, sous-préfet, etc.) seront soumis au même régime d'applicabilité que les actes des autorités centrales (Président de la République, Premier Ministre et ministres).

[1383] A. L. COULIBALY, « De l'art de mal légiférer au paradigme du mieux légiférer : contribution à la recherche d'une nouvelle gouvernance normative au Sénégal », in A. SALL et I. M. FALL (dir.), *Actualités du droit public et de la science politique en Afrique, Mélanges en l'honneur de Babacar KANTE*, Dakar, l'Harmattan, 2017, p. 671.

DOCUMENT N° 39 : L'ENTREE EN VIGUEUR DES TEXTES

La circulaire n° 006 PM/JUR du 19 janvier 1973 relative à la date d'entrée en vigueur des lois, décrets et arrêtés

REPUBLIQUE DU SENEGAL
Un Peuple- Un But-Une Foi

N° 006 PM/JUR

PRIMATURE

Dakar, le 19 janvier 1973

LE PREMIER MINISTRE
MESSIEURS LES MINISTRES
ET SECRETAIRES D'ETAT

Objet : Date d'entrée en vigueur des lois, décrets et arrêtés.

J'ai remarqué qu'un certain nombre de textes publiés au Journal officiel précisent dans un article spécial que, par exemple, « le présent décret prendra effet à compter de la date de sa publication au Journal officiel ». Ainsi en est-il des décrets n° 72-1442 72-1443 , 72-1444 , 72-1445 et 72-1446 du 13 décembre 1972 portant agrément respectivement de la Société d'exploitation des carrières de Bargny-Balybor, de la Société industrielle sénégalaise de menuiserie, de la Nouvelle entreprise pour la gestion d'opérations commerciales, industrielles et artisanales (NEGOCIA) de la Société industrielle de carbonisation de bois et de a Société sénégalaise pour la fabrication des matelas et meubles (SI FA M) au régime de faveur prévu par La loi n°72-46 du 12 juin 1972 et du décret n° 72-1447 du 13 décembre 1972 portant agrément en qualité d'entreprise conventionnée de la Société financière France-Ingelheim, tous décrets pris sur le rapport du Ministre des Finances et des Affaires économiques et publiés au Journal officiel n° 24270 du 13 janvier 1973.

Je vous rappelle à cet égard que la loi n°70-14 du 06 février 1970 fixant les règles d'applicabilité des lois, des actes administratifs à caractère réglementaire et des actes administratifs à caractère individuel (publiée au numéro spécial du Journal officiel n° 4095 du 31 mars 1970) modifiée par la loi n° 71-07 du 21 janvier 1971 (publiée au Journal officiel n° 4148 du 20 février 1971) a fixé de manière précise les règles d'entrée en vigueur des lois, des décrets et de tous les actes administratifs. Ces règles sont de droit commun et s'imposent d'une manière générale. II est donc parfaitement inutile et superflu d'insérer dans un texte une disposition prévoyant que le texte en question entrera en vigueur à compter de la data de sa publication au Journal officiel.

Comme le permet la loi n°70-14 du 06 février 1970 9 ce n'est que dans les cas où la date de cette entrée en vigueur ne correspond pas à la date normalement prévue par ladite loi, qu'il convient de faire un article spécial indiquant expressément la date d'entrée en vigueur de ces textes particuliers , soit que cette date soit postérieure à la date normale, le texte n'entrant en vigueur que largement après sa publication au

Journal officiel, comme c'est le cas par exemple pour l'application de la réforme régionale soit au contraire que cette entrée en vigueur soit rétroactive.

L'Assemblée générale consultative de la Cour suprême rectifie d'elle même dans le sens indiqué ci-dessus tous les textes qui lui sont soumis et donc notamment tous les projets de loi, mais je vous demande de communiquer cette circulaire à l'ensemble de vos services en leur demandant de veiller soigneusement à son application désormais en ce qui concerne les décrets non soumis à l'Assemblée générale consultative de la Cour suprême, c'est-à-dire en général les décrets individuels et l'ensemble des arrêtés ministériels ou interministériels.

Je vous rappelle que, sauf nécessité contraire, il convient de n'insérer dans ces textes aucune disposition relative à leur date d'entrée en vigueur, la question étant réglée pour tous par la loi n° 70-14.

DOCUMENT N° 40 : LE RECEPISSE DE DEPOT DU JOURNAL OFFICIEL

JOURNAL OFFICIEL DE LA REPUBLIQUE DU SENEGAL

07 mars 2015

PRIMATURE

SECRETARIAT GENERAL DU GOUVERNEMENT

RECEPISSE

En application de la loi n° 70-14 du 06 février 1970 fixant les règles d'applicabilité des lois, des actes administratifs à caractère réglementaire et des actes administratifs à caractère individuel, modifiée par la loi n° 71-07 du 21 janvier 1971, le numéro 6830 du Journal officiel en date du 17 janvier 2015 a été déposé au Secrétariat général du Gouvernement, le 11 janvier 2015.

Le Secrétaire général du Gouvernement,

Abdou Latif COULIBALY

CONCLUSION

586. Pour une bonne gouvernance normative. Malgré le prestige l'héritage légistique du Sénégal, notre pays ressent aujourd'hui un besoin de consolider son système de gouvernance normative en tant que maillon central de la gouvernance publique. En effet, les textes législatifs et réglementaires sont une composante essentielle de la mise en œuvre des politiques publiques. Il ne peut y avoir une administration publique efficace au service du développement économique et social, lorsque les textes normatifs sont mal pensés et mal élaborés. Une norme juridique de piètre qualité contrarie des objectifs de développement économique et social.

Cette nouvelle gouvernance des normes passe nécessairement par l'élaboration et la mise en œuvre d'une politique normative cohérente articulée autour de la vision du « mieux légiférer »[1384].

Les axes stratégiques de la nouvelle gouvernance normative devraient se décliner autour du triptyque : intelligibilié, efficacité et accessibilité des normes juridiques.

587. Intelligibilité normative. En premier lieu, le processus de rédaction et d'adoption des textes est caractérisé par l'absence d'un cadre de référence. Certes, la circulaire n° 00041 PM/SGG/SGA/PAT du 06 octobre 2015 sur les règles de présentation et de rédaction des textes constitue actuellement une référence sûre pour les ministères et les rédacteurs des textes.

Mais compte tenu de la complexité de la technique légistique, l'amélioration de la qualité normative exige une standardisation des règles relatives à la « fabrication » des textes, par la conception d'un guide de légistique. Cet instrument référentiel pourrait même être approuvé par décret en vue de garantir son application par les acteurs[1385].

La standardisation des règles légistiques a pour objet d'instaurer des normes uniformes encadrant la rédaction et le processus suivi par les textes depuis leur introduction dans le circuit d'adoption jusqu'à leur adoption par le Conseil des Ministres et leur publication au Journal officiel.

[1384] P. A. TOURE, « Les perspectives du processus normatif au Sénégal », in *la procédure d'adoption des textes législatifs et réglementaires au Sénégal*, atelier ENA, Dakar, 28 et 29 avril 2015, p. 08.

[1385] A. L. COULIBALY, « De l'art de mal légiférer au paradigme du mieux légiférer : contribution à la recherche d'une nouvelle gouvernance normative au Sénégal », in A. SALL et I. M. FALL (dir.), *Actualités du droit public et de la science politique en Afrique, Mélanges en l'honneur de Babacar KANTE*, Dakar, l'Harmattan, 2017, p. 672 et s.

En outre, le renforcement des capacités en légistique des acteurs du processus législatif et réglementaire participe de l'amélioration de la qualité des normes. Il s'agira de consolider la formation des fonctionnaires du Secrétariat général du Gouvernement, des points focaux et des coordonnateurs des cellules juridiques des ministères dans les techniques légistiques[1386].

588. Efficacité normative. En deuxième lieu, l'adoption d'un texte ne sert à rien s'il n'est pas efficace, c'est-à-dire s'il ne permet pas d'atteindre les objectifs escomptés.

La célérité du processus d'adoption des textes constitue un des critères à l'aune desquels est appréciée leur efficacité. A cet effet, l'introduction du numérique dans la procédure d'adoption gouvernementale des textes est un puissant outil de modernisation et d'accélération du circuit normatif encore basé sur le support papier. Ainsi, la mise en place au Secrétariat général du Gouvernement d'une plate-forme électronique de gestion du processus normatif devrait permettre de coordonner et de centraliser les projets de texte introduits dans le circuit ainsi que les observations des ministères et autres services de l'Etat. A cet égard, la plate-forme « Girafe » constitue un premier pas important vers la dématérialisation du circuit d'adoption des textes normatifs au Sénégal.

Par ailleurs, au-delà de l'évaluation préalable de certains textes (évaluation ex ante), à travers la réalisation des études d'opportunité et d'impact de certains textes, l'attention devra également être portée sur les mécanismes d'évaluation a posteriori de l'efficacité des normes (évaluation ex post)[1387]. Il s'agit, par des dispositifs d'évaluation (études, missions d'évaluation, etc.), de vérifier si les objectifs assignés aux textes ont été effectivement atteints. La légitimité de la norme n'est pas seulement fondée sur sa légalité mais surtout sur son efficacité, c'est-à-dire sur « le différentiel mesuré entre le but visé par une politique publique et les effets observés dans la réalité du terrain » [1388]. Il ne suffit pas seulement de contrôler la conformité de ces textes à des normes supérieures (constitutionnalité ou légalité), mais aussi d'évaluer les résultats atteints depuis leur entrée en vigueur (efficacité)[1389].

[1386] Sur cette question, K. GILBERT et C. GROULIER, *Former à la légistique. Les nouveaux territoires de la pédagogie juridique*, Paris, LexisNexis, 2018.

[1387] B. MATHIEU, *La loi*, Paris, Dalloz, 1996, p. 127.

[1388] A. FLÜCKIGER, « L'évaluation législative ou comment mesurer l'efficacité des lois », *Revue européenne des sciences sociales*, Tome XLV, 2007, n° 138, pp. 84.

[1389] A. L. COULIBALY, « De l'art de mal légiférer au paradigme du mieux légiférer : contribution à la recherche d'une nouvelle gouvernance normative au Sénégal », in A. SALL et I. M. FALL (dir.), *Actualités du droit public et de la science politique en Afrique, Mélanges en l'honneur de Babacar KANTE*, Dakar, l'Harmattan, 2017, p. 675-676.

Cette forme d'évaluation réalisée en aval du processus normatif, qui participe de la culture de l'évaluation publique, constitue une pierre angulaire de la gouvernance normative bien souvent négligée[1390].

589. Accessibilité normative. En troisième lieu, le système normatif doit se préoccuper de l'accessibilité des normes qu'il produit. De nos jours, la lisibilité de la production normative présente des enjeux de sécurité juridique et de bonne gouvernance politique et économique. L'état du droit positif est une information stratégique très prisée par les citoyens, les investisseurs et les opérateurs économiques.

Si nul n'est censé ignorer la loi, la numérisation intégrale et la mise en ligne du Journal officiel du Sénégal sont de nature à favoriser un accès non discriminatoire à la production normative et à garantir l'intégrité et la sécurité des données normatives y contenues.

[1390] L. MADER, *L'évaluation législative. Pour une analyse empirique des effets de la législation*, Lausanne, Payot, 1985.

BIBLIOGRAPHIE

I. – OUVRAGES ET THESES

- BA (E. H. D.), *Droit fiscal*, Paris, l'Harmattan, 2015.
- BECANE (J-C.) et COUDERC (M.), *La loi,* Paris, Dalloz, 1994.
- BERGEAL (C.), *Rédiger un texte normatif. Manuel de légistique*, 7eme édition, Paris, Berger-Levrault, octobre 2012.
- BESCH (M.), *Traité de légistique formelle*, Publication du Conseil d'État du Grand-Duché de Luxembourg, 2008.
- BOCKEL (A.), *Droit administratif*, Dakar-Abidjan NEA, 1978.
- CARBONNIER (J.), *Essai sur les lois*, 2 eme éd., Paris, 1995, Defrénois.
- CHANH TAM (NG.), *Finances publiques sénégalaises*, Paris, l'Harmattan, 1990.
- CORNU (G), *Vocabulaire juridique*, Paris, PUF, 2004.
- DARBON (D.) et DU BOIS DE GAUDUSSON (J.) (dir.), *La création du droit en Afrique,* Paris, Karthala, 1996.
- DEBBASCH (CH.) et COLIN (F.), *Droit administratif,* Paris, Economica, 12 eme édition, 2018.
- DIAGNE (M.), *Droit administratif local*, Dakar, IGS, 2003.
- DIAGNE (M.), *Le droit des collectivités locales en Afrique. L'exemple du Sénégal*, Dakar, Panafrika. Silex/Nouvelles du sud, 2010.
- DIAKHATE (M.), *Rédaction administrative*, Dakar, CREDILA, 2016.
- DIOP (M.), *Finances publiques sénégalaises*, 2eme édition, Dakar, édition Clairafrique, 2011.
- DIOP (EL. H. O.), *La justice constitutionnelle au Sénégal. Essai sur l'évolution, les enjeux et les réformes d'un contre-pouvoir juridictionnel*, Dakar, CREDILA-OVIPA, 2013.
- DIOP (M.), *L'administration d'État au Sénégal*, Dakar, édition Clairafrique, 2011.
- DIOUKHANE (A.), *Les finances publiques dans l'UEMOA. Le budget du Sénégal, Paris, l'Harmattan,* 2015.
- FALL (I. M.), *Evolution constitutionnelle du Sénégal de la veille de l'indépendance aux élections de 2007,* CREDILA-CREPOS, 2007.
- FALL (I. M.), *Les décisions et avis du Conseil constitutionnel du Sénégal*, Dakar, CREDILA, 2008.

- FALL (I. M.), *Le pouvoir exécutif dans le constitutionnalisme des États d'Afrique*, Paris, l'Harmattan, 2008.
- FALL (I. M.), *La réforme constitutionnelle du 20 mars 2016 au Sénégal. La révision consolidante record*, Dakar, l'Harmattan, 2017.
- GANDOUIN (J.) et ROUSSIGNOL (J.-M.), *Rédaction administrative Afrique. Maghreb-Afrique subsaharienne,* Armand Colin, 4eme édition mise à jour, 2013.
- GAUTRON (J.C.) et ROUGEVIN-BAVILLE (M.), *Droit public du Sénégal*, Paris, éditions A. Pédone, 1977.
- GICQUEL (J.) et GICQUEL (J.-E.), *Droit constitutionnel et institutions politiques*, Paris, Montchrestien, 26 eme éd., 2012.
- GILBERT (K.) et (C.) GROULIER, *Former à la légistique. Les nouveaux territoires de la pédagogie juridique,* Paris, LexisNexis, 2018.
- GREVISSE (M.) et GOOSSE (A.), *Le bon usage*, 14eme édition, Paris, De boeckduculot, 2010.
- GREVISSE (M.), *Le bon usage. Grammaire française avec des remarques sur la langue française d'aujourd'hui,* Gembloux, éditions J. Duculot SA, 9eme édition, 1969.
- HESSELING (G.), *Histoire politique du Sénégal. Institutions, droit et société*, Paris, Karthala et ASC Leiden, 1985.
- KOUASSIGAN (Guy A.), *Quelle est ma loi ? Tradition et modernisme dans le droit privé de la famille en Afrique noire francophone*, Paris, Pédone, 1974.
- LAVROFF (D. G.), *La République du Sénégal*, Paris, LGDJ, 1966.
- MATHIEU (B.), *La loi*, Paris, Dalloz, 1996.
- MEDE (N.), *Finances publiques. Espace UEMOA/UMOA,* Paris, l'Harmattan, 2016.
- MENY (Y.) (dir.), *Les politiques du mimétisme institutionnel. La greffe et le rejet,* Paris, l'Harmattan, 1993.
- MORANT (CH. A.) (dir.), *Légistique formelle et matérielle*, Paris, Presses universitaires d'Aix, 1999.
- MOLFESSIS (N.) (dir.), *Les mots de la loi,* Paris, Économica, coll. « Études Juridiques », 1999.
- NDIAYE (P. M.), *La renaissance de la Cour suprême*, Dakar, novembre 2008.
- NIANG (M.), *Les agences d'exécution et la modernisation de l'État*, l'Harmattan-Sénégal, 2017.
- NZOUANKEU (J.M.), *Constitution de la République du Sénégal. Texte consolidé*, Nzouankeu Alternatives. L'encrier et le porte-plume, édition mai 2017.

- REMY (D.), *Légistique. L'art de faire les lois*, Paris, Romillart, 1994.
- SALL (A.), *La justice de l'intégration. Réflexions sur les institutions judiciaires de la CEDEAO et de l'UEMOA*, Dakar, l'Harmattan, 2008, 2eme édition revue, corrigée et augmentée.
- SARR (M.), *Le maire : la genèse et la singularité du rôle*, Dakar, l'harmattan 2017.
- SY (D.), *Droit administratif*, Dakar, l'Harmattan, 2 eme édition, 2014.
- SY (S. M.), *Les régimes politiques sénégalais de l'indépendance à l'altérnance politique. 1960-2008*, Yaoundé, éditions Karthala et CREPOS, 2009.
- TALL (S. N.), *Droit de l'homme, Droit des organisations internationales africaines. Théorie générale. Droit communautaire comparé paix et sécurité*, l'Harmattan, 2015.
- TANGUAY (A.), *L'art de ponctuer,* 2eme édition, Montréal, Editions Quebec Amérique, 2000.
- TOURE (P. A.), *La réforme de l'organisation judiciaire du Sénégal commentée et annotée,* Paris, l'Harmattan, 2016.
- TOURE (P. A.), *La réforme de la composition et de la compétence des juridictions du Sénégal commentée et annotée,* Dakar, Abis éditions, 2017.
- THIAM (C. T.), *Droit public du Sénégal*, volume I, L'État et le citoyen, Dakar, CREDILA, 1993.
- ZOGBELEMOU (T.), *Droit des organisations d'intégration économique en Afrique (CEDEAO-CEMAC-UEMOA-ZMAO)*, Paris, l'Harmattan, 2014.

II. - GUIDES ET RAPPORTS

- *Guide de légistique*, Paris, La documentation française, 3 eme édition, mise à jour 2017.
- *Guide de la rédaction des lois et amendements*, Assemblée nationale, juillet, 2007.
- *La rédaction des amendements, sous-amendements et motions de procédure*, Sénat, service de la séance, octobre 2009.
- *Rédiger la loi. Guide de rédaction des propositions de loi et des amendements*, Sénat, édition septembre 2007, p. 64 et s.
- Conseil d'État, *Principes de technique législative. Guide de rédaction des textes législatifs et réglementaires*, 2008.
- *Guide pour l'élaboration des textes législatifs et réglementaires,* Mali, août 2016.
- *Guide pratique d'élaboration des textes législatifs et réglementaires, Secrétariat général du Gouvernement du Niger*, édition 2016.

- *Guide de rédaction de la loi et de ses amendements, Secrétariat général du Gouvernement de Guinée, mars 2016.*
- Conseil d'État, *Publication et entrée en vigueur des lois et de certains actes administratifs,* Paris, La Documentation française, 2001.
- Inspection générale d'État, *Le rapport public sur l'état de la gouvernance et de la réédition des comptes*, juin 2014.
- *Rapport sur l'activité normative de l'année 2016,* Secrétariat général du Gouvernement.

III. - ARTICLES DE DOCTRINE ET ACTES DE SEMINAIRES

- ABRACHI (D.), « Problématique des réformes législatives en Afrique : le mimétisme juridique comme méthode de construction », *Penant*, 2003, p. 88-105.
- ACKA (S. F.), « La promulgation de la loi en Afrique noire francophone (Bénin, Cameroun, Côte d'Ivoire, Sénégal) ». www.ohada.com ohadata D-07-14.
- ALLIOT (M.), « Les résistances traditionnelles au droit moderne dans les États d'Afrique francophone et à Madagascar, in *Études de droit africain et de droit malgache,* Paris, Cujas, 1965.
- AMIEL (H.), « Les lois organiques », *RDP*, 1984, p. 409.
- AUBY (J. M.), « L'obligation gouvernementale d'assurer l'exécution des lois », *JCP*, 1953, I, n° 1080.
- AUBY (J. M.), « Le régime juridique des avis dans la procédure administrative », *AJDA*, 1956. II. 53.
- AUBY (J.-M.), « L'abrogation des actes administratifs », *AJDA*, 1967, p. 131.
- AVRIL (P.), « Les décrets réglementaires du Président de la République non délibérés en Conseil des Ministres », *AJDA*, 1976, p.116.
- AYRAL (M.), « La transposition des directives dans les droits nationaux », *Rev. Marché commun,* 1977. 411.
- BA (D. B.), « Le problème de la comptabilité entre l'UEMOA et l'OHADA », in P. MEYER (dir.), *La libéralisation de l'économie dans le cadre de l'intégration régionale : le cas de l'UEMOA*, publication du CEEI, n° 03, Ouagadougou, Imprimerie Presses Africaines, 2001, p. 176.
- BABONGENO (U.), « De la contrariété entre les Actes uniformes et les Constitutions des États membres de l'OHADA », ohadata D-09-44.
- BACOT (G.), « La signature des ordonnances », *Rev. adm.,* 1986, p. 453.

- BARRAUD (B.), « La légistique », in *La recherche juridique* (les branches de la recherche juridique), Paris, *l'Harmattan, coll. Logiques juridiques*, 2016, p. 213 s.
- BAUFUME (B.), « Le droit présidentiel de demander une nouvelle délibération de la loi : le précédent du 13 juillet 1983 », *RDP*, 1985, p. 1239.
- BERGERÈS (M. C.), « Les actes non réglementaires », *AJDA*, 1980, p. 3.
- BLÉRY (C.), « Les nouvelles règles d'entrée en vigueur des lois et de certains actes administratifs », *Lamy dr. civ.* 2004, p. 47.
- BOCKEL (A.), « La Cour suprême et le problème du retrait des actes administratifs », *Annales africaines* 1971, p. 7.
- BOUCHEZ (R.), « Vers une légistique unifiée : l'exemple des alinéas et des paragraphes », in *La légistique ou l'art de rédiger le droit*, *CJFI*, numéro spécial, juin 2008, p. 31 et s.
- BOULOUIS (N.), « L'ABC de l'abrogation », *CJFI*, 2008, numéro spécial, La légistique, p. 25.
- BRACONNIER (S.), « La technique de l'étude d'impact et le renouveau de l'action publique », *RDP*, 1998, p. 817.
- BRETON (J-M.), « L'obligation pour l'administration d'exercer son pouvoir réglementaire d'exécution des lois. A propos de quelques décisions récentes du juge administratif », *RDP*, 1993,159, p. 1749.
- CAMBY (J-P.) et GUY (S.), « Deux points de vue sur les annexes législatives », *RDP*, 2002, p. 1251.
- CANS (C.), « La délégalisation. Un encouragement au désordre », *RDP*, 1999, p. 1419.
- CARBONNIER (J.), La maxime « Nul n'est censé ignorer la loi » en droit français, *Journée de la société de législation comparée*, 1984, p. 322.
- CARCELLE (P.) et MAS (G.) « Les lois de programme », *RA,* 1959, n°70, p. 411.
- CHAPUS (R.), « De la soumission au droit des règlements autonomes », *D.* 1960, chon. , p. 119.
- CHARLES-ALBERT (M.) (dir.), « Légistique formelle et matérielle », in *Droit et société,* 1999, n°46, 2000, pp. 731-733.
- CORNU (G.), « L'art d'écrire la loi », *Pouvoirs,* 2003/4 (n° 107), p. 5-10.
- CORNU (G.), « Les définitions dans la loi », *Mélanges dédiés au doyen Jean VINCENT*, Paris, Dalloz, 1991, p. 77.
- COULIBALY (A. L.), « Gouvernance normative. Nouvelle dynamique, nouvelle approche ! », in *Le Soleil*, du mercredi 21 septembre 2015, p. 12.

- COULIBALY (A. L.), « De l'art de mal légiférer au paradigme du mieux légiférer : contribution à la recherche d'une nouvelle gouvernance normative au Sénégal », in A. SALL et I. M. FALL (dir.), *Actualités du droit public et de la science politique en Afrique, Mélanges en l'honneur de Babacar KANTE*, Dakar, l'Harmattan, 2017, p. 661 et s.
- COULIBALY (A.), « La portée juridique de la signature du Président de la République dans la jurisprudence du Conseil d'État », *LPA*, 24 mars 1995, p. 4.
- DE MONTALIVET, « La ratification des ordonnances (l'article 38 de la Constitution) », *LPA,* n° 254, 19 décembre 2008, p. 59.
- DE MONTALIVET (P.), « La juridicisation de la légistique. À propos de l'objectif de valeur constitutionnelle d'accessibilité et d'intelligibilité de la loi », *Cahiers des sciences morales et politiques*, 2005, n° 23, p. 99 s.
- DEBENE (M.), « Pouvoir règlementaire et régime présidentiel », *RIPAS* n° 23-24, janvier- décembre 1990, Actes du 5eme colloque de la RIPAS, Dakar du 11 au 15 décembre 1989, p. 36 et s.
- DECHEIX (P.), « La réforme du 26 février 1970 de la Constitution du Sénégal », *Rev. jur. et pol. ind. et coop.*, n° 02, avril-juin 1970, p. 289-306.
- DECOTTIGNIES (R.), « L'apport européen dans l'élaboration du droit privé sénégalais », *Annales africaines*, 1964, p. 79 et s.
- DEUMIER (P.), « Abrogation sur abrogation ne vaut », *RTD civ.*, 2010, p. 55.
- DEUMIER (P.), « Des myriamètres à l'internet : les nouvelles règles d'entrée en vigueur de la loi (ord. n° 2004-164 du 20 févr. 2004 relative aux modalités et effets de la publication des lois et de certains actes administratifs »), *RTD civ.,* 2004, p. 585.
- DEUMIER (P.), « Qu'est-ce qu'une loi ? - Ce n'est ni un programme politique, ni un règlement », *RTD civ.*, 2005, p. 564.
- DIAGNE (A.A.), « Communication sur l'élaboration et la présentation des textes juridiques », *Session de formation en légistique*, Dakar, les 3, 4 et 5 mars 2015.
- DIALLO (I. K.), « Les mécanismes d'élaboration des normes de droit communautaire : l'équation de la méthode », *Nouvelles Annales africaines*, n° 01, 2007, p. 87 et s.
- DIALLO (I.), Normes internationales et normes constitutionnelles dans l'ordre juridique interne sénégalais », *Annales africaines*, vol. 02, décembre 2014, p. 2 et s.
- DIARRA (E.), « La procédure législative au Sénégal », *RIPAS*, n° 11, octobre-décembre 1984, p. 702-816.

- DIOUF (G. A.), « L'arrêté préfectoral », in *Le pouvoir réglementaire des autorités administratives au Sénégal,* Actes du 5eme colloque de la RIPAS, Dakar, 11-15 décembre 1989, *RIPAS*, janvier-décembre 1990, n° 23-24, p. 177 et s.
- DU BOIS DE GAUDUSSON (J.), « Le mimétisme postcolonial, et après ? », *Pouvoirs*, 2009/2 (n° 129), p. 47.
- DUBOIS (J.-P.), « L'entrée en vigueur des normes administratives unilatérales », *Mélanges Dupuis*, LGDJ 1997, p. 103.
- DUPUIS (G.), « Les motifs des actes administratifs », *Études Conseil d'État 1974-1975,* p. 15.
- DUPUIS (G.), « Les visas apposés sur les actes administratifs », in, *Mélanges offerts à Marcel Waline, Le juge et le droit public*, Tome 2, juillet 1974, p. 407 et s. 179.
- EISENMANN (C.), « Sur l'entrée en vigueur des normes administratives unilatérales », *Mélanges Stassinopoulos*, LGDJ 1974, p. 201.
- FALL (I. M.), « Constitution de 1963 et Constitution de 2001 : continuité ou rupture ?», *Nouvelles Annales africaines*, n° 01, 2007, p. 311 et s.
- FALL (I.), « La réforme constitutionnelle du 26 février 1970 », *Penant*, n° 731, 1971, p. 91.
- FAVOREU (L.), « Les règlements autonomes existent-ils ? », in *Mélanges Burdeau*, 1976, p. 405
- FAVOREU (L.), « Les règlements autonomes n'existent pas », *RFDA*, 1987, p. 871.
- FAVOREU (L.), « La délégalisation des textes de forme législative par le Conseil constitutionnel », *Mélanges offerts à Marcel Waline*, Paris, LGDJ, 1974, TII, p. 429-450.
- FERRARI (P.), « Essai sur la notion de co-auteurs d'un acte unilatéral en droit administratif français », *Mélanges Eisenmann*, Paris, Cujas, 1975, p. 215.
- FLUCKIGER (A.), « Qu'est-ce que mieux légiférer ? Enjeux et instrumentalisation de la notion de qualité législative », in A. FLUCKIGER et Ch. GUY-ECABERT, *Guider les parlements et les gouvernements pour mieux légiférer ? Le rôle des guides de légistique,* Schulthess Medias Juridiques SA (Genève), 2008, p. 11 et s.
- FREJAVILLE, « La pratique des errata au Journal officiel », *JCP*, 1949. I. 677.
- FRISON-ROCHE (M. A.) et BARANES, « Le principe constitutionnel d'accessibilité et d'intelligibilité de la loi », *D.* 2000. chron. 361
- GAUDEMET (V.), « La législation par référence », *RRJ*, 1996. 1189.

- GAUDEMET (Y.), « Le mécanisme de déclassement des lois (art. 37, al. 2) », *D.* 1980, p. 121.
- GAUDEMET (Y.), « Promulgation et publication des lois », *Jurisc. dr. adm.* , n° 27.
- GAUTRON (J-C.), « Réflexions sur l'autonomie du droit public sénégalais », *Annales africaines,* 1969, p. 29-41.
- GEORGES (PH.), « La procédure législative au Sénégal, *Annales africaines*, 1965, p. 177.
- GICQUEL (J-E.), « Loi », *Jurisclass. adm.*, Fasc. 30 juin 2013, n°17.
- GILBERG (K.), « Mieux légiférer au cœur de la révision de l'Acte uniforme relatif au droit commercial général », in Un nouveau droit commercial pour la zone OHADA, *Dr. pat,* n° 201, Dossier, mars 2011, p. 55.
- GILBERG (K.), « Une production du droit mieux raisonnée ? La diffusion de la légistique en droit français », *CJFI*, n° spécial, juin 2008, p. 50.
- GILDER (A.), « Oui, tout cela, dans la même phrase. Ou le délicat problème des relations entre la langue et le droit », in *La légistique ou l'art de rédiger le droit*, La documentation française, p. 95 et s.
- GLELE (M. A.), « La Constitution ou la loi fondamentale », *Encyclopédie juridique africaine*, Tome 1, Dakar-Abidjan, NEA, 1982, p. 38.
- GOUAUD (C.), « Le Conseil des Ministres sous la Veme République », *RDP*, 1988, p. 422.
- GUIBAL (M.), « Le retard des textes d'application des lois », *RDP*, 1974, p. 1039.
- GUILLIEN, « Nul n'est censé ignorer la loi », *Mélanges Roubier*, t. 1, 1961, Paris, Dalloz-Sirey, p. 253
- GUY (S.), « De la codification », *LPA*, 1997, no 31
- GUY (S.), « Les annexes législatives », *RDFC*, 1999, n° 40, p. 819.
- HAQUET (A.), « Les études d'impact des projets de loi : espérances, scepticisme et compromis », *AJDA*, 2009, p. 1986.
- HEINIS (M.), « La procédure consultative dans la jurisprudence administrative », *Gaz. pal.*, mars 1996, p. 25.
- HEINIS (M.), « Les limites du pouvoir réglementaire sur habilitation législative », *Gaz. pal,.* 1999, 1, doctr. p. 466.
- HIANCE (M.), « La transposition de la directive dans le droit national », *Gaz. pal.,* 24 février 2000, n° 055, p. 19.
- HOUSER (M.), « L'adoption de lois de programmation des finances publiques (LPFP) par le Parlement », *RDP*, 2013. 911 s.
- JEZE (G.), « La promulgation des lois », *RDP*, 1918, p. 379.

- JEZE (G.), « La rectification des lois par voie d'erratum », *RDP*, 1918, p. 394.
- KAMARA (M.), « De l'applicabilité du droit international des droits de l'homme dans l'ordre juridique interne », *Revue juridique et politique des États Francophones*, janvier-mars 2011, p. 114.
- KHOUMA (O.), « Le contrôle de la légalité externe des actes administratifs unilatéraux par le juge sénégalais. Un exemple de transposition de la jurisprudence administrative française » : http://afrilex.u-bordeaux4.fr
- KLEITZ (C.), « L'art de la légistique, », *Gaz. pal.*, 07/01/2010, n° 07, p. 8.
- LABARRERE (C. « La dégradation de la langue française dans l'administration », *Rev.adm.*, 1989, p. 307.
- LAFERRIÈRE (J.), « De l'authenticité du texte des lois publiées au Journal officiel », *RDP*, 1949, p. 113.
- LAGACE (J.), « La structuration des textes normatifs », in *Eléments de légistique, édition Yvon Blais,* 2000, p. 217.
- LANGAVANT (E.), « Le contreseing des actes du Président de la République », *AJ.* 1960, 1, p. 50.
- LAPEYRE (CH.), « La consultation du Conseil supérieur de la fonction publique en matière de statut particulier constitue une formalité préalable substantielle (note sous l'arrêt Souleymane SIDIBE-Amicale des Administrateurs civils du Sénégal (Cour suprême, 23 juillet 1975) », *Annales africaines*, 1975, p. 179 et s.
- LASSERRE (V.), « Loi et règlement », *Rép. dr. civ.*, Dalloz, 2015, n° 114.
- LAVIGNE (P.), « Comment la loi est mal écrite ? », *D.* 1982, chr., p. 299.
- LAVROFF (D. G.), « Le Code sénégalais des Obligations de l'Administration», *Penant*, 1966, p. 1-13.
- LE BEGUEC (D.), « Publication », in D. ALLAND et S. RIALS (dir), *Dictionnaire de la culture juridique,* Paris, Lamy PUF, 2003, p. 1274 et s.
- LE MIRE (P.), « Acte administratif. Domaines respectifs de la loi er du règlement », *Juris-class., Dr. adm.*, 1993, Fasc. 106.
- LEROYER (A-M.), « Légistique », in D. ALLAND et S. RIALS (dir), *Dictionnaire de la culture juridique,* Paris, Lamy PUF, 2003, p. 922 et s.
- LIBCHABER (R.), « Le décret d'application, norme paradoxale », *RTD civ.,* 1998, p. 788.
- LIET-VEAUX (G.), « De la publication des lois, décrets et actes réglementaires », *Rev. adm.,* 1971, p. 656.
- LOUIS-LUCAS (P.), « Le retrait des actes administratifs individuels », *D.* 1952, ch. p. 107.

- MADEC (J-Y.), « Le partage du pouvoir réglementaire entre les autorités administratives au Sénégal », in *Le pouvoir réglementaire des autorités administratives au Sénégal,* Actes du 5eme colloque de la RIPAS, Dakar, 11-15 décembre 1989, *RIPAS*, janvier-décembre 1990, n° 23-24, p. 107 et s.
- MASAMBA (R.,) « Avantages comparatifs des actes uniformes de l'OHADA », *Penant*, 2010, p. 489 et s.
- MASCLET (J-C.), « Règlement », *Rép.dr.eur.*, juin 2011.
- MASSOT (J.), « Les catégories des décrets réglementaires. Critère matériel et critère formel », in *Mélanges avril*, Paris, Montchrestien, 2001, p. 363.
- MASSOT (J.), « Validation législative », *Rép. cont. adm.*, Dalloz, janvier 2014, n° 1.
- MATHIEU (B.), « La normativité de la loi : une exigence démocratique », *Cahiers du Conseil constitutionnel*, 2007, n° 21.
- MBACKE (M. M.), « L'entrée en vigueur des actes réglementaires en droit sénégalais », *RIPAS*, n° 23-24, janvier-décembre 1990, p. 125 et s.
- MBAYE (B. N.), « A propos du pouvoir réglementaire au Sénégal » in *Le pouvoir réglementaire des autorités administratives au Sénégal*, Actes du 5eme colloque de la RIPAS, Dakar, 11-15 décembre 1989, *RIPAS*, janvier-décembre 1990, n° 23-24, p. 33 et s.
- MBAYE (K.), « Le droit africain. Ses voies et ses vertus », *Rev. sén. dr.*, juin 1968, n° 03, p. 05 et s.
- MBAYE (K.), « L'expérience sénégalaise de la réforme du droit », in *RIDP*, vol. 22 n°1, janvier- mars 1970. pp. 35-42.
- MBODJ (E-H.), « Le Premier Ministre dans l'ordonnancement constitutionnel sénégalais », *Alternatives Démocratique dans le Tiers-monde*, n° 06, juillet-décembre 1992, p. 57-71.
- MBONGO (P.), « La constitutionnalisation des études d'impact préalables à la loi. Un mirage légistique », *D.* 2009, p. 108.
- MESNARD (A-H.), « La notion de loi d'orientation sous la Veme République », *RDP.*, 1977, p. 1139 et s.
- MESNARD (A-H.), « Ordonnances, lois d'orientation ou lois-cadres ? », *RDP*, 1982, p. 1073.
- MOLFESSIS (N.), « L'avènement du droit de la codification à droit constant », *RTD civ.*, 2002, p. 592 s.
- MOLFESSIS (N.), « Le titre des lois », in *Le droit privé français à la fin du XXeme siècle, Etudes offertes à Pierre Catala*, Paris, Litec, 2001, p. 47.
- MOLFESSIS (N.), « Le renvoi d'un texte à un autre », in N. MOLFESSIS (dir.), *Les mots de la loi,* Paris, Économica, coll. « Études Juridiques », 1999, p. 55.

- MOLINIER (J.), « Les lois de programme », *R.F.F.P.*, 1987, n° 17, p. 167.
- MORAND (Ch. A.), « Éléments de légistique formelle et matérielle », in Ch. A. MORAND, (dir.), *Légistique formelle et matérielle*, Aix-en-Provence, PUAM 1999, p. 37.
- MORANGE (J.), « La hiérarchie des textes dans la Constitution du 04 octobre 1958 », *D.* 1959, chron., p. 21.
- MOREAU (J.), « Le caractère réglementaire ou législatif de la procédure administrative contentieuse », in, *Mélanges M. Waline*, 1974, p. 635.
- MURACCIOLE (L.), « La Constitution de la République du Sénégal du 7 mars 1963 », *Rev. jur. et pol. d'outre-mer*, n° 01, 1963, p. 138-160.
- MUZELLEC (R.), « Un exemple de contrôle parlementaire a posteriori : la loi de règlement », *Revue de science financière*, 1973, p. 67.
- NDIAYE (A. T.), « Conflits de normes en droits communautaires OHADA et UEMOA. Exemple des paiements réalisés dans les systèmes de paiement intégrés en cas de procédures collectives d'apurement du passif », ohadata D- 08-06
- NDIAYE, « La portée abrogatoire des droits supranationaux de l'espace OHADA sur les dispositions du COCC », in I. Y. NDIAYE, J.J. L. CORREA et A.A. DIOUF (dir.), *Code des obligations civiles et commerciales du Sénégal (COCC) : cinquante ans après*, Vol 2, Dakar, CREDILA, l'Harmattan, 2018, p. 407 et s.
- NDIAYE (I. Y.), « Le Conseil constitutionnel sénégalais », *Les Nouveaux Cahiers du Conseil constitutionnel,* 2014/4, n° 45, p. 77 à 103.
- NDIAYE (S. A.), « Le régime de sortie de vigueur des actes créateurs de droits illégaux en Afrique : le cas du Sénégal », in A. SALL et I. M. FALL (dir.), *Actualités du droit public et de la science politique en Afrique, Mélanges en l'honneur de Babacar KANTE*, Dakar, l'Harmattan, 2017, p. 565 et s.
- NDIAYE (Y.,) « L'art de mal légiférer (propos irrévérencieux sur certains textes de lois) », *Rev. Ass. sén. dr. pén.*, n° 02, juillet-décembre 1995, p. 53.
- NGAMPIO-OBÉLÉ-BÉLÉ, « Un décret non publié est dépourvu de force obligatoire », sous CE 28 décembre 2007, req. n° 275138, *JCP*, n° 14, 02 avril 2008. II. 10066.
- NIANE (I.), « L'Assemblée nationale et le parcours de la loi », in Constitutions et institutions publiques africaines, Études doctrinales, *EDJA*, p. 445 et s.
- NIANG (L.) « Commentaires de lois : loi n° 70-14 du 06 février 1970 fixant les règles d'application des lois, des actes administratifs à

caractère règlementaire et des actes administratifs à caractère individuel (JORS n° 4095 du mardi 31 mars 1970, p. 325)», *Rev. sén. dr.*, septembre 1970, n° 8, pp. 103-104.

- NZOUANKEU (J. M.), « L'intérim du Président de la République », *RIPAS*, n° 10, avril-juin- 1984, p. 357.
- NZOUANKEU (J. M.), « Remarques sur le pouvoir réglementaire au Sénégal » in *Le pouvoir réglementaire des autorités administratives au Sénégal*, Actes du 5eme colloque de la RIPAS, Dakar, 11-15 décembre 1989, *RIPAS*, janvier-décembre 1990, n° 23-24, p. 11 et s.
- NZOUANKEU (J. M.), « Remarques sur quelques particularités du droit administratif sénégalais », *RIPAS*, n° 09, 1984, p. 1-36.
- NZOUANKEU (J. M.), « Les domaines respectifs de la loi et du règlement en droit sénégalais », *RIPAS* n° 11, octobre-décembre 1984, p. 892.
- OLIVIER (G.), « Signature et formes des décisions administratives », *Rev. adm.*, 1952, p. 377.
- OUATTARA (A.), « De la nature juridique des Actes uniformes de l'OHADA », Ohadata D 02-08.
- PLOUVIN (J.-Y.), « Le contreseing dans la pratique administrative française », *Petites affiches,* 1er-3 nov. 1977.
- PLOUVIN (J-Y.), « Le Conseil des Ministres, institution seconde », *Rev.adm.,* 1980, p. 485.
- POLLAUD-DULLIAN (F.), « Du droit commun au droit spécial et retour », in *Aspects actuels du droit des affaires*, *Mélanges en l'honneur d'Y. Guyon*, Paris, Dalloz, 2003, p. 934.
- POUGOUE (P. G.) et autres, « Actes uniformes », in P. G. POUGOUE (dir), *Encyclopédie du droit OHADA*, Paris, Lamy 2011, n° 45.
- POUYAUT (D.), « Les décrets réglementaires du Président de la République », *RFDC,* 1993, p. 55.
- PRELOT (M.), « Premier Ministre », in, *Rép. dr.publ. et adm.*, Dalloz, 1960.
- PUGET (H.) et SECHE (J.-Cl.), « La promulgation et la publication des actes législatifs en droit français », *Rev. adm.*, 1959, p. 245.
- PUISOYE (J.), « Les délégations de signature », *AJDA*, 1960. 1. p. 69.
- RIALS (S.), « Les incertitudes de la notion de Constitution sous la Veme République », *RDP*, 1984, p. 587.
- RIVES (G.), « Le droit criminel sénégalais », *Rev. sén. dr.*, juin 1974, n° 15, 7eme année, p. 45.
- ROBERT (J-H.), « L'incrimination par renvoi du législateur national à des règlements communautaires futurs », in *Mélanges offerts à Georges Levasseur,* Paris, Litec-Gazette du Palais, 1992, p. 169.

- ROUJOU DE BOUBEE (G.), « Les deux sources du droit pénal d'après la Constitution du 04 octobre 1958 », *JCP*, 1961, I, 1638.
- ROUSSEAU (D.), « Une résurrection. La notion de Constitution », *RDP*, 1990, p. 5.
- ROUX (J.), « La transposition des directives communautaires à l'épreuve de la Constitution », *RDP*, 01/07/2007, n° 04, p. 1031.
- SABLIERE (P.), « Nul n'est-il censé ignorer internet ? », *AJDA*, 2010, p. 127.
- SALL (A.), « Le droit international et les nouvelles Constitutions africaines», *RJPIC*, n°03, septembre-décembre 1997.
- SALL (A.), « Le juge national et la publication des traités : à propos de l'invocabilité du traité de l'OHADA devant les juridictions sénégalaises », Revue *EDJA*, n° 42, 1999, p. 71 et s.
- SAMB (O.), « Procédures et effets attachés au défaut de transposition », *Echos finances*, n° 04, janvier-février-mars, 2017, p. 42 et s.
- SAUVE (J.-M.), « Le Conseil des Ministres », in *Mélanges Jean Gicquel*, Paris, Montchrestien, 2008, p. 500.
- SAUVIGNON (E.), « La promulgation des lois », *RDP*, 1981, p. 989.
- SAVIGNAC (J-C.), « Les racines du Secrétariat général du Gouvernement », *Rev. adm.*, 1985, p. 272.
- SAVONITTO (F.), « Les lois de programmation du 20eme alinéa de l'article 34 de la Constitution : une nouveauté à abandonner », *RDP*, 2012. 113 s.
- SAWADOGO (F. M.), « Les Actes uniformes : aspects techniques généraux», ohadata D 05-40.
- SAYEG (J. I.), « Droit statutaire et droit du travail », in *La fonction publique sénégalaise,* Actes du 1er colloque sur les institutions du Sénégal, *RIPAS*, n° 14, octobre-décembre 1985, p. 225-238.
- SAYEGH (J. I.), « La portée abrogatoire des Actes uniformes de l'OHADA sur le droit interne des États parties », *Revue burkinabé de droit*, n° spécial, n° 39-40, p. 51.
- SAYEGH (J. I.), « Quelques aspects techniques de l'intégration juridique : l'exemple des actes uniformes de l'OHADA, *Revue de droit uniforme*, 1999, p. 6.
- SEILLER (B.), « L'entrée en vigueur des actes unilatéraux », *AJDA*, 2004, p. 1463.
- SEILLER (B.), « Acte administratif : régime », *Rép. cont. adm.*, octobre 2015, n° 361 et s.
- SEILLER (B.), « L'entrée en vigueur des actes unilatéraux », *AJDA*, 2004, p. 1463.
- SIMON (D.), « Directive », *Rép. dr. eur.*, Dalloz, mars 2012.

- SIMONIAN-GINESTE (H.), « Nouveau regard sur l'avis consultatif », *RDP*, 1999, p. 1121 et s.
- SIRAT (Ch.), « La loi organique et la Constitution de 1958 », *D.* 1960, chron. 153.
- SY (P. D.), « Présentation de la nouvelle Constitution », *Nouvelles Annales africaines,* n° 01, 2007, p. 279 et s.
- SY (P. M.), « Quelques remarques sur l'institution du recours pour excès de pouvoir au Sénégal depuis la création du Conseil d'État », *EDJA*, n° 53, avril-mai-juin 2002, p. 57 et s.
- SYLLA (S.), « Le contrôle de constitutionnalité des lois au Sénégal », *RIPAS*, n° 11, octobre-décembre 1984, p. 817-888.
- TABAKA (B.), « La dématérialisation du Journal officiel : vers un droit saisi par la technique », *RDP*, 2003, p. 1521.
- TALBOT (P.), « La hiérarchie des décrets réglementaires du Premier Ministre et du Président de la République », *Rev. adm.*, 1990, p. 230.
- TALL (S. N.), « La CEDEAO et l'UEMOA : concurrence et complémentarité ? », *Nouvelles Annales africaines*, n° 01, 2007, p. 42.
- TALL (S. N.), « Les ordonnances en Afrique noire francophone », *Revue EDJA*, n° 64, janvier-février-mars 2005, p. 47 et s.
- TALL (S. N.), « La Constitution sénégalaise de 2001 et le droit international public », *Nouvelles Annales africaines*, n° 01, 2007, p. 371 et s.
- TANDIAN (I. M.), TANDIAN (I. M.), « La délégation de pouvoirs et de signature dans l'administration régionale et locale au Sénégal », *RIPAS* n° 23-24, janvier- décembre 1990, Actes du 5eme colloque de la RIPAS, Dakar du 11 au 15 décembre 1989, p. 134 et s.
- TOUBOUL (CH.), « La légistique et le temps », in *La légistique ou l'art de rédiger le droit, CJFI*, numéro spécial, juin 2008, p. 87 et s.
- TOURE (P. A.), « La circulaire primatorale du 06 octobre 2015 : l'art de mieux légiférer », www.sudonline.sn
- TROPER (M.), « La signature des ordonnances : fonction d'une controverse », *Pouvoirs*, 1987, n° 41, p. 75.
- TURPIN (D.), « La présidence du Conseil des Ministres », *RDP*, 1987, p. 873.
- VENEZIA (J-C.), « Les règlements d'application », in *Mélanges R. CHAPUS*, 1992, p. 673.
- VERPEAUX (M.), « Brèves considérations sur l'actualité renouvelée des lois organiques », *AJDA,* 2009, p. 1980.
- VERPEAUX (M.), « Neutrons législatifs et dispositions réglementaires : la remise en ordre imparfaite », *D.* 2005. chron. p. 1886.

- VIANDER (A.), « La crise de la technique législative », *Droits*, n° 4, p. 75.
- VILLEY (M.), « De l'indicatif dans le droit », *Arch. phil. dr.*, tome XIX, p.33.
- WALINE (M.), « Le retrait des actes administratifs », in *Mélanges MESTRE*, p. 563.
- WODIE (F.), « La législation », in *Encyclopédie juridique de l'Afrique*, Tome premier, Abidjan-Dakar-Lomé, NEA, p. 322.
- YOUGBARE (R.) et BATCHASSI (Y.), « Les Actes additionnels de l'UEMOA : analyse juridique », in *les cahiers du CEEI*, 1999, n° 1.
- YOUGBARE (R.), « La nature juridique de l'Acte additionnel dans le système juridique de l'UEMOA à la lumière de l'affaire YAI », *Penant*, n°864, juillet - septembre 2008, p. 340 et s.
- ZUCCARELLI (V.,) « Le département sénégalais », *Revue juridique et politique*, 1968, p. 583.

INDEX ALPHABETIQUE

Les chiffres renvoient aux numéros de paragraphes, et non aux numéros de pages

D

E

J

L

M

N

S

T

U

V

TABLE DES MATIÈRES

Le Sénégal aux éditions L'Harmattan

Dernières parutions

L'ESTHÉTIQUE SOCIALE DES PULAAR
Socioanalyse d'un groupe ethnolinguistique
Sy Harouna
L'esthétique sociale pulaar est une mise en ordre éthique de la vie sociale. Elle est l'inventaire systématique de ce qu'il y a de beau et de laid dans le social relativement à ses valeurs, à ses normes, à ses règles et à ses codes qui commandent des postures, des relations, des rapports et des qualités appropriés. L'analyse des contradictions de la société pulaar du Fuuta Tooro a révélé des logiques et des stratégies fondées sur des rapports de castes et sur les représentations sociales que ces rapports produisent.
(31.00 euros, 304 p.)
ISBN : 978-2-343-11189-6, ISBN EBOOK : 978-2-14-002810-6

LE BAYNUNK GUNAAMOLO, UNE LANGUE DU SUD DU SÉNÉGAL
Analyse phonologique, morphologique et syntaxique
Diop Sokhna Bao - Préface de Denis Creissels
Le Sénégal est un pays multilingue avec des langues majoritaires et des langues minoritaires, de par le nombre de leurs locuteurs, mais également de par la quantité de travaux dont chacune dispose. Les langues majoritaires ont fait l'objet de nombreuses recherches, à la différences des langues minoritaires. Ce constat est à l'origine du choix porté sur la description de la variante gunaamolo du baynunk (parlé au sud du Sénégal, plus précisément à Niamone, dans la région de Ziguinchor) qui est une langue en danger très peu décrite. L'utilité et l'intérêt de ce travail résident dans la sauvegarde et la connaissance de cette langue et sa communauté. Elle peut servir aussi de référence à des recherches futures.
(Coll. Études africaines, 38.50 euros, 392 p.)
ISBN : 978-2-343-09614-8, ISBN EBOOK : 978-2-14-002913-4

DE L'HÉRITAGE ARABO-ISLAMIQUE SAINT-LOUISIEN
Une illustration par les œuvres d'Abbas Sall et d'Abdoulaye Fall Magatte
Fall Cheikh Tidiane - Préface de Samba Dieng et Postface de Mouhamed Habib Kébé
Cet ouvrage porte sur la réhabilitation du legs culturel arabo-islamique ouest-africain en général et saint-louisien en particulier. Revaloriser un pan du patrimoine culturel par l'entremise de l'imagination poétique locale de deux intellectuels demeure l'objectif principal de cette étude. Une partie descriptive constituée de la traduction d'une cinquantaine de poèmes suivie d'un volet analytique constitue la méthodologie de ce travail de recherche. La moisson tirée de ce travail préliminaire apporte quelques éclairages sur l'intérêt de la traduction de manuscrits arabes, notamment ceux produits par d'éminents ulémas du Sénégal, tels les deux poètes faisant l'objet de cette étude.
(Harmattan Sénégal, 35.00 euros, 340 p.)
ISBN : 978-2-343-11306-7, ISBN EBOOK : 978-2-14-003014-7

L'AGRICULTURE DU SÉNÉGAL SOUS LA COLONISATION
Diop Ismaïla
L'introduction de l'arachide au Sénégal au début du XXe siècle révolutionne le paysage agricole. La France décide alors de faire du Sénégal une colonie arachidière. Le Sénégal devient la troisième puissance arachidière du monde après les États-Unis et l'Inde. Cette monoculture extensive aboutit à un déficit vivrier chronique, une dégradation des sols, une dépendance vis-à-vis des importations de riz en provenance d'Asie. Pour y remédier, le rapport de la mission Roland Portères de 1952 recommande des mesures d'aménagement du territoire, de restauration des sols, de promotion de l'agriculture intégrée sérère.
(Harmattan Sénégal, 23.50 euros, 218 p.)
ISBN : 978-2-343-11129-2, ISBN EBOOK : 978-978-2-14-002836-6

CASAMANCE
À quand la paix ?
Bassène René Capain - Préface du père Nazaire Diatta
Malgré leur volonté et leur engagement affichés d'aller vers la fin du conflit armé en Casamance, la position des parties en guerre n'a jamais réellement évolué. L'État du Sénégal se dit prêt à négocier sur tous les points, sauf sur ceux relatifs à l'intégrité territoriale et l'unité nationale, alors que, de son côté, le MFDC soutient une position contraire en déclarant être disposé à ne négocier que sur la question se rapportant à l'indépendance totale de la Casamance. Cette situation montre que le conflit armé est encore loin de finir en Casamance.
(28.50 euros, 276 p.)
ISBN : 978-2-343-10426-3, ISBN EBOOK : 978-2-14-002593-8

PARCOURS D'UN JOURNALISTE AUTODIDACTE
Ndiaye Pape Ngagne - Préface de Mamoudou Ibra Kane
Pape Ngagne Ndiaye, par son style, est devenu un rendez-vous incontournable de l'espace audiovisuel sénégalais. L'émission « Faram Faccce » qu'il anime présentement sur TFM est très courue des hommes et femmes politiques pressés de se soumettre au feu roulant et nourri des questions du redoutable interviewer, unique dans son genre. Ce livre n'est pas seulement une autobiographie, mais aussi une réflexion thématique et une sélection rigoureuse de certains numéros de la célèbre émission qui se veut « un décryptage des questions majeures de l'actualité nationale ».
(37.00 euros, 360 p.) ISBN : 978-2-343-09916-3, ISBN EBOOK : 978-978-2-14-002822-9

DES FRANCENABE AUX MODOU-MODOU
L'émigration sénégalaise contemporaine
Fall Papa Demba - Préface du Professeur Abdoulaye Bara Diop
Principalement centré sur la France et ses anciennes colonies d'Afrique, le champ migratoire sénégalais s'est, de manière originale, progressivement étendu à des destinations naguère méconnues ou peu fréquentées (comme les États-Unis, l'Italie, l'Espagne, l'Afrique du Sud ou le Brésil). Peu à peu, les migrants sont devenus des acteurs incontournables du développement. La prise en compte de ces populations, et de leurs mouvements, devient donc nécessaire aux programmes et politiques de développement durable.
(Harmattan Sénégal, 40.00 euros, 559 p., Illustré en noir et blanc)
ISBN : 978-2-343-10796-7, ISBN EBOOK : 978-2-14-002539-6

« DOYEN » AMADY ALY DIENG, LE TRANSMETTEUR INTÉGRAL (1932-2015)
Économie biographique ou sémio-Histoire
Ngaïdé Abdarahmane
Amady Ali Dieng nous a quittés il y a un an. Pour lui rendre hommage et s'en rappeler les enseignements, l'auteur de cet ouvrage a décidé de compiler ses nombreux écrits ou interventions. Les quatorze textes qui composent cette anthologie sont représentatifs et significatifs de la personnalité, du style et des préoccupations d'Amady Ali Dieng. On y retrouve son style, son humour et son esprit critique.
(Harmattan Sénégal, 23.50 euros, 228 p., Illustré en noir et blanc)
ISBN : 978-2-343-10855-1, ISBN EBOOK : 978-2-14-002561-7

Structures éditoriales du groupe L'Harmattan

L'Harmattan Italie
Via degli Artisti, 15
10124 Torino
harmattan.italia@gmail.com

L'Harmattan Hongrie
Kossuth l. u. 14-16.
1053 Budapest
harmattan@harmattan.hu

L'Harmattan Sénégal
10 VDN en face Mermoz
BP 45034 Dakar-Fann
senharmattan@gmail.com

L'Harmattan Cameroun
TSINGA/FECAFOOT
BP 11486 Yaoundé
inkoukam@gmail.com

L'Harmattan Burkina Faso
Achille Somé – tengnule@hotmail.fr

L'Harmattan Guinée
Almamya, rue KA 028 OKB Agency
BP 3470 Conakry
harmattanguinee@yahoo.fr

L'Harmattan RDC
185, avenue Nyangwe
Commune de Lingwala – Kinshasa
matangilamusadila@yahoo.fr

L'Harmattan Congo
67, boulevard Denis-Sassou-N'Guesso
BP 2874 Brazzaville
harmattan.congo@yahoo.fr

L'Harmattan Mali
Sirakoro-Meguetana V31
Bamako
syllaka@yahoo.fr

L'Harmattan Togo
Djidjole – Lomé
Maison Amela
face EPP BATOME
ddamela@aol.com

L'Harmattan Côte d'Ivoire
Résidence Karl – Cité des Arts
Abidjan-Cocody
03 BP 1588 Abidjan
espace_harmattan.ci@hotmail.fr

L'Harmattan Algérie
22, rue Moulay-Mohamed
31000 Oran
info2@harmattan-algerie.com

L'Harmattan Maroc
5, rue Ferrane-Kouicha, Talaâ-Elkbira
Chrableyine, Fès-Médine
30000 Fès
harmattan.maroc@gmail.com

Nos librairies en France

Librairie internationale
16, rue des Écoles – 75005 Paris
librairie.internationale@harmattan.fr
01 40 46 79 11
www.librairieharmattan.com

Librairie l'Espace Harmattan
21 bis, rue des Écoles – 75005 paris
librairie.espace@harmattan.fr
01 43 29 49 42

Lib. sciences humaines & histoire
21, rue des Écoles – 75005 paris
librairie.sh@harmattan.fr
01 46 34 13 71
www.librairieharmattansh.com

Lib. Méditerranée & Moyen-Orient
7, rue des Carmes – 75005 Paris
librairie.mediterranee@harmattan.fr
01 43 29 71 15

Librairie Le Lucernaire
53, rue Notre-Dame-des-Champs – 75006 Paris
librairie@lucernaire.fr
01 42 22 67 13

www.ingramcontent.com/pod-product-compliance
Lightning Source LLC
LaVergne TN
LVHW021134061026
849535LV00002B/236
9782343126210